Geschichte der Stadt Linz

Fritz Mayrhofer · Willibald Katzinger

Geschichte der Stadt Linz

Band 1

Von den Anfängen zum Barock

Linz 1990

Verlag J. Wimmer

Grafische Gestaltung: Erwin Krump
Reproduktionen: Krammer, Linz
Herstellung: Druckerei und Zeitungshaus J. Wimmer Gesellschaft m.b.H.
Gedruckt auf Euroart matt, 135 g/m²
ISBN 3-85358-100-5

Linz entwickelt Bewußtsein

Der Rotary Club Linz hat im Hinblick auf die vor 500 Jahren, nämlich 1490 erfolgte erstmalige Beurkundung von Linz als Landeshauptstadt ob der Enns, bereits 1978, im Zeichen auch des eigenen 50-Jahr-Jubiläums, beschlossen, eine fachhistorisch fundierte, zugleich gut verständlich geschriebene „Geschichte der Stadt Linz“ in Buchform mit einer großzügigen Spendenaktion zu fördern.

Ein damit verbundener kommunaler Arbeitsauftrag konnte dank dieser Initiative ins Werk gesetzt werden.

In der Folge haben sich die beiden Stadtarchivare Dr. Friedrich Mayrhofer und Dr. Willibald Katzinger mit viel Fleiß und wissenschaftlicher Akribie die gewiß nicht leichte Aufgabe gestellt, eine zusammenhängende Darstellung des Linzer Siedlungsraumes von der Urzeit bis zur städtischen Wirklichkeit von heute zu geben.

Besonderer Dank gebührt an dieser Stelle nicht nur dem fördernden Verein Rotary und den beiden Autoren des hiemit vorliegenden Werkes, sondern auch dessen eigentlichem Geburtshelfer, dem langjährigen Leiter des Linzer Stadtarchivs und später der kommunalen Kulturverwaltung, Obersenatsrat i. R. Prof. Dr. Wilhelm Rausch.

Linz hat bereits im anbrechenden Industriezeitalter mit seiner Wollzeugfabrik und daraufhin mit frühen Ingenieursbauten eine europäische Pionierrolle gespielt. Es hat seine Position als führende österreichische Industriestadt in den ersten Jahrzehnten nach 1945 klar herausgestellt. Am Ende der achtziger Jahre zeigte sich allerdings die Notwendigkeit einer wirtschafts- und umweltpolitischen Erneuerung.

Zur Zeit erlebt Linz gerade im wirtschaftlichen Bereich eine dynamische Aufbruchsphase. Anzeichen dafür sind die Projektierung eines internationalen Maßstäben entsprechenden Ausstellungs- und Kongreßzentrums, ferner die Förderung von innovatorischen Entwicklungen im Hochtechnologiebereich und die Aufschließung von Industrieparks zur Ansiedlung leistungsfähiger moderner Betriebe.

Die praxisbezogene Forschungs- und Entwicklungsarbeit von Universität und Kunsthochschule wird gleichfalls gezielt von der Stadt gefördert.

Daß Linz während der letzten Jahrzehnte auch eine lebensfrohe Kulturstadt mit international ausstrahlenden Großveranstaltungen geworden ist, verdankt man allerdings dem dazu notwendigen wirtschaftlichen Fundament, das immer wieder gefestigt und verbessert werden muß.

Das wissenschaftlich-kulturelle Renommee von Linz und die Abfassung einer ganzheitlichen Stadtgeschichte stehen insofern in engem Zusammenhang, als dort wie da ein hoher Stand an Bewußtseinsbildung vorhanden sein muß.

Die vorliegende „Geschichte der Stadt Linz“ ist also auch Ausdruck eines in dieser Form neuen Linzer Selbstbewußtseins, das es vorher nicht so ausgeprägt gegeben hat.
Linz mußte auch als Kollektiv erst Persönlichkeit entwickeln, um zur bisher klarsten Erkenntnis seiner historischen Abläufe zu gelangen.

Insofern steht auch das Erscheinen dieser Stadtgeschichte unter dem Vorzeichen einer glücklichen gegenwärtigen Gesamtentwicklung.

Dr. Franz Dobusch
Bürgermeister der Landeshauptstadt Linz

Zum Geleit

Dieses Werk verdankt seine Entstehung einer Initiative des Rotary Clubs Linz. Rotary verkörpert eine weltweit tätige Organisation von über einer Million Mitgliedern, die in 24.500 Clubs organisiert sind. Ziel von Rotary ist die Hilfsbereitschaft im täglichen Leben.

Der Rotary Club Linz hat es sich daher zur Aufgabe gemacht, dort aktiv zu sein, wo Hilfe sozialer, kultureller und ethischer Art notwendig ist. So empfand der Club es als Mangel, daß die Vergangenheit seiner Heimatstadt zwar schon von namhaften Historikern beschrieben worden war, dabei aber immer nur einzelne Epochen behandelt wurden. Was fehlte, war eine bis in die heutige Zeit gehende geschlossene und ausführlichere Zusammenfassung. Die Stadtgeschichte aus dem Jahr 1824 und die zuletzt 1922 erschienene genügten den heutigen Ansprüchen nicht mehr.

Aus Anlaß seines 50jährigen Bestandsjubiläums im Jahre 1978 entschloß sich der Club, diesem Mangel abzuhelfen. Er griff vorhandene Ideen auf und schuf die für eine solche umfangreiche Publikation erforderliche finanzielle Basis. Die Absicht war, das Werk nicht nur auf wissenschaftlich gesicherten Erkenntnissen basieren zu lassen, sondern auch gut lesbar und reich bebildert zu gestalten. Die im Club bereitgestellten erheblichen Geldmittel sollten einen für jedermann erschwinglichen Preis sichern.

Kontakte mit den maßgeblichen Stellen der Stadt Linz, ohne deren Mitwirkung ein solches Unternehmen nicht möglich gewesen wäre, ergaben, daß für die Verwirklichung des Projektes neue Erkenntnisse aus Forschungen zur Geschichte der Stadt abzuwarten waren. So hatten die beiden Autoren acht wissenschaftliche Einzelwerke zu berücksichtigen, bevor sie mit ihrer Arbeit beginnen konnten. Es ist ihnen gelungen, den vom Club vorgegebenen Zielen hervorragend zu entsprechen. Dafür gebührt ihnen unser besonderer Dank.

Nicht minder zu danken ist den Bürgermeistern der Stadt Linz, Hofrat Franz Hillinger, Professor Hugo Schanovsky und Dr. Franz Dobusch, unter deren Amtsführung die Realisierung des Projektes fiel. Ohne ihre tatkräftige Unterstützung hätte es nicht verwirklicht werden können. Auch der Druckerei Wimmer als Verleger und Hersteller dieses Werkes sei herzlich gedankt. Sie erfüllte alle unsere Vorstellungen, das Erscheinungsbild des Buches hochwertig und repräsentativ zu gestalten.

So wünschen wir dem Werk, dessen Erscheinen mit dem 500-Jahr-Jubiläum von Linz als Landeshauptstadt Oberösterreichs zusammenfällt, allseits eine gute Aufnahme. Möge diese Linzer Stadtgeschichte auch die beabsichtigte Verbreitung in allen Kreise der Bevölkerung finden, um aus dem Geschehen vergangener Zeiten Verständnis zu wecken für die Gegenwart und die Wege in die Zukunft.

Rotary Club Linz

Arbeitskreis Stadtgeschichte

Christian Beurle Werner Neugebauer Franz-Xaver Otto

Inhalt

Einleitung

„Habent sua fata libelli" – Die Bücher haben ihr Schicksal. Dieser bereits an der Wende des 2. zum 3. Jahrhundert nach Christus geprägte Satz trifft selten auf ein Werk so zu wie für das Entstehen der nunmehr vorliegenden Geschichte von Linz. Sie hat selbst eine lange Geschichte und muß sie sogar haben, denn zu lange ist keine zusammenfassende Darstellung auf dem Buchmarkt erschienen. Es sind bereits mehr als 160 Jahre vergangen, seit Benedikt Pillweins „Beschreibung der Provinzial-Hauptstadt Linz . . ." erschienen ist und mehr als 140 Jahre seit der Drucklegung seines Werkes „Linz, einst und jetzt, von den ältesten Zeiten bis auf die neuesten Tage". Eine in jährlichen Fortsetzungen (1867–1883) verfaßte Darstellung von Vinzenz Fink und eine relativ kurze Zusammenfassung von Anton Ziegler (1922) gingen über die Arbeiten Pillweins kaum hinaus.

Zur Ehre der Stadt Linz sei gesagt, daß die Bemühungen um eine Stadtgeschichte – soweit sich dies noch feststellen läßt – mindestens bis an den Beginn des 20. Jahrhunderts zurückreichen. Allein die erste Hälfte dieses Saeculums mit ihren nicht gerade wenigen Umstürzen und Zeiten wirtschaftlicher Not war der Sache nicht förderlich. Zu Recht wurde auch immer wieder die Quellenarmut durch die Vernichtung großer Teile des Stadtarchivs im Jahre 1823 und daraus resultierend, der Mangel an entsprechenden Vorarbeiten beklagt. Diesem Manko wurde seit 1935/36 mit der Herausgabe des (Historischen) Jahrbuchs der Stadt Linz begegnet, das bis heute erscheint und wissenschaftliche Arbeiten zu ausgesuchten Themen bringt. So hat sich in bisher mehr als 40 Bänden eine reiche Fülle von Material angesammelt, das nach 1950 noch bedeutend vermehrt werden konnte. Seit damals sind nämlich mehr als 200 Bände „Linzer Regesten" erschienen, die Auszüge aus Urkunden und Akten in auswärtigen Archiven bringen, die in irgendeinem Zusammenhang mit Linz stehen. Im Jahre 1961 erschien der erste Band des Kunstjahrbuches der Stadt Linz, das wie das Historische Jahrbuch wissenschaftliche Aufsätze bringt, allerdings ausgerichtet auf die Geschichte von Kunst und Kunsthandwerk. Darüber hinaus wurden in lokalen und überregionalen Fachzeitschriften laufend Beiträge zur Geschichte von Linz publiziert. Dazu kamen noch selbständige Monographien zu besonders reizvollen Themen.

Die Frucht aller bisherigen Bemühungen liegt in einer an der Universitätsbibliothek Linz gespeicherten Datenbank von über 9000 Einzelarbeiten vor; eine Auswahl von 3000 besonders wichtigen Aufsätzen und Büchern erschien in der neuen „Linzer Bibliographie". Dennoch sind viele Aspekte der Geschichte noch nicht aufgearbeitet und manche Darstellungen bedürften einer gründlichen Überarbeitung. Angesichts dieser Fülle von wertvollem Material erscheint es paradox, daß nicht längst der Versuch einer zusammenfassenden Darstellung unternommen worden ist, zumal die Bemühungen dazu seit mindestens 1955 konkrete Formen anzunehmen schienen. Generationen von Stadtvätern haben geduldig auf den großen Augenblick gewartet, daß die Stadtgeschichte erscheinen würde.

Es bedurfte zusätzlich eines äußeren Anstoßes, um das Unternehmen endgültig in die Wege zu leiten: Im Jahre 1977 erklärte sich der Rotary-Club Linz zu seinem bevorstehenden Jubiläum bereit, den Vorschlag des damaligen Archivdirektors und nachmaligen Kulturverwaltungsdirektors Prof. Dr. Wilhelm Rausch aufzugreifen und eine populärwissenschaftliche Ausgabe einer Linzer Geschichte zu finanzieren. Wilhelm Rausch war es auch, der die entscheidenden Anregungen zum Jubiläum „Linz – 500 Jahre Landeshauptstadt" gab. Größere Pläne, die auf eine zu erarbeitende wissenschaftliche Darbietung in ca. zehn Bänden abzielten, aus denen eine verkürzte, leicht lesbare Fassung gezogen werden sollte, haben sich vorläufig zerschlagen. Von den in Aussicht genommenen weiteren Geldgebern ging einzig die Stadt Linz darauf ein. Parallel zur Stadtgeschichte können auf diese Weise einige wissenschaftliche Monographien erscheinen, die als unbedingt notwendige Vorarbeiten zu diesem Buch betrachtet werden müssen, und denen es vor allem im Bereich der Industriegeschichte verbunden ist. Schließlich bescherte der vormalige

Bürgermeister Prof. Hugo Schanovsky im Dezember 1985 dem Direktor des Stadtarchivs ein besonderes Weihnachtsgeschenk, als er ihn kurzerhand mit der Abfassung der Linzer Geschichte beauftragte, die bis zum 10. März 1990, dem Tag der 500. Wiederkehr der Erhebung der Stadt Linz zur Landeshauptstadt, gedruckt vorliegen sollte. So einfach gestalten sich manchmal Dinge, die jahrzehntelang nicht gelingen wollen.

Der Wille dazu war zwar vorhanden, allein frisch gewagt ist eben nur halb gewonnen, weshalb es galt, sich nach der anderen Hälfte, einem Koautor, umzusehen, der wieder der Einfachheit halber im Archiv selbst gefunden wurde. Zweifellos bedeutet es ein Wagnis, eine durchgehende chronologische Darstellung zur Geschichte einer Stadt zu versuchen. Zu verschiedenartig können bereits bei zwei Autoren die Auffassungen sein, wie man sich einer solchen Aufgabe zu nähern hat, was für den Leser von Interesse sein könnte bzw. was unbedingt angemerkt werden muß, um der jeweiligen Zeit gerecht zu werden. Aus dem Inhaltsverzeichnis ist zu entnehmen, wer für die Abfassung der einzelnen Epochen verantwortlich zeichnet. Dabei ist zu berücksichtigen, daß die Darstellung der jüngeren Geschichte nicht nur deswegen einen breiteren Raum einnimmt, weil die Stadt in dieser Zeit immer mehr gewachsen ist. Vielmehr werden uns die letzten 100 bis 200 Jahre mehr ansprechen, weil in dieser Zeit die Grundlegung der industriellen Gesellschaft erfolgt ist, in die wir heute noch eingebettet sind.

Die Autoren bedauern es sehr, daß die Herausgeber darauf bestanden haben, auf Anmerkungen zu verzichten. Dies vor allem deshalb, weil sich bei der Arbeit viele neue Erkenntnisse ergeben haben, die nun ohne quellenmäßige Belege dastehen. Es wird hier einiges nachzuholen geben. Die Auswahl an Literatur am Ende des Buches möge dem Leser weiterhelfen, wenn er sich zu einem bestimmten Thema noch eingehender informieren will. Darüber hinaus steht ihm die oben erwähnte Bibliographie zur Verfügung.

Nobody is perfect! Darum ersuchen die Autoren um Nachsicht, sollte sich doch der eine oder andere Fehler eingeschlichen haben. Es wurde alles getan, um das zu vermeiden. Die Kolleg(inn)en Dr. Anneliese Schweiger, Dr. Gerhart Marckhgott und Dr. Peter Leisch wurden um eine Kontrolle der Manuskripte gebeten, wofür ihnen der gebührende Dank ausgedrückt sei.
Dr. Leisch hat zusätzlich noch an so mancher Formulierung gefeilt, Korrekturen gelesen und das Register erstellt. Herzlich bedankt seien auch die Kolleginnen und Kollegen im Stadtarchiv, die mit rücksichtsvollem Verständnis das Entstehen des Buches begleitet haben.

Große Mühe bereitete das Auffinden des Bildmaterials in den diversen Archiven, Museen und anderen Instituten. Sie alle aufzuzählen, würde zu weit führen, doch sei stellvertretend für alle dem OÖ. Landesarchiv, dem OÖ. Landesmuseum und besonders dem Stadtmuseum Linz herzlich gedankt. Immer wieder mußten die Fotografen Franz Michalek und Walter Litzlbauer bemüht werden, deren Bereitschaft zur Mitarbeit weit über die dienstlichen Obliegenheiten hinausging. Besondere Erwähnung verdient die gute Zusammenarbeit mit dem Grafiker Erwin Krump, der die Gestaltung des Buches zu besorgen hatte. Auch ihm sei herzlich gedankt.

Die zuständigen Herren der Stadtverwaltung auf politischer und Beamtenebene haben den Werdegang des Buches mit Terminsorgen, aber auch mit Anteilnahme verfolgt, auch dafür ist zu danken.

Am meisten mitgelitten haben aber wohl die Familien, ohne deren verständnisvoller Rücksichtnahme die Geschichte von Linz nicht zu schreiben gewesen wäre. An unzähligen Wochenenden sahen die Kinder ihre Väter, die Frauen ihre Gatten nur am Schreibtisch, und auch an den Abenden waren sie selten zu sprechen. Ihnen, den Gattinnen Ingeborg und Hildegard sowie den Kindern Florian, Wolfgang, Thomas und Silvia, sei die Arbeit an diesem Buch gewidmet.

Linz, im November 1989
Fritz Mayrhofer, Willibald Katzinger

Die Anfänge der Besiedlung im Linzer Raum

Für die Siedlungstätigkeit und somit die Existenz des Menschen sind die natürlichen Faktoren eines Landes, wie die Beschaffenheit des Bodens, die Höhenlage, das Landschaftsrelief, die Wasserläufe und vor allem das Klima von entscheidender Bedeutung. Das Linzer Becken wird im Norden und Osten durch das kristalline Grundgebirge begrenzt. Mit seinem Zurückweichen zwischen Kürnberg, Pöstlingberg und Pfenningberg ergibt sich der buchtartige Charakter. Zur Ausformung des heutigen Landschaftsreliefs trugen die letzten ein- bis eineinhalb Millionen Jahre der Erdgeschichte bei. Durch das Eiszeitalter (Pleistozän) mit seinem Wechsel von Kälte- und Wärmeperioden bildeten sich im Linzer Becken gegen Süden zur Traun abfallende Terrassenstufen aus, die südlich des Flusses ihre spiegelbildliche Entsprechung haben. Die in den letzten Perioden der Eiszeit (Würm- und Rißeiszeit) entstandenen Terrassen treten uns als Nieder- und Hochterrassen (Harter Plateau, Ebelsberger Schloßberg) im heutigen Stadtgebiet entgegen. Die älteren eiszeitlichen Stufen, von der Geologie als jüngere (Mindeleiszeit) und ältere (Günzeiszeit) Dekkenschotter bezeichnet, sind in Resten noch an den Vorhöhen des Freinbergs und südlich der Traun deckenartig in der Traun-Enns-Platte vorhanden.

1 Der Feuerstein war das bevorzugte Material des Menschen der Altsteinzeit zur Herstellung von diversen Werkzeugen.
Vorlage: J. W. Neugebauer – Kurt Simperl, Als Europa erwachte, Salzburg 1979, S. 51. Grafik: Erwin Krump

Verdeutlicht man sich das Entstehen dieser einzelnen Terrassenstufen in absoluten Zahlen, so beginnt die Ausbildung der ältesten (günzeiszeitlichen) Terrassen etwa vor 700.000 Jahren, während die Aufschüttung der Niederterrassenschotter aus der letzten Kälteperiode (Würmeiszeit) vor ca. 10.000 Jahren abgeschlossen wurde.

Die Donau war für den Linzer Raum stets der wichtigste Flußlauf. Nach dem Durchbrechen des Granitmassivs zwischen Kürnberg bzw. Freinberg und Pöstlingberg durchfließt sie die Linzer Bucht in einem nach Norden gerichteten Halbkreis. Zusammen mit der rund sieben Kilometer unterhalb des Linzer Stadtzentrums in die Donau einmündenden Traun besitzt sie die größte Bedeutung für die spätere Entwicklung von Linz.

Die günstigen klimatischen Bedingungen der Nacheiszeit (Holozän) förderten in unserem Raum die Anlage von Dauersiedlungen in der jüngeren Steinzeit (Neolithikum). Sie waren das Ergebnis des wahrscheinlich revolutionärsten Aktes in der Entwicklung der Menschheit überhaupt, nämlich des Übergangs von der Jagd- und Sammeltätigkeit des Menschen während der Altsteinzeit (Paläolithikum) zu einer seßhaften bäuerlichen Lebensweise. Damit verbunden war die epochale Entdeckung des formbaren, durch Luft oder Brand härtbaren

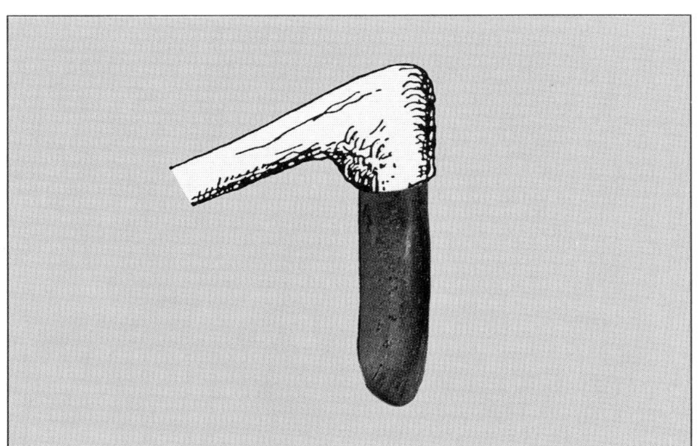

2 Schuhleistenkeil aus Amphibolitschiefer (Länge ca. 20 cm) aus dem 4.–5. Jahrtausend v. Chr. aus dem VOEST-Gelände. Er fand als Universalgerät Verwendung. Die Rekonstruktion zeigt ihn geschäftet in einer Astgabel. *Foto: Stadtmuseum Linz*

Tones etwa zur Gefäßerzeugung und in der Werkzeugherstellung die Kunst des Steinschliffes im Gegensatz zu den geschlagenen Feuersteinwerkzeugen der älteren und mittleren Steinzeit. Seßhaftigkeit, Ackerbau und Viehzucht zwangen den Menschen zu einer aktiven Auseinandersetzung mit der Natur und zu einer produzierenden Wirtschaftsweise. Der altsteinzeitliche Jäger und Sammler ist ihr noch passiv begegnet, indem er zur Deckung seines Lebensunterhaltes sich wildreichen Örtlichkeiten anpassen mußte.

Im Linzer Raum lassen sich erste Spuren einer Dauersiedlung seit dem 4. vorchristlichen Jahrtausend belegen. Nach dem Ausweis der zahlreichen Funde dienten die hochwassersicheren eiszeitlichen Terrassen entlang von Donau und Traun als bevorzugtes Siedlungsgebiet. Wenn für den Linzer Bereich auch eindeutige Belege bisher fehlen, so sind wir an Hand von Vergleichsbeispielen über die Lebensweise des Menschen während der jüngeren Steinzeit relativ gut unterrichtet. Er lebte familienweise in großen Rechteckhäusern von 20 bis 25 Metern Länge und 6 bis 7 Metern Breite. Die Wände dieser Häuser bestanden aus Holzpfählen, die Zwischenräume waren mit Astgeflecht ausgefüllt und mit Lehm verschmiert. Mehrere dieser Bauten waren jeweils zu kleinen dörflichen Siedlungen zusammengefaßt. Als bevorzugte Werkzeuge dienten ihm neben der Flachhacke, Scheibenkeule und Setzkeil der länglich gewölbte Schuhleistenkeil, der als Universalgerät Verwendung fand.

Aus Schmuckbeigaben (Muscheln) in den Gräbern lassen sich bereits in dieser Zeit Handelsbeziehungen bis in den mediterranen Raum erschließen. Sie reichten aber auch weiter nach Norden Richtung Böhmen. Neolithische Siedlungsplätze entlang der Traunlinie (Neubau, Scharlinz) haben ihre Entsprechung in einer dichten Kette von Einzelfunden und Siedlungsplätzen nördlich der Donau im Gusental.

3 Auf den Gründen des Bauernhofes Oberburger in Gründberg fanden sich verschiedene Steinbeile aus unterschiedlichem Material; ein Beweis dafür, daß dieses Gebiet bereits während der Jungsteinzeit besiedelt war. *Foto: Stadtmuseum Linz*

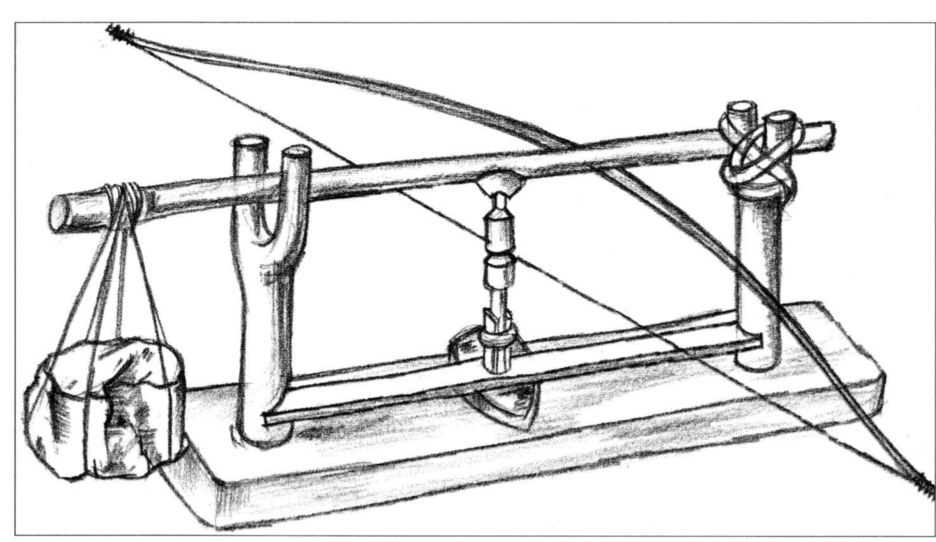

4 Rekonstruktion einer jungsteinzeitlichen Steinbohrmaschine nach einem Modell im OÖ. Landesmuseum. Als Bohrer wurde ein Röhrenknochen oder ein Holunderrohr verwendet. Eingestreuter Quarzsand beschleunigte den Bohrvorgang. *Grafik: Erwin Krump*

Wohl bereits in dieser Zeit querte im Linzer Raum eine Nord-Süd-Verbindung den West-Ost-Wasserweg der Donau. Vermutlich führte dieser Weg über die verkehrsgünstige Trefflinger Pforte in das Gusental, von wo er dann über das Aisttal den böhmischen Raum anstrebte. Dieser Verkehrsknoten wurde für die Ausbildung einer Siedlung im Linzer Becken entscheidend.

Die hier ansässige Bevölkerung war Trägerin einer Kultur, die von der Urgeschichtsforschung nach ihrer hauptsächlichen Verbreitung in den Lößlandschaften des österreichisch-böhmisch-mährischen Raumes beiderseits der Donau bzw. in ihrer charakteristischen Ausformung der Keramik als donauländische oder bandkeramische Kultur bezeichnet wird. Eine jüngere Form mit engen Beziehungen nach Niederbayern stellt die nach einem bayerischen Fundort im Bezirksamt Straubing benannte Münchshöfener Kultur (ca. 2500–2000 v. Chr.) dar. Ihren Niederschlag fand diese Kultur im Linzer Raum in Ufer bei Ebelsberg und in einer „Grubenwohnung" auf dem Linzer Altstadtplatz.

5 Ca. 15 cm hohes Gefäß vom Alten Markt mit geknickter Wandung, Noppendekor und hohem Standfuß, das für die späte Bandkeramik (Münchshöfener Kultur) charakteristisch ist. *Foto: Stadtmuseum Linz*

Gegen Ende des 3. Jahrtausends v. Chr. kam es in unserem Gebiet zur Einwanderung indogermanischer Bevölkerungselemente aus dem Nord- und Ostseeraum. Die donauländische Kultur geriet unter starken nordischen Einfluß. Aus diesem Mischprozeß ging als erste eigenständige kulturelle Ausformung unseres Raumes die Mondseekultur hervor. Streufunde und Siedlungsspuren lassen sich im gesamten Stadtgebiet (Kleinmünchen, Hauptbahnhof, Theater, Altstadt) nachweisen. Dieser Zeit wird auch eine Höhensiedlung auf der Kuppe des Freinbergs zugerechnet. Wie stark unser Raum am Ende der jüngeren Steinzeit vom Norden beeinflußt war, darauf deutet ein Hockergrab aus Scharlinz (Teil der KG Kleinmünchen). Es wird der mitteldeutsch-sudetischen Schnurkeramik- bzw. Einzelgrabkultur zugeordnet, die mit ihren südlichen Ausläufern über das Mühlviertel bis in den Donauraum vorgedrungen ist. Der starke Expansionsdrang dieser Nordleute bedingte eine Verlagerung des Lebensunterhaltes mehr zur Viehzucht hin. Sie haben jedenfalls das den Bandkeramikern noch unbekannte Pferd bei uns als Haustier heimisch gemacht.

Dem donauländisch-nordischen Kulturkonglomerat gesellte sich in der Schlußphase des Neolithikums die Glockenbecherkultur hinzu. Ihren Namen bezieht sie von der charakteristischen Keramik des zonenverzierten glockenförmigen Bechers. Die Träger waren aus dem Westen von der Iberischen Halbinsel kommende, nichtindogermanische Bevölkerungselemente, deren Hauptwaffe der Bogen war. Sie führten eine überwiegend nomadische Lebensweise, die in der Hauptsache auf Jagd und Sammelwirtschaft ausgerichtet war. Die Glokkenbecherleute kannten bereits das Kupfer als neuen Werkstoff und stehen somit am Übergang zur Bronzezeit. Im Linzer Raum haben sie ihre Spuren in charakteristischen Hockerbestattungen in Scharlinz und St. Peter hinterlassen.

Die Kenntnis der Metallurgie im Donauraum dürfte also höchstwahrscheinlich über das Mittelmeergebiet vermittelt worden sein. In erster Linie war es das Kupfer, das mit Zinn zur Bronze legiert, einer ganzen Epoche ihren Namen gab (Bronzezeit). Dieser rund um 1800 v. Chr. anzusetzende und ein Jahrtausend (bis 800 v. Chr.) währende Zeitabschnitt schloß fließend an das Neolithikum an. Die Bronzemetallurgie bestimmte entscheidend das ökonomische Gesicht unseres Gebiets. Durch den Abbau des Kupfers und seiner Verhüttung kam es zur Spezialisierung und somit auch zu

6 Eine für die Frühbronzezeit typische Hockerbestattung in linksseitiger Lage aus dem Gräberfeld Linz-St. Peter. Vielfach haben sich Reste der Kleidung (Nadeln, Gürtelhaken) erhalten. Für die Reise ins Jenseits wurden dem Toten die Waffen und oft Gefäße mit Nahrung mitgegeben. Foto: Stadtmuseum Linz

sozialen Differenzierungen der Gesellschaft. Wenn auch die seßhaften Ackerbauern weiterhin in der Überzahl waren, so traten Berg- und Hüttenleute — hochqualifizierte Handwerker — zur Verarbeitung des Metalls und Fernhändler an ihre Seite. In der Metallverarbeitung zu Schmuck, Werkzeugen und Waffen zeigt sich in dieser Zeit ein großer Formenreichtum, der als Ausdruck eines verfeinerten Lebensgefühls gelten kann.

7 Ca. 1300 v. Chr. setzt eine neue Bestattungsform ein: Die Toten werden nunmehr verbrannt und der Leichenbrand in Gefäßen beigesetzt. Die für diese Zeit typische Zylinderhalsurne (Höhe 21,2 cm) aus Linz-St. Peter zeigt mit ihrer Verzierung durch Kanneluren Anklänge an die Treibarbeit (Toreutik) in der Metallverarbeitung. Foto: Stadtmuseum Linz

Die Untergliederung der Bronzezeit in drei Abschnitte erfolgt nach den Bestattungssitten. Herrscht in der Frühbronzezeit das Hockergrab vor, ein Flachgrab, in das der Tote in seitlich liegender Hockerstellung bestattet wurde, so wird dieses am Beginn der mittleren Bronzezeit vom Hügelgrab abgelöst. Der Leichnam wurde dabei in gestreckter Lage in eine Art Steinkammer gelegt, über die ein mächtiger Grabhügel aufgeworfen wurde. Träger dieser Kultur war eine mindestens seit dem Beginn des 2. Jahrtausends v. Chr. ethnisch konstante überwiegend bäuerliche Bevölkerungsschicht. Am Ende der mittleren Bronzezeit (Ende des 13. Jahrhunderts v. Chr.) kam es zu großräumigen Wanderungsbewegungen, die selbst den Vorderen Orient und die frühen griechischen Stadtkulturen von Tyrins und Mykene erschütterten. Die damit verbundenen Veränderungen finden in der spätbronzezeitlichen Urnenfelderkultur ihren Ausdruck. Die Toten wurden verbrannt und der Leichenbrand in großen Urnen in Flachgräbern beigesetzt. Als Repräsentant dieser Kultur gilt in der Forschung heute noch immer das Volk der „Illyrer“, obwohl von seiten der Sprachforschung dieser Begriff neuerdings abgelehnt wird.

Vom Kulturgefüge her finden sich in der Bronzezeit ähnlich den vorangehenden Epochen Einflüsse aus dem bayerischen Raum im Westen mit der sogenannten Straubinger Kultur, noch stärker aber aus dem Osten durch die sogenannte Aunjetitzer Kultur und ihre Sonderform Unterwölbling aus der Umgebung von St. Pölten sowie die mährische Věteřov-Kultur. Erst die Urnenfelderzeit zeigt wiederum eine starke westliche Orientierung, repräsentiert durch den sogenannten Typus Hötting-Morzg, teilweise aber auch Einflüsse aus dem böhmischen Raum durch die Knovizer-Kultur, die sich im Hügelgräberfeld von Alt-Lichtenberg bei Linz und in Urnenfunden aus Linz-Schörgenhub nachweisen läßt. Begünstigt wird diese Konstellation durch die verkehrsgeographischen Gegebenheiten des Alpenvorlandes. Die Bronzezeit gilt im allgemeinen als ein Zeitabschnitt einer ruhigen Entwicklung. Rätsel geben der Forschung daher zahlreiche Depotfunde (Barrendepots und Handelsware) aus dem Ende der Frühbronzezeit (ca. 1500 v. Chr.) und der Urnenfelderzeit auf — einer der größten wurde auf dem Freinberg gehoben. Die Depotfunde als Folge von kriegerischen Entwicklungen anzusehen, hat bisher keine ungeteilte Zustimmung gefunden.

Siedlungsmäßig lassen sich für die Bronzezeit schon schärfere Konturen zeichnen. Bevorzugte Siedlungsplätze waren einerseits die das Linzer Becken umgebenden Höhen nördlich und südlich der Donau, wie der Froschberg (Reisetbauer), auf dem ein kleines Dorf bestanden hatte, dann aber auch der Kürnberg, Luftenberg und Freinberg. Bereits seit der frühen Bronzezeit war es vornehmlich die hochwassersichere Terrasse im linken Mündungswinkel der Traun in die Donau, wo in der ehemaligen Ortschaft St. Peter beim Bau der Linzer Industrieanlagen während des Zweiten Weltkriegs Gräberfelder der frühen Bronzezeit und aus der Urnenfelderzeit mit reichen Grabbeigaben aufgedeckt worden waren. Funde aus jüngerer Zeit lieferten den Nachweis, daß der Bereich des Hauptplatzes in der Bronzezeit siedlungsmäßig erschlossen war.

Die Verwendung des Eisens leitete gegen Ende des 9. Jahrhunderts v. Chr. eine neue Epoche in unserem Raum ein. Der für unsere Gegend neue Werkstoff läßt sich in Kleinasien schon vor der Mitte des 3. vorchristlichen Jahrtausends nachweisen. Sein Weg nach Mitteleuropa ist bis heute noch weitgehend unerforscht. Vermittlerfunktionen dürften Südeuropa und ab etwa 1000 v. Chr. dann sicher Oberitalien zugekommen sein. Das gleiche gilt für die Kenntnis der Eisenverhüttung. Für den Abschnitt der älteren Eisenzeit (800 bis 400 v. Chr.) wurde als bedeutender Fundort Hallstatt im Salzkammergut für eine Kultur namengebend, die in eine westlich-mediterrane und eine östliche Komponente zerfällt.

Wegen seiner universellen Verwendbarkeit für Waffen und Werkzeuge gewann der Werkstoff Eisen sehr rasch an Bedeutung. Das seit dem Jahr 1845 auf dem Hallstätter Salzberg aufgedeckte Gräberfeld mit mehr als 2000 Bestattungen spiegelt in seinen Beigaben vielfältige Importware wider. Aus dem Norden kam Bernstein, aus dem Süden, vor allem dem Raum um Este im heutigen Oberitalien, wurden Glasgegenstände und Bronzegefäße importiert. Diese Waren waren das Tauschprodukt für das in Hallstatt gewonnene Salz, dessen Bedeutung als Konservierungsmittel durch das um etwa 800 v. Chr. einsetzende feuchtere und kühlere Klima, das wiederum den Waldwuchs begünstigte, stieg. Der forcierte Bergbau brachte abermals eine stärkere soziale Differenzierung der Bevölkerung mit sich.

Die Grabbeigaben zeigen, daß über dem „technischen Personal“ des Bergbaues, wie Häuer, Träger etc. eine reiche Schicht von

8 Hallstattzeitliches Gefäß (ca. 8.—6. Jahrhundert v. Chr.) aus dem Werksgelände der VOEST-Alpine mit den für diese Zeit charakteristischen Rauten- und Zickzackbandmustern. Foto: Stadtmuseum Linz

Bergherren stand, die aus dem Handel und Vertrieb des Salzes ihren Gewinn zogen. Außerhalb der alpinen Bergbaugebiete blieben für den Menschen der Hallstattzeit Ackerbau und Viehzucht nach wie vor die Lebensgrundlage. Als Wohnstätten dienten auf dem flachen Land sogenannte Holzständerbauten, während im alpinen Bereich dem Blockhaus der Vorzug gegeben wurde.

Für die Verfrachtung des Salzes von den alpinen Lagerstätten in das salzarme Böhmen, aber auch weiter donauabwärts, ist den Donauübergängen im Linzer Becken während dieses Zeitabschnitts wohl zentrale Bedeutung zugekommen. Der Bereich nördlich der Donau hat mit der stets waldfreien Feldaistsenke, die während der Hallstattzeit nachweislich besiedelt war, neben anderen Verkehrswegen die Verbindung zum böhmischen Raum hergestellt. Gräberfelder der Hallstattkultur in Linz-Sankt Peter und im Hühnersteig (Nähe Polizeidirektion) lassen die Wichtigkeit des Salzhandelsweges, der hier die Donau querte, erkennen. Neben der aus der Urnenfelderzeit bekannten Brandbestattung in Flachgräbern finden sich Körperbestattungen in Hügelgräbern. Das Wiederauftauchen des Grabhügels am Beginn der Hallstattzeit wird von der Wissenschaft mit einem Wandel im Volkstum erklärt, wobei das nebeneinander beider Bestattungsformen auf einen friedlichen Ausgleich zwischen bodenständiger und neu angekommener Bevölkerung hindeutet. Die neben den Gräberfeldern bekannten zahlreichen Einzelgräber und Funde zeigen, daß das Linzer Becken mit seinen umliegenden Höhenzügen während der Hallstattperiode relativ dicht besiedelt gewesen war. Keramikfunde weisen den Linzer Raum als Teil des innerhalb des westlichen hallstattzeitlichen Kulturkreises in Südbayern und Oberösterreich lokalisierbaren Typus von Huglfing-Schärding aus.

9 Die ur- und frühgeschichtlichen Gräberfelder im Bereich der heutigen VOEST-Alpine.

Kelten, Römer und der Name Linz

Um 400 v. Chr. kam es in Europa zu neuerlichen Wanderbewegungen. Die in Nordostfrankreich und Südwestdeutschland beheimateten Kelten hatten sich zunächst nach Süden auf die Pyrenäenhalbinsel und in nördlicher Richtung nach England gewandt und sich gegen Ende der Hallstattzeit nach Osten ausgedehnt. In der Folgezeit versetzten sie nicht nur den Mittelmeerraum in Unruhe, sondern stießen im 3. Jahrhundert v. Chr. bis in die damalige hellenistische Welt vor, wo sie als Galater im Innern Kleinasiens staatenbildend wurden. Das Vordringen der Kelten in unseren Raum am Beginn des 4. vorchristlichen Jahrhunderts markiert einen neuen Geschichtsabschnitt: Die Wissenschaft spricht von der jüngeren Eisenzeit oder nach ihrem bedeutendsten Fundort am Neuenburger See in der Schweiz von der La-Tène-Zeit. Sie wird bis zur Ankunft der Römer in unserem Gebiet, also etwa bis Christi Geburt gerechnet.

Die Zentren der Hallstattkultur haben im Bereich der Kunst keltisches Formengut bereitwillig aufgenommen. Dieses war durch starken mediterranen Einfluß aufgrund von Importware oder durch die Übernahme antiker Stilanregungen gekennzeichnet. Die hohe Qualität des latènezeitlichen Kunsthandwerks manifestiert sich in eisernen Gürtelhaken und Fibeln sowie Armringen mit ihren vom Naturvorbild stark abstrahierten animalischen und vegetabilen Formen. In der Keramik ist die Schnabelkanne und die graphitierte Kammstrichkeramik besonders kennzeichnend. Zur Gefäßherstellung wurde von den Kelten erstmals die Töpferscheibe verwendet. Die Bestattungssitten zeigen in der La-Tène-Zeit besonders vielfältige Formen. Körper- und Brandbestattungen kommen sowohl in Hügelgräbern als auch in Flachgräbern vor. Einen hohen Rang nahm im keltischen Metallhandwerk die Waffenherstellung ein. Die militärischen Erfolge der Kelten waren auf die Überlegenheit ihrer Bewaffnung zurückzuführen. Sie bestand aus einem Kurzschwert, später dem Langschwert, Lanze, Speer, Schild, Helm und Haumesser.

Die neu ankommenden Kelten hatten die in unserem Raum ansässige „illyrische“ Bevölkerung nicht verdrängt. In weiten Teilen Mitteleuropas bildeten sie nur eine kleine Oberschicht, in deren Hand die politischen und wirtschaftlichen Schlüsselstellungen lagen. Die ältere „illyrische“ Bevölkerung, mit der es anscheinend zu einem friedlichen Ausgleich kam, ging weiterhin einer vornehmlich bäuerlichen Betätigung nach.

In der La-Tène-Periode zählte Linz neben Hallstatt, dem Raum von Wels und dem Inngebiet zu den Fundschwerpunkten in Oberösterreich. Die Lage an einem wichtigen Handelsweg nach dem Norden in den böhmischen Raum, auf dem Salz von den alpinen Lagerstätten in Hallstatt und vom Dürrnberg bei Hallein über die Donau gebracht wurde, war hiefür maßgebend. Keltische Münzfunde im Stadtgebiet unterstreichen diese Bedeutung des Handels nach dem Norden. Die sich etwa um 400 v. Chr. im Linzer Becken festsetzenden Kelten haben wahrscheinlich die schon aus den vorhergehenden Epochen bekannten Siedlungsplätze im Bereich von St. Peter und im Donauknie benützt. Trotz der Überlieferung von keltischen Stammesnamen durch griechische und römische Schriftsteller — stellvertretend seien nur Caesars Schilderungen über den gallischen Krieg *(Commentarii de bello Gallico)* genannt — ist die Stammeszugehörigkeit der im Linzer Becken sitzenden Kelten unbekannt. Die antiken Quellen kennen seit dem 2. vorchristlichen Jahrhundert ein Königreich Noricum *(regnum Noricum)*, in dem unter der Führung der Noriker die keltischen Stämme des Ostalpenraumes zusammengeschlossen waren. Das Zentrum dieses Königreichs lag südlich der Alpen auf dem Magdalensberg in Kärnten. Im Norden reichte das regnum Noricum mindestens bis an die Donau, wahrscheinlich hat aber der Nordwald den Grenzsaum gebildet. Die keltische Siedlung Linz lag somit im nördlichen Randbereich dieses Staatsgebildes, das während des ersten vorchristlichen Jahrhunderts zunehmend unter Druck geriet, als von Norden der Expansionsdrang der germa-

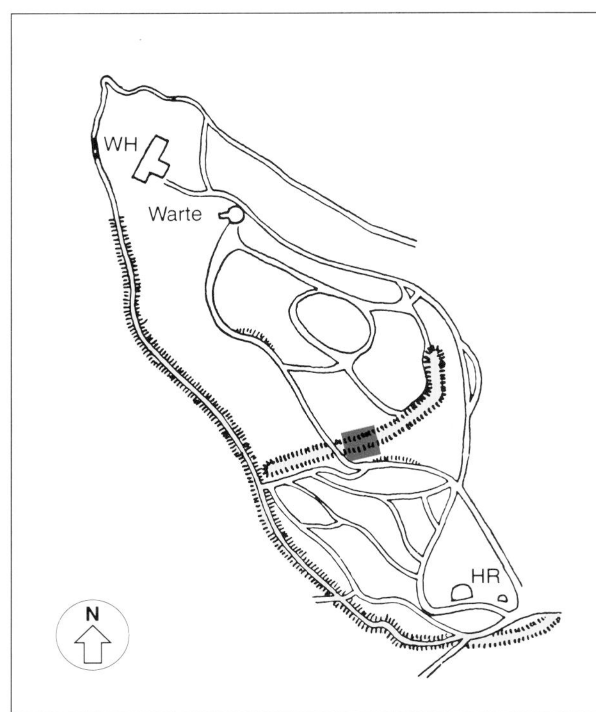

10 Lageskizze der Keltenwälle auf dem Freinberg. Aus: Hanns Kreczi, Linz, Stadt an der Donau, S. 274

12 Nur mehr sehr verschliffen im Gelände ist beim Nordwestwall auf dem Gründberg (rechte Bildseite) die Anlage eines Zangentores erkennbar, wie sie von keltischen Oppida bekannt sind. Foto: Walter Eigner
■ = *Planausschnitt*

13 Lageskizze der keltischen Wallanlagen auf dem Gründberg mit dem Nordwest- und Südwestwall. Aus: Hanns Kreczi, Linz, Stadt an der Donau, S. 275

11 Der etwa in westöstlicher Richtung verlaufende Abschnittswall auf dem Freinberg ist in der Natur noch gut erkennbar. Foto: Walter Eigner
■ = *Planausschnitt*

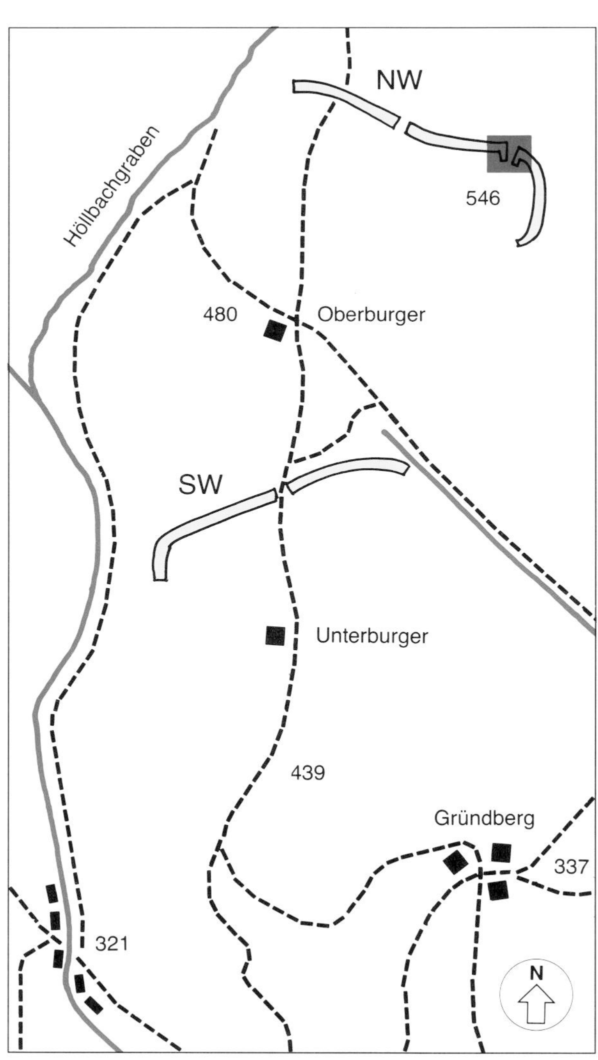

nischen Völkerschaften und vom Süden her jener der Römer immer stärker wurde.

Die Befestigung der Siedlung auf dem Freinberg bzw. der Ausbau einer befestigten Höhensiedlung auf dem Gründberg nördlich der Donau ist vor diesem Hintergrund zu sehen. Von der Lage der Siedlung her stand dabei der Schutz vor den in der Nachbarschaft siedelnden Germanen sicher im Vordergrund. Die beiden Höhensiedlungen waren durch Holz-Erde-Wälle geschützt. Sie sind heute in der Natur noch teilweise sichtbar. Ob diese beiden Siedlungen als „oppida", also eine Art Stadtburg mit Wall und Graben, anzusprechen sind, wie sie Caesar in seinem Gallischen Krieg schildert oder wie sie etwa im bayerischen Manching in einprägsamer Form vorhanden ist, ist beim derzeitigen Forschungsstand nicht zu entscheiden. Für das während der Keltenzeit stark besiedelte Linzer Becken haben der Freinberg und der Gründberg gewissermaßen die Wachtposten gebildet. Die Annahme, daß die Höhensiedlung auf dem Freinberg bei der römischen Okkupation zerstört worden wäre und die keltische Anlage auf dem Gründberg eine Rückzugsposition gebildet hätte, wird heute nicht mehr ernstlich in Erwägung gezogen. Funde belegen, daß sich im 1. vorchristlichen Jahrhundert über den Abhang des Römerberges bis in den Bereich der Altstadt eine keltische Siedlung erstreckt hat.

Der Name für diese Siedlung ist mit der latinisierten Form „Lentia" um 400 n. Chr. im römischen Staatshandbuch, der *Notitia dignitatum occidens* überliefert. Die sprachwissenschaftliche Forschung hat diesen Namen zuletzt von der keltischen Wurzel *lentos abgeleitet, was soviel wie biegsam oder gekrümmt bedeutet. Lentia bezeichnet demnach die Siedlung an der Biegung des Flusses. Mit den lagemäßigen Gegebenheiten stimmt dies voll überein, da die Donau im Linzer Becken eine markante Richtungsänderung vollzieht. Mit der Bezeichnung Lentia war mit großer Wahrscheinlichkeit der gesamte keltische Siedlungsbereich des Linzer Beckens umschrieben. Sie schloß somit auch die befestigten Höhensiedlungen auf dem Freinberg und Gründberg mit ein. Das bei dem im 2. Jahrhundert n. Chr. lebenden Geographen Claudius Ptolemaeus von Alexandrien erwähnte „Usbion" mit der Siedlung auf dem Gründberg zu lokalisieren, wurde mittlerweile wieder aufgegeben.

Während des 1. Jahrhunderts v. Chr. geriet das seit mehr als hundert Jahre einen lockeren Bundesstaat bildende Königreich Noricum im-

14 Die keltische Walltechnik zeigt die Rekonstruktion des Walls um das Oppidum Manching bei Ingolstadt. Sie bestand aus einem Holzrahmenwerk mit Steinfüllung (Murus-gallicus-Technik).
Foto: Prähistorische Staatssammlung München

mer stärker unter den politischen und kulturellen Einfluß der im Süden benachbarten römischen Großmacht. Die Mittelmeermacht hatte im Ostalpenbereich auf politischem Gebiet Schutzinteressen gegen germanische Völkerschaften zu verteidigen, im Bereich der Wirtschaft waren es die norischen Bodenschätze, allen voran das Eisen, aber auch Vieh, die eine von Rom begehrte Handelsware waren. Das friedliche Verhältnis, mit dem eine Romanisierung des Lebens im regnum Noricum einherging, konnte über die wahren Verhältnisse nicht hinwegtäuschen: Noricum war durch das politische Instrument der indirekten Beherrschung ein Vasallenstaat Roms.

Nach der Bereinigung der innenpolitischen Wirren nach dem Tode Caesars betrieb Kaiser Augustus (27 v. bis 14 n. Chr.) eine großangelegte Expansionspolitik zur Festigung der jungen Monarchie und zur Sicherung des römischen Besitzes. Im Zuge dieser Maßnahmen wurde nach 15 v. Chr. das Königreich Noricum von römischen Truppen unter dem Befehl des P. Silius Nerva ohne Blutvergießen besetzt. Die ehrgeizigen Offensivpläne des Augustus, im Westen Germanien bis zur Elbe und den böhmischen Raum in den römischen Machtbereich einzubeziehen, scheiterten schließlich an der Widerstandskraft der Germanen und am Aufstand der Pannonier. Nach einer über fünfzig Jahre dauernden Okkupation wurde Noricum unter Kaiser Claudius (41 bis 54) zu einer römischen Provinz. Die in den strategischen Überlegungen der Römer ursprünglich keine Rolle spielende Donau bildete nunmehr zugleich die Nordgrenze der Provinz Noricum und die Reichsgrenze des Imperium Romanum.

Die Geschicke und die Entwicklung des römischen Lentia sind untrennbar mit seiner Lage an der Grenze während eines runden halben Jahrtausends verbunden. Die bis in das Neolithikum zurückverfolgbare Lage an einem strategisch wichtigen Verkehrsschnittpunkt veranlaßte die Römer zu einer entsprechenden militärischen Absicherung etwa um die Mitte des 1. Jahrhunderts n. Chr. Die Anlage eines Kastells in Linz unterstreicht die Wichtigkeit dieses Donauübergangs, ist es doch das bisher einzig bekannte an der norischen Donau zu dieser Zeit. Seine Hauptfunktion dürfte ursprünglich die Kontrolle dieses wichtigen Handelsweges nach Norden durch die Römer gewesen sein. Da die nächsten Kastelle erst in Oberstimm bei Ingolstadt in der Provinz Raetien bzw. donauabwärts in Carnuntum in der Provinz Pannonien situiert waren, kann die Gefahr eines Einbruches der nördlich der Do-

15 Im Bereich des Landestheaters wurde um die Mitte des 1. Jahrhunderts n. Chr. ein Holz-Erde-Kastell errichtet. Versuch einer Rekonstruktion im derzeitigen Stadtbild. *Foto: Walter Litzlbauer, Grafik: Erwin Krump*

nau gesessenen germanischen Stämme vorerst nicht allzugroß gewesen sein. Rom hatte es sehr rasch verstanden, sich nördlich der Donau ein Vorfeld abhängiger germanischer Klientelherrschaften zu schaffen. Dieses System gewährte der Provinz Noricum eine relativ friedliche Entwicklung durch rund eineinhalb Jahrhunderte.

Sehr augenscheinlich wird diese Situation durch das Vorgehen Roms gegen den Markomannenfürsten Marbod illustriert, der um Christi Geburt im Zentrum Böhmens ein starkes Reich errichtet hatte. Als die militärischen Anstrengungen nicht zum Ziel führten, wurde dieses Reich durch politisches Intrigenspiel erfolgreich zerschlagen. Der Übergang Marbods mit großem Gefolge in das römische Exil im Jahre 19 n. Chr. erfolgte an der norischen Donau, mit großer Wahrscheinlichkeit im Raum von Linz, was wiederum die Wichtigkeit dieser Verkehrsverbindungen in den böhmischen Raum unterstreicht.

Das Kastell lag in Donaunähe an der Lessingstraße im Bereich des Landestheaters und war gegen Norden durch den Schloßbergrükken hinreichend geschützt. Es handelte sich um ein Erdkastell, das relativ rasch erbaut werden konnte, und aus einem tiefen breiten Graben und einem aus dem Aushubmaterial aufgeworfenen Erdwall bestand. Dieser war durch Holzpfosten verstärkt und mit Holzpalisaden versehen. Die Innenanlagen und Torbauten bestanden aus Holz. Mit dem Ausbau einer linearen Verteidigungslinie, des „Limes", wurde das über einem trapezförmigen Grundriß errichtete Holz-Erde-Kastell in der 1. Hälfte bis etwa zur Mitte des 2. Jahrhunderts durch ein Steinkastell ersetzt. Seine mit Türmen versehenen Umfassungsmauern folgten im Norden der Lessingstraße und im Westen etwa der Schlosser- und Hirschgasse, woraus sich ein polygonaler Grundriß der Anlage ergab. Für die Ost- und Süderstreckung des Kastells konnten bisher keine eindeutigen Beweise gefunden werden.

Über die militärischen Besatzungen des Kastells Lentia in den ersten beiden Jahrhunderten ist relativ wenig bekannt. Wie das benachbarte Raetien wurde Noricum durch einen Prokurator aus dem Ritterstand — er hatte seinen Sitz in Virunum auf dem Zollfeld im heutigen Kärnten — verwaltet. Prokuratoren war kein Legionsmilitär beigegeben. Bis zur Stationierung von Auxiliarformationen scheinen zunächst Detachements einer berittenen Truppe der in Carnuntum garnisonierenden legio XV Apollinaris oder der sie ablösenden legio X Gemina kurzzeitig den Dienst in Linz versehen zu haben. Mit dem weiteren Ausbau kleinerer Lager (castella) am norischen Limes wurden diese bis nach der Mitte des 2. Jahrhunderts nur mit sogenannten Auxiliarformationen besetzt. Es handelte sich dabei um leichtbewaffnete Infanterie- (cohortes) und Kavallerieverbände (alae) in einer Stärke von 500 bis 1000 Mann. Diese Abteilungen der Reichsmiliz rekrutierten sich aus den verschiedensten Völkerschaften des Imperium Romanum. Ihre Namen erhielten sie vielfach nach ihrem ersten Rekrutierungsgebiet. Weihesteine bezeugen, daß als erste Besatzung des Holz-Erde-Kastells vermutlich in der 2. Hälfte des 1. Jahrhunderts die ala I Thracum victrix in Linz garnisonierte. Als Besatzung des Steinkastells wird bis über die Wende vom 2. zum 3. Jahrhundert die ala I Pannoniorum Tampiana victrix vermutet.

Bald nach der Errichtung des Holz-Erde-Kastells entstand auf der hochwassersicheren Terrasse in der heutigen Altstadt eine Zivilsiedlung (canabae). Nach dem Ausweis der Kleinfunde dürfte sich diese Siedlung im Osten etwa bis zur Linie Hauptplatz—Landstraße ausgedehnt haben, während sie im Süden vermutlich durch die Straßenzüge der heutigen Bischofstraße und Baumbachstraße begrenzt wurde. Die südwestliche Abgrenzung bildeten die Abhänge des Römerbergs, wobei das Gebiet um die Martinskirche in den Siedlungsbereich einbezogen war. Die Lage der römischen Siedlung im heute dichtverbauten Stadtgebiet macht genaue topographische Festlegungen sehr schwierig. Die funktionale Bedeutung verschiedener ergrabener Gebäude oder Gebäudereste ist bis auf wenige Ausnahmen unbekannt

16 Ein römerzeitlicher (Back?-)Ofen aus dem 1. Jahrhundert n. Chr. im Innern der Martinskirche belegt eine handwerkliche Tätigkeit auf dem Martinsfeld.
Foto: Archiv der Stadt Linz

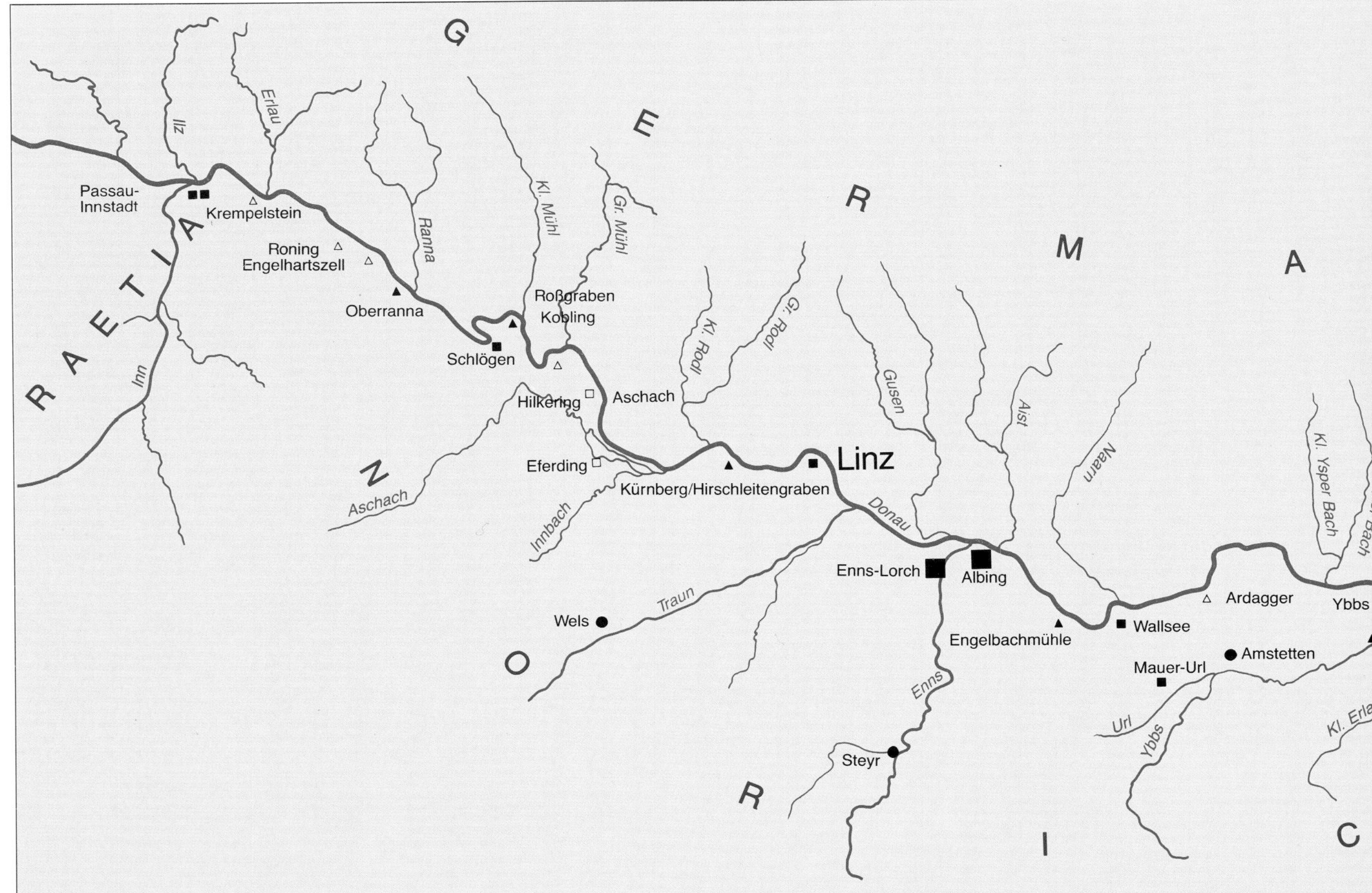

■ *Legionslager*
▪ *Kastell nachgewiesen*
□ *Kastell vermutet*
▲ *Burgus, Wachturm nachgewiesen*
△ *Burgus, Wachturm vermutet*

17 Als Nordgrenze des Reiches wurde die Donau von den Römern seit der Mitte des 1. Jahrhunderts n. Chr. militärisch abgesichert. Linz war nicht das größte, aber das erste Kastell an der norischen Donau.
Kartenentwurf: Kurt Genser, Grafik: Erwin Krump

geblieben oder widersprüchlich interpretiert worden. In groben Zügen läßt sich aber ein Bild zeichnen. So waren im Bereich der Martinskirche bereits im 1. Jahrhundert einfache Holzhütten und Werkstätten situiert, wie der in der Martinskirche konservierte Ofen anschaulich zeigt. Ein weiteres Handwerkerviertel bestand entlang der Lessingstraße und dem Römerberg, in dem in bescheidenem Maß Eisen verhüttet und tierische Knochen von einer vorwiegend bodenständigen Bevölkerung verarbeitet wurden. Das „vornehmere" Wohngebiet lag zwischen Steingasse—Waltherstraße und Promenade. Hier tritt ein gehobenerer Wohnkomfort zutage, der auf beheizte Wohnräume und Wandmalereien nicht verzichtete. Im römischen Lentia waren die für eine Siedlung weiteren notwendigen Einrichtungen, etwa Bäder und Tempelanlagen zur Verehrung der Gottheiten, wie sie als nächstliegendes Beispiel aus Lauriacum bekannt sind, vorhanden. Auf die Ausübung des Kaiserkults weist ein in der Martinskirche entdeckter Inschriftenstein des sexvir Augustalis Aurelius Eutices. Der Mann war Angehöriger eines Kollegs, das für den Kaiserkult in den Städten zuständig war und zudem Magistratsfunktion besaß. Lentia selbst erreichte nie den Rang einer Stadt. Es gehörte zum Stadtbereich von Ovilava (Wels), das von Kaiser Hadrian (117—138) zur munizipalen Stadt und von Kaiser Caracalla (211—217) in den Rang einer Colonia erhoben wurde.

Mit der Eroberung des Königreichs Noricum bauten die Römer das Verkehrsnetz entsprechend aus. Es diente gleichermaßen dem Handel wie der raschen Verschiebung von Truppen. Diese Verkehrswege leben vielfach

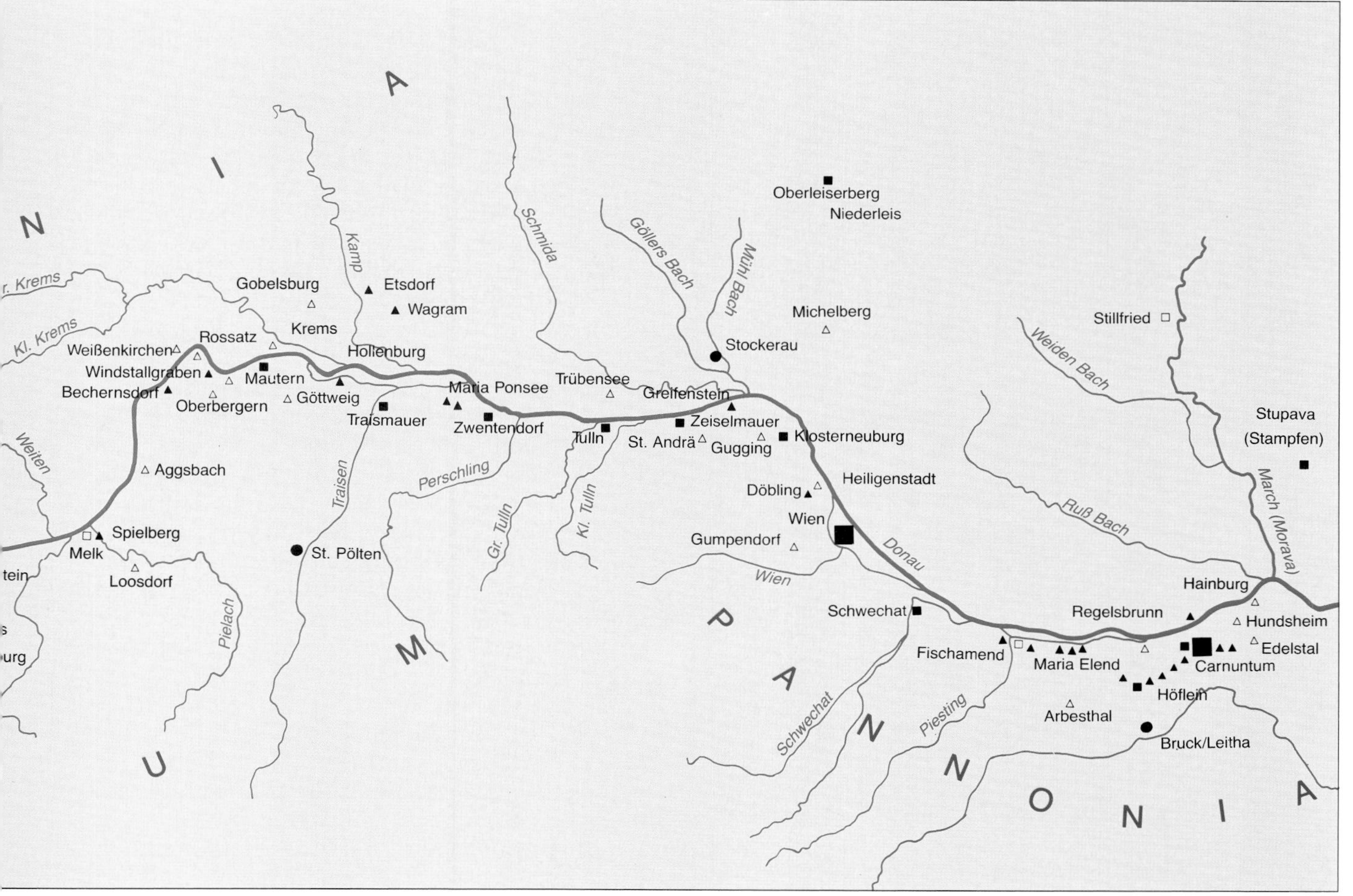

noch in unserem heutigen Straßennetz fort. Von den Fernverbindungen zählte zu den wichtigsten jene über die Alpen zum Straßenknotenpunkt nach Aquileia. Sie verlief von Ovilava (Wels), über den Pyhrnpaß, Rottenmanner Tauern, den Neumarkter Sattel und das Kanaltal. Die West-Ost-Verbindung stellte die Binnenstraße von Augusta Vindelicorum (Augsburg) über Iuvavum (Salzburg), Ovilava (Wels) zum Traunübergang nach Ebelsberg und von dort weiter nach Lauriacum und Carnuntum her. Die aus strategischen Gründen am Beginn des 3. Jahrhunderts angelegte Limesstraße führte von Boiodurum (Passau-Innstadt) über Wesenufer und Schlögen nach Eferding und von dort vermutlich nach Wels, wo sie in die Binnenstraße bzw. Straße nach dem Süden einmündete. Mit diesem Verkehrssystem war das antike Lentia über ein System von Nebenstraßen verbunden. Die Hauptausfallstraße bildete die vom Donauübergang beim Hofberg ausgehende und über den Straßenzug der Altstadt und etwas westlich zur Herrenstraße verlaufende Straße, die in ziemlich geradem Verlauf das Areal des Hauptbahnhofes querte. Im Gegensatz zur heutigen Hauptausfallstraße, der Wiener Straße, verlief die Straße über das Plateau von Niedernhart und Scharlinz nach Kleinmünchen und von dort zum Traunübergang bei Ebelsberg. Vom Plateau von Niedernhart zweigte über Wegscheid die Straße ins Kremstal als der kürzesten Verbindung nach dem Süden ab. Die heutige Straßengabel zwischen Unionstraße und Hanuschstraße bildete den Knoten für die Straße nach Ovilava (Wels), die hier die Richtung Traunübergang ziehende Straße verließ und durch das Tal des Füchselbaches, im wesentlichen der heutigen Westbahntrasse folgend, in die vereinigte Binnen- und Limesstraße einmündete. Die Verbindung von Linz nach Wilhering und ins Eferdinger Becken stellte ein über den Freinberg und dann teils im Donautal, teils an den Hängen des Kürnbergs verlaufender Weg her.

Für die Kenntnis der Straßenführung ist der Brauch der Antike, ihre Toten außerhalb der geschlossenen Siedlungen an Straßenzügen zu bestatten, von besonderer Bedeutung. Über-

18 Römerzeitliche Wohnanlagen waren mit Boden- und Wandheizungen (Hypokausten), versehen und mit bemalten Wänden ausgeschmückt. Eine Vorstellung davon vermittelt das aus überwiegenden Originalbestandteilen aufgebaute Modell im Stadtmuseum Enns.
Foto: Fritz Mayrhofer, Linz

wiegt in den ersten nachchristlichen Jahrhunderten die Leichenverbrennung, bei der die gesammelten Brandreste in Ton- bzw. Glasurnen oder sogenannten Steinossuarien beigesetzt wurden, so tritt in der Spätantike die Körperbestattung wieder stärker hervor. Das Urnengräberfeld auf dem Gelände der Kreuzschwesternschule (Wurmstraße—Stockhofstraße) lag an der oben erwähnten Ausfallstraße des antiken Lentia, deren weiterer Verlauf durch Körperbestattungen und kleinere Gräberfelder markiert wird. Zeitmäßig ist der römische Urnenfriedhof bei den Kreuzschwestern der Periode des Holz-Erde-Kastells (2. Hälfte 1. Jahrhundert / 1. Hälfte 2. Jahrhundert) zuzuordnen.

Die rund eineinhalb Jahrhunderte währende Friedenszeit in Noricum, die in einem Besuch Kaiser Hadrians (117 bis 138) in dieser Provinz gipfelte, erfuhr unter seinem Nachfolger Antoninus Pius (138 bis 161) eine Trübung, deuteten verschiedene Anzeichen doch auf eine Auseinandersetzung mit den Klientelvölkern nördlich der Donau hin. Ab diesem Zeitpunkt bekam das antike Lentia die Lage an der Grenze zu spüren. Trotz verschiedener militärischer Maßnahmen holte eine Koalition von germanischen und sarmatischen Völkern vom Rhein bis zum Schwarzen Meer im Jahre 171 zum entscheidenden Schlag aus. Markomannen und Quaden durchbrachen die verhältnismäßig schwache norische Grenzverteidigung und fielen in Oberitalien ein. Linz hatte durch die nördlich der Donau im Mühlviertel sitzenden Narister seinen Teil abbekommen. Brandschichten deuten auf eine Zerstörung hin. Kaiser Marc Aurel, der drei Jahre lang Carnuntum zu seinem Hauptquartier erkor, konnte die Markomannen und Quaden besiegen. Sein Plan, die römische Grenze über die Donau durch die Einrichtung einer Provinz Marcomannia und Sarmatia vorzuschieben, wurde durch seinen Tod (180) vereitelt. Sein Sohn und Nachfolger Commodus (180 bis 192) begnügte sich wiederum mit einem Klientel- und Protektoratsverhältnis. Lediglich ein 7½ km breiter Sicherheitsstreifen am linken Donauufer kam zum Reich. Darüber hinaus wurden etwa 3000 germanische Narister südlich der Donau unter anderem im Raum von Linz angesiedelt.

Die Erfahrungen aus dem Markomannenkrieg führten zu einer umfassenden militärischen und administrativen Neuordnung der Provinz Noricum. Bereits Kaiser Marc Aurel verlegte mit der in Italien ausgehobenen legio II Italica nunmehr Legionsmilitär an die Donau. Sie errichtete gegenüber der Aistmündung vorerst in Albing, dann endgültig in Lauriacum (Lorch-Enns) an der Wende vom 2. zum 3. Jahrhundert ein festes Lager. Der aus dem Senatorenstand kommende Legionskommandant übernahm gleichzeitig die Agenden des Statthalters. Sein Sitz war der Legionsstandort Lauriacum, seine Kanzlei amtierte in Wels. Die Finanzverwaltung wurde von seinen Befugnissen abgetrennt und einem eigenen Finanzprokurator mit dem Sitz in Virunum übertragen. Mit der Stationierung der legio II Italica in Lauriacum zu Beginn des 3. Jahrhunderts versah ein

19 Beigaben aus dem römerzeitlichen Urnengräberfeld im Bereich der Kreuzschwestern aus den beiden ersten nachchristlichen Jahrhunderten: zwei Parfümfläschchen (Balsamare) (Höhe 10,1 cm u. 12 cm); eine sogenannte „Thronende Muttergottheit" aus weißem Pfeifenton (Höhe 15,1 cm, Breite 7,2 cm) und eine Pferdefigur aus demselben Material (Länge des Pferdes ca. 15 cm).
Foto: Stadtmuseum Linz

Teil dieser Legion im Linzer Kastell ihren Dienst, so daß man sie als das antike Linzer Hausregiment ansprechen kann. Zum Schutz des Donauüberganges als wichtiges Einfallstor vom Norden in das Alpenvorland lagen neben Infanterieabteilungen in Linz noch im 4. Jahrhundert berittene Bogenschützen *(equites sagitarii Lentiae).*

Von den Markomannenkriegen hatte sich die Bevölkerung nur allmählich erholt. Im 3. Jahrhundert war das Leben in der Provinz Noricum durch innere und äußere Unruhen stark beeinträchtigt. Der Friede im Innern war seit Kaiser Caracalla durch die blutigen Thronstreitigkeiten der sogenannten „Soldatenkaiser" gestört. An der Nordwestgrenze des Reiches erschien mit den Alamannen ein neuer Gegner, der Rom und vor allem der norischen Bevölkerung stark zu schaffen machte. Mehrere Einfälle der Alamannen lassen sich auf oberösterreichischem Gebiet nachweisen. Unter Kaiser Aurelian (270 bis 275) wurden sowohl das Kastell als auch die Zivilsiedlung Lentia nachhaltig zerstört.

Den wachsenden Auflösungserscheinungen im Inneren des Imperium Romanum und dem zunehmenden Druck von außen versuchte Kaiser Diokletian (284 bis 305), in dessen Regierungszeit das Martyrium des heiligen Florian an der Enns fiel, durch entsprechende Reformen zu begegnen. Im Zuge der Neugliederung der gesamten Reichsverwaltung wurde die Provinz Noricum durch eine über den Tauernkamm laufende Grenzlinie in zwei Teile zerlegt. Der südliche Teil wurde zur Provinz Binnennoricum (Noricum mediterraneum) mit der Hauptstadt Virunum, während Linz nun zur Provinz Ufernoricum (Noricum ripense) mit der Hauptstadt Ovilava (Wels) gehörte. In den verkleinerten Provinzen kam es zu einer scharfen Trennung zwischen der Militär- und der Zivilverwaltung. Letztere nahm ein Statthalter aus dem Ritterstand mit dem Titel praeses und seinem Amtssitz in Wels wahr, die

20 *Für den gehobenen Anspruch fand die lackrot gefirnißte Terra Sigillata auch im römischen Lentia Verwendung. Das reliefverzierte Bruchstück eines Kelches — er stammt aus der Töpferwerkstatt des M. Perennius Bargates (frühes 1. Jahrhundert n. Chr.) aus dem italischen Arezzo — zeigt unter einem Rebenbogen einen tänzelnden, traubenkelternden Satyr.*
Foto: Stadtmuseum Linz

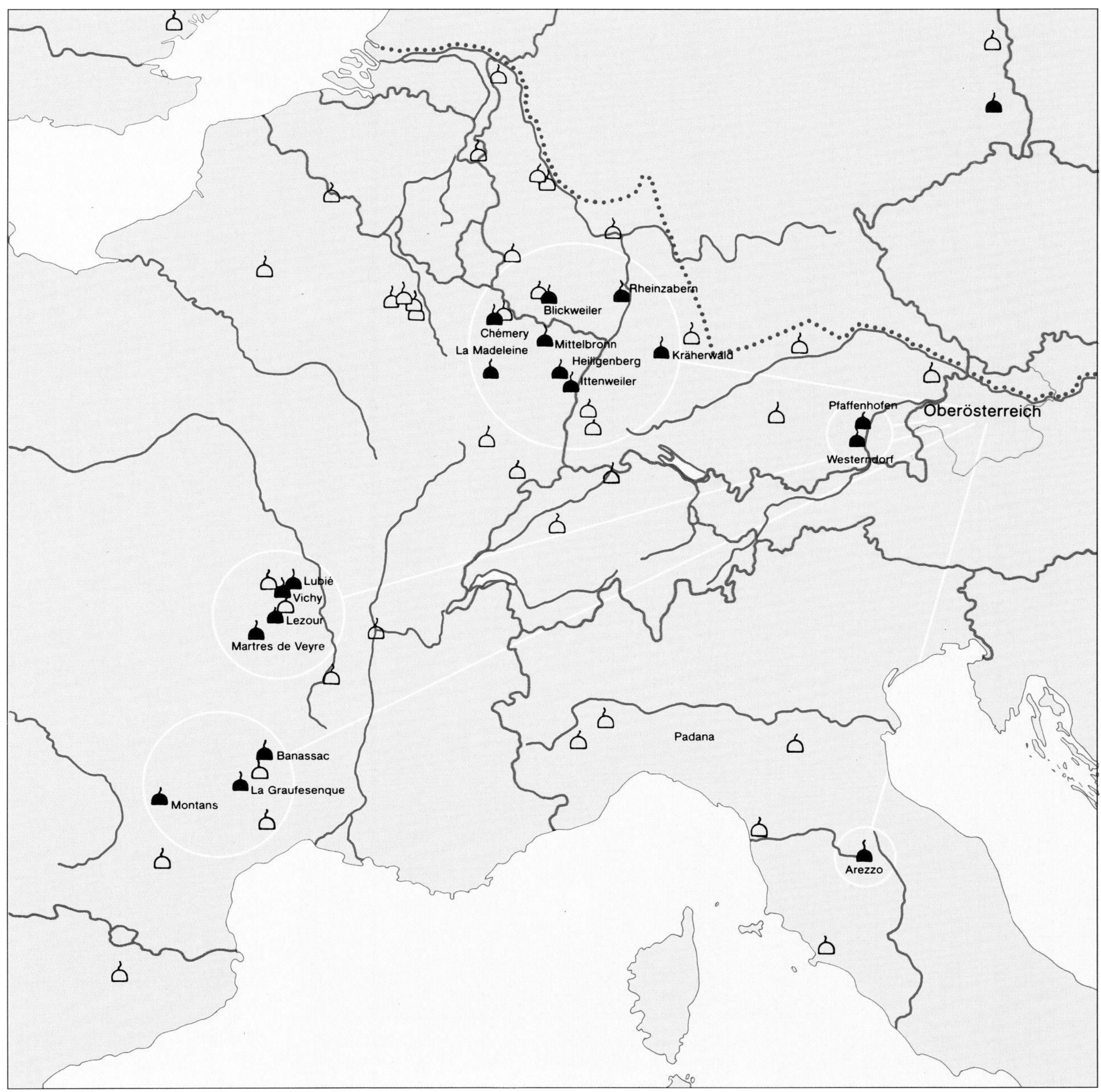

Töpfereien *Töpfereien, die nach Oberösterreich lieferten*

21 *Aus Italien, Gallien und Obergermanien bezogen die Bewohner von Lentia die als Luxusware geltende „Terra Sigillata".*
Quelle: Oberösterreich – Grenzland des Römischen Reiches, Linz 1986, S. 124. *Grafik: Erwin Krump*

Kommandogewalt über das Militär übernahm ein General (dux) mit dem Hauptquartier in Carnuntum. Diokletian schenkte einem gut befestigten Limes sein besonderes Augenmerk durch Errichtung neuer militärischer Stützpunkte und Vermehrung der Truppen. Allerdings erreichten sie nicht mehr die Stärke der früheren Verbände.

Unter Kaiser Konstantin I. (324 bis 337), der das Christentum zur staatlich anerkannten Religion erhob, und seinen Nachfolgern hatte sich die wirtschaftliche Lage des Reiches wieder gebessert. Dies wirkte sich auch in den Grenzregionen aus. Die bereits unter Diokletian einsetzende Bautätigkeit, vornehmlich in Form von Adaptierungsarbeiten, läßt sich an verschiedenen Stellen des antiken Lentia nachweisen. Die zahlreichen militärischen Operationen, die während des 4. Jahrhunderts mehrere römische Kaiser in die Provinz Ufernoricum brachten, machen deutlich, wie gefährdet der Grenzbereich in dieser Zeit war. Zum letzten Mal bemühte sich Kaiser Valentinian I. (364 bis 375), die Grenzbefestigungen in umfassender Weise zu erneuern. In Linz wurden nochmals Auf- und Umbauten am Kastell und an der Zivilsiedlung durchgeführt. Das Material hiefür lieferte die Militärziegelei in Fall bei Wilhering. Gegen Ende des 4. Jahrhunderts schoben sich die Feinde gleichzeitig von Westen und Osten gegen ufernorisches Gebiet vor. Zu Beginn des 5. Jahrhunderts drangen Vandalen, Sueben und Alanen zerstörend in Ufernoricum ein, um die Mitte des Jahrhunderts waren es die Hunnen.

Die Bewohner des antiken Lentia dürften sich spätestens in den unruhigen Zeiten des ausgehenden 4. Jahrhunderts auf den Rükken des leichter zu sichernden Schloßberges zurückgezogen haben. Das Martinsfeld, das nur gegen Westen hin einer entsprechenden Sicherung bedurfte, bot hiefür wohl ausreichend Platz. Die Toten wurden etwa 150 Meter von der Martinskirche entfernt am Ostabhang des Römerberges bestattet. Nach mehreren Zerstörungen dürfte die Siedlung ihren ursprünglichen Umfang ohnehin nicht mehr besessen haben. Die Lebensbeschreibung des heiligen Severin, die Vita Severini, die uns ein anschauliches Bild über die Verhältnisse in Ufernoricum in der 2. Hälfte des 5. Jahrhunderts vermittelt, erwähnt das antike Lentia nicht. Möglicherweise war die Siedlung zu diesem Zeitpunkt bereits zerstört oder die Bevölkerung hatte vielleicht den Ort auf Befehl Severins gleichzeitig mit den Bewohnern der westlicher gelegenen Siedlungen wegen der ständigen Einfälle der Alamannen sowie der Heruler und Thüringer verlassen, um vorerst in Lauriacum innerhalb der Festungsmauern des Lagers Schutz zu suchen, bevor es weiter donauabwärts nach Niederösterreich (Favianis/Mautern) ging. Als der Skirenfürst Odoaker, der 476 den letzten römischen Kaiser Romulus abgesetzt hatte, 488 die Provinz Ufernoricum räumen ließ, endete die Römerherrschaft in diesem Bereich. Dem Räumungsbefehl sind wahrscheinlich nur die Oberschicht der Romanen und der Klerus nachgekommen, die nach Italien zogen. Ein Rest der in der Spätzeit schon sehr stark germanisch untermischten Bevölkerung muß an Ort und Stelle verblieben sein, da ansonsten die Weitergabe bzw. Kenntnis des Ortsnamens Lentia-Linz nicht erklärbar wäre.

22 Weihestein aus dem Mithräum von Lentia (2.–4. Jahrhundert n. Chr.). Die oberen Zeilen der Inschrift und das Gesimse fehlen (Höhe des erhaltenen Steines 48 cm). Der ergänzte Text lautet in Übersetzung: Dem unbesiegten Sonnengott Mithras geweiht. Tiberius Julius Ursulus, ein Veteran, löste das Gelübde für sich und die Seinen freudig, gern und nach Verdienst ein.
Foto: Stadtmuseum Linz

Die Römer hatten sich bei der Okkupation des Königreichs Noricum an den bereits von der illyrokeltischen Bevölkerung besiedelten Plätzen festgesetzt. Einer der Kernstücke römischer Besiedlung war neben dem Raum von Wels das Linzer Bekken. Gegenüber der bereits hier ansässigen Bevölkerung bildete das römische Element eine Minderheit, römische Kultur und Zivilisation prägten in der rund ein halbes Jahrtausend währenden Herrschaft das Leben in der Provinz Noricum und somit auch im antiken Lentia. Besonders stark wirkte sich der Romanisierungsprozeß in der Umgebung der Städte und entlang der Verkehrswege aus. Als Verkehrs- und Amtssprache diente Vulgärlatein; die eingesessene Bevölkerung verwendete weiter bis ins 3. Jahrhundert ihre eigene Sprache. Die Verwaltung der Städte wurde von Einheimischen besorgt, deren Familien das römische Bürgerrecht erhalten hatten.

Das kulturelle Gefüge war das Ergebnis der gegenseitigen Durchdringung von römischer Reichskultur und bodenständiger Kultur, wofür der Begriff „provinzialrömische Kultur" geprägt wurde. Im Grad der Romanisierung und somit auch beim Kulturgut zeigt sich ein deutliches Gefälle von Binnen- nach Ufernoricum. Der Donauraum lag bereits zu sehr an der Peripherie des Reiches. Seit dem 3. Jahrhundert wird das einheimische altansässige Element zunehmend von den nach Süden drängenden Germanenvölkern überschichtet. Die kriegerischen Ereignisse im Limesgebiet führten zu einem allmählichen Absinken des Wohlstandes. Die im 4. Jahrhundert in Lentia durchgeführten Bau- und Adaptierungsarbeiten sind auffallend schlicht und ärmlich ausgeführt, was auf eine karge Lebenshaltung der stets gefährdeten Grenzbewohner schließen läßt.

Die rund ersten 150 Jahre einer friedlichen Entwicklung in der Provinz Noricum lassen sich durchaus auch am kulturellen Standard ablesen. Neben einfacher einheimischer Gebrauchsware bezog man durch die weitreichenden Handelsbeziehungen des Imperium Romanum Importware, besonders bei Glas und Keramik. Bei letzterer dominiert die lackrot gefirnißte „Terra Sigillata", die die Bewohner von Lentia aus den großen Töpfereien in Italien, aus Gallien und Obergermanien bezogen. Für die Entwicklung des römischen Lentia bildet diese äußerst gut datierbare Keramik eine Art „Leitfossil". Es ist geradezu bezeichnend, daß der Import der Terra Sigillata nach Linz spätestens um die Mitte des 3. Jahrhunderts endet und somit auf diese Weise ein Absinken und Abflachen des Lebensstandards der Bevölkerung als Folge der zunehmenden kriegerischen Auseinandersetzungen signalisiert wird.

In religiösen Belangen waren die Römer tolerant und ließen die in unserem Bereich bestehende keltische Religion unangetastet. Mit der fortschreitenden Romanisierung kam es zu einer Umbenennung der einheimischen Gottheiten und ihre Angleichung an ähnliche Götter der römischen Reichsreligion. Die römischen Bürger bzw. jener Personenkreis, dem das römische Bürgerrecht verliehen wurde, war zur Verehrung des Kaisers und der römischen Staatsgötter, hier in erster Linie der kapitolinischen Trias mit den Gottheiten Jupiter, Juno und Minerva, verpflichtet. Zur Abwicklung des Kaiserkults wurde bereits auf das Kolleg der sexvir Augustalis und den aus Lentia namentlich bekannten Vertreter Aurelius Eutices verwiesen. Wo die Gottheiten im antiken Lentia verehrt wurden, ist bisher weitgehend unbekannt geblieben. Das an der Hahnengasse gelegene und als gallo-römischer Umgangtempel gedeutete Bauwerk hat diese Funktion nicht besessen. Ebenso reduzierte sich der auf dem Tummelplatz als „heiliger Bezirk von Lentia" angesprochene Bereich nur auf ein Mithräum.

Im 3. Jahrhundert traten neben die einheimische und die Reichsreligion immer stärker östliche Mysterienreligionen, wie der Kult der großen Göttermutter (magna mater), der Isiskult, der Kult des Baals von Doliche (Jupiter Dolichenus) und des Sonnengottes Mithras. Diese Mysterienreligionen mit ihren ausgeprägten Jenseitsvorstellungen fanden ihre Anhänger vor allem bei den aus dem Orient stammenden Soldaten und den unteren Bevölkerungsschichten. Durch das Militär und durch Kaufleute sind diese Kulte aus dem Osten an die Nordgrenze des römischen Imperiums verpflanzt worden. Besonders beliebt unter diesen Mysterienreligionen war der Kult des persischen Sonnengottes Mithras, der als Gott des Lichts im ewigen Kampf mit der Dunkelheit den Sieg des Guten über das Böse versinnbildlicht. Auf den Altar- und Weihereliefs wird stets die Tötung des Weltstiers durch Mithras szenisch dargestellt. Durch seine Unbesiegbarkeit (sol invictus) war er naturgemäß bei den Soldaten sehr beliebt.

Der Mithrasglaube war im antiken Lentia sehr stark verbreitet. Das im letzten Viertel des 3. Jahrhunderts auf dem Tummelplatz errichtete Mithräum dürfte bis um 400 bestanden haben, also noch in einer Zeit, in der das Christentum bereits Staatsreligion war. Für das Christentum, das gegen Ende des 3. Jahrhunderts in der Provinz Noricum Fuß zu fassen begann, bildete der Mithraskult die stärkste Konkurrenz. Über die Existenz einer Christengemeinde in Lentia fehlen bislang Zeugnisse. Wie Beispiele aus Lauriacum und Ovilava zeigen, ist das Vorhandensein einer solchen Gemeinde wahrscheinlich. Die Zerstörung des Mithräums könnte ihr Werk gewesen sein.

Vom bayerischen Ursprung
Das Frühmittelalter

Der Sieg des Skirenfürsten Odoaker über das „Kremser" Rugierreich in den Jahren 487/488 und der sich daran anschließende Abzug eines Teiles der romanischen Bevölkerung aus Ufernoriçum bedeutete für ihn den Anfang vom Ende seiner Herrschaft. Eine rugisch-ostgotische Allianz unter Führung des Gotenkönigs Theoderich begann noch im Jahr 488 den Kampf gegen Odoaker, der 493 schließlich mit seinem Untergang endete. Der Raum des heutigen Oberösterreich kam damit unter die Herrschaft des italisch-gotischen Großreichs des Königs Theoderich. Diesem Gebilde war keine allzulange Dauer beschieden. Nach seinem Tod (526) sind es die Franken, die, auf einen ersten Höhepunkt ihrer imperialistischen Politik zusteuernd, sich des Alpenvorlandes bemächtigten.

Vor diesem Hintergrund verhältnismäßig rasch wechselnder Machtkonstellationen vollzog sich in der 1. Hälfte des 6. Jahrhunderts die bis heute noch immer nicht befriedigend gelöste Frage nach der Entstehung des Bayernstammes. Als die Bayern in das Licht der Geschichte treten, standen sie bereits unter dem Einfluß der Franken. So berichtete der ostfränkische König Theudebert I. (530—548) in einem Brief an den oströmischen Kaiser Justinian, daß auch Pannonien zu den von ihm regierten Ländern zähle. Die tatsächlichen Anfänge der bayerischen Stammesbildung dürften aber noch unter ostgotischem Einfluß erfolgt sein. Die wissenschaftliche Forschung neigt heute immer stärker zu der Auffassung, daß bei der Entstehung des Bayernstammes nicht mit einer Einwanderung im eigentlichen Sinn zu rechnen, sondern von einem Verschmelzen germanischer und anderer Völkerschaften und Volkssplitter, wie etwa Thüringer, Langobarden, Alemannen, Rugier, Skiren, Sueben, Markomannen und Awaren, im Sinne einer Ethnogenese, auszugehen ist. Dies schließt nicht aus, daß der größere und gleichzeitig namengebende Teil dabei aus dem böhmischen Raum zugewandert sein könnte. Unter der Führung des Herzogsgeschlechts aus dem Hause der Agilolfinger, dessen erster namentlicher Vertreter kurz nach der Mitte des 6. Jahrhunderts bezeugt ist, entwikkelten sich die Bayern rasch zu einem politischen Machtfaktor. Das Frankenreich als westlicher Nachbar, die 568 nach Oberitalien ausgewanderten Langobarden und die karantanischen Alpenslawen im Süden sowie das in die freigewordenen langobardischen Gebiete in Pannonien eingewanderte asiatische Reitervolk der Awaren bestimmten in nächster Zeit das politische Kräfte- und Wechselspiel mit den Bayern.

Inwieweit unser Raum in den Prozeß der Stammesbildung der Bayern einbezogen war, ist noch nicht restlos geklärt. Ging man aber bisher davon aus, daß die Besiedlung von einer Kernzone um Regensburg, dem ersten politischen Zentrum der Bayern, nach Osten vorwärtsgeschritten ist, so zeichnen sich vor allem von archäologischer Seite her verstärkt Tendenzen ab, den Raum zwischen Inn und Enns in den Stammesbildungsprozeß zu integrieren. In ihrer Siedlungstätigkeit haben sich die Bayern vorerst an die offene, dem Ackerbau günstige Kulturlandschaft gehalten. Vorwiegend geschah dies entlang der Römerstraßen und der Flüsse. Im Osten war das Gebiet an der Traun das Zentrum stärkster bajuwarischer Siedlungskonzentration. Östlich der Enns hat die mit der Siedlung Hand in Hand gehende Herrschaftsbildung zu einer intensiveren Durchdringung des Raumes nicht mehr gereicht. Hier ist mit einem friedlichen Nebeneinander von bajuwarischen, awarischen und slawischen Elementen zu rechnen.

Die für die frühe bajuwarische Besiedlung des 6. bis 8. Jahrhunderts als typisch erkannten, nach der einheitlichen Ost-West-Orientierung der Toten, sogenannten Reihengräberfelder finden sich im Linzer Raum im linken Mündungswinkel der Traun in die Donau in Linz-Zizlau im Bereich der heutigen VOEST-Alpine. Die nie in ihrer vollständigen Ausdehnung erfaßten beiden Gräberfelder gehören dem 7. Jahrhundert an, wobei die Hauptbelagszeit in die 2. Hälfte dieses Säkulums fällt. Die zutage geförderten Grabbeigaben zeigen westliche, südliche und östliche Einflüsse. Von der Forschung wird dieses Faktum heute gerade als Beweis für das Verschmelzen mehrerer Völkerschaften und Volkssplitter zum Stamm der Bayern interpretiert. Dies schließt aber nicht gänzlich aus, daß neben einer überwiegend bäuerlichen Lebensweise die in Zizlau ansässige Bevölkerung weitreichende Handels- und Kulturbeziehungen in den süddeutschen, oberitalienisch-langobardischen, pannonisch-awarischen und byzantinischen Raum hatte. Ob das Salz als Handelsgut in dieser frühen Zeit, an urgeschichtliche Traditionen (Kelten) anknüpfend, bereits eine Rolle spielte, ist umstritten. Die zu den Gräberfeldern gehörige Siedlung muß, wie Vergleichsbeispiele aus Bayern zeigen, in unmittelbarer Nähe gelegen sein und dürfte aus mehreren Höfen bestanden haben.

Mit dem archäologischen Befund der Reihengräberfelder korrespondieren die von der namenkundlichen Forschung für die frühe bayerische Siedlung des 6. bis 8. Jahrhunderts als echt ausgewiesenen Ortsnamen mit der Endsilbe -ing. Diese Siedlungsnamen treten in gehäufter Form südwestlich von Linz auf (Wilhering vom Personennamen Williheri, Hörsching von Herigis, Leonding von Liutmunt etc.). Nördlich der Donau stießen die Bayern auf slawische Siedler, die seit dem 7. Jahrhundert, dem awarischen Druck weichend, aus dem niederösterreichischen Donauraum bis zur Rodl und zum Pesenbach vordrangen und hier auf den bergigen, zum Teil weniger frucht-

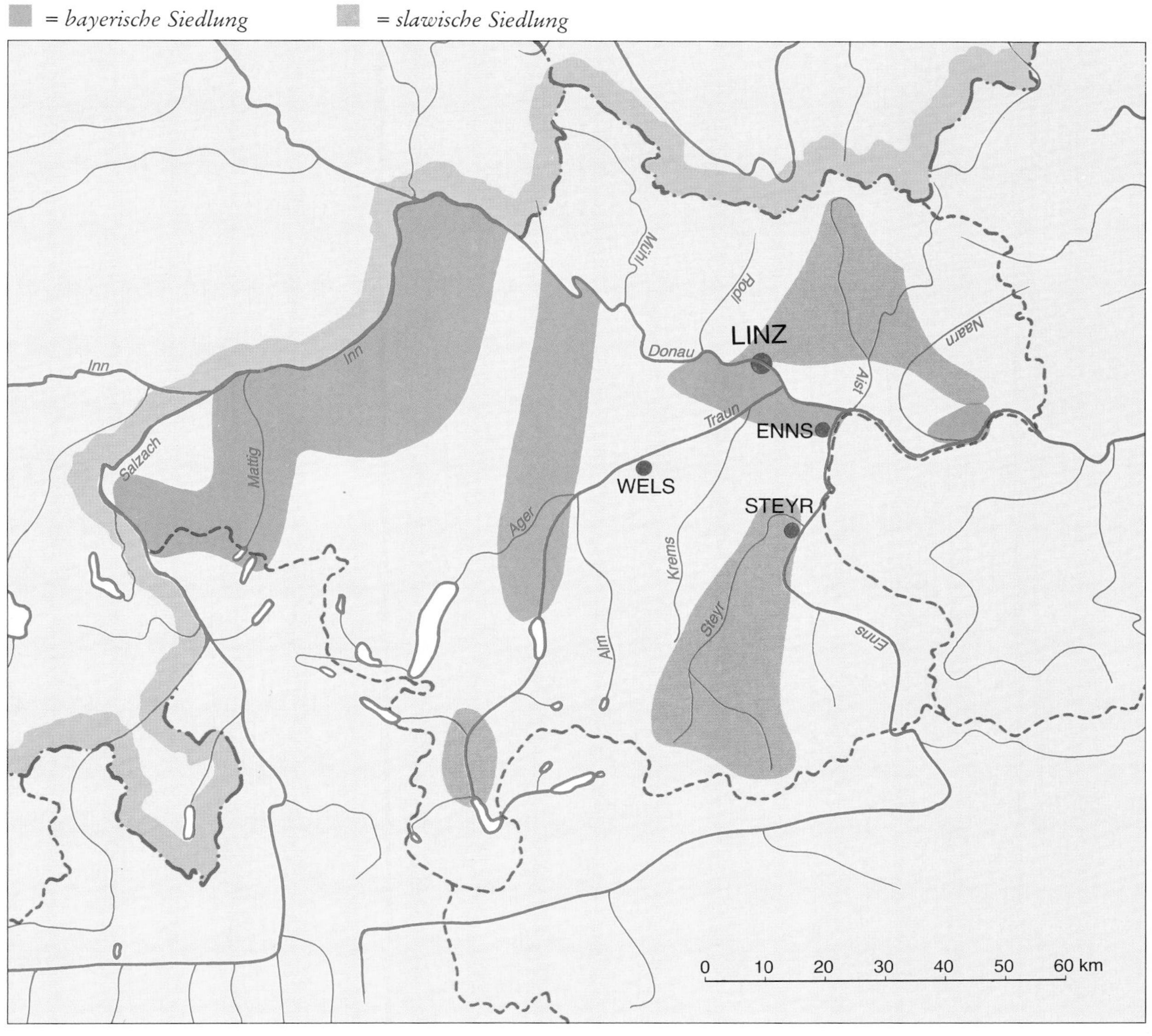

23 Schematische Darstellung der bayerischen und slawischen Siedlungsgebiete Oberösterreichs anhand der -ing-Namen und slawischen Siedlungsnamen. *Quelle: Baiern und Slawen in Oberösterreich, Karte 6, und S. 215, Karte 3.*

24 *Völker- und Raumverteilung 5.—9. Jahrhundert.*

TSCHECHOSLOWAKEI
MÄHRISCHES REICH
HERULER
RUGIER
Moldau
Thaya
Kamp
March
LANGOBARDEN
(bis 568)
Donau
Traun
TERRA AVARICA
(7.–8. Jh.)
Ybbs
Enns
Traisen
Leitha
BAYRISCHES OSTLAND
(seit Anf. 9. Jh.)
AWAREN
(seit Ende 6.–Ende 8. Jh.)
ROMANEN
Mur
RANTANEN
(seit Ende 6. Jh)
UNGARN
Raab
Drau
Mur
Drau
Save
JUGOSLAWIEN
GOTEN
(bis 473/537)
0 10 20 30 40 50 60 km

baren Gebieten siedelten. Das friedliche Nebeneinander beider Bevölkerungsgruppen ist für Puchenau bei Linz im 9. Jahrhundert urkundlich bezeugt.

Wenn die Bayern im Linzer Raum vorerst den strategisch hochbedeutenden Platz im Mündungswinkel der Traun in die Donau als Siedlungsgebiet bevorzugten, hat dies vermutlich daran gelegen, daß das antike Lentia von Resten einer älteren romanisierten Mischbevölkerung besetzt war. Ihr boten höchstwahrscheinlich auf dem Martinsfeld noch vorhandene Reste von Verteidigungsanlagen aus der Spätantike hinreichend Schutz. Dazu kommt, daß die Bayern der Landnahmezeit offenbar nicht das Bedürfnis hatten, das aus der Spätantike in Ansätzen noch vorhandene bescheidene staatliche Leben in vollem Umfang weiterzuführen.

Mit einer Änderung der Verhältnisse ist im 8. Jahrhundert zu rechnen, als der bayerische Herzog mit seiner Gefolgschaft daranging, seinen Einfluß nach Osten vorzuschieben. Seit der Mitte dieses Jahrhunderts zeigen sich im Gebiet zwischen Inn und Enns stärkere herzogliche Machtpositionen, die wahrscheinlich auch ehemals römisches Fiskalgut einschlossen. Neben herzoglichen Höfen an der Salzach-Inn-Linie wurden im Traungau die an wichtigen Verkehrslinien gelegenen römischen Vorgängersiedlungen zu Verwaltungsmittelpunkten ausgebaut. Im Zuge dieser Bestrebungen ist in agilolfingischer Zeit der antike Siedlungsplatz Linz durch seine verkehrsgeographisch günstige Lage neben Wels und Lauriacum/Lorch zu einem militärischen Stützpunkt und Verwaltungszentrum des Herzogsgutes geworden. Dieser bayerischen Ostpolitik des 8. Jahrhunderts entspricht, daß neben dem Herzog der Adel als Mitträger dieser Politik südlich und westlich von Linz begütert war.

Untermauert werden diese Vorgänge durch den archäologischen Befund. Die Aufgabe der Reihengräberfelder in Linz-Zizlau um 700 steht primär mit der Änderung der Bestattungssitten durch die fortschreitende Missionierung der Bevölkerung im Zusammenhang. Die Toten wurden nunmehr um die Kirche bestattet. Der für die Aufgabe der Reihengräberfelder früher verantwortlich gemachte Einfall der Awaren in unseren Raum um ca. 712, bei dem Lauriacum/Lorch zerstört wurde, wird von der Wissenschaft heute nicht mehr ernstlich erwogen. Ein im Bereich der Martinskirche aufgedecktes, in Stein-Holz-Bauweise errichtetes, ca. 9 Meter langes Gebäude, das durch eine Zwischenwand in zwei fast gleich große Räume unterteilt war, wird als frühestes Sakralgebäude aus dem 8. Jahrhundert gedeutet, was die Bedeutung des Platzes in agilolfingischer Zeit unterstreicht.

Faßt man die Ergebnisse der bayerischen Stammesbildung und Landnahme auf dem heutigen Linzer Stadtgebiet kurz zusammen, so ergibt sich im 7. Jahrhundert ein erster Siedlungsschwerpunkt im linken Mündungswinkel der Traun in die Donau in Zizlau. Im Verlauf des 8. Jahrhunderts ist dann mit dem Ausbau der Herzogsmacht der rund sieben Kilometer davon entfernt gelegene antike Siedlungsplatz, von dem bauliche Reste aus der Antike noch vorhanden waren, die der Bevölkerung Schutz bieten konnten, wieder zu einer größeren Bedeutung gelangt. Über das Aussehen und die topographischen Gegebenheiten lassen sich kaum konkrete Aussagen treffen. Die hier ansässige romanisierte Mischbevölkerung dürfte in einem Abhängigkeitsverhältnis zum bayerischen Herzog gestanden sein, wie denn überhaupt Personen unfreien Standes das Gros der

25 Schematische Darstellung des Grundrisses der Martinskirche. Ein durch eine Zwischenwand unterteiltes, ca. 9 Meter langes Gebäude wird der agilolfingischen Zeit zugeordnet. Foto: Archiv der Stadt Linz

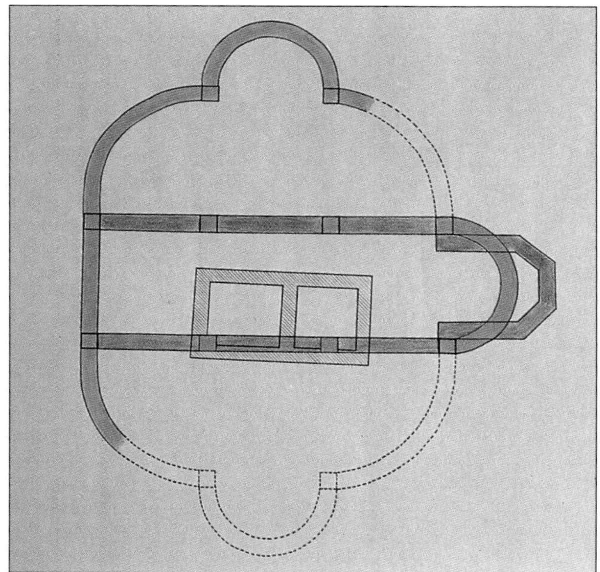

Die Bauphasen der Martinskirche

Gebäude aus der Zeit der Agilolfinger

Ergrabene Fundamente des Zentralbaues (8./9. Jahrhundert)

Erschlossene Mauerführung, durch Splittergraben des 2. Weltkrieges zerstört

Grundriß der heute aufrecht stehenden Kirche

Bevölkerung wahrscheinlich ausgemacht haben. Die Wirtschaft war agrarisch orientiert. Angelpunkt der Organisationsform war die in der germanischen Hausherrschaft wurzelnde Grundherrschaft mit Fronhofverfassung, die ihre Arbeitskraft von behausten und unbehausten Landarbeitern und bäuerlichen Hintersassen bezog und in die die notwendigen Handwerke integriert waren. Im kirchlichen Bereich hatte neben dem katholischen Glauben noch der auf gotischen Wurzeln fußende Arianismus Bestand. Die vom bayerischen Herzogshaus stark geförderte Missionstätigkeit, die eine starke politische Komponente mit einschloß, führte mit päpstlicher Zustimmung in der 1. Hälfte des 8. Jahrhunderts zum Ausbau einer bayerischen Landeskirche, deren Einrichtung in den Händen des angelsächsischen Missionars Winfried-Bonifatius lag. Es ist zu vermuten, daß der erwähnte Sakralbau unter der heutigen Martinskirche mit acht Erdbestattungen als Ergebnis dieser Maßnahmen zu sehen ist.

Auf dem Boden gesicherter Zeugnisse

Die Zeit der Karolinger

Das unter fränkischem Einfluß entstandene Gesetzbuch der Bayern, die *lex Baiuvariorum,* regelte neben der Rechtsstellung der Kirche, fünf hervorragender Adelsgeschlechter, der Freien *(liberi)* und der Knechte *(servi)* auch die Stellung des Herzogs. Dem Geschlecht der Agilolfinger war darin ausdrücklich die Herrschaft über das Herzogtum Bayern verbrieft, die letztlich bestimmende Macht blieb der Frankenkönig. Durch die Schwäche des fränkischen Königtums unter den Merowingern gelang es den Agilolfingern, in ihrem Herzogtum eine königsähnliche Stellung einzunehmen. Unter Herzog Tassilo III. (748 bis 788), dem Gründer des Klosters Kremsmünster, erreichte die Macht und Eigenständigkeit der Agilolfinger einen Höhepunkt. Die intensive Förderung der Missionstätigkeit, die sich in einer größeren Zahl von Klosterneugründungen niederschlug, brachte einen entsprechenden Machtzuwachs in den missionierten Gebieten. Die Politik Tassilos gegenüber den Karolingern, die ursprünglich als fränkische Hausmeier Verwalter des Königguts waren und 751 den Merowingern in der Königswürde nachfolgten, führte schließlich 788 zu seiner Katastrophe. Auf einem Hoftag zu Ingelheim am Rhein klagte ihn König Karl der Große des Hochverrats unter anderem wegen angeblicher Konspiration mit den Awaren an. Das über Herzog Tassilo III. gefällte Todesurteil wurde in eine Klosterhaft umgewandelt. Dasselbe Schicksal traf seine Familie. Das Herzogtum Bayern sank zu einer Provinz des fränkischen Reiches herab, der herzogliche Besitz zwischen Inn und Enns, darunter auch Linz, fiel an König Karl den Großen.

Mit der Erwähnung der Martinskirche, eines *castrum*, und der Nennung des Namens Linz in seiner deutschen Form *(Linze)* im Jahre 799 betreten wir durch urkundliche Zeugnisse abgesicherten Boden. Nach der Erledigung der bayerischen Angelegenheiten (788) zählte für die fränkische Politik die Zerschlagung des Awarenreiches zu den vordringlichsten Aufgaben. Das aus den Steppen Asiens kommende Reitervolk, dessen Verhältnis zu den Bayern

26 Das „castrum", also eine befestigte Anlage, wird westlich der Martinskirche vermutet.
Copyright der Kartengrundlage: Verlag Deuticke, Wien

im wesentlichen ungetrübt gewesen sein dürfte, hatte sich nach dem Abzug der Langobarden noch im 6. Jahrhundert in der großen ungarischen Tiefebene niedergelassen. Ihr Herrschaftsgebiet hatte im Westen bis zum Wienerwald gereicht, der daran anschließende Raum bis zur Enns stellte eine unter awarischer Oberhoheit stehende Pufferzone zum bayerischen Herzogtum dar. In mehreren Kriegszügen zwischen 791 und 802 konnte Karl der Große dieses Reich zerschlagen. Die Verwaltung der neueroberten Gebiete wurde dem Grafen Gerold, einem Schwager Karls des Großen aus dem Geschlecht der Agilolfinger, übertragen, der nach dem Sturz Tassilos im Jahre 788 bereits als Präfekt in Bayern und Karantanien eingesetzt wurde.

Gerold, einer der mächtigsten Männer des Karolingerreiches, erhielt nun 799 die Martinskirche mit nicht näher bezeichneten Zugehörungen vom Passauer Bischof Waltrich zu Lehen. Vor dem Bischof hatte der königliche Kapellan Rodland die Kirche in Besitz. Das Interesse Gerolds an der Martinskirche und dem *castrum* dürfte primär nicht an den mit dem Besitz verbundenen Einkünften gelegen, sondern eher in der „politischen" Bedeutung des Platzes als organisatorisches Zentrum des Königgutes zu suchen sein.

Die in jüngerer Zeit durchgeführten Grabungen in der Martinskirche brachten einen Zentralbau zum Vorschein, der nur wenige Vergleichsbeispiele in den Randzonen des Karolingerreiches hat. Sein zeitlicher Ansatz ist derzeit noch umstritten; er dürfte aber erst dem 9. Jahrhundert zuzurechnen sein. Aus dem sensationellen Baubefund wurde die Möglichkeit von Linz als Pfalzort, d. h. einen für einen königlichen Aufenthalt bevorzugten Ort, wofür Aachen das Paradebeispiel bietet, während der Karolingerzeit erwogen. Was für die agilolfingische Epoche von der bayerischen Forschung angenommen wird, läßt sich für die nachfolgende Periode derzeit von der Forschung nicht beantworten, da die zu einer Pfalz gehörigen weiteren Elemente wie ein Königshof *(palatium)* und ein Wirtschaftshof zur Versorgung archäologisch nicht nachgewiesen werden konnten. Der schriftliche Befund spricht eher gegen den Pfalzcharakter, da kein Aufenthalt eines fränkischen Herrschers in Linz bekannt ist. Wohl aber könnte der Platz zumindest zeitweilig als Sitz des für den Traungau zuständigen Grafen gedient haben. Gerold selbst konnte sich seines Linzer Besitzes nur rund zwei Monate erfreuen. Er fiel bereits am 1. September 799 in einer Schlacht gegen die Awaren.

Zur Topographie des karolingischen Linz lassen sich nur sehr spärliche Anhaltspunkte gewinnen. 799 wird mit der Martinskirche noch ein *castrum* erwähnt. Unter dieser Bezeichnung ist im Frühmittelalter sicher keine Burg zu verstehen, wie sie seit dem Hochmittelalter bekannt ist. Am ehesten handelt es sich um eine kleine befestigte Anlage, deren Lage bisher nicht lokalisiert werden konnte. Einige Umstände sprechen dafür, dieses *castrum* westlich der Martinskirche auf dem Martinsfeld zu suchen, wo zu dieser Zeit wahrscheinlich noch die Reste antiker Befestigungsanlagen vorhanden waren. Der Zugang auf diese Anhöhe erfolgte über die heutige Flügelhofgasse und/oder den Tiefen Graben.

Nach den Bestimmungen des Lehensrechts muß die Martinskirche nach dem Tod des Ostlandpräfekten Gerold wieder an den Passauer Bischof noch im Jahr 799 zurückgefallen sein, während das *castrum* und der *locus Linze* in der Hand des Königs bzw. des zuständigen Grafen als seinem Vertreter blieben. Was die zeitgenössischen Quellen unter der Bezeichnung *locus* verstehen, bleibt unsicher. Man wird daraus bestenfalls eine größere Bedeutung des Ortes im Verhältnis zu seinem Umland ableiten dür-

Rechte Seite:
27 Erste Nennung des Namens Linz und der Martinskirche (799) im Passauer Codex antiquissimus.
Bayerisches Hauptstaatsarchiv München, HL Passau 1, fol. 18v
Übersetzung: . . . das ist im Traungau in dem Ort, dessen Name Linz ist, über dem großen Fluß Donau nämlich die Kirche, die zu Ehren des heiligen und seligsten Bischofs und Bekenners Christi Martin erbaut ist, mit allem Zugehör und Besitz, was immer zu dieser Kirche und zu dieser Burg hinzusehen oder zu gehören scheint, die vordem der Kapellan unseres Herrn Königs, Rodland, als Benefizium gehabt hat . . .

28 Die Erwähnung von Linz in der Zollordnung von Raffelstetten, die im Passauer Codex Lonstorfianus überliefert ist.
Bayerisches Hauptstaatsarchiv München, HL Passau 3, fol. 58v
Übersetzung: Die Schiffe aber, die vom Westen kommen, sobald die den Passauer Wald hinter sich haben, und in Rosdorf oder sonstwo anlegen und Handel treiben wollen, geben als Zoll eine Semidragma, das ist ein Scotus. Wenn sie weiter nach Linz hinabfahren wollen, zahlen sie von einem Schiff drei Semimodios, das sind drei Scheffel Salz. Für Sklaven und andere Waren zahlen sie dort nichts. Sie haben dann das Recht zu länden und Handel zu treiben bis zum böhmischen Wald . . .

fen. Sicher ist für das Ende des 8. Jahrhunderts lediglich, daß die Martinskirche und das *castrum* im *locus Linze* lagen. In der ersten Hälfte des 9. Jahrhunderts ist daher aufgrund dieser Konstellation in Linz sowohl die Präsenz des Passauer Bischofs als auch des im Auftrag der fränkischen Reichsgewalt wirkenden Grafen Wilhelm bezeugt.

Nach der Niederwerfung der Awaren wurden spätestens 802 die eroberten Gebiete neu organisiert. Der „altbayerische" Traungau, in dem Linz lag, bildete fortan zusammen mit dem karantanischen Fürstentum, das noch von Tassilo III. Bayern einverleibt wurde, und Oberpannonien zwischen Enns und Draumündung das sogenannte bayerische Ostland, die *plaga orientalis,* mit dem Vorort Lorch. Verwaltet wurde dieses Gebiet von Ostlandpräfekten, die dem bayerischen Präfekten nachgeordnet waren. Unter der Leitung dieser Präfekten waren Grafen tätig, denen als Vertreter des Königs die Organisation des Heerbannes, die Wahrung von Frieden und Eigentum und die Gerichtsbarkeit oblagen. In dem erwähnten Wilhelm haben wir den Grafen des Traungaus vor uns, der zumindest zeitweilig in Linz gesessen ist.

Durch die Teilherrschaft König Ludwigs des Deutschen (826—876) und seiner Söhne im Osten des karolingischen Imperiums bot Bayern seit dem zweiten Drittel des 9. Jahrhunderts der Königsherrschaft einen verstärkten Rückhalt. Auch während der unruhigen Zeit in der zweiten Hälfte dieses Jahrhunderts, die in unserem Gebiet durch Adelsfehden und Rebellionen innerhalb des ostfränkischen Königshauses, ausgehend von den Bedrohungen durch das Großmährische Reich, gekennzeichnet war, hat der „königliche Ort" Linz wegen seiner strategischen und auch handelspolitisch günstigen Lage wohl den Vorort des Traungaues gebildet. Lorch, am Beginn des 9. Jahrhunderts noch als Grenzort und Sitz des Ostlandpräfekten genannt, hatte diese Position durch die karolingischen Eroberungen im Osten mit der Neuorganisation dieser Gebiete verloren, während Wels in der karolingischen Zeit gegenüber Linz vermutlich an Bedeutung eingebüßt hatte.

Über die wirtschaftlichen und die Verwaltungsverhältnisse im österreichischen Donauraum in der 2. Hälfte des 9. Jahrhunderts gibt das zwischen 903 und 905 abgefaßte Zollweistum von Raffelstetten (an einem alten Mündungsarm der Traun in die Donau, OG Asten, gelegen) Aufschluß. Auf Anordnung König Ludwigs IV. (des Kindes) (900—911) sollte Markgraf Aribo durch Befragen von 41 Adeli-

29 Versuch einer Rekonstruktionszeichnung des karolingischen Zentralbaues über der heute aufrecht stehenden Martinskirche. Rekonstruktion: Dipl.-Ing. Günther Kleinhanns, BDA, Foto: Walter Eigner

gen die geltenden Rechtsnormen ermitteln, deren Wiederherstellung dem als Königsboten fungierenden Erzbischof von Salzburg, dem Bischof von Passau und dem Grafen Otokar übertragen wurde. Linz ist in der Zollordnung von Raffelstetten als königlicher Marktort und als Stätte der Zollerhebung ausgewiesen.

Der Zoll war für den Handel auf dem Markt und für den Geleitschutz der Kaufleute zu entrichten, wofür der König bzw. der von ihm beauftragte lokale Machthaber zu sorgen hatte. Als Träger des Handels sind Juden und „andere Kaufleute" erwähnt. Das Haupthandelsgut bildete das Salz. Es wurde von den bayerisch-salzburgischen Abbaugebieten über den Wasserweg (Salzach, Inn, Donau) nach dem Osten verfrachtet oder von der oberösterreichischen Donau nach dem Norden in den salzarmen böhmischen Raum auf Saumwegen gebracht. Nicht einig ist sich die Forschung, ob und in welchem Ausmaß im nachmaligen Salzkammergut damals Salz abgebaut wurde. Neben den Flüssen als Haupthandelsrouten hatten für den Salztransport noch die den alten Römerstraßen folgenden Landwege ihre Bedeutung. Für den Salzumschlag aus dem Linzer Raum nach dem Norden spricht die 885 bezeugte königliche Maut in Tabersheim/Steyregg.

Für den topographischen Aspekt bietet die Zollordnung von Raffelstetten kaum Anhaltspunkte. Die Bestimmung, daß sich die einheimischen Bayern und Slawen, wenn sie den Markt nur auf der Durchreise berühren, in der Mitte des Platzes zu halten hätten *(per mediam plateam)*, legt den Schluß nahe, daß es sich bei derartigen Märkten bestenfalls um Einstraßenanlagen mit Verkaufsständen zu beiden Seiten gehandelt hat. Als Marktgelände ist am ehesten die hochwassersichere Terrasse etwa auf dem heutigen Alten Markt im Zuge der Verkehrsachse Hofberg–Altstadt–Herrenstraße anzunehmen. In unmittelbar räumlicher Nachbarschaft dazu ist die Zollstelle an der Donau zu vermuten, wo nach dem Austritt des Flusses aus dem Durchbruchstal der Verkehr zu Wasser relativ leicht erfaßt werden konnte. Da Märkte in dieser Zeit – wie Vergleichsbeispiele zeigen – vielfach neben Siedlungen abgehalten wurden, widerspricht dies nicht dem in der Karolingerzeit vermuteten Siedlungsschwerpunkt auf dem Martinsfeld.

30 Bommelohrgehänge (Länge 4,4 cm), Goldblattkreuz (Länge der Balken 5,8 und 6,6 cm), byzantinische Ohrgehänge (5×3,8 cm), byzantinische Maskenschnallen (3×3 cm und Länge 3,9 cm, Breite 2,7 cm) sowie langobardische Bügelfibeln (Länge 8,3 und 7,7 cm) aus dem Gräberfeld Linz-Zizlau I zeigen die mannigfaltigen Handels- und Kulturbeziehungen der hier ansässigen Bevölkerung. Foto: Stadtmuseum Linz

Die „dunklen Jahrhunderte“ Das Hochmittelalter

Gegen Ende des 9. Jahrhunderts kündigte sich für das Karolingerreich mit den Ungarn ein neuer Feind aus dem Osten an. Mit ihrer leichten Reiterei, die auf Bewegungskrieg und den Fernkampf mit Pfeil und Bogen sowie Kesselschlachten als taktisches Mittel eingestellt war, waren die Ungarn den schwerbewaffneten einheimischen, auf den Nahkampf geübten Reiterheeren überlegen. Die zeitgenössischen Quellen nennen die Ungarn oft kurz „Hunnen“, ein Zeichen dafür, welch unheimlichen Eindruck diese Neuankömmlinge machten. Nachdem es 881 zu einem Zusammenstoß mit fränkischen Kräften bei Wien *(apud Weniam)* gekommen war, drang im Jahre 900 erstmals ein ungarisches Heer über die Enns in den Traungau vor. Seine Nachhut wurde am 20. November 900 durch ein bayerisches Heer unter der Führung des Passauer Bischofs Richer und des Markgrafen Luitpold am nördlichen Donauufer besiegt. Wenn man einer relativ jungen Nachricht — der bayerische Geschichtsschreiber Johannes Aventinus (1477—1534) vermittelt sie uns als Marginalie zu den Altaicher Annalen — Glauben schenken darf, so spielte sich dieser Kampf bei Linz ab. Freilich war man sich der drohenden Gefahr bewußt, wie die Errichtung der Ennsburg zum Schutz der Bevölkerung noch im Jahr 900 beweist.

31 Die offenen Pfeilerbogen des Zentralbaues der Martinskirche wurden im ausgehenden 10. oder im 11. Jahrhundert durch den Einbau von Nischen umgestaltet.
Foto: Walter Eigner

Ein Offensivstoß des bayerischen Heerbannes nach dem Osten führte am 4. Juli 907 zu einer folgenschweren Niederlage bei Preßburg: Der Großteil des bayerischen Adels, darunter Markgraf Luitpold und mehrere Bischöfe, wurden getötet, die karolingische Markenorganisation im Osten brach zusammen. Die Enns wurde wieder zu einer höchst unsicheren Grenze, der Traungau erhielt den Charakter eine Grenzregion. Bis zur endgültigen Besiegung der Ungarn durch König Otto I. in der Schlacht auf dem Lechfeld bei Augsburg am 10. August 955 kam es im oberösterreichischen Raum immer wieder zu Kämpfen mit daran anschließenden Waffenstillständen. Sie sicherten den Ungarn zumindest zeitweilig das freie Durchzugsrecht auf ihren Plünderungs- und Beutezügen nach dem Westen.

Von der Forschung wurden die Ungarneinfälle in den oberösterreichischen Raum in ihren Auswirkungen lange Zeit überschätzt. Gewiß hatte die Bevölkerung unter den Plünderungen schwer zu leiden, doch lag das primäre Interesse der Ungarn nicht auf ihrer Vernichtung, sondern war auf Beute ausgerichtet. Das Zollweistum von Raffelstetten beweist, daß am Beginn des 10. Jahrhunderts der Donauhandel nach dem Osten florierte. Er wurde auch später kaum unterbrochen. In den Besiedlungs- und Herrschaftsverhältnissen gab es in Oberösterreich in dieser Zeit keine einschneidenden Veränderungen. Es gibt kaum stichhaltige Beweise, daß Linz — wie mitunter behauptet wird — während der Ungarneinfälle zerstört worden wäre. Ein mögliches Indiz für eine Zerstörung könnte eventuell die Martinskirche liefern, da der heute aufrecht stehende Bau in die 2. Hälfte des 10. Jahrhunderts oder in das 11. Jahrhundert zu datieren ist. Für die einfachere Ausführung gegenüber dem karolingerzeitlichen Zentralbau können aber auch andere, uns unbekannte Gründe maßgebend gewesen sein.

Nach der Nennung von Linz im Zollweistum von Raffelstetten (903—905) schweigen die Quellen rund drei Jahrhunderte bis an den Beginn des 13. Jahrhunderts. Im Zuge einer aktiven Ostpolitik hat sich nach der Niederwerfung der Ungarn mit der Errichtung der ottonischen Mark an der Donau östlich der Enns, dem Ausgangspunkt des babenbergischen Österreichs (nach 962), der Schwerpunkt verlagert. Während des Hochmittelalters stieg Enns, in günstiger Verkehrslage am Zusammenfluß von Enns und Donau gelegen, zu einem Handelszentrum mit weitreichenden Fernhandelsverbindungen auf. Linz scheint in dieser Zeit an Bedeutung eingebüßt zu haben.

Die Besitzverhältnisse von Linz während des Hochmittelalters bleiben weitestgehend im dunkeln. Zu Beginn des 13. Jahrhunderts war das „hochfreie" Geschlecht der Herren von Haunsperg, das seinen Stammsitz nahe der Stadt Salzburg hatte, im Besitz von Linz. Seit wann und auf welche Weise sie hier ansässig wurden, ist unbekannt. Die Haunsperger standen in enger Beziehung zu den Erzbischöfen von Salzburg, hatten aber auch verwandtschaftliche Bande mit den Herren von Wilhering, die wiederum Vögte des Bischofs von Passau waren. Die Ausbildung der Vogtei geht bereits auf die karolingische Zeit zurück. Die weltliche Gewalt der Bischöfe wurde durch die Verleihung von Immunitätsrechten und die Übertragung von Hoheitsrechten durch den König gegenüber der gräflichen Gewalt gefördert. Der Graf durfte weder den Immunitätsbezirk betreten, noch war es ihm erlaubt, darin Recht zu sprechen oder Abgaben einzutreiben. Die weltliche Gewalt übten darin von den Bischöfen bestellte adelige Vögte aus, die die Kirche auch in Rechtsgeschäften vertraten. Nördlich der Donau besaßen die Haunsperger das Gebiet zwischen der Großen Gusen und dem Haselgraben mit den Zentren Riedegg (Gem. Alberndorf) und der am wichtigen Haselgrabenweg gelegenen Burg Wildberg.

Weitere Salzburger Präsenz im Linzer Raum seit dem Hochmittelalter war durch einen Besitzkomplex nördlich der Donau am Eingang des Haselgrabens gegeben, den das Kloster Nonnberg in der 1. Hälfte des 11. Jahrhunderts vermutlich durch eine kaiserliche Schenkung erhielt. Aus ihm entwickelte sich das Nonnberger Amt *enhalb der Donau.* Das Salzburger Kloster St. Peter erhielt durch mehrere Schenkungen einen Besitzkomplex in der Zizlau bei Tabersheim (St. Peter) im linken Mündungswinkel der Traun in die Donau in der 1. Hälfte des 12. Jahrhunderts. Als bedeutendster geistlicher Grundbesitzer in Oberösterreich hatte das Bistum Passau den größten Besitzanteil im Linzer Raum. Mit der Burg Ebelsberg und der Brücke über die Traun — seit der Mitte des 12. Jahrhunderts als passauisch bezeugt — hatte das Bistum einen Verwaltungsmittelpunkt für einen Herrschaftskomplex, der die nachmalige spätmittelalterliche Stadt umschloß.

Die Salzburger Niederlassungen im Linzer Raum sind aus wirtschaftlichen und verkehrstechnischen Notwendigkeiten begründet gewesen. Wein und Getreide aus den niederösterreichischen Besitzungen der geistlichen Kommunitäten Salzburgs wurden in Linz vom Schiff abgezogen und auf dem Landweg weiterbefördert. Diese Maßnahme hing mit dem Heraufziehen der Schiffe, dem sogenannten Gegenzug, entweder durch Menschen oder später durch Pferde zusammen. Er war auf der Donau wohl früher möglich als auf den rasch fließenden Gebirgsflüssen wie Inn und Salzach. Zudem wären von Linz donauaufwärts noch eine große Zahl von Zollstätten zu passieren gewesen, was zu einer Verteuerung der Fracht geführt hätte, während auf dem Landweg der direkte Wechsel auf Salzburger „Territorium" möglich war. Als Gegenfracht kam — wie aus der Raffelstetter Zollordnung bekannt — Salz nach Linz, das über die Saumwege nach Norden (Böhmen) und donauabwärts weiterverhandelt wurde.

Zweifellos ist die Salzburger Präsenz im Linzer Raum, die sich in einer Reihe von Freihäusern — das sind von bürgerlichen Lasten und Steuern befreite Häuser — an neuralgischen Punkten sowohl der vorbabenbergischen (hochmittelalterlichen) als auch der von den Babenbergern im 13. Jahrhundert erweiterten Siedlung manifestiert, auffällig. Ob allerdings die Bemühungen Salzburgs, während des Hochmittelalters im Linzer Raum verstärkt Fuß zu fassen, eine Folge von Positionsverlusten im Wiener Raum waren, muß dahingestellt bleiben.

Der Umfang der hochmittelalterlichen Siedlung läßt sich aus siedlungstypologischen Kriterien und späteren Nachrichten einigermaßen erschließen. Vermutlich um das Jahr 1000 bildete sich am Rande der überschwemmungssicheren Terrasse entlang der Donau an der Kreuzung der Hofgasse mit dem alten Fernverkehrsstraßenzug Hofberg–Altstadt der alte Marktplatz aus. Die Form und Größe der Sied-

32 Der dreieckförmige Marktplatz an der Kreuzung des Hofbergs mit der Hofgasse auf der überschwemmungssicheren Terrasse über der Donau ist heute noch gut erkennbar. *Foto: Walter Litzlbauer*

lung ist heute noch im konzentrisch zur Hahnengasse verlaufenden Baublock (Altstadt 11 und 13 / Hofgasse 5 und 7) erkennbar. Die Nordbegrenzung dürfte etwa der Badgasse gefolgt sein und bei der heute noch bestehenden „Reiche" zwischen den Häusern Hofberg 6 und 8 zur Burg verlaufen sein. An dieser Stelle auf der halben Höhe des Hofberges war der Vorläufer des späteren oberen Wassertores gelegen. Der Verlauf der südlichen Mauer westlich des Straßenzuges der Altstadt ist unbekannt. Sie dürfte parallel zum Tummelplatz Richtung Burg gestrichen sein. Sowohl an der Ostseite in der Hofgasse als auch an der Südseite dieser Befestigung in der Altstadt (Straßenzug) ermöglichten Stadttore den Zugang.

Wohl etwa zeitgleich mit der Anlage der Siedlung ist die Errichtung der Burg auf dem nach drei Seiten steil abfallenden Ostabhang des Linzer Schloßberges anzunehmen. Der erste urkundliche Beleg hiefür datiert erst aus dem Jahre 1286, doch spricht das Patrozinium der Burgkapelle, nämlich Gangolf, für einen Bau des 10./11. Jahrhunderts. Gangolf, ein Edelmann aus Burgund am merowingischen Königshof im 8. Jahrhundert, wurde in Deutschland seit dem 10. Jahrhundert als Heiliger verehrt. Das Rittertum förderte besonders die Verbreitung seines Kultes. Die Forschung ist sich heute ziemlich einig, daß die Lage dieser Burg am Ostabhang des Schloßberges nicht mit dem 799 erwähnten *castrum* identisch ist.

Die kirchlichen Verhältnisse

Im Jahr 1286 bestätigte Herzog Albrecht I. dem Passauer Bischof Bernhard das Patronatsrecht nach der Verlegung der Pfarre vom Schloß in die Stadt. Die Vorgänge stehen mit der Neuerrichtung der Stadtpfarrkirche im Zuge der babenbergischen Stadterweiterung im Zusammenhang, auf die später noch einzugehen sein wird. Die Frage des Patronatsrechts, das dem Patron (Grundherrn) das Recht der Ernennung des an der Kirche wirkenden Geistlichen zugestand und somit als Rest des ehemaligen Eigenkirchenwesens seit dem 12. Jahrhundert fortlebte, war damals (1286) nicht klar, sonst hätte es der Übereinkunft zwischen Herzog und Bischof nicht bedurft. Die Pfarrechte bzw. die Pfarre lagen vor der Übertragung in die neue Stadtpfarrkirche beim Schloß. Ob darunter die in der Nähe des Schlosses liegende

Martinskirche oder die Burgkapelle St. Gangolf zu verstehen ist, wird nicht ausdrücklich erwähnt. Als König Maximilian I. im Jahre 1506 einen Geldbetrag für das Seelenheil jener Verstorbenen stiftete, deren Gebeine einst *bey der alten pharrkirchen zu sand Gangolph in unnserm sloss Lyntz* lagen, hätte dieser Nachricht zufolge die Gangolfskapelle im Schloß bis zum 13. Jahrhundert wenigstens zeitweilig neben oder anstelle der 799 erstmals erwähnten Martinskirche Pfarrechte besessen. Die Ausbildung einer Pfarrorganisation ist erst eine hochmittelalterliche Entwicklung im Rahmen des sogenannten Investiturstreits des 11./12. Jahrhunderts.

Die besiedelten Gebiete des nachmaligen Oberösterreich dürften seit der 2. Hälfte des 8. Jahrhunderts zur Diözese Passau gehört haben. Seit der karolingischen Ostpolitik konnte sie ihren Einflußbereich bis Pannonien ausdehnen. Raab und Donau bildeten seit ca. 830 die Grenze zum Erzbistum Salzburg. Träger der Christianisierung des Landes waren die Passauer Kirche und die vom bayerischen Herzog und dem Adel gegründeten Klöster. Der Ausbau der Seelsorge lag in den Händen der seit der Karolingerzeit voll entwickelten Grundherrschaft. Sie prägte Gesellschaft und Wirtschaft im Rahmen des mittelalterlichen Feudalsystems. Grundherrschaft bedeutete nicht nur die Verfügungsgewalt des weltlichen oder geistlichen Herrn über Grund und Boden, sondern war auch Schutz-, Gerichts- und Leibherrschaft über die darauf lebende Bevölkerung. Die Errichtung und die Erhaltung der Kirchen für den Gottesdienst sowie die Sorge um den Unterhalt des Geistlichen lag in den Händen der weltlichen und geistlichen Grundherren. Dafür kassierten sie die Einnahmen (Zehente und Gebühren) und behandelten diese Kirchen und die Geistlichen wie ihr Eigentum. Dieses System, das auf germanisch-rechtlichen Wurzeln basiert, wird als Eigenkirchenwesen bezeichnet.

Die Eigenkirchen standen vielfach überhaupt nicht oder nur sehr beschränkt unter der geistlichen Gewalt des Bischofs. Mit der Zeit kam es zu Auswüchsen insofern, als nicht oder nur unzureichend ausgebildete Geistliche vom Eigenkirchenherrn bestellt wurden. Dies war mit einer der Gründe für die kirchliche Erneuerungsbewegung, der sogenannten cluniazensischen Reform, im 11. Jahrhundert. Während des Frühmittelalters hatte die Martinskirche den Status einer Eigenkirche, die der religiösen Betreuung der im *locus* Linz lebenden Personen diente. Seit September 799 war sie — wie bereits oben erwähnt — wieder im Besitz des Bischofs von Passau und somit in seiner vollen geistlichen und weltlichen Leitungsgewalt.

Neben dem Eigenkirchenwesen bestand — von diesem nicht scharf abzugrenzen und sich mit ihm überschneidend — ein älteres römischrechtlich geprägtes System von Taufkirchen *(ecclesiae baptismales)*. Ihr Sprengel wurde vom Bischof festgesetzt, vielfach waren ihnen andere Kirchen unterstellt. Die Taufkirchen besaßen als Vorrecht die Abhaltung des Sonntagsgottesdienstes, der Taufe, Eheschließung und des Begräbnisses. In der 2. Hälfte des 10. Jahrhunderts ging der tatkräftige Passauer Bischof Pilgrim (971—991) daran, auf Synoden, an der die Geistlichkeit, aber auch Weltliche teilnahmen, die rechtlichen Zustände in seinem Bistum zu regeln. Bei einer zwischen 985 und 991 in Mistlbach bei Wels abgehaltenen Synode wurden die Zehentrechte dieser Taufkirchen

33 Eine mittelalterliche „Reiche", immer wieder fälschlich als „Reichengäßchen" bezeichnet, hat sich zwischen den Häusern Hofberg 6 und 8 erhalten.
Foto: Walter Litzlbauer

festgestellt. Unter den dabei genannten Gotteshäusern wird auch eine Taufkirche in Linz erwähnt, der Zehente zu Puchenau, in Katzbach und einer in der Riedmark zu suchenden *ecclesia Wizimanni* zustanden. Es ist sehr wahrscheinlich, daß die Martinskirche zu dieser Zeit diesen Status besaß. Der Friedhof um die Kirche weist auf das Begräbnisrecht hin. Bestattungen fanden sich auch im Bereich der Gangolfskapelle bei der Burg, so daß sich der Status der Taufkirche, falls diese Kapelle damals schon bestand, unter Umständen auch auf diese beziehen könnte.

Die Ausbildung einer Pfarrorganisation war erst eine Folge des sogenannten Investiturstreits des 11./12. Jahrhunderts. Wenn die Erneuerung des religiösen Lebens wegen des Verfalls der kirchlichen Sitten ein weitverbreitetes Anliegen war, so gipfelte dieser Streit im Kampf um die Vorherrschaft zwischen Papsttum und Kaisertum. Erklärtes Ziel des Passauer Bischofs Altmann (1065—1091), eines Anhängers der päpstlich-gregorianischen Partei und der innerkirchlichen Reformbewegung, war die Hebung des geistigen und kulturellen Niveaus des Klerus seiner Diözese durch die Bekämpfung der Laieninvestitur und des Eigenkirchenwesens. Unter seinen Nachfolgern kam es, ohne das Eigenkirchenwesen völlig zum Verschwinden zu bringen, zur pfarrlichen Durchorganisierung der Diözese Passau. Wenn 1111 eine *ecclesia* in Linz und in Tabersheim (Steyregg) urkundlich nachgewiesen ist, so war zu Beginn des 12. Jahrhunderts Linz in die Pfarrorganisation bereits einbezogen. Welches Gotteshaus als Pfarrkirche fungierte, ist auch hier nicht zu entscheiden. Möglicherweise war die Existenz zweier Pfarrkirchen auf engstem Raum (Martinskirche und Burgkapelle St. Gangolf) erst eine kurzzeitige Entwicklung in der 1. Hälfte des 13. Jahrhunderts, als während der Streitigkeiten des letzten Babenbergerherzogs Friedrich II. mit Kaiser Friedrich II. Linz 1236 vom Herzog von Bayern und Bischof von Passau belagert wurde. Mit dem Bau einer neuen Kirche im Osten der Stadt gingen die Pfarrrechte eindeutig auf diese über. 1286 wurden schließlich auch noch die letzten Zweifel über das Patronatsrecht zwischen Herzog Albrecht I. und dem Passauer Bischof ausgeräumt.

Auf dem Weg zur Landeshauptstadt
Das Spätmittelalter

Von den Babenbergern zu den Habsburgern

Der Gotschalch von Hunsperch gab dem herzogen Liupolt Lintz unt allez daz aeigen, daz darzu gehort, her ze tal von dem Rinderholz. Mit dieser im sogenannten Landbuch von Österreich und Steier überlieferten Nachricht erhalten wir Kunde vom Übergang der Siedlung Linz aus dem Besitz der Haunsperger an den Babenbergerherzog Leopold VI. Was hier in knapper Form übermittelt wird, war das Ergebnis eines weiter zurückzuverfolgenden Prozesses. Als im Jahre 1186 auf dem Georgenberg in Enns Herzog Leopold V. von Österreich mit dem unheilbar kranken und kinderlosen Herzog Otakar IV. von Steiermark entsprechende Abmachungen wegen des Anfalls des Herzogtums Steier an Österreich traf (Georgenberger Handfeste), die nach dem Tode Otakars (1192) zum Tragen kamen, setzte eine Phase aktiver Erwerbspolitik der Babenberger westlich der Enns ein. Begünstigt wurde diese Politik durch den Umstand, daß das nach dem Sturz des Welfen Heinrich des Löwen 1180 von Kaiser Friedrich I. in Bayern neu eingesetzte Herzogsgeschlecht der Wittelsbacher vorerst sein Hauptaugenmerk der Sicherung seiner Herrschaft in den bayerischen Kerngebieten zuwenden mußte und damit den östlichen Randgebieten des Herzogtums weniger Aufmerksamkeit schenken konnte.

Mit dem an den Wilheringerwald östlich anschließenden Kürnbergerwald, der aus dem otakarischen Erbe stammte, konnten die Babenberger westlich von Linz Fuß fassen. Seit 1187 waren sie zudem im Besitz der Vogtei über das Kloster Wilhering. Schließlich ist noch zu erwähnen, daß das von den steirischen Otakaren um 1082 gegründete Kloster Garsten nördlich der Donau am Haselbach im Gebiet des heutigen St. Magdalena Besitz hatte. Am besten besitzmäßig verankert war im Linzer Raum der Bischof von Passau. Seit dem ausgehenden 12. Jahrhundert hatten sich um den Besitz des kinderlosen Gottschalk II. von Haunsperg sowohl der Passauer Bischof als auch der Babenbergerherzog Leopold VI. (1194—1230) bemüht. Mit der Erwerbung der Herrschaft Wildberg (1198) konnte sich Bischof Wolfger von Erla eine wichtige Position an dem bedeutenden Verkehrsweg durch den Haselgraben nach Böhmen sichern. Um 1211 wurden damit die babenbergischen Ministerialen von Starhemberg vom Passauer Bischof belehnt. Dadurch waren aber auch weitere babenbergische Interessen berührt, läßt sich doch seit 1115 die Riedmark, die sich bis zum Haselgraben erstreckte, als unter babenbergischer Hoheit stehender Verwaltungsbezirk erweisen. Die ca. 1205/06 erfolgte Übernahme von Linz durch Herzog Leopold VI. aus dem Besitz des letzten Haunspergers ist als Gegenzug zu den passauischen Intentionen zu betrachten, die Positionen im Linzer Raum weiter auszubauen und zu konsolidieren.

Über den Linzer Raum hinausgehend, hatte derselbe Herzog etwa zeitgleich die Stadt Wels vom Hochstift Würzburg gekauft und etwas später das Gebiet der sogenannten Burgvogtei Wels und den lambachischen Anteil an der Stadt durch Verpfändung gewonnen. Mit den aus dem otakarischen Erbe stammenden Städten und den dazugehörigen Herrschaften Enns und Steyr war das Städteviereck im nachmali-

34 Der Übergang von Linz an die Babenberger im Landbuch von Österreich und Steier. Steiermärkisches Landesarchiv, Hs. 1160, fol. 108 v
Foto: Steiermärkisches Landesarchiv

vorbabenbergische Siedlung, babenbergische Siedlungserweiterung, ■ ■ ■ ■ möglicher Zug einer Stadtmauer

35 Unter den Babenbergern erfolgte eine planmäßige Erweiterung der bestehenden Siedlung nach Osten. Copyright der Kartengrundlage: Verlag Deuticke, Wien

gen oberösterreichischen Zentralraum in einer Hand vereinigt. Durch weitere Käufe konnte nördlich der Donau 1217 der Machländer Besitz der Grafen von Velburg-Klam und die Herrschaft Waxenberg mit Gramastetten und Ottensheim zwischen 1221 und 1228 nach dem Aussterben der Griesbach-Waxenberger erworben sowie die Herren von Lengenbach beerbt werden. Diese knappen Eckdaten zeigen sehr deutlich, mit welcher Zielstrebigkeit vor allem Herzog Leopold VI. hier vorgegangen ist und daß die Erwerbung von Linz den entsprechenden Stellenwert in diesem Konzept besaß.

Unter der Regierung Herzog Leopolds VI. hat Linz Stadtcharakter erhalten. Dies betraf nicht nur die rechtliche Ausgestaltung und die Begabung mit entsprechenden Privilegien, über die noch an anderer Stelle zu handeln sein wird, sondern auch die bauliche Ausgestaltung. Im Anschluß an die bestehende Burguntersiedlung kam es zu einer planmäßigen Erweiterung der Stadt nach Osten. Kernpunkt der erweiterten Siedlung war die Anlage des Hauptplatzes mit ca. 220 Metern Länge und ca. 60 Metern Breite, für die damaligen Verhältnisse eine planerische Meisterleistung. Dieser Platz mit seinen heute noch imponierenden Maßen hat die Wirkung zu keiner Zeit verfehlt. Sie kommt in verschiedenen Zeugnissen zum Ausdruck. So berichtet eine venezianische Gesandtschaft, die 1492 am Hofe Kaiser Friedrichs III. in Linz weilte, daß das Stadtgebiet ungefähr so groß wie der Platz sei, was für die Größe des Hauptplatzes spricht. Der bekannte Maler Adolph von Menzel (1815 bis 1905) bezeichnete ihn 1891 als „einen der schönsten Plätze der Erde".

Östlich des Hauptplatzes wurde der Raum für die Stadtpfarrkirche ausgespart. Mit ihrer Errichtung dürfte wohl noch unter der Regierung Herzog Leopolds VI. begonnen worden sein, ihre Fertigstellung bzw. Weihe ist etwa um die Mitte des 13. Jahrhunderts erfolgt. Die fast achsiale Anlage der Kirche zu dem Baublock zwischen der heutigen Pfarrgasse und der Rathausgasse spricht für gezielte planerische Überlegungen. Die Annahme, daß an dieser Stelle ein Vorgängerbau mit Kapellentradition gestanden hätte, ist daher nicht zwingend.

Parallel zur planmäßigen Erweiterung der Stadt erfolgte ihre Ummauerung. Das Grundkonzept hiefür dürfte gleichfalls noch der Regierungszeit Leopolds VI. zuzuweisen sein und jenen Bereich eingeschlossen haben, der den heutigen Altstadtbereich markiert. Demnach verlief die Mauer vom Schloß entlang der Promenade und dem Graben — Pfarrplatz zur Donau. Die Unregelmäßigkeiten des Mauervierecks im östlichen Bereich der Nordseite an der Donau sind aus dem Verlauf des Ludlarmes erklärbar. Der gleichfalls etwas schräge Verlauf der Westmauer ist aus der Lage der Burg bzw. durch die geländebedingten Gegebenheiten zu sehen. Es kann nicht gänzlich ausgeschlossen werden, daß die Stadtmauer an der Ostseite ursprünglich näher an den Hauptplatz herangerückt war und die Stadtpfarrkirche außerhalb des Mauerbereichs lag. Ein heute noch deutlich sichtbarer Bruch zwischen den Häusern Rathausgasse 3 und 5, der im vorspringenden Haus Rathausgasse 6 an der Südseite seine Entsprechung hat, könnte den Verlauf eines älteren Mauerzuges markieren. Nach dem Ausweis quellenkundlicher Zeugnisse war die Stadtpfarrkirche 1286 bereits in den Mauerverband mit einbezogen.

Die zielstrebige Erwerbungspolitik der Babenberger im Gebiet westlich der Enns rief namentlich bei den bayerischen Wittelsbachern entsprechende Verstimmung hervor. Als nun Herzog Friedrich II. (1230—1246), dem das politische Augenmaß seines Vaters Herzog Leopolds VI. offensichtlich fehlte, 1236 durch einen Fürstenspruch geächtet wurde, belagerten Herzog Otto II. von Bayern und Bischof Rüdiger von Passau als Vollstrecker des Urteils vergeblich die Stadt Linz. Dies zeigt einerseits sehr deutlich, daß die Stadt damals bereits entsprechend befestigt gewesen sein muß und daß sie andererseits in den Auseinandersetzungen zwischen dem Herzog und dem Kaiser mit dem Großteil der adeligen Machthaber westlich der Enns an der Seite des Babenbergers blieb.

Der unerwartete Tod Herzog Friedrichs II. in der Schlacht an der Leitha gegen die Ungarn am 15. Juni 1246 leitete das bis 1251 währende sogenannte österreichische Interregnum ein. Das Fehlen einer starken landesfürstlichen Zentralmacht stärkte den aus der babenbergischen Ministerialität nun hervortretenden neuen Dienstadel, ohne dessen Zustimmung bzw. Mithilfe eine Durchsetzung landesfürstlicher Gerechtsame nicht mehr möglich war. Zum Jahr 1246 weiß ein unbekannter Garstner An-

36 Ein letzter Rest der Stadtmauer steckt heute neben dem Linzer Schloß noch im Pfarrhof der Linzer Stadtpfarrkirche.
Foto: Walter Litzlbauer

37, 38 Die Bruchlinie zwischen den Häusern Rathausgasse 3 und 5 und das vorspringende Haus Rathausgasse 6 könnten den Verlauf einer älteren Stadtmauer markieren. Foto: Walter Litzlbauer

nalist zu berichten, daß es zwischen den in der Umgebung der Flüsse Enns und Traun ansässigen ehemaligen babenbergischen Ministerialen zu Auseinandersetzungen gekommen sei. Über den Inhalt der Streitpunkte herrscht keine letzte Klarheit. Entweder galt es die Frage zu lösen, ob man sich dem bayerischen Herzog anschließen sollte, der seinen Einfluß bis an die Enns auszudehnen versuchte, oder man war sich über die Aufteilung der Herrschaft in den wichtigen Städten Linz, Enns und Steyr uneinig. Wie dem auch gewesen sein mag, so steht fest, daß in diesen unruhigen Zeiten in Linz der Ministeriale Meinhard Tröstel von Zierberg die Stadtherrschaft in Händen hielt. Er nannte sich nach seinem Sitz am Eingang des Kremstales und besaß verwandtschaftliche Beziehungen zu dem östlich der Stadt (KG Lustenau) nahe der Donau ansässigen passauischen Ministerialengeschlecht der Herren von Lonstorf. Um 1255 bezeichnete er sich sogar als *Trustelo de Lintz,* ein Hinweis darauf, daß er damals in Linz gesessen ist. Obwohl entsprechende Nachrichten fehlen, könnte bereits 1236 Meinhard Tröstel als Stadtministeriale den Ausschlag gegeben haben, daß Linz auf der Seite Herzog Friedrichs II. verblieb.

In der Zeit des österreichischen Interregnums hat es nicht an Versuchen von außen gefehlt, sich des heutigen Oberösterreichs zu bemächtigen. Herzog Otto von Bayern fiel in den Jahren 1249 und 1250 mit einem Heer ein. Als kriegerische Mittel nicht zum gewünschten Erfolg führten, ging er dazu über, einen Teil der alten babenbergischen Ministerialität durch Versprechungen auf seine Seite zu ziehen. Auf diese Weise gelang es seinem Sohn Ludwig, die Städte Linz und Enns 1250 vorübergehend in seine Hand zu bringen. Als nun Ottokar II. Přemysl von Böhmen vom österreichischen Adel unter der Führung Alberos IV. von Kuenring 1251 in das Land gerufen wurde, konnte er sich die Stadtherrschaft über Linz nur durch einen Ausgleich mit Meinhard Tröstel und dem Passauer Bischof sichern.

Die Vorgänge werden durch einen Komplex von Urkundenfälschungen illustriert, der in Passau im Zusammenwirken mit Meinhard Tröstel seit 1253 entstanden ist. Als Grundlage zur Absicherung seiner Stellung als faktischer

Stadtherr von Linz diente ein angebliches Testament Herzog Friedrichs II., in dem er einen Tag vor der Schlacht an der Leitha (14. Juni 1246) dem Papst mitteilte, daß seine Erben dem Bischof von Passau für zugefügte Schäden 3000 Mark Silber zu zahlen hätten. Bis zur Bezahlung dieser Summe seien dem Albero von Pollheim und Meinhard Tröstel die Städte Wels und Linz mit ihren Einnahmen anvertraut, um sie für den Bischof zu schützen. Tatsächlich hatte Ottokar II. die Bestimmungen dieses Testaments anerkannt, die 3000 Mark Silber bezahlt und sich damit die Stadtherrschaft in Linz gesichert.

Interesse an der Stadtherrschaft über Linz bestand aber auch noch beim Bischof von Passau. Mit Otto von Lonstorf (1254—1265), aus dem vor den Toren der Stadt ansässigen Ministerialengeschlecht, der vorher bereits Pfarrer von Linz war, bestieg ein sehr zielstrebiger Mann den Passauer Bischofstuhl. Er veranlaßte die Verunechtung einer Urkunde Kaiser Ludwigs des Frommen aus dem Jahre 823 für das Bistum Passau, indem er die Schenkung des Klosters St. Florian mit Linz nachträglich einfügen ließ. In die gleiche Richtung weist das in Passau gefälschte sogenannte Lehensbekenntnis Herzog Friedrichs II. zum Jahr 1241. Darin wird neben zahlreichen anderen Besitzungen Linz als Lehen des Bistums Passau ausgewiesen. Diese Fälschungen, die durchaus Reminiszenzen auf frühere Verhältnisse gewesen sein können, stehen entweder mit dem bereits erwähnten Patronatsstreit um die Stadtpfarrkirche im Zusammenhang, sie können aber gleichermaßen der Absicht des Ausbaus einer passauischen Landesherrschaft im oberösterreichischen Raum gedient haben. Die in der Folgezeit zwischen den bayerischen Herzogen und dem Bistum Passau auftretenden politischen Spannungen führten zu einem Ausgleich Ottokars II. Přemysl mit Passau, in dessen Folge er vom Bischof mit den als Passauer Lehen geltenden Besitzungen in Oberösterreich, darunter auch Linz, belehnt wurde.

Obwohl nähere Hinweise fehlen, hat Ottokar II. Přemysl den obderennsischen Städten eine entsprechende Förderung angedeihen lassen. Die *munitiones superioris Austrie,* nämlich Linz, Wels und Steyr, wie sie eine Lambacher Quelle etwas später bezeichnet, boten seiner Macht den entsprechenden Rückhalt. Linz war für ihn der wichtigste Stützpunkt, hielt er sich hier zwischen 1252 und 1262 insgesamt sechsmal auf und schloß wichtige Abmachungen. 1252 führte Ottokar II. die entscheidenden Verhandlungen zur Sicherung seiner Herrschaft im „oberen Österreich". Fünf Jahre später schloß der Böhmenkönig mit Bischof Otto von Passau ein gegen den Bayernherzog gerichtetes Bündnis und schließlich wurden in Linz 1262 in Anwesenheit zahlreicher österreichischer Adeliger und des Salzburger Erzbischofs Philipp Salzburger Angelegenheiten beraten.

Während der Herrschaft Ottokars II. Přemysl war Linz mehrmals Ort für Gerichtsversammlungen. 1256 tagte hier unter dem Vorsitz des „Reiserichters" Wok von Rosenberg ein Landtaiding für das obere Österreich, dem Gebiet zwischen Ybbs und Hausruck. Acht Jahre später hielt der Ministeriale Konrad von Sumerau als *iudex provintie Austrie superioris* eine Taidingversammlung ab. 1273 schließlich präsidierte der Kremser Bürger Gozzo in seiner Funktion als *procurator Anasy* einem Taiding in der Linzer Burg. Mag Linz auch eher zufällig als Gerichtsort zum Zuge gekommen sein, so zeigen die verschiedenen Bezeichnungen bzw. die Funktionen des jeweiligen Richters Meilensteine in der Entwicklung der Gerichtsverfassung und somit in der Ausbildung des Landes ob der Enns unter Ottokar II.

Die Konsolidierung der Verhältnisse im Reich durch die Wahl des Grafen Rudolf von Habsburg zum deutschen König im Jahre 1273 erschütterte die Großmachtstellung Ottokars, der in den letzten Jahren seiner Herrschaft gegen alle Regungen scharf vorging, bis zum Sommer 1276 kaum. Erst als Rudolf I. in diesem Jahr mit einem Heer in die ehemals babenbergischen Besitzungen einrückte, fiel der Großteil der Adeligen und auch die meisten Städte vom Přemysliden ab. Die Haltung der Stadt Linz in den Auseinandersetzungen zwischen Rudolf und Ottokar ist nicht ganz klar. Rudolf lagerte, von Passau kommend, in der ersten Oktoberhälfte 1276 mehr als eine Woche vor Linz, bevor er nach Enns weiterzog. Dieser längere Aufenthalt könnte auf einen kurzfristigen Widerstand der Stadt hindeuten. Allerdings stand zur selben Zeit Ottokar in Freistadt. Damit könnte das längere Verweilen Rudolfs vor der Stadt auch in der Gefahr eines Flankenangriffs begründet gewesen sein.

Entscheidend für König Rudolf I. bei seinem Vorgehen gegen Ottokar wurde, daß er Herzog Heinrich XIII. von Niederbayern auf seine Seite zu ziehen vermochte. Um die Unterstützung des Herzogs zu erreichen, versprach der König, seine Tochter Katharina mit dem Sohn Herzog Heinrichs zu verheiraten. Für die Mitgift Katharinas in der Höhe von 40.000 Mark Silber mußte König Rudolf 1276 das Gebiet südlich der Donau zwischen Enns und Hausruck verpfänden. Der neue Stadtherr Herzog Heinrich XIII. erschien bereits zu einer Zeit in Linz, als Rudolf I. mit Ottokar II. Přemysl noch in Wien verhandelte. Er hielt sich auch in den folgenden Jahren mehrmals in Linz auf. Die Pfandschaft blieb nur Episode. Als Heinrich in den entscheidenden Auseinandersetzungen zwischen König Rudolf I. und König Ottokar II. 1278 für letzteren Partei ergriff, mußte er unter dem Druck Rudolfs im Mai 1279 auf alle Pfandrechte über das Gebiet ob der Enns verzichten. Ab diesem Zeitpunkt übte das Geschlecht der Habsburger, sieht man von der Verpfändung des Landes ob der Enns während des Dreißigjährigen Krieges an Bayern (1620—1628), sowie der Besetzung während des Österreichischen Erbfolgekrieges (1741/42) und während der Franzosenkriege (1800—1801, 1805—1806 und 1809—1810) ab, die Stadtherrschaft aus. Daß Linz im Gegensatz zu anderen obderennsischen Städten während des Mittelalters kaum verpfändet wurde, lag wohl in den für den Landesfürsten und Stadtherrn hohen Einkünften aus der Linzer Maut. Dazu kam, daß um Linz ein größerer landesfürstlicher Kammergutbezirk, wie ihn etwa das Salzkammergut oder die Herrschaft Steyr bildete, fehlte.

Über das Verhalten der Bürgerschaft von Linz in diesen unruhigen Zeiten mit mehrmals wechselnden Stadtherren gibt es nur einige vage Anhaltspunkte, die erkennen lassen, daß man sich der jeweiligen Situation anzupassen vermochte. Der 1265 verstorbene Stadtministeriale Meinhart Tröstel dürfte der Bürgerschaft nicht allzuviel Spielraum gelassen haben. Am auffälligsten wird die Situation durch die Familie der Ulriche illustriert, die in einem Nahverhältnis zu den Lonstorfern gestanden sein müssen. Seit der ausgehenden Babenbergerzeit war die Familie der Ulriche nachweisbar rund siebzig Jahre lang im Besitz des Mautneramtes, was angesichts der mehrmals wechselnden Stadtherrschaft auf großes politisches Geschick schließen läßt, war mit diesem Amt doch eine besondere Vertrauensstellung verbunden.

Linz als Verhandlungsort

Die geschichtliche Stellung der Stadt im Rahmen der politischen Geschichte ist nur sehr schwer von der Familiengeschichte des Landesfürsten zu trennen. Fließen die Nachrichten vorerst eher spärlich, ändert sich die Situation doch schlagartig mit dem 13. Jahrhundert. Durch den Übergang von Linz an die Babenberger ergab sich für die Stadt eine neue territoriale Situation. Sie war nunmehr in einer Randlage zum Herzogtum Bayern. Die neue Konstellation zeigte sich schon unter König Ottokar II., wurden doch in Linz wichtige, Bayern und das Erzbistum Salzburg betreffende Angelegenheiten verhandelt. Als die Habsburger 1279 endgültig die Stadtherrschaft übernahmen, blieb die Stadt weiterhin bevorzugter Verhandlungsort. König Rudolf I. traf hier mit dem Grafen Meinhard II. von Görz-Tirol beide Häuser berührende Erbabsprachen (1279). Nach der Belehnung Herzog Albrechts I. mit Österreich und Steiermark durch seinen Vater König Rudolf I. (Vertrag von Rheinfelden, 1. Juni 1283) geriet der neue energische Landesfürst bald in Konflikte mit dem Erzbistum Salzburg. Versuche der Streitbeilegung wurden immer wieder auf Fürstentagen in Linz (1289, 1293, 1296) unternommen.

Wenn die Ausbildung fester Herrschersitze (Residenzen) im beginnenden Spätmittelalter erst allmählich erfolgte und das „Reisekönigtum“ bzw. „Reiselandesfürstentum“ noch immer überwog, so stand bei Linz die Funktion als bevorzugter Verhandlungsort mit der territorialen Randlage in einem engen Zusammenhang. Besonders deutlich macht dies der steirische Reimchronist Otacher oûz der Geul in seiner Steirischen Reimchronik, indem er bei der Schilderung des 1289 von Wels nach Linz verlegten Fürstentages die Lage der Stadt *beirischer erden so nahen* charakterisiert.

Die Beziehungen zu Salzburg hatten sich zu Ende des 13. Jahrhunderts normalisiert. Es folgte eine lange Periode des Zusammenwirkens der Habsburger mit den Salzburger Erzbischöfen. Dafür bekam das spätere Land ob der Enns und mit ihm Linz die Auswirkungen politischer Spannungen zwischen Bayern, Böhmen, Ungarn und Österreich immer wieder zu spüren. Namentlich zu den bayerischen Wittelsbachern war das Verhältnis der österreichischen Landesfürsten meist getrübt. Bündnisse mit dem westlichen Nachbarn, wie etwa die in Linz 1312 zwischen den Herzögen Friedrich III. und Leopold I. von Österreich und den Herzögen Heinrich und Otto von Niederbayern getroffene Abmachung mit einer Heiratsabrede, blieben eher die Ausnahme. Der Kampf um die deutsche Königskrone nach der Doppelwahl von 1314 führte bereits wieder

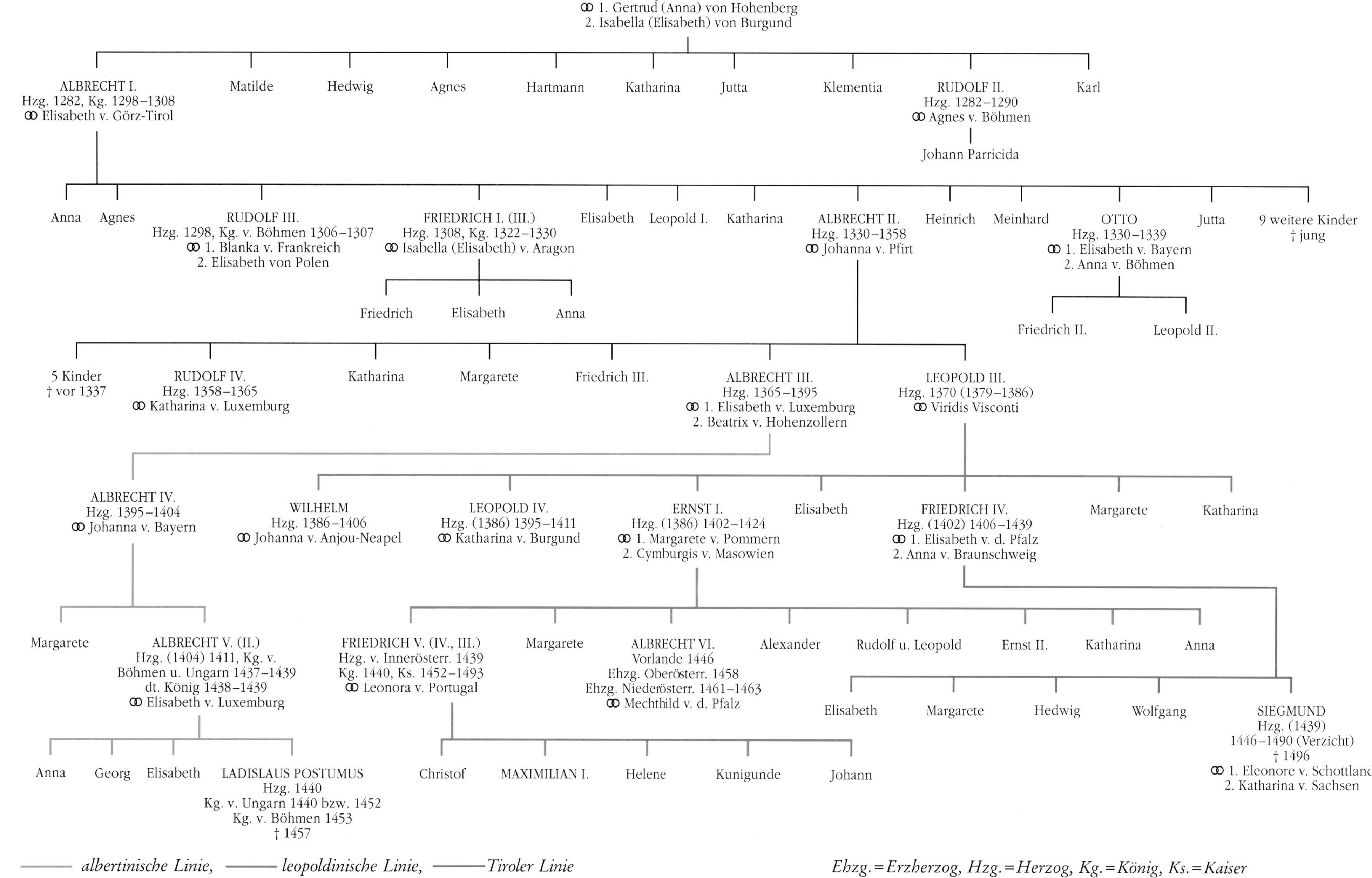

39 Stammbaum der Habsburger von König Rudolf I. bis zu Kaiser Maximilian I.

zu Auseinandersetzungen zwischen Habsburgern und Wittelsbachern.

Gemeinsame Interessen ergaben sich allerdings wiederum, als es nach dem Tod Heinrichs von Kärnten darum ging, die Nachfolge in Kärnten und Tirol zu regeln. Die Verhandlungen hierüber wurden 1335 zwischen Kaiser Ludwig dem Bayern, Herzog Stephan von Oberbayern sowie den österreichischen Herzögen Albrecht II. und Otto in Linz geführt. Unter Ausschaltung der Ansprüche des böhmischen Königs aus dem Hause der Luxemburger belehnte Kaiser Ludwig der Bayer am 5. Mai 1335 in Linz in einer feierlichen Zeremonie die österreichischen Herzöge mit Kärnten und Südtirol, während Nordtirol an die Wittelsbacher fallen sollte. Die Belehnung der Habsburger mit Kärnten war für Linz sicher mehr als eine glorreiche Fürstenversammlung. Für die obderennsischen Städte bedeutete der Anfall Kärntens die Intensivierung des Handels mit Venedig.

Für die weitere Entwicklung Österreichs von Bedeutung war, daß König Karl IV. aus dem Hause der Luxemburger während eines Aufenthaltes in Linz im Jahre 1348 all jene Gnaden und Freiheiten für aufgehoben erklärte, die sein Vorgänger Kaiser Ludwig der Bayer zum Nachteil des Hauses Österreich erlassen hatte. Herzog Albrecht II. erhielt damals zudem gemeinsam mit seinen Söhnen Rudolf und Friedrich das *Privilegium de non evocando* für ihre Besitzungen in Schwaben, Thurgau, Aargau und Elsaß verliehen, wodurch Ladungen ihrer Untertanen vor fremde Gerichte einschließlich des Königsgerichts unmöglich wurden, sofern man ihnen dort den Rechtsgang nicht verweigerte. Dieses Recht erhielt ein wenig später Albrecht auch für Österreich zugesprochen, was eine wesentliche Stärkung des Landesfürstentums bedeutete.

War Linz durch seine Lage nahe *beirischer erden* und an der kürzesten Verbindung nach dem Norden nach Böhmen immer wieder bevorzugter Verhandlungsort, an dem auch Abmachungen von überregionaler Bedeutung, wie etwa der Gewinn von Kärnten für die Habsburger, getroffen wurden, so blieb diese Randlage stets mit Gefahren verbunden. Als es im Zusammenhang mit der Erwerbung Tirols (1363) durch Herzog Rudolf IV. von Österreich in der Folge zu kriegerischen Verwicklungen mit Bayern kam, ordnete Herzog Albrecht III. 1369 den Ausbau der desolaten Befestigungsanlagen der Stadt an. Die Bürger durften zu diesem Zweck eigens einen Zoll zu Wasser und zu Land auf Wein, Getreide und Pferde einheben.

Eine nicht unwesentliche Rolle fiel Linz in der sogenannten Schaunbergerfehde der Jahre 1380/81 und 1385/86 zu. Die Herren von Schaunberg, die seit Ende des 13. Jahrhunderts den Grafentitel führten, waren spätestens seit dem 14. Jahrhundert bestrebt, ihre Unabhängigkeit vom österreichischen Herzog zu erreichen. Sie standen in einem nicht näher definierten Verhältnis zur Reichsgewalt, das sie immer dann geschickt auszuspielen wußten, wenn der jeweilige deutsche König nicht aus dem Hause Habsburg kam. Auf diese Weise wurde vor allem der Gegensatz der Habsburger zu den Wittelsbachern ausgenützt. In den Auseinandersetzungen mit den Schaunbergern ging es vorrangig um die Oberhoheit über den westlichen Bereich des damaligen Landes ob der Enns. Für die Habsburger standen weitere Interessen auf dem Spiel, lagen doch so bedeutende Städte und Märkte wie Linz, Wels, Vöcklabruck und Schwanenstadt in von den Schaunbergern verwalteten Landgerichtssprengeln, in denen ihnen die Blutgerichtsbarkeit zustand. Die bestehenden Spannungen entluden sich 1381/82 und nochmals 1385/86 in kriegerischen Auseinandersetzungen zwischen Herzog Albrecht III. von Österreich und dem Grafen Heinrich von Schaunberg, in die auch die Stadt Linz involviert war. Sie endeten mit der Unterwerfung der Schaunberger. Im Zuge dieser Auseinandersetzungen suchte Graf Heinrich durch mehrere in Linz geführte Waffenstillstandsverhandlungen Zeit zu gewinnen. Eine Rückendeckung für das Vorgehen gegen die Schaunberger dürfte Herzog Albrecht III. das 1381 in Linz mit Herzog Albrecht von Bayern geschlossene Übereinkommen über die Heirat seines Sohnes Albrecht (IV.) mit Johanna von Bayern geboten haben.

Nach der Regelung der Tiroler Frage mit Bayern im Vertrag von Schärding (1369) trat an der Westgrenze für längere Zeit eine Beruhigung ein. Dafür stieg während des 15. Jahrhunderts die Gefahr aus dem Norden und Osten. Vorerst waren es die böhmischen Hussiten, die nach der Verbrennung des Prager Reformators Johannes Hus auf dem Konzil zu Konstanz (1418) zu einer ständigen Gefahr wurden. Die Zusammenarbeit der österreichischen Herzöge Albrecht V. und Ernst mit dem römisch-deutschen König Sigismund von Ungarn und Böhmen, die sich an der Bekämpfung der Hussiten seit 1420 beteiligten, löste wiederholte Einfälle und Verwüstungen des Gebietes nördlich der

Donau durch hussitische Verbände aus. Wenn Linz davon auch nicht unmittelbar betroffen war, bedeuteten diese kriegerischen Auseinandersetzungen eine ständige Gefahr für die Stadt. Sie forderten große finanzielle und militärische Anstrengungen der Bürgerschaft, um die Siedlung in Verteidigungsbereitschaft zu halten.

Freilich brachte die Beendigung der Hussitenkriege (1436) keine Beruhigung der Lage. Die umherziehenden und plündernden Söldnerscharen blieben für die Bevölkerung eine ständige Gefahr. Dazu gesellten sich zahlreiche Adelsfehden, in die von böhmischer Seite immer wieder eingegriffen wurde. Darunter litten besonders die Gebiete nördlich der Donau. Böhmische und mährische Truppen standen etwa 1468 im Raum von Steyregg und somit nahe der Stadt Linz. Die zweite Hälfte des 15. Jahrhunderts war in erster Linie durch die Auseinandersetzungen Kaiser Friedrichs III. mit dem Ungarnkönig Matthias Corvinus gekennzeichnet. Für die gegen Böhmen und gegen aufständische österreichische Adelige gewährte Unterstützung mußte ihm der Kaiser bereits 1468 die landesfürstlichen Einnahmen von Ober- und Niederösterreich überlassen.

40 Das Friedrichstor beim Linzer Schloß mit dem auf 1481 datierten Wappenstein. Foto: Walter Litzlbauer

In der Folgezeit verstand es König Matthias immer wieder, den unzufriedenen österreichischen Adel auf seine Seite zu ziehen. Diplomatische Ungeschicklichkeiten Kaiser Friedrichs III., wie die Unterstützung des Jagellonen Władisław II. um die Anwartschaft auf die böhmische Krone nach dem Tode Georgs von Podiebrad sowie die Aufnahme des zu ihm geflüchteten Graner Erzbischofs Johann Beckenschlager und in der Folge dessen Einsetzung als Erzbischof von Salzburg, boten dem Ungarnkönig den Vorwand und die Möglichkeit zu militärischen Interventionen gegen den Kaiser. Im Zuge dieser Auseinandersetzungen kamen ungarische Truppen mehrmals bis an die Enns. Söldnerscharen überschritten vereinzelt sogar den Fluß, so daß für die Stadt Linz immer wieder größte Gefahr bestand. Wie gefährlich die Situation war, beweist schon der Umstand, daß der Kaiser nach 1477 die Westseite des Linzer Schlosses durch eine neue Mauer mit einem vorgelegten Graben befestigen ließ. Das Friedrichstor beim Schloß mit dem auf 1481 datierten Wappenstein gibt heute noch Zeugnis von diesen Ausbauarbeiten.

Die Bemühungen Friedrichs, Hilfe aus dem Reich zu erhalten, führten erst im Sommer 1487 zu einem partiellen Erfolg. Herzog Albrecht von Sachsen kam mit einem Reichsheer nach Linz und drang anschließend über die Enns nach Niederösterreich vor. Die darauf folgenden Friedensverhandlungen mit Matthias zogen sich in die Länge. Sie wurden dadurch erschwert, daß zwischen dem Kaiser und seinem Sohn Maximilian I., der 1486 zum deutschen König gewählt wurde, große Meinungsverschiedenheiten bestanden. Maximilian war anscheinend eine Zeitlang bereit, auf Niederösterreich zu verzichten, um eine Aussöhnung mit Matthias Corvinus herbeizuführen. Diese Absicht wurde vom Kaiser vereitelt. Die Friedensverhandlungen mit den Ungarn wurden im September 1489 und dann an der Jahreswende 1489/90 in Linz geführt. Aufgelockert waren sie von Turnieren auf dem Hauptplatz, worüber eine Serie von bildlichen Darstellungen existiert. Der Tod des Corvinen am 6. April 1490 änderte schlagartig die politische Lage. König Maximilian konnte die besetzten österreichischen Gebiete mühelos zurückerobern, wodurch die lang andauernden Auseinandersetzungen mit Ungarn vorerst gebannt waren.

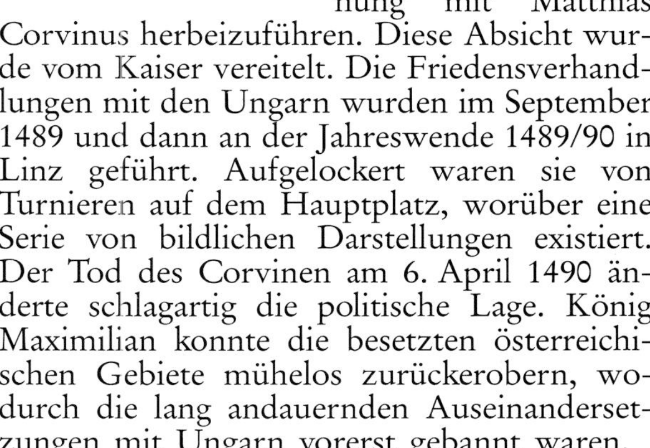

41 Während der Verhandlungen Kaiser Friedrichs III. und seines Sohnes König Maximilian I. mit einer ungarischen Gesandtschaft wurden auf dem Hauptplatz mehrere Turniere veranstaltet. Am 2. Jänner 1490 kam es zu einem Tartschenrennen zwischen König Maximilian I. und Anton von Yffan. Auf dem Boden liegen Anton von Yffan und Teile der durch den Zusammenprall zerlegten Tartschen (Reiterschilde).
Bayer. Staatsbibliothek München, Codex icon. 398, fol. 10
Foto: Bayer. Staatsbibliothek München

Die inneren Verhältnisse

Als sich die Habsburger seit dem letzten Viertel des 13. Jahrhunderts in den ehemals babenbergischen Besitzungen eine Hausmacht aufzubauen begannen, hatten sie in ihrem Gefolge schwäbische Adelige, die dem einheimischen Adel und darüber hinaus breiteren Bevölkerungsschichten Anlaß zur Unzufriedenheit gaben, da sie nach deren Meinung von den neuen Landesherren allzusehr begünstigt wurden. Die schwäbische Mundart wurde sogar zu einer Art Hofsprache. Die Klagen des einheimischen Adels kamen nicht von ungefähr, ließ doch Herzog Albrecht I. sehr bald erkennen, daß er kein Landesfürst von des Adels Gnaden sein wollte. Entscheidende Positionen in Österreich hatten tatsächlich Adelige aus den schwäbischen Vorlanden inne. Mit den Herren von Wallsee nahm ca. 1280 auf der Linzer Burg ein Adelsgeschlecht seinen Sitz, das das besondere Vertrauen des Landesfürsten genoß. Von hier ausgehend, verzweigte es sich in mehrere Linien. Eberhard II. von Wallsee, der Stammvater der österreichischen Linie, war bereits im Gefolge Kaiser Friedrichs II. 1235 im Land; damals läßt er sich in Wels nachweisen. Er war ein großer Gönner der Linzer Minoritenniederlassung. Nach seinem Tod (12. Mai 1288) wurde er in der Linzer Minoritenkirche bestattet. Mit Hilfe des Landesfürsten schufen sich die Wallseer eine Machtbasis, die sie zum mächtigsten Adelsgeschlecht im Land ob der Enns aufsteigen ließ. Nur die Herren von Schaunberg konnten mit ihnen konkurrieren.

Als Vertrauensleute des Landesfürsten spielten sie bei der Entstehung des Landes ob der Enns eine entscheidende Rolle. Seit dem Jahr 1288 hatten sie mit kleineren Unterbrechungen die Funktion eines Landrichters inne und traten seit ca. 1330 mit dem Titel eines Hauptmanns ob der Enns auf. Zu den Aufgaben des Hauptmanns ob der Enns zählte die Friedenswahrung, die Unterstützung der landesfürstlichen Amtleute sowie der Schutz der Prälaten, des Klerus, der Juden und der Städte. Nicht zuletzt war es den Wallseern zu verdanken, daß im 14. und 15. Jahrhundert das Land ob der Enns zu einer rechtlichen und territorialen Einheit zusammenwuchs. Mit der Installierung des Landrichters bzw. der Hauptmannschaft in Linz wurden im ausgehenden 13. Jahrhundert jene ersten Ansatzpunkte gelegt, die am Ende des Mittelalters Linz schließlich den Rang als Hauptstadt des Herzogtums ob der Enns bringen sollten.

Die Anwesenheit der Wallseer wirkte sich besonders auf das soziale Gefüge in der Stadt

42 Der verschollene Wappengrabstein des Eberhard von Wallsee aus der Linzer Minoritenkirche, überliefert aus dem Manuscriptum Genealogicum des Reichardt Strein von Schwarzenau, nach einer Abschrift des Johann Georg Adam von Hoheneck aus dem Jahre 1719.
OÖ. Landesarchiv, Schlüsselbergerarchiv 5/10, pag. 215
Foto: Walter Litzlbauer

aus. Zur Verwaltung ihres ausgedehnten Besitzes und zur Bewältigung der ihnen übertragenen Aufgaben setzten sie Burggrafen und in den Städten sogenannte Schaffer ein, denen Verwaltungsaufgaben übertragen waren. Die Inhaber dieser Ämter stammten aus der ritterlichen Dienstmannschaft der Wallseer. Speziell das Schafferamt bot große Aufstiegschancen innerhalb des städtischen Sozialsystems, waren die Herren von Wallsee bei der Verteilung des Rentenbesitzes an diese Personengruppe besonders großzügig. Das beste Beispiel hiefür ist der wallseeische Schaffer Mert (Martin) Ranynger. Er stiftete die Dreifaltigkeitskapelle an der Hahnengasse und stattete sie mit reichem Besitz aus. Vielfach haben diese Schaffer Eingang in die Linzer Bürgerschaft gefunden.

Die habsburgischen Länderteilungen des Spätmittelalters schwächten die landesfürstliche Macht und führten gleichzeitig zu einer Stärkung der führenden Schichten des Landes. Die Problematik der gemeinschaftlichen Regierung in den österreichischen Ländern zeigte sich bereits bei der Belehnung der beiden Königssöhne Albrecht I. und Rudolf II. im Jahre 1282 „zu gesamter Hand", das heißt zur gemeinsamen, ungeteilten Herrschaft. Die für österreichische Verhältnisse ungewohnte Doppelregierung wurde von König Rudolf I. im Vertrag von Rheinfelden (1. Juni 1283) zugunsten Albrechts I. aufgehoben. Freilich kam es in der Folgezeit wiederum zur gemeinsamen Regierung der habsburgischen Brüder, die unter Herzog Albrecht II. 1355 in einer entsprechenden Hausordnung festgeschrieben wurde. Erst sein Sohn Rudolf IV. traf 1364 eine Regelung, die dem Ältesten gewisse Vorrechte in der Regierung einräumte.

Nach dem frühen Tod Rudolfs IV. (1365) wollte sich der jüngere Bruder Leopold III. mit dieser Lösung nicht abfinden. Im Kloster Neuberg im Mürztal kam es 1379 zur Teilung des habsburgischen Länderkomplexes zwischen Albrecht III. und Leopold III. Österreich ob und unter der Enns und somit auch die Stadt Linz, die Herrschaft Steyr, das Salzkammergut und die Grafschaft Neuburg am Inn fielen an Herzog Albrecht, während Leopold die übrigen Besitzungen (Steiermark, Kärnten, Krain, Tirol und die habsburgischen Vorlande) sowie eine Geldsumme von 100.000 Gulden erhielt. Mag die ungleiche Teilung eine Bevorzugung des jüngeren Bruders verraten, so lag die größere Finanzkraft in den Ländern Albrechts. Sie ergab sich aus den Salzabbaustätten des Salzkammerguts, aus den Städten, vor allem aber aus den Donauzöllen, unter denen die Maut in Linz eine äußerst ertragreiche Einnahmsquelle war. Bis zum Aussterben der Albertiner, bei denen jeweils nur ein einziger Sohn dem Vater folgte, mit Ladislaus Postumus (1457) blieb Linz in deren Besitz. Die Teilung der Leopoldiner in einen steirischen bzw. innerösterreichischen und einen tirolischen bzw. vorderösterreichischen Zweig führte zu drei Herrschaftskomplexen, die erst am Ausgang des Mittelalters wieder in einer Hand vereinigt werden konnten.

Die Stadt im Rahmen der Stände

Der Aufstieg der Stände (Herren, Prälaten, Ritter und Knechte, Städte) während des Spätmittelalters wurde durch die Schwächung der landesfürstlichen Gewalt, bedingt durch die

43 Die Dreifaltigkeitskapelle an der Hahnengasse (E) ließ der Schaffer der Herren von Wallsee, Mert Ranynger, anstelle der Judenschule (Synagoge) errichten. Ausschnitt aus dem Vogelschauplan des Abraham Holzwurm. Stadtmuseum Linz, Inv.-Nr. 2086
Foto: Franz Michalek

Länderteilungen, begünstigt. Die Wurzeln liegen aber zeitlich tiefer. Betrachten wir hier in erster Linie den von den Städten repräsentierten vierten Stand, so reichen die ersten Ansätze in das ausgehende Hochmittelalter zurück. Sie stehen in einem engen Zusammenhang mit dem Bemühen der Babenberger, noch vor der Ausbildung des Landes mit Hilfe eines landschaftlich abgegrenzten Handelsrechtes ihre neugewonnenen Städte und Märkte in das Herzogtum zu integrieren. Sichtbar wird dieses Bemühen etwa im Jahre 1228, als die Bürger des Marktes Ottensheim die gleichen Maut- und Zollfreiheiten zu Land und zu Wasser erhielten, wie sie die Bürger zu Enns und zu Linz bereits besaßen. Unter den Habsburgern als Landesherren setzt sich diese Entwicklung parallel zum Entstehen des Landes ob der Enns fort. Das Ergebnis war schließlich ein Städtebund der sieben landesfürstlichen obderennsischen Städte Linz, Wels, Steyr, Enns, Freistadt, Gmunden und Vöcklabruck.

Im Gegensatz zu den großen Städtebünden, wie etwa der Hanse, entstand der obderennsische Städtebund nicht aus eigenem Antrieb zur Wahrung bestimmter Interessen. Er wurde über eine gemeinsame wirtschaftliche Privilegierung vom Landesfürsten geschaffen, um in den Bürgern der Städte ein Gegengewicht zu den beiden Adelsständen zu haben. Dazu kamen noch die Finanzkraft der Städte, die sich neben den ordentlichen Steuern in beträchtlichen Sonderleistungen an den Landesfürsten manifestierte, und ihre militärische Bedeutung. Anfang des 15. Jahrhunderts traten die sieben landesfürstlichen obderennsischen Städte als autonome Standesorganisation auf und hielten eigene Beratungen ab. Der Aufgabenkreis dieses Städtebundes war nicht nur auf Rechts- und Wirtschaftsfragen beschränkt, sondern war auch in die militärische Organisation des Landes eingebaut. Die Führung lag anfänglich bei der Stadt Enns, in der auch das gemeinsame Archiv verwahrt wurde.

Die Mitbestimmung der Stände insgesamt über diverse Angelegenheiten begann nicht erst mit ihrer erstmaligen Einberufung zu einem Ländertag der gesamthabsburgischen Länder im Jahre 1397 nach Wien wegen der drohenden Türkengefahr. Ansätze zu einem Mitbestimmungsrecht diverser Gruppen lassen sich bis ins Hochmittelalter zurückverfolgen. 1281 wurde von den österreichischen Städten, Rittern und Knappen eigens der von König Rudolf I. aufgerichtete Landfriede beschworen. An der Urkunde hängt auch das Siegel der Stadt Linz. Die Stände traten zunächst nur bei besonderen Anlässen, später aber regelmäßig auf Landtagen zusammen. Zu ihren Agenden zählten neben der Friedenswahrung in Notzeiten, Beschlüsse über weitergehende Kriegsdienstleistungen sowie die Zustimmung zu habsburgischen Haus- und Herrschaftsverträgen. Freilich bildeten die Stände keinen absoluten Gegenpol zum Landesfürsten. Das Pro und Kontra war vielfach von der jeweiligen Interessenlage der einzelnen Gruppierungen, oft auch nur, besonders beim Adel, von der einzelner Vertreter bestimmt. Vor allem nach der Mitte des 15. Jahrhunderts zeigen die obderennsischen Stände ein immer stärker werdendes Bewußtsein, das sich in der Abhaltung eigener Landtage neben den Landtagen der österreichischen Stände manifestiert. Als Tagungsorte fungierten meist Enns, Wels und Linz. Wenn Linz im ausgehenden Mittelalter vielfach der Vorzug gegeben wurde, hängt dies mit der mehrmaligen Anwesenheit des Landesfürsten in dieser Stadt zusammen.

Neben den zahllosen Kriegen und Fehden forderte der Umstand, daß in der albertinischen Linie zweimal minderjährige Landesfürsten zur Regentschaft kamen, die Stände zum Handeln heraus. Nach dem plötzlichen Tod Herzog Albrechts IV. im Jahre 1404 kam es zwischen den Brüdern der leopoldinischen Linie zu Streitigkeiten um die vormundschaftliche Regierung für den noch unmündigen Herzog Albrecht V. Als Herzog Wilhelm 1406 starb, traten die ständischen Repräsentanten der Länder ob und unter der Enns selbständig zu einem Landtag zusammen und befristeten die Dauer der Vormundschaft über Albrecht bis zum Jahre 1411. Allerdings bedurfte es in diesem Jahr wiederum eines eigenen Landtages der Ständevertreter in Eggenburg, um Albrecht der nicht uneigennützigen Vormundschaftsregierung zu entreißen und ihm als Landesherren huldigen zu können.

Eine ähnliche Situation ergab sich nach dem Tode Herzog Albrechts V. (als römisch-deutscher König Albrecht II.) im Jahre 1439. Albrecht, der mit der Tochter König Sigismunds, des letzten Luxemburgers, verheiratet war, folgte seinem Schwiegervater 1438 in der deutschen Königswürde nach und erbte von ihm auch die Königreiche Ungarn und Böhmen. Er hinterließ einen nachgeborenen Sohn, Ladislaus Postumus, um dessen Vormundschaft dieses Mal der Streit zwischen dem 1440 zum deutschen König gewählten Habsburger Friedrich IV. (als Kaiser Friedrich III.) und dessen jüngerem Bruder Albrecht VI. von der innerösterreichischen Linie ausbrach. Die Weigerung Friedrichs, den Ständen der „niederösterreichischen" Länder den angestammten Herrscher herauszugeben, mündete schließlich 1451/52 in eine machtvolle Ständebewegung unter der Führung des aus dem Innviertel stammenden Ulrich von Eitzing. In dieser Bewegung spielten neben dem Adel die Städte eine Rolle, so daß sich Papst Nikolaus V. 1452 veranlaßt sah, neben Wien und einigen niederösterreichischen Städten den oberösterreichischen Städten Linz, Wels und Gmunden mit dem Kirchenbann zu drohen, falls sie von ihrem Vorhaben nicht abstünden, dem Kaiser die Vormundschaft über Ladislaus zu entwinden. Friedrich III. befand sich unterdessen zur Kaiserkrönung in Rom. Auf seinem Zug nach Italien hatte er wohlweislich sein Mündel mitgenommen, mußte Ladislaus aber bei seiner Rückkehr im September 1452 unter militärischem Druck den Ständen in Wiener Neustadt ausliefern.

44 Bildnis Kaiser Friedrichs III. von Ulrich Schreier im Greiner Marktbuch. Der Kaiser ist in einem Rundmedaillon mit Krone, Schwert und Reichsapfel dargestellt. Die rechts von ihm sichtbare Burg wird mit Linz in Verbindung gebracht, eine genaue Zuweisung ist aber nicht möglich. Um das Medaillon sind ringförmig neben dem Reichsadler im Scheitel die Wappen der Besitzungen Friedrichs angeordnet.
Stadtarchiv Grein, Marktbuch fol. 10 r
Foto: Stadtmuseum Linz

Dem jungen König war kein allzulanges Leben beschieden. 1457 starb er mit 17 Jahren in Prag. Zu seinem Erbe zählten neben dem „niederösterreichischen" Länderkomplex auch die beiden Königreiche Böhmen und Ungarn. Um deren Erhaltung hatten sich nach dem Tode seines Vaters, des Königs Albrecht II., die Habsburger nicht ernstlich bemüht, so daß in Böhmen Georg von Kunstadt auf Podiebrad (1444) und in Ungarn der siebenbürgische Adelige Johannes Hunyadi (1446) von den Ständen jeweils zu Reichsverwesern gewählt wurden. Auf das albertinische Erbe in Österreich unter und ob der Enns erhoben nun Kaiser Friedrich III., sein jüngerer Bruder Herzog Albrecht VI., der die habsburgischen Vorlande verwaltete, und auch deren beider Vetter Herzog Siegmund von Tirol Ansprüche. Siegmund, dessen Interesse am „niederösterreichischen" Länderkomplex schon wegen der Entfernung zu Tirol nicht allzu groß war, ließ sich anderweitig entschädigen. Dafür war der Antagonismus zwischen den beiden Brüdern Friedrich III. und Albrecht VI. umso größer, beharrte doch Albrecht auf dem Standpunkt der Gleichberechtigung gegenüber seinem älteren kaiserlichen Bruder.

Die Residenz des Herzogs

Die Stände verhielten sich in diesen Auseinandersetzungen vorerst abwartend. Über ihre Vermittlung kam 1458 eine Abmachung zustande, der zufolge Friedrich III. das Land unter der Enns und die Grafschaft Neuburg am Inn, Albrecht VI. das Land ob der Enns erblich besitzen sollte. Letzteres wurde dadurch erstmals zu einem selbständigen habsburgischen Fürstentum. Als Sitz seiner Hofhaltung wählte er Linz. Hier ergaben sich vorerst Schwierigkeiten, da die Linzer Burg bisher nur Sitz der Landeshauptmannschaft war. Der Landeshauptmann Wolfgang von Wallsee überließ die Burg entweder ganz oder zumindest teilweise dem neuen Landesfürsten als Wohnung und Regierungssitz. Erst 1460 stellte der Landeshauptmann ihm das gesamte Schloß samt Meierhof, Bad, Garten und einem Hofhaus in der Stadt gegen eine jährliche Summe von 600 Pfund Pfennig zur Verfügung.

Herzog Albrecht VI. begann sehr rasch mit dem Aufbau einer eigenen Verwaltung. Erste Maßnahmen betrafen die Einsetzung eines eigenen Hubmeisters, dem die Finanzen unterstanden, und eines Münzmeisters. Unmittelbar nach der Übernahme des Landes ob der Enns ließ der ständig in Geldnot befindliche Herzog neue Geldquellen erschließen. Es kam vorübergehend zur Einrichtung einer Münzstätte in Linz, aber auch in Freistadt, die dann nach Enns verlegt wurde. In Linz wurde vorerst Hansmann Beyland von Wesel zum Münzmeister bestellt. Der Auftrag an ihn, Gold- und Silbermünzen auszuprägen, dürfte nicht durchgeführt worden sein, da aus der Linzer Münzstätte nur Kreuzer bekannt sind. Zur Bezahlung der Söldner wurden über Auftrag des Herzogs immer schlechtere Münzen, sogenannte Schinderlinge, geschlagen. Dies führte zum vollkommenen Zusammenbruch des Münzkurses und zu einer schweren Inflation, die die österreichische Wirtschaft besonders schwer traf. Erst Anfang der sechziger Jahre des 15. Jahrhunderts trat wieder eine allmähliche Besserung der Verhältnisse ein. So vermerkt der Bayer Veit Arnpeck als Zeitgenosse in seiner österreichischen Chronik *(Chronicum Austriacum),* daß Albrecht VI. eine schlechte und leichte Münze schlagen ließ.

Bei der Bildung eines Rates, der dem Landesfürsten bei seinen Regierungsgeschäften zur Seite stand, berücksichtigte der Herzog sowohl den einheimischen Adel und Ritterstand als auch Vertraute aus den habsburgischen Vorlanden. Landeshauptmann Wolfgang von Wallsee fungierte gleichzeitig als Hofmeister Albrechts, während etwa das Amt des Hubmeisters mit Ulrich Rehlinger, der aus einer bekannten Augsburger Bürgerfamilie stammte, besetzt wurde. Mit der Hofhaltung des Herzogs war Linz erstmals landesfürstliche Residenz geworden. Die Voraussetzungen hiefür mußten allerdings erst nach und nach geschaffen werden. Der großzügige Umgang mit dem Geld und eine aufwendige Hofhaltung zwangen Albrecht bald, die Substanz anzugreifen. Von den notwendigen Verpfändungen profitierten in erster Linie der einheimische Adel und die Ritter. Auf die Stadt und ihre Bewohner gab es gleichfalls Rückwirkungen. Die Anwesenheit des Hofes in Linz brachte eine erhebliche Steigerung des Weinkonsums mit sich. Die Bedürfnisse der Hofhaltung konnten durch die Bürgerschaft allein sicher nicht mehr gedeckt werden. Selbst die Begünstigung der Handwerker, Wein auszuschenken und Handel mit anderen Waren als ihren eigenen Erzeugnissen zu treiben, ein Vorrecht, das ansonsten den Bürgern vorbehalten blieb, dürfte kaum zur Besserung der Situation beigetragen haben. 1461 wurden den Handwerkern diese Vergünstigungen wiederum durch Albrecht untersagt, da sie keinen Nutzen für den Hof brachten.

45 Kreuzer aus der Münzstätte Linz. Durchmesser ca. 18 mm. Er dürfte von Hansmann Beyland stammen. Auf der Vorderseite unter der Zackenkrone das Fünfadlerwappen von Österreich unter der Enns und die Umschrift: ALBERTVS.ARCHIDVX.AVSTRIE. Auf der Rückseite vier Wappenschilde (Bindenschild, Österreich ob der Enns, Steiermark, Kärnten) und die Umschrift: MONETA.NOVA.LINCENSIS.
OÖ. Landesmuseum, Münz- und Medaillensammlung
Foto: Gunter Dimt

Für Herzog Albrecht VI. bedeutete die Residenz in Linz und der Besitz des Landes ob der Enns nur eine Durchgangsstation. War es seit Herzog Rudolf IV. üblich, daß dem Ältesten des Hauses Habsburg gegenüber den jüngeren Brüdern die Regierung und gewisse Vorrechte zustanden, so stellte sich Albrecht auf den Standpunkt der Gleichberechtigung, wie es sich auf Grund der Gesamthandbelehnungen ergab. Sein Ziel war der Besitz des gesamten Erzherzogtums Österreich. Nach dem Aufbau eines Bündnissystems, in dem auch Bayern, Böhmen und Ungarn sowie oppositionelle ständische Kräfte des Landes unter der Enns einbezogen waren, drang er am 30. Juni 1461 in Niederösterreich ein. Im Dezember 1462 konnte Albrecht VI. nach der Belagerung seines kaiserlichen Bruders in der Wiener Hofburg in die Stadt einziehen. Die rund vier Jahre währende Funktion von Linz als Residenzstadt war damit zu Ende.

Unruhen und Fehden

Mit dem überraschenden Tod Albrechts VI. am 2. Dezember 1463 war der Streit zwischen den beiden Brüdern für das Land unter der Enns beendet. Anders lagen die Verhältnisse im Land ob der Enns. Hier existierte eine vertragliche Vereinbarung zwischen Herzog Albrecht VI. und Herzog Siegmund von Tirol, dem demnach die Regierung im Land ob der

Enns zugefallen wäre. Von dieser Abmachung hatten allerdings nur wenige Inhaber landesfürstlicher Herrschaften Kenntnis. Bereits Anfang des Jahres 1464 fiel dann die Entscheidung der obderennsischen Stände zugunsten Kaiser Friedrichs III. als neuem Landesherrn. Es dauerte aber noch einige Jahre, bis er den wenigen Parteigängern Herzog Siegmunds von Tirol — obwohl sie im Land ob der Enns wenig Sympathien besaßen — ihre Machtpositionen entreißen konnte. Zeitweilig schaltete sich sogar König Georg von Böhmen in diese Auseinandersetzungen ein.

Auch unter der Herrschaft Kaiser Friedrichs III. kam das Land ob der Enns durch die zahlreichen Bedrohungen von außen und die vielen Adelsfehden im Inneren nicht zur Ruhe. Es entsprach durchaus dem Rechtsdenken des Mittelalters, Ansprüche mit Hilfe von Fehde durchzusetzen, wenn es auch sonst seit dem Hochmittelalter vor allem von kirchlicher Seite Bestrebungen gab, das Fehdewesen einzuschränken. Unbeglichene Soldansprüche führten immer wieder zur Erneuerung der Fehden, so daß sich auf diese Weise das Fehderecht schließlich ad absurdum führen mußte, weil es nicht mehr kontrollierbar war. Zur Wahrung des Landfriedens war der Kaiser aber zu schwach. Wenn sich die Fehdegegner da und dort auch bemühten, gewisse Rechtsformen einzuhalten, so waren es die zur Fehdeführung angeworbenen Söldnerhaufen, die sich hemmungslose Ausschreitungen zuschulden kommen ließen und daher zu einem völlig unkontrollierbaren, die Bevölkerung drangsalierenden Element wurden. Nicht umsonst wird diese Periode in der wissenschaftlichen Literatur als Zeit des Faustrechts bezeichnet.

46 Miniatur Erzherzog Albrechts VI. zwischen 1455 und 1463 in einer Pergamenthandschrift (Gebetbuch für Albrecht VI.).
Österr. Nationalbibliothek Wien, cvp. 1846, fol. 1 v
Foto: Österr. Nationalbibliothek

Für die Stadt Linz besonders bedrohlich wurde eine Adelsopposition gegen den Kaiser, der die mächtigen Herren von Liechtenstein angehörten. Von ihren Burgen Steyregg, Ottensheim, Waxenberg und Reichenstein begannen sie gemeinsam mit dem Grafen Wolfgang von Schaunberg 1476 eine Fehde gegen den Kaiser. Betroffen waren davon die Besitzungen der benachbarten Adelsgeschlechter, des Bistums Passau sowie die Klöster Baumgartenberg und St. Florian. Mit Hilfe böhmischer und mährischer Söldner gelang es Christoph von Liechtenstein, sich des im Vorfeld der Stadt gelegenen befestigten Turmes zu Lonstorf zu bemächtigen und ihn als Stützpunkt gegen die Stadt Linz zu benützen. Für die fast völlig abgeschnittene Stadt bedurfte es großer Anstrengungen, sich der Belagerer zu erwehren.

Die Bedrängung begann während des Bartholomäusmarktes im August 1476. Besonders nachteilig wirkte sich aus, daß die Herren von Liechtenstein an der schwer zu verteidigenden Westseite des Schlosses auf dem Martinsfeld, aber auch unterhalb der Stadt Befestigungen, sogenannte Tabore, aufgerichtet hatten. Die Linzer Bürger mußten mithelfen, in aller Eile Löcher und Sprünge in der Stadtmauer auszubessern. Zum Bau einer Mauer von der Burg zur Donau wurden sie gleichfalls herangezogen. Das Schloß mußten sie mit 32 Fußknechten Tag und Nacht bewachen. Der Kaiser bewilligte den Bürgern hiefür im Juli 1477 einen Aufschlag von 32 Pfennig von jedem in Linz durchgeführten Dreiling (ca. 1358 Liter) Wein.

Im Zuge der Fehdehandlungen gingen die Vorstädte in Flammen auf. Erst ein aus dem Lande unter der Enns heranrückendes Entsatzheer unter der Führung des Feldhauptmannes

Bernhard von Scherffenberg zwang die Belagerer zum Rückzug in ihre an der Donau gelegenen Burgen. Der Lonstorfer Turm, der schon Ende des 14. Jahrhunderts in bürgerlichen Besitz übergegangen war, wurde 1477 auf Befehl des Kaisers von den Linzern unter Mithilfe von passauischen Söldnern aus Ebelsberg geschleift. Die Gefahr für die Stadt war damit noch nicht gebannt. Im März 1478 beauftragte der Kaiser seinen Schloßhauptmann Christoph Hohenfelder nach einer Beschwerde der Linzer Bürgerschaft, das Schloßtor im Westen so lange nicht zu öffnen, bis die Tabore der Herren von Liechtenstein verschwunden seien.

Die Residenz des Kaisers

Wenn Linz am Ausgang des Mittelalters abermals Residenzfunktion erhielt, so lag die Ursache dafür vordergründig in der Auseinandersetzung des Kaisers mit dem Ungarnkönig Matthias Corvinus. Auf der Flucht vor der ungarischen Invasion nahm Friedrich III. vom Oktober 1484 bis Juni 1485 in der Linzer Burg Aufenthalt, bevor er sich dann für mehrere Jahre ins Reich begab. Wegen der drohenden ungarischen Angriffe ließ er die Stadtmauern verstärken. Neben diesen Sicherungsarbeiten wurde seit 1486 fieberhaft am Ausbau des Schlosses gearbeitet, wofür der Kaiser zur Baubeistellung auch die in Linz hausbesitzenden Adeligen und Prälaten heranzog und die bäuerliche Bevölkerung der Umgebung zu unentgeltlichen Robotleistungen aufbot. Die Mittel mußten aus den Einnahmen und Aufschlägen aus dem Land beigesteuert werden.

Im Oktober 1489 kehrte Kaiser Friedrich nach Linz zurück. Er blieb hier auch weiter, als sich nach dem Tode des ungarischen Königs Matthias Corvinus (6. April 1490) die politische Lage schlagartig änderte und die Möglichkeit gegeben gewesen wäre, wieder in Wien zu residieren. Aus dieser Sicht war Linz mehr als eine bloße Verlegenheitsresidenz. Einiges deutet darauf hin, daß der Kaiser bereits spätestens Anfang der achtziger Jahre mit dem Gedanken gespielt hat, in Linz seine Residenz aufzuschlagen, und sein Verbleib einer gewissen Planmäßigkeit daher nicht entbehrte. Wien war ihm seit der Belagerung durch seinen Bruder Albrecht VI. in schlechter Erinnerung, mußte er die Stadt doch schließlich unter dem Spott eines Großteils der Bevölkerung verlassen. Bei der Entlassung des Ladislaus Postumus aus der Vormundschaft Friedrichs III. (1452) spielte Wien innerhalb des Ständeverbandes die entscheidende Rolle. Von aus-

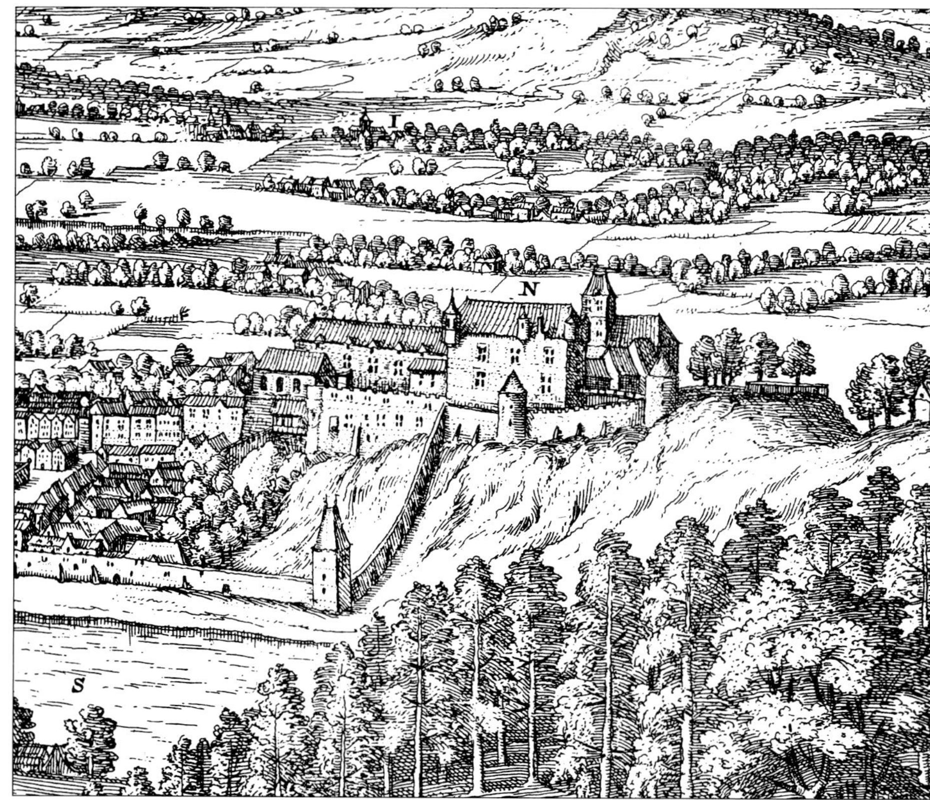

47 Das Linzer Schloß (N) im Jahre 1594. Ausschnitt aus der kombinierten Radierung mit Kupferstich von Georg Hoefnagel nach Lucas van Valckenborch. Aus: Justus Schmidt, Linz in alten Ansichten, Taf. 3

schlaggebender Bedeutung dürfte aber gewesen sein, daß die Stadt, um ihre wirtschaftliche Zukunft fürchtend, 1485 vor König Matthias von Ungarn kapitulierte. Mit ca. 25.000 Einwohnern war Wien die weitaus größte Stadt aller habsburgischen Territorien und als Großstadt im damaligen Sinn nicht von vornherein auf die Seite des Herrschers zu bringen. Die Gefahr von Parteiungen innerhalb der Bürgerschaft, die eine entsprechende Finanzkraft besaß, war ungleich größer als in kleineren Städten. Während der Vormundschaftsstreitigkeiten zwischen 1406 und 1411 sowie in den Auseinandersetzungen zwischen Kaiser Friedrich III. und seinem jüngeren Bruder Albrecht VI. kam es jeweils zu bürgerkriegsähnlichen Zuständen mit anschließender Hinrichtung von Bürgermeistern und Ratsherren. All diese Vorgänge insgesamt dürften für den Kaiser den Ausschlag gegeben haben, nicht mehr nach Wien zurückzukehren.

Als mögliche Residenz wäre für Friedrich auch noch Graz geblieben. Als Abkömmling der innerösterreichischen Linie hatte er dort wohl die wenigsten Widerstände zu erwarten. Zwar war der Süden des Habsburgerreiches durch die Vorstöße der Osmanen bereits gefährdet, ein Ausweichen wäre damals noch möglich gewesen. Daß der Kaiser bis zu seinem Tod im Jahre 1493 in Linz blieb und die Stadt nicht mehr verließ, ist bestenfalls bis zum Jahr 1490 mit dem Zwang der Verhältnisse zu erklären. Neuere Forschungen betonen, daß ein neues Nationalbewußtsein, das über die Idee des „Hauses Österreich" hinausging, den Ausschlag des greisen Kaisers für Linz als Residenz gab, wobei der Stadt Linz ihre mehrmals angesprochene Randlage zu Bayern bzw. dem Deutschen Reich und der Stadt Nürnberg zugute gekommen sein mag.

Hatte die Residenzfunktion der Stadt unter Albrecht VI. bereits große Schwierigkeiten beschert, so mußte dies unter Friedrich III. in einem weit größeren Maß der Fall sein, war Linz für rund vier Jahre zur Schaltstelle der Reichspolitik geworden. Nicht nur daß die Hofhaltung entsprechende Mittel verschlang, waren es auch die zahlreichen in- und ausländischen Gesandtschaften, die bei Hofe erschienen und in der Stadt untergebracht und versorgt werden mußten. Für die Bürgerschaft mögen sich aus der Gastung und Beherbergung durchaus wirtschaftliche Vorteile ergeben haben. Eine Stadt mit einer Größenordnung von schätzungsweise 2000 bis 2500 Einwohnern war mit ihren — um es modern auszudrücken — infrastrukturellen Einrichtungen sicher auf weite Strecken überfordert. In dem schon einmal erwähnten Bericht einer Gesandtschaft der Republik Venedig, die vom 1. Juli bis 7. August 1492 in Linz beim Kaiser weilte, konnte bestenfalls der Hauptplatz in seiner Größe bestehen. Ansonsten wird berichtet, daß der Ort sehr klein sei, wenig vornehme Häuser aufweise, kaum Geschäfte vorhanden seien und die Stadt nicht einmal Bischofssitz sei. Auch das Schloß sei mit Holzschindeln gedeckt und innen fast durchwegs hölzern. Für Venezianer, die, aus dem mediterranen Raum kommend, mit dem Begriff Stadt bzw. Residenz völlig andere Vorstellungen verbanden, mußten die Verhältnisse selbstverständlich ärmlich wirken. Trotzdem bringt gerade dieser Bericht die infrastrukturellen Schwächen zum Ausdruck.

Für die Stadt selbst und ihre Bewohner hat sich die Anwesenheit des Kaisers positiv ausgewirkt. Mit Urkunde vom 10. März 1490 wird Linz als Hauptstadt *unseres Fürstentums ob der Enns* bezeichnet. Der Ehrenvorrang vor den anderen landesfürstlichen obderennsischen Städten war damit verbrieft. Eine Entwicklung, die mit dem Festsetzen der Habsburger im letzten Viertel des 13. Jahrhunderts und der Etablierung der Landeshauptmannschaft ihren Anfang nahm und mit der vorübergehenden Residenzfunktion unter Albrecht VI. ihre Fortsetzung fand, kam hier nun zum Abschluß. Dieser Vorrang vor den anderen Städten ist deshalb herauszustreichen, da von der wirtschaftlichen Potenz her sicher Steyr und auch Wels der Stadt Linz während des Mittelalters überlegen bzw. ebenbürtig waren. Dies gilt auch für Enns, das bis zum 15. Jahrhundert die führende Stellung innerhalb des Bundes der sieben landesfürstlichen Städte einnahm. Die Anwesenheit des Hofes ließ Linz auch zum bevorzugten Tagungsort der obderennsischen Ständeversammlungen werden. Das mit der Ernennung zur Landeshauptstadt gleichfalls ausgesprochene Recht der Wahl eines Bürgermeisters und die Siegelung in rotem Wachs wird noch in einem anderen Zusammenhang zu behandeln sein. Der Kaiser hat sich auf kirchlichem Gebiet in reichlichem Maß als Stifter betätigt. In erster Linie profitierten davon die Gangolfskapelle im Linzer Schloß und die Stadtpfarrkirche.

Während seiner letzten Lebensjahre scheint Friedrich III. den Regierungsgeschäften nicht mehr recht gewachsen gewesen zu sein. Bekannt ist seine Beschäftigung mit Mathematik, Astronomie und Astrologie. Desgleichen frönte er der Alchimie; er versuchte die Verwandlung und Legierung von Metallen und die Herstellung von Gold. Friedrich besaß aber auch eine Sammlung von erlesenen Perlen und Edelsteinen. Auf diesem Gebiet galt er als Fachmann. Für seine Liebhabereien hatte er an der Linzer Burg eine Reihe von Warten errichten lassen, wohin er sich zurückzuziehen pflegte.

Im Laufe des Jahres 1493 verschlechterte sich der Gesundheitszustand des Kaisers immer mehr. Beim 78jährigen Friedrich stellte sich im April 1493 der Altersbrand ein. König Maximilian schickte seinen Leibarzt Dr. Matheo Lupi, einen Portugiesen, nach Linz, sein Schwager Herzog Albrecht IV. von Bayern den Wundarzt Meister Hans Suff von Göppingen. Nach dem Rat dieser Ärzte wurde am 8. Juni 1493 die Amputation des linken Beines vorgenommen. Die Anweisungen beim operativen Eingriff wurden von Dr. Matheo Lupi und dem Leibarzt Friedrichs III., Dr. Heinrich von Köln, gegeben, denen eine Operation als „Buchärzte" verboten war. Festgehalten wurde der durch einen Betäubungstrank eingeschläferte Kaiser von den Wundärzten Pflundorffer aus Landshut, Meister Erhard aus Graz und Meister Friedrich von Olmütz, die Amputation selbst wurde von den Wundärzten Hans Suff von Göppingen und Meister Hilarius von Passau durchgeführt. Der greise Kaiser überlebte diesen schweren Eingriff mehr als zwei Monate. Er starb am 19. August 1493 in Linz.

48 Beinamputation an Kaiser Friedrich III. in Linz. Pergamentblatt mit Deckfarbenmalerei eines unbekannten deutschen Meisters, Ende 15. Jh.
Graphische Sammlung Albertina, Wien, Inv.-Nr. 22475
Foto: OÖ. Landesarchiv

49 Nach den Angaben des Chronisten Joseph Grünpeck starb Kaiser Friedrich III. am 19. August 1493 nach dem Genuß von Melonen. Die Illustration zeigt den in einen Lehnstuhl zurücksinkenden sterbenden Kaiser mit einer Melonenschnitte in der Hand. Ein Edelknabe hält zwei weitere Melonen auf einer Tasse bereit. Zwei Höflinge stützen den Sterbenden, während die anwesenden Räte Bestürzung zeigen. Das Gebäude im Hintergrund rechts könnte die Martinskirche sein.
Aus: Otto Benesch–Erwin M. Auer, Die Historia Friderici et Maximiliani, Taf. 13

Von nicht ganz zeitgenössischen Quellen wird als unmittelbare Todesursache der Genuß von *Pluzern* (Melonen) gesehen. In der Historia Friderici et Maximiliani des Joseph Grünpeck findet diese Ansicht in einer Illustration den entsprechenden Niederschlag. Es ist nicht auszuschließen, daß eine durch den vorhergehenden Genuß von Melonen auftretende Verdauungsstörung die Anfälligkeit des kränklichen und geschwächten Körpers für einen Schlaganfall, der schließlich zum Tod führte, erhöht hat. Nicht geklärt ist, ob der Kaiser in der Burg oder in einem Haus in der Stadt starb. Die Identifizierung dieses Stadthauses mit dem Haus Altstadt 10, dem sogenannten Kremsmünsterer Haus, das nunmehr sogar einen Gedächtnisraum für Kaiser Friedrich III. beherbergt, ist bisher nicht gelungen.

Der Leichnam Friedrichs wurde einbalsamiert und nach Wien überführt, wo er in einem Hochgrab im Wiener Stephansdom bestattet wurde. Herz und Eingeweide wurden an der Südseite des Chores in der Linzer Stadtpfarrkirche beigesetzt.

Die Charakteristik der Person des Herrschers selbst fällt in der Regel nicht sehr günstig aus. Lange Zeit wurde die Bezeichnung als des Reiches „Erzschlafmütze" wiederholt. In neuerer Zeit hat er eine wesentlich günstigere Beurteilung erfahren. Man versah ihn sogar mit dem Etikett eines Friedenskaisers. Daß seine Politik schließlich erfolgreich blieb, lag daran, daß er seine Gegner überlebte. Als Herzog von Innerösterreich regierte er immerhin 58 Jahre, als deutscher König 53 und als römischer Kaiser 41 Jahre. An Tatkraft fehlte es ihm über weite Strecken, wenn man ihm auch Festigkeit und Beharrlichkeit in entscheidenden Situationen zubilligen muß.

Der Tod Kaiser Friedrichs III. bedeutet für die Linzer Stadtgeschichte eine gewisse Zäsur. Wenn in der österreichischen Geschichte eher das Jahr 1526 den Periodenschnitt markiert, liegt er für die Linzer Verhältnisse doch stärker beim Jahr 1493. Residenzcharakter wie unter Friedrich hat die Stadt nie mehr erreicht. Mit dem Vorrang als Hauptstadt des Landes ob der Enns und dem Recht der Wahl eines Bürgermeisters (1490) war ein Höhepunkt in der Stellung der Stadt im Rahmen des Landes, aber auch in der verfassungsgeschichtlichen Entwicklung gegeben.

50 Wandgrabstein für Herz und Eingeweide Kaiser Friedrichs III. an der Südwand des Chores vor dem Hochaltar der Linzer Stadtpfarrkirche. Der Grabstein in rotem Marmor besteht aus einem Inschriften- und einem Wappenteil.

INTESTINA CVBANT FRIDERICI HAC CESARIS VRNA
ET COR QUOD SACRO PREFVIT IMPERIO
QUINQUAGINTA ANNIS RHOMANVM REXERAT ORBEM
ATQUE VNO SEMPER TEMPORA PACIS AMANS
VIXIT ANNIS SEPTVAGINTA OCTO MENSE VNO DIEBUS II
EXCESSIT HVMANIS ANNO SALVTIS MXCIII DIE
VICESIMAQVARTA AVGVSTI

Übersetzung: In dieser Urne ruhen Kaiser Friedrichs Eingeweide und Herz, das 51 Jahre das Römische Reich beherrschte und stets den Frieden liebte. Er lebte 78 Jahre, einen Monat und zwei Tage und schied aus dem Leben im Jahr des Heils 1(4)93, am 24. August. (Der Todestag und die Zählung der Herrscherjahre sind falsch angegeben.)

Der Wappenstein zeigt in einem Vierpaß den kaiserlichen Doppeladler in der Mitte, darüber die Krone Kaiser Friedrichs III., und zu beiden Seiten des Adlers die Wappen Altösterreichs (Fünfadlerwappen) und Neuösterreichs (Bindenschild), darunter das Wappen der Steiermark. Um diesen Vierpaß sind in einem Kreisring 13 Wappen angeordnet. Im Uhrzeigersinn sind dies Kärnten, Oberösterreich, Pfirt, Tirol, Ober-Elsaß, Burgau, Mähren und in der Gegenrichtung Ungarn, Windische Mark, Portenau, Krain, Kiburg und Habsburg.

Foto: Erich Widder

Das mittelalterliche Stadtbild

Das Fehlen bildlicher Darstellungen für das Mittelalter erschwert die Vorstellungen über das Aussehen der Stadt in dieser Zeit. Rückschlüsse lassen sich lediglich aus quellenkundlichen Belegen und späteren Stadtansichten ziehen. Über die Bauweise der Häuser können nur Vermutungen angestellt werden. Es ist anzunehmen, daß selbst noch bis zum Ausgang

51 Ein tonnengewölbter mittelalterlicher Keller in Bruchsteinmauerwerk mit einer Säule als Unterstützung findet sich im Alten Rathaus (Rathausgasse 2).
Foto: Walter Litzlbauer

des Spätmittelalters die Holzbauweise über gemauerten Kellern überwogen hat. Steinbauweise ist bestenfalls bei repräsentativeren Gebäuden und Kirchen üblich gewesen. Selbst Teile der Linzer Burg waren zur Zeit Kaiser Friedrichs III. noch in Holz ausgeführt, das Dach mit Holzschindeln gedeckt.

Wie in anderen österreichischen Städten war bei den Linzer Bürgerhäusern die Zahl von drei Fensterachsen gegen die Straßenseite hin üblich. In der Höhe dürften sie dreigeschossig gewesen sein, das heißt, daß über dem Erdgeschoß noch zwei Stockwerke aufgesetzt waren. Die Häuser standen frei und waren durch einen schmalen Zwischenraum voneinander getrennt. Primärer Zweck dieser Trennung war die Möglichkeit, bei Bränden einen besseren Zugang für Löscharbeiten im Dachbereich zu haben. Der in unseren Gegenden für diese Zwischenräume übliche Name „Reiche“ oder „Reihe“ soll vom Weiterreichen der Wassereimer bei den Feuerlöscharbeiten genommen sein. In die Reihe wurde aber auch das Regenwasser, die Abwässer von den Küchen und von den Abortanlagen, den „heimlichen Sitzen“, abgeleitet. Gegen die Straße zu war die Reihe durch eine kleine Tür abgeschlossen. In Linz ist dieses Baudetail noch heute an einigen Stellen zu finden, so etwa zwischen den Häusern Hofberg 6 und 8, wo es unter der falschen Bezeichnung „Reichengäßchen“ fortlebt.

Die überwiegende Holzbauweise und die enge Verbauung im ummauerten Bereich wirkte sich bei Bränden meist verheerend aus. Chronikalische Nachrichten melden schwere Stadtbrände in den Jahren 1441, 1509 und 1542. Trotz bestehender strenger Feuerordnungen ließen sich Brände nie ganz verhindern. Die bestehende Bauweise begünstigte jeweils die Ausweitung eines Feuers zu einem Stadtbrand. Nach den Chronikberichten sollen 1441 lediglich zwei und 1509 sieben Häuser von der Feuersbrunst verschont geblieben sein. Diese Angaben sehen sehr nach mittelalterlicher Zahlenmystik aus, bei der den sogenannten heiligen Zahlen besondere Bedeutung zukam. Wenn diese Zahlen auch übertrieben sein mögen, so kann als sicher gelten, daß bei Bränden große Teile der Stadt in Mitleidenschaft gezogen wurden. Urkundlich belegbar ist, daß bei den Stadtbränden von 1441 und 1509 unter anderem die Stadtpfarrkirche, bei letzterem auch das Rathaus beschädigt wurden. Beim Stadtbrand von 1542 sollen rund 140 Häuser in Asche gelegt worden sein, auch die Stadtmauer und der Zwinger wurden in Mitleidenschaft gezogen. Lediglich 69 Häuser konnten gerettet werden. Auf die damaligen Größenverhältnisse der Stadt umgelegt bedeutet dies, daß beinahe der gesamte Hausbestand innerhalb des Mauerbereichs vernichtet wurde.

Brandkatastrophen haben das Antlitz der Stadt immer wieder stark verändert. Die Stadt-

52, 53 Die ursprüngliche Dreiachsigkeit der Häuser und die hochgezogene Mantelmauer als Feuerschutz ist bei den Häusern Hauptplatz Nr. 33 und 34 besonders deutlich und auch heute beim Haus 34 (Bild unten) noch erkennbar. Ausschnitt aus der Federzeichnung von Wenzel Hollar Der Hauptplatz von Westen 1636 (Justus Schmidt, Linz in alten Ansichten, Taf. 6). *Foto: Walter Eigner*

brände von 1509 und 1542 beschleunigten den Übergang zur Steinbauweise. Kaiser Maximilian I. gewährte nach dem Brand von 1509 einer größeren Zahl von Linzer Bürgern Beträge zur Ausstattung ihrer Häuser *mit zinnen für feur.* Diese 1500 in Innsbruck angewendete Bauweise bot besseren Feuerschutz, da die Graben- und Satteldächer durch eine vorne nach oben waagrecht verlaufende Stirn- oder Mantelmauer verdeckt wurden, wie sie heute noch bei vielen Linzer Altstadthäusern sichtbar ist. Wenn der Humanist Caspar Bruschius (1518—1557) in seinem „Lobspruch auf Linz" nach dem Stadtbrand von 1542 König Ferdinand I. als Schöpfer einer marmornen Stadt überschwenglich pries, deutet dies auf eine forcierte Steinbauweise der Häuser hin.

Der Zugang zur Stadt war nach der babenbergischen Stadterweiterung im 13. Jahrhundert durch drei Haupttore gegeben. An der

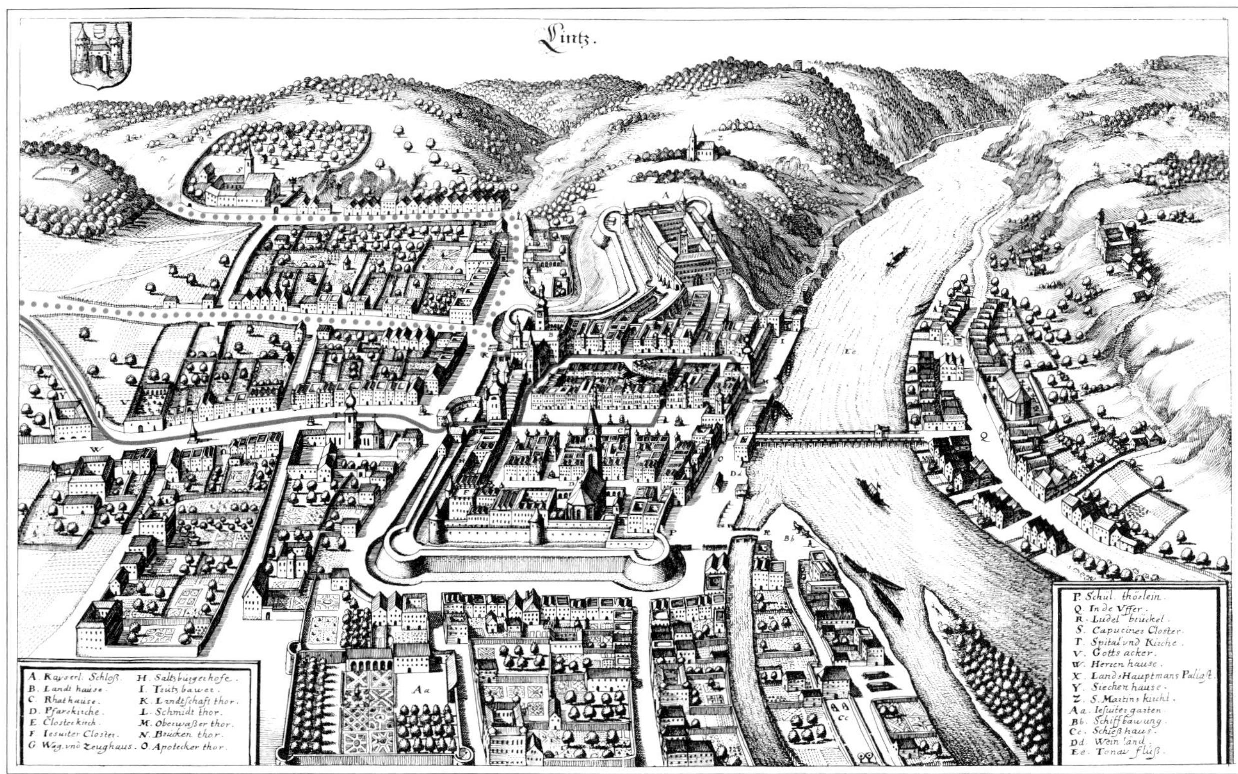

——— *Verkehrswege nach der babenbergischen Stadterweiterung*
•••••••• *Altwegscheide („altenwik") der vorbabenbergischen Siedlung im Bereich*

54 Die Situation der Verkehrswege in der mittelalterlichen Stadt, dargestellt auf dem Stich von Matthäus Merian vor 1649. Die Donaubrücke und das Landhaus in der Südwestecke der Stadt existierten damals noch nicht, das Schloß sah anders aus. *Aus: Justus Schmidt, Linz in alten Ansichten, Taf. 9*

Nordseite zur Donau hin bildete das Urfahrtor oder Obere Wassertor den Eingang von der Donau her im Zuge der alten Verkehrsachse Hofberg—Altstadt (Straßenzug). Ob an der nördlichen Seite des Hauptplatzes ein Vorläufer des nachmaligen Unteren Wassertores bereits existierte, ist unbekannt. Solange keine Brücke über die Donau bestand, war ein Durchgang nicht notwendig, da die Ländestelle für die Überfuhr auf der Linzer Seite beim Urfahrtor lag. Wesentlich anders stellen sich die Verhältnisse an der Südseite dar. Mit der Anlage des Hauptplatzes war der Ausgang aus der Stadt nunmehr durch das Obere Tor oder Schmidtor gegeben. Die Hauptverkehrsachse Richtung Süden bildete fortan die heutige Landstraße. Der alte, schon aus der Römerzeit bekannte Verkehrsweg vom Straßenzug der Altstadt zur Herrenstraße erfuhr mit der babenbergischen Stadterweiterung und durch den Bau des Minoritenklosters in der Südwestecke der Stadt eine Unterbrechung. Schon am Ausgang des 13. Jahrhunderts wird die Gabelung der Herrenstraße mit der Promenade und Klammstraße als *alter Wik* in den Quellen bezeichnet, was soviel wie alte Weggabel bedeutet, ein Zeichen dafür, daß um diese Zeit die Landstraße bereits als Hauptverkehrsachse diente. Die Verbindung zwischen dem Altstadtstraßenzug und der Herrenstraße wurde erst wieder 1632 durch die Eröffnung des Landhaustores hergestellt. Nach dem Osten in die heutige Lederergasse führte das „Schulertürl", benannt nach der dort situierten späteren Lateinschule. Noch im 15. Jahrhundert ist das Froschtor oder Neutor an der Nordseite erwähnt. Es stellte die Verbindung von der Adlergasse zum Ländeplatz an der Donau, der Froschau, her.

Inwieweit die Stadttore im Mittelalter bereits mit Türmen versehen waren, ist durch das Fehlen bildlicher Quellen nicht eindeutig zu entscheiden. Am ehesten ist der Schmidtorturm, der den Zugang zur Stadt von Süden her abriegelte, in die Zeit Kaiser Friedrichs III. zu setzen. Vielleicht entstand er im Zuge der seit 1477 durchgeführten Instandsetzungsarbeiten an der Stadtbefestigung.

Das Straßennetz in der ummauerten Stadt orientierte sich an der vorbabenbergischen

Siedlung und wurde an der Ostseite des Hauptplatzes symmetrisch weitergeführt. Der Hofgasse als stadtseitigem Zugang zur Linzer Burg entsprach im Osten die Kirchgasse oder Untere Pfarrgasse (Rathausgasse), der Oberen Badgasse (Badgasse) an der Nordseite des Hauptplatzes die Untere Badgasse (Adlergasse) und der Brüdergasse (Klosterstraße) die Jesuitengasse (Domgasse) im südlichen Teil des Platzes. Lediglich die Obere Pfarrgasse (Pfarrgasse) hatte an der Westseite des Hauptplatzes keine Entsprechung, was vermuten läßt, daß schon die vorbabenbergische Siedlung eine „Vorstadt“ besaß, die sich bis in die Gegend des Minoritenklosters hinzog.

Über den Hausbestand geben erst Steuerregister aus dem Ende des 15. Jahrhunderts bzw. dem Anfang des 16. Jahrhunderts einigermaßen Aufschluß. Innerhalb des ummauerten Bereichs ist zu dieser Zeit mit einem Bestand von etwa 150 Häusern zu rechnen. Die Verbauungsdichte war westlich des Hauptplatzes ge-

55 Auf dem von Georg Christoph Einmart d. Ä. 1629 nach einer Vorlage von Abraham Holzwurm (um 1618) gestochenen Vogelschauplan der Stadt Linz ist die mittelalterliche Situation noch deutlich zu erkennen. Das Landhaus in der Südwestecke der Stadt ist wegzudenken, das Schloß hatte noch eine andere Bauform. Das Gebiet westlich des Hauptplatzes war weniger stark verbaut als der östliche Bereich.
Stadtmuseum Linz, Inv.-Nr. 2086 *Foto: Franz Michalek*

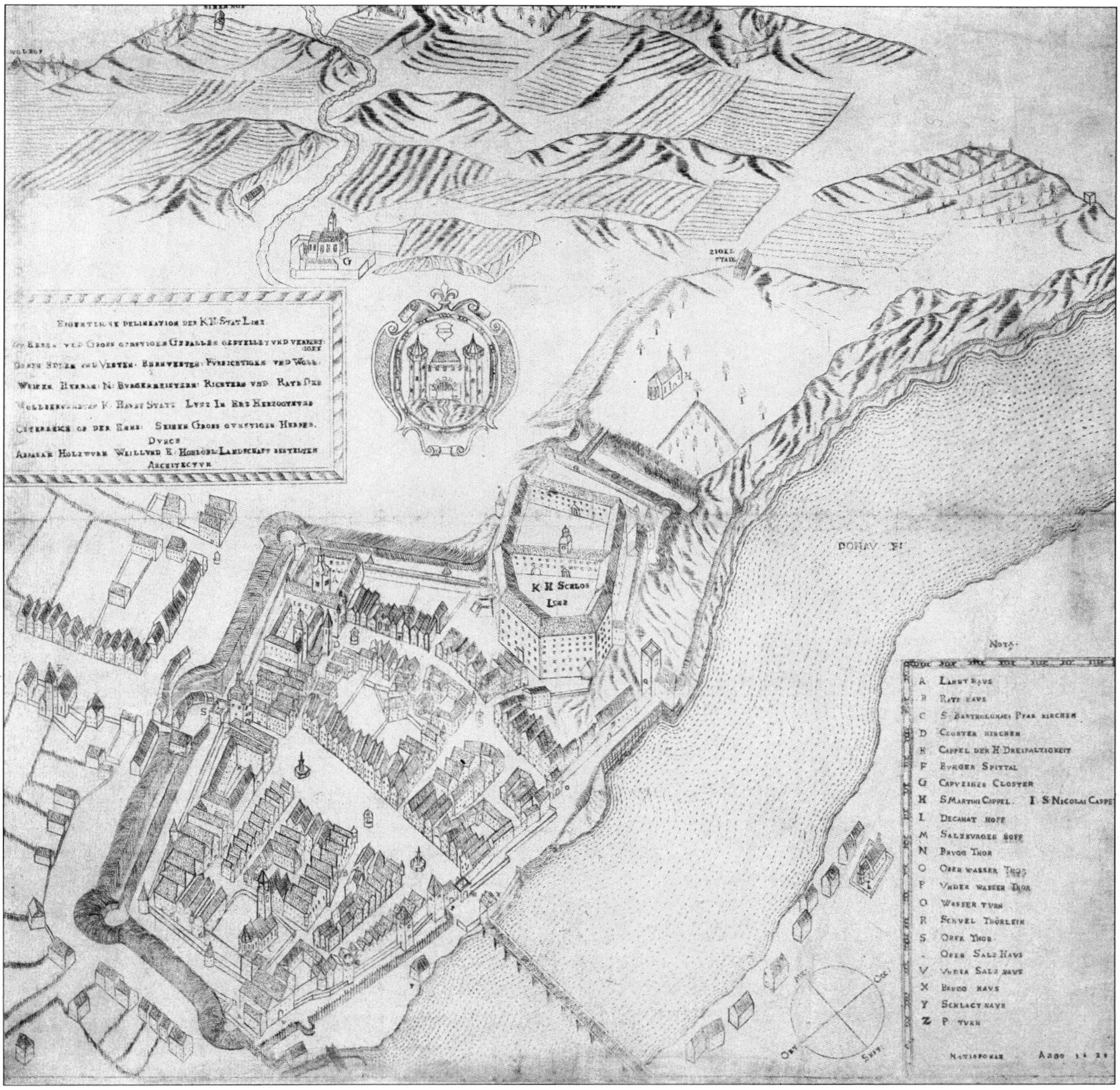

ringer, wie noch Stadtansichten aus dem beginnenden 17. Jahrhundert zeigen. So nahm während des Spätmittelalters ein Baumgarten des Minoritenklosters einen großen Teil des westlichen Stadtbereichs ein. Zum Schloß gehörige Gründe, die als Gärten genutzt waren, reichten über den Tummelplatz hinaus. Im Gebiet östlich des Hauptplatzes blieb für Gärten schon wegen des die Stadtpfarrkirche umgebenden Friedhofes wenig Platz. Die in den spätmittelalterlichen Quellen immer wieder auftauchenden Baumgärten waren überwiegend mit Obstbäumen bestanden, die einen Teil der Nahrungsversorgung der Bewohner übernahmen. Selbstverständlich gab es in der Stadt auch Tierhaltung. Bezeichnend hiefür ist der Auftrag König Maximilians I. an die Bürger aus dem Jahre 1501, die Schweine und den Mist von den Gassen zu entfernen und für entsprechende Ordnung und Sauberkeit zu sorgen.

Eine Unterteilung der ummauerten Stadt in vier Viertel dürfte spätestens seit der zweiten Hälfte des 15. Jahrhunderts üblich geworden sein. Die Grenzen bildeten die Achse Hofgasse—Rathausgasse in west-östlicher sowie der Hauptplatz und die Schmidtorstraße in nord-südlicher Richtung. Diese Einteilungen dienten verschiedenen Zwecken: Sie waren primär wohl Grundlage für die Steuereinhebung. In Ansätzen ist sie bereits im ältesten erhaltenen Steuerregister von 1476/79 vorhanden und in den folgenden aus dem Beginn des 16. Jahrhunderts bereits voll durchgebildet. Die Vierteleinteilung diente darüber hinaus aber auch militärischen Zwecken oder für Katastrophenfälle, wie etwa bei Feuersbrünsten. Für den außerhalb der städtischen Ummauerung liegenden Bereich, der aber noch der städtischen Jurisdiktion unterlag, bildete sich bereits im 13. Jahrhundert die Bezeichnung Burgfeld aus. Seit dem 15. Jahrhundert trennte die Landstraße das obere (westliche) vom unteren (östlichen) Burgfeld, für die bis in das 19. Jahrhundert dann die Bezeichnung Obere und Untere Vorstadt üblich wurde.

Die Ausbildung von Vorstädten ging Hand in Hand mit der babenbergischen Stadterweiterung. Schon im 13. Jahrhundert werden ein *Cunradus uf dem graben* und ein *Eberhardus ante portam* (Eberhard vor dem Tor) erwähnt, die außerhalb der ummauerten Stadt ansässig waren. Ein Zentrum dieser Vorstadtbildung kristallisierte sich im Verlauf des Spätmittelalters östlich der ummauerten Stadt heraus. Im 14. Jahrhundert war dafür die Bezeichnung „Unter den Fischern" bzw. „Im Wörth" üblich. Darunter war jene Insel zu verstehen, die von der Donau und dem Ludlarm gebildet wurde. Da dieser Flußlauf mit der Zeit versandete, wurde er im 19. Jahrhundert endgültig zugeschüttet. Als zweites vorstädtisches Zentrum ist das Gebiet südlich der Stadtmauer parallel zum heutigen Graben und zur Promenade anzusehen. Die Verbauung reichte hier etwa bis auf die Höhe der heutigen Bethlehemstraße und Spittelwiese. Diese Vorstädte waren nur äußerst locker verbaut. Nach den bereits erwähnten Steuerregistern lagen am Ausgang des Mittelalters etwa vierzig Häuser im vorstädtischen Bereich.

Der überwiegende Teil dieses Gebiets diente der Versorgung der Bewohner mit Nahrungsmitteln. Hier lagen die Baumgärten, Wiesen, die als Futterspender für das Vieh dienten, Äkker und Krautäcker, zählte doch das Kraut zu den Hauptnahrungsmitteln des mittelalterlichen Menschen. Zur Aufnahme der Vorräte dienten hölzerne Stadel, die im Gebiet der Spittelwiese und Bethlehemstraße bezeugt sind. Das günstige Klima während des Mittelalters erlaubte auch den Weinbau in einem bescheidenen Ausmaß. Er wurde an den Hängen um St. Magdalena, aber auch im Nahbereich der Stadt an den Südostabhängen des Freinbergs und des Bauernbergs betrieben. Kaiser Friedrich III. förderte diesen Weinbau durch die Gewährung entsprechender Privilegien an die Bürgerschaft. Die Gegend um das Kapuzinerkloster führte lange Zeit die Bezeichnung „Im Weingarten". Aufgelassen wurden diese Weingärten, deren Produkt wohl nicht den besten Rebensaft geliefert haben dürfte, um 1740, in St. Magdalena sogar erst um 1820.

Durch die Überfuhr bildete sich nördlich der Donau seit dem 13. Jahrhundert Urfahr als Brückenkopfsiedlung aus. Die bauliche Entwicklung vollzog sich außerhalb des engeren Überschwemmungsgebiets parallel zur Donau in westöstlicher Richtung an zwei Häuserzeilen entlang der Ottensheimer Straße und der Kirchengasse, die ihrerseits den Ausgangspunkt der Fernwege in das obere Mühlviertel und nach Böhmen (Budweis, Prag) bildeten. Bei Urfahr handelt es sich um keine Vorstadt von Linz im rechtlichen Sinn, da diese Siedlung erst 1919 mit der Stadt Linz vereinigt wurde. Die Grundobrigkeit lag seit dem ausgehenden Mittelalter in der Hauptsache bei den Herrschaften Wildberg und Steyregg.

Bei der Anlage der mittelalterlichen Städte wurden Elemente berücksichtigt, die man mit dem modernen Schlagwort der Raumplanung umschreiben kann. Durch die Verbindung von Wohn- und Arbeitsstätte und durch die Notwendigkeit der Nutzung von Wasserläufen als Antriebskraft und Kanalisation für bestimmte Gewerbezweige wird die Sozialtopographie einer Stadt weitestgehend mitbestimmt. Schon die Stadterweiterung in der Babenbergerzeit mit der Anlage des Hauptplatzes als Kernstück stellte — darauf wurde an anderer Stelle verwiesen — eine planerische Großleistung für die damalige Zeit dar. Raumordnende Elemente stehen aber auch in Verbindung mit der für die mittelalterliche Stadt notwendigen Sicherheitsmaßnahmen. So wurde das feuergefährliche Gewerbe der Schmiede nicht in der eng verbauten Stadt, sondern außerhalb jenseits des Grabens in der Gegend des Schmiedtores (daher der Name) angesiedelt. Östlich des Stadtkerns im Bereich der heutigen Lederergasse hatten die wassergebundenen Gewerbe der Gerber und Färber ihren Sitz. Der Ludlarm war für sie Wasserspender und Kanalisation zugleich. Durch die in unserem Klima vorherrschende Westwetterlage wurde der beim Gerben der Häute entstehende üble Geruch doch überwiegend von der Stadt ferngehalten. Der Flußname Ludl an sich weist auf die Tätigkeit dieser Gewerbe hin. Ludl oder „Lurl“ bedeutet soviel wie übel riechendes Gewässer.

Die Nähe zum Wasser war auch für die Fleischversorgung von Bedeutung. Die Fleischbänke der Linzer Bürger lagen vor der nördlichen Stadtmauer im Ländebereich der Donau, die ihre Funktion als Beseitiger der Schlachtabfälle zu erfüllen hatte. An den Wasserlauf der Donau waren von ihrer Berufsausübung her die Fischer gebunden. Ihre Behausungen standen überwiegend im Wörth. Wie schon erwähnt, war für diese Gegend auch die Bezeichnung „Unter den Fischern“ gebräuchlich. Für diverse Gewerbezweige und teilweise für die Wasserversorgung war das Entwässerungssystem der westlichen Höhenrücken des Freinbergs und Bauernbergs maßgebend. Im Bereich des heutigen Tiefen Graben und der Hirschgasse existierten Wasserläufe, die dem Antrieb von Mühlen in der Gegend der Klammstraße dienten. Durch diese Wasserläufe muß der Stadtgraben an der heutigen Promenade gespeist worden sein. Der Freinbergwässer bediente sich auch Kaiser Friedrich III. Unter seiner Regierung wurde eine Wasserleitung in das Schloß gelegt. Die Versorgung der mittelalterlichen Stadt mit Wasser erfolgte wohl überwiegend durch Grundwasserbrunnen in den Häusern. Ein solcher Brunnen besteht heute noch im Haus Altstadt 7 (nicht römerzeitlich!). Die unmittelbare Nachbarschaft vieler dieser Hausbrunnen zu den schon zitierten Misthaufen und Unratgruben barg die stete Gefahr von Seuchen in sich. Der Bau von Wasserleitungen wurde aber erst in der beginnenden Neuzeit vorangetrieben. So wurde vorerst die Schloßwasserleitung in das Mauthaus in der Stadt verlängert. Der Stadtbrand von 1542 beschleunigte dann den Bau einer Leitung von Margarethen zum Hauptplatz.

Außerhalb der Stadtmauern waren zwei wichtige, der Sozialfürsorge dienende Einrichtungen situiert. Das Bürgerspital lag an der Ecke Landstraße—Bethlehemstraße (heutiger Winklerbau) in der Vorstadt. Damit folgt Linz einer Entwicklung, die sich bezüglich der Lage der Bürgerspitäler außerhalb der Stadtmauern in den meisten österreichischen Städten feststellen läßt. Seine Gründung ist nicht genau bekannt, dürfte aber an der Wende vom 13. zum

56 Das Bürgerspital (F) lag in der Vorstadt an der Ecke Landstraße 15 – Bethlehemstraße 1 (heutiger Winklerbau). Ausschnitt aus dem Vogelschauplan des Abraham Holzwurm.
Aus: Justus Schmidt, Linz in alten Ansichten, Taf. 4

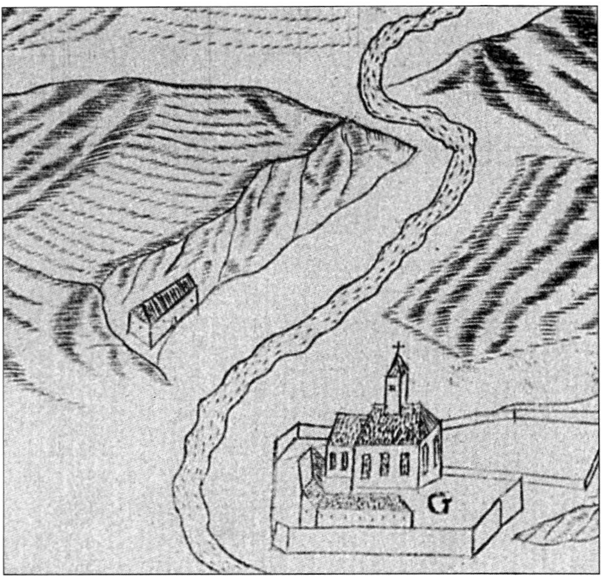

57 Das Siechenhaus lag an der Kapuzinerstraße in der Nähe des nachmaligen Kapuzinerklosters (G). Ausschnitt aus dem Vogelschauplan des Abraham Holzwurm. Aus: Justus Schmidt, Linz in alten Ansichten, Taf. 4

14. Jahrhundert erfolgt sein. Seine Funktion ist nicht mit unseren heutigen Spitälern gleichzusetzen. Arm bedeutet im Mittelalter nicht unbedingt mittellos. Darunter ist vielmehr jener Mensch zu verstehen, der sich infolge Krankheit oder Hilflosigkeit nicht selbst versorgen kann und daher der Hilfe anderer bedarf. Noch vor dem Bürgerspital existierte Mitte des 13. Jahrhunderts das Sondersiechenhaus. Es stand weitab der damaligen Stadt in der Gegend der oberen Kapuzinerstraße. In ihm fanden die an Lepra erkrankten Menschen Aufnahme. Die Krankheit selbst wurde durch die aus dem Orient heimkehrenden Kreuzzugsteilnehmer in unseren Breiten eingeschleppt. Die mit ihr verbundenen üblen Begleiterscheinungen und die Ansteckungsgefahr machten die große Entfernung des Siechenhauses von der Stadt notwendig.

Sozialtopographisch lassen sich innerhalb des Mauerbereichs Siedlungsschwerpunkte einzelner Gruppierungen feststellen. Die Handel treibenden Bürger und damit die Oberschicht hatte ihre Wohnsitze in bevorzugter Lage um den Linzer Hauptplatz, der als Marktplatz primär seine Funktion für den Handel zu erfüllen hatte. Im 14. Jahrhundert wird er in den Quellen als „Markt" bezeichnet. Die Oberschicht besaß noch Zweit- und teilweise Dritthäuser, die entweder im ummauerten Bereich, aber auch in den Vorstädten lagen. Kristallisationspunkt und zugleich Ausdruck des bürgerlichen Selbstverständnisses war das Rathaus. Seine Existenz bzw. Lage an dem noch heute gültigen Standort wird erst am Höhepunkt der städtischen Verfassungsentwicklung (um 1490) faßbar. Seit wann es als Rathaus tatsächlich schon bestand, bleibt unbekannt. Immerhin ist es bereits Mitte des 14. Jahrhunderts mit dem Standort des Hauses zweier Linzer Stadtrichter identisch. Als Vorläufer des Rathauses könnte das Mauthaus in der Nähe des Oberen Wassertores gedient haben, war doch bis in das 15. Jahrhundert hinein das Mautneramt mit dem Amt des Stadtrichters in der Hand einer Person vereinigt.

Mehrere Gruppen der Bevölkerung waren in der vorbabenbergischen Siedlung, der Altstadt im mittelalterlichen Sinn, angesiedelt. Für sie spielte die Nähe zur Burg die entscheidende Rolle. Einerseits handelte es sich dabei um die Dienstmannschaft der Herren von Wallsee, andererseits um den Adel, der durch den zeitweiligen Residenzcharakter der Stadt in der zweiten Hälfte des 15. Jahrhunderts vor allem entlang des Straßenzuges der Altstadt seine Freihäuser errichtete. In der Altstadt siedelten auch die Juden. Ihr geistiges und zugleich geistliches Zentrum hatten sie in der Judenschule (Synagoge) an der Hahnengasse. Die Lage ihrer Wohnstätten zur Nähe der Burg erklärt sich aus dem besonderen Schutz (Schutzjuden), den sie vom Landesfürsten genossen, wohl aber auch daraus, daß gerade die Herren von Wallsee zu ihren Hauptgläubigern zählten und ihnen ihre Häuser in der Stadt zum Teil verpfänden mußten. Ihren Einzug in die Altstadt dürften die Juden nach der babenbergischen Stadterweiterung an der Wende vom 13. zum 14. Jahrhundert gehalten haben, wo eine Art Ghetto entstand. Wie entsprechende Gesetze der österreichischen Landesfürsten über Juden beweisen, sind sie schon vor dieser Zeit in Österreich ansässig gewesen. Ihre vorhergehenden Wohnsitze in Linz sind nicht näher bekannt, dürften aber außerhalb der ummauerten Stadt zu suchen sein. Am ehesten käme dafür, dem Flurnamen nach zu schließen, der Fuß des Judenberges in Frage, also jenes Bergrückens, der sich als langgezogener Höhenrücken vom Freinberg bis gegen die Kapuzinerstraße und Klammstraße hin erstreckt. Nach dem angeblichen Ennser Hostienfrevel von 1420 wurden sie vertrieben und mußten die Stadt verlassen. In den weniger bevorzugten Siedlungsbereichen vor allem in den Nebengassen hatten — soweit keine Standortgebundenheit vorlag — die Handwerker ihre Behausungen.

Verfassung und Verwaltung

Der Begriff Stadt war im Laufe der Jahrhunderte immer wieder Wandlungen unterworfen. Es ist daher gar nicht so einfach, eine genaue Definition für ihn zu finden. Im Zusammenhang mit der Industrialisierung haben die Städte im 19. Jahrhundert vielfach einen Wachstumsschub erfahren, der mit dem Wort „Stadt" nicht mehr umschrieben werden kann. Es kommt deswegen nicht von ungefähr, wenn im geographischen und soziologischen Bereich dafür die Bezeichnung „Agglomeration" gebräuchlich wurde, um diese Entwicklungstendenzen einigermaßen terminologisch in den Griff zu bekommen.

Bevor im folgenden auf die Wurzeln der Stadt im Mittelalter eingegangen wird, empfiehlt es sich daher, von den heute gültigen Verhältnissen auszugehen: In Österreich bestehen zwei Kategorien von Städten, die aufgrund des Gemeindestatuts von 1849 bzw. 1862 festgelegt worden sind. Dieses Gemeindestatut, eine der bleibenden Errungenschaften der Revolution von 1848, war Ausfluß des liberalen Geistes dieser Zeit, der eine „freie Gemeinde im freien Staate" forderte. Seit damals kennt man in Österreich einerseits Statutarstädte (Städte mit eigenem Statut), die sich durch eine besondere Rechtsstellung auszeichnen und sich von den übrigen Gemeinden durch die Wahrnehmung von Aufgaben des übertragenen Wirkungskreises in Form der Bezirksverwaltung unterscheiden. Die zweite Gruppe der Städte hebt sich von den Dörfern und Märkten lediglich nominell durch die offizielle Bezeichnung „Stadtgemeinde" ab, nicht aber in ihrer rechtlichen Stellung.

In Oberösterreich sind heute Linz, Steyr und Wels Statutarstädte, alle übrigen Städte fallen in die zweite Kategorie. Für ihre Stellung als Stadt sind entweder ein hohes Alter oder markante historische Entwicklungen bestimmend gewesen. Ein besonders einprägsames Beispiel hiefür ist die Stadterhebung des heute nördlichen Linzer Stadtteiles Urfahr im Jahre 1882. Obwohl sie rechtlich nichts einbrachte, war sie doch Ausfluß des Jahrhunderte währenden Konkurrenzverhältnisses zu Linz. Wenn die Markterhebungsurkunde von Urfahr aus dem Jahre 1808 auf der Außenseite den vermutlich von späterer Hand nachgetragenen Randspruch *Contra invidiam semper bona causa triumphat* (Gegen den Neid triumphiert stets der gute Grund) trägt, ist dies beredter Ausdruck der lange andauernden Streitigkeiten zwischen beiden Gemeinwesen. Neben der historischen Komponente sind heute meist eine bestimmte Größe der Siedlung, ihre Einwohnerzahl oder die zentralörtliche Funktion für eine Stadterhebung maßgebend. Beispiele dafür bieten die Linz umgebenden Gemeinden Traun (lange Zeit das größte Dorf Österreichs), Leonding oder Ansfelden, die in den letzten Jahren zu Städten erhoben wurden.

Bei neuzeitlichen Stadterhebungen können in der Regel der genaue Zeitpunkt und die Motive für diesen Schritt exakt angegeben werden. Ganz anders liegen die Verhältnisse im Mittelalter, wo der Entstehungsvorgang zur Stadt auf verschiedene Weise erfolgen konnte. In unserem Bereich gibt es nur sehr wenige Städte, die formell als solche gegründet wurden, d. h. daß eine Siedlung „auf wilder Wurzel", wie der mittelalterliche Ausdruck lautet, erbaut, entsprechend befestigt und mit städtischem Recht versehen wurde. Als Beispiel hiefür wären Wiener Neustadt, Marchegg oder Radstadt anzuführen. Als weitere Möglichkeit gab es die Erhebung einer bereits bestehenden Siedlung zur Stadt. In Oberösterreich fällt diese Kategorie nicht allzusehr ins Gewicht. Diese Stadtrechtsverleihungen geschahen durchwegs in der Neuzeit, in der das Städtewesen bereits voll ausgebildet war. Zudem waren diese Siedlungen (etwa Grein, Steyregg, Grieskirchen, Schwanenstadt) vorher schon Märkte, so daß die Erhebung zur Stadt analog zu den heutigen Verhältnissen lediglich eine formale Rangerhöhung ohne Vermehrung der Rechte darstellte.

Der Großteil der mittelalterlichen Städte zählt zu den „gewachsenen Städten". Sie haben sich aufgrund verschiedener Faktoren allmählich zur Stadt entwickelt, wobei der sich ausbildende Handel, das Gewerbe und der Verkehr entscheidende Triebfedern darstellten. Gehen wir noch einen Schritt weiter zurück, so sehen wir auf dem Gebiet des heutigen Oberösterreich in der Antike mit Wels (Ovilava) und Lorch-Enns (Lauriacum) nur zwei Siedlungen mit städtischer Verfassung. Wie an anderer Stelle erwähnt, besaß das römische Lentia diesen Status nicht. Wenn diese Städte die Stürme der Völkerwanderung auch überdauerten, so hat das römische Verfassungs- und Verwaltungsleben doch eine Unterbrechung erfahren. In der Zeit der Völkerwanderung überlagerten Angehörige verschiedener Stämme die romanische Restbevölkerung. Den meisten von ihnen war städtisches Leben unbekannt. Deswegen verdankt Linz seinen präurbanen Charakter in erster Linie der verkehrsgünstigen Lage, die es schon im Frühmittelalter zum prädestinierten Handelsplatz und zentralen Ort für den Traungau werden ließ. Freilich konstituierten diese Elemente noch keine Stadt im mittelalterlichen Rechtssinn. Sie können bestenfalls als Vorstufen oder Vorformen aufgefaßt werden.

Um das Werden und das Wesen der mittelalterlichen Stadt besser verstehen zu können, ist ihre Stellung innerhalb des mittelalterlichen Gesellschafts- und Wirtschaftssystems bzw. ihr Verhältnis zum flachen Land in die Betrachtung mit einzubeziehen. Dem Mittelalter war der Flächenstaat (ein durch feste Grenzen definiertes Gebiet), wie wir ihn heute kennen, unbekannt. Seine Ausbildung kam etwa erst an der Wende vom Mittelalter zur Neuzeit zum Abschluß. Aufbauend auf dem Lehenswesen, kannte das Mittelalter lediglich den Personenverbandsstaat. Land im mittelalterlichen Sinn war die Interessengemeinschaft einer Anzahl lokaler Machthaber, seien es Grafen, Hochfreie oder Ministeriale gewesen, die eine ihnen übergeordnete Instanz, etwa den Herzog oder Markgrafen, um bei den einheimischen Verhältnissen zu bleiben, als solche anerkannten. Jeder dieser Machthaber wiederum verfügte über eine verschieden große Zahl von kriegerischen Gefolgsleuten *(milites)*, mit deren Hilfe er ein bestimmtes Gebiet beherrschte. Je räumlich geschlossener dieses Gebiet war, umso leichter war seine „Beherrschung". Als verbindende Institution zwischen Machthaber und Gefolgschaft dienten Versammlungen, die Landtaidinge, bei denen beide Teile betreffende Angelegenheiten untereinander abgestimmt wurden. Der Umfang eines „Landes" im mittelalterlichen Sinn resultierte daher aus der Summe der vom Machthaber und seinen Gefolgsleuten beherrschten Einflußräume, die räumlich nicht zusammenhängen mußten.

Als zweite Wurzel ist die Grundherrschaft als gesellschafts- und wirtschaftsprägendes Element im Rahmen des mittelalterlichen Feudalsystems zu nennen. Es wurde schon an anderer Stelle erwähnt, daß die Grundherrschaft weitaus mehr als die bloße Verfügungsgewalt eines weltlichen oder geistlichen Herrn über Grund und Boden war. Grundherrschaft schloß auch eine Schutz-, Leib- und Gerichtsherrschaft über die auf diesem Boden lebende Bevölkerung mit ein. Elemente dieses mittelalterlichen Feudalsystems haben sich in Österreich bis in die Mitte des 19. Jahrhunderts erhalten. Die Grundherrschaften, die sich größtenteils in den Händen des Adels und der Geistlichkeit (Klöster) befanden, bildeten die untere Verwaltungsebene für die Masse der Bevölkerung. Sie vereinigten Steuer-, Gerichts- und Verwaltungsbefugnisse in einer Hand. Das mittelalterliche Lehenswesen war auf einem wechselseitigen Treueverhältnis aufgebaut. Für den vom Grundherrn gewährten „Schutz und Schirm" waren die Untertanen zu „Rat und Hilfe" verpflichtet. Diese bestanden in erster Linie in wirtschaftlichen Leistungen der Untertanen, wie etwa Zehent und Robot, doch griff die Obrigkeit auch weitgehend in deren Privatleben ein. In der Regel saß der Grundherr auf dem längeren Ast, doch konnte es zu Aufständen der Untertanen kommen, wenn das wechselseitige Treueverhältnis von den Grundherrschaften überspannt wurde. Wie die Geschichte zeigt, hat es derartige Auseinandersetzungen immer wieder gegeben.

Im Rahmen des mittelalterlichen Feudalsystems war die Stadt etwas Neues. Sie paßte nur sehr bedingt in dieses System, da sie sich in ihren Funktionen grundlegend von den grundherrschaftlichen Verhältnissen auf dem flachen Land unterschied. In mittelalterlichen Abbildungen präsentiert sich die Stadt mit ihren Türmen und Toren als Festung. Stadttore oder Stadtmauern finden sich vielfach auf den ältesten Stadtsiegeln und werden dann in die Wappendarstellung übernommen, wie dies auch bei Linz der Fall ist. Die Wehrhaftigkeit ist ein wesentliches Kriterium der Stadt, wobei aber zu sagen ist, daß es auch Städte ohne Befestigungsanlagen oder nur mit einer symbolischen Befestigung etwa in Form eines Palisadenzaunes oder ähnlichem gab. Für die Verteidigung der Stadt hatten die Bürger selbst zu sorgen.

Neben der militärischen Komponente ist die wirtschaftliche Funktion wesentliches Kennzeichen. Zentrum des städtischen Wirtschaftslebens war der Markt, der als täglicher Markt oder Wochenmarkt der Versorgung der Bewohner mit Gütern des täglichen Bedarfs zu dienen hatte. Der Austausch von Luxus- und Fernhandelsgütern war den periodisch stattfindenden Jahrmärkten vorbehalten. Auf ihnen fanden sich die Fernhändler ein. Im Gegensatz zur grundherrschaftlichen Verwaltung besaß die Stadt eine gesonderte Rechtsstellung, die sich in ihrer Organisation als eigener Gerichts- und Verwaltungsbezirk zeigt.

Für die Entwicklung des österreichischen und hier besonders des donauösterreichischen

Städtewesens ist die Regierungszeit der Babenbergerherzöge Leopold V. und Leopold VI. entscheidend gewesen. Die Gründe hiefür sind relativ leicht ersichtlich. Die Städte bildeten wichtige Stützpunkte der Herzogsmacht in der parallel dazu verlaufenden Ausbildung des „Landes" bzw. zum Land. Viel stärker noch sind es aber die wirtschaftlichen Interessen, die den Typus „Stadt" in den Dienst dieser Bestrebungen stellten. Den Babenbergerherzögen ging es darum, den starken Einfluß und die Vorherrschaft der oberdeutschen Kaufleute zurückzudrängen und sich die Wirtschaftskraft der Städte selbst nutzbar zu machen. Besonders deutlich wird dies am Beispiel der Stadt Enns, deren Märkte im ausgehenden Hochmittelalter internationale Bedeutung besaßen. Die Handelsbeziehungen reichten bis nach Maastricht und Kiew. Die Aufsicht über diese Märkte hatte der Regensburger Hansgraf, dem der letzte Traungauer Herzog Otakar IV. 1191 noch die Einhebung der Gebühren auf den Ennser Jahrmärkten gemeinsam mit den Richterfunktionen bekleidenden *iudices ville* (Ortsrichtern) bestätigte. Herzog Leopold VI. untersagte dann aber in einer Mautordnung für Österreich, in der auch eine Regelung der Ennser Märkte enthalten ist, dem Regensburger Hansgraf jede richterliche Tätigkeit. Analog dazu ist das im Wiener Stadtrecht von 1221 enthaltene Stapelrecht zu sehen, das den oberdeutschen Kaufleuten den weiteren Handel nach dem Osten unterband. Die Zurückdrängung des Einflusses der oberdeutschen Kaufleute macht deutlich, wie sich die Babenberger die Städte für ihre Zwecke nutzbar machten.

Überprüft man nun das Bündel an Kriterien, die zur Bildung einer Stadt führen konnten, für Linz, so ist seit dem 9. Jahrhundert vor allem auf eine kontinuierliche Markt- und Zolltradition zu verweisen. Durch das Fehlen jeglicher Nachricht während des Hochmittelalters bleibt die innere Entwicklung im dunkeln. Es ist daher auch nicht bekannt, ob bzw. inwieweit vor der Übernahme der Siedlung durch die Babenberger Formen einer bürgerlichen Selbstverwaltung bestanden haben, wie sie etwa bei Enns in den *iudices ville* sichtbar werden. Nur spärlich und relativ spät fließen zu diesen Fragen die Quellen für Linz: Im Jahre 1228 werden mit der Verleihung von Zoll- und Mautbegünstigungen an das kurz vorher durch Herzog Leopold VI. erworbene Ottensheim erstmals derartige Vorrechte besitzende *cives,* also Bürger, für Linz erwähnt. Für den Stadtcharakter ist diese Nachricht noch nicht konstitutiv, da auch Bewohner von Marktsiedlungen, die um diese Zeit in Oberösterreich sehr zahlreich entstanden, den Status von Bürgern hatten. So werden Bürger etwa Mitte des 13. Jahrhunderts für Ebelsberg erwähnt, ein Markt, der dem Bischof von Passau gehörte und der eine wichtige Funktion am Traunübergang zu erfüllen hatte.

Ein untrügliches Zeichen bürgerlicher Selbstverwaltung bietet eine Urkunde aus dem Jahr 1242. In ihr werden nicht nur erstmals Linzer Bürger namentlich als Zeugen eines Rechtsgeschäfts aufgeführt, sondern auch ein Stadtrichter und das Stadtsiegel erwähnt. Ergänzt werden die gesicherten urkundlichen Belege durch eine Annalenstelle, also eine chronikalische Aufzeichnung. Es wurde schon darauf verwiesen, daß Linz im Jahre 1236 im Zuge der Auseinandersetzungen des letzten Babenbergerherzogs Friedrich II. mit seinem kaiserlichen Namensvetter Linz zwar belagert wurde, aber nicht erobert werden konnte. Diese Nachricht ist ein Indiz dafür, daß die Siedlung entsprechend befestigt gewesen sein muß. Die Annales sancti Rudberti Salisburgensis, die uns die Kenntnis über diese Vorgänge vermitteln, verwenden für Linz dabei die lateinische Bezeichnung *civitas,* also Stadt.

Faßt man nochmals kurz die in der ersten Hälfte des 13. Jahrhunderts überlieferten

58 Die Annales sancti Rudberti Salisburgensis berichten zum Jahr 1236 über die Belagerung von Linz, das in diesem Zusammenhang als „civitas" (Stadt) bezeichnet wird. . . . Rex Boemie ad mandatum imperatoris vastavit Austriam. Et dux Bawarie et episcopus Pataviensis obsederunt civitatem Linze et infecto negocio recesserunt. Übersetzung: . . . Der böhmische König verwüstete im Auftrag des Kaisers Österreich. Und der bayerische Herzog und der Passauer Bischof belagerten die Stadt Linz und zogen unverrichteter Dinge ab.
Stiftsbibliothek St. Peter in Salzburg, Hs. St. Peter a VIII 45, fol. 22r *Foto: Stiftsbibliothek St. Peter*

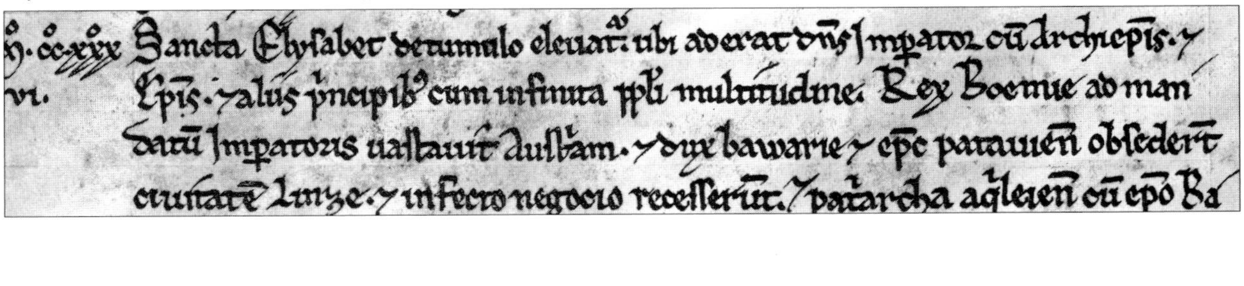

Nachrichten über Linz zusammen, so ergibt sich mit der erstmaligen Nennung von Maut- und Zollbefreiungen genießenden *cives* (1228), der Bezeichnung von Linz als *civitas* und dem indirekten Hinweis auf eine intakte Stadtbefestigung (1236) sowie der Nennung eines Stadtrichters und dem Vorhandensein eines Stadtsiegels als untrügliches Zeichen für die Existenz einer Bürgergemeinde, daß Linz in diesem Zeitraum zur Stadt geworden ist. Parallel dazu verlief ihre bauliche Ausgestaltung in Form der Stadterweiterung. Man wird sicher nicht fehlgehen, wenn man diesen Prozeß der Stadtwerdung der zielstrebigen Politik Herzog Leopolds VI. zuschreibt. Als konkreter Zeitraum ist die Zeitspanne zwischen dem Übergang der Stadt an die Babenberger (1205/06) bis zum Tod des Herzogs im Jahr 1230 anzusetzen.

Linz hat sich demnach wie die meisten österreichischen Städte erst allmählich zur Stadt entwickelt und zählt deshalb zum Typus einer „gewachsenen Stadt". Der Vorgang war nicht punktuell, sondern unterlag einer langsamen Entwicklung. Wir betonen dies deshalb, weil immer wieder die Frage auftaucht, wann Linz denn sein Stadtrecht erhalten habe. Man erwartet dabei immer eine Stadtrechtsurkunde, wie sie etwa Enns oder Wien vorweisen können. Aber Linz hat eine offizielle und formelle Stadtrechtsurkunde nie erhalten. Es waren eben die oben skizzierten Elemente, die Linz zur Stadt werden ließen. Erstmals ist von dieser Summe an Vorrechten, die das Stadtrecht ausmachten, im Jahre 1336 die Rede. Das sollte uns nicht bekümmern, denn entgegen der landläufigen Meinung haben auch die Stadtrechtsurkunden von Enns und Wien den Stadtcharakter der beiden Siedlungen nicht begründet. Beide Stadtrechte halten lediglich bereits bestehende Rechtsnormen fest und sagen somit nichts über den Zeitpunkt der Stadtwerdung aus. Bestenfalls kann die Verleihung eines Stadtrechts den Abschluß der Entwicklung einer Siedlung zur Stadt markieren. Aus dem Gesagten ist also ersichtlich, daß die immer wieder gestellte Frage, wann Linz das Stadtrecht erhalten hat, eigentlich völlig müßig ist. Wenn manche Publikationen über Linz dennoch ein genaues Datum über die Verleihung eines Stadtrechts oder über die Stadtwerdung anzugeben vermögen, dann ist meistens der Wunsch nach einem fixen Datum der Vater des Gedankens und nicht mehr.

Mit dem Schlagwort „Stadtluft macht frei" wird sehr häufig die Bedeutung der mittelalterlichen Stadt charakterisiert, d. h. daß jedem ungeachtet seiner sozialen Stellung und Herkunft die persönliche Freiheit garantiert war, falls er nicht binnen Jahresfrist von seinem Herrn zurückgefordert wurde. Im Gegensatz zur grundherrschaftlichen Verwaltung war dies die Freiheit von Heiratszwang oder Heiratsverbot, die Freiheit von hofrechtlichen Abgaben und Diensten, wie etwa der Robot, die Freiheit des Erbrechts und die Freizügigkeit. Der Bürger konnte die Stadt jederzeit wieder verlassen und war nicht an sie gebunden, wie etwa der Bauer an die Scholle. Gerade für den Unfreien und Hörigen bot die Stadt Hoffnung und Chance zugleich für einen sozialen Aufstieg. In der Praxis gab es in der Handhabung dieses Rechtsgrundsatzes selbstverständlich graduelle Unterschiede. Sie konnten so weit gehen, daß sich dieser Grundsatz in das Gegenteil verkehrte und Stadtluft dann „eigen" machte. Dem Stadtherrn war damit ein Steuerungselement für den Zuzug von Bewohnern in die Stadt in die Hand gegeben.

Die soziale Stellung des einzelnen in der Stadt war sehr stark vom Besitz an Grund und Boden her bestimmt. Dieser war nicht beliebig vermehrbar. Vollbürger konnte daher nur derjenige werden, der ein Haus in der Stadt besaß. Der Grundherr des städtischen Bodens war der Landesfürst als Stadtherr. Er überließ den Bürgern gegen einen geringen Zins, den sogenannten Burgrechtsdienst, der dem Herzog zu leisten war, die Grundstücke in freier Erbpacht oder Erbleihe. Damit war der Bürger und sein Rechtsnachfolger zwar Besitzer des Hauses, aber lediglich Pächter des Baugrundes. Diese Unterscheidung erklärt sich daraus, daß nach der mittelalterlichen Rechtsauffassung die Bürgerhäuser, da sie überwiegend aus Holz gebaut waren, zum beweglichen Gut zählten.

Das Leiheverhältnis des Burgrechts wurde zwischen dem Stadtherrn und der gesamten Bürgerschaft, nicht aber mit dem Einzelbürger abgeschlossen. Die Gesamtbürgerschaft nahm den einzelnen in ihre Genossenschaft auf und wies ihm seinen Anteil an dem genau abgegrenzten Grund und Boden zu, wofür der Bürger den entsprechenden Anteil an der Steuer zu leisten hatte. Ohne Zustimmung der Bürgergemeinde konnte daher niemand ein der städtischen Jurisdiktion unterliegendes Grundstück erhalten und auch nicht als Bürger aufgenommen werden. Sie hatte ferner darüber zu wachen, daß bürgerliche Grundstücke nicht in die Hände von Nichtbürgern fielen.

Nicht der gesamte Grund und Boden in der Stadt bzw. innerhalb des Burgfrieds als Geltungsbereich der städtischen Gerichtsbarkeit gehörte der Bürgergemeinde. Bei der Erörterung der topographischen Verhältnisse konnte bereits gezeigt werden, daß der Adel, die Geistlichkeit, Hofleute und landesfürstliche Beamte Hausbesitz in der Stadt hatten. Diese Gruppen waren nicht der städtischen Gerichtsbarkeit unterworfen, sondern hatten jeweils ihren eigenen Gerichtsstand. Dieser galt nicht nur für ihre eigene Person, sondern auch für die in ihrem Haus lebenden Bediensteten. Die für heutige Begriffe eigenartige Konstruktion erklärt sich daraus, daß im Mittelalter das Personalitätsprinzip entscheidend war, d. h. ausschlaggebend war die Zugehörigkeit zu einem bestimmten Stand und nicht zu einem bestimmten Gebiet oder Territorium. Außerhalb der städtischen Jurisdiktion standen auch die Juden. Bis zu ihrer Vertreibung im Jahre 1421 bildeten sie eine eigene Gemeinde, die unmittelbar dem Landesfürsten unterstand. Sie wurden als landesfürstliche Kammerknechte bezeichnet, da sie ihre Steuern direkt in seine Kammer entrichteten. An der Spitze der Judengemeinde stand ein eigener christlicher Judenrichter. Zumindest zeitweilig wurde dieses Amt von Verwaltungsorganen (Schaffern) der Herren von Wallsee ausgeübt. Da die Judenrichter auch ihren Schutz zu übernehmen hatten, wird von dieser Seite die enge Verflechtung der Wallseer mit den Juden deutlich. Sie waren es, die ihre Unternehmungen finanzierten, so daß es nur recht und billig war, sie von den eigenen Dienstleuten schützen zu lassen.

59 Das bereits in gotischen Formen gehaltene Stadtsiegel (Durchmesser 6,5 cm) stand zwischen 1288 und 1465 in Verwendung. Foto: Stadtmuseum Linz

Überprüft man den Rechtssatz „Stadtluft macht frei" konkret an der Linzer Situation, so ist keine restriktive Handhabung durch den Stadtherrn feststellbar. Die von den Babenbergern durchgeführte Stadterweiterung verlangte nämlich nach einem entsprechenden Bevölkerungspotential. Wie in vielen anderen Städten erfolgte die stärkste Zuwanderung aus der näheren Umgebung der Stadt. Für die größtenteils bäuerlichen Zuwanderer verband sich damit die Hoffnung und Chance auf sozialen Aufstieg. Als Handelsplatz war die Stadt für Bürger aus oberösterreichischen Städten und Märkten attraktiv. Außerhalb Oberösterreichs sind es in erster Linie die Donaustädte, aus denen Linzer Neubürger stammten. Der Zuzug aus entfernter liegenden Städten war hingegen während des Mittelalters nur gering.

Als Träger der autonomen Rechte fungierte die Gesamtheit der Bürgerschaft, die *universitas civium* oder die *gemain,* wie sie in den mittelalterlichen Quellen bezeichnet wird. Urkundlich tritt sie in Linz erstmals 1256 in Erscheinung. Das der Bürgergemeinde innewohnende genossenschaftliche Element kommt deutlich auf den Umschriften der Linzer Stadtsiegel zum Ausdruck. Sie lauten: SIGILLUM CIVIUM IN LINTZ bzw. SIGILLUM UNIVERSORUM CIVIUM IN LINTZ, also Siegel der Bürger bzw. Siegel der gesamten Bürger in Linz und nicht Siegel der Stadt Linz. Die Gesamtheit der Bürgerschaft wurde allerdings nur bei besonders wichtigen Entscheidungen einberufen, wie bei Kriegsgefahr oder wichtigen politischen Ereignissen, regelmäßig aber zur Richter- und Ratswahl und ab 1490 zur Wahl des Bürgermeisters.

Ausführendes Organ der Bürgergemeinde war der Stadtrat, dessen Aufgabenkreis in den Stadtrechten von Enns und Wien umschrieben ist und von dem wir annehmen, daß er in Linz ähnlich strukturiert war. Er sollte über den Handel und jene Angelegenheiten entscheiden, die zum Ansehen und Nutzen der Stadt beitrugen, wobei auch die genaue Zahl seiner Mitglieder jeweils festgesetzt wurde. Über die Entwicklung des Rates und seine Aufgabenstellung existieren in Linz keine Quellen. Erstmals ist sein Vorhandensein erst im Jahre 1288 unter den Habsburgern als Stadtherren belegt. Es ist zwar anzunehmen, daß er sich bereits mit dem Entstehen der Bürgergemeinde als deren Exekutivorgan ausbildete, doch bleibt auffällig, daß während der Herrschaft Ottokars II. Přemysl lediglich die *universitas civium* handelnd in Erscheinung tritt und keine Erwähnung des Rates erfolgt.

Die Zahl der Ratsmitglieder ist in Linz für das Mittelalter nicht zu eruieren. In anderen Städten lassen sich in der Regel die Zwölfzahl bzw. Teile oder Vielfache davon feststellen. Für Linz wäre die Annahme von sechs Ratsmitgliedern analog zu den Ennser Verhältnissen zwar naheliegend, doch herrschten bei der Ratsverfassung in den Städten die größten Unterschiede, so daß der ansonsten oft recht brauchbare Vergleich unterbleiben muß. Die Wahl der Mitglieder des Rates dürfte auf ein Jahr erfolgt sein, eine Wiederwahl war möglich. Der Wahltag für den Richter und den Rat war zumindest seit dem 15. Jahrhundert der Thomasabend (20. Dezember) eines jeden Jahres. Dies hängt damit zusammen, daß im Mittelalter das neue Jahr mit der Geburt Christi am 25. Dezember (Nativitätsstil) und nicht erst am 1. Jänner begann, die Wahl der städtischen Funktionäre somit kurz vor Jahresende stattfand. Zugang zu den Ratsstellen hatte nur die Oberschicht der Linzer Bürgerschaft. Es handelte sich dabei um die Vollbürger, die Hausbesitz in der Stadt und die Berechtigung zur Ausübung des Handels mit Kaufmannswaren hatten. Im Gegensatz zu manch anderen Städten, in denen diese Würde einem abgeschlossenen Kreis vorbehalten war, wie etwa den Erbbürgern in Wien, die nur von Einkünften aus dem Haus- und Grundbesitz lebten und häufig sogar dem Kleinadel angehörten, sind in Linz derartige Monopolisierungstendenzen nicht feststellbar. Nur wenige Familien stellten mehr als ein Ratsmitglied aus ihren Reihen. Daß es zu keiner Ausbildung einer abgeschlossenen Schicht kam, ist am ehesten einer hohen Sterblichkeit und Abwanderungen aus der Stadt zuzuschreiben.

Auf die Besetzung der Ratsstellen konnte die Bürgerschaft bis nach der Mitte des 14. Jahrhunderts kaum einen entscheidenden Einfluß nehmen. Dem Stadtherrn war selbstverständlich daran gelegen, Leute seines Vertrauens in diesem Gremium zu wissen. 1369 wurde der Bürgerschaft die Wahl eines Rates gestattet. Bis zu diesem Zeitpunkt dürfte die Aufnahme in den Rat eher einem Kooptationsverfahren geglichen haben. Es waren sicherlich äußere Anlässe, die den Landesfürsten bzw. den Hauptmann ob der Enns als seinen Vertreter zu diesem Schritt veranlaßten. Gerade zu dieser Zeit

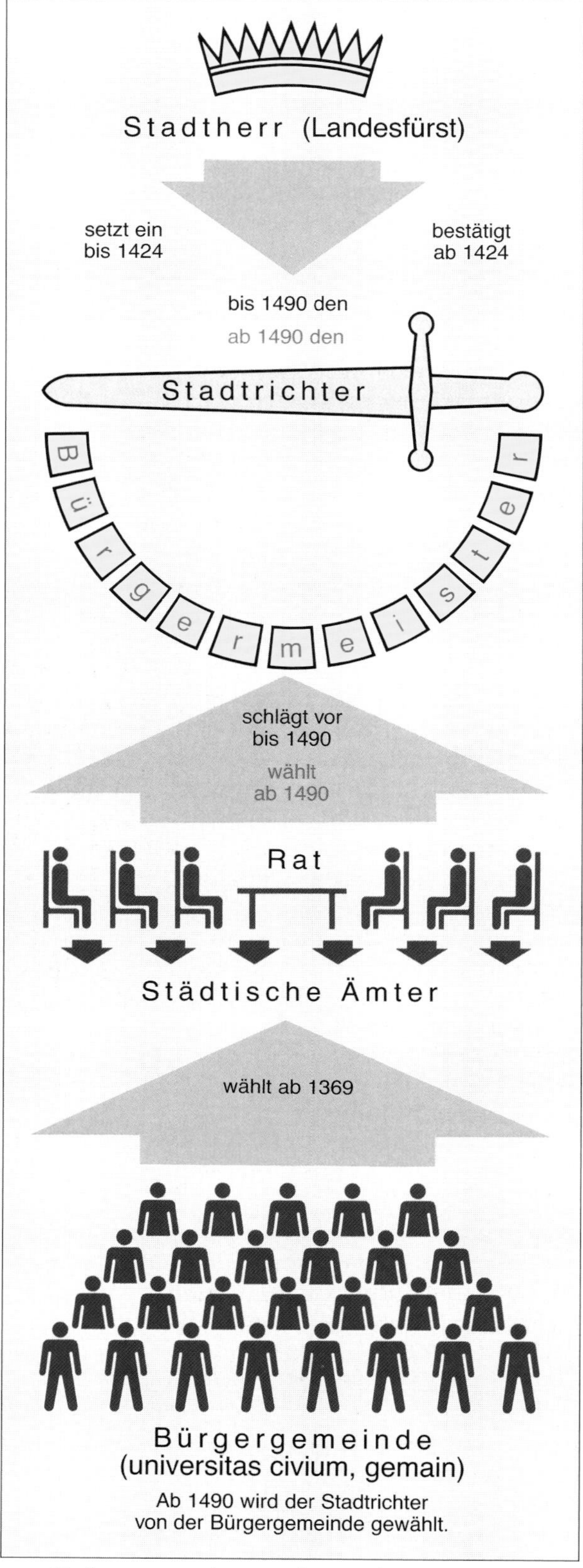

60 Verfassung und Verwaltung der Stadt Linz im Mittelalter.
Entwurf: Willibald Katzinger und Fritz Mayrhofer
Grafik: Erwin Krump

gab es Spannungen mit dem benachbarten Bayern wegen der Erwerbung Tirols durch die Habsburger, worauf an anderer Stelle hingewiesen wurde. Die Angelegenheit konnte im Frieden von Schärding (1369) bereinigt werden. Durch seine Randlage zu Bayern war Linz gefährdet. Ein etwaiger Verlust der Stadt hätte die Landesfürsten der Maut als äußerst ertragreicher Einnahmsquelle beraubt. Eine wesentliche Rolle dürfte zusätzlich gespielt haben, daß es den Grafen von Schaunberg 1369 gelungen war, das Amt des Hauptmannes ob der Enns zu besetzen. Die Erlaubnis zur Wahl eines Rates war wohl der Versuch, die Linzer Bürgerschaft auf ihre Seite zu ziehen. Zweifellos hat die Bürgergemeinde die Gunst der Stunde geschickt für ihre Interessen genützt und auf diese Weise Vorteile in verfassungsmäßiger Hinsicht erringen können.

Eine Differenzierung des Rates in einen inneren und äußeren Rat, wie er etwa in Wien oder Steyr üblich war, läßt sich für Linz während des Spätmittelalters nicht belegen. Dort hat sich der äußere Rat aus den Geschworenen oder Genannten entwickelt. Das Verhältnis beider Gremien zueinander entsprach etwa dem des heutigen Stadtrates zum Gemeinderat. Für die dem Rat zugewiesenen Aufgaben hat für Linz als Mittelstadt wohl ein Ratsgremium gereicht, so daß eine Aufspaltung nicht erforderlich war.

An der Spitze der Stadtverwaltung stand der Stadtrichter. Er führte den Vorsitz sowohl im Rat als auch im Stadtgericht und war der Amtswalter des Stadtherrn. Ähnlich wie beim Rat hatte die Bürgergemeinde bis ins 15. Jahrhundert kaum einen Einfluß auf die Wahl seiner Person. Noch viel mehr als bei den Mitgliedern des Rates mußte dem Landesfürsten als Stadtherrn daran gelegen sein, besondere Leute seines Vertrauens in diesem bedeutendsten städtischen Amt zu wissen. Durch die große fiskalische Bedeutung der Linzer Maut für den Landesfürsten war im 14. Jahrhundert und bis in die zwanziger Jahre des 15. Jahrhunderts das Amt des Stadtrichters mit dem des Mautners bis auf ganz wenige Ausnahmen jeweils in der Hand einer Person vereinigt. Da im Mittelalter die Maut vom Landesfürsten in der Regel entweder verpfändet oder verpachtet wurde, mußte der Mautner über ein beachtliches Vermögen verfügen, um das damit verbundene Risiko überhaupt übernehmen zu können. Machten die Einnahmen aus dem Stadtgericht während des Mittelalters lediglich den Betrag von 40 bis 60 Pfund Pfennigen aus, so lieferte die Linzer Maut jährlich Erträge in der Größenordnung von etwa 5000 bis 6000 Pfund Pfennigen. Das Verhältnis der Erträge zueinander läßt sehr deutlich erkennen, daß das Amt des Mautners gegenüber dem des Stadtrichters an Wichtigkeit überwog. Es nimmt daher nicht wunder, wenn das Richter- und Mautneramt nur selten mit Linzer Bürgern besetzt war, waren doch nur wenige von ihrer wirtschaftlichen Potenz her in der Lage, das Mautneramt zu übernehmen. In der überwiegenden Zahl waren es Personen aus dem niederen Adel oder Bürger anderer Städte, die es zudem verstanden, entsprechenden Gewinn daraus zu ziehen.

Eine Änderung in den Besetzungsmodalitäten der Richterstelle erfolgte zu Ende des Jahres 1424. Nach dem Tod des Stadtrichters Hanns Polan erlaubte Herzog Albrecht V. den

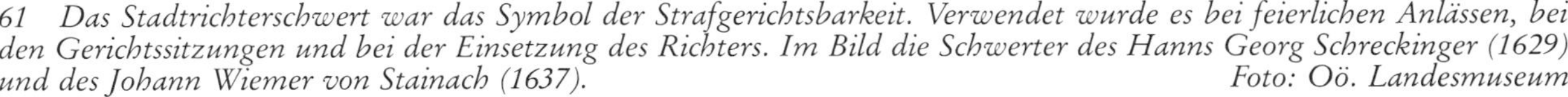

61 Das Stadtrichterschwert war das Symbol der Strafgerichtsbarkeit. Verwendet wurde es bei feierlichen Anlässen, bei den Gerichtssitzungen und bei der Einsetzung des Richters. Im Bild die Schwerter des Hanns Georg Schreckinger (1629) und des Johann Wiemer von Stainach (1637). Foto: Oö. Landesmuseum

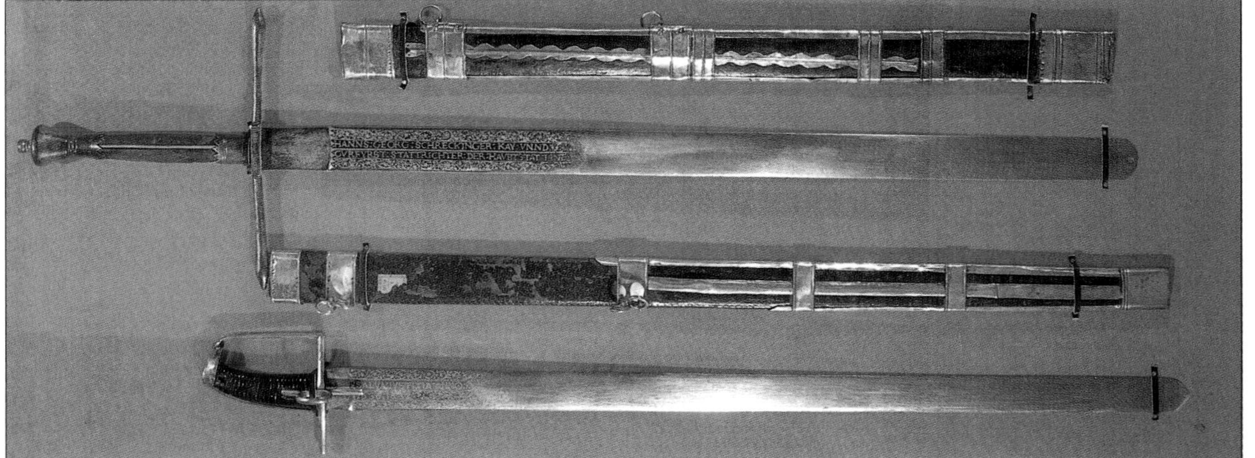

Bereich des Burgfrieds 1801 *Bereich der ummauerten Stadt*

62 *Der Bereich des Linzer Burgfrieds im Jahre 1801 nach der Aufnahme von Franz Joseph Preisch. Der größte Teil dieses Gebiets war im Mittelalter landwirtschaftlich genutzt.* *Copyright der Kartengrundlage: Verlag Deuticke, Wien*

Linzer Bürgern, ihm vier oder sechs Personen vorzuschlagen, aus denen er den Stadtrichter nehmen wollte. Die erhöhte Einflußnahme der Bürgerschaft auf die Bestellung des Stadtrichters wurde im 15. Jahrhundert auch in anderen Städten üblich. Für Linz läßt sich wiederum, wie schon bei den Präliminarien zur freien Ratswahl 1369, die konkrete politische Konstellation ausnehmen, die zur quasiautonomen Richterwahl geführt hat: Die Hussitenkriege bürdeten der Stadt große finanzielle Lasten auf, und auch die Lage der Stadt als Bollwerk gegen die von Norden vordringenden Scharen war für den Landesfürsten wichtig. Politische Zugeständnisse von seiten des Stadtherrn sollten die Opferbereitschaft erhöhen.

Mit der größeren Einflußnahme der Bürgergemeinde auf die Bestellung des Stadtrichters endete die seit dem 14. Jahrhundert fast ununterbrochen bestehende Personalunion zwischen dem Richter- und Mautneramt. Gleichzeitig trat eine Akzentverschiebung ein: Der Stadtrichter, ursprünglich der Interessenvertreter des Stadtherrn, wurde nun stärker zum Vertrauensmann der Bürgergemeinde, während der Mautner, auf dessen Bestellung die Stadt nie Einfluß gewonnen hatte, an den Landesfürsten als Auftraggeber gebunden blieb.

Bis zum Jahr 1424 dürften die Beziehungen zwischen der Bürgergemeinde und den obrigkeitlichen Organen (Richter und Mautner) nie ganz frei von Spannungen gewesen sein, wenn auch eindeutige Nachrichten darüber fehlen. Sicher kam für die überwiegend ortsfremden landesherrlichen Amtswalter ihr eigenes Wohl in der Regel vor dem der Bürgerschaft vor allem in wirtschaftlichen Belangen. So mußte der Landesfürst den Mautner und seine Organe, den Mautgegenschreiber und den Zähler, mehrmals ermahnen, mit der Bürgerschaft keinen Handel zu treiben.

Als ursprünglicher Vertrauensmann des Stadtherrn führte der Stadtrichter nicht nur den Vorsitz im Rat, sondern war auch Vorsteher des Stadtgerichts. Als solcher führte er in der Gerichtsversammlung nur den Vorsitz. Das Urteil selbst wurde von den der Bürgerschaft entnommenen Beisitzern gefällt. Der Richter hatte es zu verkünden und vollziehen zu lassen. Der Gerichtsumstand wurde ursprünglich aus den vollberechtigten Bürgern genommen. Eine gewisse Lockerung trat unter König Albrecht II. ein, als er 1438 bestimmte, daß auch Handwerker in das Stadtgericht zu setzen seien. Der Geltungsbereich des Stadtgerichts war mit dem Burgfried identisch. Innerhalb dieses Bereichs herrschte ein besonderer Rechtsschutz, der im Mittelalter mit dem Begriff des Friedens bezeichnet wurde. Der Burgfried schloß jene Gründe mit ein, die außerhalb der ummauerten Stadt zu Burgrecht vergeben wurden. Es war jener Bereich, der der unmittelbaren Nahversorgung der Bürger diente. Die Grenze des Burgfrieds verlief vom Oberen Wassertor (Hofberg) über den Tummelplatz – Lessingstraße – Kapuzinerstraße – Hopfengasse – Wurmstraße – Magazingasse – Bismarckstraße über die Eiserne Hand zur Ludlgasse und von dort entlang des ehemaligen Ludlarms hinter der späteren Wollzeugfabrik zur Donau.

Dem Stadtgericht oblag ursprünglich nur die niedere Gerichtsbarkeit. Die schweren Verbrechen, bei denen über Leibes- und Lebensstrafen entschieden wurde, waren dem Landgericht vorbehalten. Für die Stadt Linz war dafür das Landgericht Donautal, das in der Hand der Herren von Schaunberg war, zuständig. Die Ausbildung dieser Landgerichtssprengel erfolgte in der herzoglosen Zeit nach 1246. Im Jahre 1453 erlaubte König Ladislaus dem Stadtrat, die Blutgerichtsbarkeit über alle im Burgfried aufgegriffenen Übeltäter auszuüben. Die Stadt wurde damit als eigener Blutgerichtsbezirk vom Landgericht eximiert. Freilich fehlte es weiterhin nicht an Versuchen des Landeshauptmanns als Verwalter des Landgerichts, sich in Angelegenheiten des Linzer Stadtgerichts einzumengen, so daß es hier zu Zwistigkeiten mit der Stadt kam, die Kaiser Friedrich III. im Sinne der Stadt entschied. Für kleine Schuldforderungen hatten die Bürger das Recht, jährlich ein eigenes Gericht, das sogenannte Ehafttaiding, abzuhalten.

War die Wahl des Rates von 1369 und das Vorschlagsrecht für den Stadtrichter im Jahr 1424 durch die Bedrängnis des Stadtherrn von außen für die Bürgerschaft erflossen, so ergab sich bei dem im Jahre 1490 von Kaiser Friedrich III. den Bürgern gewährten Recht, einen Bürgermeister zu wählen, eine völlig andere Ausgangslage. Die ständigen Kriegswirren in der 2. Hälfte des 15. Jahrhunderts waren eine arge Belastung für die Stadt. Namentlich die Kriege mit dem Ungarnkönig Matthias Corvi-

63 Mit der Urkunde vom 10. März 1490 erlaubte Kaiser Friedrich III. den Bürgern der Stadt Linz die Wahl eines Bürgermeisters. Gleichzeitig wird die Stadt erstmals als Hauptstadt des Fürstentums ob der Enns bezeichnet. Archiv der Stadt Linz, Urkunde 1490 März 10. Original. Pergament. 53×25,5 cm. Siegel Friedrichs III. in rotem Wachs an roter Seidenschnur (umseitig).

Foto: Stadtmuseum Linz

Wir Friderich von gots gnaden Romischer Kayser
zu Osterreich zu Steyr zu kernndten vnd zu Krain Herre auf der Windischenm
im Elsass · Bekennen · Wiewol wir nicht allain von Göttlicher schickhung wegen vnn
vnd gewerttikait willig extzaigen zu furdrung genaigt Yedoch beweg vnns vnnser
Erblichen Lannde in aufnemen komen fur annder furdrung vnd gnedigen willen zube
wann nu vnnser getrewen lieben – der Richter Rate vnd vnnser Burger hie zu Lynntz di
daselbs wer der yetzutzeitten furgenomen von meniguelltikait wegen solher Arbait v
selb vnnser Stat ain Haubtstat vnnsers furstentumbs Osterreich ob der Enns ist vnd
wir solh der bemelten vnnser Burger notdurft auch ir trew dienst mitleiden vnd darstreckh
zetun angesehen vnd erwegen Vnd haben in dardurch vnd damit Sy vnnsern vnd ders
sunndern gnaden die gnad tan vnd in vergunnet vnd erlaubt · Tun Vergunnen vnd Erl
wissenntlich mit dem brief · Daz dieselben Richter vnd Rate vnd ir Nachkomen nu fur
das mit allen Eren Rechten Wierden vnd guten gewonhaiten funtzehaben vnd zuuerwe
von vnns zenemen Vnd vnns desselben Gerichts auch denselben Burgermaister desselben
sambt den bemelten Richter vnd Rate all derselben vnnserer Stat brief dartzu Sy yetzutze
mugen daran in nyemannds irrung tun sol Vngeuerlich · Dauon gebieten wir
ten Lanndtuogtten Vogtten Verwesern Vitztumben Phlegern Burggrauen Lanndric
gen Reichs auch vnnser Erblichen Lannde Furstentumb vnd Gebiette Vndertanen vn
gnaden Vergunnen vnd Erlauben genntzlich beleiben lassen in daran kain irrung noch
swere Vngnad zuuermeiden · Das mainen wir ernnstlich · Mit Vrkund des briefs besigel
Nach Cristi geburde Vierzehenhundert vnd im Newntzigisten · Vnnsers Kaysertum

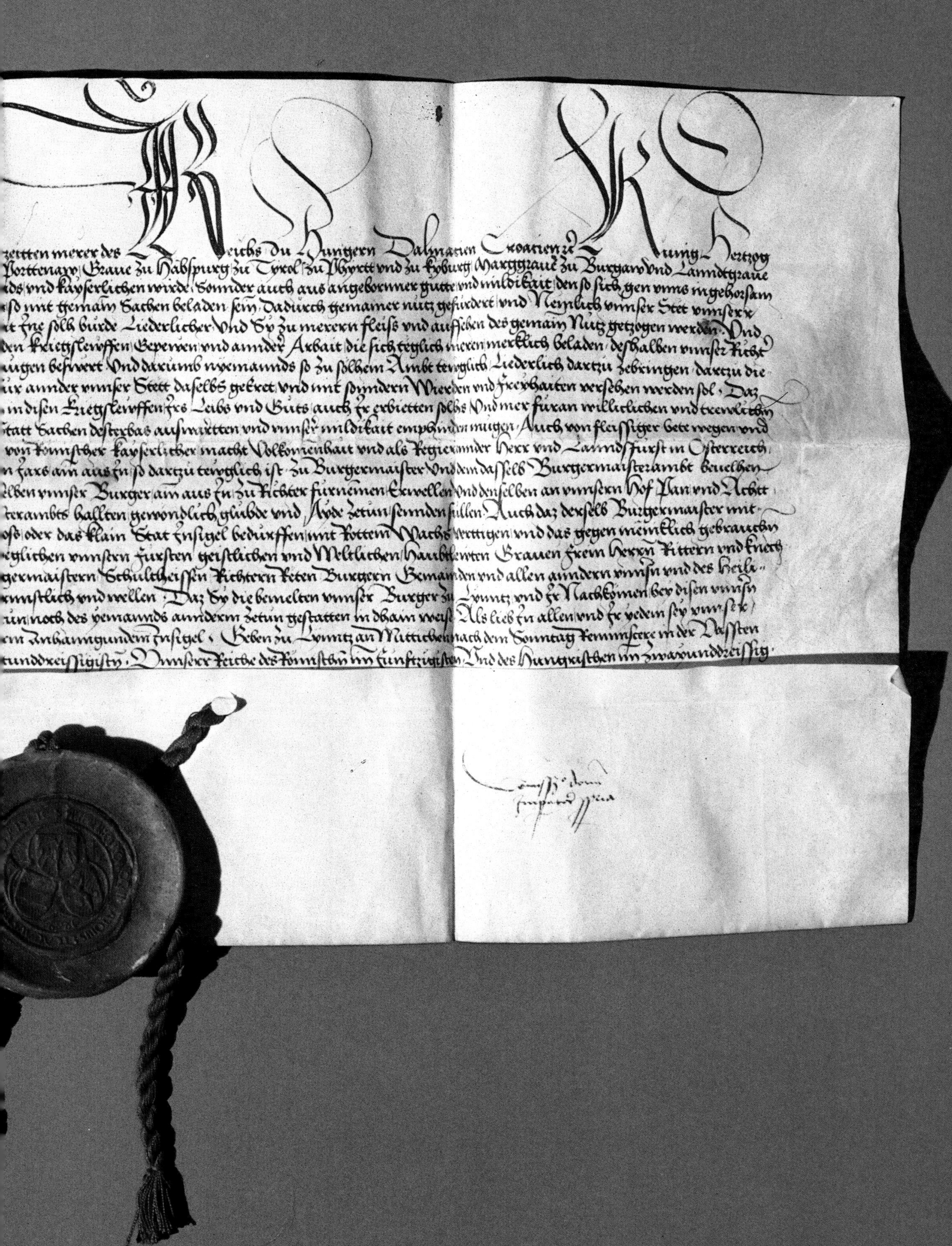

nus und die damit im Zusammenhang stehende Liechtensteinerfehde hatten Linz in schwere Bedrängnis gebracht. Den Bürgern wurden große finanzielle Belastungen aufgebürdet. Ein Teil von ihnen hatte bereits begonnen, Häuser auf Ebelsberger Grund zu errichten, um auf diese Weise den hohen städtischen Steuern zu entgehen, so daß der Kaiser dagegen einschreiten mußte. Die aus dieser Belastung resultierende vermehrte Aufgabenstellung machte das Amt des Stadtrichters unattraktiv. Da sich die Bürger immer stärker dieser Bürde zu entziehen versuchten, wuchs die Gefahr, daß das Richteramt mit unfähigen Leuten besetzt würde. Die Einführung eines Bürgermeisters war also vom Bestreben des Landesfürsten getragen, durch eine Aufgabenteilung wieder einen Anreiz auf die Übernahme dieser Ämter zu schaffen und eine geordnete Verwaltung zu garantieren, die gleichermaßen im Interesse des Stadtherrn und der Bürgerschaft liegen mußte. Mit entscheidend zu diesem Schritt war aber auch der ausdrücklich ausgesprochene Ehrenvorrang von Linz als Hauptstadt des Landes ob der Enns und die damalige Residenzfunktion der Stadt. Zum Aufgabenkreis des Bürgermeisters zählten die Einberufung der Ratsversammlungen und der Vorsitz im Rat. Ihm oblag die gesamte Geschäftsführung der städtischen Verwaltung und die Vertretung der Stadt nach außen. Vor der Ausübung seiner Amtstätigkeit hatte der Bürgermeister dem Landesfürsten als Stadtherrn einen Eid zu leisten.

Erster Bürgermeister wurde Anton Pechrer, der einem bedeutenden Linzer Bürgergeschlecht des 15. Jahrhunderts angehörte. Pechrer war bereits vorher Stadtrichter und hatte

64 Das Wappen des ersten gewählten Linzer Stadtrichters Michael Pechrer – ein goldener Becher im blauen Schild – in der Initiale der Summa confessorum des Johann von Freiburg.
Studienbibliothek Linz, Hs. 377, fol. 13^{b}
Foto: Walter Litzlbauer

ein jahrelang währendes gutes Verhältnis zu Kaiser Friedrich III., was für seine Wahl mit ausschlaggebend gewesen sein mag. Er dürfte von seiten der Stadt am Zustandekommen des Bürgermeisterprivilegs wesentlich beteiligt gewesen sein. Es kam sicher nicht von ungefähr, daß sein Vater Michael Pechrer 1425 der erste Stadtrichter war, der nach dem von Herzog Albrecht V. den Bürgern gewährten Vorschlagsrecht gewählt wurde.

Im Gegensatz zum „Ratswahlprivileg" von 1369 und zum Vorschlagsrecht für den Stadtrichter aus dem Jahre 1424 wurden im Bürgermeisterprivileg von 1490 die Wahlmodalitäten sowie der Kreis der Wahlberechtigten nunmehr schärfer herausgestellt. Die Funktionsdauer für den Bürgermeister und den Richter wird erstmals ausdrücklich auf ein Jahr festgelegt, wobei die Möglichkeit einer Wiederwahl gegeben war. Der Bürgermeister mußte aus dem Kreis von Richter und Rat genommen und von diesem Gremium auch gewählt werden. Die Bürgergemeinde blieb von diesem Entscheidungsprozeß ausgeschlossen. Zeigt die Besetzung des Bürgermeisteramtes eindeutige Monopolisierungstendenzen des Rates, so war dies beim Amt des Stadtrichters zumindest de jure nicht gegeben. Die Wahl des Stadtrichters oblag der Bürgergemeinde. Er brauchte auch nicht dem Rat anzugehören. Geht man jedoch die Listen der Stadtrichter durch, so zeigt sich, daß sie in der Praxis ebenfalls aus dem Kreis der Ratsbürger rekrutiert wurden. Häufig ging sogar das Amt des Bürgermeisters an den vorjährigen Stadtrichter und umgekehrt über.

Nach der Einführung des Bürgermeisteramtes führte der Stadtrichter weiterhin den Vorsitz bei den Gerichtsverhandlungen in Blutgerichtsfällen und sprach das Urteil. Voraussetzung hiefür war allerdings, daß er nach seiner Wahl vom Landesfürsten Acht und Bann zur Ausübung seiner Tätigkeit einholte. Der Richter vertrat die Stadt aber auch im Marktgericht. Demnach oblag ihm die Wahrung des Rechts sowohl in Zivil- als auch in Kriminalgerichtsfällen.

Ergänzend zum Recht der Wahl eines Bürgermeisters wurde der Stadt das Recht zur Siegelung in rotem Wachs verliehen. Es handelte sich dabei um eine besondere, seit dem Ende des 14. Jahrhunderts von den Kaisern verliehene Begünstigung an Städte, teilweise auch an Einzelpersonen, die oft zu besonderen Anlässen vergeben wurde. Bei Linz war dieses Vorrecht sicher Ausdruck der neuen Verhältnisse, daß die Stadt nunmehr einen Ehrenvorrang als

65 Im Jahre 1490 erhielt die Stadt von Kaiser Friedrich III. das Recht verbrieft, in rotem Wachs zu siegeln. 1492 wurde dafür ein neuer Siegelstempel angefertigt.
Foto: Stadtmuseum Linz

Hauptstadt des Landes ob der Enns besaß und gleichzeitig Residenz des Kaisers war.

Mit der Wahl eines Bürgermeisters kam die verfassungsgeschichtliche Entwicklung der Stadt Linz im Mittelalter zum Abschluß. Sie brachte ein Höchstmaß an Autonomie für die städtische Verwaltung, die in den folgenden Jahrhunderten bis zur josephinischen Magistratsregulierung, namentlich während des konfessionellen Zeitalters, harten Bewährungsproben und Einschränkungen ausgesetzt war. Innerhalb der sieben landesfürstlichen Städte Oberösterreichs war Linz die erste Stadt mit einem Bürgermeister an der Spitze der Verwaltung. Es folgte Steyr im Jahre 1499 und Wels erst 1569. In Freistadt sind im 14. Jahrhundert zwar Bürgermeister erwähnt, doch handelt es sich dabei wohl um „Ratsmeister", deren Vorstandschaft im Rat keine echte Gegenposition zum Stadtrichter darstellte.

Die vielseitigen Agenden der Bürgergemeinde waren nur durch eine zweckmäßige Aufgabenteilung zu bewältigen. Nach einer Aufstellung vom Beginn des 18. Jahrhunderts sind 23 Ämter ausgewiesen. Obwohl die quellenmäßigen Belege äußerst spärlich sind, wissen wir, daß eine Anzahl dieser Ämter bereits im Mittelalter existiert hat. Diese Ämter wurden von ein oder zwei Bürgern verwaltet, die in der Regel dem Rat angehörten. Wie beim Bürgermeister- und Richteramt zählte die Ausübung dieser Ämter zu den Bürgerpflichten und war daher unentgeltlich zu leisten. Allerdings wurden die Inhaber für ihre Tätigkeit durch Ehrengeschenke in Form von Festkleidern oder Naturalspenden (Wein, Salz etc.) entschädigt. Neben dem Bürgermeister und dem Amt des Stadtrichters kam dem Stadtkammeramt, dem die gesamte finanzielle Gebarung der Stadt oblag, die größte Bedeutung zu. Wesentlich innerhalb der städtischen Verwaltung war auch das Bauamt, schon allein im Hinblick auf die bauliche Erhaltung der Stadtbefestigung und auf die Handhabung der Bau- und Feuerordnungen. Für den religiösen und sozial-karitativen Bereich waren das Kirchenamt für die Stadtpfarrkirche und das Spitalamt maßgebend. Auf die Funktion und den Aufgabenkreis der städtischen Ämter wird im folgenden Zeitabschnitt noch näher eingegangen.

Zur Besorgung der städtischen Amtsgeschäfte bestand eine eigene städtische Kanzlei mit besoldeten Beamten. An ihrer Spitze stand der geschworene Stadtschreiber, dessen Tätigkeitsfeld bzw. Stellung der des heutigen Magistratsdirektors etwa vergleichbar ist. Er wurde zu den Ratssitzungen beigezogen, hatte wichtige Aufgaben bei den Bürgermeister-, Richter- und Ratswahlen inne und führte die städtischen Grundbuchs- und Beurkundungsgeschäfte durch. Eindeutig belegt ist das Amt des Stadtschreibers in Linz seit dem 15. Jahrhundert. Schreiber sind zwar schon seit der Mitte des 13. Jahrhunderts erwähnt, doch lassen sie sich nicht exakt in ihrer Funktion als Stadtschreiber einordnen. Schon im ausgehenden Mittelalter ist das Bestreben der Städte erkennbar, in diese Position gelehrte Juristen einzusetzen, bildete doch der Stadtschreiber den ruhenden Gegenpol zum jährlich wechselnden Stadtregiment.

Den Kernpunkt der städtischen Selbstverwaltung bildete die Regelung der inneren Wirtschaftsangelegenheiten. Dies betraf die Sorge um die günstige Bereitstellung von Nahrungsmitteln und Rohstoffen ebenso wie für die umfangreichen Agenden der Marktpolizei. Die Aufsicht über Maß und Gewicht, das Betreiben einer Stadtwaage und der Zimentierungszwang, die Qualitätskontrolle der Waren und die Festsetzung der Preise bei den wichtigsten Bedarfsartikeln fielen in den Aufgabenbereich des Stadtrates, der für diese Zwecke eigene Verordnete bestimmte. In seine Kompetenz gehörte auch die Regelung des Gewerbewesens, hier vor allem die Kontrolle der Handwerkszünfte.

Neben den wirtschaftlichen Funktionen der mittelalterlichen Stadt gab es noch jene Aufgaben, die in den Quellen unter der zentralen

Kategorie des „Mitleidens“ bezeichnet werden. Darunter ist die Verpflichtung der Bewohner zur Verteidigung ihrer Stadt und zur Leistung entsprechender Steuern zu verstehen. 1336 wird durch den Landesfürsten der Besitz des Bürgerrechts an das Mitleiden gebunden. Auf die Bedeutung der Stadt als Festung wurde schon mehrmals hingewiesen. Sie sollte nicht nur für die eigenen Bewohner, sondern auch der Bevölkerung des Umlandes, ähnlich wie bei den Burgen, Schutz bei Kriegsgefahr bieten. Die Bürger waren daher in erster Linie zur Verteidigung ihrer Stadt und daraus resultierend, zur Erhaltung der Verteidigungsfähigkeit verpflichtet. So befahl im Jahre 1377 Herzog Leopold III. den Linzer Bürgern, sich mit Harnisch und anderen Dingen zur Wehr einzurichten und für eine entsprechende Verproviantierung der Stadt wegen der drohenden Kriegsgefahr Sorge zu tragen.

War dem Stadtbürger primär die Verteidigung seiner Stadt aufgetragen, so wurde er in Ausnahmefällen auch zur Leistung von Kriegsdiensten außerhalb der Stadtmauern verpflichtet. Für Linz sind diesbezüglich nur wenige Nachrichten für das Mittelalter überliefert. Im Zuge der Schaunbergerfehde belagerten Linzer Bürger gemeinsam mit den Bürgern von Wels die Feste Neuhaus an der Donau. Auf die tatkräftige Mithilfe der Stadt Linz bei der Schleifung des Lonstorfer Turmes im Vorfeld der Stadt während der Liechtensteinerfehde (1477) wurde bereits an anderer Stelle hingewiesen. Für die Ausrüstung zum Kriegsdienst hatte der Bürger selbst Sorge zu tragen. Die schweren Waffen (Geschütze und Streitwagen etc.) wurden allerdings von der Stadt angeschafft. Eine Änderung der Verhältnisse trat im 15. Jahrhundert ein, als durch die Hussitenkriege und das steigende Machtbewußtsein der Stände der persönliche Kriegsdienst des Bürgers durch den Einsatz von durch die Stadt unterhaltene Söldnerkontingente in den Hintergrund gedrängt wurde.

Für die Funktion als Festung war die Erhaltung der Stadtbefestigung von besonderer Wichtigkeit. Bei Kriegsgefahr war die Instandsetzung und Ausbesserung der Verteidigungsanlagen ein Gebot der Stunde. Es konnte schon gezeigt werden, daß diese Arbeiten, die die städtischen Finanzen über Gebühr belasteten, nur mit Hilfe zusätzlicher, vom Landesfürsten bewilligter Zölle bzw. Robotaufgeboten durchgeführt werden konnte.

Das Interesse des Landesfürsten an den Städten lag in erster Linie im wirtschaftlichen und finanziellen Bereich, was aus einer entsprechenden Privilegierung auf diesem Gebiet sichtbar wird. Die Stadt war zur Bezahlung ordentlicher Steuern verpflichtet. Soweit Nachrichten seit der 2. Hälfte des 14. Jahrhunderts vorliegen, war diese ordentliche Stadtsteuer mit 160 Gulden pro Jahr festgesetzt. Wesentlich gravierender wirkten sich die außerordentlichen Steuern aus, die für besondere Anlässe im Haus des Landesfürsten (Heiratsaussteuer für Töchter etc.) oder zur Aufstellung und Erhaltung von Soldtruppen aufgrund einer Bewilligung der Landstände eingehoben wurden. Für die Stadt Linz hat sich hier ein Satz von 400 Gulden herausgebildet. Für die zahlreichen Kriege und Fehden während des 15. Jahrhunderts forderten die Landesfürsten in zunehmendem Maß von den Städten Anlehen – so Kaiser Friedrich III. 1466 von der Stadt Linz den nicht geringen Betrag von 1000 ungarischen Gulden – die dann nur sehr schleppend oder gar nicht zurückgezahlt wurden.

Bei der Aufbringung dieser Steuern traten die sozialen Unterschiede in der Stadt besonders kraß zutage. Nicht umsonst trug Herzog

66 Ausgabenrechnung der Stadt für das Jahr 1489. Vermerkt sind die baulichen Vorkehrungen, die die Stadt für die im Herbst 1489 beginnenden Verhandlungen zwischen Kaiser Friedrich III. und den Gesandten des Ungarnkönigs Matthias Corvinus treffen mußte.
Archiv der Stadt Linz, Hs. 42, fol. 18r

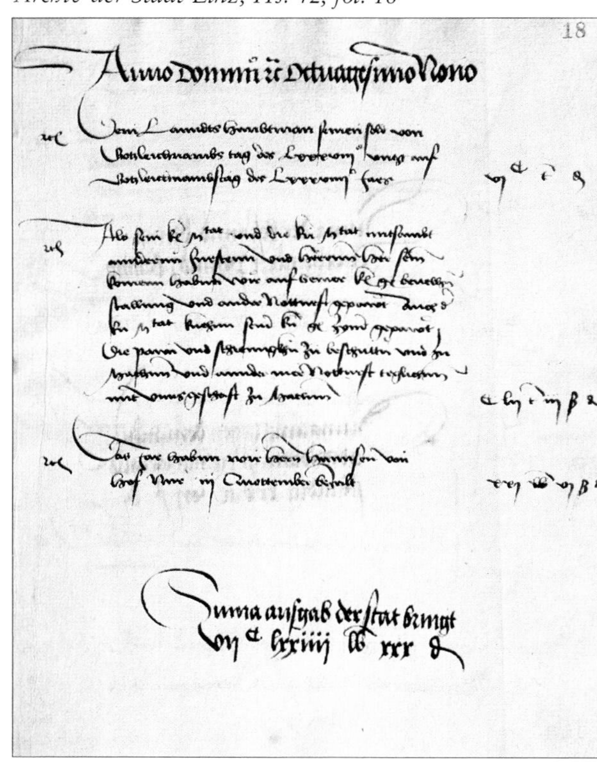

Albrecht V. 1422 dem Rat auf, das von ihm geforderte Anlehen im Zusammenhang mit den Hussitenkriegen auf die vermögenden Bürger zu legen und das „gemeine Volk" damit unbehelligt zu lassen. Wenn derselbe Stadtherr 1438 entschied, bei der Festlegung der Steuerhöhe für die einzelnen Bürger als Kontrolle auch Handwerker zuzuziehen, läuft dies in dieselbe Richtung. Ein eigenes Kapitel bildeten in diesem Zusammenhang die Freihäuser des Adels und der Geistlichkeit, die in der Regel, falls es vom Landesfürsten nicht besonders angeordnet wurde, vom städtischen Mitleiden und somit auch von der Steuerleistung befreit waren.

Über den städtischen Haushalt liegen erst seit den siebziger Jahren des 15. Jahrhunderts Aufzeichnungen vor. Der Stadt selbst kamen nur die Gebühren für Kanzlei- und Grundbuchsgeschäfte, der Gewerbeaufsicht und Verwaltungsstrafen aus der Tätigkeit als Marktpolizei zu. Zusätzliche Einnahmen konnten die vom Landesfürsten gepachteten Steuern bringen. Hier handelte es sich vor allem um das Ungeld, einer Getränkesteuer, das die Bürger zusätzlich im Landgericht Waxenberg nördlich der Donau einhoben, sowie aus dem Stadtgericht. An den Erträgnissen der Linzer Maut hingegen hatte die Stadt keinen Anteil.

Wirtschaft und soziale Verhältnisse

Überblickt man jene Vorrechte und Privilegien, die ein Stadtherr seinen Städten zuteil werden ließ, so läßt sich sehr rasch feststellen, daß die wirtschaftliche Vorrechte erteilenden Freiheitsbriefe gegenüber Vergünstigungen auf politischem Gebiet bei weitem dominieren. Es ist geradezu bezeichnend, daß in den Privilegienbestätigungen seit dem ausgehenden 14. Jahrhundert lediglich die wirtschaftlichen Begünstigungen, nicht aber die von der Bürgergemeinde vom Stadtherrn oft hart erkämpften politischen und verwaltungsmäßigen Rechte aufscheinen. Dies ist nicht weiter verwunderlich, läßt sich die Stadtherrschaft doch im Sinne des Lehenswesens als Treueverhältnis zwischen dem Stadtherrn und der Bürgergemeinde charakterisieren. Dem Schutz und Schirm des Stadtherrn stand die Verpflichtung der Stadt zu Rat und Hilfe in Form von Steuerleistungen und Kriegsdienst gegenüber. Die Intensität des von der Bürgergemeinde geleisteten Rates und der Hilfe korrespondierte zu den vom Stadtherrn geschaffenen ökonomischen und materiellrechtlichen Voraussetzungen. Mit anderen Worten: Je bessere wirtschaftliche Voraussetzungen der Stadtherr schuf, mit umso größeren Steuerleistungen der Städte konnte er rechnen. Von diesem Blickwinkel aus betrachtet, kamen wirtschaftliche Privilegierungen nicht nur der Bürgergemeinde, sondern letztendlich auch dem Landesfürsten als Stadtherrn zugute. Bei der oft mangelhaften Quellenlage im Mittelalter ist es nicht immer leicht, den Anteil des Stadtherrn und der Bürgergemeinde am Zustandekommen eines Privilegs festzustellen. Vielfach war aber sicher das Interesse des Stadtherrn zumindest gleichrangig, wenn nicht sogar größer, als die dem Privilegienempfänger gewährte Begünstigung.

Schon die Babenberger integrierten in der 1. Hälfte des 13. Jahrhunderts ihre neugewonnenen Städte und Märkte, darunter auch Linz, mit Hilfe eines landschaftlich abgegrenzten Handelsrechts in ihr Herzogtum. Sie waren es, die die Lage der Stadt am Schnittpunkt einer wichtigen Nord-Süd-Verbindung mit dem Wasserweg der Donau in handelspolitischer Hinsicht zu nutzen verstanden und die die Siedlung entsprechend ausgestalteten. Eine Fortsetzung fanden diese Bestrebungen unter den Habsburgern. Der Bund der sieben landesfürstlichen Städte Oberösterreichs wurde von den Landesfürsten über handelsrechtliche Bestimmungen bzw. Begünstigungen geschaffen. Das wechselseitige Interessenverhältnis von Aussteller und Empfänger von Wirtschafts- und Handelsprivilegien spiegelt sich in den zahlreichen Hinweisen in landesfürstlichen Mandaten wider, in denen vom „Abnehmen" der Städte und damit verbunden, von der Schädigung des Kammerguts – darunter sind jene Güter im weitesten Sinn zu verstehen, von denen der Landesfürst die Einnahmen bezog – die Rede ist. Unter dem Abnehmen ist dabei der Rückgang der Wirtschafts- und Finanzkraft gemeint. Die enge Verbindung zum Kammergut des Landesfürsten ergibt sich daraus, daß die landesfürstlichen Städte dazu gerechnet wurden. Er mußte daher selbst großes Interesse am „Funktionieren" der von ihm den Städten gewährten Handelsbegünstigungen haben. Daß dies auch geschah, zeigen jene Maßnahmen, die auf eine entsprechende Hebung der Finanzkraft der Städte abzielten. So verfügte Herzog Rudolf IV. die Abschaffung der Grunddienste und die Ablösung der auf den Häusern lastenden Renten (Überzinse), um das Anwachsen von Hausbesitz in der Hand der Kirche (Besitz der toten Hand) zu vermeiden. In die gleiche Richtung zielten die Aufforderungen Kaiser Friedrichs III. an die Linzer Bürger, der Geistlichkeit und dem Adel keine Häuser in der Stadt zu verkaufen, da sie keine Steuern zahlten.

Mit der Erteilung eines Privilegs wurde dem Empfänger die Ausübung bestimmter Rechte wohl eingeräumt, für deren Durchsetzung hatte er selbst entsprechende Vorkehrungen zu treffen. Den Städten standen hier nur beschränkte Möglichkeiten zur Verfügung, so daß sie in den meisten Fällen der Mithilfe des Landesfürsten bei der Durchsetzung ihrer Rechte bedurften. Daß die Intensität der Hilfe jeweils von der realen politischen und wirtschaftlichen Situation abhing, sei hier lediglich am Rande erwähnt.

Wesentliches Kennzeichen der Stadt war ihre Marktfunktion, also ihre Funktion als Tauschplatz von Handelsgütern. Von der wissenschaftlichen Forschung wurde lange Zeit die besondere Rolle der Händler und hier wiederum besonders der Fernhändler für das Entstehen des europäischen Städtewesens betont. Wenn diese Auffassungen heute modifiziert sind, bleibt der wirtschaftliche Aspekt eine entscheidende Komponente in der Entwicklung der Stadt. Deutlich wird diese Verbindung in dem von der Wissenschaft geprägten Ausdruck der mittelalterlichen Stadtwirtschaft. Wie auf politischem und rechtlichem Gebiet nahm die Stadt auf dem Sektor der Wirtschaft eine Sonderstellung gegenüber der grundherrschaftlich bestimmten Verfassung auf dem Land ein.

Der Unterschied wird am besten durch jenes Privileg Herzog Albrechts III. aus dem Jahr 1372 demonstriert, in dem die ureigenste Aufgabe der Städte zum Ausdruck kommt, nämlich das alleinige Recht zur Ausübung des Handels. Auf dem Lande durfte der Handel lediglich auf befreiten Jahrmärkten und Kirchtagen vorübergehend ausgeübt werden. Das Handelsvorrecht der Stadtbürger kam in dreifacher Weise zum Tragen: Nur ihnen war es erlaubt, mit Waren innerhalb und außerhalb des Landes zu handeln. Die in das Land kommenden fremden Händler, in den Quellen als Gäste bezeichnet, durften nur in den Städten bei den Bürgern verkaufen und unter deren Vermittlung untereinander Handel treiben. Schließlich sollten alle auf dem Lande produzierten und nicht zum Selbstverbrauch bestimmten Waren in die Städte auf dem Markt gebracht werden. Der direkte Einkauf beim Produzenten war weder dem inländischen Verbraucher noch den ausländischen Händlern gestattet. Dieses Verbot des Fürkaufs, wie er bezeichnet wird, wurde in der Praxis vielfach umgangen, was immer wieder zu Klagen der Städte beim Landesfürsten Anlaß gab.

Schon diese Beispiele zeigen, daß der mittelalterliche Handel strengen Normierungen unterworfen war. Das lag nicht zuletzt daran, daß die Stadt zu ihrer Existenz bestimmter Voraussetzungen bedurfte. Sie benötigte zu ihrer Lebensfähigkeit ein Umfeld, in dem sie das Handelsmonopol ausüben konnte. Definiert wurde es durch die sogenannte Bannmeile, innerhalb derer niemand anderer als die Stadtbürger das Recht zum Ausschank von Wein und Bier, sowie für Handel und Gewerbe besaßen. Mit diesen bannmeilenrechtlichen Bestimmungen sollte eben der Handelsverkehr außerhalb der Städte verhindert und außerstädtische Gewerbe gehemmt werden. Linz erhielt das Bannmeilenrecht 1362 von Herzog Rudolf IV. verbrieft. Damit sollte in erster Linie eine unliebsame Konkurrenzierung der Linzer Bürger durch die Bewohner von Urfahr unterbunden werden, die die wirtschaftlichen Vorrechte der Linzer sehr früh und durch Jahrhunderte immer wieder unterliefen, was zu ständigen Streitigkeiten führte. Darüber mehr im nächsten Abschnitt.

Der Sicherung der Existenzgrundlagen der Städte dienten auch jene Bestimmungen, die den Kaufmann dazu zwangen, sich auf seinen Handelsreisen festgesetzter Routen zu bedienen. Dieser Straßenzwang verfolgte die Absicht, den Handelsverkehr einerseits den Inhabern von Zöllen nutzbar zu machen, andererseits sollten daraus die Städte Nutzen aus den Einkünften der Gastung und Beherbergung des durchreisenden Kaufmannes sowie aus dem Zwischenhandel ziehen können. Der Ursprung von Maut und Zoll – die Begriffe werden in den Quellen vielfach synonym gebraucht – ist sehr verschiedenartig und war ein Regal (Sonderrecht) des Königs, das später in die Gewalt der Landesfürsten überging. Von diesen wurde es oft an „Private" weiterverliehen oder verpachtet. Im Gegensatz zum heute üblichen Grenzzollsystem gab es im Mittelalter eine große Zahl von Binnenzöllen. Sie wurden überall dort errichtet, wo aufgrund der günstigen Verkehrslage hohe Einnahmen zu erwarten waren. Freilich ergaben sich aus der Einhebung der Maut gewisse Gegenleistungen des jeweiligen Herrschaftsinhabers. So bedurfte vor allem der Fernhändler auf seinen Reisen des Schutzes vor Überfällen und Plünderungen, für den entsprechende Vorsorge getroffen werden mußte, desgleichen für die Erhaltung der Verkehrswege, Flußübergänge etc.

Angesichts der großen Zahl von Mautstellen und der oft beträchtlichen Mautsätze versuchten die Handelsleute immer wieder diese Mautstellen zu umgehen. Dieser versuchten Unterschleife sollte durch das System der Zwangsstraßen, das bereis in der Raffelstettner Zollordnung in der *strata legittima* vorhanden ist, vorgebeugt werden. Die Flüsse, die bis in das 19. Jahrhundert herein bis zum Bau der Eisenbahnen die Hauptlast des Verkehrs zu tragen hatten, boten sich dabei als natürliche Zwangsstraßen an. Schwerer war die Durchsetzung des Straßenzwanges auf den Landwegen. Gerade von diesem Standpunkt her erwies sich die Linzer Donaumaut, seit sie im Besitz der österreichischen Herzöge war, als deren wichtigste Einnahmequelle, worauf schon mehrmals hingewiesen wurde.

Noch viel einschneidender als der Straßenzwang, mit ihm aber im Zusammenhang stehend, war das Gebot der Weghemmung in Form des Niederlagszwanges oder Stapelrechts. Jede Stadt, die ein derartiges Vorrecht vom Landesfürsten verbrieft erhielt, das sich lediglich auf bestimmte Waren oder Warengruppen beziehen konnte, hatte die Berechtigung, den durchziehenden Kaufmann zu zwingen, seine Waren drei Tage lang den Bürgern zum Verkauf zu festgesetzten Preisen anzubieten. Erst nach dieser Zeit durfte er wieder weiterziehen. Niederlags- und Stapelrechte sind für viele Städte bekannt. Freistadt erhielt 1277 das Stapelrecht für alle nach Böhmen gehenden Waren, Steyr 1287 eines für Eisen und Holz und Wels 1372 eines nur für Holz. Für Linz ist die förmliche Verleihung eines Niederlags- oder Stapelrechtes nie erfolgt, doch läßt sich aus einer Urkunde des Bischofs von Passau für den Markt Neufelden aus dem Jahre 1311 mittelbar erschließen, daß die Stadt das Niederlagsrecht für Salz besaß und seit dem Mittelalter auch schon für Häute und Felle, das allerdings erst 1568 verbrieft wurde.

Was zum Nutzen der einen Stadt gereichte, konnte sich zum Nachteil der anderen entwik-

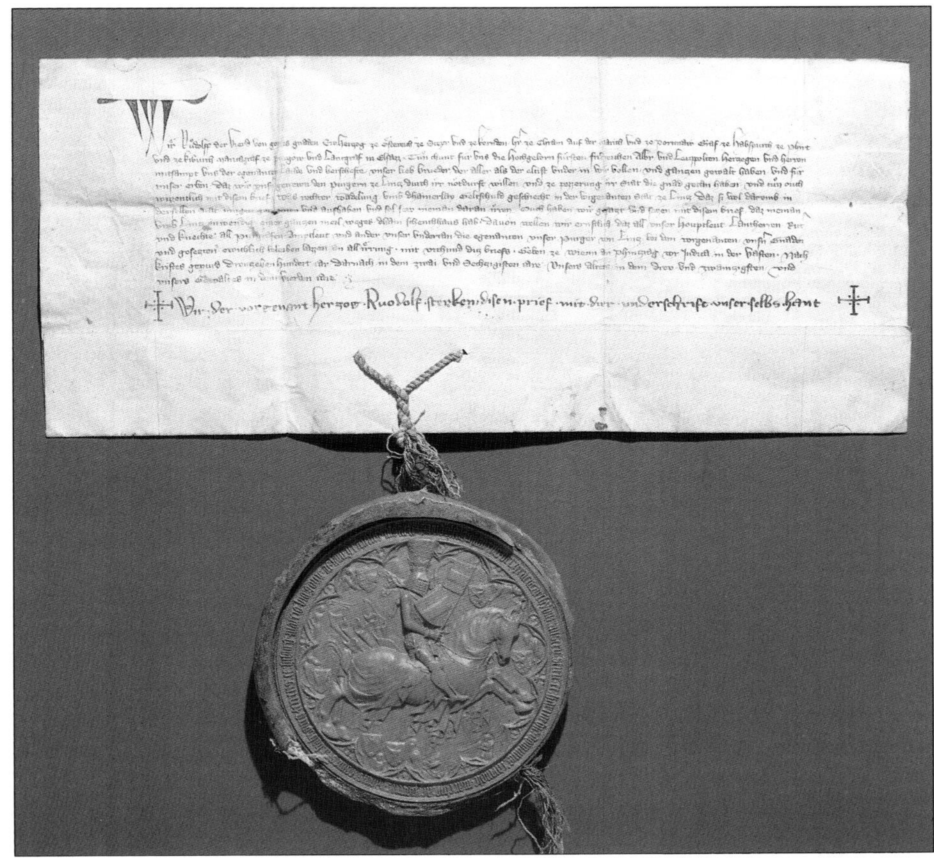

67 Im Jahre 1362 erhielt die Stadt von Herzog Rudolf IV. das Bannmeilen- und Repressalienrecht verbrieft. Die Urkunde wurde vom Herzog selbst unterfertigt: „+Wir der vorgenant herzog Ruodolf sterken disen prief mit dirr underschrift unser selbs hant+“
Archiv der Stadt Linz, Urkunde 1362 März 31. Original. Pergament. 40×17,5 cm. Reitersiegel Rudolfs IV. in rotem Wachs.
Foto: Stadtmuseum Linz

keln: Für Linz und die Marktorte des Mühlviertels wirkte sich der Freistädter Stapel für den Salzhandel nachteilig aus. Die Linzer waren verpflichtet, das nach Böhmen gehende Salz den Freistädtern zu verkaufen. Sie durften nur jene Mengen donauabwärts weiterverhandeln, die von den Freistädtern nicht abgenommen wurden. Umgekehrt waren die Bürger von Freistadt verpflichtet, die Hälfte des benötigten Salzes aus Linz zu beziehen. Der den Linzern aus dem Salzverkauf an die Freistädter zustehende Gewinn wurde vom landesfürstlichen Mautner festgesetzt. Im Zusammenhang mit dem Freistädter Stapel kam es seit 1362 zu Jahrhunderte währenden Streitigkeiten wegen des Straßenzwanges zwischen Freistadt, Linz und Leonfelden. Die Straße von Linz nach Freistadt war wesentlich länger als die kürzere Verbindung über den Haselgraben und Leonfelden nach Böhmen und daher für die Umgehung der Zwangsstraße geradezu prädestiniert. Großes Interesse am Haselgrabenweg hatten immer wieder böhmische Herrschaften, aber auch die Herren von Wallsee als Besitzer des Marktes Leonfelden. Die in den erbittert geführten Streitigkeiten und Prozessen ergangenen landesfürstlichen Schiedssprüche fielen während des Mittelalters immer zugunsten der Freistädter aus und bestätigten damit das dieser Stadt verbriefte Stapelrecht.

Wenn die Zwangstraße nach Freistadt schon allein wegen des wichtigen Salztransportes nach Böhmen eine große Rolle spielte, gab es laufend Versuche, auch andere Zwangsstraßen zu umgehen. So beschwerten sich die obderennsischen landesfürstlichen Städte im Jahre 1415, daß die Salzburger Kaufleute mit Venedigerwaren nicht die vorgeschriebene Straße über Passau nach Böhmen benützten, sondern neuerdings den Weg über Linz und Freistadt nahmen und bei dieser Gelegenheit zum Schaden dieser Städte Handel trieben. Analog zum Verkehr auf dem Lande gab es für die Wasserstraßen genaue Bestimmungen hinsichtlich der Ladstätten, also jener Plätze, auf denen Schiffe anländen und Waren umschlagen durften. Die Grundherrschaften und Klöster waren bestrebt, für sie günstige Ladstätten vor allem an der Donau zu errichten. Wiederholt ergingen landesfürstliche Mandate, daß zwischen Linz und Grein nur im landesfürstlichen Markt Mauthausen und in Enghagen (Hafen von Enns) Waren auf- und abgeladen werden durften. Unangenehm für die Handelsschiffahrt wirkte sich das Recht der Grundruhr aus, d. h. daß sich die Grundherrschaften der Ladung gestrandeter Schiffe bemächtigen konnten. Indirekte Zeugnisse weisen darauf hin, daß die landesfürstlichen obderennsischen Städte im 15. Jahrhundert davon befreit waren.

Trugen Straßenzwangbestimmungen und Stapelrechte dazu bei, dem Landesfürsten fiskalischen Nutzen in Form von Mauteinnahmen zu bringen, so wurden umgekehrt den Bürgern der Städte Befreiungen bzw. Erleichterungen von einzelnen Zwangsbestimmungen und Handelshindernissen gewährt. Schon 1228 ist von nicht näher bezeichneten Mauterleichterungen für Linzer und Ennser Bürger die Rede. Derartige Begünstigungen wurden auch anderen Gruppen vom Landesfürsten gewährt. An der Linzer Maut sind es überwiegend Salzburger und bayerische geistliche Kommunitäten (Klöster), die Zollbefreiungen für bestimmte Quantitäten von Waren erhielten. Dabei handelte es sich in erster Linie um Salz, Wein und Getreide als wichtigste Durchfuhrgüter. Die wesentlichste Vergünstigung für die sieben landesfürstlichen Städte stellte das von Herzog Albrecht III. 1372 verbriefte alleinige Recht dar, im Handel mit Venedig die Straße über den Pyhrnpaß und Zeiring zu benützen. Nach dem Anfall Kärntens an die Habsburger (1335) kam dieser kürzesten Verbindung nach dem Süden eine gesteigerte Bedeutung für das Wirtschaftsleben der oberösterreichischen Städte zu. Fremde Kaufleute mußten hingegen die Straße über Wien und den Semmering oder über Salzburg und die Tauern nach Italien benützen.

Wenden wir uns nun den Handelsaktivitäten der Linzer Bürger zu, so zeigt sich, daß gewisse Gegebenheiten, die im Zollweistum von Raffelstetten schon vorgezeichnet waren, im Spätmittelalter voll zum Tragen kamen. Dies betraf in erster Linie das von den salzburgisch-bayerischen Abbaustätten auf dem Wasserweg über Salzach, Inn und Donau, aber auch über den Landweg antransportierte Salz, das an die Linzer Bürger zum weiteren Vertrieb verkauft werden mußte. Für die Verteilung dieses Salzes besaß Linz eine monopolartige Stellung. Mit der verstärkten Produktion in der Saline Hallstatt, die 1311 durch Königin Elisabeth, der Witwe König Albrechts I., in neue organisatorische Formen gebracht wurde, kam Salz aus dem Salzkammergut in größeren Mengen nach Linz. Die Konkurrenz des „Gmundner“ Salzes zum *hällischen* (Halleiner) und Schellenberger Salz aus den salzburgisch-bayerischen Abbaugebieten führte schließlich im Jahre 1398 zu einem „Staatsvertrag“ zwischen Herzog Wilhelm und dem Erzbischof von Salzburg. Demnach sollte das in Linz niedergelegte Salzburger Salz nach Böhmen und nördlich der Donau bis Korneuburg verhandelt werden, während das Gebiet südlich der Donau dem Gmundner Salz aus dem Kammergut vorbehalten blieb. Die Donau bildete die Grenze der Verteilungsgebiete. Diese Bestimmungen wurden zwar unter König Ladislaus 1453 nochmals erneuert, doch versuchte der Landesfürst spätestens seit der Mitte des 15. Jahrhunderts das „ausländische" Salzburger Salz durch Einfuhrverbote aus seinen angestammten Absatzgebieten zu verdrängen. Mit dem Anfall von Böhmen an das Haus Habsburg wurde in der 2. Hälfte des 16. Jahrhunderts dem Gmundner Salz die alleinige Vorherrschaft in diesem Raum gesichert. Gleichzeitig kam es zu einer Unterhöhlung des bürgerlichen Vertriebsmonopols durch die staatliche Konkurrenz.

Neben dem Salz bildete der Wein das zweite Standbein der Linzer Bürgerschaft. Die Linzer Bürger hatten nicht unbedeutenden Weingartenbesitz in der Umgebung von Wien und vor allem in der Wachau. In Verbindung mit dem Recht der Gastung spielte der Weinausschank eine erhebliche Rolle, der durch das bereits erwähnte Meilenrecht die entsprechende Absicherung erfuhr. Es wird noch zu zeigen sein, daß die Schankgerechtigkeit für die Linzer Bürger ein einträgliches Geschäft darstellte.

Die für das Mittelalter nur punktuell vorhandenen Quellen (Mautregister u. dgl.) lassen nur äußerst spärliche Rückschlüsse auf die verhandelten Mengen zu. Nach dem Ausweis der Passauer Mautregister aus den Jahren 1400 bis 1402 führten neun Linzer, unter denen der dort genannte Jörg Sammer mit einiger Wahrscheinlichkeit als Schiffmeister anzusprechen ist, in diesem Zeitraum rund 764 Tonnen Salz auf der Donau von Passau herab. Wenn man in Rechnung stellt, daß die Linzer an diesem Geschäft kaum beteiligt waren und von den „Fremden" aus Passau und Salzburg bei weitem übertroffen wurden, müssen hier beträchtliche Mengen an Salz nach Linz gekommen sein. Für den Salzhandel war das Absatzgebiet schon allein durch das salzarme Böhmen vorgegeben. Zudem förderte dieser Handel genauso wie beim Wein die Gastung der Linzer Bürger, da Händler und Frächter in der Stadt Aufenthalt nehmen mußten, wenn sie die Bannmeile am gleichen Tag nicht mehr überschreiten konnten.

Es mag hierin mit ein Grund liegen, daß sich Linzer Bürger trotz der bestehenden Venedigerprivilegien (Benützung der Straße über den Pyhrn) kaum am Fernhandel beteiligten. Durch den Wiener Stapel von 1221 sowie den Freistädter und Judenburger Stapel von 1277 wurde den fernhändlerischen Aktivitäten der Linzer frühzeitig Grenzen gesetzt. Dazu kam im Westen das von König Wenzel der Stadt Passau im Jahre 1390 verbriefte Stapelrecht. Es war im bewußten Gegensatz gegen Österreich wegen verschiedener Auseinandersetzungen zwischen Luxemburgern und Habsburgern gewährt worden, um in erster Linie den österreichischen Weinexport zu treffen, der auf diese Weise über Passau hinaus auf der oberen Donau unmöglich gemacht wurde. Allerdings dürften die Linzer durch diese Maßnahme nicht so schwer betroffen worden sein, da sie im Weinhandel und -transport selbst gegenüber manchen oberösterreichischen Märkten nur eine untergeordnete Rolle spielten.

Es wäre aber sicher zu einseitig, die fehlende fernhändlerische Betätigung der Linzer nur im System der Stapel sehen zu wollen. Ausschlaggebend dafür war sicher die Lage von Linz an der wichtigen Zwangstraße, der Donau, als einer der mittelalterlichen europäischen Hauptverkehrslinien. Der fremde Kaufmann war hier zur Durchreise gezwungen. Von der einheimischen Bevölkerung wurde dieser Zwang in Form von Vermittlungs- und Transportgeschäften ausgenützt. Die Bürgerschaft stellte die Stadt gewissermaßen zur Warenvermittlung zur Verfügung, betätigte sich als Herbergsgeber und beanspruchte lediglich den Detailhandel auf den Märkten für sich. Diese „privilegierte Inaktivität", wie sie einmal sehr treffend bezeichnet wurde, war aber vielleicht sogar die Voraussetzung für das Entstehen von Linz als Handelszentrum. Sie brachte dem Bürger ausreichende Grundlagen für seine Lebensexistenz, verhinderte aber gleichzeitig eine Kapitalbildung in größerem Umfang, wofür sicher die vielen inneren und äußeren Wirren während des 15. Jahrhunderts mit entscheidend waren. Wohl liegen die Linzer Bürger im Vergleich mit den Bürgern der anderen obderennsischen Städte in der Vermögensbildung im Spitzenfeld, können aber, gemessen am Vermögen der Bürgerschaft oberdeutscher Städte, mit diesen kaum konkurrieren. Dort hätten sie bestenfalls zur Mittelschicht gezählt.

Den Kernpunkt der mittelalterlichen Linzer Stadtwirtschaft bildeten die beiden Jahrmärkte zu Ostern und Bartholomäi (24. August). Sie werden beide erst relativ spät genannt. So verlieh Herzog Albrecht III. 1382 der Stadt ein Privileg zur Abhaltung des Bartholomäimark-

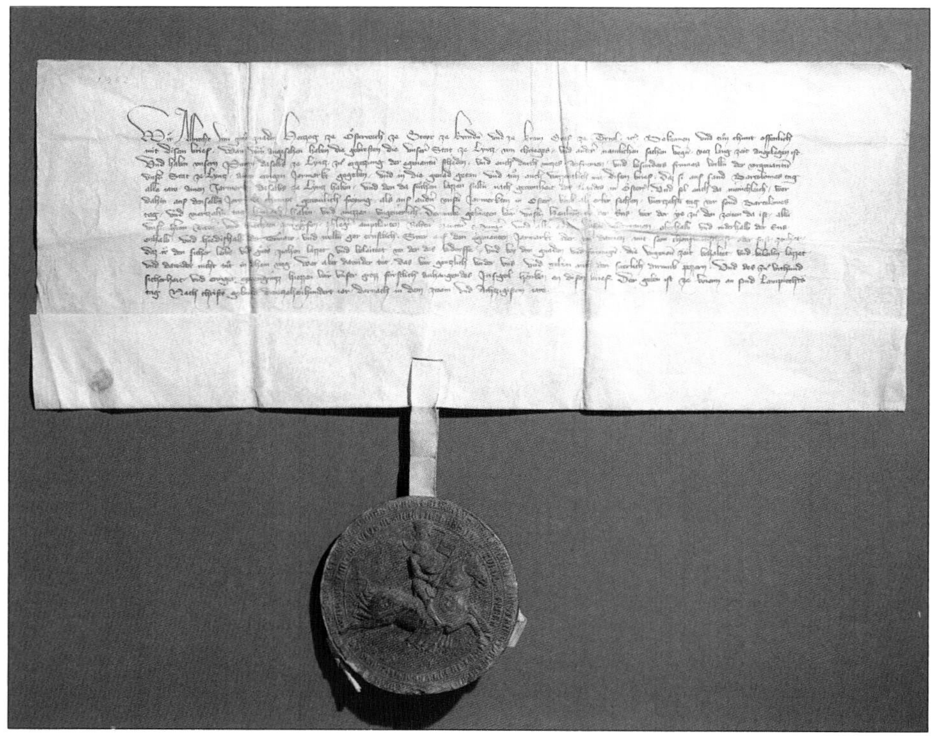

68 Herzog Albrecht III. verleiht der Stadt im Jahre 1382 das Recht zur Abhaltung eines Jahrmarktes vierzehn Tage vor und nach Bartholomäi (24. August). Archiv der Stadt Linz, Urkunde 1382 September 17. Original. Pergament. 47,5×20 cm. Reitersiegel Herzog Albrechts III. in naturfarbenem Wachs. Foto: Stadtmuseum Linz

tes. Der Bruderkirchweihmarkt, seit der Reformation als Ostermarkt bezeichnet, findet erst in einer Privilegienbestätigung König Ladislaus' im Jahre 1453 Erwähnung. Zweifellos sind beide Märkte älter und haben ihre Wurzeln im 13. Jahrhundert. Für den Bartholomäimarkt – nicht auf den ersten Blick erkennbar – liegen sie im Kirchweihfest der Stadtpfarrkirche zu Mariä Himmelfahrt (15. August). Der Bruderkirchweihmarkt ist – wie schon der Name sagt – mit dem Kirchweihfest der Minoriten, das am Sonntag nach Ostern (Quasimodogeniti) begangen wurde, in Zusammenhang zu bringen. Auf ihr höheres Alter weist neben einzelnen Quellenbelegen das von Herzog Rudolf IV. der Stadt gemeinsam mit dem Meilenrecht im Jahre 1362 verbriefte Repressalienrecht hin. Letzteres Recht gab den nach Linz kommenden Kaufleuten die Möglichkeit, falls sie bei fremden Gerichten rechtlos gelassen wurden, beim Stadtgericht gegen jenen Händler Klage zu erheben, der Warenlieferungen nicht bezahlt hatte. Das Gericht konnte dafür einen völlig schuldlosen Mitbürger aus der Stadt des säumigen Zahlers verhaften und so lange gefänglich halten, bis die Schuld beglichen war. Es war Sache des jeweiligen Stadtrates, dafür zu sorgen, daß ihr unschuldiger Bürger wieder freikam. Diese für heutige Begriffe sehr harte Rechtsauffassung war die einzige Möglichkeit für das Funktionieren und Gedeihen des mittelalterlichen Fernhandels. Im Gegensatz zu anderen Städten, in denen das Repressalienrecht abgeschafft wurde, konnte es sich in Linz bis in das 18. Jahrhundert trotz vieler Proteste halten.

Wenn die Marktprivilegierungen jünger als die Märkte selbst sind, so hängt dies damit zusammen, daß die Verleihung einen besonderen Rechtsschutz, die fürstliche Freiung, verbriefte. Mit ihr wurde der Marktbereich (Marktplatz) während der Marktzeit unter einen besonderen Rechts- und Friedensschutz gestellt, der bei Übertretungen besonders schwere Strafen nach sich zog. Alle mit dem Markt zusammenhängenden Rechtsfälle wurden vor einem eigenen Marktgericht verhandelt. Wesentlich für das Florieren der Märkte war aber das sogenannte Geleitrecht, das den zum und vom Markt ziehenden Handelsmann auch außerhalb des Marktbereichs unter den besonderen Schutz des Landesfürsten stellte. Wer einen Kaufmann auf seiner Reise zum und vom Markt behinderte oder beraubte, wurde als Landfriedensbrecher mit schwersten Leib- und Lebensstrafen belegt. Mit der Privilegierung der Märkte sollte aber auch eine Abgrenzung zu den zahlreichen nicht privilegierten Gäumärkten in den Dörfern und bei den Kirchen getroffen werden, auf denen lediglich die Versorgung der Bevölkerung mit Konsumgütern (Essen und Trinken) erlaubt war, der

Handel jedoch unterbleiben sollte. Die Freiung wurde zu Beginn und am Ende des Marktgeschehens feierlich ein- und ausgeläutet und als Zeichen der Marktgerichtsbarkeit das Gerichtsschwert auf dem Marktplatz für alle sichtbar ausgesteckt. Mit vier Wochen Freiung hatte der Bartholomäimarkt eine ungewöhnlich lange Dauer, während sie beim Bruderkirchweihmarkt vermutlich auch im Mittelalter bei vierzehn Tagen lag. Dies muß allerdings nicht bedeuten, daß die Marktdauer während des Mittelalters tatsächlich mit der Zeit der Freiung identisch war, da die An- und Abreise vom und zum Markt mit eingeschlossen war.

Spätestens seit dem ausgehenden 14. Jahrhundert genossen die Linzer Jahrmärkte, die man nach dem heutigen Sprachgebrauch als Messen bezeichnen muß, internationales Ansehen. Es ist anzunehmen, daß die politischen Wirren des 15. Jahrhunderts (Hussitenkriege, Fehden etc.) und die daraus resultierenden monetären Maßnahmen, wie Münzverschlechterungen, über die die Städte immer wieder Klagen führen, nicht gerade zum Gedeihen der Märkte beitrugen. Über den Umfang des Handels und den Einzugsbereich der Kaufleute geben erst Quellen aus dem Ende des 15. Jahrhunderts Aufschluß. Zu dieser Zeit wurden die Märkte von Kaufleuten aus dem holländischen Bereich, aus Köln, Nürnberg, Augsburg, Regensburg sowie aus Städten des deutschen Südwestens, aus Bayern, aus Südböhmen und Südmähren, Prag, Breslau, Krakau und Wien besucht. Der Einzugsbereich erstreckte sich bis zu einem Radius von 500 Kilometern. Beim Warenumsatz stand das Tuch an erster Stelle, wobei in der angegebenen Zeit pro Markt rund 60.000 Meter Tuch der unterschiedlichsten Qualität umgesetzt wurde. Der Hauptanteil des Warenumsatzes entfiel auf die oberdeutschen Kaufleute. Er war beim Ostermarkt jeweils größer als beim Bartholomäimarkt. Neben dem Tuch gab es einen bedeutenderen Handel mit Häuten und Honig sowie anderen Waren, etwa Salz, Eisen, Wein, Getreide, für die aber keine mengenmäßigen Angaben vorliegen.

Den Fernhändlern, für deren Dominanz es bereits Hinweise aus dem Jahre 1336 gibt, als der Handel an das Mitleiden und die Erlangung des Stadtrechts gebunden wurde, waren auf den Jahrmärkten gewisse Beschränkungen auferlegt. Sie durften ihre Waren nur im Großhandel anbieten. Der Detailverkauf blieb den Linzer Bürgern vorbehalten. Besonders betont wird dies 1426 in einem Mandat Herzog Albrechts V., der den sogenannten Gewandschnitt, d. h. den Detailhandel mit Tuchen, den ausländischen Händlern verbot und den einheimischen Bürgern vorbehielt.

Dienten die Jahrmärkte hauptsächlich dem Fernhandel mit Gütern des gehobenen Bedarfs, so waren die Wochenmärkte dazu bestimmt, die Versorgung der Stadt mit Lebensmitteln sicherzustellen. Der Einzugsbereich dieser Wochenmärkte markiert jeweils die Beziehungen einer Stadt zu ihrem Umland. Die Privilegierungen für Wochenmärkte sind weitaus geringer als für Jahrmärkte, da die Abhaltung eines Marktes mit dem Stadtcharakter einer Siedlung von selbst gegeben war. Bei Linz verhält es sich nicht viel anders. Die Existenz eines Marktes an einem Dienstag jeder Woche, dessen Wurzeln mit ziemlicher Sicherheit in das 13. Jahrhundert zurückreichen, wird erst durch die Gewährung eines zweiten Wochenmarktes an einem Samstag durch Herzog Albrecht III. im Jahre 1395 sichtbar. Der Vollständigkeit halber sei erwähnt, daß neben den Jahr- und Wochenmärkten oft auch Spezial- oder Sondermärkte für bestimmte Erzeugnisse oder Produkte (etwa Schweine-, Getreide-, Pferde-, Leinwandmärkte u. dgl.) bestanden. Für Linz sind derartige Märkte erst im 17. und 18. Jahrhun-

69 Das Marktfreiungszeichen war sichtbarer Ausdruck der Marktgerichtsbarkeit. Es war während der Jahrmärkte am Ort des Marktgeschehens ausgesteckt. Das hier abgebildete Linzer Marktfreiungszeichen entstammt der Zeit um 1779 (Schwertlänge: 172 cm, Arm: 51 cm, Säule 156 cm). Stadtmuseum Linz, Inv.-Nr. P 858

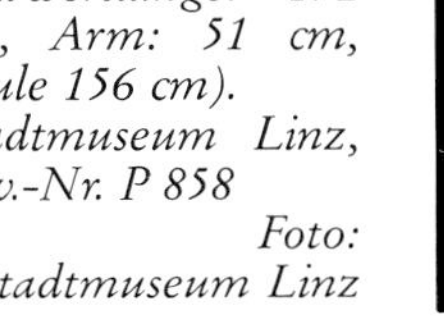

Foto: Stadtmuseum Linz

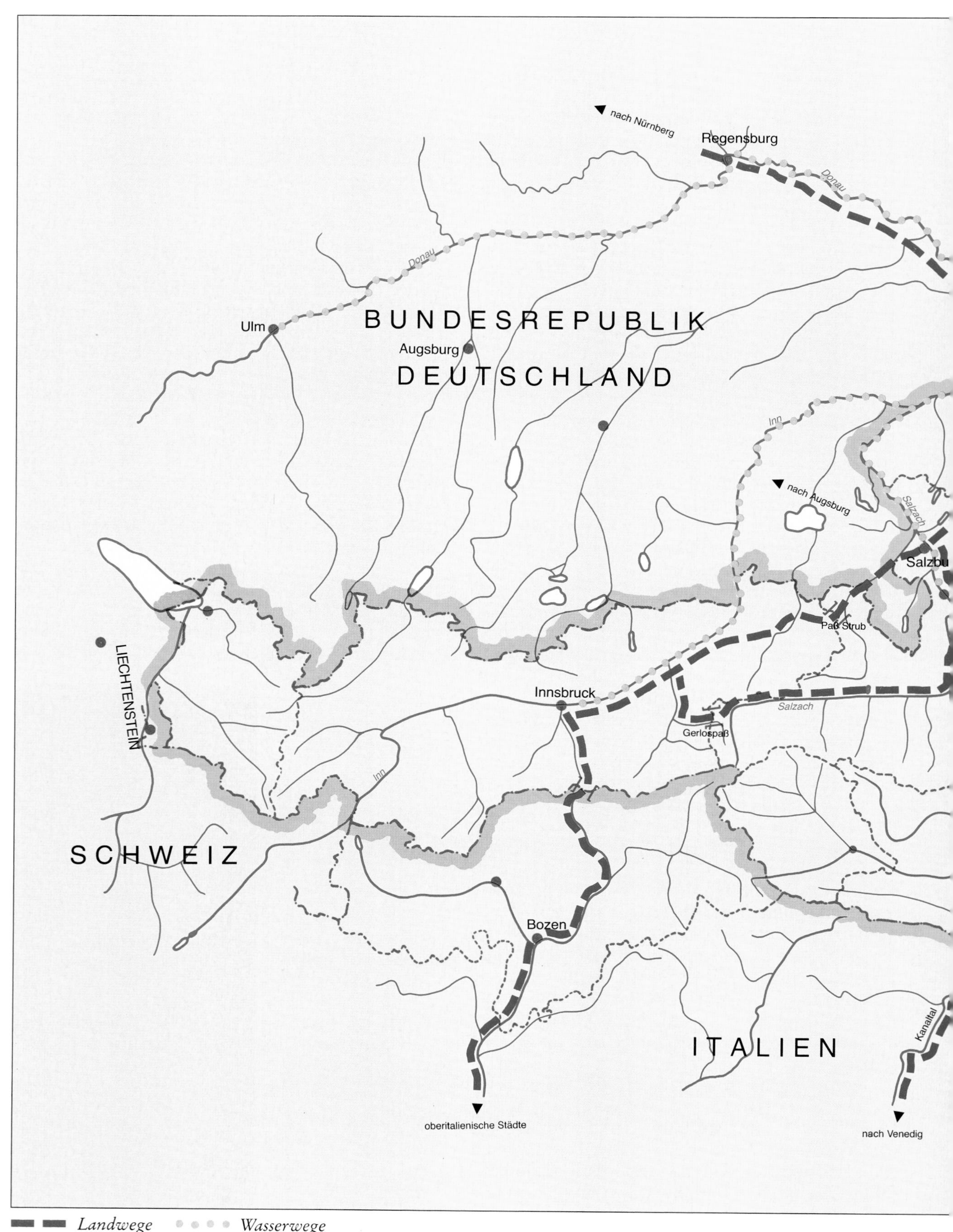

70 *Die Haupthandelsrouten zu den Linzer Märkten während des Mittelalters. Die Kreuzung einer wichtigen Nord-Süd-*

Verbindung mit dem Wasserweg der Donau war der Ausbildung der Linzer Märkte und der Entwicklung der Siedlung sehr förderlich. Kaufleute kamen aus den holländischen Bereich, aus Köln, Nürnberg, Augsburg, Regensburg sowie aus den Städten des deutschen Südwestens, aus Bayern, aus Südböhmen und Südmähren, Prag, Breslau, Krakau und Wien.

Entwurf: Fritz Mayrhofer

71 Während der Zeit der Jahrmärkte waren auswärtige Händler in den Gewölben der Häuser um den Hauptplatz mit ihren Waren eingemietet. Die Hofansicht des Hauses Hauptplatz 19 vermittelt noch den Eindruck vom Aussehen der mittelalterlichen Linzer „Tuchlauben".
Foto: Walter Litzlbauer

dert bekannt, es ist aber nicht auszuschließen, daß manche dieser Märkte bis in das Mittelalter zurückreichen.

Zu den wesentlichen Kennzeichen der mittelalterlichen und frühneuzeitlichen Stadt zählt die Arbeitsteiligkeit von Warenproduktion und Handel. Die soziale Position des Stadtbewohners war durch die Zugehörigkeit zu einer Berufsgruppe innerhalb der städtischen Gesellschaft bestimmt. Demnach bildete die Bürgergemeinde keine geschlossene homogene Gemeinschaft, sondern teilte sich in mehrere voneinander getrennte und verschieden berechtigte Gruppen auf. Träger und Inhaber der vollen städtischen Freiheitsrechte waren lediglich die Kaufleute-Bürger. Sie stellten eine zahlenmäßig relativ kleine Schicht dar. Die Zugehörigkeit zu ihr war mit dem Besitz einer feststehenden Zahl von Häusern in bevorzugter Lage (im wesentlichen um den Hauptplatz) verbunden. Den Kaufleute-Bürgern blieb der ausschließliche Handel mit allen Kaufmannswaren sowie die sehr begehrte Wein- und Bierschank und die Gastung vorbehalten. Diese Schicht besetzte fast ausschließlich – wie schon im Abschnitt über Verfassung und Verwaltung gezeigt werden konnte – mit ihren Angehörigen den Rat und das Gericht. Vielfach war diese städtische Oberschicht mit dem Kleinadel (Ritter) auf dem Land verwandt oder besaß verwandtschaftliche Beziehungen zu Bürgergeschlechtern in jenen Städten, mit denen Handelsverbindungen bestanden. Im ausgehenden Mittelalter ist verstärkt die Tendenz zum Aufstieg in den niederen Adel aus Gründen des Sozialprestiges feststellbar.

Die bereits zitierte privilegierte Inaktivität dieser Oberschicht, die sich in mangelnder Risikofreudigkeit und mangelndem „Unternehmergeist" äußerte, führte dazu, daß das im Handel erworbene Kapital eben nicht in Fernhandelsunternehmungen, sondern in Rentenbesitz auf dem Lande investiert wurde. Die Bürger wurden auf diese Weise Inhaber von Herrschaften mit Untertanen und näherten sich damit dem Kleinadel an. Diese Landgüter erwarben sie vielfach im Wege über Lehen vom Landesfürsten und dem Adel, teilweise auch durch Kauf von anderen Bürgern. Die Größe dieser Güter war sehr unterschiedlich und reichte von größeren Besitzkomplexen bis zu sehr kleinen Einheiten. Dieser Besitz an Landgütern ist vom Besitz von Äckern, Wiesen, Krautgärten etc. innerhalb des städtischen Burgfrieds zu unterscheiden, der für die Ernährung der Stadt von Wichtigkeit war.

Der zahlenmäßig kleinen Schicht von Handelsbürgern stand eine breitere Masse der Handwerke und Gewerbe gegenüber. Sie machte in Linz am Beginn des 16. Jahrhunderts etwa das Doppelte der Handelsleute aus und gruppierte sich in hausbesitzende und zur Miete wohnende (behauste und unbehauste) Handwerker. Später wurde mitunter zwischen jenen geschieden, die innerhalb und außerhalb der Mauern der Stadt ansässig waren. Die Handwerker waren persönlich frei, unterstanden aber in allen Belangen den städtischen Organen, zu denen sie kaum Zutritt erlangten. Unter den städtischen Gewerben lassen sich drei Hauptgruppen unterscheiden, nämlich jene, die für den täglichen Bedarf der Stadtbewohner und des Umlandes arbeiteten, solche Gewerbe, die Massenwaren für den Fernhandel erzeugten und schließlich Luxus- und Spezialgewerbe, die nur für eine kleine Oberschicht produzierten. Die letzte Gruppe trat in

Linz während des Mittelalters kaum in Erscheinung. Im Gegensatz etwa zu Steyr, wo die Messerer eine dominierende Stellung einnahmen, hatte Linz keine besonders hervorragenden Gewerbe aufzuweisen. Den Handwerkern gelang zwar eine Besserstellung während des 15. Jahrhunderts auf wirtschaftlichem Gebiet, im Bereich der Verwaltung blieb sie bescheiden. Die Gründe hiefür sind vielschichtiger Natur. Sie stehen mit dem Aufblühen der Jahrmärkte und dem vorübergehenden Residenzcharakter von Linz genauso im Zusammenhang, wie mit den zahlreichen Kriegen und Fehden. Es kann hier vorweggenommen werden, daß den Handwerkern eine völlige Gleichstellung mit den Kaufleutebürgern trotz verschiedener Begünstigungen während des Spätmittelalters nie gelang, sondern erst im 17. Jahrhundert annähernd erreicht werden konnte.

Von Unstimmigkeiten zwischen den Vollbürgern und Handwerkern hören wir erstmals gegen Ende des 14. Jahrhunderts. Im Jahre 1390 entschied Herzog Albrecht III. dahingehend, daß der Wein- und Salzhandel den hausbesitzenden Kaufleutebürgern vorbehalten sein soll, die Handwerker hingegen auf den Handel mit ihren eigenen Erzeugnissen beschränkt blieben. Zu einer Lockerung der Verhältnisse, wofür die Jahrmärkte, aber auch die unruhigen Zeiten der Hussitenkriege verantwortlich gewesen sein könnten, kam es 1438. König Albrecht II. erlaubte nunmehr den Handwerkern, ihren Eigenbedarf an Wein und Salz bei den Bürgern oder Gästen einzukaufen. Während der Jahrmarktszeiten durften sie in ihren Häusern selbst ausschenken oder konnten dies anderen Ansässigen gestatten, mußten den Schankwein aber von Linzer Bürgern beziehen. Zusätzlich wurde ihnen bewilligt, daß Bürger oder Gäste in ihren Häusern Waren während der Jahrmärkte ablegen und verkaufen durften. Diese erweiterten Bestimmungen sind ein untrügliches Zeichen dafür, daß die Zahl der Vollbürger zu klein war, um den Ansturm der auswärtigen Kaufleute während der Jahrmarktzeiten zu bewältigen. Die wesentlich geringeren Zugeständnisse in verwaltungsmäßiger Hinsicht betrafen die Beiziehung von drei bis vier Handwerkern zu Steueranschlägen, zur Abnahme der Ämterrechnungen und als Beisitzer im Stadtgericht. König Ladislaus bestätigte dieses Privileg im Jahre 1453.

Zu einer Peripetie bürgerlicher Gerechtsame kam es nochmals 1461, als Herzog Albrecht VI. den Handwerkern den Handel wiederum verbot. Die Hintergründe für diesen Schritt bleiben im dunkeln, doch dürften sich die Bürger ihre Vorrechte vermutlich mit einem ausgiebigen Geldgeschenk an den in ständiger Finanznot befindlichen Herzog zurückgekauft haben. Kaiser Friedrich III. stellte 1491 den alten Zustand nicht nur wieder her, sondern ging sogar darüber hinaus, da er die zeitlichen Handelsbeschränkungen für die Handwerker aufhob. Die Hofhaltung in Linz dürfte diese Maßnahmen wohl erfordert haben. Aus seinen negativen Erfahrungen in Wien war ihm zudem daran gelegen, Ruhe in der Stadt zu haben. Neu war außerdem die Bestimmung, daß Handwerker über ihr Verlangen das Bürgerrecht erhalten sollten und daß gegenseitige Heiraten zwischen Bürgern und Handwerkern gestattet wurden. Mit letzterer Bestimmung sollte wohl dem schon anfangs des 15. Jahrhunderts auftretenden Klagen der Bürger begegnet werden, daß die Handwerker insofern wirtschaftlich auf zwei Beinen stünden, als sie neben dem Handel ihr Handwerk betrieben, während der Bürger allein auf den Handel angewiesen sei, da er kein Handwerk beherrsche. Zweifellos hatte Kaiser Friedrich III. mit dieser Regelung der Argumentation der Kaufleutebürger den Boden entzogen. Heiraten zwischen Bürgern und Handwerkern waren selbstverständlich auch vorher möglich gewesen, da dem wirtschaftlich Tüchtigen der soziale Aufstieg niemals verwehrt blieb. Insgesamt haben sich die Maßnahmen Friedrichs anscheinend nicht bewährt, da schon sechs Jahre später König Maximilian I. für die Handwerker das Schankrecht wieder auf die Zeit der Jahrmärkte, die Weihnachtszeit und die Anwesenheit des Hofes in der Stadt beschränkte. Desgleichen fehlt bei ihm der Hinweis auf die gegenseitige Einheirat.

Wenig bis gar keinen Anteil an den bürgerlichen Vorrechten und Freiheiten hatte die zahlenmäßig stärkste Gruppe der sogenannten Inwohner. Es handelt sich dabei um eine sehr differenzierte Schicht, die sich in zwei sozialen Extremen manifestierte und kaum zahlenmäßig erfaßt werden kann, da sie in den Steuerlisten nicht aufscheint. Auf der einen Seite ist es der große Personenkreis der Armen, die in der Stadt kein Haus besaßen, wie Bettler, Taglöhner, Gesinde, Gaukler etc. Als anderes Extrem sind dazu jene Gruppen zu zählen, die über eine Sonderstellung in der Stadt verfügten und deren Status sowohl in der Sozialtopographie als auch in ihrer gesonderten Rechtsstellung zum Ausdruck kam. Dazu gehörte der Hof mit seinen Beamten und Dienern, der Klerus und der Adel mit seinem Gesinde sowie die Juden,

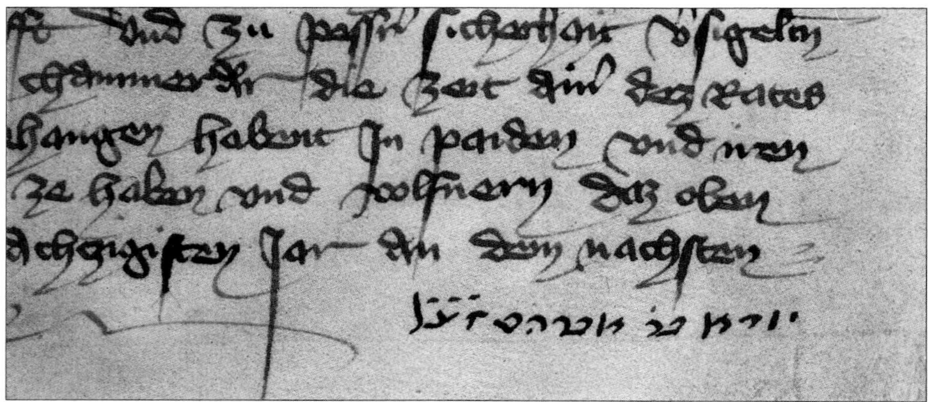

72 Eigenhändige Unterschrift von Judam den Juden zu Linz auf einer Wechselurkunde. Die Unterschrift lautet: „Juda bar Abraham secher zaddik libracha" (Übersetzung: Juda Sohn des als Gerechten verstorbenen Abraham)
Archiv der Stadt Linz, Urkunde 1384 Juli 7. Original. Pergament. 29,5×15 cm. 2 Siegel.
Foto: Walter Litzlbauer

denen allesamt die „bürgerliche Hantierung", d. h. der Handel, verboten war. Darüber hinaus waren die Amtleute, namentlich die Beamten der Linzer Maut, nicht zum Handel mit der Linzer Bürgerschaft befugt.

Wie zahlreiche landesfürstliche Befehle zeigen, wurden von diesen Gruppen die bestehenden Verbote immer wieder unterlaufen. Schon 1336 band ein Freiheitsbrief der Herzöge Albrecht II. und Otto den Genuß des Stadtrechts, worunter Maut- und Zollbegünstigungen sowie die Außenhandelsfreiheiten zu verstehen sind, und das Recht des Handels an das Mitleiden, nämlich an die Bezahlung von Steuern. Vor allem der Adel und die Geistlichkeit versuchten diese Bestimmungen in ihren Freihäusern zum Schaden der Bürger zu umgehen. Größere Schwierigkeiten ergaben sich namentlich dann, wenn Linzer Bürgern Freihäuser geistlicher Kommunitäten zu Leibgeding, d. h. auf Lebenszeit des Betreffenden, überlassen wurden. Hier mag es oft vorgekommen sein, daß der Handel zwar weiter ausgeübt, die Steuerleistung aber unter Hinweis auf die Befreiung des Hauses unterlassen wurde.

Die mittelalterliche Wirtschaft diente ursprünglich lediglich der Bedarfsdeckung. Unter dem Einfluß kirchlicher Anschauungen sollte jedem Mitglied des städtischen Gemeinwesens nach dem Grundsatz der „bürgerlichen Nahrung" eine auskömmliche Existenz möglich sein. Voraussetzung hiefür war die möglichst gleichmäßige Verteilung von Rohstoffen und Handelsgütern. So bestätigte Herzog Albrecht III. im Jahre 1390 den Linzer Bürgern eine vom Rat beschlossene Wagensalzordnung, der zufolge pro Tag nur eine Wagenladung dieses Produkts in den dazu berechtigten Häusern in der festgesetzten Reihenfolge eingelagert werden durfte. In dieselbe Richtung zielte das Festsetzen von Preisen für Waren. Herzog Albrecht VI. etwa erließ 1461 ein entsprechendes Preisregulativ für das Land ob der Enns, in dem die Höchstpreise für bestimmte Waren und Produkte festgelegt wurden. Damit sollten Konjunkturpreise möglichst hintangehalten werden. Auf den Wochenmärkten war die Kauf- und Verkaufsfolge einer genauen Regelung unterworfen. Von der Käuferschicht sollte zuerst der Konsument und dann erst der Kleinhändler (Fragner) seinen Bedarf decken, wie umgekehrt beim Verkauf der Schutz der städtischen Gewerbe festgelegt war. So bestätigte Kaiser Friedrich III. 1485 den Linzer Fleischhauern eine Ordnung, nach der den nicht in der Stadt ansässigen Gäufleischhackern die Ausschrotung von Fleisch nur auf den Wochenmärkten zwischen 11 und 12 Uhr erlaubt wurde und nicht verkaufte Ware wieder mit nach Hause geführt werden mußte.

Dieses Gleichgewichtsideal war nicht nur bei den Bürgern im Handelsbereich, sondern auch im Gewerbebereich bei den Handwerkern gegeben. Entsprechend der mittelalterlichen Bedarfswirtschaft regelten dort die Zünfte die Zahl der Meister und Werkstätten, die Größe der Betriebsstätten und somit auch die Zahl der Arbeitskräfte. Über ihre Mitglieder übte die Zunft eine Art von Gerichtsbarkeit. Durch eine strenge Warenbeschau über die Qualität der hergestellten Erzeugnisse boten sie dem Konsumenten Schutz. Eine vollständige Erfassung bzw. Integrierung aller Handwerker in zünftische Verbände ist nie gelungen. Desgleichen kam es in den österreichischen Städten nie zu einer richtigen Zunftherrschaft wie in vielen deutschen Reichsstädten. Die Zunfthoheit wurde stets von der Stadtobrigkeit beansprucht. Bei Auseinandersetzungen unterwarfen sich die Zünfte dem Landesfürsten als Schiedsrichter.

Bei der genossenschaftlichen Organisation der Handwerker ist zwischen dem eher religiös ausgerichteten Verband der Zechen und der

Berufsorganisation der „Handwerke" zu unterscheiden, die später als „Zünfte" zu einer Einheit verschmolzen. Zechen mit religiös-karitativen Zielen kannten auch die Kaufleutebürger, war doch das Leben des mittelalterlichen Menschen in eine bestimmte Lebensordnung eingebunden. In Linz bestand für die Bürger die Liebfrauenzeche mit einem Zechmeister an der Spitze. Der religiös-karitative Charakter dürfte bei den im 14. Jahrhundert genannten ältesten Linzer Handwerkzechen der Riemer (1345), der Erhardi-Bruderschaft oder Schusterzeche (1359) und der im selben Jahr erwähnten Bäckerzeche im Vordergrund gestanden sein. Bei den aus dem 15. Jahrhundert erhaltenen Handwerksordnungen der Kürschner (1460), die umfangreiche Bestimmungen über die Gesellen enthält, der Hafner (1491) und Schneider (1492) wird das genossenschaftlich-wirtschaftliche Element stärker betont.

Das in der mittelalterlichen Stadtwirtschaft betonte Gleichgewichtsideal ließ sich in der Praxis selbstverständlich nur teilweise verwirklichen. Durchbrochen wurde es sowohl vom persönlichen Eigennutz als auch von den Schwankungen der jeweiligen wirtschaftlichen Verhältnisse. Persönliche Tüchtigkeit schlug sich in Gewinn und Reichtum nieder. Unter anderem manifestiert sich dies darin, daß die Oberschicht der Linzer Bürger mehr als ein Haus in der Stadt besaß, abgesehen von den Gütern auf dem Land. 1414 erlaubte Herzog Albrecht V. nicht nur, daß minderjährige behauste Bürgerkinder die Berechtigung zum Handel besitzen, er dehnte diese Befugnis auch auf die Zweithäuser von Bürgern aus, womit der Mehrfachbesitz von Häusern in der Stadt vom Stadtherrn als gegeben angesehen war.

Das im 14. Jahrhundert entwickelte System der Stadtwirtschaft konnte sich nie völlig durchsetzen. Punktuell wurden dazu schon Beispiele angeführt. Im 15. Jahrhundert kam es zu starken Beeinträchtigungen. Die wichtigsten Beschwerden der Städte, sogenannte Gravamina, an den Landesfürsten geben Aufschluß über die Hauptklagepunkte. Sieht man von den innerstädtischen Verhältnissen ab, so ist es in erster Linie die Konkurrenz der adeligen und geistlichen Grundherrschaften, die über die mautfreie Eigenbedarfsdeckung hinausgehend, sich in den den Städten vorbehaltenen Handel mit Vieh, Getreide und Lebensmitteln einschalteten. Die Transporte umgingen vielfach die gesetzlich vorgeschriebenen Zwangsstraßen und somit die Mautstätten. An den Wasserstraßen wurde Handelsgut an unerlaubten Ladstätten auf- und abgeladen. Von Klöstern und Kirchen wurde zum Nachteil der Bürger die Weinschank in Tavernen geübt. Die Eigenbauweine der geistlichen Grundherrschaften kamen nicht nur wesentlich billiger zu stehen, sondern dürften in der Regel auch nicht von der schlechtesten Qualität gewesen sein. Eine starke Konkurrenz bildeten die nicht privilegierten Märkte der Grundherrschaften für die Städte, da dort immer wieder Handel getrieben wurde. Ein wesentlicher Streitpunkt waren jeweils die Steuerforderungen des Adels und der Prälaten von den Gütern der Bürger auf dem Lande, die sie von ihnen zu Lehen besaßen. Diese Güter wurden von den Bürgern bereits in den Städten mitversteuert, so daß sich daraus das Problem der Doppelbesteuerung ergab. Einen Störfaktor des städtischen Wirtschaftslebens bildeten die kapitalstarken ausländischen Kaufleute aus Oberdeutschland, Salzburg und Böhmen durch die Mißachtung des Straßenzwangs, das Eindringen in den Detailhandel und die Ausschaltung des Zwischenhandels durch Betreiben des Fürkaufs (direkter Aufkauf der Ware beim Produzenten). Außerdem wird der Umlauf minderwertiger ausländischer Münzen beklagt. Dies traf in gleicher Weise auf das einheimische Münzwesen zu, das während des 15. Jahrhunderts nicht saniert werden konnte.

Die Klagen der Städte waren in manchen Fällen sicher etwas überzogen, ging es in erster Linie doch darum, ein möglichst tristes Bild der wirtschaftlichen Lage zu zeichnen, um die Steuerforderungen des Landesfürsten so weit wie möglich herabzudrücken. Nicht zu übersehen ist allerdings dabei, daß sich neue Wirtschaftsformen breitmachten, die mit dem Begriff des Frühkapitalismus umschrieben werden, der nicht mehr auf Bedarfsdeckung, sondern auf Gewinn ausgerichtet war. Mag sich diese neue Wirtschaftsmoral vorerst bei den Grundherrschaften niedergeschlagen haben, so ist gerade in Linz der verstärkte Aufstieg der bürgerlichen Oberschicht in den niederen Adel im ausgehenden Mittelalter zu beobachten. Auch in ihrer neuen Position blieben sie den Grundsätzen der bürgerlichen Hantierung verhaftet, was zwangsläufig zu einem Aufweichen mittelalterlicher stadtwirtschaftlicher Grundsätze führen mußte. Daß diese Tendenzen zu einem Abstieg des Bürgertums in politischer und wirtschaftlicher Hinsicht geführt hätten, wie mitunter behauptet wird, davon kann wohl nicht die Rede sein.

Die kirchlichen und kulturellen Verhältnisse

Im Zuge der babenbergischen Stadterweiterung in der 1. Hälfte des 13. Jahrhunderts wurde im Osten der neuen Stadtanlage ein neues Gotteshaus errichtet, das für die Bevölkerung bequemer lag, als die im Westen auf dem Berg außerhalb der Mauern gelegene Martinskirche. Die mit der Stadterweiterung zunehmende Bevölkerung verlangte wohl nach einem größeren Kirchenbau. Die bei der Verlegung der Pfarre auftretenden Probleme wurden schon im vorhergehenden Abschnitt behandelt. Mit der Klärung des Patronatsrechts über die neue Kirche im Jahre 1286 waren die bestehenden strittigen Fragen zwischen dem Landesfürsten und dem Bischof von Passau bereinigt worden.

Die Bedeutung des durch die gregorianische Reform (benannt nach Papst Gregor VII. (1073–1085) und den Investiturstreit hervorgerufenen Wandels auf dem Gebiet des Niederkirchenwesens ist von der Forschung erst in jüngerer Zeit herausgearbeitet worden. Ab dem 12. Jahrhundert wurde eine systematische, zentralistisch gelenkte Durchorganisierung der Diözese Passau in Angriff genommen, deren Ziel eine stärkere Bindung der Gotteshäuser an den Bischof war. Freilich konnte mit diesen Bemühungen das Eigenkirchenwesen, dessen Reste im Patronat und in der Vogtei fortlebten, nicht völlig und über Nacht zum Verschwinden gebracht werden. Für den Ausbau des Niederkirchenwesens waren die geistlichen Leitungsgewalten auch weiterhin auf die Mithilfe diözesanfremder Kräfte angewiesen. Die verschiedenen Wurzeln, aus denen sich die Pfarrorganisation entwickelte, bringen es mit sich, daß das bisher in der Forschung vielfach gehuldigte strenge System einer kirchlichen Organisation von Ursprungs- und Tochterpfarren in der Form nicht haltbar ist. Das nach dem Investiturstreit während des Hochmittelalters aufgebaute Pfarrnetz zeigte aber eine erstaunliche Konstanz und wurde im Spätmittelalter nur geringfügig vermehrt. Dafür kam es in dieser Zeit zu einem intensiveren inneren Ausbau durch weitere von den Pfarrkirchen abhängige Seelsorgestellen in Form von Filialen, Vikariaten, Exposituren sowie Zu- und Nebenkirchen. Die Abhängigkeiten dieser Seelsorgestellen von der „Mutterpfarre" waren sehr unterschiedlicher Natur. Genauso mannigfaltig ist die Terminologie in den Quellen, so daß der Grad der Abhängigkeit nicht immer eindeutig erkennbar ist. Wenn auch in diesen Sprengeln Pfarrer genannt werden oder die Bezeichnung Pfarre auftaucht, bedeutet dies noch lange nicht, daß es sich dabei tatsächlich um eine Vollpfarre gehandelt hat. Sicher wurden in diesen Sprengeln meistens schon wegen der größeren Entfernung zur Mutterkirche gewisse pfarrliche Rechte ausgeübt.

73 Rekonstruktionsversuch der frühmittelalterlichen Kirche in Kleinmünchen. Es handelte sich um einen Ständer-Bohlen-Bau. Der Hauptraum bildete ein Quadrat von 7,5 m Seitenlänge. Rekonstruktion: Johann Offenberger, Bundesdenkmalamt.
Aus: Johann Offenberger, Archäologische Untersuchungen im Bereich der ehemaligen Pfarrkirche zum hl. Quirinus von Linz-Kleinmünchen. In: Hist. Jahrbuch d. Stadt Linz 1984, S. 228, Abb. 11.

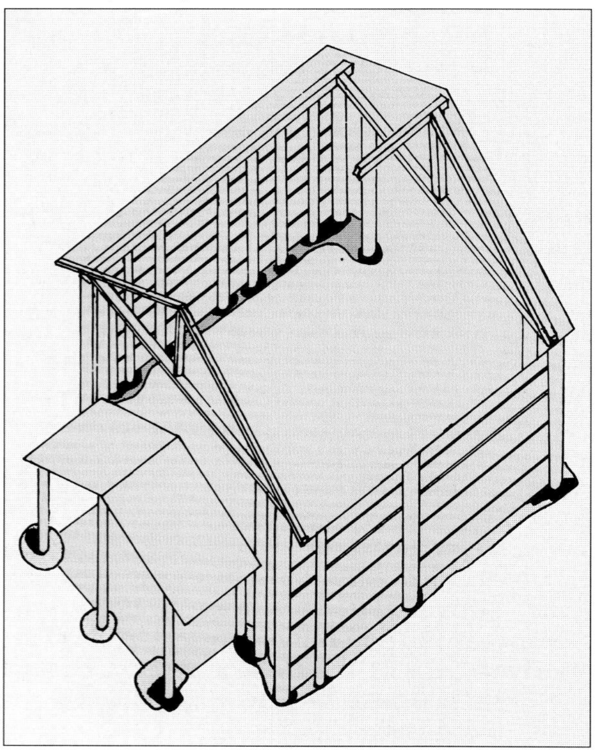

Der Sprengel der Linzer Stadtpfarre reichte weit über den Bereich der mittelalterlichen Stadt hinaus. Er umfaßte einen großen Teil des heutigen Stadtgebiets. Im Westen scheint Leonding sehr früh aus der Linzer Pfarre herausgelöst worden zu sein, besaß es doch Ende des 13. Jahrhunderts schon pfarrliche Rechte. Weil aber dem Linzer Pfarrer das Präsentationsrecht des Leondinger Geistlichen zustand – ein Recht, auf das er erst 1927 verzichtete – wurde Leonding weiterhin nur als Vikariat der Pfarre Linz gewertet. Ende des 13. Jahrhunderts scheint die Kirche von Kleinmünchen als Filiale von Leonding auf. Für das an der Dauphinestraße gelegene ehemalige Gotteshaus, dessen bauliche Tradition auf einen frühmittelalterlichen Holzbau zurückgeht, ist im ausgehenden 15. Jahrhundert ein eigener Pfarrer bezeugt. Um diese Kirche lag – wie die vor einigen Jahren durchgeführten Grabungen zeigten – ein mittelalterlicher Friedhof. Südlich der Traun hat sich im passauischen Ebelsberg spätestens im 13. Jahrhundert eine eigene Pfarre entwikkelt, so daß die Traun in ihrem Unterlauf die südliche Linzer Pfarrgrenze gebildet hat. Die Ebelsberger Pfarre dürfte aus einem größeren Sprengel St. Florians herausgelöst worden sein. Im Osten des heutigen Stadtgebiets errichtete das Kloster St. Peter in Salzburg um die Mitte des 12. Jahrhunderts eine mit dem Sepulturrecht (Begräbnisrecht) ausgestattete Kapelle. Die Rechte über diese Kapelle scheinen dem Kloster bald entglitten zu sein. Die Kirche zu St. Peter hatte um die Mitte des 14. Jahrhunderts einen eigenen Geistlichen, war aber im ausgehenden 15. Jahrhundert als Vikariat enger an die Linzer Stadtpfarre gebunden, als dies vermutlich zwischenzeitlich der Fall war. Durch den Bau der ehemaligen Hermann-Göring-Werke (heute VOEST-Alpine) verschwand dieses Gotteshaus im Jahre 1939.

Nördlich der Donau wurde ca. 1163/64 wahrscheinlich von Gisila, der Witwe des steirischen Ministerialen Ulrich von Haselbach, eine Kapelle in Haselbach (St. Magdalena) für das Seelenheil ihres erschlagenen Sohnes Otto errichtet. Sie wurde vom steirischen Markgrafen Otakar III. dem Kloster Garsten übergeben. Wegen der großen Entfernung vom Kloster war das Interesse an der Einsetzung eines Geistlichen gering. Ein zwischen dem den Gottesdienst versehenden Pfarrer von Tabersheim (Steyregg) und dem Abt von Garsten darüber ausbrechender Streit wurde 1234 dahingehend entschieden, daß der Pfarrer von Tabersheim das Recht des Abtes auf die Kapelle anerkannte und dafür aber für seine Dienstleistungen vom Kloster entschädigt wurde. Während des Spätmittelalters bildete sich um das Gotteshaus Haselbach-St. Magdalena ein Pfarrsprengel aus, zu dem das Dorf Dornach zählte. St. Magdalena verlor seine errungene Selbständigkeit wieder während der Reformationszeit. Die „Mutterkirche“ war Tabersheim-Steyregg, der Linzer Pfarrer hatte im Spätmittelalter keinen Einfluß darauf. Außer Betracht bleibt hier die Nikolaikapelle in Urfahr, da sie im nächsten Abschnitt ausführlich behandelt wird.

74 Die 1938 abgebrochene Kirche von St. Peter nach einer Farblithographie von Johann Bauer aus der Hafner-Offizin.
Stadtmuseum Linz, Inv.-Nr. 2581
Foto: Franz Michalek

Die spätmittelalterliche Entwicklung auf kirchlichem Gebiet lief in Linz mit den allgemein in der Diözese Passau zu beobachtenden Tendenzen parallel. Markantere Einschnitte haben sich in diesem Zeitraum kaum ergeben, die Konstanz des im Hochmittelalter entwikkelten Pfarrsystems blieb aufrecht. Mit der Zunahme der Bevölkerung war es notwendig, gewisse pfarrliche Funktionen wegen der großen Entfernung von der Stadtpfarrkirche an verschiedene Kirchen und Kapellen zu übertragen. Einen besonderen Stellenwert dürfte dabei das Begräbnisrecht eingenommen haben. Erst in der Reformationszeit wurden einige dieser auf heutigem Linzer Stadtgebiet liegenden Gotteshäuser dem Pfarrer von Linz entfremdet. Bis ins 18. Jahrhundert fand man mit einer Pfarre, nämlich der Stadtpfarre, für Linz das Auslangen. Erst die Reformen Kaiser Josefs II. auf kirchlichem Gebiet führten zu einer Verdichtung des Pfarrnetzes, für das bereits bestehende Gotteshäuser den Ansatzpunkt bildeten.

In der übergeordneten Kirchenorganisation gehörte die Pfarre Linz zum Archidiakonat Lorch, dessen weitläufiger Sprengel gegen Ende des 13. Jahrhunderts in zwei Dekanate mit der Donau als Grenze unterteilt wurde. Möglicherweise wollte der Bischof von Passau mit dieser Maßnahme der Gefahr der Entstehung eines österreichischen Landesbistums vorbeugen. Mit ihren zahlreichen Pfründen und Einkünften zählte die Pfarre Linz zu den ertragreichsten im Archidiakonat Lorch. Nach einer Aufstellung aus dem Jahre 1242 hatte sie zur Bestreitung der Beleuchtungskosten des Passauer Domes jährlich acht Pfund Pfennige zu leisten, während die anderen erwähnten Pfarren lediglich die Hälfte bis ein Viertel dieses Betrages und weniger zu zahlen hatten. Nicht zuletzt die reiche Dotierung trug mit dazu bei, daß die Passauer Bischöfe während des Spätmittelalters die Pfarre Linz ausschließlich ihren Domherren übertrugen. In ihrer Funktion als Domkanoniker hielten sich diese Geistlichen oft in der Umgebung des Bischofs auf, was eine ständige Anwesenheit in der Pfarre unmöglich machte. Manche haben ihre Pfarre wahrscheinlich kaum oder überhaupt nie gesehen und genossen bloß die Einkünfte daraus. Die seelsorgliche Betreuung der Pfarrgemeinde ließen sie von oft nur schlechtbezahlten Vikaren besorgen.

Dieses „System“ zeigt sich schon in der 1. Hälfte des 13. Jahrhunderts beim ersten namentlich bekannten Linzer Pfarrer Otto. Er ist wohl mit dem nachmaligen Passauer Bischof Otto von Lonstorf (1254–1265) aus einem vor den Toren der Stadt ansässigen Passauer Ministerialengeschlecht identisch. Seine geistliche Karriere und sein übriger Pfründenbesitz ließen ihm für eine ständige Anwesenheit in Linz kaum Zeit. Die seelsorglichen Aufgaben wurden daher von seinem Vikar Konrad wahrgenommen. Neben Otto schaffte von den Linzer Pfarrern auch noch Ulrich von Nußdorf, der Kanzler des Königs Ladislaus Postumus, den Sprung auf den Passauer Bischofstuhl (1451–1479). Während des Spätmittelalters gewährte die römische Kurie nicht nur in zunehmendem Maße Dispensen von der Residenzpflicht, für mehrfachen Pfründenbesitz und für andere kanonische Erfordernisse, sondern reservierte sich in einzelnen Diözesen immer häufiger die Vergabe von Pfründen (Kanonikate, Pfarren, Benefizien) sowie die Anwartschaft (Expektanz) darauf, um sie an Geistliche ihres Vertrauens gegen entsprechende finanzielle „Erkenntlichkeiten“ vergeben zu können. Ein beredtes Beispiel für diese von der Kurie geübten Praktiken ist der zwischen 1399 und 1417 als Pfarrer von Linz nachweisbare Wenzel Thien. Aus Nikolsburg in Mähren gebürtig, war er ein besonderer Günstling des Papstes Bonifaz IX. (1389–1404). Er hatte zahlreiche Expektanzen und Pfründen über das heutige Österreich hinausgehend inne und starb schließlich 1427 als bischöflich passauischer Offizial in Wien.

Im Leben des mittelalterlichen Menschen besaß die Religion bzw. die Religiosität einen mit dem heutigen Frömmigkeitsbegriff nicht mehr erklärbaren Stellenwert. Alles Tun und Lassen war von der Religion her bestimmt, eine Trennung von Kirche und Staat war unbekannt. Die Einbindung in den *ordo* zeigt sich in den zahlreichen geistlichen Bruderschaften und Zechen, worauf vorhin schon hingewiesen wurde. Diese tief religiöse Haltung lag unter anderem in der Machtlosigkeit des Menschen gegenüber äußeren Einflüssen begründet. Gerade in der 1. Hälfte des 14. Jahrhunderts traten in rascher Folge Naturkatastrophen (Überschwemmungen, Erdbeben, Heuschreckenplagen) und Epidemien (Pest) auf, die vielfach Hungersnöte zur Folge hatten. Man sah darin den Zorn Gottes, der durch spezielle Buß-

75 Überschwemmungen zählten zu den regelmäßig wiederkehrenden Naturkatastrophen, wie sie von einem unbekannten Künstler um 1550 festgehalten wurden. Im Osten reichten die Wassermassen bis nahe an die Stadt heran.
Aus: Justus Schmidt, Linz in alten Ansichten, Taf. 1

übungen, wie sie etwa in den Geißlerumzügen deutlich werden, besänftigt werden sollte. Für Linz existieren keine Quellen, die über die Auswirkungen dieser Katastrophen Hinweise vermitteln, sie dürften aber nicht ganz spurlos an der Stadt und ihrer Bevölkerung vorbeigegangen sein. Vielfach entlud sich der Zorn an den Juden, die als Schuldige für diese Plagen angesehen wurden. So ließ der Bischof von Passau in päpstlichem Auftrag 1338 eine Judenverfolgung in Linz untersuchen. Freilich diente bei den immer wieder auftretenden Judenverfolgungen und Pogromen der religiöse Aspekt meistens nur als Vorwand für die finanzielle Abhängigkeit der christlichen Bevölkerung von den Juden. Ihnen waren die Zinsgeschäfte im Gegensatz zu den Christen erlaubt. Durch den sogenannten Ennser Hostienfrevel von 1420 – nach einem Gerücht sollte die Mesnerin von St. Laurenz in Lorch/Enns Hostien an Juden verkauft haben – erfolgte ihre Vertreibung aus den obderennsischen Städten.

Ein wesentliches Element der mittelalterlichen Frömmigkeit war die Stiftertätigkeit der wohlhabenden Bürger, aber auch der in der Stadt ansässigen Geistlichkeit, des Adels und des Hofes. Sie schlug sich in der Errichtung von Kapellen, Altären und Meßstiftungen nieder, für die eigene Benefiziaten (Kapläne, Gesellpriester etc.) angestellt wurden. Vielfach handelte es sich dabei um nur unzureichend ausgebildete Geistliche, die vom Kapitalertrag dieser Stiftungen lebten. Das Präsentationsrecht für diese Benefiziaten lag in der Regel beim Stifter des Benefiziums bzw. bei dessen Familie. Durch die zahlreichen Stiftungen und Benefizien wurden neben der Pfarrgeistlichkeit und dem Ordensklerus eine große Zahl von Geistlichen in der Stadt seßhaft. Es mußte im Interesse des jeweiligen Pfarrers liegen, die geistliche Leitungsgewalt über diese Benefiziaten in seine Hand zu bekommen. Damit war für ihn die Gewähr gegeben, daß er keine Schmälerung der eigenen Einkünfte zu befürchten hatte. Bei größeren Meßstiftungen wurde er ohnehin meist mit einem Geldbetrag bedacht. Die Gefahr einer loseren Bindung an den Pfarrer bestand dort, wo der Benefiziat eine eigene Wohnung besaß und damit der Keim zu gewissen Verselbständigungstendenzen gelegt wurde. Dies trifft wohl auf das den Bürgern unterstehende Bürgerspital zu. Die Hl.-Geist-Kapelle im Spital besaß im Spätmittelalter den Rang einer Personalpfarre, die in den Quellen als „Pfarre in der Vorstadt" Erwähnung findet. Dem Pfarrer im Spital dürften über die Spitalsinsassen pfarrliche Rechte zugestanden sein. Ähnlich verhält sich die Entwicklung mit der Gangolfskapelle im Linzer Schloß. Durch den zeitweiligen Residenzcharakter von Linz stieg sie in den Rang einer Personalpfarre zur geistlichen Betreuung der Angehörigen des Hofes auf. Auf die beiden Kapläne hatte der Linzer Stadtpfarrer wohl kaum einen Einfluß. Die übrigen Kirchen und Kapellen standen zur Stadtpfarre in einer unterschiedlichen Rangordnung. So hatte etwa die Martinskirche den Status einer Zukirche. Die im Laufe der Zeit eingetretene Wertminderung der Stiftungen erhöhte die Gefahr einer unzureichenden Versorgung dieser Kleriker und ihr Absinken in ein „geistliches Proletariat". Diesen Tendenzen suchte man entweder durch Zustiftungen oder durch die Verleihung gleich mehrerer Benefizien an einen Priester gegenzusteuern.

Größere Stiftungen wurden naturgemäß von der Oberschicht der Bürgerschaft für ihr Seelenheil und das ihrer Angehörigen errichtet. So bedachte der später in Salzburg tätige Linzer Bürger Ulrich Sammer 1380 mit seiner Seelgerätstiftung die Bäckerknechtzeche und damit verbunden die Stadtpfarre, die Minoriten, das Bürgerspital und das Siechenhaus mit größeren Beträgen. Aus seiner Stiftung entwickelte sich später das Spendamt. 1335 verfügte Leopold Puezzer testamentarisch die Errichtung der

76 Die 1785 abgebrochene Annakapelle auf dem Friedhof bei der Stadtpfarrkirche im Jahre 1635. Dahinter liegt der Petershof, der heutige Pfarrhof der Stadtpfarrkirche. Aus: Justus Schmidt, Linz in alten Ansichten, Taf. 5

Annakapelle (1785 abgebrochen) auf dem Friedhof bei der Stadtpfarrkirche samt Kaplan und ewigem Licht. Eine rege Stiftungstätigkeit entfaltete Friedrich Tungassinger aus einem der angesehensten spätmittelalterlichen Linzer Bürgergeschlechter. Er stiftete den Allerheiligenaltar in der Linzer Stadtpfarrkirche (1334) und gemeinsam mit seinem Schwiegersohn Ulrich von Thann eine ewige Messe und verschiedene Einkünfte und Messen zum Unterhalt eines Kaplans in der Hl.-Geist-Kapelle des Bürgerspitals (1334, 1348). Anstelle der an der Hahnengasse gelegenen Judenschule (Synagoge) ließ 1428 der Schaffer der Wallseer, Martin Ranynger, die Dreifaltigkeitskapelle samt Benefiziatenhaus errichten. Am Ausgang des Mittelalters sind es die Linzer Bürger Andre Harder und Adrian Paczner, die umfangreiche Stiftungen tätigen, sowie Anna Aspacher, die ein Benefizium auf den Erasmusaltar der Stadtpfarrkirche gibt. Mit diesen Beispielen ist nur ein Bruchteil dessen erfaßt, was tatsächlich von den Linzern gestiftet wurde. Während des 15. Jahrhunderts rückte die Martinskirche wieder stärker in das Blickfeld. Dafür spricht neben baulichen Veränderungen, deren Träger wohl der König und die Bürger waren, die Errichtung eines eigenen Benefiziums in der Kirche.

Eine Stiftung des Linzer Stadtpfarrers Meister Arnold war der Fronleichnams- oder Corporis-Christi-Altar in der Stadtpfarrkirche (1341), der vor 1413 eine Zustiftung durch den Linzer Bürger Ott Maidwieser erfuhr. In diesem Zusammenhang ist auch die Kirche in St. Margarethen mit ihrem Friedhof zu erwähnen, zu der der Vikar der Stadtpfarre und Kaplan der Annakapelle Dietmar 1385 eine Wochenmesse stiftete. Die verstärkte Anwesenheit des Hofes in der 2. Hälfte des 15. Jahrhunderts manifestierte sich in mehreren Meßstiftungen. Erhöhte Bedeutung gewann die Gangolfskapelle im Schloß, an der zwei Priester mit einem regelmäßigen Einkommen aus verschiedenen Gütern und Einkünften wirkten.

Außer dieser Stiftertätigkeit bestanden Beziehungen zu klösterlichen Gemeinschaften. Für die Linzer Bürgerschaft sind es neben den Minoriten, auf die noch einzugehen ist, in erster Linie das Zisterzienserstift Wilhering und das Chorherrenstift St. Florian als die der Stadt nächstliegenden Klöster. Verbindungen zu entfernter liegenden Klöstern sind vielfach auf verwandtschaftliche oder Wirtschaftsbeziehungen zurückzuführen. Wenn etwa Töchter von Linzer Bürgern in das Kloster Dürnstein in der Wachau als Nonnen eintreten, so ist dafür sicher der Weingartenbesitz der Familien in diesem Gebiet ausschlaggebend. Neben Seelgerätstiftungen sind es immer wieder Stiftungen zugunsten eines der Familie entstammenden Konventmitgliedes, die für diese Klöster getätigt werden. War der Eintritt in das Kloster vornehmlich Adeligen vorbehalten, so zeigt sich während des Spätmittelalters die Tendenz zu einer gewissen Verbürgerlichung vieler klösterlicher Konvente.

77 Das Minoritenkloster (D) mit einem zweischiffigen gotischen Langhaus wurde in der Südwestecke der ummauerten Stadt errichtet. Ausschnitt aus dem Vogelschauplan von Abraham Holzwurm.
Aus: Justus Schmidt, Linz in alten Ansichten, Taf. 4

Mit den Mendikanten faßten im 13. Jahrhundert neue Orden in unserem Raum Fuß. Durch ihre verstärkte Predigttätigkeit und dem von den Minderbrüdern vorgelebten Ideal der Armut fanden sie besonders bei der städtischen Bevölkerung großen Zuspruch. Im Gegensatz zu den alten Orden (Benediktiner, Zisterzienser, Prämonstratenser, Augustiner-Chorherren etc.), die ihre Klöster außerhalb der Städte errichteten, waren die neuen Bettelorden typische Stadtorden. Der Überlieferung nach kamen die Minoriten im Jahre 1236 nach Linz. Ihre Ansiedlung entbehrt nicht einer politischen Note. Die Minoriten galten als geistige Kampftruppe des Papstes in seinen Auseinandersetzungen mit Friedrich II. Der Kaiser besaß wiederum im Passauer Bischof Rüdiger einen eifrigen Parteigänger, der dem Orden den Eingang in Passau verwehrte. Der letzte Babenbergerherzog Friedrich II. stand im Jahre

1236 in Gegnerschaft zu seinem kaiserlichen Namensvetter und dem Passauer Bischof, so daß wohl er als Förderer der Linzer Minoritenniederlassung gelten kann. Vor diesem Hintergrund und der Furcht vor der Schmälerung ihrer Einkünfte wurden den Minderbrüdern von der Linzer Pfarrgeistlichkeit, dem Pfarrer Otto und seinem Vikar Konrad, alle erdenklichen Schwierigkeiten bereitet. Sie mußten sich deshalb vor dem Bischof Hermann von Würzburg, der über päpstlichen Auftrag zum Beschützer der Minoriten im Deutschen Reich bestellt wurde, zwischen 1239 und 1241 verantworten.

Auftrieb erhielt der Linzer Konvent unter König Rudolf I. Die Minoriten dienten ihm als Propagandatruppe bei seinen Auseinandersetzungen mit dem Böhmenkönig Ottokar II. Přemysl. Der im Gefolge König Rudolfs ins Land gekommene Eberhard von Wallsee ließ ab 1280 in der Südwestecke der Stadt Kloster und Kirche erbauen, wo er auch seine letzte Ruhestätte fand. Obwohl vom Ordensgründer, dem hl. Franz von Assisi, ursprünglich der Gemeinschaft jeder Besitz verboten war, konnte diese strenge Auslegung der Ordensregel hinsichtlich des gemeinschaftlichen Eigentums nicht beibehalten werden. Im Laufe der Jahrzehnte erwarb das Linzer Kloster bedeutenderen Grundbesitz in der Stadt selbst, aber auch außerhalb. Der Klosterbau muß sehr stattlich gewesen sein, da er bereits 1289 eine große Fürstenversammlung in seinen Mauern aufnehmen konnte. Während des Spätmittelalters blieben die Minoriten die einzige Ordensniederlassung in der Stadt.

78 Das Rathaus war sichtbarer Ausdruck bürgerlicher Repräsentation. Die heute bestehende frühbarocke Hauptfassade stammt aus der Zeit um 1675. *Foto: Walter Eigner*

79 Zu den wenigen erhaltenen architektonischen Details des Spätmittelalters zählt eine gotische Sohlbank mit grotesken Tieren mit Schilden an einem Fenster des Hauses Hauptplatz 10. *Foto: Walter Litzlbauer*

Weil sich die städtische Bevölkerung in verschiedene soziale Gruppen aufsplitterte, ist es schwer, von einer einheitlichen städtischen Kultur zu sprechen. Man wird nach den jeweiligen Trägern (Bürger, Kirche, Adel, Hof etc.) differenzieren müssen. Kultur manifestiert sich vor allem im Repräsentationsbedürfnis dieser Gruppen, das in bestimmten Bereichen durch Normen, wie etwa den Kleiderordnungen, geregelt war. Als kollektiver Aspekt bürgerlicher Kultur ist noch am ehesten die Anlage und Gestalt der gesamten Stadt mit ihren Befestigungsanlagen, Straßen und Plätzen sowie „öffentlichen" Gebäuden, wie dem Rathaus, zu sehen. Das Rathaus bildete das Zeichen städtischer Selbstverwaltung nach außen und dokumentierte gleichzeitig die Macht der bürgerlichen Eliten im Innern. Das individuelle Repräsentationsbedürfnis der Bürger, abzulesen etwa an der Kleidung, an der Gestaltung der Häuser und der Wohnräume, an der Pracht ihrer Grabsteine, im weitesten Sinn also im Alltagsleben schlechthin, orientierte sich spätestens seit dem 15. Jahrhundert am adeligen Vorbild. Allerdings sind in Linz die Zeugnisse hiefür äußerst gering und nur ansatzweise vorhanden. Sie stammen alle aus der Zeit der Spätgotik (2. Hälfte 15./1. Hälfte 16. Jahrhundert). Im architektonischen Bereich zeigen sich Details vor allem an den Häusern um den Hauptplatz in Form von gotischen Fenstergewänden, wie etwa die zwei grotesken Tiere mit Schildern auf der Sohlbank des Hauses Hauptplatz 10, oder einige spätgotische Arkadenhöfe. Dieser Zeit gehört auch noch ein Teil der bei vielen Altstadthäusern vorhandenen Breiterker an. Ein gotischer Innenraum mit Kreuzrippengewölben findet sich noch im Haus Hautplatz 33. Als weitere Beispiele bürgerlicher Repräsenta-

80 Bauinschrift vom ehemaligen Gasthaus „Zum Goldenen Adler", der sich in dem 1939 abgetragenen Haus Adlergasse 3 – Zollamtstraße 8 befand. Die rote Marmortafel (85 x 94 cm) trägt in sorgfältig gearbeiteten gotischen Lettern die Inschrift: das paw hat volpracht Wenczla Prewer purger czw Lincz 1463. Das Wappen mit dem Treidlbaum, sowie Haken und Ruder weisen Prewer als Schiffmeister aus.
Stadtmuseum Linz, Inv.-Nr. P 998
Foto: Stadtmuseum Linz

tion sind die Bauinschrift des Schiffmeisters Wenzel Preuer (Wenczla Prewer) vom Haus Adlergasse 3 aus dem Jahr 1463 (heute Stadtmuseum) und der Grabstein des Linzer Bürgermeisters Adrian Patzner an der Stadtpfarrkirche zu nennen.

Im kirchlichen Bereich erfuhr die aus der karolingischen Zeit stammende Martinskirche heute noch sichtbare Umgestaltungen in romanischer, früh- und spätgotischer Zeit. Der gotische Choranbau erfolgte Mitte des 15. Jahrhunderts. Die Stadtpfarrkirche, ursprünglich als dreischiffige spätromanische Basilika errichtet, dürfte nach dem Stadtbrand von 1441 den das Langhaus überragenden polygonalen gotischen Chor (1448) und den querrechteckigen Turm an der Westseite (1453) erhalten haben, die auf alten Abbildungen noch sichtbar sind. Die in der Südwestecke der Stadt situierte Minoritenkirche besaß ein zweischiffiges gotisches Langhaus mit langgestrecktem Ostchor. Von den zahlreichen Kirchen und Kapellen sind die Annakapelle bei der Stadtpfarrkirche (1785 abgebrochen), die Hl.-Geist-Kapelle im Bürgerspital (1628–30 umgebaut, 1786 profaniert, 1895 abgebrochen), die Dreifaltigkeitskapelle an der Hahnengasse (1789 profaniert, 1945 zerstört), die Margarethenkapelle (1785 zerstört) und die Nikolaikapelle in Urfahr (nach vorhergehender Barockisierung 1789 profaniert, 1975 abgebrochen) in gotischen Formen errichtet worden. Auf heutigem Linzer Stadtgebiet war die 1930 abgetragene Pfarrkirche von Kleinmünchen an der Dauphinestraße in ihren Grundformen romanisch mit Zubauten aus gotischer Zeit. Ältere Vorgängerbauten besaßen auch die spätgotische Kirche von St. Magdalena und die 1939 abgebrochene Kirche von St. Peter.

Von den höfischen Bauten dürfte die Linzer Burg in der 2. Hälfte des 14. Jahrhunderts vielleicht nach dem Vorbild der unter Kaiser Karl IV. in Karlstein bei Prag errichteten Burg umgebaut worden sein. Dieser Zeit gehören wohl der auf späteren Abbildungen noch sichtbare zweigeschossige hochgiebelige, mit Ecktürmen bewehrte Palas an der Nordwestecke des geschlossenen Burggevierts und der viergeschossige Bergfried mit anschließendem Saalbau in der Südwestecke an. Die Bautätigkeit unter Kaiser Friedrich III. betraf die strategische Sicherung der Westseite der Burg durch ein System von doppelten Wällen, Bastionen und Gräben, wovon heute noch das Friedrichstor mit dem Vorwerk des Trutzbauers Zeugnis ablegt. Seit dem Beginn der achtziger Jahre wurden bauliche Maßnahmen getroffen, die darauf schließen lassen, daß die Burg als ständiger Aufenthaltsort dienen sollte.

Im Süden des heutigen Stadtgebietes am Steilufer der Traun entstand zur Sicherung des Flußübergangs die 1154 erstmals urkundlich erwähnte Burg Ebelsberg. Den älteren Abschnitt bildete der aus Buckelquadern errichte-

81 Nach dem Stadtbrand von 1441 wurde der das Langhaus überragende polygonale Chor der Stadtpfarrkirche errichtet und an der Westseite der Turm breiter als das Langhaus angebaut. Der Stich Georg Hoefnagels aus dem Jahr 1594 gibt diese Details deutlich wieder.
Aus: Justus Schmidt, Linz in alten Ansichten, Taf. 3

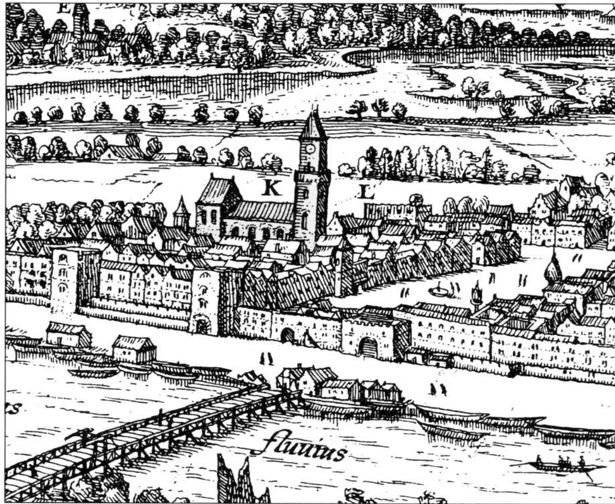

te Turm im südöstlichen Teil der jetzigen Anlage. Die Burg war bis 1803 im Besitz der Bischöfe von Passau. Eine Beschreibung des mittelalterlichen Baues liegt durch Aeneas Silvius Piccolomini, dem nachmaligen Papst Pius II. (1448–1454) vor, der sich im Gefolge Friedrichs III. 1444 hier aufhielt. Demnach war der Zugang von Südosten durch einen doppelten Graben geschützt und die gesamte Anlage von einer zwei- bis dreifachen Mauer umgeben. In der Mitte der Burganlage befand sich ein Hof mit Brunnen.

Relativ wenig hat sich aus dem Bereich der Plastik und Malerei selbst aus dem kirchlichen Bereich erhalten. Aus der Zeit der Romanik ist überhaupt nichts auf uns gekommen. Als bedeutendstes Werk der gotischen Plastik in Linz ist die Sandsteinstatue der Muttergottes mit Kind (14. Jahrhundert) in der Maria-Thal-Kapelle anzuführen. Eine ursprünglich in einer Wegkapelle befindliche Holzplastik des auferstandenen Christus steht den Statuen der Steyrer Stadtpfarrkirche nahe und zählt zu den Hauptwerken österreichischer Plastik der Gotik. Der Mitte des 15. Jahrhunderts ist eine Holzplastik einer sitzenden Madonna mit Kind vermutlich aus der ehemaligen Hauskapelle des Löfflerhofes (bei der Herz-Jesu-Kirche) zuzuordnen. Beziehungen zum Kefermarkter Altar zeigt ein aus der Dreifaltigkeitskapelle (heute Stadtmuseum Nordico) stammendes Holzrelief der Geburt Christi aus dem ausgehenden 15. Jahrhundert. Dieser Zeit gehören auch eine Holzstatue des hl. Christophorus mit Kind, eine Madonna (heute Kapuzinerkirche) und eine Madonna mit Kind auf der Weltkugel in der Kirche zu St. Magdalena an. Bereits dem 16. Jahrhundert sind der lebensgroße Kruzifixus in der Stadtpfarrkirche und die Ölberggruppe in der Hauskapelle des Hauses Hauptplatz 4 zuzurechnen, ebenso eine Sitzfigur des hl. Petrus (verschollen) aus der Kirche St. Peter. Von den in den Linzer Kirchen und Kapellen vorhandenen Kultgeräten und Kleinplastiken hat sich nichts erhalten. Hinweise darauf vermittelt lediglich das 1469 angelegte Inventar des Minoritenklosters.

82 Relieftafel mit der Geburt Christi aus der ehemaligen Dreifaltigkeitskapelle an der Hahnengasse. Die um 1490 entstandene Tafel (172×124 cm) ist möglicherweise ein Rest des ehemaligen Hochaltars der Stadtpfarrkirche. Stadtmuseum Linz, Inv.-Nr. P 744
Foto: Stadtmuseum Linz

Nicht sehr zahlreich sind die Beispiele mittelalterlicher Malerei, die sich ausschließlich auf den sakralen Bereich beziehen. Ein großes Fresko Christophorus darstellend, vielleicht von einem Salzburger Meister aus der 2. Hälfte des 14. Jahrhunderts an der Außenwand der Kirche von St. Peter, wurde bei der Abtragung der Kirche zerstört. Die Martinskirche war in der 1. Hälfte des 15. Jahrhunderts innen wahrscheinlich durchgehend mit Wandmalereien bedeckt. Erhalten haben sich davon lediglich das Volto-Santo-Bild aus der Zeit knapp nach 1400 an der Nordwand sowie eine Freskodarstellung der Muttergottes auf dem Triumphbogen (Mitte des 15. Jahrhunderts).

Namentlich überlieferte „Künstler“, die in erster Linie Handwerker waren, finden sich vor allem bei Bauten des Hofes, der Kirche und „öffentlichen“ Bauwerken. Ein Baumeister, Nikolaus Scheibenkalch, aus Linz soll in der 2. Hälfte des 13. Jahrhunderts beim Bau der Salvatorkapelle und der Burg in Wien beteiligt gewesen sein. Beim Bau des Grazer Domes werden 1372 zwei Brüder, Heinrich und Stephan, aus Linz genannt. Die Anwesenheit des Hofes im ausgehenden 15. Jahrhundert hat sowohl für Baumeister (Maurer) als auch für Kunsthandwerker größere Aufträge gebracht. So sind die Linzer Bürger Michael Prandis und Wolfgang Mitterhofer sowie der Baumeister und Steinmetz Hans Lichtenberger beim Bau des Schlosses und der Befestigungsanlagen tätig. An der Stadtbefestigung und am Neubau des Rathauses nach dem Stadtbrand von 1509 war der in Linz ansässige Baumeister Hans Hochstrasser beteiligt. Die Planung und Bauführung lag allerdings bei einem nicht aus der Stadt stammenden Meister Christoph und Meister Kaspar. Als Maler waren die Linzer Bürger Laurenz Stainperger und Jörg Teuffenpeck unter anderem bei der Margarethenkapelle beschäftigt. Wolfgang Selwax war vermutlich mehrere Male für das Stift Kremsmünster tätig. Für kirchliches Kultgerät, das im Auftrag Kaiser Friedrichs III. angefertigt wurde, zeichnete der Linzer Goldschmied Hans Gschachsnot verantwortlich. Die Kunsthandwerker, zu denen auch noch die Plattner für die Harnischerzeugung und die Zinngießer zu rechnen sind, spielen in der sozialen Rangordnung der Stadt eine relativ untergeordnete Rolle im Vergleich zu anderen Städten. Als Auftraggeber kamen für sie in erster Linie der Hof und die Kirche in Betracht. Zudem stellten die auf den Linzer Märkten gehandelten kunstgewerblichen Erzeugnisse, etwa der Goldschmiede aus Augsburg und Nürnberg, eine äußerst starke Konkurrenz für die einheimischen Handwerker dar. Der als Goldschmied tätige Vater des Malers Albrecht Dürer fertigte im Auftrag des Kaisers 1489 Trinkgefäße an. 1492 war er mit Goldschmiedeentwürfen und Graphiken am Bartholomäimarkt in Linz und mußte bei dieser Gelegenheit Friedrich im Schloß Bilder *aufpinten.*

Das Aufblühen der Städte im Spätmittelalter führte zu einem gesteigerten Bildungsbedürfnis des Bürgertums. In erster Linie ging es wohl darum, dem Bürger für seine Tätigkeit als Handelsmann „praktisches“ Wissen, d. h. Kenntnisse im Lesen, Schreiben und Rechnen zu vermitteln. Neben diesem Elementarunterricht haben diese Schulen auch Latein geboten, waren Grundkenntnise etwa im geistlichen Bereich (Gottesdienst) erforderlich. Diese Schulen standen all jenen offen, die ein entsprechendes Maß an Bildung bzw. Ausbildung als notwendig erachteten. In Linz ist eine Schule Mitte des 14. Jahrhunderts bezeugt, von deren Schülern auch Oster- und Himmelfahrtsspiele aufgeführt wurden. Die Einsetzung des Schulmeisters, der mit den Schülern die Kirchenmusik zu betreuen hatte, oblag der Bürgerschaft gemeinsam mit dem Stadtpfarrer.

Im 15. Jahrhundert gewannen die Universitäten für die städtische Bevölkerung an Attraktivität. Der Besuch einer Universität stand allen Schichten offen und wurde nicht nur von Angehörigen der Bürgerschicht, sondern auch von Handwerkersöhnen genutzt. Für Linz war es in erster Linie die Universität Wien, die die größte Anziehungskraft ausübte. Mit dem Studium verbanden sich in der Regel Karrieren im geistlichen Bereich. Eine Anzahl von Linzer Gelehrten wirkte als Lehrer an der Wiener Universität. Johann Schleuchel (gest. 1453) hielt Vorlesungen über die Dekretalen und besaß eine bedeutende Büchersammlung, die er der Bibliothek der artistischen Fakultät vermachte. An der Artistenfakultät wirkte um diese Zeit auch Georg Schlecht als Lehrer. Der Theologe Georg Schleuchel (gest. 1467) trat nicht nur als Kanzelredner hervor, sondern legte auch Abschriften der Werke berühmter Gelehrter seiner Zeit an. Ein Petrus de Linz ist 1425 als Magister regens der Artistenfakultät erwähnt.

Ein Zentrum der Gelehrsamkeit war das Linzer Minoritenkloster. Es besaß eine eigene Bibliothek. Wie die anderen Klöster des Landes dürften auch die Linzer Minoriten eine eigene Schreibstube besessen haben, in der liturgische und wissenschaftliche Texte abgeschrieben wurden. Auftraggeber war zumindest teilweise der Adel des Landes. So schrieben etwa Hanns Bischof, Thomas Grueber de Bwainis, Kaspar Gstettner von Judenburg und Sigmund Grueber Manuskriptbände für Reinprecht von Wallsee und die Herren von Perckheim. Ein Magister Johann von Linz war Minorit in Wien und erbaute die dortige Klosterbibliothek. Dem Orden dürfte auch der mystische Schriftsteller Bruder Hermann aus Linz angehört haben. Die Anfänge einer Linzer Stadtgeschichtsschreibung stehen gleichfalls mit den Minoriten im Zusammenhang. Spätere Reimchroniken nehmen noch ziemlich stark Nachrichten über diesen Orden auf.

Mit dem dauernden Aufenthalt Kaiser Friedrichs III. wurde die Stadt seit 1489 zu einem kulturellen Mittelpunkt. Diese Funktion blieb ihr auch noch unter der Regentschaft seines Sohnes Maximilian I. erhalten. Die Vorliebe Friedrichs für Astrologie, Alchimie, Botanik, Edelsteine etc. wurde schon erwähnt. Formen höfischen Lebens manifestierten sich in der Jagd und Turnieren, denen besonders König Maximilian frönte. Während der Friedensverhandlungen mit Ungarn wurden auf dem Hauptplatz vom 31. Oktober 1489 bis zum 17. Jänner 1490 Turniere abgehalten, an denen neben Maximilian unter anderen Herzog Erich von Braunschweig teilnahm. Die Umgebung der Stadt bot dem Hof ausreichend Gelegenheit zur Jagd.

Als Sitz des Hofes hat die Stadt am Ausgang des Mittelalters eine große Zahl von Gelehrten und Künstlern angezogen. Dieser Gelehrtenkreis trug besonders zur Verbreitung humanistischen Ideen- und Gedankengutes bei, das im Gegensatz zum bisherigen mittelalterlichen Wissenschaftssystem der Scholastik ein Bildungsideal auf der Grundlage antik-klassischer Studien erstrebte. Zu den bedeutenden Geistern der Zeit, die sich zeitweilig am Hofe Friedrichs aufhielten oder vorübergehend in der Stadt lebten, zählten die Führer der Wiener Humanistenbewegung, der Kanzler und Superintendent der Wiener Universität Bernhard Perger aus Stainz und die Regenten der Universität Johann Fuchsmagen aus Hall in Tirol und Johann Krachenberger aus Vilshofen in Bayern sowie der kaiserliche Sekretär Petrus Bonomus und sein Bruder Franz, beide aus Triest gebürtig. Ein Teil der Bibliothek dieser Gelehrten war ständig im Linzer Schloß untergebracht.

83 Das Inventar des Minoritenklosters aus dem Jahr 1469 weist die Existenz einer Klosterbibliothek nach. Archiv der Stadt Linz, Hs. 922, fol. 1r

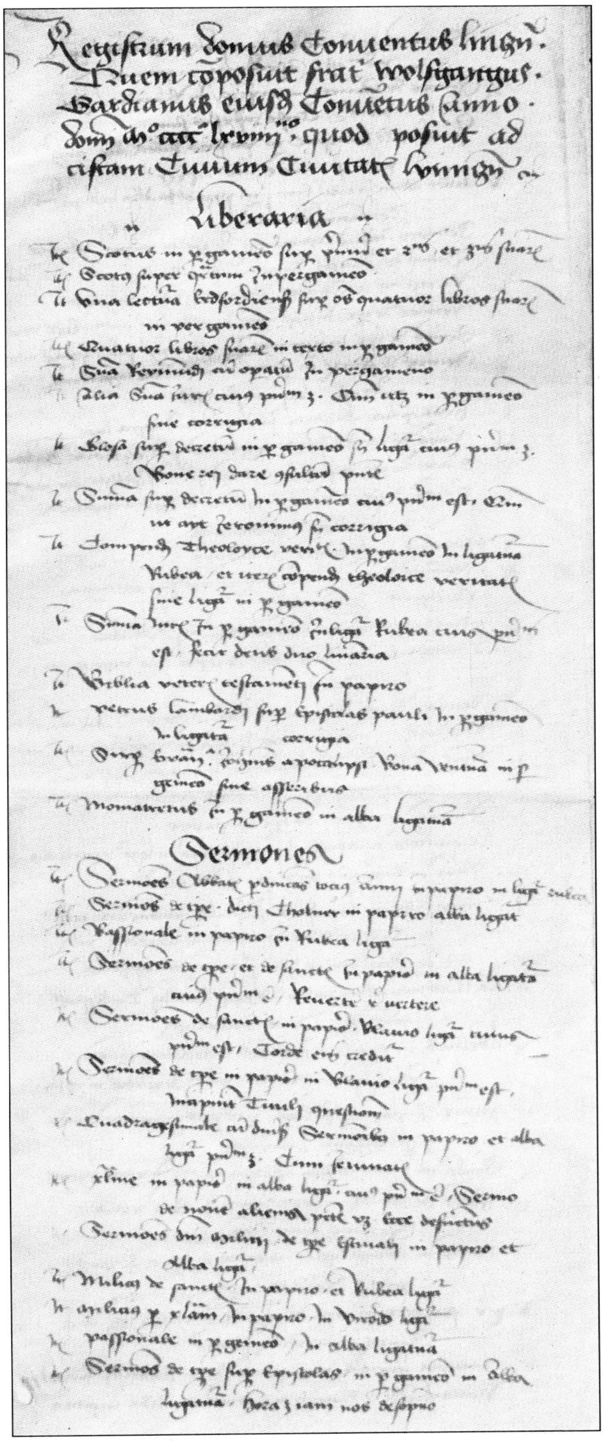
Registrum domus conventus lincz. Quem composuit frat(er) wolfgangus. Gardianus eiusd(em) conuentus anno domini m° cccc° lxviiij° quod posuit ad cistam Civium Civitatis lincz

Liberaria

Sermones

Während der Anwesenheit einer venezianischen Gesandtschaft wurde am 20. Juli 1492 der Dichter Delius zum *Poeta laureatus* gekrönt. Im selben Jahr weilte Johannes Reuchlin als Abgesandter des Grafen Eberhard im Barte von Württemberg am Hofe Friedrichs und konnte hier beim gelehrten Leibarzt des Kaisers, Jakob ben Jehiel Loans, seine Hebräischkenntnisse erweitern. Wiederholt hielten sich in Linz auch die bekannten Humanisten Konrad Peutinger aus Augsburg und Konrad Celtis auf. Letzterer führte am 1. März 1501 im Linzer Schloß vor Maximilian I. und seiner mailändischen Verwandtschaft zur Dichterkrönung von Vinzenz Lang-Eleutherius den *Ludus Dianae* auf. Bei diesem musikalischen Festspiel wirkten neben Celtis Petrus Bonomus, Joseph Grünpeck, der friesische Arzt und Dichter Theodor Ulsenius, Vinzenz Lang selbst und andere Humanisten mit. Zum gelehrten Kreis um Friedrich III. und Maximilian I. sind auch noch Paulus Amaltheus, ein aus Pordenone gebürtiger Minorit, der aus Vicenza stammende Dichter und Lehrer Quintus Aemilianus Cimbriacus, der Mathematiker und Astronom an der Wiener Universität Georg Tannstetter-Collimitius sowie der Schweizer Joachim Watt-Vadianus, der 1514 in Linz von Maximilian zum Dichter gekrönt wurde, zu zählen. Neben der Gelehrsamkeit und Dichtkunst blühte die Pflege der Musik am Hofe Friedrichs und Maximilians. 1490 ist der Innsbrucker Hoforganist Maximilians, der Komponist Paul Hofhaimer in Linz anwesend. Die Hofmusik Friedrichs, bestehend aus Trompetern und Pfeifern, fand den Beifall der venezianischen Gesandtschaft im Jahre 1492.

Von der Residenz zum Regiment
Linz unter Kaiser Maximilian I.

Für viele von uns ist es eine Selbstverständlichkeit, daß das Mittelalter spätestens mit der Entdeckung Amerikas (1491) zu Ende geht und die Neuzeit beginnt. Die Linzer Stadtgeschichte scheint wie geschaffen für diese Periodisierung, beginnt doch mit dem besprochenen großen Privileg von 1490 eine neue Ära der Stadt. Wie das zu verstehen ist, wird im Folgenden zu zeigen sein. Doch abgesehen von lokalen und regionalen Zufälligkeiten, hat sich unter den Historikern eine ganz andere Zeiteinteilung herauskristallisiert, die auf neu erarbeiteten Kriterien beruht. Sie messen der Entdekkung des neuen Kontinents nicht mehr diese überragende Bedeutung zu, sondern glauben, daß die Kontinuitäten vom Mittelalter bis zur Zeit der Industrialisierung überwiegen. Marxistische Forscher sprechen von der Zeit des Feudalismus, andere von der „Alteuropäischen Epoche", womit ähnliches gemeint ist. Die Stadthistoriker konnten sich übrigens zu keiner Zeit mit der alten herkömmlichen Periodisierung anfreunden, wußten sie doch, daß die großen und gravierenden Veränderungen im Gesamtgefüge der Städte erst zu Ende des 18. Jahrhunderts einsetzten. Freilich soll uns dieser Umstand nicht daran hindern, bei allem Bemühen um eine Einordnung der Linzer Vergangenheit in die Gesamtgeschichte den regionalen Besonderheiten das Hauptaugenmerk zuzuwenden.

Wenn wir in diesem Zusammenhang und fast im Widerspruch zum soeben Gesagten den wenigen Jahrzehnten, als Kaiser Maximilian I. über das Land ob der Enns herrschte, ein eigenes Kapitel widmen, dann nicht um die besondere Bedeutung dieser Jahre herauszustreichen, sondern um sie von der folgenden Epoche abzugrenzen. Seine Regierung bildet gleichsam eine Brücke zu jener Linie des Hauses Habsburg, die dann für 400 Jahre die Geschicke Österreichs lenken sollte.

84 Das Porträt Kaiser Maximilians I. von Bernhard Strigel zeigt eine energische selbstbewußte Persönlichkeit. Stadtmuseum Linz, Inv. 11.041 Foto: Michalek

Bei aller Trauer um den verschiedenen Monarchen, galt es für die Linzer Stadtväter zunächst und vor allem, das Erreichte zu sichern und beim Nachfolger um die Bestätigung der Privilegien einzukommen, was gar nicht so leicht gewesen ist, denn König Maximilian I. befand sich auf Kriegszug gegen die Türken. Auf seinem Zug nach Osten nahm er in Linz den Schatz Kaiser Friedrichs in Empfang, der zu seiner großen Enttäuschung außer unverkäuflichen Kleinodien nichts Verwertbares, vor allem kein Geld enthielt. Selbst das Begräbnis des alten Kaisers mußte bis in den Dezember warten. Dennoch erreichten die Linzer schon im März des nächsten Jahres die volle Anerkennung ihrer Rechte durch den König. Wir dürfen vermuten, daß sie bei aller Dankbarkeit für die Gunstbeweise Friedrichs III. auf Maximilian I. noch größere Hoffnungen setzten, galt er doch als fortschrittlicher, moderner Herrscher, der sich in Gegensatz zu seinem Vater herabließ, sogar mit den Städtebürgern gesellschaftlichen Disput zu pflegen. Es dachte aber wohl niemand daran, daß sich Maximilian für längere Zeit in Linz niederlassen würde, wenngleich aus vielen Handlungen deutlich wurde, daß ihm persönlich am Gedeihen der Stadt sehr viel gelegen war. Daß manche seiner Initiativen nicht nur als Gnadenbeweise aufzufassen sind, sondern auch in seinem ureigensten Interesse lagen, wird aus dem wohl wichtigsten Privileg seiner Regierung für Linz, dem am 3. März 1497 ausgestellten Brückenbrief, deutlich.

Die erste Donaubrücke

Neben Türmen, Tor und Mauern deuten bis hin zum modernen, 1965 eingeführten Stadtwappen zwei Wellenlinien auf die überragende Bedeutung der Donau für das Wohl und Wehe der Stadt hin. Aber fast ebenso wichtig wie der Strom selbst war die Möglichkeit seiner Durchquerung oder Überschreitung. Die Stadt Innsbruck führt zum Beispiel in ihrem Namen und Wappen eine Brücke und andere im Mittelalter gegründete Städte tragen ganz einfach den Namen eines solchen Bauwerkes: Bruck an der Mur und Bruck an der Leitha. Die Beispiele ließen sich vermehren, doch mögen die knappen Hinweise genügen, um die Bedeutung herauszustreichen, die einer Brücke zukommen konnte.

Wir sind es gewohnt, den verkehrsmäßigen Aspekt dabei im Vordergrund zu sehen, und zweifellos war eine einzelne Brücke in der Lage, den Fernverkehr auf einen Punkt hin zu bündeln. Zwar gab es in Wien (1439) und Krems (1463) bereits Donaubrücken, aber das Linzer Bauwerk konnte gewiß zu einer Verstärkung des Handels von Oberitalien nach Böhmen beitragen. Quellenmäßige Belege dafür haben wir allerdings nicht. Neben den handelspolitischen Überlegungen sollte der militärstrategische Blickpunkt nicht vergessen werden, der Brücken ganz allgemein bis in die jüngste Zeit beigemessen worden ist oder immer noch wird. Wie heftig umkämpft ein Flußübergang sein konnte, wird an den Geschehnissen in der Schlacht an der Traunbrücke von Ebelsberg deutlich, die im Jahre 1809 stattgefunden hat.

Wir wissen, daß Maximilian I. alle nur denkbaren politischen Konstellationen in Europa durchgespielt hat und die spätere politische Entwicklung deutet darauf hin, daß er schon Ende des 15. Jahrhunderts daran dachte, Böh-

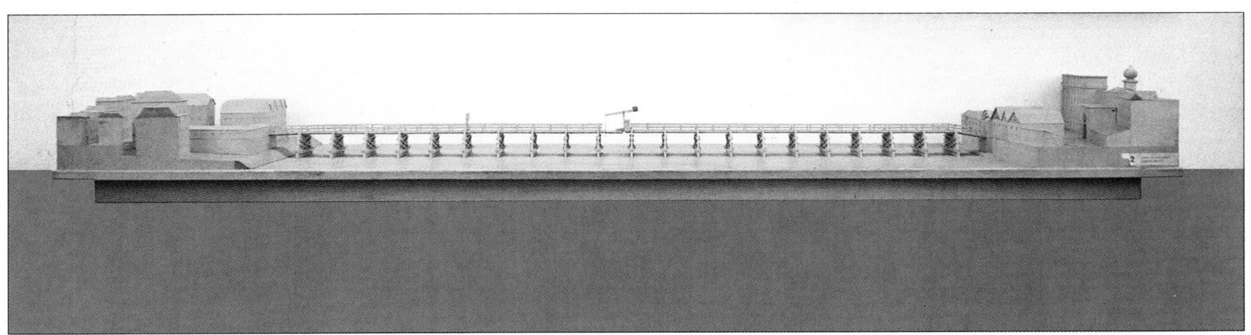

85 Modell der ersten Donaubrücke von A. Huber im Stadtmuseum Nordico. Der ursprünglich sehr schmale Holzsteg wurde auf 21 Jochen errichtet, die dem jährlich auftretenden Eisstoß auf der Donau ausgesetzt waren und immer wieder erneuert werden mußten. Sowohl die Urfahrer als auch die Linzer hatten zur Absperrung Gatter und später einen beweglichen Schlagbaum angebracht, an dem die Brückenmaut eingehoben wurde. Foto: Michalek

86 Die Brücke auf einem Ausschnitt aus einer Stadtansicht des Jahres 1649. Rechts im Bild die Nikolai-Kirche in Urfahr. Der Schlagbaum ist deutlich sichtbar. Stadtmuseum Linz, Inv. 14.031. Foto: Michalek

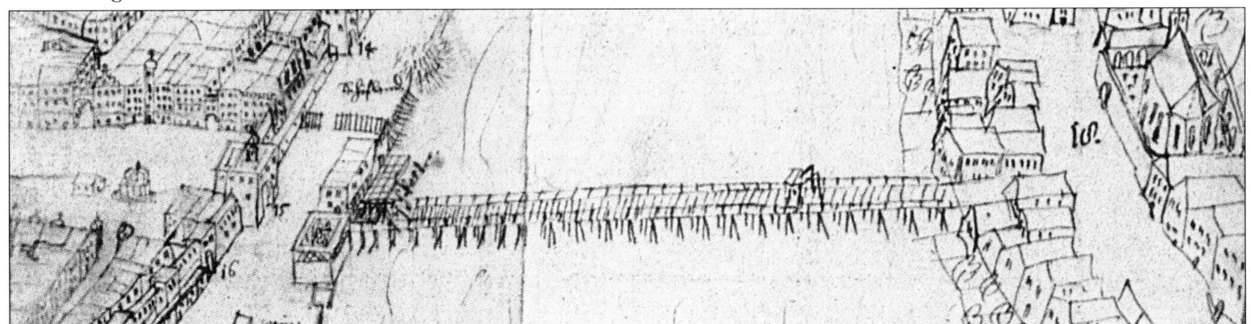

87 Nicht von der Stadt Linz, sondern vom Dorf Urfahr existiert die erste überlieferte realistische Ansicht. Die Szene aus der Zeit um 1511/13 verdeutlicht den inhaltlichen Konnex zwischen Brücke und Nikolaikapelle. Am unteren Rand ragt das Dach des Schlosses ins Bild und verdeckt einen Großteil der Brücke. Im Hintergrund die Mühlviertler Berge. Ausschnitt aus einer Federzeichnung des Wolf Huber im Nationalmuseum Budapest.

men für das Haus Habsburg zu erwerben, was ja nur sieben Jahre nach seinem Tod Wirklichkeit geworden ist. Eine Brücke in Linz war für diesen Fall Goldes wert. Doch nicht nur hier, vier Jahre später wurde zwischen Enns und Mauthausen eine Brücke geschlagen, die vom verkehrstechnischen und handelspolitischen Gesichtspunkt allein sicher nicht mehr notwendig gewesen wäre. Sie verdeutlicht zusätzlich die Ausrichtung nach dem Norden.

Die zentrale Lage von Linz für die politischen Bestrebungen der Habsburger wird erst unter Maximilians Nachfolger Ferdinand I. erkennbar, der 1526 zum böhmischen König gewählt worden ist.

Angesichts dieser weitumspannenden Überlegungen mutet es uns seltsam an, wenn wir die lokalen Querelen betrachten, die den Brückenbau begleitet haben, und aus der Distanz von fast 500 Jahren sind wir versucht, sie als kleinlich zu betrachten.

Die Einwohner von Urfahr wehrten sich mit allen möglichen Mitteln gegen diese „technische Innovation“, weil sie mit Recht ihre Existenzgrundlage bedroht sahen.

Schon seit dem 13. Jahrhundert hatte die Tatsache, daß die Linzer nur einen beschränkten Einfluß auf das jenseitige Donauufer ausüben konnten, immer wieder Schwierigkeiten mit den nördlichen Nachbarn in Urfahr heraufbeschworen, die als Untertanen verschiedener Herrschaften, vornehmlich von Wildberg, Luftenberg und Steyregg lebten. Am Donauufer endete die Straße durch den Haselgraben und jene, die über die Trefflinger Pforte von Freistadt herabführte. Beide galten als gute Fernverbindungen nach Prag und weiter nach Sachsen und in die Lausitz.

Es ergab sich von selbst, daß spätankommende Handelsleute mit ihren Wagen in der Finsternis nicht mehr nach Linz übersetzt werden konnten, zumal dort ja auch die Stadttore schon geschlossen waren. Man mußte sie also in Urfahr beherbergen. Die Gastung war aber nun ausgesprochen städtisches Recht, das den herrschaftsuntertänigen Leuten im (Fischer)dorf Urfahr keineswegs zustand. Bei der Beherbergung blieb es auch nicht, es war nur zu logisch, daß sie auch Handel treiben würden. Das konnte man kaum verhindern.

Eine Brücke konnte hier Abhilfe schaffen. Nicht nur, daß dann Spätankömmlinge gegen einen entsprechenden Aufschlag auch nachts den Strom sicher überqueren konnten, hatten die Linzer durch sie auch die Möglichkeit, die Nachbarn jederzeit zu kontrollieren. Die Einnahmen aus Gastung und Handel in Urfahr waren also in Gefahr. Dazu kam noch, daß das Geschäft aus der Überfuhr verlorenzugehen drohte, das ihnen niemand nehmen konnte, denn es handelte sich dabei nicht um ein ausschließlich bürgerliches Recht. Sie konnten es ebenso ausüben wie die Linzer. Auf städtischer Seite vergab das Urfahrrecht der Landesherr an einen Bürger, der dafür aus den Einnahmen 40 Pfund Pfennige an den Kaplan der Gangolfskapelle im Schloß abzuführen hatte. (Zum Zeitpunkt des Brückenbaues hieß dieser übrigens

Hans Sachs!) Diese Abgabe haftete künftig an der Brücke und war jährlich zu entrichten. Der Brückenbau selbst war wie die künftige Erhaltung eine rein städtische Angelegenheit. Vor allem die Instandhaltung entwickelte sich zu einer permanenten Aufgabe. Durch den Eisstoß auf der Donau und das jährlich wiederkehrende Hochwasser wurden häufig Brückenjoche beschädigt oder Teile der Brücke weggerissen. Ersatzholz lag in einem eigens dafür errichteten Bruckstadel jederzeit bereit. Ein Ratsbürger hatte als Brückenmeister die Verantwortung zu übernehmen, das Bruckamt zu führen und alle Ausgaben und Einnahmen jährlich abzurechnen. Ohne Brückenzoll hätte das Bauwerk nicht erhalten werden können. Darüber gab es auch keine Beschwerden, denn schließlich hätte auch der Fährmann bezahlt werden müssen. Der Plan zum Bau der Brücke dürfte schon einige Jahre vorher konkrete Formen angenommen haben, denn im Jahre 1494 eskalierte der Streit zwischen Linz und Urfahr. Sicher wird sich die Antipathie der Linzer nicht nur gegen die Untertanen gerichtet haben, sondern auch gegen einen ihrer Grundherren, der sie in der sogenannten „Liechtensteiner-Fehde" das Fürchten gelehrt hatte.

Wir nehmen heute an, daß der Bau selbst gleich nach der Schneeschmelze 1497 begonnen und noch während des Jahres fertiggestellt worden ist.

Was bis heute übersehen wurde, ist das zeitliche Zusammentreffen von Brückenbau und erstem Kirchenbau in Urfahr. Im Dezember 1496 erfahren wir erstmals von dieser Absicht, und schon einen Monat später verlieh Bischof Christoph von Passau gemeinsam mit mehreren Kardinälen einen Ablaß für die neu errichtete Kapelle, die den hl. Nikolaus und Christoph geweiht worden ist. Auf den ersten Blick ist der Zeitpunkt sinnlos, denn gerade die Brücke hätte den Urfahranern den Kirchgang wesentlich erleichtert. Im Unterschied zu den verschiedenen Herrschaftsverhältnissen an den beiden Donauufern reichte nämlich der kirchliche Einflußbereich über den Fluß hinweg, woran sich im Prinzip bis in die Zeit der Pfarrregulierung unter Kaiser Joseph II. nichts ändern sollte. Urfahr gehörte zur Linzer Stadtpfarre.

Zwar hatten die Linzer versucht, sogar von Kirchgängern die Brückenmaut einzuheben, aber das wurde rasch abgestellt. Es muß andere Gründe für den Kirchenbau gegeben haben.

88 Das von Kaiser Maximilian I. 1497 ausgestellte Brückenprivileg. Archiv der Stadt Linz, Urkundenreihe. Foto: Michalek

Die beiden Heiligen geben uns den entscheidenden Hinweis. Nikolaus war und ist bis heute der Patron der Schiffsleute. Zu ihnen gehören auch die Fährmänner. Der hl. Christophorus hat bekanntlich der Legende nach das Christuskind auf seinen Schultern durch den Fluß getragen. Er benötigte keine Brücke! Als Nebenaspekt kam noch dazu, daß der zuständige Bischof und der Grundherr mit Vornamen Christoph hießen. Die Wahl der Kirchenpatrone war also nicht zufällig und spricht für sich. Als alle rechtlichen Mittel versagten, suchten die Urfahraner den Beistand dieser beiden Heiligen und errichteten ihnen eine Kirche. Wenn sich das Unternehmen schließlich auch als vergeblich herausstellte, so blieb das Bauwerk doch ein schöner Erfolg. Es bestand nun die Möglichkeit, in Urfahr die Messe zelebrieren zu lassen. 14 Jahre später konnten bereits zwei Seitenaltäre geweiht werden, und auch die Belegung des neuen Friedhofes dürfte nicht viel später aufgenommen worden sein.

Die Brücke war vermutlich noch nicht ganz fertiggestellt, als König Maximilian im August 1497 die Streitparteien vor sein Gericht nach Wien lud, um einen Ausgleich herbeizuführen, der zunächst nicht zustande kam, ebenso scheiterte ein weiterer Versuch im Jahre 1506. Es gab eigentlich nur zwei Möglichkeiten, das Dilemma zu lösen. Die eine war, für Urfahr das Marktrecht zu erreichen. Das hätte die illegale Tätigkeit seiner Bewohner von heute auf morgen legalisiert, war aber aus Konkurrenzgründen weder der Stadt Linz noch dem Stadtherrn, dem König, zuzumuten. Bemühungen in dieser Richtung führten erst 300 Jahre später (1808) zum Erfolg, als dem Marktrecht keine so große Bedeutung mehr zukam. Die zweite Möglichkeit hätte für die Stadt und ihre weitere Entwicklung enorme Vorteile gebracht. Maximilian war nämlich gesonnen, Urfahr zu kaufen. Ein entsprechendes Anbot aus dem Jahre 1506 an die Liechtensteiner, Starhemberger, Mulwanger und Enenkl als Grundherren von Urfahr verlief aber im Sande. Zwei von ihnen antworteten gar nicht auf diesen Vorschlag. Erst 400 Jahre später – Urfahr war inzwischen selbst zur Stadt aufgestiegen – sollte dieser Wunschtraum in Erfüllung gehen (1919): Linz und Urfahr wurden vereint.

Letztendlich wurde dahingehend entschieden, daß den Urfahrern immer dann die Hälfte des Urfahrgeldes zugestanden wurde, wenn die Brücke beschädigt oder zerstört war und der Fährbetrieb wiederaufgenommen werden mußte. Das war praktisch jedes Jahr für einige Wochen der Fall.

Das Regiment

Wir haben schon erwähnt, daß Linz wenig Aussichten hatte, weiterhin kaiserliche Residenz zu bleiben, und dürfen nicht übersehen, daß sich Maximilian ebenso gern in Wels und Gmunden aufgehalten hat und daß seine Lieblingsresidenz ohnedies Innsbruck gewesen ist. Aber nach wie vor blieb die Donaustadt einer der Kristallisationspunkte des Reiches. Hier verhandelte er 1501 mit dem französischen Gesandten Kardinal d'Amboise über eine Heirat seines damals einjährigen Enkels Karl mit Claudia, der Tochter des französischen Königs, seines Erzfeindes. Auf der Linzer Burg erfolgten 1505 die ersten Gespräche über die Wechselheirat seiner Enkel mit den Jagiellonen, den Herren von Böhmen und Ungarn. Zehn Jahre später wurde Linz zum Sammelpunkt für die Hochzeitsreise nach Wien, bei der für die kaum zehnjährigen Kinder die

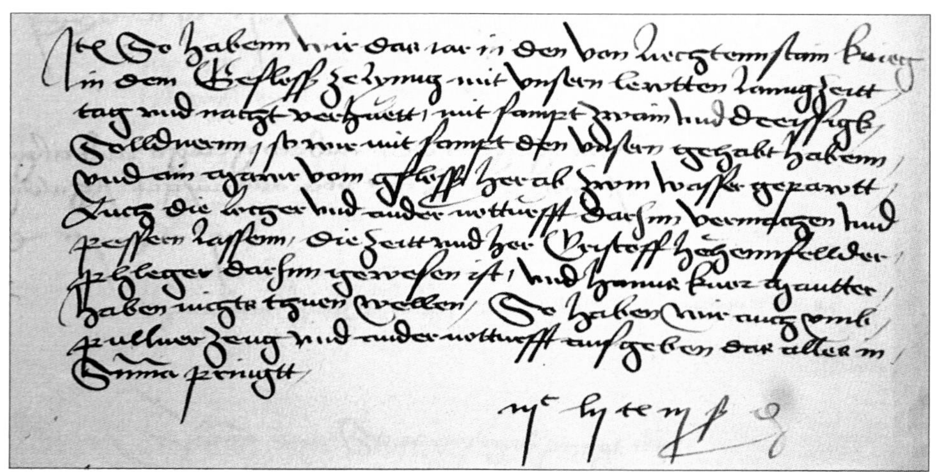

89 Abrechnung über die von der Stadt unter Kaiser Friedrich III. in Pacht genommenen landesfürstlichen Ämter von 1472–1498. Der Ausschnitt verzeichnet die Ausgaben in der Liechtensteiner Fehde (vgl. S. 59 und 82 f.). Archiv der Stadt Linz, Hs. 46. Foto: Litzlbauer

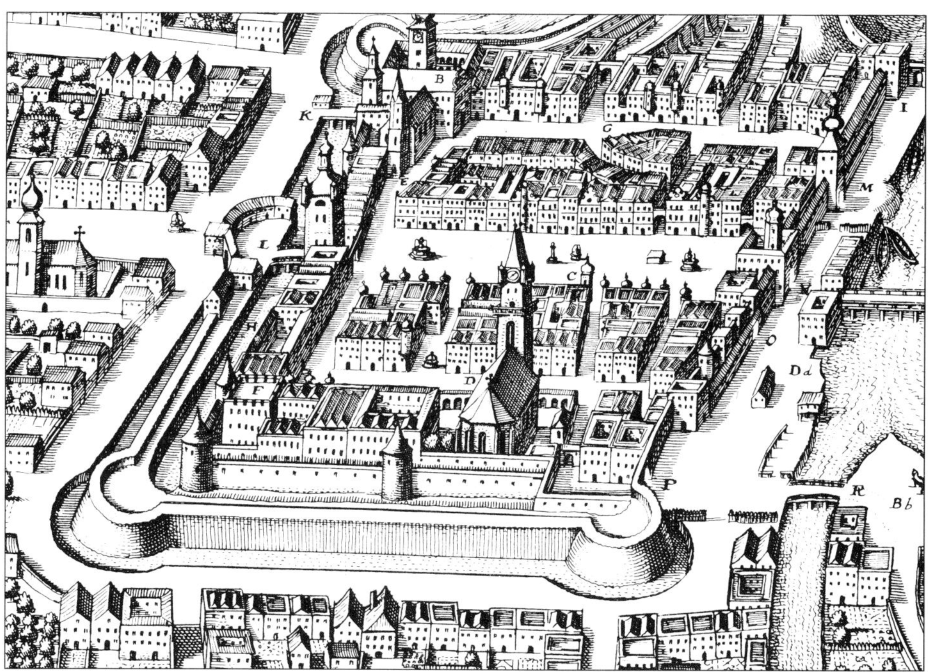

90 Der Kupferstich von Matthäus Merian aus dem Jahre 1649 zeigt in stark übertriebener Schematisierung die durch Feuermauern gesicherte Dachlandschaft der Häuser. Stadtmuseum Linz, Inv. 2051 (Ausschnitt).

Hochzeit mit großem Gepränge stellvertretend vollzogen worden ist.

Im Jahre 1514 wurde schließlich die Fehde des Götz von Berlichingen mit der Reichsstadt Nürnberg und dem Bistum Bamberg beigelegt, nachdem die Linzer Verhandlungen erfolgreich verlaufen waren.

Von besonderer Bedeutung für Linz und auch für die Emanzipation des Landes ob der Enns sollte die von Maximilian eingeführte zentrale Verwaltungsorganisation werden, die er – wohl nach burgundischem Vorbild – gegen den Widerstand des heimischen Adels durchdrückte. Für die Zeit seiner häufigen Auslandsaufenthalte setzte er in Wien einen Regentschaftsrat ein, der im April 1501 zu einer ständigen Behörde, dem „Regiment", umgewandelt wurde, das kurzfristig Enns und dann Linz als Sitz zugewiesen erhielt, wo es bis 1510 verblieb. Zum Leiter dieser bürokratischen Einrichtung, die die Länder Österreich ob und unter der Enns, Steiermark, Kärnten und Krain unter eine einheitliche Regierung bringen sollte, wurde der Hauptmann ob der Enns ernannt. Es war dies Wolfgang von Polheim, ein alter Kampfgefährte und persönlicher Freund des Königs. Der Sitz des Landeshauptmannes war seit dem 13. Jahrhundert Linz, wobei die staatsrechtliche Stellung dieses kleinen Landes ob der Enns lange Zeit sehr umstritten gewesen ist. Maximilian hatte es noch abgelehnt, sich von den Ständen des Landes gesondert huldigen zu lassen, und unter den Ländern selbst war ein heftiger Streit darüber entbrannt, ob das Land ob der Enns als eigenständige Körperschaft anzusehen sei oder nicht. Damit hängt retrospektiv betrachtet natürlich die Frage zusammen, ob Linz zu dieser Zeit überhaupt „Landes"-hauptstadt gewesen sein konnte. Friedrich III. hatte von einem „Fürstentum" gesprochen, Maximilian bezeichnete das Land auf Grund einer gelehrten, aber falschen Interpretation als „Markgrafschaft", und die führenden Adeligen des Landes verstanden sich als Repräsentanten eines „Erzherzogtums".

Auf Versammlungen zu Mürzzuschlag, Salzburg und Bruck an der Mur opponierten die übrigen Länder 1508 und 1509 heftig gegen das Land ob der Enns, gegen das neu eingeführte Regiment und gegen dessen Sitz in Linz. Sie konnten die Regierungsstelle nicht mehr verhindern, setzten 1510 auf dem Reichstag zu Augsburg aber wenigstens ihre Verlegung nach Wien durch. Dies ging umso leichter, als Wolfgang von Polheim inzwischen auch Burggraf von Wien geworden war. Der große Brand von 1509 mag mit dazu beigetragen haben, daß die Mitglieder der Regierung die nunmehr ungastlich gewordene Stadt sehr gerne verließen. Die Zentralregierung setzte sich in einem jahrhundertelangen Ringen gegen den Partikularismus der einzelnen Länder durch. Linz erlebte den Anfang dieser Entwicklung.

Vielleicht konnten die Linzer Stadtväter dem Abzug der Hofräte und ihrer Dienerschaft

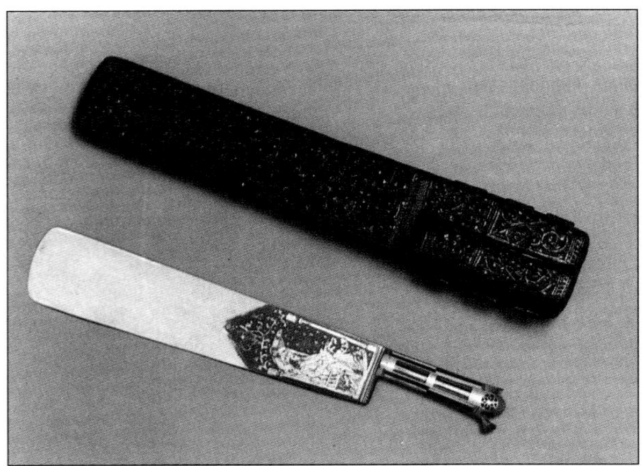

91 Teile des persönlichen Jagdbesteckes von Kaiser Maximilian I. aus der Kunstsammlung des Stiftes Kremsmünster. Foto: Stift Kremsmünster

auch positive Apsekte abringen, hatten sie doch nicht die besten Erinnerungen an diese Creme der neuen Beamtenschaft: Gleich nach Friedrichs III. Tod wurden nämlich die Abrechnungen der landesfürstlichen Ämter geprüft, besonders die Einnahmen aus dem Ungeld (= die von Herzog Rudolf dem Stifter eingeführte Getränkesteuer). Dabei ergaben sich enorme Fehlbeträge, die die Stadt an den Rand des Ruins zu bringen drohten. Die Bürger hatten den alten Kaiser über Jahre hinweg schlichtweg „übers Ohr gehauen", und das rächte sich nun bitter. Sechs Jahre dauerten die Verhandlungen, bis schließlich Maximilian selbst einen Stillstand gebot und die Stadt vor den ärgsten Folgen bewahrte.

Kaum hatte sich die Stadt finanziell wieder erholt, brach die schon erwähnte Brandkatastrophe von 1509 über sie herein, der man von heute aus gesehen aber auch positive Seiten abgewinnen kann: Erstmals schufen sich die Bürger durch die Zusammenlegung zweier Häuser ein repräsentatives Rathaus (1513/14) dessen charakteristischer Eckturm damals allerdings erst von der Höhe des ersten Stockwerkes aufragte. Sämtliche Häuser am Stadtplatz und vermutlich auch in den Gassen erhielten nach der Brandkatastrophe hoch über die Dächer aufragende Feuermauern mit zierlichen Ecktürmchen, wie sie heute etwa in Enns noch zu sehen sind. Maximilian selbst förderte diese feuersichernde Maßnahme *(mit zinnen für feur)* mit Zuschüssen von 50 Gulden pro Haus aus den Einnahmen der Maut (1517/18). Als Vorbild dienten die Salzach-Inn-Städte, *Intalische gewonheit* nannte es der Kaiser. Bereits unmittelbar nach dem Brand hatte er der Stadt am Ende der Sackgasse zwischen den Häusern Altstadt 22 und 28 ein Grundstück zur Errichtung eines Zeughauses zur Verfügung gestellt, in dem sie ihre Ledereimer, Haken und Leitern unterbringen konnten – das erste bekannte Feuerwehrdepot in Linz.

Abgesehen von der günstigen Verkehrslage an der Donau und denkbaren positiven Erinnerungen an den Hof seines Vaters war es die Jagdleidenschaft, die Maximilian vor allem in seinen letzten Lebensjahren immer wieder gerne nach Linz kommen ließ. Der Kürnberg, die Donauauen, die Welser Heide boten ein beinahe unerschöpfliches Reservoir an jagdbarem Wild, das sich der Kaiser vorbehielt. Die hiesigen Reviere waren vor allem geländemäßig für den fußmaroden Kaiser bequemer erreichbar als die von ihm so geliebten Jagden im Gebirge. In der Welser Heide ließ er das Jagdschloß Neubau errichten, das uns als „Hasenhaus" in anderem Zusammenhang wieder begegnen wird. Am Abhang zwischen dem Schloß und den ersten Stadthäusern ließ er einen Tiergarten für Steinböcke und Gemsen einrichten, und im Stadtgraben grasten Hirsche. Rätsel gibt uns heute seine besondere Vorliebe für die Kaninchenzucht auf: Dem dazu eigens angestellten *Kuniglhueter* wurden neben seiner Besoldung Haus und Garten im Bereich des heutigen Landestheaters zur Verfügung gestellt. Fleisch und Fell dieser Tiere galten keineswegs als höfisch, sodaß wir mit anderen Funktionen der Hasen rechnen müssen, die im Bereich der Aphrodisiaka liegen könnten, wie sie an den Renaissancehöfen durchaus in Gebrauch gewesen sind.

Einer der angesehensten Bürger, Hanns Gallander, mußte dem Kaiser die Singvögel in der Burg, Nachtigallen und Lerchen, betreuen und wurde dafür zum Vogelmeister ernannt.

Als Kaiser Maximilian I. am 12. Jänner 1519 in der Burg zu Wels starb, waren in Linz gerade die Adeligen der Niederösterreichischen Länder zusammengetreten, um wieder einmal über die Frage der Selbständigkeit und des Vorranges des Landes ob der Enns zu beraten. Es war dies angesichts der Probleme, die auf die österreichischen Länder im Laufe des folgenden Jahrhunderts einstürzen sollten, eine überaus partikuläre Angelegenheit, die bis in das 17. Jahrhundert rechtlich ungeklärt blieb. Entscheidend war die praktische Auslegung, die von den obderennsischen Ständen vorgenommen wurde, als sie sich zu einer eigenen Körperschaft erklärten, bei der die Städte als vierter Stand dabeisein durften. Linz wurde ihr Zentrum.

Von der Hochzeit bis zum Bauernkrieg Aufstieg oder Niedergang?

In einer kürzlich erschienenen wissenschaftlichen Arbeit über die Bürgerschaft der Stadt Linz bis zur Mitte des 16. Jahrhunderts wurde unter Einsatz modernster Methoden nachgewiesen, daß weder die Erhebung zur Landeshauptstadt noch der zeitweilige Residenzcharakter der Stadt nachweisbare quantitative oder qualitative positive Folgen gezeitigt haben. Wenn wir angesichts dieser unleugbaren Tatsache das folgende Kapitel dennoch unter anderem mit „Aufstieg" überschrieben haben, dann vor allem, um damit zu unterstreichen, daß eine Stadt und ihre Position im Gesamtgefüge der Gesellschaft nicht ausschließlich vor dem wirtschaftlichen Hintergrund gesehen werden darf.

Die Städte waren zu allen Zeiten Schmelztiegel aller gesellschaftlichen Gruppen und Schichten. Die Bürgerschaft im engeren Sinn stellte nur einen Teil der Bewohner, und entscheidend blieb die Position und die Persönlichkeit des Stadtherren. In unserem Fall waren es die Habsburger, die letztendlich bestimmten, wie ihre Untertanen zu leben hatten.

Wenn der Kaiser die Stadt aufsuchte, machte sein Hofstaat (die Begleiter, Beamten und Diener) allein schon ein Zehntel der Bewohnerschaft aus. Er war aber nicht nur einfach der vornehmste Gast, sondern der gottgegebene Herr in der eigenen Siedlung.

Die gesamte Bürgerschaft war für ihn nur insofern von Interesse, als sie ihm Steuern und Abgaben brachte und für die Versorgung des Hofes eingesetzt werden konnte. Das scheint vom heutigen Standpunkt eine zynische Aussage zu sein. Sie wurde aber von den Bürgern selbst immer wieder gebraucht, wenn sie gegen andere gesellschaftliche Gruppen ihre Privilegien verteidigen wollten. Eine wirtschaftliche Schwächung der Bürger bedeutete weniger Einnahmen für den Stadtherren.

Neben dem Hof des Herrschers wurde das Leben in der Stadt von den Inhabern der landesfürstlichen Ämter mitbestimmt, die später, in der Zeit des Absolutismus, sogar die dominierende Rolle eingenommen haben. Maut, Münze und Ungeld waren landesfürstliche Ämter, auf die die Bürger wenig Einfluß nehmen konnten.

Der Handel konnte vom Landesfürsten auf dem Umweg über einen Teil der Produktion gesteuert werden, denn ihm unterstanden die Bergwerke. Das wird sich bei den lebenswichtigen Gütern Salz und Eisen zeigen.

Als Gegenpol zum Herrscher strömten im 16. Jahrhundert die Adeligen vermehrt in die Stadt. Sie schufen sich eine eigene Behörde und neben ihren Privathäusern errichteten sie ein repräsentatives Gebäude, das ihren Stellenwert zeigen sollte – das Landhaus. Als Steuerherren waren sie in der Lage, wirtschaftlichen Aufstieg oder Niedergang der Bürgerschaft zu dirigieren. Mit der Errichtung der Landschaftsschule begründeten sie ein geistiges Zentrum, das der Wissenschaft und Bildung eine kurze, intensive Blütezeit bescherte und den Alltag in der Stadt entscheidend prägte. Sie haben in einem dramatischen Ringen den politischen Kampf mit dem Herrscher aufgenommen, wobei nur vordergründig die Frage der freien Religionsausübung eine Hauptrolle spielte. Das Landhaus wurde zeitweilig zum Zentrum aller Evangelischen in Österreich. Der Glaube wurde zum trennenden Element zwischen Herrn und Gefolgsleuten. In der Abfolge unserer Darstellung wird er von einem Kapitel zum andern überleiten.

Erst zuletzt kommt die Stadt selbst zur Sprache, entsprechend ihrer Stellung im Gesamtgefüge der Gesellschaft. Es wird sich zeigen, daß die kommunale Verwaltung in mancher Hinsicht für die Einrichtung der übergeordneten Behörden vorbildlich wurde. Es wird uns die soziale Differenzierung innerhalb der städtischen Einwohner interessieren und jene Infrastruktur, die ein enges Zusammenleben auf kleinem Raum erst ermöglichte. Die Bedeutung der großen Linzer Jahrmärkte wird zu untersuchen sein und die teilweise Verödung der Stadt nach der Rekatholisierung und dem Bauernkrieg. Am Ende des Kapitels werden wir sehen, ob und inwieweit im 16. Jahrhundert eine Aufwärtsentwicklung stattgefunden hat oder nicht.

Die Neubegründung des Hauses Habsburg in Linz

Im Gegensatz zu den Wahlkönigreichen Böhmen und Ungarn war Österreich mit seinen Herzogtümern ein Erbreich. Das heißt, daß die Nachfolge in der Herrschaft ausschließlich davon abhing, ob ein legitimer männlicher Nachkomme vorhanden war oder nicht, denn illegitime Söhne, die es fast immer in ausreichender Zahl gegeben hat, kamen für die Erbfolge nicht in Betracht. Vor diesem Hintergrund ist auch das berühmte Schlagwort *bella gerant alii, tu felix Austria nube* zu sehen. Die Wichtigkeit einer im biologischen Sinn funktionierenden Ehe kann für das Haus Habsburg gar nicht hoch genug eingeschätzt werden. Sehr viele Frauen habsburgischer Kaiser sind im Kindbett gestorben. Kaiser Maximilian I. hatte in seinem Testament die Enkel Karl (V.) und Ferdinand, die Kinder seines burgundischen Sohnes Philipp, zu seinen Erben in Österreich bestimmt, der eine 18, der andere 15 Jahre alt. Karl war damals bereits König von Spanien und Statthalter in den Niederlanden, als er sich um die Kaiserkrone bewarb und sie gegen den König von Frankreich mit Hilfe fuggerischer Gelder auch bekam. Auf jenem Reichstag 1521 zu Worms, an dem Luther vor Karl V. seine im Jahr 1517 aufgestellten Thesen verteidigte und auf dem über ihn die Reichsacht verhängt worden ist, wurde Ferdinand zum Regenten der „niederösterreichischen" Länder ernannt (= die Länder ob und unter der Enns, Steiermark, Kärnten, Krain) und ein Jahr später zu Brüssel auch über die „oberösterreichischen" (= Tirol und die Vorlande). Entgegen den testamentarischen Bestimmungen und auch durch das Recht des Reiches nicht gedeckt, hatten die Stände der österreichischen Länder nach dem Tod Maximilians I. die Regierungsgewalt an sich gebracht und das Regiment als abgesetzt erklärt. Sie wollten die Anerkennung der Erbansprüche des für sie fremden spanischen Herrschers von politischen Zugeständnissen abhängig machen. Das Vorgehen in den einzelnen Ländern war aber nicht koordiniert. Die Obderennser hatten im Gegensatz zu den Niederösterreichern schließlich schon im Februar 1520 den gesandten Kommissären des Kaisers den Huldigungseid geleistet. Die persönliche Huldigung erfolgte später wieder gemeinsam in Ybbs. Der Gehorsam der Oberösterreicher mag mit ein Grund dafür gewesen sein, daß für den Vollzug des fürstlichen Beilagers Linz ausersehen wurde. Es ist auch noch anzuführen, daß unsere Stadt der große Sammelpunkt gewesen war, als sich die Fürsten aufmachten, im Jahre 1515 in Wien die große Heirat vorzunehmen. Maximilian hatte für einen seiner Enkel (Karl oder Ferdinand) Anna von Ungarn geheiratet, und König Wladislaw von Böhmen und Ungarn ehelichte stellvertretend für seinen Sohn Ludwig, den späteren König von Ungarn, Maria, ebenfalls eine Enkelin Maximilians.

92 Porträt Erzherzog Ferdinands von Hans Maler aus Schwaz i. T. 1521. Das Bild zeigt ihn im Alter von 18 Jahren, also zur Zeit seiner Hochzeit in Linz. (Aufnahme gekontert)
Kunsthistorisches Museum Wien, Inv. GG 831.

Die beiden Heiratskandidatinnen waren dann zusammen in Innsbruck jahrelang auf ihre künftigen Aufgaben vorbereitet worden und von dort brachen sie Anfang Mai 1521 zu ihrem großen Tag auch auf, der für Maria allerdings erst einige Monate später kam. Ferdinand seinerseits kam direkt vom Wormser Reichstag, bestieg in Regensburg ein Schiff und fand sich in Begleitung der Bischöfe von Salzburg, Passau, Trient, Laibach und Chiemsee sowie der Herzöge und Markgrafen von Bayern und Brandenburg und verschiedener Gesandter am 25. Mai in Linz ein. Für damalige Verhältnisse war dies eine relativ bescheidene Begleitung und bei aller Solemnität dürfte auch der Vollzug der Heirat weit hinter der Prachtentfaltung der Wiener Ereignisse von 1515 geblieben sein.

Die zeitgenössischen Quellen berichten äußerst zurückhaltend über die Festlichkeiten. Was blieb, ist die Legende vom „Losensteiner Turnier", deren Authentizität bis heute nicht bewiesen werden konnte. Sie scheint aber die Stimmung sehr gut wiederzugeben, die in diesen Tagen in Linz vorgeherrscht haben wird:

93 Porträt der Anna von Ungarn, ebenfalls von Hans Maler. Gemalt als Gegenstück zum Bild Ferdinands nach einer Vorlage aus dem Jahre 1520.
Original im Tiroler Landesmuseum Ferdinandeum, Innsbruck, Inv. Gem. 1919

Im Laufe der mehrere Tage dauernden Veranstaltungen mit den üblichen Turnieren und Ritterspielen war es zu einem Streit zwischen den bodenständigen Adeligen und den spanischen Begleitern Ferdinands gekommen. Aus den Spielen wurde Ernst und ein Gefecht auf Leben und Tod angesagt. Zwei Welten waren aufeinandergeprallt: Hier der vermutlich derbe und ungeschlachte Landadel, dort der manierierte, auf höfische Umgangsformen und Etikette bedachte Hofadel. Dazu kamen zweifellos noch Sprachschwierigkeiten und das, was wir heute generell und etwas leichtfertig als Fremdenfeindlichkeit abqualifizieren. Keine Frage, die Kämpfer vertraten ihre Länder: Auf Seite der Obderennser war dies Sebastian von Losenstein, der von der Klostergasse aus einritt, wo später das Landhaus erbaut wurde. Der Spanier kam vom Donautor, also vom „Ausland". Bezeichnenderweise kennt die Legende nicht einmal seinen Namen. Sebastian von Losenstein wich dem überlegenen spanischen Ritter immer wieder aus und war offensichtlich nicht in der Lage, dem Gegner auf ritterliche Art beizukommen. Sein Pferd mußte helfend eingreifen und verbiß sich so vehement in den Gaul des Gegners, daß dieser samt dem Reiter zu Sturz kam. Das war – und die Legende beschönigt es nicht – ein absolut unfairer Trick, der schließlich den Sieg brachte und den Spanier das Leben gekostet hätte, wenn Ferdinand nicht persönlich zu dessen Rettung eingeschritten wäre.

Ob die Geschichte wahr ist oder nur gut erfunden, sie zeigt die Problematik auf, mit der Ferdinands Regierungsantritt verbunden gewesen ist und die in manchen Zügen an die Zeit der ersten Habsburger in Österreich erinnert. Weder der Landesfürst noch seine engsten Berater waren mit dem Land und seinen Rechten vertraut. Ihr Auftreten weckte Argwohn und Mißtrauen. Die Fremdenfeindlichkeit selbst sollten wir nicht zu hoch ansetzen, denn die spätmittelalterliche Gesellschaft war wesentlich mobiler als man annehmen möchte. Allen Bevölkerungsschichten waren Fremde durchaus vertraut. Wir wissen aber vom Wormser Reichstag, daß die Hofangestellten Ferdinands bei der Quartierbestellung mit Brachialgewalt vorgegangenen sind und die Bürger wider jedes Recht aus ihren Häusern geworfen haben. Sollten sie in Linz ähnlich vorgegangen sein, wären die aus der Legende ersichtlichen Antipathien erklärbar.

Den Zeitgenossen, die ihr gesamtes Leben auf die Deutung von Vorzeichen eingestellt haben, mag dies als schlechter Anfang einer Ehe geschienen haben und doch wurde aus der zu Linz geschlossenen Verbindung zwischen Anna und Ferdinand eine der wohl glücklich-

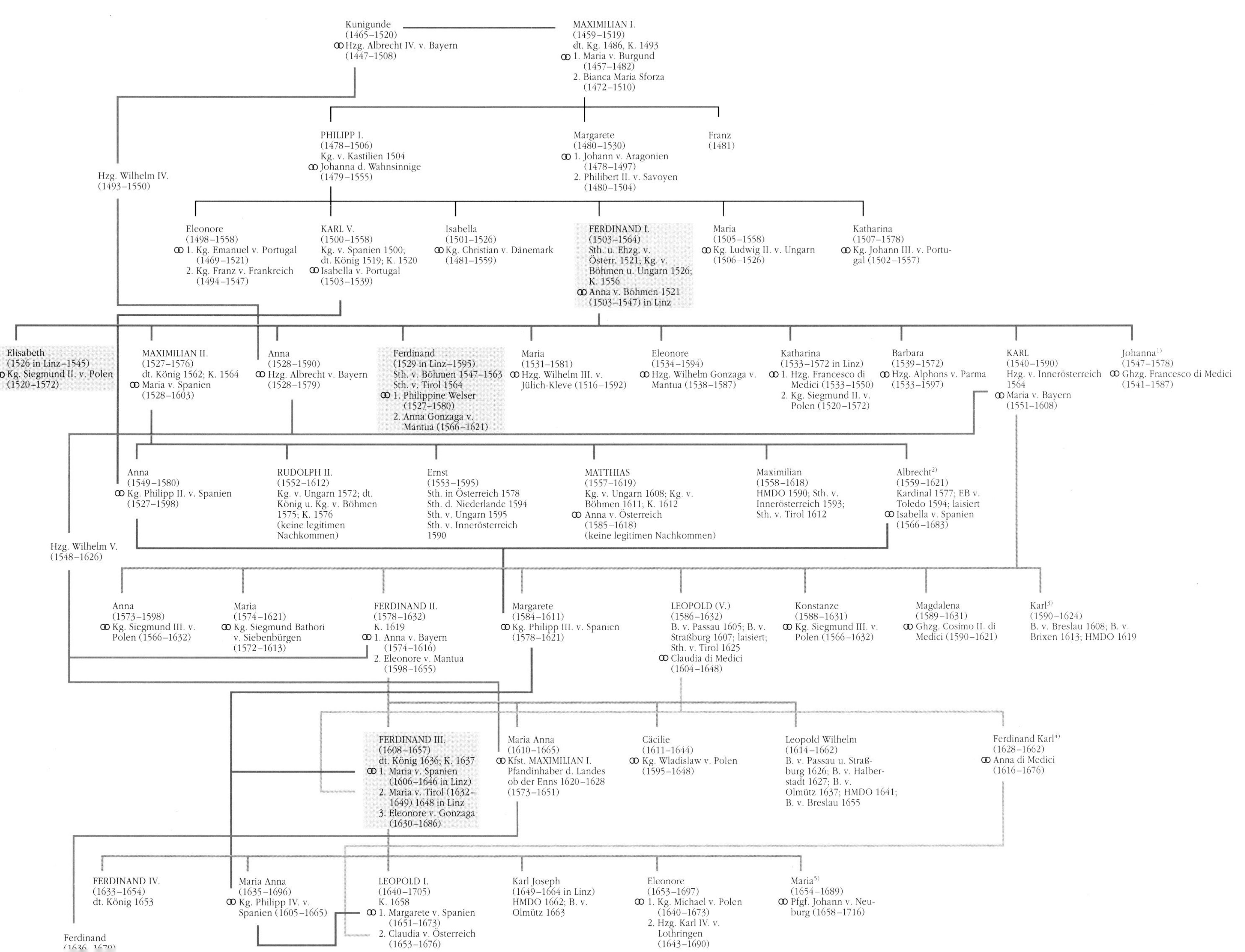

Kunigunde (1465–1520) ∞ Hzg. Albrecht IV. v. Bayern (1447–1508)
MAXIMILIAN I. (1459–1519) dt. Kg. 1486, K. 1493 ∞ 1. Maria v. Burgund (1457–1482) 2. Bianca Maria Sforza (1472–1510)
Hzg. Wilhelm IV. (1493–1550)
PHILIPP I. (1478–1506) Kg. v. Kastilien 1504 ∞ Johanna d. Wahnsinnige (1479–1555)
Margarete (1480–1530) ∞ 1. Johann v. Aragonien (1478–1497) 2. Philibert II. v. Savoyen (1480–1504)
Franz (1481)
Eleonore (1498–1558) ∞ 1. Kg. Emanuel v. Portugal (1469–1521) 2. Kg. Franz v. Frankreich (1494–1547)
KARL V. (1500–1558) Kg. v. Spanien 1500; dt. König 1519; K. 1520 ∞ Isabella v. Portugal (1503–1539)
Isabella (1501–1526) ∞ Kg. Christian v. Dänemark (1481–1559)
FERDINAND I. (1503–1564) Sth. u. Ehzg. v. Österr. 1521; Kg. v. Böhmen u. Ungarn 1526; K. 1556 ∞ Anna v. Böhmen 1521 (1503–1547) in Linz
Maria (1505–1558) ∞ Kg. Ludwig II. v. Ungarn (1506–1526)
Katharina (1507–1578) ∞ Kg. Johann III. v. Portugal (1502–1557)
Elisabeth (1526 in Linz–1545) ∞ Kg. Siegmund II. v. Polen (1520–1572)
MAXIMILIAN II. (1527–1576) dt. König 1562; K. 1564 ∞ Maria v. Spanien (1528–1603)
Anna (1528–1590) ∞ Hzg. Albrecht v. Bayern (1528–1579)
Ferdinand (1529 in Linz–1595) Sth. v. Böhmen 1547–1563 Sth. v. Tirol 1564 ∞ 1. Philippine Welser (1527–1580) 2. Anna Gonzaga v. Mantua (1566–1621)
Maria (1531–1581) ∞ Hzg. Wilhelm III. v. Jülich-Kleve (1516–1592)
Eleonore (1534–1594) ∞ Hzg. Wilhelm Gonzaga v. Mantua (1538–1587)
Katharina (1533–1572 in Linz) ∞ 1. Hzg. Francesco di Medici (1533–1550) 2. Kg. Siegmund II. v. Polen (1520–1572)
Barbara (1539–1572) ∞ Hzg. Alphons v. Parma (1533–1597)
KARL (1540–1590) Hzg. v. Innerösterreich 1564 ∞ Maria v. Bayern (1551–1608)
Johanna[1] (1547–1578) ∞ Ghzg. Francesco di Medici (1541–1587)
Anna (1549–1580) ∞ Kg. Philipp II. v. Spanien (1527–1598)
RUDOLPH II. (1552–1612) Kg. v. Ungarn 1572; dt. König u. Kg. v. Böhmen 1575; K. 1576 (keine legitimen Nachkommen)
Ernst (1553–1595) Sth. in Österreich 1578 Sth. d. Niederlande 1594 Sth. v. Ungarn 1595 Sth. v. Innerösterreich 1590
MATTHIAS (1557–1619) Kg. v. Ungarn 1608; Kg. v. Böhmen 1611; K. 1612 ∞ Anna v. Österreich (1585–1618) (keine legitimen Nachkommen)
Maximilian (1558–1618) HMDO 1590; Sth. v. Innerösterreich 1593; Sth. v. Tirol 1612
Albrecht[2] (1559–1621) Kardinal 1577; EB v. Toledo 1594; laisiert ∞ Isabella v. Spanien (1566–1683)
Hzg. Wilhelm V. (1548–1626)
Anna (1573–1598) ∞ Kg. Siegmund III. v. Polen (1566–1632)
Maria (1574–1621) ∞ Kg. Siegmund Bathori v. Siebenbürgen (1572–1613)
FERDINAND II. (1578–1632) K. 1619 ∞ 1. Anna v. Bayern (1574–1616) 2. Eleonore v. Mantua (1598–1655)
Margarete (1584–1611) ∞ Kg. Philipp III. v. Spanien (1578–1621)
LEOPOLD (V.) (1586–1632) B. v. Passau 1605; B. v. Straßburg 1607; laisiert; Sth. v. Tirol 1625 ∞ Claudia di Medici (1604–1648)
Konstanze (1588–1631) ∞ Kg. Siegmund III. v. Polen (1566–1632)
Magdalena (1589–1631) ∞ Ghzg. Cosimo II. di Medici (1590–1621)
Karl[3] (1590–1624) B. v. Breslau 1608; B. v. Brixen 1613; HMDO 1619
FERDINAND III. (1608–1657) dt. König 1636; K. 1637 ∞ 1. Maria v. Spanien (1606–1646 in Linz) 2. Maria v. Tirol (1632–1649) 1648 in Linz 3. Eleonore v. Gonzaga (1630–1686)
Maria Anna (1610–1665) ∞ Kfst. MAXIMILIAN I. Pfandinhaber d. Landes ob der Enns 1620–1628 (1573–1651)
Cäcilie (1611–1644) ∞ Kg. Wladislaw v. Polen (1595–1648)
Leopold Wilhelm (1614–1662) B. v. Passau u. Straßburg 1626; B. v. Halberstadt 1627; B. v. Olmütz 1637; HMDO 1641; B. v. Breslau 1655
Ferdinand Karl[4] (1628–1662) ∞ Anna di Medici (1616–1676)
FERDINAND IV. (1633–1654) dt. König 1653
Maria Anna (1635–1696) ∞ Kg. Philipp IV. v. Spanien (1605–1665)
LEOPOLD I. (1640–1705) K. 1658 ∞ 1. Margarete v. Spanien (1651–1673) 2. Claudia v. Österreich (1653–1676)
Karl Joseph (1649–1664 in Linz) HMDO 1662; B. v. Olmütz 1663
Eleonore (1653–1697) ∞ 1. Kg. Michael v. Polen (1640–1673) 2. Hzg. Karl IV. v. Lothringen (1643–1690)
Maria[5] (1654–1689) ∞ Pfgf. Johann v. Neuburg (1658–1716)
Ferdinand

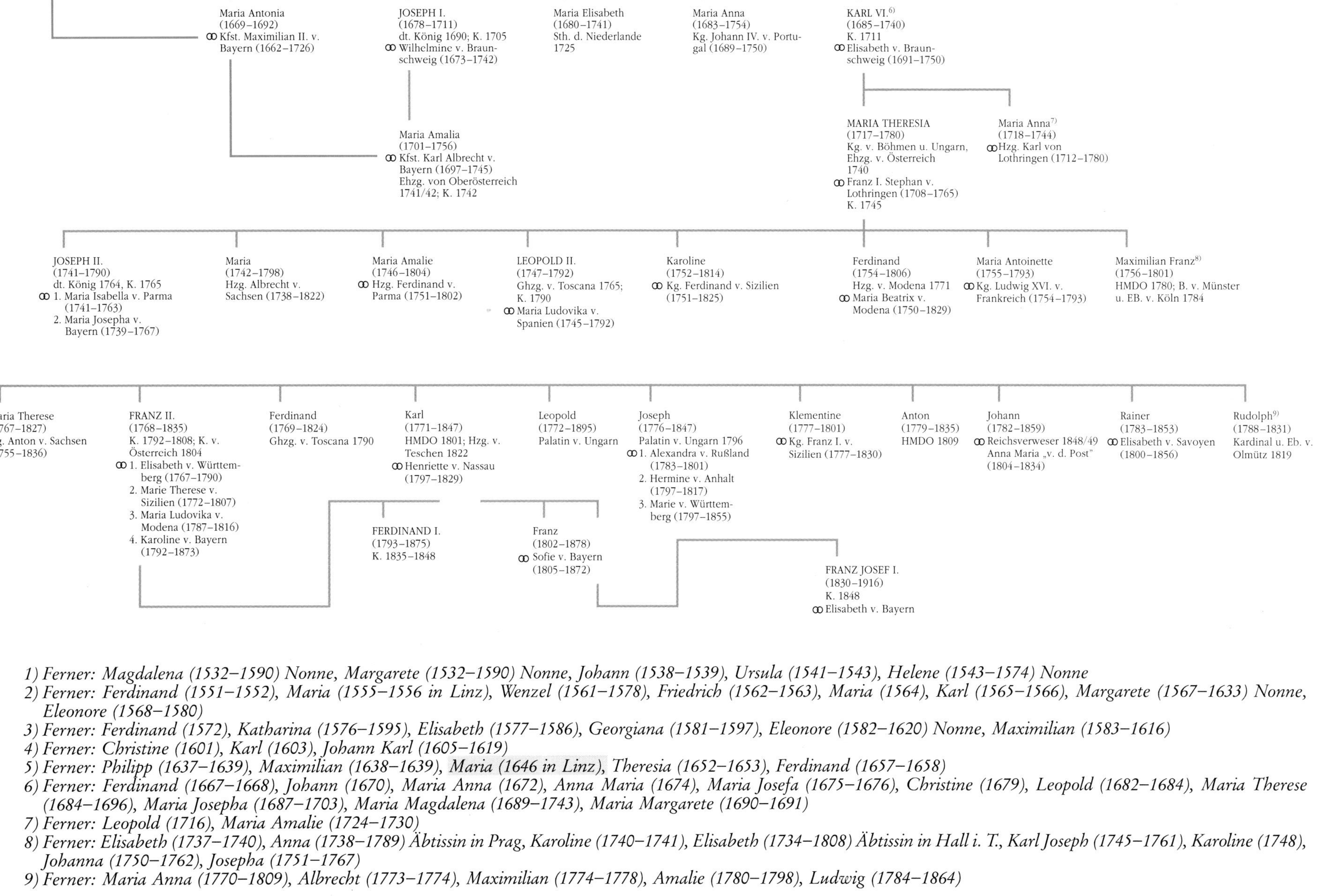

1) Ferner: Magdalena (1532–1590) Nonne, Margarete (1532–1590) Nonne, Johann (1538–1539), Ursula (1541–1543), Helene (1543–1574) Nonne

2) Ferner: Ferdinand (1551–1552), Maria (1555–1556 in Linz), Wenzel (1561–1578), Friedrich (1562–1563), Maria (1564), Karl (1565–1566), Margarete (1567–1633) Nonne, Eleonore (1568–1580)

3) Ferner: Ferdinand (1572), Katharina (1576–1595), Elisabeth (1577–1586), Georgiana (1581–1597), Eleonore (1582–1620) Nonne, Maximilian (1583–1616)

4) Ferner: Christine (1601), Karl (1603), Johann Karl (1605–1619)

5) Ferner: Philipp (1637–1639), Maximilian (1638–1639), Maria (1646 in Linz), Theresia (1652–1653), Ferdinand (1657–1658)

6) Ferner: Ferdinand (1667–1668), Johann (1670), Maria Anna (1672), Anna Maria (1674), Maria Josefa (1675–1676), Christine (1679), Leopold (1682–1684), Maria Therese (1684–1696), Maria Josepha (1687–1703), Maria Magdalena (1689–1743), Maria Margarete (1690–1691)

7) Ferner: Leopold (1716), Maria Amalie (1724–1730)

8) Ferner: Elisabeth (1737–1740), Anna (1738–1789) Äbtissin in Prag, Karoline (1740–1741), Elisabeth (1734–1808) Äbtissin in Hall i. T., Karl Joseph (1745–1761), Karoline (1748), Johanna (1750–1762), Josepha (1751–1767)

9) Ferner: Maria Anna (1770–1809), Albrecht (1773–1774), Maximilian (1774–1778), Amalie (1780–1798), Ludwig (1784–1864)

—— Haus Habsburg, —— spanische Linie, —— österreichische Linie, —— innerösterreichische Linie, —— sonstige Verbindungen in der Familie, —— Verbindungen zu Bayern

94 Stammtafel und Verwandtschaftsbeziehungen der Habsburger von Maximilian I. bis Franz Josef I.

sten Ehen der gesamten Geschichte des Hauses Habsburg. Nicht nur, daß ihr nicht weniger als 15 Kinder entsprossen, weigerte sich Ferdinand auch nach dem Tod seiner Gattin 1547, noch einmal zu heiraten, ebenso wie er zeitlebens die sonst bei Hofe üblichen Mätressen verschmähte. Die Linzer Hochzeit bildete den Grundstein für die bis 1918 dauernde Herrschaft der Habsburger. Zwischen der spanischen und österreichischen Linie kam es bis in die Zeit Maria Theresias immer wieder zu Wechselheiraten. Meist waren es Cousin und Cousine, die für die Fortpflanzung des Geschlechtes zu sorgen hatten. Es spielte keine Rolle, daß die überwiegende Anzahl der Ehen sehr unglücklich verlief. Europäische Politik wurde zu habsburgischer Heiratspolitik. Kinderreichtum war Voraussetzung dafür.

Anna hielt sich über längere Zeiträume in der eher ungastlichen Burg zu Linz auf, die einer ständigen Baustelle geglichen haben muß, weil laufend Ausbesserungsarbeiten notwendig gewesen sind. Hier kam 1526 wenige Wochen vor dem Tod ihres Bruders Ludwig das erste Kind Elisabeth zur Welt und drei Jahre später der zweitgeborene Sohn Ferdinand, der 1547–1563 Statthalter in Böhmen und ab 1564 Statthalter in Tirol gewesen ist. Allgemein bekannt wurde er wegen seiner unstandesgemäßen Ehe mit der Augsburger Bürgerstochter Philippine Welser. Die Witwe des oben genannten Ludwig von Ungarn verbrachte den Winter 1530 auf dem Schloß und teilte von hier aus ihren Bekannten mit, daß sie sich hoch über der Donau außerordentlich langweile.

Maximilian I. hatte mit der Doppelhochzeit in Wien auf eine mögliche Erbfolge in den Königreichen Böhmen und Ungarn spekuliert. Niemand aber hatte damit rechnen können, daß dieser Fall so bald eintreten würde: Am 26. August 1526 fiel der Schwager Ferdinands, Ludwig II. von Ungarn und Böhmen, in einer Schlacht gegen die Türken bei Mohács, kaum 20 Jahre alt. Die Stände Böhmens haben nach langen Verhandlungen, in die unter anderem Anna von Linz aus erfolgreich eingegriffen hat, die Erbfolge des Habsburgers anerkannt und ihn am 23. Oktober zum König gewählt. Im wesentlich schwierigeren Erbe Ungarns konnte er auf Dauer nur Teilerfolge verzeichnen, vor allem sollten die Türkenkriege auf Jahrzehnte seine und seiner Nachfolger Politik auf das nachhaltigste beeinflussen. Andererseits war mit dem Anfall Böhmens und Teilen Ungarns ein Machtkomplex im Entstehen begriffen, der mit dem Schlagwort vom „Werden einer Großmacht“ schon einmal treffend umschrieben worden ist. Damit ist in groben Zügen auch der politische Rahmen abgesteckt, in dem sich die Geschicke des Landes und letztlich damit auch seiner Hauptstadt im nächsten Jahrhundert vollziehen sollten.

95 Das Losensteiner Turnier auf dem Linzer Hauptplatz 1521. Historienmalerei des 19. Jahrhunderts von einem unbekannten Meister.
Das Gemälde befindet sich derzeit im Kaiser-Friedrich-Gedächtnisraum des Kremsmünsterer Hauses (Altstadt Nr. 10).
Foto: Michalek

96, 97 Die Bürgerstochter Philippine Welser aus Augsburg und ihr Gemahl Erzherzog Ferdinand von Tirol. Kupferstiche aus Andreas Khevenhüllers Annales Ferdinandei, Conterfet . . . Tom. I, Leipzig 1721, S. 106 und 117 i.

Der Hof und die Stadt

In den vorangehenden Kapiteln ist mehrmals angeklungen, daß Linz ungeachtet der Tatsache, daß es nie auf Dauer Residenzstadt geworden ist, sehr oft Begegnungsort wichtiger politischer Treffen gewesen ist und sich in dieser Hinsicht von den anderen Städten des Landes abgehoben hat. Auf den ersten Blick scheint diese Aussage ohne entsprechende Vergleiche auf tönernen Füßen zu stehen. Wissenschaftliche Forschungen über die Auswirkungen einer temporären Anwesenheit des Hofes auf die Wirtschaft der Stadt gibt es nicht. Wir können Linz nicht mit Kommunen vergleichen, die den Status einer kaiserlichen oder herzoglichen Dauerresidenz hatten.

Für uns in der Gegenwart ruft der Besuch eines gekrönten Hauptes bestenfalls nostalgische Erinnerungen wach und liefert Stoff für die Boulevardpresse. Nur sehr bedingt gelingt es uns, nachzuvollziehen, welche tiefgreifend emotionale Wirkung die Ankunft von Fürsten und anderen hochgestellten Personen auf die Bevölkerung der Stadt hervorgerufen hat. Je nach ständischer Hierarchie oder sozialer Stellung der einzelnen mögen die Sensation, die Erwartung, der Patriotismus, die Freude und vielleicht auch die Ablehnung abgestuft gewesen sein. Für jede soziale Gruppe waren die Beweggründe anders gelagert.

Herberge und Bewirtung brachten Bürgern und Handwerkern neben Arbeit und häuslichen Unannehmlichkeiten ein zusätzliches Geschäft. In die Vorbereitungen wurden alle miteinbezogen, und für die Tagwerker sind sicher zusätzliche Kreuzer abgefallen. Selbst die Bettler konnten auf eine Zubuße hoffen. Bei größeren Ereignissen profitierte die Landbevölkerung mit, die ihre frische Ware nicht nur an den beiden Wochenmärkten am Dienstag und Samstag, sondern täglich am Hauptplatz angeboten hat.

Die Bürgerschaft konnte von sich aus vermutlich wenig Einfluß auf das Kommen oder Gehen der „hohen Herrschaften“ nehmen. Wir haben auch zu unterscheiden, ob die Stadt von diesen lediglich als Wohnort oder als „Kon-

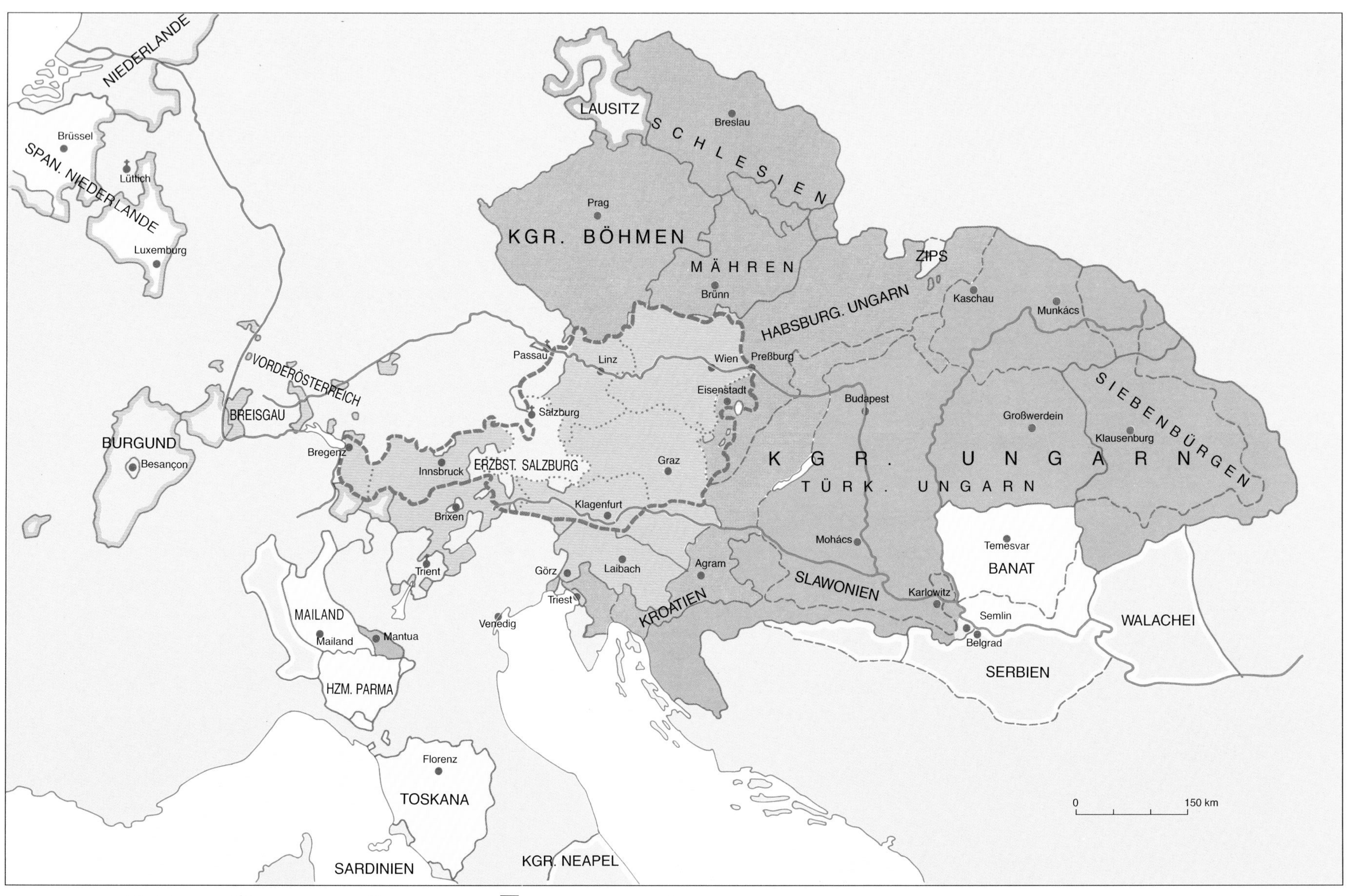

Erwerbungen: bis 1526, 1526–1648, 1648–1713, ☐ 1714–1740, ▬ ▬ Österreich nach 1918 (1919/21).

98 *Der Aufstieg der von Ferdinand I. und Anna von Ungarn begründeten österreichischen Linie des Hauses Habsburg, dargestellt am Gebietserwerb in den Jahren 1526–1740. Kartengrundlage: Erich Zöllner, Geschichte Österreichs, Karte III.* *Grafik: Erwin Krump*

greßort" aufgesucht wurde, wenngleich eine Trennung nicht immer möglich ist. Die Stadt war Kommunikationszentrum, Stätte der Zerstreuung und des Amüsements. In zunehmendem Maße wurde sie auch Kristallisationspunkt der kulturellen Bedürfnisse, besonders des Landadels. Und die Stadt war vor allem eine Börse der Neuigkeiten, manchmal auch nur eine Gerüchteküche mit ihren verlockenden Düften. Nicht alles mag hier aufgezählt werden und vieles von dem hat sich erst nach und nach entwickelt.

Die Residenz

Als Ferdinand I. in Linz seinen neuen Lebensabschnitt begann, mußte dem Spanier niederländischer Herkunft die Siedlung als Provinznest erschienen sein. Es bleibt uns ein Rätsel, warum er dennoch beinahe jedes Jahr einige Tage und Wochen, ja Monate in den Mauern dieser Stadt verbrachte. Die Burg war nach verläßlichen Schilderungen alles andere als einladend, und seine Frau, die noch länger hier lebte als er, langweilte sich oft sehr. Sie bestürmte in vielen Briefen ihren geistlichen Beistand, Bischof Bernhard von Trient, daß er dem Gatten ihre trostlose Situation klarlege. Als ihr erstes Kind, die Tochter Elisabeth, zur Welt kam, hätte Anna gern Wien als Ort für die Niederkunft vorgezogen. Sie begleitete ihren Gatten auf seinen Reisen, wann immer es ihr möglich war.

99 Mindestens zwei (Elisabeth und Ferdinand) der insgesamt 15 Kinder von Ferdinand und Anna wurden in Linz geboren. Jakob Seisenegger, der Hofmaler des Königs, hat sie alle mehrmals porträtiert. Das vom Stadtmuseum Linz erworbene Bild zeigt Eleonora, die mit Herzog Wilhelm Gonzoga von Mantua vermählt worden ist. Inv. 11.100 Foto: Michalek

Ferdinand I. umsorgte seine in Linz weilende Frau aus der Ferne nach Kräften, kümmerte sich um eine reibungslose Versorgung der königlichen Tafel und ließ eine ungarische Köchin kommen. Der Hofarzt Hieronymus Ricius und eine Anzahl Hebammen und Hofdamen waren um die Königin bemüht. Aus Bad Aussee wurden Saiblinge und Lachsforellen lebendig nach Linz transportiert, aus Württemberg Neckarwein, aus Triest und Trient der süße Reinfal. Spezereien aus dem Orient konnten auf den Linzer Märkten besorgt werden. Für das leibliche Wohl war also gesorgt.

Als Anna 1547 wie so viele Habsburgerfrauen im Kindbett starb, wurden in Linz als der Hauptstadt des Landes große Trauerfeiern abgehalten. Ihr Hofstaat wurde entlassen und der Haushalt aufgelöst.

Vier Jahre später verbrachte Ferdinands ältester Sohn Maximilian (II.) mit seiner spanischen Cousine und Gattin Maria, der Schwester des berühmten Don Carlos, den Jahreswechsel in Linz, und abermals vier Jahre später ist seine erste Tochter hier verstorben und in der Pfarrkirche beigesetzt worden.

1567 kam seine unglückliche Schwester Katharina, die von ihrem Mann verlassene Königin von Polen, seelisch und physisch gebrochen nach Linz. Sie legte im Schloß einen Heilkräutergarten an und setzte zur Gewinnung der medizinischen Essenzen ein besonders erwähntes Destilliergerät ein. Fünf Jahre nach ihrer Ankunft ist sie gestorben und in St. Florian beigesetzt worden.

Noch einmal (1561–1563) befand sich Maximilian II. mit der gesamten Familie für längere Zeit in Linz.

1565 kam Francesco de Medici hier durch, der Katharinas Schwester Johanna zur Frau nahm, die in ihrer Ehe genauso unglücklich wurde wie sie. Im Zusammenhang mit dieser Hochzeit entstanden die bekannten österreichischen Städtefresken im Atrium des Palazzo Vecchio in Florenz, unter denen sich auch Linz befand. Es wäre dies die älteste Ansicht von der Stadt, wenn das Bild nicht gänzlich zerstört wäre. Lediglich eine schwache Photographie existiert noch.

100 Porträt der unglücklichen Königin Katharina von Polen. Ihr Mann, Siegmund II. von Polen, der schon ihre in Linz geborene Schwester Elisabeth († 1545) zur Frau gehabt hatte, starb im selben Jahr wie sie (1572). Kupferstich aus Annales Ferdinandei, Conterfet ... Tom. I, S. 112 d. Foto: Litzlbauer

Im Jahre 1582 bezog Erzherzog Matthias nach seinem mißglückten „niederländischen Abenteuer" bis ca. 1590 die Räume der Linzer Burg. Er war wie seine Brüder von Kaiser Rudolph II. mit einem Deputat abgefunden worden, hatte im Gegensatz zu jenen aber keine Regierungsfunktionen zugewiesen erhalten. Der Erzherzog steckte voller unerfüllbarer Pläne, wollte König von Polen oder gar Zar in Moskau werden, ein Enfant terrible im Hause Habsburg, dem keiner über den Weg trauen wollte, am wenigsten sein kaiserlicher Bruder. Mit Befremden wurde an den katholischen Höfen zur Kenntnis genommen, daß er sich mit Protestanten umgab. Zu seinem Hofmeister machte er Reichard Strein von Schwarzenau, einen überaus gebildeten Mann, der sich eingehend mit Geschichte beschäftigte. Aus den Niederlanden hatte er den Maler Lukas von Valckenborgh mitgebracht, der die wohl schönste Stadtansicht von Linz geschaffen hat. Der aus Lüttich stammende Komponist Lambert de Sayve war Hofkapellmeister, Kaspar Lehmann Kammersteinschneider, Carl Renftel und Gottfried Korber waren Hofgoldschmiede.

1582 empfing Matthias Rudolph II. zu einer aufwendigen Fronleichnamsprozession, seit langem die erste und bis zur Ankunft der Jesuiten die letzte Manifestation katholischen Glaubens in Linz.

1588 zog Matthias anläßlich einer Kurzvisite seines Onkels aus Innsbruck ein Ringelstechen und *Festenstürmen* auf. Dabei wurde im Wörth eine bemalte Bastion aus Holz aufgebaut, die nach bestimmten Regeln der Kriegskunst zu stürmen war. Am Abend beschloß ein Tanz das aufwendige Spektakel.

Um seine Melancholie zu vertreiben, plante Matthias einen Tennisplatz im Schloßgarten und wollte von sich aus einen großzügigen Ausbau der Linzer Burg erreichen, ein Vorhaben, das ihm sein kaiserlicher Bruder wie viele andere Initiativen aus der Hand nahm. Er schlug ihm als Ausgleich vor, in Wien Wohnung zu nehmen, wo er mehr höfische Zerstreuung hätte, denn von den Regierungsgeschäften wollte er ihn, wie schon vorhin bemerkt, fernhalten.

101 An den zweiten längeren Aufenthalt Maximilians II. mit seiner Familie erinnert das „Elefantenhaus" am Hauptplatz Nr. 21, in dem ein aus Spanien mitgebrachter Dickhäuter mehrere Monate untergebracht war. Das viel bestaunte Tier galt als Sensation. Foto: Litzlbauer

102 Erzherzog Matthias im Jahre 1579, drei Jahre bevor er in Linz Residenz genommen hat. Das Bild stammt von seinem Hofmaler Lukas von Valckenborgh, der auch die erste große Stadtansicht von Linz geschaffen hat. Original im Kunsthistorischen Museum Wien, Inv. GG 6437. Foto: Albrecht, Innsbruck

Die Stände hegten zu Beginn des 17. Jahrhunderts die sehr vage und unrealistische Hoffnung, daß der Kaiser seine Residenz in Prag aufgeben und in Linz Quartier nehmen würde. Davon konnte keine Rede sein, und global gesehen war mit dem Abgang des unsteten Erzherzogs im Jahre 1590 die Residenzfunktion der Linzer Burg für ihre gesamte weitere Geschichte zu Ende gegangen.

Wenn der Landeshauptmann heute im Landhaus und nicht auf dem hohen Felsen über der Donau residiert, so zeigt er unter anderem damit an, daß er sich in erster Linie als Regent des Landes und nicht als Statthalter der Wiener Regierung versteht. Er agiert sozusagen in der Tradition der Stände und nicht des Kaiserhauses.

Das Schloß

Nur 40 Jahre nach dem Neubau unter Kaiser Friedrich III. befand sich der Schloßbau bereits wieder in einem jämmerlichen Zustand. Der Turm war baufällig und in einem Gutachten befürchtete der herbeigerufene königliche Baumeister Domenico de Bononia den Absturz der donauseitigen Außenmauer. Statt einer Generalsanierung wurde aber nur die Küche modernisiert und für Königin Anna eine neue Badstube eingerichtet. In den vierziger Jahren plante man eine großzügige Renovierung, zur Ausführung kam aber nur der Bau eines Ziegelstadels am Martinsfeld, den der Bürger Georg Hackelberger für 10 Jahre in Pacht genommen hat.

Restauriert wurde die Schloßkapelle, die wappengeschmückte Fenster erhielt, hergestellt vom Glaskünstler Hans Praun in Augsburg. Sie haben sich ebensowenig erhalten wie drei Altarbilder, die der Hofmaler Ferdinands von Tirol, Francesco Tertius, geliefert hat. 1562 bekam das Schloß eine neue Uhr mit Glockenspiel, für das der Gelehrte Dr. Philipp Ymbser verantwortlich zeichnete. Die Uhr wurde aus Passau angeliefert. Im übrigen herrschte das Prinzip der Improvisation vor: Es wurden immer wieder nur die nötigsten Ausbesserungsarbeiten vorgenommen. Nach dem Tode Ferdinands I. (1564) war es dann bereits soweit, daß den Torwächtern im Winter die Stiefel und der Wachtpelz gestrichen wurden, ja nicht einmal die Wachstube war geheizt.

Erst unter Erzherzog Matthias wurde ein Stalltrakt errichtet. Seine bereits 1590 initiierten Baupläne großen Stils scheiterten an der Finanzierung, die nach seinen Vorstellungen von den Ständen geleistet werden sollte. Ihre ablehnende Antwort läßt aufhorchen, denn sie begründeten sie damit, daß eine zusätzliche Steuerbelastung zu einem Aufstand der Untertanen (= Bauern) führen könnte, was fünf Jahre später auch ohne Geld für den Schloßbau eintraf.

Der endgültige Neubau erfolgte auf Befehl Rudolphs II. in den Jahren 1599–1614. Die Architektur steht in der Tradition des Belvedere in Prag und des Schweizerhoftraktes bzw. des

103 Foto von der Linzer Stadtansicht im Palazzo Vecchio vor ihrer Zerstörung durch den Hochwasser führenden Arno. Stadtmuseum Linz. *Foto: Michalek*

Stallgebäudes der Wiener Burg. Die Monumentalität des Bauwerkes, das im Verhältnis zur damals kleinflächig, gedrängt verbauten Stadt überdimensional proportioniert erscheint, läßt Assoziationen an den spanischen Escorial aufkommen. Als Architekt wird der flandrische Baumeister Anton de Moys angesehen, der aber gewiß einige Vorarbeiten des in Linz tätigen Christoph Canevale mitverwendet hat. Der ursprüngliche Gesamteindruck wird durch den fehlenden Südtrakt, der dem großen Brand von 1800 zum Opfer gefallen ist, stark beeinträchtigt. Die Geschlossenheit des wuchtigen und ausladenden Baukörpers mit seinen zwei Innenhöfen und die dominierende Lage hoch über der Stadt künden bereits vom kommenden Herrschaftssystem, der absoluten Gewalt des Kaisers über Stadt und Stände. Dagegen wirkte das zuvor erbaute neue Landhaus, eingepfercht zwischen Freihäusern, Kirche und Stadtmauern, klein und unbedeutend. Und so war es ja wohl auch beabsichtigt. Die Bürger hatten von ihrem Rathaus direkten Blickkontakt mit dem Gebäude, das den Kaiser repräsentierte, auch wenn er in eigener Person gar nicht anwesend war. Die Architektur steht noch deutlich in der Tradition der Renaissance mit sparsamster Gliederung der Fassaden. Im

104 Die Mächtigkeit des Baukörpers nach dem Neubau wird auf einer Zeichnung von 1636 deutlich. Ausschnitt aus einer Stadtansicht des Wenzel Hollar, Devonshire Collection, Catsworth Settlement.

zweiten Stockwerk befanden sich die ursprünglich mit bemalten Holzdecken versehenen Prunkräume, deren Wände mit Fresken geschmückt gewesen sein dürften. Nichts von alledem hat sich erhalten.

Gleichzeitig mit dem Bau des Schlosses sollten zwei städteplanerische Projekte ausgeführt werden, eine Stadterweiterung nach Süden hin und die Anlage eines großen Tierparkes, dessen Einfassungsmauer beim ehemaligen *Küniglgarten* beginnen sollte und die Sandgstätten, den Weingarten im späteren Kapuzinerfeld, den Juden- und Siechenbauern, das spätere Kroatendörfl und von dort aufwärts den Freinberg umfassen sollte. Einige Bauernhöfe und an die 50 Handwerkerhäuser wären davon betroffen gewesen und hätten angekauft werden müssen. Die Kosten für die Mauer und die Haus- und Grundablösen hätten sich ca. auf 12.000 Gulden belaufen. Wie schon unter Kaiser Maximilian I. war vor allem heimisches Hochwild für die Besetzung des Tiergartens vorgesehen. Die sehr konkreten und detaillierten Pläne kamen jedoch nicht einmal in Ansätzen zur Ausführung.

105 Die Perspektive von der Donau aus, auf der die meisten Reisenden nach Linz kamen, ist noch beeindruckender: Das Schloß im Jahre 1989.
Foto: Eigner

Die Fürstentreffen

Neben vielen kleineren Treffen, die sich während der Anwesenheit des Hofes immer wieder ergeben haben, sind es zwei Großereignisse, die die Stadt in den Blickwinkel europaweiter Politik rückten, das Vorspiel zum Passauer Vertrag von 1552 und der sogenannte „Reichstag" von 1614.

Als sich nach langen Verhandlungen im Reich die protestantischen Länder weigerten, am 1545 einberufenen Reformkonzil von Trient teilzunehmen, das der Einigung der abendländischen Welt dienen sollte, entbrannte ein Reichskrieg, der zwei Jahre später mit dem Sieg Kaiser Karls V. über die im Schmalkaldischen Bund vereinigten Protestanten endete. Landgraf Philipp von Hessen, ein Exponent der Evangelischen, wurde dabei gefangengenommen und eingekerkert. Sein Schwiegersohn Moritz von Sachsen versuchte einerseits, ihn mit Hilfe des französischen Königs gewaltsam zu befreien, war aber andererseits auch zu Verhandlungen bereit, die nach schwierigen diplomatischen Vorgeplänkeln Ende April 1552 in Linz begonnen haben und im Mai in Passau fortgesetzt worden sind. Es ging neben der Befreiung des Landgrafen vor allem um die Freiheit der Religion, aber auch um die Aufteilung der Macht in Mitteleuropa. Die Linzer Gespräche und das Folgetreffen in Passau haben letztendlich zum sogenannten „Augsburger Religionsfrieden" geführt, dessen Ergebnis unter dem Schlagwort *cuius regio, eius religio* in die Geschichte Europas eingegangen ist. (Siehe S. 154.)

Das zweite große Linzer Treffen hat der Berater von Kaiser Matthias, Kardinal Melchior Khlesl, eingefädelt. Auf einem Generallandtag aller österreichischen, ungarischen und böhmischen Länder, aber auch unter Beteiligung des

Reiches sollte im Sommer 1614 über die Aufstellung eines ständigen kaiserlichen Heeres beraten werden. Vom heutigen Standpunkt aus kann das Vorhaben als politisch äußerst unrealistisch angesehen werden – die meisten Länder haben auch nur Kommissäre abgesandt, aber die Stadt wurde von den Massen der Teilnehmer überschwemmt. Trotz heftigsten Protestes mußten die heimischen Adeligen ihre Freihäuser in der Stadt als Quartiere zur Verfügung stellen und aus den anderen Städten des Landes wurden Möbel und Hausrat herangekarrt, um den Fremden einen halbwegs angenehmen Aufenthalt zu ermöglichen. Unzählige Mandate sollten die Lebensmittelbeschaffung ankurbeln und regeln. Sie zeigen uns deutlich, daß es damit nicht zum besten bestellt gewesen ist. Aus den Schriftstücken zu diesem Problem glaubt man eine ungeheure Hektik spüren zu können. Zum Beispiel wurden kurzfristig die Pläne zur Stadterweiterung reaktiviert, über die weiter unten noch berichtet wird. Insgesamt scheint es so, daß durch diesen Konvent die Grenzen der Leistungsfähigkeit der Stadt deutlich aufgezeigt worden sind. Die an Luxus gewöhnten Teilnehmer großer Fürstentreffen waren zu dieser Zeit nicht mehr gewillt, Einschränkungen ihrer aufwendigen Lebensweise hinzunehmen. Linz hielt damals der Probe nicht stand und bekam nie mehr die Chance, sich als Forum fürstlicher Kongresse zu profilieren.

Die Erbhuldigungen

Äußerst seltene Ereignisse, die in ihrer großen Bedeutung für Land und Stadt gar nicht hoch genug eingeschätzt werden können, waren die Erbhuldigungen, bei denen der Landesfürst von den Landständen als rechtmäßiger Herrscher in einem feierlichen Akt anerkannt worden ist. Für das Land ob der Enns kam noch ein Aspekt hinzu, denn der Landesfürst hat durch die Entgegennahme der Huldigung die eigenständige, staatsrechtliche Stellung des Landes anerkannt. Wir haben schon gesehen, daß der formale Akt erstmals vor der Ankunft Ferdinands I. stattgefunden hat. Er ließ sich allerdings durch Kommissäre vertreten und nahm die persönliche Huldigung später in Ybbs entgegen, wobei die Stände von Ober- und Niederösterreich ein letztes Mal gemeinsam auftraten.

Eine rein oberösterreichische Erbhuldigung gab es erstmals 1565 unter König Maximilian II. In unserem Zeitraum folgte noch jene für Rudolph II. (1578) und Matthias (1609). Nicht beachten wollen wir hier die Teilhuldigung für den bayerischen Kurfürsten Maximilian vom Jahre 1620.

Dem Festakt gingen jeweils harte Verhandlungen voraus, in denen sich der Landesfürst zur Bestätigung der Landesfreiheiten und auch anderer Zugeständnisse herbeilassen sollte. Erst dann waren die Landstände bereit, den Gehorsamseid zu leisten.

Die Städte, allen voran der Linzer Bürgermeister, waren in die Zeremonie mit eingebunden. Die Prälaten gelobten, indem sie zwei Finger an die Brust legten, Adel und Ritterschaft mit Handschlag, und die Vertreter der Städte schworen mit erhobenen Fingern.

Der in den meisten Fällen von Wien kommende Landesherr wurde am Remser Feld bei St. Valentin empfangen und an der Ennser Brücke in das Land ob der Enns geleitet.

Die in prachtvolle Uniformen gesteckte Empfangsdelegation bestand aus einem Aufgebot von ca. 1000 Mann, wobei die Städte das Fußvolk zu stellen hatten. Die Frage, wo sich die Abordnungen im Zug einzureihen hatten und wer allenfalls Hauptleute und Fähnriche stellen durfte, führte zu manchen Streitigkeiten der Städte untereinander. Linz beanspruchte meistens gemeinsam mit Steyr die vordersten Reihen.

Die Linzer Stadtschlüssel wurden dann erst an der Grenze des Burgfrieds, ungefähr im Bereich des späteren Karmelitenklosters übergeben. Von dort bis in die Stadt und bis an die Tore des Schlosses mußten die Linzer in Rüstung stehen und ein Spalier bilden, durch das sich der Festzug bewegte, allen voran der Generalobristleutnant als militärischer Befehlshaber mit seinen Leibpferden, dann etliche Trompeter. Nach ihm der Obristleutnant mit der Hälfte des Landesaufgebotes zu Pferd, gefolgt von den königlichen Leibpferden und den Edelknaben. Vor dem König ritt der Landmarschall, das bloße Schwert in Händen. Dem König folgte der gesamte Hofstaat und (wenn sie dabei war) die Königin mit ihren Hofdamen, denen wieder eine Abordnung von landständischen Rittern nachkam. Den Schluß des Zuges bildeten die Begleitwagen mit der gesamten Fourage des Hofes.

Bei der Erbhuldigung des Jahres 1609 hatte König Matthias insgesamt vier Ehrenpforten oder Triumphbögen zu passieren, bevor er sich zum Schloß begeben konnte. Der Einzug von der heutigen Mozartkreuzung bis zum Hofberg dauerte drei Stunden: Bei der ersten Station wurde er mit etwas holprig gereimten, deutschen Huldigungsgedichten begrüßt, die ihm ein als Engel verkleideter Landschaftsschüler darbot. Beim zweiten Bogen, beim Schmidtor, wurde Matthias von einem Chor überrascht, der sich gemeinsam mit einem Ensemble von Geigen- und Lautenspielern im Innern des Bauwerks verborgen hatte. Sie trugen eine italienische Motette vor. Nach einem Umweg zur Stadtpfarrkirche begrüßten ihn beim dritten Bogen am Beginn der Hofgasse die sieben Planeten mit Segenssprüchen, allegorisch dargestellt von Schülern. In den Pfeilern des Bogens erklang ein Orgelpositiv, Zinken und Posaunen, die ebenfalls einen Chor instrumental unterstützten. Den vierten Bogen hatten bereits die Jesuiten in der Nähe ihrer Heimstatt errichten lassen. Auf einem Gerüst stehend entboten die neun Musen ihren Gruß, dargestellt diesmal von katholischen Schülern.

Aus der kurzen Schilderung mag man ersehen, daß alle Mühe und aller Fleiß aufgewendet wurden, um den neuen Landesherrn zu beeindrucken. Die Pforten selbst waren zwar aus Holz, aber natürlich kunstvoll bemalt und mit lateinischen Sinn- und Wahlsprüchen zum Lob des Herrschers versehen. Angestrebt war ein Gesamtkunstwerk aus Architektur, Malerei, Dichtung, Musik und Wissenschaft. Begleitet wurde der Weg von mehrfachen Schützensalven, sodaß auch die martialische Seite zu ihrem Recht kam. Auffälligerweise fehlen eindeutige Hinweise auf religiöse Inhalte. Es dürfte eine Übereinkunft gegeben haben, anläßlich des großen Festes die Tagespolitik ruhen zu lassen.

Beim nächsten großen Empfang, als Matthias 1613 zu einem Reichstag reiste, wurde ein riesiges Feuerwerk veranstaltet, und zwar, wie es heißt, zu Land, zu Wasser und in der Luft. Damit waren die vier Grundelemente angesprochen und die gesamte Donauuferlandschaft wurde in das Spektakel miteinbezogen. Es fällt dem Chronisten angesichts solcher Nachrichten schwer, vorbehaltlos in den Jubel über die vermeintliche Originalität und Neuheit gegenwärtiger Spektakel im Donaupark einzustimmen.

Die Landtage

Von Umfang und Aufwand wesentlich bescheidener waren die Landtage, die vom Landesfürsten einberufen wurden und alle Äbte der Landesklöster, die Mitglieder des Hochadels und der Ritterschaft sowie die Vertreter der Städte in Linz versammelt sahen. Der König oder Kaiser war dabei entweder selbst anwesend oder ließ sich von Verwandten oder hochgestellten Hofleuten als Kommissäre vertreten. Nur einmal übertrug König Ferdinand I. seiner Frau Anna dieses Amt, und als diese während des Landtages abreiste, seiner

106 Entwürfe für drei (Nr. 2–4) der insgesamt vier Triumphpforten anläßlich der Erbhuldigung an König Matthias im Jahre 1609.
Oberösterreichisches Landesarchiv, Landschaftsakten. *Fotos: Litzlbauer*

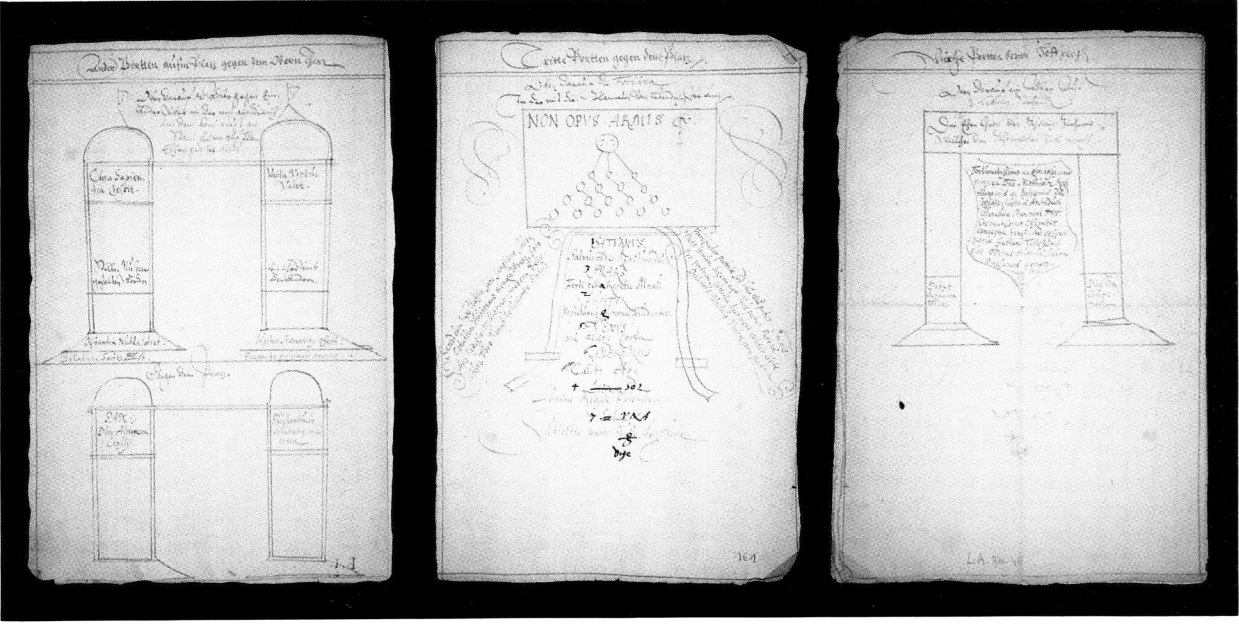

Schwester Maria, der verwitweten Königin von Ungarn.

Über den Ort der Versammlungen wissen wir wenig. Anfänglich kam sogar das Rathaus dafür in Frage, später das Haus des Vicedoms, und als ab Mitte des Jahrhunderts die Stände von sich aus ohne Einberufung durch den Landesfürsten Landtage abhielten, fanden sie in den Freihäusern und später im Landhaus statt.

Die Landtage wurden im 16. Jahrhundert durchwegs in Linz abgehalten und damit die Stadt von den Adeligen als Zentrum des Landes bestätigt. Die wenigen Ausnahmen, die die Versammlung in anderen Städten sahen, waren stets auf außerordentliche und triftige Gründe – etwa eine Seuche in Linz – zurückzuführen.

Im Gegensatz zu den vorhin geschilderten Schwierigkeiten war die Quartierfrage kein Problem, denn viele Adelige hatten ihr eigenes Haus in der Stadt und waren in der Lage, Verwandte und Freunde unterzubringen. Vielfach trachtete man sogar, die Landtage zur Zeit der beiden Jahrmärkte abzuhalten, um sich dort mit den entsprechenden Gütern einzudecken, die man während des Jahres nicht kaufen konnte.

Problemlos war auch die Lebensmittelversorgung, denn alles, was man für einen längeren Aufenthalt benötigte, konnte man von den eigenen und den Gütern der Untertanen in die Stadt schaffen lassen. Entsprechende Vorräte waren ohnedies das ganze Jahr über in den Kellern eingelagert.

Als der Glaubensstreit zu eskalieren begann und der hohe Adel und die Ritterschaft wenig mit den Klosteräbten zu tun haben wollten, versuchten diese, für ihre Zusammenkünfte ein eigenes Haus zu erwerben, und bemühten sich beim Kaiser sehr um das Dreifaltigkeitsbenefizium in der Altstadt. Ihre Anstrengungen verliefen im Sande, und die einträgliche Stiftung gelangte an die Jesuiten. Die Problematik der Freihäuser wird uns an anderer Stelle noch beschäftigen.

Stadt und Stadtherr

Wie im vorigen Kapitel schon dargelegt wurde, reichten die Kompetenzen des Landesfürsten tief in die Struktur der Stadt hinein. Und so wie die Städte auch in der Gegenwart nicht nur aus sich allein heraus verstanden werden können, war auch damals die kommunale Gesamtheit von Faktoren abhängig, die über die Grenzen der Stadt hinausreichten. Letztere waren zu dieser Zeit noch wesentlich enger als heute. Als Statutarstadt und Gemeinde nimmt Linz heute noch Hoheitsrechte des Landes und des Bundes wahr, die laut Gesetz dem Bürgermeister und dem Gemeinderat übertragen sind. Ausführendes Organ ist der Magistrat. Alle Einnahmen und Ausgaben, die sich aus diesen Aufgaben ergeben, sind in demokratischem Sinn durch den Finanzausgleich zwischen Bund, Ländern und Gemeinden aufgeteilt und genau geregelt. In der Zeit der hier zu schildernden Epoche flossen die Einnahmen aus bestimmten Ämtern dem Stadtherrn direkt zu, und er ließ sie zum Teil auch von seinen Beamten verwalten. Einige dieser Ämter hatten bereits eine lange Tradition. Neu geschaffen wurde aber in Linz eine Münzstätte. Sie unterstand direkt dem Landesfürsten, der – wie der Staat der Gegenwart – die Währungshoheit beanspruchte.

Die Münzstätte

Sie zählt zu den qualitativen Verbesserungen, die in die Zeit nach der Verleihung des Bürgermeisterprivilegs fallen, ohne von den Bürgern initiiert worden zu sein. Man könnte auch von einer Wiedererrichtung sprechen, aber das würde nicht ganz den Kern der Sache treffen.

Herzog Albrecht VI. hatte wie zahlreiche andere Landesherren des Reiches aus rein separatistischen Bestrebungen heraus seine Münzstätten gegründet. Ihm ging es um die Finanzierung des Machtkampfes mit seinem Bruder, und deshalb hatte sie nur den einen Zweck, durch Verminderung des Feingehaltes an Silber das Kapital nominal aufzustocken. Das Ergebnis – die „Schinderlinge“ und mit ihnen die Zerrüttung der Wirtschaft – ist bereits geschildert worden. Denn anders als heute sollte bis in die Zeit Maria Theresias der Nominalwert einer Münze dem wahren Wert an Edelmetall entsprechen. Und dieses war im Lande ob der Enns nicht nur rar, sondern im Bergbau gar nicht zu gewinnen. Mußte Bruchsilber eingekauft werden, dann war dies auf dem „freien Markt“ nur zum selben oder minimal geringeren Preis zu erhalten, als der Wert der Münzen

107 Im Haus Pfarrplatz Nr. 19 war im 16. Jahrhundert die Münzstätte untergebracht. Der gegenwärtige Bau stammt aus dem 17. Jahrhundert. Foto: Eigner

dann ausmachen sollte. Von der Differenz Null sollten alle Ausgaben der Münzstätte bestritten werden. Um dieses Dilemma zu umgehen, war es am einfachsten, im Ausland gutes Geld gegen schlechtes zu tauschen, um es dann im Inland auf dem Weg der Legierung zu vermehren. Diese Vorgangsweise wurde trotz strengsten Verbotes in ganz Mitteleuropa mit Erfolg beschritten, wobei sich besonders die Republik Venedig auszeichnete, die selbst über keine Edelmetallvorkommen verfügte. Wir wissen aus einem Gutachten über die Maut, daß direkt von den Linzer Märkten ganze Fässer mit Kleingeld außer Landes gebracht worden sind. Gefaßt wurde dabei kaum jemand.

Leidtragende an dieser Misere war die gesamte Bevölkerung, denn als Folge jeder Münzverschlechterung trat automatisch eine Verteuerung der Lebensmittel ein. Im Grunde genommen mußten alle ein lebhaftes Interesse an einem geregelten Münzwesen haben, im besonderen aber die Fernhandelskaufleute. Auf sie dürfte letztendlich die erste „Reichsmünzordnung" zurückzuführen sein, die Ende 1524 zu Esslingen beschlossen wurde. Sie setzte anstelle des Goldguldens, der aus Goldmangel im Reich nicht mehr geprägt werden konnte, den Reichsgulden aus Silber.

Nun könnte man meinen, daß es erklärtes Ziel Erzherzog Ferdinands gewesen sei, durch Errichtung neuer Münzstätten in seinen Landen die Reichsmünzordnung durchzusetzen, und es wäre eben in jener Stadt, in der er geheiratet hat und in der seine ersten Kinder geboren wurden, zwei Jahre später zur Errichtung einer neuen Münze gekommen. Ferdinand hätte demnach eine Initiative der Fernhandelskaufleute aufgegriffen und wirtschaftlich klug gehandelt. Die Linzer Märkte zählten damals nicht nur zu den größten Messen im Reich, sondern sie haben sich auch – wie wir noch sehen werden – zu einem Kapitalmarkt internationalen Ranges entwickelt, vergleichbar einer Börse im heutigen Sinn. Daß es kaum die Linzer Bürger gewesen sein konnten, die als Innovatoren in Frage kommen, ist aus der Struktur ihres Selbstverständnisses ziemlich eindeutig abzuleiten.

Die Wiederbelebung der Linzer Münzstätte ist aber auf ganz andere, man könnte fast sagen, zufällig eingetroffene Umstände zurückzuführen: Die Schlacht bei Mohács im August des Jahres 1526 brachte für Ferdinand nicht nur die für ihn erfreuliche Aussicht auf den Thron in Ungarn und Böhmen, sondern auch ein bis dahin noch nie so stark empfundenes Gefühl der Bedrohung durch die Türken. Daß es sich bei diesem Gefühl um eine sehr realistische Einschätzung der politischen Lage gehandelt hat, zeigt sich in der drei Jahre später erfolgten ersten Türkenbelagerung Wiens. Nicht zufällig hielt sich der Hof in den nächsten Jahren mehrmals in Linz auf!

Im Oktober 1526 haben die böhmischen Stände den Erbanspruch Ferdinands auf Böhmen anerkannt und ihn zum König gewählt. Im Zusammenhang mit der eben behandelten Thematik ist es wichtig, daß er dadurch Landesherr in einem Gebiet wurde, das einige Silberbergwerke aufweisen konnte. Die Gefahr, die Wien und unter anderem der dortigen Münzstätte drohte, veranlaßte den aus Augsburg stammenden Münzmeister Hans Stengel, beim Erzherzog und nunmehrigen König von Böhmen um das Privileg einer neuen Münzstätte *zu Lynntz, oder an ain andern ort* einzukommen. Er hatte bis dahin das im Herrschaftsgebiet der Rosenberger bei Krummau in Böhmen gewonnene Silber in Wien vermünzt. Die verkehrsmäßige Lage war hier günstig, der Silbertransport an einem Tage ohne große Mühe abzuwickeln. Das Ansuchen stammt vom Oktober, die Genehmigung vom Dezember. Die Hofstellen und der Landesfürst hätten also – so könnte man meinen – ungewöhnlich flexibel und erstaunlich schnell reagiert. So einfach war es aber nicht.

Karl Kraus hat in einem Bonmot sinngemäß festgestellt, daß die hohe Politik genauso abläuft, wie sich das der kleine Mann auf der Straße vorstellt. Nämlich einfach und simpel. Und ähnlich verhielt es sich bei der Gründung der Linzer Münzstätte.

Nach der verlorenen Schlacht bei Mohács hatte Erzherzog Ferdinand die Einsammlung des gesamten Kirchensilbers (und Goldes) im Lande befohlen, um Geld für einen Feldzug gegen die Türken zu gewinnen. Für die gesamte Kollekte, bei der die kostbarsten gotischen Kunstschätze des Landes auf den Wert des Edelmetalles reduziert worden sind, war als Sammelpunkt Linz vorgesehen. Im September fragte Ferdinand bei den Ständen an, ob er die gesammelten Schätze einschmelzen und für seinen Kampf um die böhmische Krone verwenden dürfe – und wo konnte das besser geschehen als am Sammelplatz? Stengel hatte sich erbötig gemacht, die Münzstätte selbst aufzurichten, mit den nötigen technischen Einrichtungen zu versehen und das entsprechende Personal zu besolden. Ein ausgeklügeltes System der Kontrolle sollte jeden Unterschleif vermeiden. Eine wichtige Funktion kam dem Münzwardein zu, der nicht nur die Prägeeisen über Nacht zu verwahren und am Morgen dem Münzmeister auszuhändigen hatte, sondern von jedem Neuguß eine Probe zu nehmen und auf den Feingehalt zu überprüfen hatte. Fand er diesen zu niedrig, mußte er die Münzausgabe verhindern. Ebenso hatte er die fertig geprägten Münzen zu überprüfen und dafür zu sorgen, daß der Rest des Zaines (= ein dünner Metallstreifen, aus dem die Münzen herausgeschlagen wurden) wieder eingeschmolzen und keineswegs verkauft wurde. Als Kontrollor für den Wardein und den Münzmeister fungierte der Münzschreiber, der bei jeder Silberlieferung und bei jedem Neuguß Gewicht und Feingehalt notieren und die vom Wardein gezogenen Proben in Verwahrung nehmen mußte, bis sie von den Hofstellen zu einer neuerlichen Überprüfung abgeholt wurden. Außerdem hatte er das Gewicht und die Anzahl der ausgegebenen Münzen zu notieren. Darüber hinaus nahm er den Schlagschatz (d. i. die Summe, die für jede Mark Feinsilber, die vermünzt wurde, dem Münzherrn Erzherzog Ferdinand zustand) in Empfang und lieferte ihn in das Vicedomamt ab. Seine Arbeit wurde wiederum von diesem Amt überprüft. Angesicht der geschilderten genauen Kontrollen ist es beinahe überflüssig zu erwähnen, daß alle Angestellten der Münzstätte zu strengstem Stillschweigen verpflichtet gewesen sind. Hans Stengel hatte die Erlaubnis für folgende Prägungen:

Pfennig, *die silbren guldner genannt werden* (= Silbergulden = 1 fl)
Halbguldner im Wert von 30 Kreuzern (= kr)
Pfundtner im Wert von 12 kr
Sechser im gleichen Wert
Kreuzer
Pfennig im Wert von ¼ kr und Heller im Wert eines halben Pfennigs (= pf).

108 Beispiele von in Linz geprägten Münzen aus den Jahren 1527–1557.
OÖ. Landesmuseum, Münz- und Medaillensammlung.
Foto: Gangl

Die größeren Werte bis zum Sechser sollten ¾ aller Prägungen ausmachen, was uns zu der Überlegung verleitet, daß in Linz vor allem für größere Geschäfte geprägt werden sollte und nicht für die Bedürfnisse des „kleinen Mannes“. Damit wäre eine größere Münzsicherheit erreicht worden, die den Linzer Messen als internationalen Wechselmärkten zugute kommen konnte.

Münzwardein der ersten Stunde wurde Thaddäus Partfelder, dem der Linzer Bürger Peter Stainper folgte. Zum ersten Münzschreiber wurde anstelle eines Jakob Hartmann, der zunächst vorgesehen war und Jahre später in Zusammenhang mit der Wiener Münzstätte auftaucht, Sigmund Peutinger bestellt, dem wiederum Wolfgang Gruentaller folgte. Bald kam es zu ersten Beschwerden über Hans

Stengel, der in klarem Gegensatz zu seinem Vertrag mehr als die Hälfte kleinere Münzen herstellte. Die zuständige Behörde, die Niederösterreichische Kammer, verlangte seine Absetzung, die erst nach mehrjährigem Zögern 1534 erfolgte. Sein Nachfolger wurde Ruprecht Puellacher, der sich als sehr tüchtig erwies und der die Linzer Münzstätte nicht nur ein Vierteljahrhundert verwaltete, sondern ihr auch so großes Ansehen verschaffte, daß die Linzer Prägungen zu einer der Leitwährungen auf den großen Messen emporstieg. Wie sein Vorgänger hatte er sich selbst um den Silbereinkauf zu kümmern, was ihm umso schwerer gefallen sein dürfte, als in Budweis – allerdings erst 1569 – eine neue Münzstätte errichtet wurde, die übrigens mit den Linzer Werkzeugen arbeitete. Verhandlungen mit den Silbergruben in Schladming und dem Abt von Admont sind Dokumente für den großen Aktionsradius des Linzer Münzmeisters. Ab 1536 durfte Puellacher nach dem Vorbild von Hall in Tirol und Joachimsthal in Böhmen Taler prägen, jene Münze, auf die unter anderem der Dollar zurückgeht. Die Freunde der Numismatik kennen auch einen Linzer Golddukaten, der von Puellacher geprägt bis in das Jahr 1539 zurückreicht. Er galt zu seiner Zeit als eine der besten und besonders hoch im Kurs stehenden Münzen. Allerdings hatte der Linzer Münzmeister schon acht Jahre vorher mit besonderer Erlaubnis König Ferdinands in Wien 20 Mark Gold vermünzt. Zu dieser Zeit war er schon unter Stengel an der Linzer Münzstätte beschäftigt. Weiters sind Dukaten aus den Jahren 1543 bis 1547 bekannt. Als er sich in Linz auf Dauer niederlassen wollte und zu diesem Zweck von Jörg Haselhueber, dem Quardian des Minoritenklosters, in der Vorstadt ein Grundstück erworben hatte (1543), wurde er von König Ferdinand als Münzmeister nach Joachimsthal berufen (1545). Der entsprechende königliche Paßbrief schließt ihn, Frau und Kind, seinen Hausrat und *Plunder* mit ein. Die Münzstätte in Linz blieb unter seiner Obhut und wurde von seinem Bruder Wolfgang verwaltet.

Die zweite „Reichsmünzordnung" von 1551 verbot die Verpachtung von Münzstätten an Privatpersonen, was Puellacher und seinen Bruder de iure zu Angestellten degradierte, auch wenn sie unter dem Schutz König Ferdinands mit großer Wahrscheinlichkeit weiterhin sehr selbständig arbeiten konnten. In Folge einer neuerlichen Münzordnung aus dem Jahre 1559, mit der sich die beiden Brüder nicht einverstanden erklären konnten, quittierten sie den Dienst.

Ferdinand bot 1562 *das Münzwerk zu Lynz so . . . Jetzt ligen Pleibt* den Ständen an, die es jetzt nicht mehr annahmen, obwohl sie sich anfänglich sehr darum bemüht hatten. Der Münzbetrieb im Haus Ecke Rathausgasse/Pfarrplatz wurde 1562 endgültig eingestellt, woran auch neue Initiativen in den Jahren 1579/80 und 1624 nichts ändern konnten.

Die Maut

Da das Mautamt eng mit dem Verkehrsweg der Donau zusammenhing, dürfen wir annehmen, daß es sich ursprünglich beim oder in der Nähe des oberen Wassertores befunden hat, dem Haupteingang der Stadt von der Donau her. Nach dem Bau der Brücke wurde es zum Brückentor übersiedelt, wo es links vom Turm eine beherrschende Stellung einnahm. Von dieser Position aus war der Verkehr auf der Donau und über die Brücke zu kontrollieren. Anfänglich dürfte im selben Haus auch das Vicedomamt untergebracht gewesen sein, das für die Einnahmen aller landesfürstlicher Güter im Lande ob der Enns zuständig gewesen ist und das wie so vieles zu den Verwaltungseinrichtungen zählte, die unter Maximilian I. neu geschaffen worden sind. Die Maut gehörte ebenfalls zu den landesfürstlichen Einnahmen

109 Eine sehr viel spätere (1732) Ansicht des Maut- und Vicedomamtes an der Nordwestecke des Hauptplatzes. Rechts neben der Brunnengestalt des Neptun ist das Brükkentor zu sehen. Ausschnitt aus einem Kupferstich des Martin Engelbrecht, nach Bernhard Friedrich Werner. Stadtmuseum Linz, Inv. 2068.

und deshalb hatte der Mautner hier vierteljährlich seine Einnahmen abzuliefern. Im Jahre 1553 wurde das südlich anschließende Haus, das sich im Besitz des Mautgegenschreibers Valentin Pandorfer und seines Nachfolgers Hans Haunold befunden hatte, angekauft und darin das Mautamt untergebracht. Am Brückenkopf wurde ein Mauthäuschen gebaut, von dem man von da ab den Verkehr auf der Donau kontrollierte.

Mautner war damals lange Zeit Johann Ferenberger gewesen, der gleichzeitig das Amt des Vicedomus innegehabt hatte. Mit der Trennung der Funktionen waren wieder zwei Gebäude notwendig geworden. Im Jahre 1681 wurde das Mautamt auf die rechte Seite des Brückentores verlegt, wo es als k. k. Obermautamt bis zum Ende unseres Berichtszeitraumes verblieb. Zum Mauthaus gehörten mehrere Gärten im Bereich des heutigen Landestheaters, darunter der schon mehrmals angesprochene Hasengarten Maximilians I.

Unter dem Schmidtor befand sich eine „Zweigstelle", an der ein Wagenkreuzer eingehoben wurde. Er sollte für eine der Hauptaufgaben des Mautamtes, die Erhaltung der Straßen, Verwendung finden.

Von Margarethen bis zur Mündung der Traun in die Donau stand dem Mautner das *Pimwerk* zu, die Gerichtsbarkeit über alle Vorfälle am Wasser. Soweit zur Topographie und dem Wirkungsbereich der Linzer Maut. Im 17. und 18. Jahrhundert wurden die Maut- und Zollstellen zu einem wichtigen Instrument der staatlichen Wirtschaftspolitik, die sich erstmals theoretischer Grundlagen bediente, die den inländischen Handel und die heimische Wirtschaft stärken sollten. Ansätze zu solchen Überlegungen finden wir erstmals im Mautvectigal (= Verzeichnis aller Güter, von denen Maut eingehoben wurde) von 1604. Vorher konnte davon noch keine Rede sein. Die Maut war im Laufe des Mittelalters zur reinen Einnahmenquelle für den Landesfürsten geworden und hatte damit ihren ursprünglichen Sinn einer Abgabe, mit der der Schutz der Kaufleute finanziert werden konnte, gänzlich verloren. Gleichgeblieben ist seit den Zeiten der Raffelstettner Zollordnung die Mautbefreiung aller Güter des Adels und der Geistlichkeit, die sie für ihren Hausgebrauch benötigten. Darüber hinaus waren natürlich alle Waren für Fürsten und Herren, vor allem für den Kaiser und seinen Hof sowie für seine Verwandten von der Maut befreit.

Mit dem Vectigal (= Mautordnung) von 1523 war dem Mautamt das Geleitgeld wieder einverleibt worden, das lange Jahre getrennt von der Maut eingehoben worden war, obwohl es ursprünglich wesentlicher Bestandteil von Maut und Zoll gewesen ist.

Personell setzte sich das Mautamt aus dem Mautner selbst, dem Gegenschreiber (= eine Art Kontrollor für ihn), dem Beschauer und

110 Das Obermautamt, später Hauptzollamt, von der Donaulände aus gesehen (links neben dem Stadttor). Handkolorierte Lithographie von Joseph Edelbacher aus der Mitte des 19. Jahrhunderts. Stadtmuseum Linz, Inv. 2315. Foto: Michalek

dem Schreiber zusammen. Vor allem die erstgenannten Posten waren seit dem Mittelalter bei jeder Vakanz heftig umworben und wurden ausschließlich an hohe und höchste Hofbeamte vergeben. Vor dem Amtsantritt hatten die Mautner dem Landesfürsten ein sogenanntes Amtsdarlehen zu gewähren, das sich im 16. Jahrhundert um die 20.000 Gulden bewegte. Das Amt selbst war mit enormem Prestige verbunden. So konnte sich Johann Pracher zu Beginn der neunziger Jahre gegen zwei Landeshauptmänner durchsetzen, als es um die Frage ging, ob der Mautner dem höchsten Repräsentanten des Kaisers im Lande ob der Enns unterstellt sei oder nicht.

Pracher war vorher Sekretär des Niederösterreichischen Regiments in Wien gewesen. Sein Gehalt belief sich lediglich auf 150 Gulden pro Jahr (das des Gegenschreibers auf 70), aber seine Position eröffnete ihm die Möglichkeit zu sehr vielfältigen Nebeneinnahmen. Eine davon bestand in einem Drittel der konfiszierten Ware, wenn er oder seine Leute jemand beim Schmuggeln (damals hieß es Schwärzen) ertappten. Zwei Drittel standen dem Landesfürsten zu. Dazu kamen noch die Einnahmen aus der „Kleinen Maut" und diverse Geschenke jener Klöster und Herrschaften, die von der Maut befreit waren. Die Kleine Maut setzte sich aus Abgaben für Fische, Obst (Äpfel, Birnen, Orangen), kleines Geschirr (Krüge, hölzerne Gefäße, geschnitzte Löffel, Schüsseln, Teller, Trink- und Wassergläser) und Werkzeug (Rechen, Gabeln, Schaufeln, Handruder etc.) zusammen und brachte um die Jahrhundertmitte 120–200 Gulden pro Jahr. Dazu kamen noch allerlei Viktualien, die an Geldes statt genommen wurden.

Die Einnahmen aus der „Großen Maut", die abzüglich der Regien dem Landesfürsten zur Gänze zustanden, bewegten sich im 16. Jahrhundert zwischen 8000 und 10.000 Gulden mit kriegsbedingten großen Schwankungen. Ihre Verwendung war stets auf Jahre hinaus vorbestimmt und diente z. B. der Rückzahlung von Darlehen oder zur Deckung der persönlichen Bedürfnisse des Fürsten oder seines Hofstaates. Ferner waren daraus jährliche Deputate an verschiedene Stiftungen zu leisten; als größter Ausgabeposten erwiesen sich dabei ab Mitte des Jahrhunderts die 1200 Gulden, die jährlich den Jesuiten in Wien angewiesen werden mußten.

Spätestens seit Kaiser Maximilian I. hatte es sich auch eingebürgert, daß aus den Mauterträgen Pensionen für alte und arbeitsunfähige höfische Diener und ihre Witwen ausbezahlt wurden. Das Mauthaus selbst wurde zu einem Pfründenhaus, in dem ständig bis zu vier alte Leute betreut und verköstigt wurden. Darüber hinaus hatte die Frau des Mautners stets den Gegenschreiber, den Beschauer und den Kanzlisten zu Tisch, wenn diese nicht verheiratet waren. Deputate erhielten ferner der Propst zu Waldhausen, die Minoriten, der Pfarrer im Bürgerspital, die Pfarrkirche, die Torwächter und der Türmer im Schloß sowie weitere vier Wächter und der Henker.

Im Gegensatz zu den Einnahmen vermehrten sich gegen Ende des Jahrhunderts die Ausgaben von Jahr zu Jahr. Waren es 1585 noch 22.809 fl, so stieg der Fehlbetrag bis 1601 auf 57.328 fl, und 1608 lag er bei 78.976 Gulden. Am Ende des Dreißigjährigen Krieges waren es dann 173.833 fl und im Jahr der zweiten großen Wiener Türkenbelagerung war eine halbe Million erreicht. Die Einnahmen konnten damit nicht im entferntesten Schritt halten: Im Jahre 1593 wurde eine Kommission gebildet, die über eine generelle Neugestaltung der Mauttarife beraten sollte. Ihr gehörte knapp vor seinem Tode auch der besagte Johann Pracher an, der dem Kaiser schon zuvor etliche Vorschläge zur Mauterhöhung gemacht hatte. Unter seiner Führung waren die Einnahmen innerhalb weniger Jahre von 8000 auf 11.000 Gulden gestiegen, während die etwa gleich ergiebige Maut in Stein zur selben Zeit stagnierte.

Der grundlegende Neuansatz lief darauf hinaus, von der Stückmaut abzugehen und die Vermautung nach dem Wert der Güter vorzunehmen. Bis dahin wurde nämlich z. B. der Ballen Leinwand oder Loden gleich hoch vermautet wie teuerste Seide und Damast. Ein Zentner (= ca. 50 kg) Saffran im Wert von 1000 (!) Gulden kam bei der Maut so hoch zu stehen wie ein Zentner Blei im Wert von 3 Gulden. Die Berechnungen hatten ergeben, daß bei einer Vermautung nach dem Wert der Waren eine Einnahmensteigerung von 6–700 % erreicht werden könnte, wenn pro Gulden nur zwei Kreuzer eingehoben würden. Als Kompensation sollten die oberdeutschen Kaufleute nur mehr bei der Eingangsmaut in Linz zahlen müssen und bei den weiteren Donaumauten Mauthausen, Ybbs und Stein frei passieren dürfen. Erstmals sollte damit der Import von Luxusgütern (vor allem von modischen Kleidern aus Frankreich) beschränkt und damit das Geld im Lande gehalten werden. Und erstmals wurden die Linzer Donaumauten als Gesamtheit aufgefaßt, die Einnahmen an den ein-

111 Mautvectigal aus dem Jahre 1604. Supplementum codicis Austriaci Tom. III, Frankfurt 1748, S. 78–88, Ausschnitt von S. 76.
Foto: Litzlbauer

Vectigal der Mauthen, Lintz, Mauthhauſen, Ybbs, und Stein.

1604. 25. Sept.

Wir Rudolph der II. von GOttes Gnaden erwählter Röm. Kayſer rc. Bekennen, als ſich bey verloffenen achtzig Jahren her, ſeit weyland Kayſers Ferdinand, Unſers lieben Ahn-Herrn und Vorfahren Chriſtſeeligen Gedächtniſ-ſes, Anno 1523. aufgerichtete Mauths-Ordnung, in Handels- und Kaufmanns-Waaren faſt mercklich verändert, alſo das jetziger Zeit allerley neuer Zeug von Gold, Silber, Sammet, Seiden-Stücken, und köſtlichen Tuchen, item Goldſchmids-Arbeit, und Kleinodien, in Unſere Oeſterreichiſche Lande eingeführet, und in höchſten Werth verhandelt werden, deren damahlen in berührter Satzung der Mauth nicht gedacht worden; herrent-gegen aber der alten Waaren, und Zeuge, eines guten Theils nicht mehr gebräuchlich noch gang-bar, und dannenhero die höhern köſtlichen Waaren des beſchlagenen Guts, und theuren Tuch, die andern gemeinen Gattungen, und Pfenwerth, zu groſſer Ungleichheit im Lande mit der Mauth ſehr weit überſtiegen: daß Wir demnach bey vorſtehenden offenen Kriege, und um mehr geziemender Gleichheit willen, berührter Unſerer Mauths-Ordnung, aus zeiti-gen Bedacht, und beweglichen Urſachen, eine gantz nöthige Reformation vorgenommen. Setzen, ordnen, und wollen rc. Immaſſen hernach unterſchiedlich folget.

zelnen Mautstellen als Instrument der Wirtschaftspolitik und nicht mehr ausschließlich als einzelne unerschöpfliche Finanzquellen, deren sich der Landesfürst nach Belieben bedienen konnte. Als Pracher 1596 starb, geriet das Reformwerk ins Stocken. Seine Witwe hat über zwei Jahre lang das Mautamt gegen den bereits bestellten Nachfolger verteidigt, weil er ihr das Darlehen ihres verstorbenen Mannes nicht auszahlen wollte. 1603 wurden die Beratungen abgeschlossen und das neue Mautvectigal am Linzer Ostermarkt 1604 publiziert. Die Kaufleute hatten schon vorher vor unabsehbaren Folgen gewarnt, und tatsächlich wurde die neue Mautordnung zum größten Reinfall für die Wiener Zentralbehörden: Der Linzer Bartholomäimarkt 1604 fand praktisch unter Ausschluß der Öffentlichkeit statt und anstelle der programmierten Mehreinnahmen von 6–700 % sanken die Erträgnisse auf 6700 Gulden. Unter dem Druck der Kaufleute aus den Reichsstädten, die ja auch die Geldgeber des Kaisers waren, hob Rudolph II. die Mautordnung auf und führte das alte Vectigal wieder ein, vermehrt um jene Waren, die seit 1523 neu auf den Markt gekommen sind. Der Mautner Sebastian Bischoff warf das Handtuch und zog sich auf seinen Freisitz Hagen in Urfahr zurück.

Unter der bayrischen Pfandherrschaft (1620–1628) wurden alle landesfürstlichen Mauten (Engelhartszell, Linz, Mauthausen, Vöcklabruck) einer einheitlichen Leitung, dem Obermautamt in Linz unterstellt. Die Neueinrichtung blieb auch unter österreichischer Herrschaft bestehen. Die Geldentwertung in der Kipper- und Wipperzeit führte zu einer 2- bis 3fachen Mautsteigerung, die auch nach der Rückkehr zur stabilen Währung ohne große Proteste von seiten der Kaufmannschaft beibehalten wurde. Der erste merkantilistische Versuch war gescheitert.

Das Ungeld

Seit mindestens 1415 hatte die Stadt Linz das Ungeld vom Landesfürsten in Pacht genommen, und zwar in der Stadt selbst und „auf dem Land". Es lag nämlich im ureigensten Interesse der Bürger, die Getränkeausschank von der Steuer her zu kontrollieren, wenn dies auch im Dienste und für den Säckel des Kaisers geschah. Die Einhebung des Ungeldes war so ausgeklügelt und gegen alle möglichen Manipulationen gesichert, daß eine Schilderung des Modus zu weitläufig würde.

Wie bei der Maut und den Steuern waren die Geistlichkeit und der Adel vom Ungeld für jenen Wein (Bier) befreit, den sie für den Haushalt benötigten. Voraussetzung war, daß er aus eigenen Weingärten stammte. Der Besitz von Weinbergen war also für Adel, Geistlichkeit und die Bürgerschaft eine unabdingbare Notwendigkeit. Der Weinkonsum dürfte – genauere Forschungen gibt es noch nicht – im 16. Jahrhundert außerordentlich gestiegen sein. Daneben eroberte sich das Bier immer größere Marktanteile. Most wurde noch wenig getrunken und Branntwein bzw. Schnaps scheint vornehmlich in den Unterschichten der Bevölkerung konsumiert worden zu sein. Es war die billigste Art, mit Freund Alkohol die Bürden des Alltags erträglich zu gestalten. Die Anbauflächen für Wein wurden im Laufe des Spätmittelalters ständig erweitert und auf Gebiete ausgedehnt, von denen nur mehr eine sehr mittelmäßige Qualität zu erwarten war: die Linzer Weinberge an der Kapuzinerstraße und am Südosthang des Bauernberges dürften in die Zeit Friedrichs III. zurückreichen und wurden bis zum Katastrophenwinter 1740/41 kultiviert, jene von Magdalena bis ca. 1820. Weinreben gab es im 16. Jahrhundert auch am stadtseitigen Abhang des Schloßberges.

Wir wissen aus vielen Andeutungen, daß die Bevölkerung ohne Unterschied des Standes – die Frauen vermutlich in geringerem Ausmaß – bis zum Ende des Dreißigjährigen Krieges dem Alkohol, besonders dem Wein beinahe ungehemmt zugesprochen hat, sodaß sogar das Wort „saufen" uneingeschränkt Verwendung finden darf. Zwar dürfte der Alkoholgehalt etwas geringer gewesen und der Wein oft gestreckt worden sein, die Mengen des Konsums waren dennoch beeindruckend. Das Ungeld war jedenfalls eine sichere und nie versiegende Quelle.

Der Linzer Ungeldbezirk auf dem Land umfaßte im Norden der Donau das Gebiet zwischen Großer Mühl und Haselgraben und dürfte sich mit dem Landgericht Waxenberg weitgehend gedeckt haben, im Süden der Donau mit dem Landgericht Donautal (siehe nebenstehende Karte).

Zu Beginn des Jahrhunderts lagen die Ungelderträgnisse in der Stadt bei ca. 1000 und auf dem Land bei 2–300 Gulden. Die Steigerung während des 16. Jahrhunderts betrug in der Stadt ca. 100 % und auf dem Land 200 %, die Pachtsumme erhöhte sich von ca. 1300 auf 2000 fl. Das heißt, daß der Konsum auf dem Lande stärker gestiegen ist als in der Stadt. Wir werden bei den Auseinandersetzungen der Städte mit den übrigen Ständen einige Gründe dafür kennenlernen. Die städtischen Ungeldbereiter, die auf dem Land die Steuer einzutreiben hatten, gerieten immer wieder in Schwierigkeiten mit „Steuerverweigerern", die sich unter dem Schutz ihrer Herrschaften den Abgaben entziehen konnten. Beinahe jährlich wiederkehrende Erlässe der Landesfürsten, die an die Abgabenpflicht erinnern, zeigen deutlich, daß die Steuermoral sehr bescheiden ausgeprägt gewesen ist.

Wie bei der Maut hatten die Landesfürsten die Einnahmen aus dem Ungeld schon Jahre im voraus für die Rückerstattung aufgenommener Darlehen oder auch nur für den Zinsendienst verplant. Blieben darüber hinaus noch Einnahmen, so mußten sie im Vicedomamt abgeliefert werden.

Die Darlehen

Wir dürfen an dieser Stelle als bereits bekannt voraussetzen, daß das wirtschaftliche Interesse der Landesfürsten an ihren Städten und Bürgern unter anderem darin lag, daß diese bei Bedarf in der Lage waren, für ihren Stadtherrn größere Geldbeträge flüssigzumachen und ihm vorzustrecken. Es überrascht, wie wenig sie davon in der ersten Hälfte des 16. Jahrhunderts Gebrauch gemacht haben. Nur in den Jahren 1547, 1564, 1569 und 1582 haben sie von den Städten des Landes ob der Enns direkt Darlehen begehrt. Die höchste Summe lag dabei um 40.000 Gulden. In der Regel borgten sie größere Summen bei Augsburger Kaufleuten oder inländischen Pfandinhabern von Ämtern und Herrschaften. Aufgabe der Städte war es in erster Linie, die Bürgschaft für die königlichen Schulden zu übernehmen. Das scheint auf den ersten Blick keine allzugroße Belastung gewesen zu sein, konnte sich aber sehr unangenehm entwickeln. Die Landesherren waren nämlich selten bereit, die eingegangenen Verpflichtungen termingerecht auszugleichen, sodaß sich

112 Die beiden Ungeldbezirke in den Landgerichten Waxenberg und Donautal im Jahr 1566. In den angegebenen Orten haben die Linzer Bürger die Getränkesteuer eingehoben.

- *Landgericht Waxenberg*
- *Landgericht Donautal*

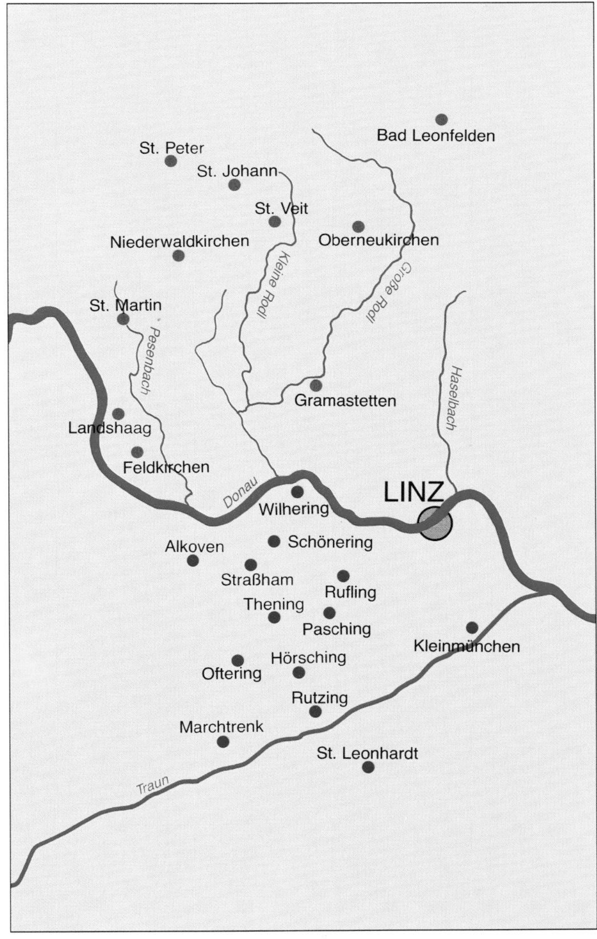

Schulden und Zinsendienste zu einem fast nicht mehr kontrollierbaren Belastungspaket auswachsen konnten. Von der Hofkammer wurden die Obligationen unter den landesfürstlichen Ämtern und Einnahmequellen (Maut, Ungeld, Landesanschläge, Salz- und Eisenwesen) hin und her geschoben, sodaß für die Bürgen höchste Aufmerksamkeit am Platz war. Stellvertretend für viele solcher Geschäfte sei eines herausgegriffen, weil es auf die Finanzlage der Stadt verheerende Auswirkungen gezeitigt hat. Vorweg muß allerdings zugegeben werden, daß die Darstellung stark simplifiziert, weil die Vorgänge und Transaktionen nicht klar durchschaubar sind. Wir werden dabei an so manche Wirtschaftsprozesse der Gegenwart erinnert.

Im Jahre 1551 borgte König Ferdinand I. von Georg von Landau 20.000 Gulden zu 5 %, wobei die Städte Linz und Steyr für je die Hälfte die Bürgschaft zu übernehmen hatten. Zur selben Zeit hatten die sieben Städte des Landes für 20.000 Gulden an die Augsburger Handelsleute Hans Österreicher und Ulrich Weiblinger zu bürgen und für 15.530 Gulden an Leonhard Weiss, ebenfalls aus Augsburg. 1563 verlängerten die Erben des inzwischen verstorbenen Herrn von Landau das Darlehen, allerdings zu sechs Prozent. Der Zinsendienst war bis dahin aus den landesfürstlichen Ämtern aufgebracht worden. Zur gleichen Zeit nahm Kaiser Ferdinand I. anderwärtig 40.000 Gulden auf, für die ebenfalls die Bürgschaft zu übernehmen war. An eine Rückzahlung des Kapitals war also de facto gar nicht zu denken. Ein Jahr später war die Landauische Schuld auf 24.500 fl angewachsen und der Zinssatz auf 8 % gestiegen. Die Zahlungsfrist wurde auf weitere drei Jahre erstreckt. Linz war inzwischen erster Bürge für den Gesamtbetrag geworden, die restlichen Städte zu „Rückbürgen". Kaiser Maximilian II. nahm inzwischen 16.000 fl von den Städten direkt auf, und auch die vorhin erwähnten 40.000 fl waren noch nicht getilgt. 1568 zahlte er 4500 fl zurück und ließ für den Rest die Frist um ein weiteres Jahr erstrecken, beglich die Schuld aber auch dann nicht, sondern borgte bei den Städten 40.000 fl. Den Städten wurden darüber jeweils „Schadlosbriefe" ausgestellt, die sich mehr und mehr als wertlose Papiere erwiesen. Bis 1576 war die Schuld auf 40.082 fl angewachsen, wobei Linz für 30.000 fl und Steyr für 10.000 fl geradestehen mußte. Die Zahlungsfrist wurde abermals um drei Jahre verlängert. Da nicht mehr zu erwarten stand, daß der Kaiser (inzwischen Rudolph II.) zahlen würde, und alle künftigen Einnahmen aus den landesfürstlichen Ämtern schon auf Jahre hinaus vergeben waren, versuchten die Städte selbst, Geld aufzutreiben. Vor allem billigeres Geld, denn der normale Zinssatz lag bei 5 %. 1578 übernahmen sie aus eigenem Säckel einen Teil der Zinsen (5.500 fl) und versuchten vergeblich aus der Bürgschaft entlassen zu werden. In langwierigen Verhandlungen erreichten sie, daß zumindest auf dem Papier der Prälatenstand der Länder ob und unter der Enns zur Tilgung herangezogen werden sollte, denn Joachim von Landau hatte inzwischen das Kapital aufgekündigt und ging nun mit der Exekution gegen die Bürger vor. Die Schuld war inzwischen auf 45.000 fl angewachsen. Der Zinsendienst sollte aus den Erträgen der verlassenen Frauenklöster Schlierbach und Traunkirchen bestritten werden. Bei diesem Stand der Dinge orderte der Kaiser 1582 auf dem Augsburger Reichstag von den Städten des Landes abermals ein direktes Darlehen von 19.500 fl. Die Städte, allen voran Linz, waren genötigt, anderwärtig Geld aufzunehmen, um aus der Bürgschaft entlassen zu werden. Die „Landauische Schuld" trug schließlich wesentlich zum finanziellen Bankrott von Linz bei, der um die Jahrhundertwende die Stadt schwer erschütterte und auf den wir noch zurückkommen werden.

Salz gegen Salz

Eine Haupteinnahmequelle bildete für den Landesfürsten das Salz aus dem Kammergut, dessen Hauptabsatzgebiete südlich der Donau und in Niederösterreich lagen. Das Mühlviertel – mit Ausnahme des Machlandes – und Böhmen wurden mit Halleiner bzw. Schellenberger Salz versorgt, von dem, wie wir schon gesehen haben, ein großer Teil in Linz umgesetzt worden ist. Böhmen galt schon unter Maximilian I. als zukunftsträchtiger Salzmarkt; er ließ die Sudpfanne in Hallstatt vergrößern, bemühte sich um die Einführung der in Böhmen üblichen großen Kufen und versuchte, die gesamte Salzproduktion aus dem Privatbesitz der Häuer und Pfannenbetreiber in die Kompetenz der Kammer überzuleiten und die Produktion zu steigern. Einen vorläufigen Abschluß fand diese Entwicklung erst unter Ferdinand I. durch das Reformationslibell von 1524.

Hauptumschlagplatz für das Hallstätter Salz war seit jeher Enns bzw. dessen Salzhafen in Enghagen gewesen. Eine kurze Notiz aus dem Jahre 1505 spricht nun vom Bau eines Hafens

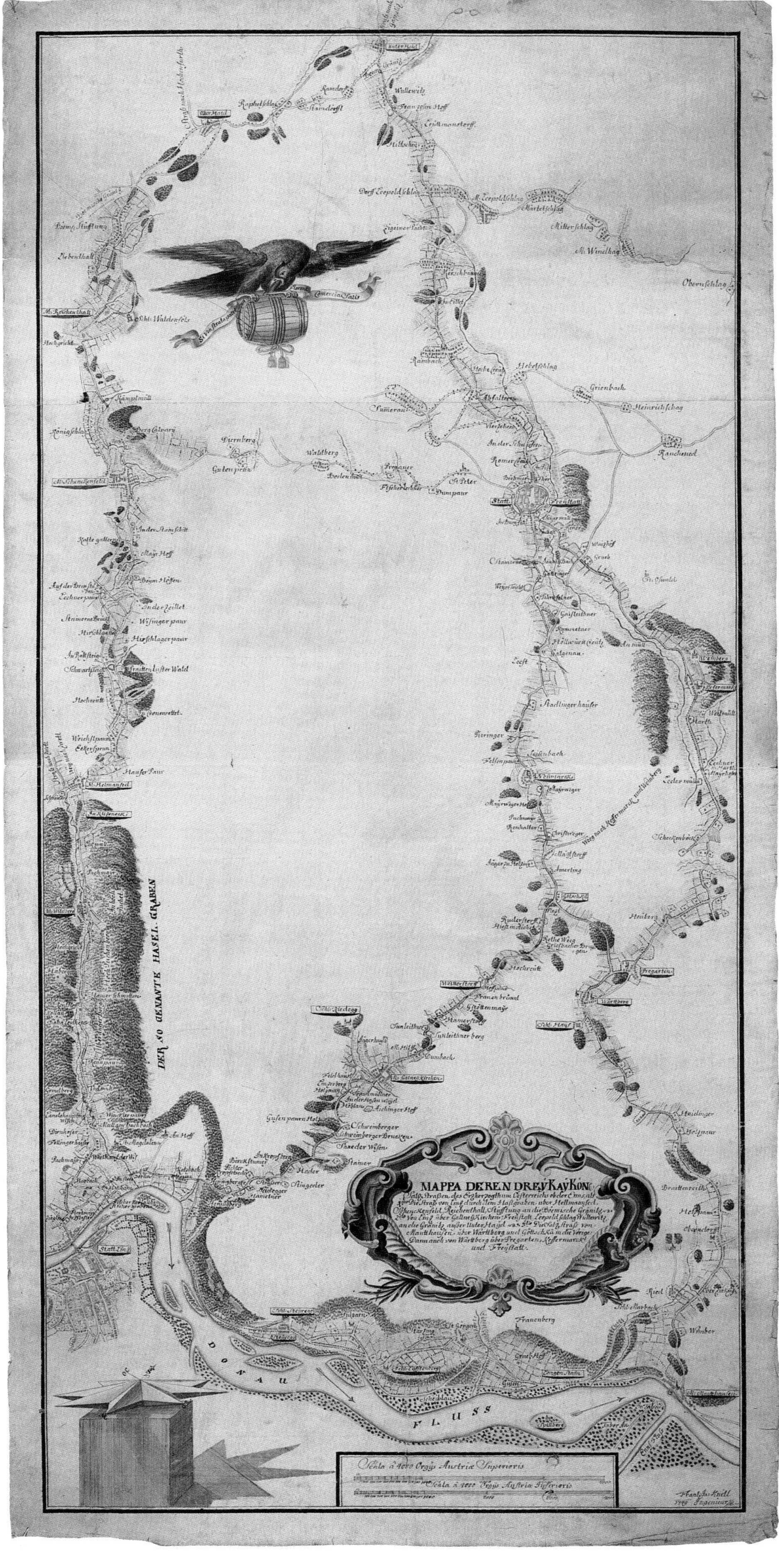

113 Karte der Salzstraßen von Linz bzw. Mauthausen nach Böhmen. Der Verlauf dieser Straßen geht bis in das Mittelalter zurück und zeigt das Konkurrenzverhältnis der beiden Wege über den Haselgraben oder Freistadt sehr deutlich auf. Unmittelbar oberhalb der Windrose ist die Einmündung der Traun zu sehen. Ihre Lage macht erklärbar, daß man das Salz aus dem Kammergut lieber nach Mauthausen brachte, um von dort über Pregarten auf die Freistädter Straße zu gelangen oder über Kefermarkt direkt nach Freistadt zu führen. Überraschend ist, daß auf dieser Karte im Zuge der „Haselgraben-Strecke" weder der Markt Zwettl noch Leonfelden berührt werden. Aquarellierte Federzeichnung des Franz Knittel aus dem Jahr 1749.
Hofkammerarchiv Wien, Inv. Nr. Ob 3/1.

beim Mauthaus in Linz, und wir glauben, daß seine Errichtung mit der Anländung dieses Salzes in Zusammenhang stehen muß, denn das Halleiner oder Schellenberger Salz kam hauptsächlich auf dem Landwege in die Stadt. Man sollte sich unter diesem „Hafen“ nichts allzu Großartiges vorstellen. Vermutlich wurde lediglich das Ufer so weit abgegraben und befestigt, daß die Schiffe zum Entladen bis an das Land heranfahren konnten. Das Mauthaus hat sich in der Nähe des Urfahrtores befunden, der Hafen ist demzufolge auf der Höhe des Raiffeisenhofes zu lokalisieren. Später wurde er etwas flußaufwärts versetzt.

Bei mehreren Zusammenkünften aller Beteiligten wurden 1511–1514 in Linz neue Salzausfuhrquoten festgelegt. Der Handel der Linzer Bürger mit Schellenberger Salz wurde auf 4800 große Kufen pro Jahr eingeschränkt (= ca. 360 Tonnen). Wir dürfen annehmen, daß sie mit dieser Restriktion angeleitet werden sollten, mehr heimisches Salz nach Böhmen zu verfrachten. Noch unter Maximilian wurde der Ein- und Ausfuhrrahmen um weitere 100 Tonnen reduziert. Dafür sollten die Gmundner nach der Reformationsordnung von 1524 jährlich 432 Tonnen Salz nach Linz liefern.

Es liegen für Linz noch keine konkreten Untersuchungen vor, aber es scheint so, daß sich nach 1526 die Verhältnisse zugunsten des Hallstätter Salzes weiter verschoben haben und eine Ausweitung des Handels vermutlich nur an den Kapazitätsgrenzen des Bergbaues scheitern konnte. Jedenfalls errichteten die Linzer Bürger im Jahre 1529 einen eigenen Salzstadel. Wir wissen nicht, wo dieser gestanden ist, vermuten aber, daß das Waaghaus dazu Verwendung gefunden hat. Vorher war das Schellenberger Salz in den Kellern der Bürgerhäuser eingelagert worden.

In direktem Zusammenhang mit dem gesteigerten Salzabsatz aus der landesfürstlichen Kammer und der Zurückdrängung des salzburgischen bzw. Berchtesgadener Salzes sind die Schwierigkeiten zu sehen, die sich ab 1528 mit der Linzer Weinniederlage für den Salzburger Wein ergeben haben. Der Weintransport aus Niederösterreich hing jahrhundertelang aufs engste mit dem Salzhandel zusammen, wie weiter oben schon angedeutet worden ist (vgl. S. 88 f.).

Eine Verringerung der Salzfuhren mußte den Transport des Weines von Linz nach Salzburg verteuern, weil die Gegenfuhr zum Teil ausfiel. Unter diesen Umständen kam der Transport auf dem Wasser (Donau, Inn und Salzach) trotz aller Mauten, von denen die Geistlichkeit ohnedies zum Teil befreit war, wesentlich billiger. Allein die Salzburger Kaufleute hatten alle Zölle und Mauten zu entrichten. Die Erzbischöfe, das Domkapitel, die Klöster St. Peter und Nonnberg, die Propstei Berchtesgaden und auch die Salzburger Bürger ließen nichts unversucht, das Linzer Niederlagsrecht unter allen erdenklichen Vorwänden zu umgehen. Für sie hatte sich die einst sehr sinnvolle Einrichtung zum gegenteiligen Nutzen zu einer einseitigen Belastung gewandelt.

Die Linzer, und auf ihrer Seite die Landstände, versuchten an den althergebrachten Rech-

114 Die Weinlände auf einem Stich des Martin Engelbrecht nach Bernhard Friedrich Werner aus dem Jahre 1732. Links im Vordergrund unmittelbar am zu groß geratenen Schlachthaus die überdimensionierte „Bäckerschupfen“ (2). Stadtmuseum Linz, Inv. 2059 (Ausschnitt).

115 Der im Jahre 1563 neu errichtete Salzstadel nach dem barocken Umbau. An dieser Stelle stand zuvor der Grashof. Ausschnitt aus einem Kupferstich von Martin Engelbrecht nach Bernhard Friedrich Werner. Stadtmuseum Linz, Inv. 2064.

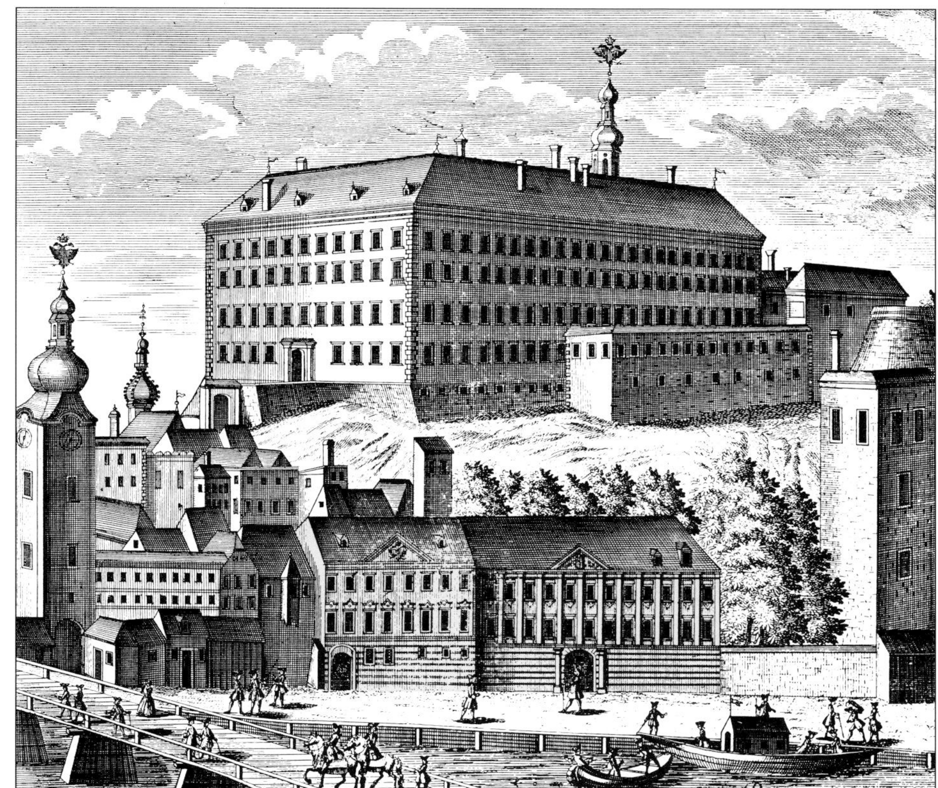

ten eisern festzuhalten, denn es ging nicht nur um den Linzer Vorteil, sondern auch um die Verdienstmöglichkeiten der Anrainer an der langen Wegstrecke bis zum Salzburger Gebiet. Der Vorspann und die Verköstigung und Bequartierung der Fuhrleute brachten Einnahmen, auf die man nicht verzichten wollte.

Die Weinlände, an der aller Wein von den Schiffen abgezogen worden ist, befand sich in unmittelbarer Nähe des St.-Peters-Hofes am Ende des Pfarrplatzes. Die Fässer konnten durch das Neutor auf kürzestem Wege in die Stadt gebracht und in den Kellern eingelagert werden. Diese Arbeit verrichteten die Faßzieher, die ihr Werkzeug (Leitern und Seile) im Petershof deponiert hatten.

Auf alten Ansichten der Stadt ist an der Weinlände in unmittelbarer Nachbarschaft zum Schlachthaus eine relativ große bewegliche Treppe oder leiterartige technische Einrichtung abgebildet, die 1725 als „Bäckerschupfen" bezeichnet wird; angebunden an das eine Ende sollten jene Bäcker, die ein zu kleines Brot verkauften, durch mehrfaches „Dümpeln" in der Donau bestraft werden. Wir bezweifeln nicht, daß das Gerät zeitweise dafür Verwendung gefunden hat, doch scheint es in erster Linie für das Be- und Entladen der Schiffe dagewesen zu sein.

Als im Jahre 1552 der Traunfall zwischen Gmunden und Lambach auf Grund einer technischen Meisterleistung schiffbar gemacht und 1563 der Salzbergbau in Bad Ischl begonnen worden war, wurde den Linzer Bürgern der Handel mit Hallstätter Salz, auf den sie sich nun seit Jahrzehnten hauptsächlich verlegt hatten, ersatzlos entzogen. In Linz und in Freistadt wurden ärarische Salzstadel errichtet und Salzhändler angestellt. Ihnen allein oblag nunmehr die Kontrolle über den gesamten Handel, lediglich der Transport wurde noch in Privathände vergeben.

Erst ein Jahr später brachten die Städte Linz und Freistadt ihre Beschwerden dagegen vor. Als Hauptargument diente ihnen die Befürchtung, daß durch den Ausfall des bürgerlichen Salzhandels nach Norden die als Gegenfracht transportierten Lebensmittel aus Böhmen ausbleiben würden. Bei allen anderen Schwierigkeiten konnten sie stets anführen, daß dem Stadtherren durch eine wirtschaftliche Schwächung der Bürger künftig Steuern entgehen würden. Doch der Trumpf konnte in diesem Fall nicht stechen. Maximilian II. bemerkte auf ihre Beschwerden lakonisch, daß der Landesfürst ganz einfach das Recht habe, ihnen den Salzhandel zu entziehen. Schließlich handle es sich um Einkünfte aus dem Kammergut, die

116 Der noch aufrecht stehende Teil des Salzstadels im Jahre 1989.
Foto: Eigner

dem Wohlergehen des ganzen Landes dienen würden. Bis dahin wäre der Profit nur einzelnen Bürgern zugeflossen, die den Salzhandel quasi monopolisiert hätten.

Als Trostpflaster erneuerte er den Linzern die Privilegien über die längst sinnentleerte Weinniederlagsgerechtigkeit, die nicht annähernd soviel einbrachte, wie sie durch dauernde Interventionen und Supplikationen Kosten verursachte. Um 1570 wurde den Linzern wieder der Bezug von 1500 Kufen (= ca. 112 Tonnen) Salz pro Jahr bewilligt, der Gesamtumsatz des Böhmenhandels belief sich aber auf 20.000 Kufen (= ca. 1500 Tonnen). Die Bürger von Linz und Freistadt belauerten sich in den folgenden Jahrzehnten und achteten sehr darauf, daß der jeweils andere keine Sondergenehmigung im Salzhandel erhielt.

Nebenbei lief noch immer – wenn auch in stark eingeschränktem Umfang – ein bescheidener Handel mit dem Schellenberger Salz.

Das Eisen

Auf den ersten Blick mag es ein wenig überraschen, daß in einer Linzer Geschichte das Eisen eine erwähnenswerte Rolle spielen soll, ist doch davon in der einschlägigen Literatur bis heute kaum die Sprache gewesen. Zum zweiten mag die Zuordnung des Abschnittes zum landesfürstlichen Einflußbereich verwundern, waren doch die „Finalindustrie" und der Handel mit Eisen und Eisenprodukten immer fest in bürgerlicher Hand.

Alle diese Komponenten hingen aber letztendlich vom Abbau des Erzes am steirischen Erzberg ab, und dieser war unbestritten in landesfürstlicher Hand. Die Anzahl und die Produktivität der Hochöfen, der Rad- und Hammerwerke und schließlich auch der Einzelhandwerke, die der Nagler, Messerer und Sensenerzeuger, waren auf ein reibungsloses Funktionieren der Organisationskette vom Bergmann bis zum Konsumenten abhängig. So wie beim Salz kam der Versorgung der im Eisenwesen tätigen Bevölkerung mit Lebensmitteln und der Heranschaffung der benötigten Energie (Holz und später auch Kohle) die allergrößte Bedeutung zu.

Sobald Egoismen irgendeiner Gruppe in diesem Zusammenspiel der Kräfte das Gesamtinteresse zu überwiegen begannen, gab es empfindliche Störungen des Gesamtgefüges. Dazu kamen noch andere, von den Beteiligten nicht beeinflußbare Faktoren, wie schlechte Ernten, Kriege und aus politischen Überlegungen abgeleitete Handelsembargos gegen verfeindete Länder. Da sich das Handelsnetz über ganz Europa, ja bis Übersee erstreckte, war der Eisenhandel ein ähnliches Vabanquespiel wie etwa heute der Ölhandel oder – noch mehr mit der Stahlproduktion verbunden – der Waffenhandel.

Im lokalen Bereich waren es die Steyrer Eisenhändler, die das Funktionieren des Organisationsablaufes durch ihr alleiniges Handelsmonopol auf das Innerberger Eisen zu garantieren hatten. Am Ende des Mittelalters bürgerte sich das Verlagswesen ein, d. h. daß Steyrer

Handelsleute von jeweils einem oder mehreren Hammerwerken eine vertraglich festgesetzte Menge Eisen oder Stahl bezogen und auch das Geld für seine Erzeugung vorstreckten. Gleichzeitig versorgten sie die dort angestellten Arbeiter mit den nötigen Lebensmitteln. Die Besitzer der Hammerwerke bezogen das zu bearbeitende Roheisen von den Radwerken und hatten diese mit dem entsprechenden Kapital zu versorgen.

Dieses an sich einfache Prinzip konnte sich zu einem verderblichen Instrumentarium entwickeln, wenn es nicht korrekt eingehalten wurde. Die Steyrer Bürger hatten die Möglichkeit, darauf mehrfach Einfluß zu nehmen: Sie konnten einzelne Hammerwerke bevorzugen, sodaß kleinere Betriebe keinen Absatz mehr fanden. Sie konnten unter Umgehung der Hammerwerke bereits die Radmeister verlegen und damit die Organisationskette unterbrechen. Von ihrer Nahrungsmittelzufuhr hing unter Umständen das nackte Überleben der in den Gebirgstälern der Enns und der Steyr werkenden Arbeiter ab. Dort wurde das Eisen nicht nur zu Stahl für den Handel verarbeitet, sondern auch zu Finalprodukten, zu Nägeln, Messern und Sensen. Auch ihnen wurde der Einkauf des Werkstoffes vorfinanziert und die Ware zu einem bestimmten Preis abgenommen.

Zentrum der Messerproduktion wurde Steyr, wo um die Mitte des 16. Jahrhunderts ein eigener Stadtteil, das Steyrdorf am Wieserfeld, entstand. Der allgemeine Aufschwung der Eisenproduktion und des Eisenhandels ist auf mehrere Faktoren zurückzuführen, die hier bei der Linzer Geschichte ausgeklammert werden sollen.

Was uns interessiert, ist vor allem der Eisenhandel, für den zwar die Steyrer Bürger das Handelsmonopol besaßen, der aber zu einem sehr großen Teil auf den Linzer Jahrmärkten abgeführt wurde. Innerberger Stahl, allen voran der sehr harte Scharsachstahl, wurde über diesen Handelsplatz nach Westen ausgeführt. Hauptabnehmer waren Handelsleute aus Regensburg, Nürnberg und Augsburg, die einerseits ihre eigenen berühmten Waffenschmieden und Geschützerzeuger damit versorgten und andererseits den Stahl weiterverkauften. Über die deutschen Seestädte Hamburg, Bremen und Lübeck und über das holländische Antwerpen gelangte er nach England, Frankreich und Spanien, aber auch bis Persien und Indien. Der Umsatz auf einem Linzer Markt konnte je nach Konjunktur 50.000–100.000 Gulden betragen (für ca. 25.000–50.000 Zentner Stahl). Der Export nach Norden erfolgte über Freistadt und Krems und jener nach Osten über Wien, wobei in diesem Bereich wegen des Türkenkrieges Einbußen hingenommen werden mußten. Ganz zum Erliegen ist aber der Handel nie gekommen.

Die Preise für den Außenhandel bestimmte die jeweilige Marktlage, für den Innenhandel der Landesfürst. Wir kennen Eisensatzordnungen (= festgesetzte Preisregulative) für die Jahre 1544, 1554, 1560, 1564, 1574, 1602, 1605, 1621 und 1627. Nicht immer waren es produktions- oder handelsimmanente Anlässe, die zu einer Verteuerung des Eisens führten. Über die Maut hatte der Landesfürst die Möglichkeit, eine „Eisensteigerung“ für ganz andere Zwecke einzuführen. So z. B. sollte sie ab dem Jahre 1556 mehr als 1200 Gulden pro Jahr einbringen, die für die Niederlassung der Jesuiten in Wien bestimmt waren, und 1602 hoffte Kaiser Rudolph II., mit einer Verteuerung des Eisens den Schloßbau in Linz zumindest teilweise finanzieren zu können.

117 Aus der neuen Eisensatzordnung von 1605. Archiv der Stadt Linz, Bibliothek. Foto: Litzlbauer

Newe Eysen SatzOrdnung.

MOck Stahel/den Centen vmb zwen gulden / siben schilling / acht vnnd zwaintzig pfenning/ain haller/ Kumpt das Pfundt in der Außwag vmb siben : fünff Achel pfenning.

Zu Lintz sollen die von Steyr oder Eysen Compagnia/ mit angeregter Newen Staygerung Eysen vnd Stahel geben.

STangEysen / so man auch KlobEysen nennt/ Item / Flamb: vnnd gefierdt StangEysen/ den Centen vmb zwen gulden / fünff schilling / vierzehen pfenning/ ain haller / Kumpt die Pürth vmb drey gulden/zwen schilling / fünff vnnd zwaintzig/ vnnd fünff Achtl pfenning/Vnd das Pfund in der Außwag mit einraittung sechs Pfundt / für den hindangang in der Außwag vmb sechs: vnd sieben Achtl pfenning.

GEzaint Eysen/so man Knopper Eysen heist/Item/schmal vnd braydt StegreyffEysen/so Leisten vnd BandEysen genannt wird / Item / GätterEysen / das man RinglEysen haist/auch SchärEysen/den Centen vmb zwen gulden/sechs schilling/neun vnd zwaintzig pfenning/ain haller/Kumpt das Pfundt vmb sieben: vnd drey Achtl pfenning.

PFluegplech / vnnd gemaine WagenSchyn / den Centen vmb zwen gulden / sechs schilling / neun vnnd zwaintzig pfenning / ain haller / Kumpt das Pfundt vmb sieben: vnnd drey Achtl pfenning.

D Zwizach

Glaubt man auf den ersten Blick, daß diese branchenfremden Eingriffe keinen oder fast keinen Einfluß auf das heimische Eisenwesen hatten und im höchsten Fall einen Umsatzrückgang mit sich bringen konnten, sieht man sich getäuscht. Denn die ausländischen Händler finanzierten über den Linzer Kapitalmarkt die inländischen und diese bekanntlich wiederum das Verlagswesen bis hin zum Erzberg. Vor allem die schon genannten Kaufleute aus den oberdeutschen Städten konnten die Produktion und den Umfang des Exportes ganz wesentlich beeinflussen. Es war weniger eine Absatzstockung als vielmehr ein Ausverkauf des Eisens nicht nur zu befürchten, sondern auch zu bekämpfen.

Im Jahre 1538 haben dies die Stände beim Landtag vorgebracht und von König Ferdinand I. Abhilfe gefordert. Im Lande selbst wurde in erster Linie Weicheisen verarbeitet, aber auch daran gab es fühlbaren Mangel. Neben dem Hauptstapelort Steyr, auf den spätestens seit dem Privileg von 1287 alles Innerberger Eisen gebracht werden mußte, gab es sogenannte Legorte, in die Eisen verfrachtet wurde und von wo auch während des Jahres die entsprechenden Handwerker (= Schmiede aller Art) ihr Rohprodukt beziehen konnten. Sie dienten also der Distribution der näheren Umgebung. In Oberösterreich waren dies Wels, Linz, Enns und Freistadt, wobei Freistadt zusätzlich für den Export nach Böhmen zuständig war. Die Linzer Eisenniederlage befand sich auf der durch den Ludlarm gebildeten Donauinsel im Bereich der Unteren Donaulände.

Weil nun diese Legorte nicht ausreichend mit Ware versorgt wurden – der Außenhandel brachte eben mehr ein – wurde 1538 in Linz erstmals eine Eisenkammer eingerichtet, in die ein genau festgesetztes Quantum zu geregelten Preisen abgegeben werden mußte. Wir wissen nicht, wie lange die sich gehalten hat.

Eine ähnliche Einrichtung kennen wir erst wieder aus Steyr aus dem Jahre 1563, aus ebenjener Zeit, in der der Landesfürst auch in den Salzhandel ganz massiv eingegriffen hat. Die Steyrer Eisenkammer war aber nicht nur für den Lokalmarkt, sondern für einen Teil des Gesamthandels zuständig. Vielleicht war das 30 Jahre vorher für Linz schon geplant gewesen.

1564 wurden die österreichischen Länder wieder einmal geteilt, und die gesamte Aufsicht über das Eisenwesen wanderte in verwaltungstechnischer Hinsicht von Wien nach Graz. Die Unzulänglichkeiten im Eisenhandel – einige wenige Steyrer Familien hatten sich ein beinahe unumschränktes Monopol geschaffen – führten auf Veranlassung Erzherzog Karls von Innerösterreich (Graz) 1581 zur Gründung der *Compagnie oder bürgerlichen Eisenhandelsgesellschaft* mit Sitz in Steyr, an der man sich mit Einlagen beteiligen konnte. Die reichen Steyrer Bürger boykottierten die neue Einrichtung und handelten weiter auf eigene Rechnung.

Sei es nun, daß die Handelsaktivitäten der Eisencompagnie oder die der Bürger überwacht werden sollten, oder sei es, daß das Grazer Verwaltungsmonopol unterwandert werden sollte, jedenfalls wurde von der Wiener Regierung 1584 eine weitere Instanz ins Leben gerufen, die Eisenobmannschaft. Sie soll laut einschlägiger Literatur ihren Sitz ebenfalls in Steyr gehabt haben. Es wurde dabei bis jetzt übersehen, daß der erste Eisenobmann in der Person des Christoph Strutz ein Linzer Advokat gewesen ist, der während seiner ca. 20jährigen Tätigkeit in dieser Funktion seinen Wohnsitz

118 Abbildung verschiedener Nägelsorten in Originalgröße. Hier auf ein Viertel verkleinert. Aus der Eisensatzordnung von 1605 (wie Abb. 117). Foto: Litzlbauer

Newe Eysen SatzOrdnung.

Lattn / so man auch Kupffer-nagl nendt / Auß Eysen gemacht.

Verschlach Negl / auß gemai-nem Stahel auffbracht.

Zwilch Negl / so auß Vor-derm Hackenstahel gemacht werden.

G iij Bein Linz hatte, und zwar im sogenannten *Hoffmändlischen* Haus am Hauptplatz Nr. 23, das spätere Windhaagerische Haus, welches auch einmal dem berühmten Bürgermeister Peter Hofmandl gehört hatte. Wir wissen wenig über die Kompetenzen des Eisenobmannes, können aber feststellen, daß alle größeren Entscheidungen über das Innerbergische Eisenwesen in Linz getroffen wurden.

Der Eisenobmann entschied bei Handwerksfragen mit, bei der Preissteigerung 1602 und beim Ansuchen der Stadt um ein Privileg für einen Stapelplatz für Innerberger Eisen 1604, das letztendlich nicht gewährt wurde. Zu seiner Funktion als Eisenobmann hatte Strutz noch das Amt des Landschreibers inne, das ihn an Linz gebunden hat. Völlig ungeklärt ist bisher auch die Aufgabe und der Standort einer 1589 in Linz von den Steyrer Bürgern aufgerichtete *Schnalln*. So wurde eine spezielle Mautstelle für Stahl- und Eisenprodukte bezeichnet. Einen Erklärungsansatz – freilich keine stichhaltige und in die Einzelheiten gehende Beweisführung – bietet der Streit zwischen den Städten Enns und Steyr über die landesfürstliche Filialmaut an der Ebelsberger Brücke, die die Ennser gepachtet haben. Ebelsberg und seine bis in das 12. Jahrhundert zurückreichende Traunbrücke bildeten einen neuralgischen Punkt an der Landstraße von Linz nach Enns und umgekehrt. Dazu kam noch, daß der Markt, das Schloß und der Flußübergang dem Bischof von Passau unterstanden, der weder dem Landesfürsten unterstand, noch den Ständen inkorporiert war.

Schon zu Beginn des 16. Jahrhunderts hatten sich die Stände über eine ihrer Meinung nach ungerechte Zollabforderung von ihren Gütern beschwert. Es handelte sich dabei freilich nur um das Bruckgeld, das zur Erhaltung des Bauwerkes eingehoben werden mußte. Gegen Ende des Jahrhunderts war dieser Streit abermals eskaliert, wobei ein interessantes Detail bekannt wird: Es gab im 16. Jahrhundert in Ebelsberg zwei Brücken nebeneinander! Der etwas kleinere Übergang konnte auch bei Hochwasser noch benutzt werden, weil er auf höheren Pfeilern stand! Im Verlauf eines Streites zwischen den Ständen und dem Passauer Bischof wurde er dem Verfall preisgegeben.

Nachzutragen ist hier noch der Streit zwischen Ebelsberger Fischern und den Schiffleuten bzw. Flußbauleuten, die in den zwanziger Jahren des 16. Jahrhunderts an den Ufern der Traun einen Treppelweg angelegt hatten, um die Salzzillen *hohenauen*, d. h. stromaufwärts ziehen zu können. Es wurden dadurch die von den Fischern angelegten „Fischgänge“ und die durch Einschlagen von Stecken künstlich geschaffenen Ruhigwässer zerstört, die einerseits zum sicheren Ablaichen und andererseits zum bequemen Netzfang nach dem Ablaichen geschaffen wurden. Der Rückweg der Fische in ihre angestammten Reviere wurde in vorgegebene Bahnen gelenkt, wo sie relativ mühelos aus dem Wasser gebracht werden konnten. Voraussetzung war allerdings eine sehr genaue und auch verständnisvolle Naturbeobachtung. Man achtete sehr darauf, daß der Laich nicht vernichtet wurde. Diese althergebrachte Art des Fischfanges wurde durch den Bau des Treppelweges gestört und zum Teil unmöglich gemacht.

Nach diesem kurzen Exkurs zurück zu den Ebelsberger Brückenmauten: Eine spezielle Abgabe war die Viehmaut, die von der Stadt Wels eingehoben wurde und vom Landesfürsten gepachtet war. Sie mußte in Ebelsberg eingehoben werden, weil die sogenannte Ochsenstraße an Linz vorbeiführte. Sie verlief südlich des Kürnberges und erreichte erst bei Alkoven wieder die alte „Nibelungenstraße“. Zur Welser Viehmaut kam eben noch die Ennser Filialmaut, eine Abgabe, die ursprünglich an der Ennsbrücke bei der Stadt eingehoben worden sein dürfte. Ob es sich dabei um einen Transitzoll oder eine Brückenmaut gehandelt hatte, ist heute nicht mehr zu entscheiden. Es war aber ursprünglich sicher eine Wassermaut für die aus dem Süden kommenden Ennsschiffe. Über ihre Zollfreiheit hatte es schon im 14. Jahrhundert Meinungsverschiedenheiten zwischen Steyr und Enns gegeben.

Jedenfalls haben die Steyrer für ihre Eisenfuhren nach Linz und in das Reich seit dieser Zeit den Landweg über Dietachdorf, Hargelsberg und St. Florian bzw. über Judendorf, Hofkirchen und Niederneukirchen bevorzugt. Auch der dritte mögliche Weg über Sierning, Schiedlberg und Neuhofen mündete schließlich an der Ebelsberger Brücke. Dort waren die Steyrer für ihre eigenen Waren zollbefreit und brauchten lediglich einen vom Steyrer Magistrat ausgestellten Paßzettel abzugeben. Natürlich verfrachteten sie aber auch fremde Ware, denn so manche Eisenfuhre war schon in Steyr verkauft gewesen. Dazu kam noch der Handel mit Venediger Waren, den sie von allen oberösterreichischen Städten bereits ziemlich allein in Händen hatten, denn sie waren die einzigen, die mit ihren Eisenprodukten in Venedig auch Absatzchancen hatten.

Aus einem Mautverzeichnis von 1558 ist die Warenpalette zu ersehen, die die Traunbrücke passierte: Seide und Gewürze, Glas, Seife, Mandeln, Feigen, Rosinen, Kümmel, Baumwolle, süßer Wein, Zitronen, Öl – alles Produkte aus dem Süden. Dazu kommen vor allem Eisen und Stahl im Rohzustand und auch entsprechende Fertigprodukte, die natürlich zum Teil auch aus dem Kremstal stammten: Nägel, Sensen und Sicheln, Messer und Messerklingen. Interessanterweise auch Kupfer, Messing, Zinn und Blei. In das Gebirge wurden gebracht: Getreide, Wachs, Unschlitt, Schmer, Schmalz und Käse. Gebraucht wurden auch Mühl- und Schleifsteine in großer Menge. Zur Viehmaut im weiteren Sinn dürften auch die Tierfelle gezählt worden sein. Neben den üblichen Haustieren werden Bärenfälle und Dachshäute angeführt.

Die Ennser hätten es ursprünglich in der Hand gehabt, den gesamten Warentransport von Steyr weg zu übernehmen, haben die Chance aus bis jetzt nicht geklärten Ursachen aber nicht genützt, wie aus beredten Klagen der Steyrer um 1540 deutlich wird.

Von der Ebelsberger Filialmaut hören wir nach dem Bau der Linzer *Schnalln* nichts mehr. Es ist deshalb denkbar, daß sich die Steyrer selbst zur Überwachung bereit erklärt haben. Dies aber in Linz und nicht in Ebelsberg, was dem Landesfürsten vielleicht ganz recht war, denn in Ebelsberg besaß er keine Machtbefugnisse.

Die weitere Geschichte der Linzer *Schnalln* harrt noch der Erforschung, sowie der gesamte Zusammenhang von Eisenhandel und Stadt Linz noch ein sehr ergiebiges Forschungsfeld darstellen würde.

Als sich im Zuge der Gegenreformation der Steyrer Eisencompagnie auflöste, weil die kapitalkräftigsten Aktionäre auswandern mußten und im Anschluß daran die Innerberger Hauptgewerkschaft ins Leben gerufen wurde, war es wieder ein Linzer Advokat mit Namen Hans Drummer, der an der Ausarbeitung der Statuten entscheidend mitbeteiligt war. Allein die Aufzeichnungen der Hauptgewerkschaft über die Handelstätigkeiten auf den Linzer Märkten würden bemerkenswerte Aufschlüsse über die Konjunkturentwicklung im 17. Jahrhundert bieten. Die Rolle der Stände in diesem Zusammenhang beschränkte sich weitgehend auf die Aufbringung der Lebensmittel für die Eisenarbeiter, die sie durch den Anfeilzwang steuern konnten. Sie einer genauen Untersuchung zuzuführen wäre ebenfalls eine sehr lohnende Arbeit, die noch getan werden muß.

Die obrigkeitlich verordnete Gründung der Eisencompagnie und der Innerberger Hauptgewerkschaft, die Einrichtung der Eisenobmannschaft und die Eingriffe in das Preisgefüge mit Hilfe der vielen Eisensatzordnungen, die Errichtung der Linzer *Schnalln* und der Eisenkammern zeigen deutlich das Eingreifen des Landesfürsten in Bereiche, die bis dahin weitgehend den Steyrer Bürgern vorbehalten waren. Die Entscheidungen fallen zunehmend nicht mehr vor Ort, sondern in den Zentralen Wien, Graz und Linz. Es ist dies ein weiterer Baustein auf dem Weg zur unumschränkten Macht des Landesfürsten, auf dem Weg zum Absolutismus.

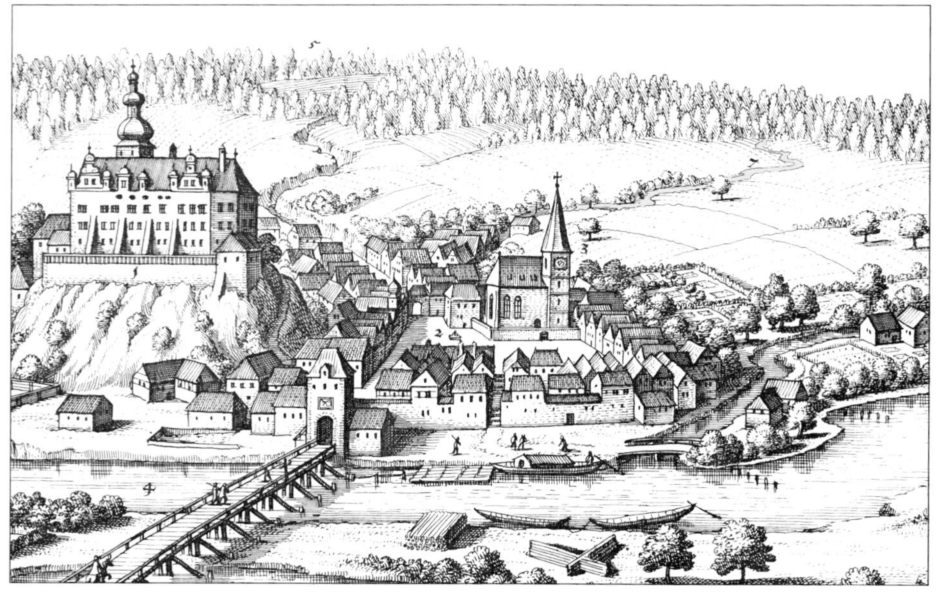

119 Markt und Schloß Ebelsberg mit der bereits 1215 erwähnten Traunbrücke, neben der im 16. Jahrhundert ein zweiter Steg verlief. Der aus dem Jahr 1649 stammende Kupferstich (Ausschnitt) von Matthäus Merian zeigt rechts oben, von der Höhe des Pfarrkirchenturmes ausgehend, die „Eisen Straße" nach Steyr (7). Stadtmuseum Linz, Inv. 2033.

Die Post

Als eine der wichtigsten Voraussetzungen für eine effiziente Wirtschaft betrachten große Firmen heute ein klaglos funktionierendes Kommunikationswesen. Telefon, Funk und Fernschreiber sind unentbehrlich für jeden Manager. Der direkte Draht von Moskau nach Washington soll einen irrtümlich ausgelösten Atomschlag verhindern; dies vielleicht als augenscheinlichster Hinweis für die Wichtigkeit der schnellen Nachrichtenübermittlung im Bereich der Politik. Wer immer zum Telefonhörer greift, das Radio oder den TV-Apparat einschaltet, nimmt die Dienste der Post in Anspruch. Der Bereich der Telekommunikation wird in den nächsten Jahren noch wesentlich ausgebaut werden.

Daß ein schneller Informationsfluß wichtig ist, wußten auch unsere Vorfahren und bedienten sich gehender, fahrender und reitender Boten, die von Fall zu Fall engagiert wurden. Wie gut dieser Botendienst im Bereich des Handels funktionieren konnte, zeigt uns ein Beispiel aus der Zeit des unglückseligen Fehdewesens um 1470. Der Augsburger Stadtrat warnte am 24. April die am Linzer Ostermarkt anwesenden Kaufleute vor den Söldnern des Stephan Eytzinger und verpflichtete sie, die Nachricht sofort an die in Wien und Graz weilenden Handelsleute weiterzugeben, denn Kaufmannsfuhren waren eine beliebte Beute der bandisierenden Truppen. 1528/29 wurde Linz abermals zu einer Nachrichten- und Botenzentrale über die Wiener Türkenbelagerung.

Auch in diesem Bereich war es König Maximilian I., der durch die Aufstellung eines ständigen und regelmäßigen Botendienstes eine Einrichtung schuf, die, wenn auch in modifizierter Form, bis heute Bestand hat. Den Grundstein legte er bald nach 1486 mit einer Postkette von Innsbruck in die Niederlande. Eine ähnliche Einrichtung bestand 1501 zwischen Linz und der Reichsstadt Regensburg und 1505 zwischen Innsbruck und Wien. Die Postlinien änderten sich mit den jeweiligen Aufenthaltsorten des Herrschers. 1529 wurde zum Beispiel die Wiener Verbindung nach Prag umgelegt. Die jeweilige Aktualität des politischen Geschehens zeichnete auch für die Intensität und den Aufwand an Personal verantwortlich. In ruhigen Zeiten wurde eingespart oder die ständige Linie ganz eingestellt und in Kriegszeiten das Personal aufgestockt. Das Postwesen wurde wie alle anderen Ämter in Pacht übergeben. Da aber nur die landesfürstliche Post befördert werden durfte, waren keine Einnahmen zu erwarten. Deshalb mußten die vicedomischen Ämter in den einzelnen Ländern für die Bezahlung aufkommen, die meist sehr schleppend erfolgte. Anfänglich war es die Familie Taxis, der das gesamte Postwesen übertragen war. Sie hatte dafür zu sorgen, daß in bestimmten Abständen Stationen eingerichtet wurden, wo die Pferde gewechselt werden konnten, denn es wurden bereits Tagesleistungen von 110 km erbracht, das war ein Vielfaches der normalen Reisegeschwindigkeit.

Die verkehrsgünstige Lage der Stadt brachte es mit sich, daß Linz von Anfang an als Poststation ausersehen war. Die erste Nachricht darüber existiert exakt aus dem Jahre 1500. 1531 kaufte Anton de Taxis ein Haus in der Vorstadt an der Landstraße, das erste bekannte „Postamt" in Linz. Ab 1545 finden wir Mauritz de Cleroci, genannt von Paar, als Postmeister in Linz. Er war damals schon 21 Jahre in Postdiensten tätig und dürfte in die Familie Taxis oder Paar eingeheiratet haben. Er übernahm das Taxische Haus in der Vorstadt, kaufte noch zwei Handwerkerhäuser hinzu und ließ daraus einen Renaissancebau errichten, der dem schon mehrmals genannten Architekten Pietro Ferabosco zugeschrieben wird. 1562 wurde das Postamt zu einem der vielen Linzer Freihäuser, und 1574 ging es vorübergehend wieder in den Besitz der Stadt über und beendete damit seine Funktion als Posthaus. Spätere Posthäuser befanden sich an der Oberen Donaulände 13, Hauptplatz Nr. 12 und Nr. 18. Ab 1790 diente das aufgelassene Bürgerspital als Postamt. 1854, 1858 und 1863 wurden neue Postämter in Ebelsberg, am Bahnhof und in Urfahr eingerichtet. 1879 übersiedelte die nunmehr bereits altehrwürdige Einrichtung in die Domgasse, wo sie sich als Hauptpostamt heute noch befindet.

Bereits im 16. Jahrhundert versuchten auch die übrigen Institutionen, ein eigenes regelmäßiges Botennetz aufzuziehen. 1577 beschwerten sich die Verordneten der Landstände bei der Stadt, daß diese sehr viel *müßiges Gesindel* als Boten aufnehme, das aus Trunksucht und Völlerei nur die Arbeit scheue und sich deshalb aufs Botenlaufen verlege. Sie zeigten sich als sehr unzuverlässig. Darum sollten nur anständige und ehrliche Leute aufgenommen werden, die einen Umhang mit dem Landeswappen und eine Botenbüchse tragen sollten. Strittig war die Besoldung des sogenannten „Botenmeisters", der die Aufsicht über den städtischen Postdienst übernehmen sollte. Die Nachrich-

120 Das im 16. Jahrhundert an der Landstraße errichtete, heute nicht mehr bestehende Posthaus nach einer Lithographie des Johann Hardinger von 1830. 1831 kaufte Erzherzog Maximilian I. das Haus. Zehn Jahre später wurde es abgerissen und an jener Stelle ein Neubau gesetzt (Landstraße Nr. 24).
Foto: Michalek

ten über die Nachrichtenübermittlung fließen allerdings sehr spärlich. In der Auseinandersetzung der Stände mit dem Landesfürsten (seit 1608) richteten erstere zwischen Linz und Wien eine eigene Fuß- und Reitpost ein, die aber nach ihrer Niederlage sicher wieder aufgegeben wurde.

Das Botenlaufen war ein schlecht bezahltes Geschäft. Pro Meile (= 8 km) gab es 1577 im Sommer vier und im Winter fünf Kreuzer. Für Gänge ins Ausland (dazu zählte bereits Niederösterreich) je um einen Kreuzer mehr. 1632 war die niedrigste Quote bereits acht Kreuzer und bei Nachtmärschen zehn. Für jeden Brief durften nun die Boten auch drei Kreuzer Trinkgeld verlangen. Und wenn sie auf eine Antwort warten mußten, ebenfalls acht Kreuzer pro Tag. Waren die Zeiten ruhig und die Leute schreibfaul, gab es gar nichts.

Zurückkehrend zum Beginn unseres Kapitels kann resümierend festgestellt werden, daß die Stadt aus der persönlichen Anwesenheit ihrer Stadtherren und allem, was damit zusammenhing, manche Vorteile gezogen hat, wobei die negativen Folgen der Abhängigkeit nicht übersehen werden dürfen. Ein vorsichtiges Abwägen neigt sich summa summarum dem Positiven zu, wobei das Urteil subjektiv bleiben muß. Der wirtschaftliche Profit – das werden wir später noch sehen – hielt sich in Grenzen, was vor allem dann deutlich wird, wenn wir uns den Aufstieg der Stadt Steyr zur selben Zeit vor Augen führen. Dort bedurfte es keiner Anwesenheit des Landesfürsten, um einen wirtschaftlichen Aufschwung zu erreichen. Andere Beispiele, etwa Wien, Prag oder die Reichsstädte, zum Vergleich heranzuziehen wäre wohl kaum zielführend, wenngleich auch diese Fragen noch einmal zu stellen sein werden. Zu viele Komponenten spielen in diesem Problemkreis hinein. Eine davon ist das Verhältnis der Stadt zu ihrer näheren und weiteren Umgegend. So wie sich der Adel und der Fürst im 16. Jahrhundert als Bewerber um die Macht gegenüberstanden, so gab es auch einen Wettstreit um die Vorrangstellung im engeren Lande. Hier wie dort ging es um die wirtschaftlichen Chancen und Möglichkeiten einzelner Gruppen, die nicht aus einem offenen Wettstreit erkennbar sind, sondern in ihrem Tun und Lassen deutlich werden. Der mittelalterliche Ordo-Gedanke, der auf der Basis des Glaubens allen gesellschaftlichen Schichten festumrissene Funktionen zugeschrieben hatte, löste sich im Zeitalter der Reformation auf. Versuche, die festgefügte Ordnung zu untergraben, hatte es schon vorher gegeben, nun aber wurde an der Grundfeste des mittelalterlichen Lebens gerüttelt, der von Rom (oder Avignon) aus dirigierten Weltanschauung des Christentums, die monopolistisch war. Es scheint uns deshalb notwendig, auf diese zentrale Frage einzugehen, bevor wir uns mit dem Einfluß des Adels auf die Stadt und schließlich mit der Stadt selbst beschäftigen.

Der neue Glaube – Nicht nur eine Frage der Religion

Als der Augustinermönch Dr. Martin Luther am 31. Oktober 1517 seine berühmten Thesen an der Tür der Schloßkirche zu Wittenberg anschlug, war er nur ein Glied in der langen Kette von Reformatoren, die versucht haben, die Kirche auf den rechten und – wie er meinte – von der Bibel vorgezeichneten Weg zurückzuführen. Knapp 20 Jahre vorher scheiterte ein ähnlicher Versuch Savonarolas in Florenz und führte ihn auf den Scheiterhaufen; ein Schicksal, das er mit Jan Hus teilte, der auf gleiche Weise 100 Jahre vorher sein Auftreten gegen Kirche und Papst zu Konstanz mit seinem Leben büßte. Bei der engen Verquickung von Kirche und (Staats-)Macht war die Hinrichtung seiner beiden Vorgänger im Grunde genommen eine logische Abwehrreaktion der in der Herrschaft vereinten Kräfte von Glaube und weltlicher Macht gegen drohende Veränderungen. Wir könnten in der Geschichte der Kirche noch weiter zurückgehen und die verschiedensten Reformversuche anführen, wollen aber nur noch an die Minoriten erinnern, deren Anfänge nicht nur als religiöse Bewegung, sondern auch als wirtschaftlicher Protest gegen das „Establishment" verstanden werden müssen. Sie wurden damals – wie das auch heute noch zu geschehen pflegt – von den herrschenden Kräften vereinnahmt und ihre Botschaft auf diesem Wege paralysiert.

121 Porträt Dr. Martin Luthers auf dem Ledereinband einer Bibel des Jahres 1587. Im Besitz der evangelischen Pfarre Kirchberg-Thening, der ersten evangelischen Gemeinde nach dem Toleranzpatent 1781 in Oberösterreich.
Foto: Eigner

Ein ähnliches Schicksal – Vernichtung oder Vereinnahmung – wäre auch Luther vorgezeichnet gewesen, wären nicht die zwei Grundfesten der mittelalterlichen Welt, Kreuz und Schwert, zutiefst erschüttert gewesen. Das Ansehen ihrer Repräsentanten, Papst und Kaiser, war im Laufe der Jahrzehnte und Jahrhunderte mehr und mehr gesunken und an einem absoluten Tiefpunkt angelangt. Reformversuche Maximilians I. in seinen Erblanden und im Reich kamen nicht nur zu spät, sie schränkten vor allem die Rechte der Reichsfürsten und des landständischen Adels ein, was folgerichtig zu einer oppositionellen Haltung dieser Gruppen führen mußte. Als Martin Luther in Worms vor dem päpstlichen Vertreter Alexander, der übrigens auch mehrmals nach Linz kam, nicht widerrufen wollte, wurde er trotz der über ihn verhängten Reichsacht von Friedrich dem Weisen aus Sachsen gegen Kirche und Kaiser geschützt.

So wie sich Reichsfürsten als Repräsentanten ihrer Länder und des Reiches verstanden, fühlten sich die Stände der österreichischen Herzogtümer als die eigentlichen Herren ihrer Gebiete. Auch sie befanden sich in Opposition gegen ihren neuen Landesherrn Ferdinand I. Er und sein Bruder Kaiser Karl V. waren nicht nur Herren im Reich und den Ländern, sondern auch Beschützer der alten Kirche, die von allen Seiten heftiger Kritik standhalten mußte.

Unter diesen Umständen wundert es eigentlich nicht, daß die neue Lehre vor allem im Hochadel und in der Ritterschaft des Landes ob der Enns zuerst Eingang gefunden hat.

Etwas unklarer liegen die Verhältnisse bei den Bewohnern der Städte. Auch dort soll die lutherische Lehre sehr früh Anklang gefunden haben. Tatsächlich spalteten die Franziskanermönche Patricius und Calixtus bereits 1520 bzw. 1525 die Steyrer Kirchengemeinde in zwei Lager. Gmunden galt als *lutherisches Nest* und in Wels und Linz haben bereits um 1524 die Brüder Christoph und Leonhard Eleutherobius (= Freisleben) als Schulmeister und Vermittler des neuen Glaubensgutes gewirkt. Beide haben das Land ob der Enns im Jahre 1527 verlassen und sich dem Täufertum zugewandt, auf das wir gleich zu sprechen kommen werden. Soweit über die Anfänge der Reformation, wie sie bisher bekannt war.

Seltsamerweise finden wir dann bis zur Mitte des 16. Jahrhunderts kaum schriftliche Nachrichten zur Religion unter den Bürgern. Lediglich Klagen über den bejammernswerten Zustand des Klerus wurden immer wieder laut. Die ungehemmte Anhäufung von Geld und Reichtum bei gleichzeitiger Vernachlässigung der seelsorglichen Pflichten hatte – mit wenigen Ausnahmen – den gesamten Klerus durchsetzt, ohne Unterschied ob Weltgeistliche oder Mönche. Mit der Besetzung der Pfarren wurde ein schwungvoller Handel getrieben. Selbst so große Gemeinden wie die von Linz entwickelten sich zur reinen Einnahmenquelle. Auch hier ließen sich die Pfarrer durch eher schlecht bezahlte Vikare vertreten, die ihren Dienst nur

122 Aus einem Urbar (=Besitz- und Einnahmenverzeichnis) der Stadtpfarre im 17. Jahrhundert. Archiv der Stadt Linz, Stadtpfarrarchiv, Hs. 21. Foto: Litzlbauer

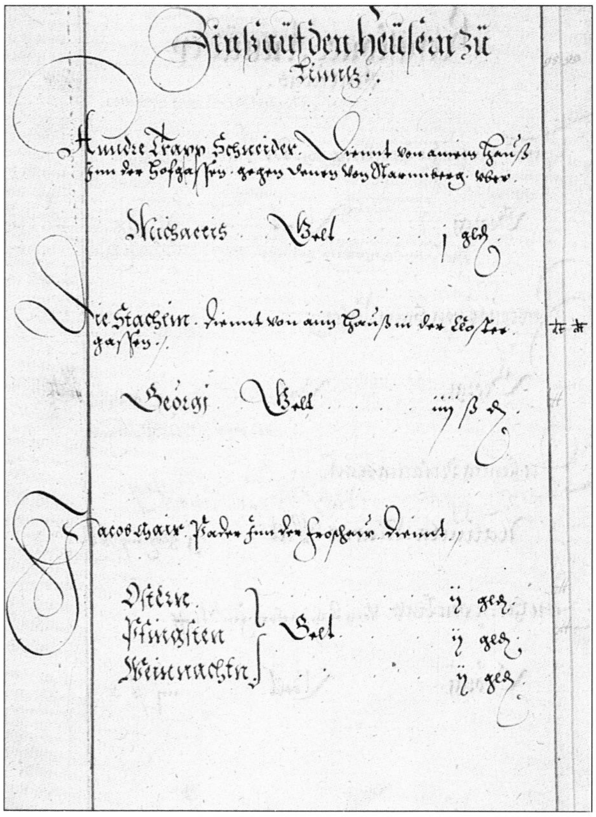

sehr nachlässig versahen. So war z. B. Wolfgang von Tannberg, der in den Jahren 1500–1509 die Linzer Stadtpfarre innegehabt hat, Domherr zu Freising, Domdechant zu Passau und gleichzeitig Pfarrer von Ebbs (Tirol), Taiskirchen, Krems, Hörsching und Linz. Unter Dr. Nikolaus Ribeisen (1521–1526) verringerte sich die Zahl der Kapläne von vier auf zwei. Über die Gründe dafür können wir nur Vermutungen anstellen, etwa daß aufgrund fehlender Gegenleistungen die Zahlung für Stiftungen, die in reichlichem Maße vorhanden gewesen sind, eingestellt wurden. Der Vikar von Pfarrer Valentin Freisinger (1526–1535) mußte seine Pfründe wegen *ungehorsamer und verführerischer Lehren* verlassen (1527). Es ist denkbar, daß er in den Wiedertäuferprozeß verwickelt gewesen ist. Positiv für die spätere kirchliche Entwicklung von Linz wirkte sich die Errichtung eines Dechantsitzes unter Caspar Greull (1535–1545) aus, der zuvor Pfarrer und Dechant in Enns gewesen ist. Er wollte diese Würde vielleicht nicht abgeben und nahm sie in seiner Person mit nach Linz, wo sie bis heute verblieb. Auch in der zweiten Hälfte des Jahrhunderts wurde die Linzer Pfarre nie protestantisch, sondern blieb katholische Domäne. Wie dies aussah, wird uns später noch näher beschäftigen.

Allgemeine Klagen über die sittlichen und wirtschaftlichen Mißstände beim Klerus der österreichischen Länder waren schon auf den Landtagen zu Augsburg (1510), Wels (1517) und Innsbruck (1518) laut geworden, und als Erzherzog Ferdinand am Innsbrucker Landtag von 1525 ein Gutachten von den Ständen über den Bauernaufstand forderte, meinten diese, daß die Bauern nur aufgrund schlechter Predigten und Lehren aufgebracht seien. Würde dagegen das lautere Evangelium verkündet, käme es zu keinen Empörungen.

Die Bauern selbst aber hatten sich über die wirtschaftlichen Drangsale durch den Klerus und über dessen ungerechte Bereicherung auf ihre Kosten beklagt. Wir wissen heute um die Zusammenhänge des tirolischen und salzburgischen Aufstandes mit dem großen deutschen Bauernkrieg, bei dem sich die Landbevölkerung mit den Wiedertäufern unter Thomas Müntzer zusammengeschlossen hatte. Die Schlacht ging für sie verloren, die Angst vor ihnen blieb bestehen. Nur so ist die Radikalität zu verstehen, mit der die oberösterreichischen Wiedertäufer von allen Seiten (mit einer einzigen Ausnahme – den Bürgern) verfolgt wurden.

Die Wiedertäufer

Die ersten Nachrichten über das Luthertum in den Städten Oberösterreichs sind einer kleinen Korrektur zu unterziehen. Es wurde bis jetzt übersehen, daß die beiden Freisleben bereits Täufer waren, als sie in das Land ob der Enns kamen. Sie haben schon lange vor Hans Hut, der 1527 in Steyr, Freistadt und Linz gewirkt hat, Täufergemeinden aufgebaut. Das hat Ambrosius Spittelmeier unter der Tortur ausgesagt, als er im September 1527 in Erlangen aufgegriffen und verhaftet worden ist. Sein Zeugnis ist verläßlich, denn er bezeichnete sich selbst als Student aus Linz. Wir wissen heute sogar, daß die beiden Freisleben gebürtige Linzer waren und aus dem Handwerkerstand stammten. Sie haben 1521 zusammen mit ihren Geschwistern das Haus ihres Vaters, des Glasers und Mitbürgers Ambrosius Freisleben, verkauft. Wir haben also allen Grund anzunehmen, daß auch in den anderen Städten nicht die reine Lehre Luthers, sondern die Glaubenssätze der Wiedertäufer Eingang gefunden haben, die sich doch sehr deutlich voneinander unterschieden haben. Nicht die Bürger sind es gewesen, die sich als erste von der katholischen Religion abgewandt haben. Sie folgen erst später.

Worum ging es bei der Täuferbewegung? Bei aller Sympathie, die den Täufern heute entgegengebracht wird, wird ihnen nicht mehr als eine religiöse Schwärmerei zugestanden, verbunden mit sozialutopischen Vorstellungen. Ihre Lehre beinhaltete unter anderem die Ablehnung der Kindestaufe, freie Auslegung der Heiligen Schrift und die Rückkehr zu einer Art Urchristentum. Im Gegensatz zu den Zeitgenossen konzedieren wir ihnen heute auch ihre absolut friedfertige Haltung.

Der Adel des Landes distanzierte sich entschieden von solchen Lehren und beteiligte sich an der Verfolgung jener Leute, die im weitesten Sinne Glaubensgenossen waren. Es wird dies damals wie heute mit religiösen Motiven begründet, doch scheinen die Ursachen tiefer zu liegen.

Auch wenn sich die Täufer absolut friedlich und der Obrigkeit gegenüber gehorsam verhielten, schlummerte doch in ihrem Programm ein nicht zu unterschätzender sozialer Konfliktstoff: Es waren dies der Verzicht auf Eigentum, die Gütergemeinschaft und vor allem die absolute Gleichheit der Glaubensbrüder und -schwestern. Sie lehnten innerhalb ihrer Gemeinschaft jede Hierarchie ab. Gerade der letzte Punkt mußte die Obrigkeit herausfor-

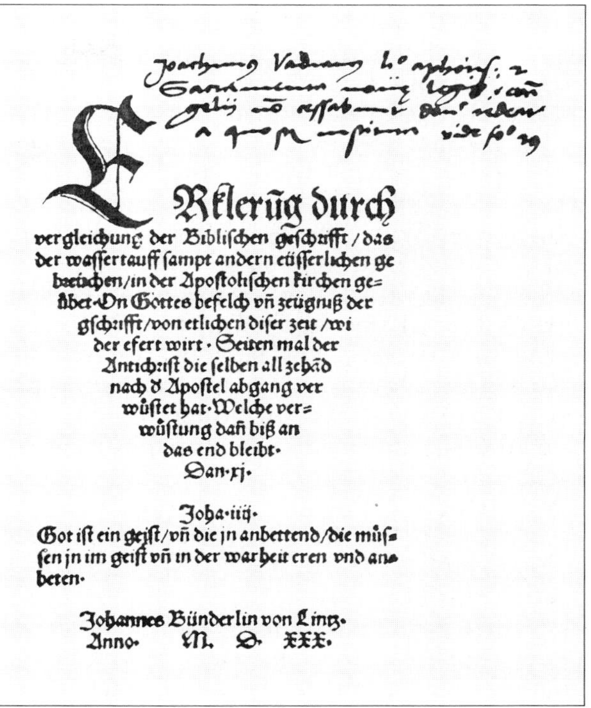
Erklerũg durch
vergleichung der Biblischen geschrifft / das
der wassertauff sampt andern eüsserlichen ge
breüchen / in der Apostolischen kirchen ge=
übet. On Gottes befelch vñ zeügnuß der
geschrifft / von etlichen diser zeit / wi
der efert wirt. Seiten mal der
Antichrist die selben all zehãd
nach d' Apostel abgang ver
wüstet hat. Welche ver=
wüstung dañ biß an
das end bleibt.
Dan. xj.

Joha. iiij.
Got ist ein geist / vñ die jn anbettend / die müs=
sen jn im geist vñ in der warheit eren vnd an=
beten.

Johannes Bünderlin von Lintz.
Anno. M. D. XXX.

123 Titelblatt eines Werkes von Johannes Bünderlin; gedruckt von Balthasar Beck in Straßburg 1530. Exemplare liegen in Augsburg, Basel, Utrecht, Dublin, Wolfenbüttel und Wien auf.

dern, weil die möglichen Beispielsfolgen dieses Konzeptes ihre eigene Kompetenz verneint, ja ihre Existenzberechtigung überhaupt in Frage gestellt hätte.

Die Anhänger der Gemeinden in den einzelnen Städten rekrutierten sich fast ausschließlich aus dem Handwerkerstand, der in den vorangegangenen Jahrzehnten im innerstädtischen Ringen um Macht und Einfluß den kürzeren gezogen hatte. Ihre Lehrer waren meist ehemalige katholische oder protestantische Geistliche, oder wie im Falle der Freisleben Schulmeister. Einer der bekanntesten unter ihnen und einer der wenigen, die ihr Leben retten konnten, war Johannes Bünderlin, der aus dem Fischerdorf St. Peter stammte und sich „von Linz" nannte. Er hat sich später als Schriftsteller einen Namen gemacht.

In einer beispiellosen Verfolgungswelle wurden in Steyr, Freistadt, Wels und Linz von 1527 bis 1531 an die 160 Wiedertäufer hingerichtet. Die Glücklicheren konnten gemeinsam mit den Tiroler Täufern nach Nikolsburg in Mähren flüchten. Nach einer jahrhundertelangen Wanderschaft leben heute noch einige Gemeinden in Kanada.

Beim ersten Prozeß in Steyr, zu dem von Ferdinand vor allem Bürger aus den landesfürstlichen Städten – ihre direkten wirtschaftlichen Gegner und zugleich vorgesetzte Obrigkeiten – deputiert worden sind, zeigte sich, daß diese als einzige Verständnis für die Täufer aufbrachten und eher für eine langsame Bekehrung als für eine Bestrafung plädierten, allerdings vergeblich. Zu Beginn des Jahres 1530 erlebten die Linzer die Verbrennung des Passauer Schneiders Wolf Brandhueber, der in völliger und vermutlich absichtlicher Verkehrung ihrer Glaubensartikel als Täuferbischof bezeichnet wurde. Die letzten Nachrichten über Verhaftungen in Linz und Bad Hall stammen vom Juni 1531. Ab diesem Zeitpunkt scheint es in unserem Lande keine Täufer mehr gegeben zu haben.

Nicht Fisch, noch Fleisch

Nach wie vor bleibt aber damit das Verhalten der Bürgerschaft gegenüber der neuen Religion ungeklärt. Sicher ist lediglich, daß das Ansehen der katholischen Geistlichkeit von Jahrzehnt zu Jahrzehnt schrumpfte und eine wirkliche Glaubenserneuerung von Rom aus kaum erwartet werden konnte. Es ist die Zeit, da die Borgias den Stuhl Petri besetzten, und wir haben wenig Anlaß, an den legendären Zuständen in der heiligen Stadt zu zweifeln, die Eingang in die Literatur gefunden haben. Der zuständige Diözesansitz Passau war lange Zeit durch einen weltlichen Administrator verwaltet worden und von dort war ebenfalls kein Impuls zu erwarten. Bezeichnend ist vielleicht eine Begebenheit aus dem Jahre 1536: Der kaiserliche Rat Achaz Hohenfelder hatte in Gegenwart des Gesandten des Administrators gemeint: *Neue Zeittung* (= Nachricht) *der von Passau hat geheurat.* Als er gefragt wurde, wen, antwortete er: *Des von Trient esl,* wobei er sich eines kleines Wortspiels bediente, denn der Bischof von Trient hieß Bernhard Cles und war im Gegensatz zu jenem ein eifriger Reformator der katholischen Kirche. Ab 1545 hat Trient das berühmte Reformkonzil beherbergt. Der derbe Scherz führte zu einer Klage beim Landeshauptmann, zu einer Verurteilung kam es nicht.

Als Illustration der Zustände in Linz mögen ein paar dürftige Nachrichten über das Minoritenkloster dienen: Der offensichtlich dem Trunk ergebene Quardian Achaz Wolmut (1528–1532) hat zahlreiche Grundstücke verkauft und derartige Schulden hinterlassen, daß sein Nachfolger und letzter Quardian Georg

124 Grabstein des letzten Quardians der Minoriten, Georg Haselhueber. Diese verblaßte letzte Erinnerung an die Minoriten ist an der Außenfront der Minoritenkirche in der Klosterstraße eingemauert. *Foto: Eigner*

Haselhuber weiter Notverkäufe tätigen mußte. Das wäre zur Zeit der Klostergründung nicht schlimm gewesen, denn damals hatten sich die Minoriten noch der absoluten Armut verschrieben, inzwischen aber waren sie zu den vermutlich reichsten Grundbesitzern in Linz aufgestiegen, sodaß jeder Güterverlust schmerzte.

Die oftmals in Linz weilenden Spanier des königlichen Hofstaates hatten als fromme Katholiken über 800 Pfund Pfennig gestiftet. Das war akkurat jene Summe, um die das Kloster im Jahre 1562 dann an die Stände verkauft worden ist. Der Abstieg war nicht mehr aufzuhalten gewesen. 1550 befanden sich nur mehr drei alte Mönche im Konvent, und als Ferdinand I. im Jahre 1552 sein Testament machte und darin die Stiftung eltlicher neuer Spitäler aufschien, dachte er bereits an die künftige Verwendung des Minoritengebäudes in Linz. Das Ennser Minoritenkloster war schon 1551 aufgehoben worden und jenes in Wels wurde später tatsächlich Spital. Die Linzer Niederlassung wird uns im Zusammenhang mit der Errichtung des Landhauses und der Landschaftsschule wieder begegnen.

Wir wissen nicht, ob das grausame Schicksal ihrer Mitbewohner aus dem Handwerkstand die gehobene Bürgerschaft bewogen hat, nicht allzu forsch in Religionsangelegenheiten aufzutreten. Sicher scheint lediglich, daß ihr religiöser Eifer stark nachgelassen hat. Das läßt sich am besten am Ausbleiben neuer geistlicher Stiftungen ablesen. Es kann aber kein Zweifel darüber bestehen, daß sie über die Vorgänge im Reich und über die Neuerungen in Religionsfragen stets bestens informiert gewesen sind. Die großen Linzer Messen gaben ausreichend Gelegenheit dazu und über die Glaubensverbreitung im Adel waren sie darüber hinaus durch ihre Abgesandten zu den Landtagen jederzeit gut unterrichtet. Die Stände des Landes ob der Enns hatten sich zu Vorreitern in Religionsfragen entwickelt und die Städte haben daran partizipiert, ohne sich nach außen hin eindeutig deklarieren zu müssen. Dies wäre ihnen aufgrund der Tatsache, daß sie nicht nur Angehörige der Stände, sondern auch direkte Untertanen des Landesfürsten waren, kaum möglich gewesen. Die Bürger waren mehr oder weniger gezwungen, eine Schaukelpolitik zu betreiben, die sie nicht immer im sympathischesten Licht erscheinen läßt. Wieweit das Wort Pragmatismus mit all seinen positiven und negativen Aspekten hier gebraucht werden darf, soll dem Leser anheimgestellt werden.

Martin Purgleitner

Nichts verdeutlicht die Situation von Klerus und Bürgerschaft zur Zeit der Reformation besser als das Leben des Linzer Stadtpfarrers Martin Purgleitner: Im katholischen Bayern (Landshut) 1527 als Sohn armer Eltern geboren, studierte er in Ingolstadt an der damals einzigen katholischen Universität, die im deutschen Sprachraum Ansehen genoß. Bereits mit 25 Jahren (1552) wurde er Pfarrer in Linz. Es ist dies ein Indiz für den enormen Priestermangel dieser Zeit. Als er 28 Jahre später (1580) die Pfarre resignierte, war er trotz der für ihn widrigen Zeiten nicht nur ein wohlbestallter und gar nicht unvermögender Pfarrer, sondern auch Vater mehrerer Kinder, die ihm seine zwei Haushälterinnen geschenkt haben. Bei alldem galt er als ausgesprochen gut katholisch und genoß hohes Ansehen bei Bischof Urban III. von Passau, der sogar als Religionserneuerer gilt. Seine Kinder sind vom katholischen Kaiser (Maximilian II.) per Urkunde legitimiert worden, und er selbst wurde Freund und „Saufkumpan" des Abtes (Erhard) von Kremsmünster, der ihm die einträgliche Pfarre Buchkirchen verschafft hat.

Zwischen ihm und der Bürgerschaft hat es keine ernsthaften Differenzen gegeben bis zu jenem Zeitpunkt, an dem mit der Landschaftsschule die ersten erklärten Prädikanten in Linz Einzug gehalten haben (1574). Aber auch dann war er noch zu einem Konsens bereit und verglich sich mit den protestantischen Geistlichen, den Ständen und der Bürgerschaft über allfällige Entgänge bei Taufen, Heiraten und Begräbnissen (1577).

Er war Kaplan und Beichtvater der unglücklichen Katharina von Polen, die als strenge Katholikin die letzten Lebensjahre in Linz verbrachte und ganz gewiß die Möglichkeit gehabt hätte, am Leben des Pfarrers Anstoß zu nehmen und sich einen anderen Beichtvater zu suchen. Statt dessen hat sie ihn in ihrem Testament bedacht.

125 Siegel und Unterschrift des Stadtpfarrers Martin Purgleitner.
Aus: Ludwig Rumpl, Die Stadtpfarrer in der zweiten Hälfte des 16. Jahrhunderts. Historisches Jahrbuch der Stadt Linz 1962, Taf. XI.

Purgleitner hat es auch verstanden, die Einnahmen aus sämtlichen Linzer Stiftungen an sich zu ziehen, dazu noch die Pfründen des aufgelassenen Minoritenklosters.

Er dürfte sich keiner Schuld bewußt gewesen sein, als er das einträgliche Benefizium zur hl. Dreifaltigkeit, also eine geistliche Pfründe, an den Protestanten Jobst Schmidauer, den Rentmeister von Steyr, um bare Münze verkaufte. Da war er nicht mehr Pfarrer von Linz und auch die Zeiten hatten sich geändert, weshalb er 1587 auf vier Wochen in Passau eingekerkert worden ist. Nur die Fürbitten seiner einflußreichen Freunde – katholische und evangelische – brachten ihn wieder frei. Die Anklage hatte auf Simonie gelautet – wie sie jahrzehntelang von allen praktiziert worden war.

Der Linzer Stadtpfarrer Purgleitner hat also all jene negativen Eigenschaften auf sich vereinigt, die man heute an einem katholischen Geistlichen kritisieren würde. Damals war er eine sehr angesehene Persönlichkeit. 1580 gab er seine Position als Linzer Pfarrer auf, noch bevor es zum entscheidenden Kampf zwischen Katholischen und Evangelischen kam.

Wir sind bereits zu weit vorausgeeilt, denn in der Zwischenzeit waren wichtige Entscheidungen in Glaubensfragen herangereift und zum Teil auch entschieden worden.

Der Religionskampf der Stände

Schon 1530 hatte sich die Confessio Augustana als gültiges Lehrgebäude für die Evangelischen im Reich herauskristallisiert. 1545 wurde das Reformkonzil von Trient eröffnet, an dem sie nicht teilnahmen, weshalb ihnen der Kaiser (Karl V.) den Krieg erklärte, den er zwei Jahre später auch gewann. Von den Friedensverhandlungen 1552 in Linz wurde schon gesprochen.

Der Augsburger Religionsfriede von 1555 brachte mit dem Leitsatz *cuius regio, eius religio* zwar Klarheit im Reich, sorgte aber auch für die künftige Brisanz der religiösen Frage in den habsburgischen Ländern, denn er besagte nichts anderes, als daß alle österreichischen Länder zum Katholizismus zurückkehren hätten müssen. Damit konnten und wollten sich die Stände nicht abfinden. 1556 gestand ihnen Ferdinand den Laienkelch zu, den fünf Jahre später auch der Klerus verlangte, und dazu noch die Aufhebung des Zölibats. Es wäre dies ohnedies nur die Anerkennung des De-facto-Zustandes gewesen, denn die katholischen Priester und die Äbte und Mönche in den Landesklöstern lebten fast durchwegs in eheähnlichen Verbindungen mit Frauen zusammen.

Unter Kaiser Maximilian II. erreichten die Adeligen des Landes die mündliche Erlaubnis, auf ihren Gütern nach Augsburgischer Konfession zu leben (1568). Den Bürgern in den Städten blieb dies offiziell untersagt. Die Assekuration, also die schriftliche Bestätigung, erreichten die niederösterreichischen Stände drei Jahre später. Die Oberösterreicher wollten sich sowohl inhaltlich als auch staatsrechtlich nicht anschließen, weil dies einer Aufgabe der Selbständigkeit des Landes gleichgekommen wäre. Inzwischen hatten sie für ihr neues Landhaus die gleichen Rechte erhalten wie die Niederösterreicher.

In der Stadt Linz schalteten und walteten die nunmehr vorwiegend protestantisch gesinnten Ratsherren nach Belieben, eine schriftliche Fixierung konnte für sie ohnedies nur von Nachteil sein.

Die evangelischen Geistlichen im Land waren unter sich uneins und alle möglichen Glaubensrichtungen breiteten sich aus. In Eferding

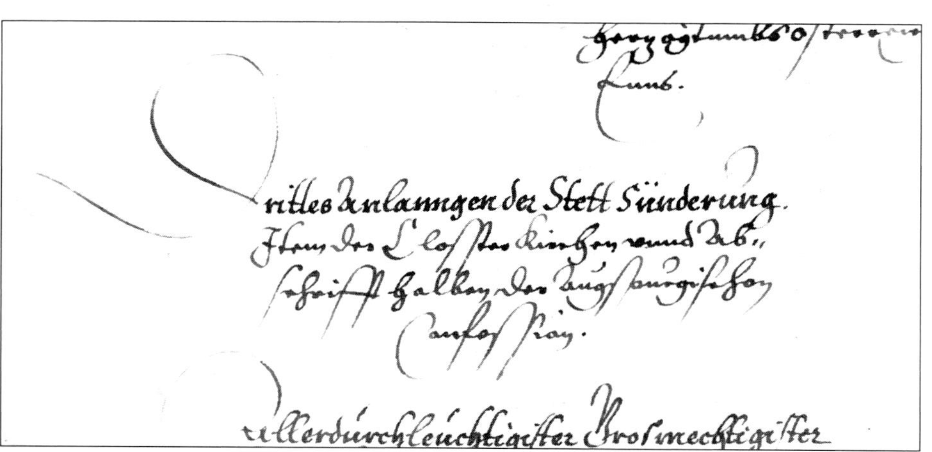

126 Die Städte waren in den Religionszugeständnissen an den Adel ursprünglich nicht inbegriffen. Ausschnitt aus einer Eingabe an den Kaiser, die die Gleichstellung beantragte. OÖ. Landesarchiv, Annalen, Hs. 18, fol. 147.
Foto: Litzlbauer

waren es besonders die Flacianer, die Verwirrung stifteten, und innerhalb der Stände wuchs in Georg Erasmus Tschernembl einer der fähigsten Religionsstreiter und Verteidiger ständischer Freiherren heran. Sein einziger Fehler bestand darin, daß er Calviner war.

Im selben Jahr, in dem die Stände Religionsfreiheit zugesagt erhalten hatten, begann im Auftrag des protestantenfreundlichen, aber katholischen Kaisers Maximilian II. mit einer Generalordnung für die Stifte und Klöster die Erneuerung des katholischen Kirchenwesens. An den Beginn wurden wirtschaftliche Maßnahmen gesetzt und vom neu eingerichteten Klosterrat von Wien aus dirigiert. Im Lande ob der Enns ließ er fünf Äbte absetzen. Eine wirkliche Reformation des Katholizismus erfolgte aber erst unter Kaiser Rudolph II., der in Spanien erzogen worden war und dort die Inquisition kennengelernt hatte. Er war bei der Linzer Erbhuldigung im Juli 1578 zu keinerlei Religionskonzessionen bereit. Die Städte wollte er in dieser Frage überhaupt ausgeschlossen wissen, wie dies in Niederösterreich und in der Steiermark der Fall gewesen ist. Hierzulande durften sie wenigstens als Vierter Stand an der Erbhuldigung teilnehmen. Sie wandten sich mehrmals mit der Bitte an die Landstände, sie nicht im Stich zu lassen. Am 11. August 1579 schlossen sie im Linzer Rathaus ein geheimes „Schutz- und Trutzbündnis" für den Fall einer gewaltsamen Durchführung der Rekatholisierung, wie sie in Wien schon vorgenommen worden war.

Der Religionsstreit im städtischen Alltag

In diese Zeit fällt nun die Ablösung des Linzer Pfarrers Purgleitner, der seine Pfarre freiwillig resigniert hatte. In Wien amtierte damals bereits der nachmals berühmte Kardinal Melchior Khlesl als Offizial des Passauer Bischofs. Er hoffte, mit Hilfe der Jesuiten für Linz einen geeigneten Pfarrer aufzutreiben und schlug schließlich den gelehrten Dr. Georg Stobäus vor. Als dieser jedoch merkte, daß sich Purgleitner weigerte, die Einnahmen aus den Benefizien seinem Nachfolger abzutreten, dankte er schließlich wieder ab, bevor er noch nach Linz gekommen war. Er wurde wenig später Bischof von Lavant und machte sich in Kärnten bei der Rekatholisierung verdient.

Über zwei Jahre waren mit fruchtlosen Verhandlungen verstrichen, und die Stadt war ohne katholischen Priester. Erst im April 1582 wurde Johannes Carbo, Kanonikus zu Preßburg, als Ersatz vorgesehen, der die Pfarre im Sommer auch wirklich antrat. Wie sich herausstellen sollte, hatte man damit den Bock zum Gärtner gemacht. In der Stadt herrschte einiges Unbehagen, als man hörte, daß Carbo Jesuit sei, und befürchtete Schlimmes. Tatsächlich nahm der Pfarrer sofort den Kampf mit dem lutherischen Landhausprediger Thomas Spindler auf, der seiner Aussage nach *bluettigierige, auffruerische unnd gifftige anhezung des gemain povells* in seinen Predigten betrieb. Zu allem Übel kam in diesem Jahr auch noch ein Schreiben aus Passau, das die sofortige Einführung des neuen Gregorianischen Kalenders forderte. Durch eine vorschnelle Verschiebung um zehn Tage wären besonders die beiden Messen bedroht gewesen, die ja zu bestimmten Zeitpunkten abzuhalten waren und nicht ohne weiteres verschoben werden konnten. Dennoch wurde der anderswo heftig umkämpfte neue Kalender ein Jahr später ohne große Schwierigkeiten eingeführt. Zum Feindbild Carbos par excellence wurde der Stadtschreiber Mag. Georg Eisenmann, ein Glaubensflüchtling aus Bayern.

Katholiken und Protestanten bekämpften einander mit allen möglichen Tricks und Untergriffen, ohne jedoch jemals gewalttätig zu werden. Die Protestanten hielten die Marien- und andere Feiertage nicht. Dafür erklärten sie den Dienstag und Donnerstag zu Feiertagen, weil im Landhaus gepredigt wurde. Die Handwerker sollten an diesen Tagen nicht arbeiten. Der Beginn der Handelstätigkeit auf den Wochenmärkten wurde mit Trompetenschall angekündigt, und zwar genau zu dem Zeitpunkt, wenn im Landhaus der Gottesdienst endete, auch wenn in der Pfarrkirche das „Ite, missa est" noch nicht erschollen war. Auf der anderen Seite ließ Carbos Nachfolger aus reiner Bosheit(?) das Zwölfuhrläuten um eine Stunde vorverlegen, was ihm sogar eine Rüge des Landeshauptmannes einbrachte, weil dieses akustische Zeitzeichen den Mittagstisch in der Stadt anzuzeigen hatte und weniger religiöse Hintergründe hatte.

Die Protestanten bestanden auf der Verehelichung im Landhaus, und wer nicht gehorchen wollte, mußte ohne Hochzeitsgäste auskommen, was das Image stark beeinträchtigte. Ähnlich umstritten waren die Täuflinge, wobei die städtischen Hebammen oft Nottaufen vornahmen, um die Säuglinge von Anfang an der reinen Lehre zuzuführen. Mißbräuche in diesen Belangen waren an der Tagesordnung.

Nach Geburt und Verehelichung ist der Tod das wohl einschneidendste und entscheidendste Ereignis im Leben des Menschen. Und hier war der katholische Pfarrer mit seinen Anhängern im Vorteil: Der Vertrag Purgleitners mit der Stadt aus dem Jahr 1577 sah vor, daß ihm die Stolgebühren beim Tod eines Protestanten zustanden und daß der Prädikant den Kondukt nur begleiten durfte. Darüber hinaus blieb der Friedhof immer katholisch, auch der um 1570 neu errichtete Sankt-Barbara-Friedhof an der Landstraße. Später verweigerte der Pfarrer das Begräbnis evangelischer Geistlicher in der katholisch geweihten Erde. Die Protestanten bestatteten die Toten an der Außenmauer und bezogen das neue Friedhofsareal durch die Errichtung einer neuen Mauer in das alte Feld ein. Eine Verschärfung der gegenseitigen Attacken trat dann mit der Ankunft der Jesuiten ein.

Johannes Carbo, der wie sein Vorgänger gerne dem Wein zugesprochen haben dürfte – zumindest sprechen seine häufigen Koliken dafür –, beklagte sich bei Khlesl sehr häufig über Purgleitner, der nicht nur den Pfarrhof lange Zeit nicht geräumt, sondern auch das Dreifaltigkeitsbenefizium nicht aus der Hand gegeben hat. Den (katholischen) Landeshauptmann Leonhard von Harrach bezeichnete er als kleinmütig mit wenig Unterstützung beim Hof, und die Linzer verdächtigte er, daß sie *bei der regierung . . . tapfer schmieren,* um in Religionsangelegenheiten ungeschoren zu bleiben. Er beklagte sich über das ungebrochene Ansehen seines Vorgängers beim *seich bischoff* von Passau. Und er tat dies zu einer Zeit, da er bereits selbst tief in der Tinte saß: Mitten in einem Streit mit der Stadt wegen der Besetzung der Mesner- und Schulmeisterstelle fiel er beim Bischof in Ungnade, weil er sich „übel und unpriesterlich verhalten“ hatte. Wie sein Vorgänger hat er ein Verhältnis mit seiner Haushälterin begonnen, die er später in Ottensheim sogar geheiratet hat. Melchior Khlesl, von dem er sich mittlerweile abgewandt hatte, empfahl ihn ungeachtet aller Vorkommnisse für die Pfarre Langenlois, die er letztlich nicht annahm, weil er seinem *alte(n) schuel- und spiesgesell,* wie er sich in einem Brief ausdrückte, nicht mehr ganz traute.

127 Kardinal Melchior Khlesl, Bischof von Wien und Wiener Neustadt, war die treibende Kraft im Bruderzwist zwischen Rudolf II. und Matthias und galt als der eigentliche Lenker der Geschicke der Monarchie. Annales Ferdinandei, Conterfet . . ., Tom. II.

Nach Carbo folgte Leonhard Perckhmann, der erste Pfarrer, der im Sinne der tridentinischen Reformen wieder als gut katholisch bezeichnet werden konnte. Es fehlte ihm aber jede Zivilcourage. Die Liste seiner Klagen ist lang, und stets versteckte er sich bei seinen Aktionen hinter dem Landeshauptmann oder dem Bischof. Als böses Abschiedsgeschenk hatte ihm Carbo im Bürgerspital noch einen evangelischen Prädikanten als Benefiziaten eingestellt, dessen Name uns nicht überliefert ist. Als vier Jahre später der Pfarrer im Ausland weilte, ging der Stadtrat ähnlich vor und setzte Johann Apellius ein, einen Tiroler. Als der Pfarrer den Auftrag erhielt, „sektische“ Bücher am Markt zu konfiszieren, lehnte er das ab und wollte, daß sie im Auftrag des Mautners zu ihm in den Pfarrhof gebracht würden, *dan auf dem offendlichen Mark ists etwas besorglich . . .*

Die Prädikanten

Wenn wir uns mit den protestantischen Geistlichen bis jetzt weniger beschäftigt haben, dann liegt das zum einen daran, daß sie erst relativ spät in die Stadt gekommen sind, zum andern an dem Umstand, daß wir uns auch bei der Geschichte der Landschaftsschule mit ihnen auseinandersetzen werden müssen. Der erste war 1574 Mag. Georg Khuen, dem 1581 Mag. Thomas Spindler folgte, der schon ein Jahr später verstarb. Nach ihm kam Mag. Johannes Caementarius, der unter die Räder der Gegenreformation geriet. Es handelte sich bei ihnen um durchwegs gut ausgebildete und erfahrene Theologen, die es verstanden, dem katholischen Pfarrer auf der Kanzel Paroli zu bieten, doch dürfte sich das wortreiche Schattenboxen zwischen Landhaus und Pfarrkirche auf nicht allzu hoher theologischer Ebene abgespielt haben. Geistige Untergriffe waren hüben wie drüben an der Tagesordnung. Der Vorwurf der Katholiken, daß die Evangelischen in die verschiedensten Sekten und Gruppierungen aufgespalten seien, lastete sicher schwer auf den evangelischen Geistlichen. Und tatsächlich sahen sie sich selbst genötigt, einem allgemeinen sittlichen Verfall in der Bevölkerung gegenzusteuern. Aus einem Vorschlag Caementarius' in „Schul- und Kirchensachen" werden 1589 die einzelnen „Skandale" der Zeit offenbar: Neben den Glaubenswirren überall im Lande war es vor allem das Überhandnehmen der Unzucht, besonders in Linz. Es gäbe kaum ein Haus, in dem nicht die Dirne ein lediges Kind habe, und in Urfahr seien viele schwanger. Über die Gegend bei der Martinskirche wollte er lieber ganz schweigen, weil dort öffentliche *scorta* (= Huren) geduldet würden. Diese behaupteten sogar, daß sie dem Landrichter wöchentlich ein Deputat entrichten müßten. Das war denn fürwahr ein sehr vornehmer Zuhälter. Wegen dieser und der oben angedeuteten *Hurerei* werde Gott die Stadt und das ganze Land noch strafen. Wir haben damit einen der ganz wenigen Hinweise vor uns, die uns über die Geschichte der Prostitution in Linz erhalten sind, obwohl sie gewiß das ganze Mittelalter hindurch und auch in den folgenden Jahrhunderten zum Erscheinungsbild der Stadt gehörte. Verdammt wird in diesem Gutachten ausschließlich der weibliche Teil der Bevölkerung. Über die „Buhler" der schwangeren Dienstboten und die Kundschaft der Damen bei der Martinskirche fällt kein Wort.

Als großes Übel wurden auch die Hebammen betrachtet, die die Kinder noch halb im Mutterleib tauften und mit totgeborenen Kindern angeblich *allerlei Zauberei* trieben.

Caementarius verschonte allerdings auch die Hochzeiten der Adeligen nicht, bei denen es anscheinend ziemlich zügellos zugegangen ist.

Die Gegenreformation – erster Versuch

Während sich in Linz die zwei Lager auf lokaler Ebene ihre Geplänkel lieferten, hatte sich

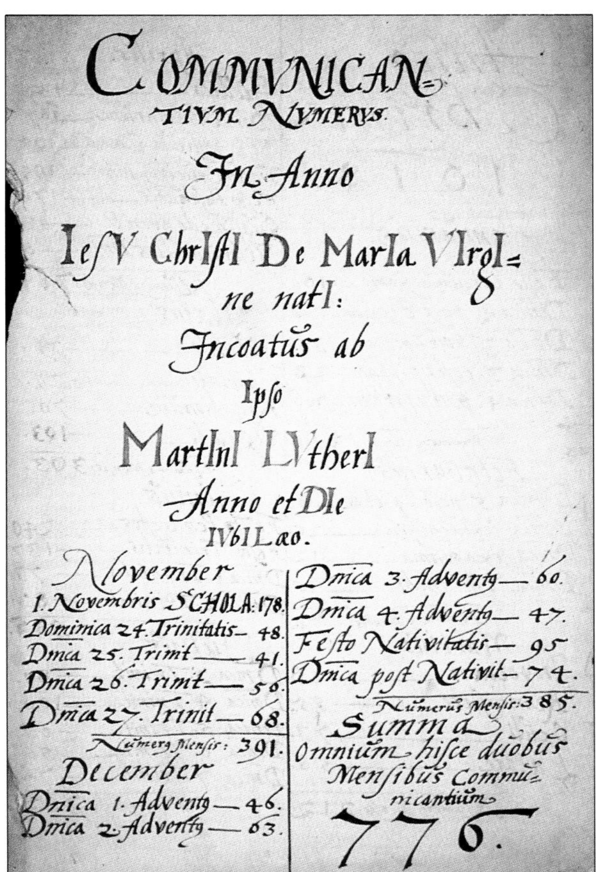

Communicantium Numerus
In Anno
IesV ChrIstI De MarIa VIrgIne natI:
Incoatus ab
Ipso
MartInI LVtherI
Anno et DIe
IVbILaeo.

November
1. Novembris SCHOLA: 178.
Dominica 24. Trinitatis — 48.
Dnica 25. Trinit — 41.
Dnica 26. Trinit — 56.
Dnica 27. Trinit — 68.
Numerus Mensis: 391.
December
Dnica 1. Adventus — 46.
Dnica 2. Adventus — 63.

Dnica 3. Adventus — 60.
Dnica 4. Adventus — 47.
Festo Nativitatis — 95
Dnica post Nativit. — 74.
Numerus Mensis: 385.
Summa
Omnium hisce duobus
Mensibus Communicantium
776.

128 Verzeichnis der Kommunikanten an der evangelischen Kirche im Landhaus 1617–1624.
OÖ. Landesarchiv, Landschaftsakten, G XIII 14 1/2 (=PA IV/53). Foto: Litzlbauer

Kaiser Rudolf II. schon längst zur Rekatholisierung des widerspenstigen Landes ob der Enns, vor allem aber der Städte entschlossen. Ein entscheidender Schritt dazu war die Überwachung der Ratswahlen durch einen kaiserlichen Kommissär. Darüber soll an anderer Stelle in Zusammenhang mit der städtischen Verfassung gehandelt werden. Wir merken nur an, daß allein die Nachricht darüber im April 1592 einigen Schrecken unter der Bürgerschaft der oberösterreichischen Städte hervorrief, so auch in Linz. Zu Beginn des Jahres war mit Johann Jakob von Löbl, Herr auf Greinburg, erstmals seit langer Zeit wieder ein streitbarer Katholik als Landeshauptmann eingesetzt worden. Und dieser setzte sich rückhaltlos und auch rücksichtslos für den Kaiser und für die Rekatholisierung ein. Noch einmal haben die Linzer den kaiserlichen Befehl ignoriert und die Wahl für 1593 allein vorgenommen. Dafür wurde ihr altes und angesehenes Ratsmitglied Wolfgang Schauer ausgeschlossen.

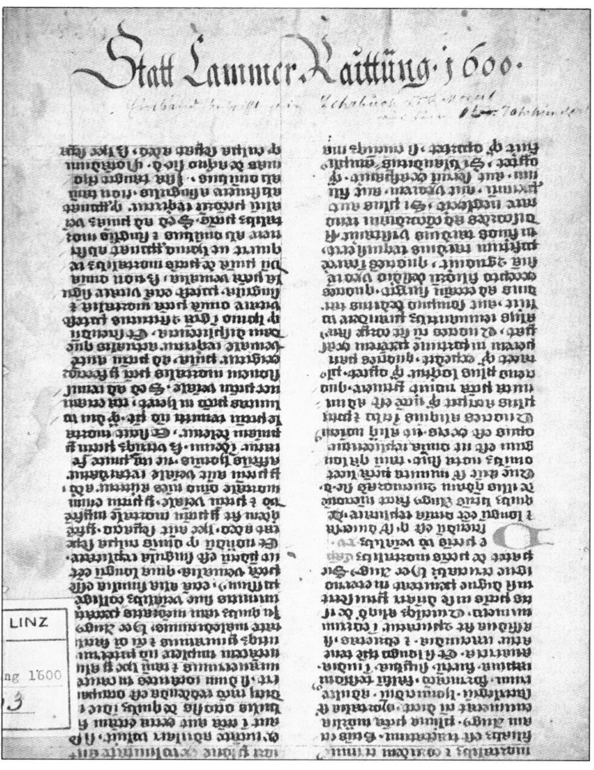

129 Alte katholische Handschriften wurden zerlegt und zum Einbinden städtischer Rechnungen verwendet. Archiv der Stadt Linz, Hs. 52. Foto: Litzlbauer

Im Sommer 1593 befahl der Landeshauptmann sechs namentlich angeführte Bürger zum Tragen des Himmels bei der Fronleichnamsprozession. So hatte es auch in Wien 1578 begonnen, weshalb keiner von ihnen erschien. Zum endgültigen Bruch zwischen Stadt und Landeshauptmann kam es, als ihn die Bürger im Sommer 1595 bezichtigten, Gelder für sich verwendet zu haben, die er als Gerhabe (= Vormund) hätte verwalten sollen. Im Herbst 1595, als es zum zweiten Bauernaufstand in Oberösterreich kam, setzte Löbl in der Stadt einen fremden Hauptmann ein, weil er den Bürgern nicht mehr traute. Die Städte standen im Verdacht, gemeinsame Sache mit den Bauern zu machen. Als Bürgermeister Wolfgang Schick und der Stadtschreiber Dr. Georg Eisenmann auf dem Oktoberlandtag diese Vorwürfe heftig zurückwiesen, wurden sie auf der Burg eingesperrt. Noch immer aber hatten die Protestanten die Oberhand. Alexander Riccardi, der sich im Gefolge des nach Polen abgesandten Kardinals Henrico Caetano befand, bezeichnete anläßlich der Durchreise im Mai 1596 Linz als *tutta di heretica.* Bei der Messe des katholischen Pfarrers seien kaum 20 Personen anwesend, und der Begleitung des Kardinals wurde am Freitag in den Gasthäusern Fleisch vorgesetzt!

Im Sommer dieses Jahres versuchten Erzherzog Matthias, der nachmalige Kaiser, den Protestanten durch die Vertreibung ihrer Geistlichen einen entscheidenden Schlag zu versetzen. Sein am Landhaustor angeschlagenes Mandat wurde aber heruntergerissen und vor dem Landhaus eine Wache aufgestellt.

Im folgenden Jahr wurde auf Betreiben Melchior Khlesls im Auftrag des Kaisers eine „Generalreformation" im ganzen Land durchgeführt. Die Bauernunruhen gaben dem Hof die Möglichkeit, ordnend einzugreifen. Dem wollten die Stände zuvorkommen und organisierten eine Strafexpedition gegen die Bauern, bei der sich Gotthart von Starhemberg auf überaus herrische und grausame Art benahm. 27 Bauern wurden ohne jedes Gerichtsverfahren gelyncht. Bei offener Rebellion endete die Toleranz der Adeligen. Jene Freiheit, die sie für sich selbst beanspruchten, konnte für die Untertanen nicht gelten.

Zu Ende des Jahres 1598 sollte schließlich die Entscheidung fallen: Aufgrund neuerlicher Patente des Kaisers flohen die ernsthaft bedrohten Prädikanten am 2. Jänner 1599 in das Landhaus. Im Februar bestellte der Landeshauptmann die Bürgerschaft und die *Gemain* von Linz vor das Rathaus und verbot neuerdings jede Betätigung im evangelischen Glauben. Bei Übertretungen sollten die Ratsmitglieder mit 200 und die anderen Bürger mit 100 Dukaten gestraft werden, dem Stadtrichter Peter Waiss wurde eine Strafe von 500 Dukaten angedroht. Noch einmal raffte sich die Bürgerschaft auf und protestierte beim Landeshauptmann. Dieser hat sie aber, wie ein Freistädter Zeuge berichtet, *mit tirannischer geberd . . . und mit hizigen worten angefarn, sie soltn sich hinweg paggen.*

Am Ende des Jahres kündigte Peter Waiss öffentlich an, er werde sich im Landhaus evangelisch trauen lassen, und führte das Vorhaben in provokanter Weise auch durch. Er büßte dafür ein halbes Jahr im Schloßarrest, bei dem ihm der Bürgermeister Wolfgang Schickh Gesellschaft leistete, ohne daß wir die näheren Gründe dafür kennen. Das Jahr 1600 brachte dann auch die erste große Niederlage für die Stände. Im März mußten die Prädikanten das Land verlassen. Nur der Unterricht in der Landschaftsschule blieb zunächst weiterhin aufrecht. Dem Stadtrat und der versammelten Bürgergemeinde wurde im Schloß noch einmal der Ernst der Situation vor Augen geführt.

Die Stände setzten sich vergeblich für die beiden Bürger ein, als sie im Mai die Steuerbewilligung mit deren Enthaftung junktimierten. Die Fronleichnamsprozession des Jahres 1600 soll nach den Aufzeichnungen der Jesuiten unter der Beteiligung von 2000–3000 Personen stattgefunden haben. Mag sein, daß der vorher ergangene Befehl, daß alle Bürger katholisch zu werden oder auszuwandern hätten, sehr viel zu der großen Beteiligung beigetragen hat. Die Stadt hatte eine genaue Liste aller kaiserlichen und landschaftlichen Angestellten und Diener zu erstellen, die in Linz wohnhaft waren, damit sich keiner ohne Erlaubnis und ohne Entrichtung einer „Nachsteuer“ entfernen konnte.

Zu den zwei verhafteten Linzer Bürgern wurden noch fünf aus Steyr gesellt, die nur gegen Bezahlung von 8000 Dukaten freikommen sollten.

Im Landhaus hat der Rektor der Schule, Dr. Matthias Anomaeus, die Gestaltung des Gottesdienstes übernommen, der nun ebenerdig bei offenen Fenstern abgehalten wurde, um der städtischen Bevölkerung das Mitfeiern zu ermöglichen, was auch ausgiebig genutzt wurde. Nun erklangen eben nicht im Landhaussaal, sondern auf der Straße die protestantischen Lieder. Als der Landeshauptmann dagegen einschritt, begaben sich die widerspenstigen Bewohner nach Ottensheim, um in der dortigen Spitalskirche die Predigt zu hören.

Im Februar 1601 waren auf Veranlassung Tschernembls zwei Prädikanten zurückgekommen, die ungeachtet aller Verbote den Landhausgottesdienst wieder aufnahmen. Bürger, die sich daran beteiligten, wurden verhaftet und bestraft. Der Zulauf an Städtern und Bauern soll über 3000 Personen betragen haben. Doch schon nach einem halben Jahr hatte das Zwischenspiel wieder ein Ende.

Die Soldaten Gottes

Den Ständen war in der Stadt ein ebenbürtiger Gegner erwachsen: die Jesuiten. Der Zeitpunkt ihrer Ankunft – April 1600 – war gut gewählt, denn in der Stadt war gerade Ostermarkt. Ihr Einschreiten war von langer Hand vorbereitet worden. Auf Betreiben Melchior Khlesls hatte Papst Clemens VII. schon acht Jahre vorher ihren Einsatz in Linz gefordert.

Vom 24. April an predigte der wortgewaltige P. Georg Scherer jeden Sonntagvormittag in der Pfarrkirche, und am Nachmittag unterrichtete P. Zehetner in der Christenlehre. Bis auf wenige Ausnahmen dürften ihnen die Linzer anfänglich kaum wohlgesonnen gewesen sein, weshalb sie ihre Unterkunft auch im Schloß nahmen. Es ist kaum anzunehmen, daß die schon erwähnte große Beteiligung an der Fronleichnamsprozession ganz freiwillig zustande kam, aber der Erfolg gab den Jesuiten recht.

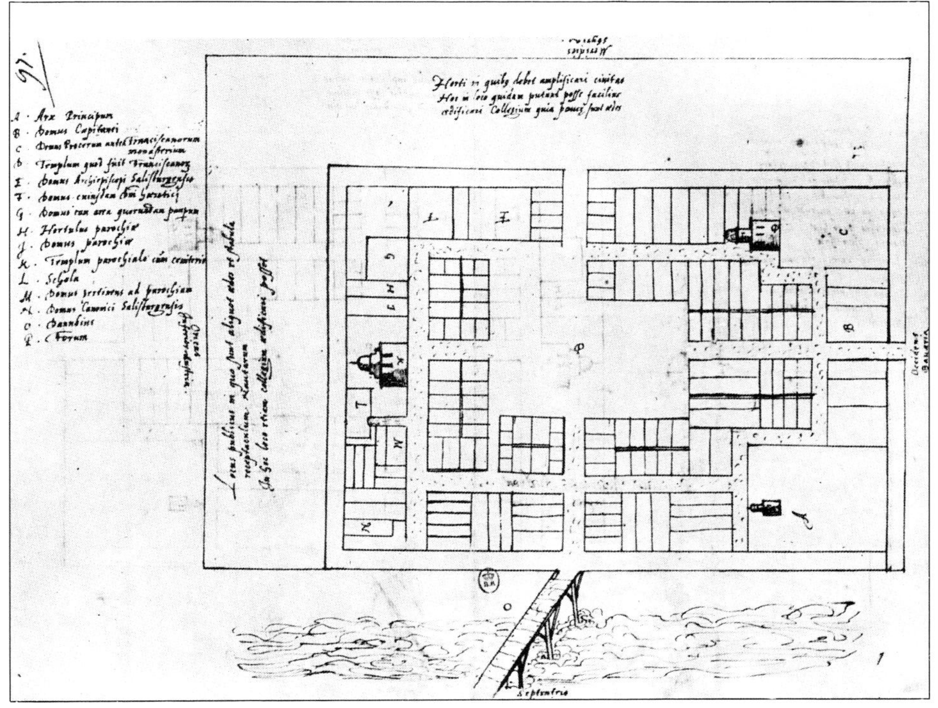

130 Bereits 1592 hat sich der Jesuitenorden einen schematischen Plan der Stadt Linz verschafft, um die günstigste Lage für eine Kolleggründung herauszufinden. Schon damals war dafür die Südostecke der Stadt vorgesehen. Bibliotheque Nationale, Paris, Inv. Nr. Hd 4n^{o}904.

vnd Euangelisten Joannis. 89

sich in CHRISTVS Apostel / vnd das ist auch kein Wunder / denn er selbst der Teuffel 2. Corin. verstellet sich zum Engel deß Liechts.

Der Allmächtige GOTT / wölle es bey dem warhafftigen Zeugnuß seines Jüngers Joannis bestendig erhalten / vnd für aller falschen Zeugen vnd Lügenmeulern gnediglich behütten / AMEN.

Am Tag der vnschuldigen Kindlein /
Euangelium S. Matthei / Cap. 2.

IN der Zeit / da sie nun hinweg gezogen waren / da erschiene der Engel des HErrn dem Joseph im Schlaff / vnd sprach: Stehe auff /
H iij vnd

131 *Die gewaltigen Predigten Pater Georg Scherers wurden durch den Druck im gesamten deutschen Sprachraum verbreitet.*
Ausschnitt aus einem Druck in der Studienbibliothek, Sign. II oder 60.567. *Foto: Litzlbauer*

Der Linzer Pfarrer – damals Heinrich Prätorius –, ein Konvertit, der selbst als guter Prediger galt, hatte kaum noch Einfluß auf das Geschehen in der Stadt. Die Jesuiten stellten eine katholische Witwe für den Mädchenunterricht an, von dem wir hier erstmals überhaupt hören. Zweifellos müssen die beiden Männer als unerschrocken angesprochen werden. Mit der Fronleichnamsprozession wagten sie sich aus den Mauern der Stadt hinaus zum Kirchlein in Margarethen.

Wenn die Bekehrungserfolge in ihren Annalen auch übertrieben dargestellt sein mögen, zeigen sie doch ganz konkrete Erfolge an. Achaz von Hohenfeld, ein Neffe des Lästerers von 1536, den die Leute „Bauernpapst" nannten, und ein 70jähriger Greis, der als „Bauernkaiser" tituliert wurde, scheinen in der Liste der Bekehrten auf. Besonders bedacht waren sie auf öffentlichkeitswirksame Aktionen, wie z. B. die Errichtung eines hl. Grabes bei der Minoritenkirche zu Ostern 1602. Oder sie schickten ihre Schulkinder auf die Straße, die in Zweierreihen die ganze Stadt abgingen und Zitate aus dem Katechismus aufsagten. Die bei den beiden Buchhändlern im Landhaus konfiszierten evangelischen Bücher wurden öffentlich verbrannt, und 1608 begannen sie mit der Aufführung der später berühmten Schuldramen. 1604 stellten sie die erste Weihnachtskrippe in Linz auf. Die 1589 von Pfarrer Perkhmann eingeführte Corporis-Christi-Bruderschaft wurde wiederbelebt und der Versehgang mit bis zu 200 Kerzenträgern zelebriert.

Teufelsaustreibung und Wunderheilungen gehörten ebenso in das Programm wie die Bekehrung von Kindesmörderinnen und Prostituierten.

Der Erfolg in geistlichen Angelegenheiten wurde begleitet von einem geradezu atemberaubenden wirtschaftlichen Aufstieg. 1601 wurde ihnen das Dreifaltigkeitsbenefizium übergeben und 1609 das Kloster Pulgarn mit sämtlichen Untertanen, die sich zu bekehren hatten oder abgestiftet wurden. 1602 bezogen sie das Benefiziatenhaus und erbten vom verstorbenen Landeshauptmann 10.000 fl. Im Sommer 1608 konnten sie ihre eigene höhere Schule eröffnen, die aber bis zur Auflösung der Landschaftsschule nur eine mäßige Frequenz aufzuweisen hatte. Seit 1602 haben die Jesuiten von der Minoritenkirche aus agiert, in direkter Nachbarschaft zum Hort des Protestantismus, dem Landhaus. Sie sind nicht ganz freiwillig dorthin gegangen: Im März hatte der offenbar sehr in die Defensive gedrängte Stadtpfarrer Prätorius P. Georg von der Kanzel herunterholen lassen. *Non tuum sed meum est hic concionari!* soll er aus dem Kirchenschiff zu ihm hinaufgedonnert haben (nicht du, ich habe hier zu predigen). Das kostete ihn die Pfarre. Später ließ man verbreiten, daß es in seinem Haus ohnedies Geister gegeben und er sich mit allerlei Zauberei beschäftigt hätte. Ein gefährlicher Vorwurf in der Zeit des Hexenglaubens.

Wir wissen nicht, wie viele Bürger und Handwerker die Stadt wegen des Glaubens verlassen haben oder wie viele nach außen gehorchten und die katholische Messe besuchten. Der Linzer Stadtrat war aber 1602 bereits katholisch und machte bei einer Petition der übrigen Städte an den Kaiser um die Freiheit der Religion nicht mehr mit. Die Stadt war an einem ersten Tiefpunkt ihrer Geschichte angelangt. Von seiten der Stände drohte aufgrund der großen Schulden die Exekution.

Es begann die Zeit des sogenannten „Auslaufens“, d. h. daß die Bürger die Gottesdienste evangelischer Prädikanten in den Kapellen der umliegenden Schlösser besuchten. Kleinere Vergehen zeigen, daß der Widerstand noch nicht gänzlich erloschen war: So wurden z. B. aus behördlichen Mandaten, die am Landhaus- und Rathaustor angeschlagen wurden, die Siegel herausgeschnitten. Die paar Nachrichten, die uns überliefert sind, zeigen, daß in diese Akte des Ungehorsams auffällig viele Frauen verwickelt gewesen sind, die sich allem Anschein nach standhafter erwiesen als die Männer. Allerdings fehlte es nicht an Maßnahmen, die Rekatholisierung gründlich zu überwachen: Jeder Gast mußte gemeldet werden, jede Bürgeraufnahme erfolgte nur nach einer genauen Gewissensprüfung. Der Fleischgenuß am Freitag wurde eingestellt, und die Post wurde überwacht. Alle Nichtkatholiken wurden von den diversen Fürsorgeanstalten auf die Straße gesetzt.

Glaubensfreiheit für Linz

Die nicht mehr erwartete (Rück)wende bedurfte eines äußeren Anstoßes, des Bruderzwistes im Hause Habsburg: Erzherzog Matthias, der sich von 1582–1593 zeitweise in Linz gelangweilt hatte, war nicht mehr länger bereit, dem an Schizophrenie leidenden Kaiser Rudolf II. auf der Prager Burg die Herrschaft zu überlassen. Er suchte ein Bündnis mit den Ständen Österreichs, Mährens und Ungarns, um seinen Bruder zu stürzen. Die Adeligen waren dazu bereit, wenn ihnen als Gegenleistung die freie Religionsausübung zugesichert würde. Als Vorleistung verhafteten sie in Linz den Verwalter der Landeshauptmannschaft, den Vicedomus und den Mautner und internierten sie auf dem Schloß.

Im August riefen sie ihre Prädikanten wieder zurück, und der evangelische Gottesdienst im Landhaus konnte wieder beginnen.

Im März 1609 unterschrieb Matthias die sogenannte Kapitulationsresolution, die die Zugeständnisse Kaiser Maximilians II. von 1568 absicherte, die ja nie eine schriftliche Bestätigung erfahren hatten, und ein Jahr später folgte die offizielle Anerkennung der Städte als vierter Stand des Landes. Dies bedeutete, daß den Städten erstmals die freie Religionsausübung gestattet worden ist. All diese Zugeständnisse konnten Erzherzog bzw. König Matthias nur unter dem Druck der politischen Verhältnisse

Relation Der Vnter vnd Oberösterreichische Euangelischen Stände Abgesandten nach Wien:

Also

zwischen Ihrer Königlichen May. zu Hungarn/etc. vnd jnen den dreyen Osterreichischen Evangelischen Ständen/der Frid tractiert vnd geschlossen worden.

Getruckt im Jahr

1610.

132 Die Stände des Landes ob der Enns brachten gemeinsam mit jenen von unter der Enns 1610 eine Rechtfertigungsschrift heraus, mit der sie ihr Umschwenken zu König Matthias zu begründen versuchten.
Archiv der Stadt Linz, Bibliothek. Foto: Litzlbauer

abgerungen werden. Rudolf II. ließ in Passau ein Heer sammeln, das 1610 in Oberösterreich einfiel und, bevor es nach Böhmen abzog, hier derartig gegen die Zivilbevölkerung wütete, daß es unter der Bezeichnung „Passauer Kriegsvolk“ als absolutes Negativbeispiel für militärisches Benehmen in die Landesgeschichte einging. 1612 starb Rudolf II. in Prag, und Matthias folgte ihm als Kaiser nach.

Für die Stände und auch für die Stadt Linz brach in Sachen Glaubensfreiheit eine kurze Periode der Hochblüte an, die 1619 nach dem Tode Kaiser Matthias' wieder ins Wanken geriet. Doch zuvor waren die protestantischen Bürger zurückgekehrt, im Stadtrat wurden die Köpfe ausgetauscht und die Teilnahme an der Fronleichnamsprozession wurde wieder, diesmal allerdings zum negativen Gradmesser katholischer Erfolge.

Im Pfarrhof residierte nunmehr mit Blasius Aliprandus ein Italiener aus Trient, der mit den Jesuiten gut zusammenarbeitete. Inzwischen (1606) waren mit den Kapuzinern Mönche in

133 Auf dem Vogelschauplan des Abraham Holzwurm wird deutlich, wie bescheiden die erste Ansiedlung der Kapuziner in Linz gewesen ist.
Stadtmuseum Linz, Inv. Nr. 2086. Foto: Michalek

die Stadt gekommen, die es verstanden, mit den Unterschichten der städtischen Bevölkerung gut auszukommen, dem *Pöbel,* mit dem sich die Jesuiten nie anfreunden haben können. Ganz bewußt haben die barfüßigen Mönche ihre Kirche und ihr kleines Häuschen in der Vorstadt, *im Weingarten,* erbaut und die Nähe zum Siechenhaus nicht gescheut. 1612 war ihre Bleibe fertiggestellt. Wenn wir das offizielle Ergebnis einer Sammlung, die unter den Pfarrern des Stiftes Kremsmünster für den Linzer Klosterbau veranstaltet wurde, als Gradmesser für das damalige Ansehen der Kapuziner betrachten wollen, dann sagt die „mickrige" Summe von 132 Gulden eigentlich alles. Allerdings genossen sie die besondere Unterstützung von Kaiser Matthias.

In der Stadt selbst wogte der meist verbal ausgetragene Kampf zwischen den von den Jesuiten und dem Stadtpfarrer angeführten Katholiken und den unter der Führung der Landhausprädikanten stehenden Protestanten hin und her, wobei gegenüber der Zeit vor 1600 die Katholiken sicher stärker geworden sind. 1618 war den Jesuiten mit dem Kauf des neben der Minoritenkirche gelegenen Hauses ein besonderer Coup gelungen, in den der Pfarrer als Scheinkäufer verwickelt gewesen ist. Solche Tricks machten Schule und wurden bei späteren Klostergründungen immer wieder angewandt.

Ständiger Streitpunkt blieben die Einnahmen aus Taufen, Hochzeiten und Begräbnissen.

Die Gegenreformation – zweiter Versuch

Als Kaiser Matthias im März 1619 starb und die Stände die Nachfolge Ferdinands II. nicht anerkannten, sondern sich mit den böhmischen Ständen verbündeten, rief dieser den katholischen Herzog Maximilian von Bayern ins Land und verpfändete es ihm. Damit war die Macht der Stände gebrochen. Am Verhältnis der Konfessionen im Land und in der Stadt änderte sich zunächst nichts. Lediglich der Adel hatte seine vornehmsten Anführer durch Verhaftung oder Flucht verloren. Der Herzog und sein Statthalter sahen vorerst keinen Anlaß, für den Österreicher das schwierige Geschäft der Rekatholisierung zu betreiben.

Der Linzer Stadtpfarrer, der sich schon früher bei den Äbten der landständischen Klöster unbeliebt gemacht hatte, mußte 1622 das undankbare Amt eines Zehenteintreibers übernehmen, was sein Ansehen kaum gehoben haben dürfte. Im selben Jahr feierten die Jesuiten mit großem Gepränge und mit einem Schauspiel besonderer Art die Heiligsprechung ihres Ordensgründers Ignatius von Loyola. Sie hatten das Leben des Heiligen in vielen Szenen malen und die einzelnen Bilder auf ein großformatiges Gerüst spannen lassen. In der verdunkelten Minoritenkirche haben sie dann die einzelnen Bildabfolgen der Reihe nach von hinten beleuchtet, der erste „Diavortrag" in Linz, wenn man so will. Auch sonst sorgten sie immer wieder für spektakuläre Aktionen, so bei der Bekehrung des „reichsten Bürgers" und bei der Rettung eines weiteren Linzers, der sich mit seinem Blut dem Teufel verschrieben hatte. Wir erkennen in dieser Geschichte unschwer das Faustmotiv, das knapp 30 Jahre vorher als Volksbuch erstmals publiziert worden war.

Schließlich kam es doch für alle überraschend, als der Statthalter am 10. Oktober 1624 ein kaiserliches Generalmandat veröffentlichen ließ, das die Abschaffung der Prädikanten und unkatholischen Lehrer zum Inhalt hatte, die innerhalb von acht Tagen die Stadt und das Land

134 Das am 10. Oktober 1624 in Linz publizierte Reformationspatent Kaiser Ferdinands II.
OÖ. Landesarchiv, Weinberger Archivalien, Bd. 30/7.
Foto: Litzlbauer

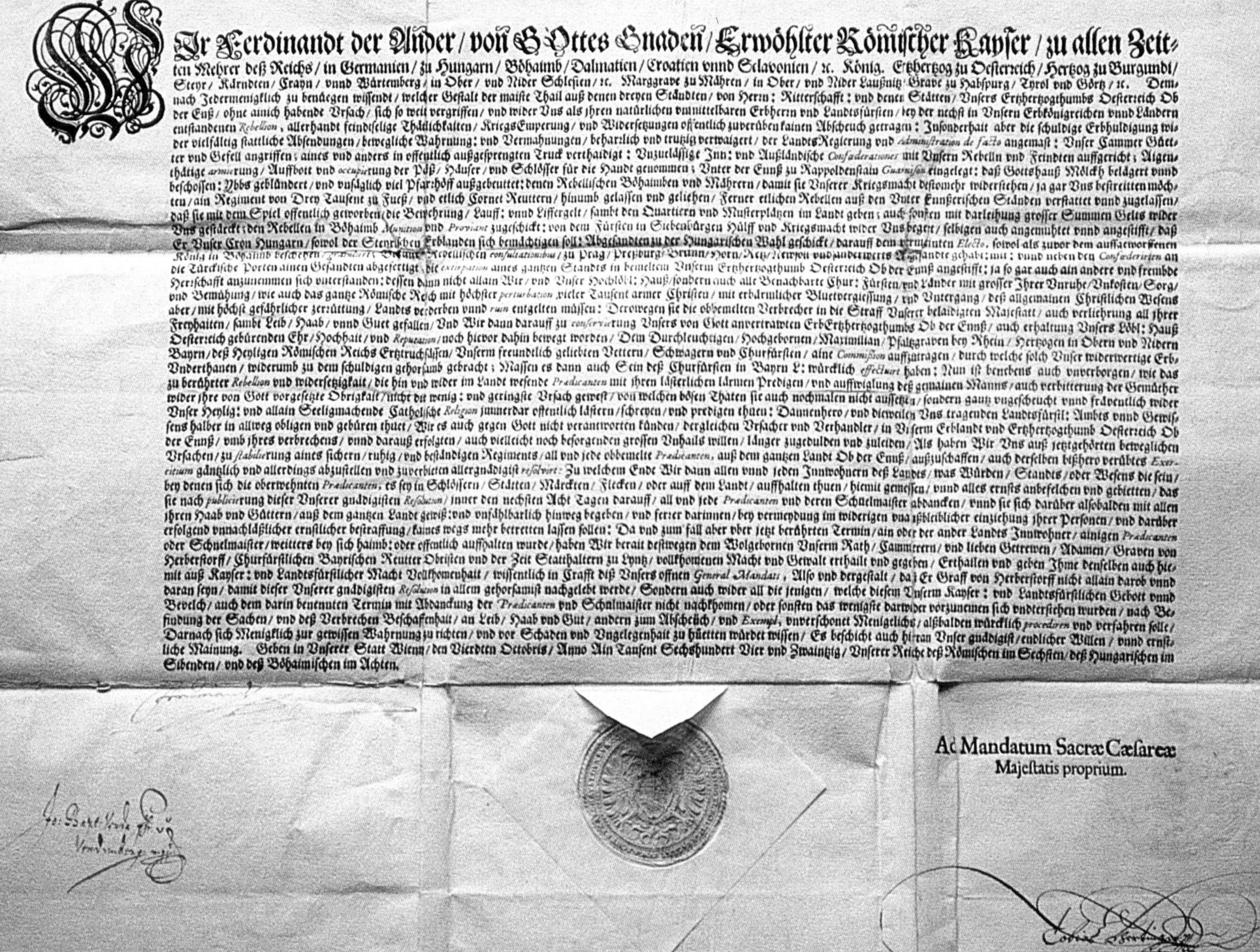
Wir Ferdinandt der Ander / von GOttes Gnaden / Erwöhlter Römischer Kayser / zu allen Zeiten Mehrer deß Reichs / in Germanien / zu Hungarn / Böhaimb / Dalmatien / Croatien vnnd Sclavonien / ꝛc. König. Ertzhertzog zu Oesterreich / Hertzog zu Burgundi / Steyr / Kärndten / Crayn / vnnd Wärtemberg / in Ober / vnd Nider Schlesien / ꝛc. Marggrave zu Mähren / in Ober / vnd Nider Laußnitz / Grave zu Habspurg / Tyrol vnd Görtz / ꝛc. Demnach Jedermenigklich zu benöegen wissendt / welcher Gestalt der maiste Thail auß denen dreyen Ständten / von Herrn / Ritterschafft / vnd denen Stätten / Vnsers Ertzhertzogthumbs Oesterreich Ob der Ennß / ohne ainich habende Vrsach / sich so weit vergriffen / vnd wider Vns als jhren natürlichen vnmittelbaren Erbherrn vnd Landtsfürsten / bey der nechst in Vnsern Erbkönigreichen vnnd Ländern entstandenen Rebellion / allerhandt feindtselige Thädlichkaiten / Kriegs Emperung / vnd Widersetzungen offentlich zuverüben kainen Abscheuch getragen; Insonderhait aber die schuldige Erbhuldigung wider vielfältig stattliche Absendungen / bewegliche Wahrnung / vnd Vermahnungen / beharlich vnd trutzig verwaigert / der Landts Regierung vnd Administration de facto angemast; Vnser Cammer Gütter vnd Gefell angriffen / aines vnd anders in offentlich außgesprengten Truck verthaidigt; Vnzueläßige Inn: vnd Außländische Confœderationes mit Vnsern Rebellen vnd Feinden auffgericht; Aigenthätige armierung / Auffbott vnd occupierung der Päß / Häuser / vnd Schlösser für die Handt genommen; Vnter der Ennß zu Rappoldenstain Guarnison eingelegt; daß Gottshauß Mölckh belägert vnnd beschossen; Ybbs geblündert / vnd vnsäglich viel Pfarrhöff außgebeuttet; denen Rebellischen Böhaimben vnd Mährern / damit sie Vnserer Kriegsmacht destomehr widerstehen / ja gar Vns bestreitten möchten / ain Regiment von Drey Tausent zu Fueß / vnd etlich Cornet Reuttern / hinumb gelassen vnd gelihen / Ferner etlichen Rebellen auß den Vnter Ennßerischen Ständten verstattet vnnd zugelassen / daß sie mit dem Spiel offentlich geworben / die Bewehrung / Lauff / vnnd Liffergelt / sambt den Quartieren vnd Musterplätzen im Landt geben; auch sonsten mit darleihung grosser Summen Gelts wider Vns gesterckt; den Rebellen in Böhaimb Munition vnd Proviant zugeschickt; von dem Fürsten in Siebenbürgen Hülff vnd Kriegsmacht wider Vns begert / selbigen auch angemuhtet vnnd angestifft / daß Er Vnser Cron Hungarn / sowol der Steyrischen Erblanden sich bemächtigen soll; Abgesandten zu der Hungarischen Wahl geschickt / darauff den vermainten Electo, sowol als zuvor dem auffgeworffenen König in Böhaimb beschehen / gehuldiget / bey den Rebellischen consultationibus / zu Prag / Preßburg / Brünn / Horn / Retz / Newsoll vnd anderwerts Abgesandte gehabt; mit; vnnd neben den Confœderirten an die Türckische Porten ainen Gesandten abgefertigt / die extirpation aines gantzen Standts in benueltem Vnserm Ertzhertzogthumb Oesterreich Ob der Ennß angestifft; ja so gar auch ain andere vnd frembde Herrschafft anzunemmen sich vnterstanden; dessen dann nicht allain Wir / vnd Vnser Hochlöbl: Hauß / sondern auch alle Benachbarte Chur: Fürsten / vnd Länder mit grosser Ihrer Vnruhe / Vnkosten / Sorg / vnd Bemühung / wie auch das gantze Römische Reich mit höchster perturbation / vieler Tausent armer Christen / mit erbärmlicher Bluetvergiessung / vnd Vntergang / deß allgemainen Christlichen Wesens aber / mit höchst gefährlicher zerrüttung / Landts verderben vnnd ruin entgelten müssen; Derowegen sie die obbemelten Verbrecher in die Straff Vnserer belaidigten Majestatt / auch verliehrung all jhrer Freyhaiten / sambt Leib / Haab / vnnd Guet gefallen / Vnd Wir dann darauff zu conservierung Vnsers von Gott anvertrawten ErbErtzhertzogthumbs Ob der Ennß / auch erhaltung Vnsers Löbl: Hauß Oesterreich gebürenden Ehr / Hochhait / vnd Reputation / noch hievor dahin bewegt worden / Dem Durchleuchtigen / Hochgebornen / Maximilian / Pfaltzgraven bey Rhein / Hertzogen in Obern vnd Nidern Bayrn / deß Heyligen Römischen Reichs Ertztruchsässen / Vnserm freundlich geliebten Vettern / Schwagern vnd Churfürsten / aine Commission auffzutragen / durch welche solch Vnser widerwertige Erb-Vnderthanen / widerumb zu dem schuldigen gehorsamb gebracht; Massen es dann auch Sein deß Churfürsten in Bayrn L: würcklich effectuirt haben; Nun ist benebens auch vnverborgen / wie das zu berührter Rebellion vnd widersetzigkait / die hin vnd wider im Landt wesende Prædicanten mit jhren lästerlichen lärmen Predigen / vnd auffwiglung deß gemainen Manns / auch verbitterung der Gemüther wider jhre von Gott vorgesetzte Obrigkait / nicht die wenig / vnd geringste Vrsach gewest / von welchen bösen Thaten sie auch nochmalen nicht aussetzen / sondern gantz vngescheucht vnnd frävenlich wider Vnser Heylig: vnd allain Seeligmachende Catholische Religion jmmerdar offentlich lästern / schreyen / vnd predigen thuen; Dannenhero / vnd dieweilen Vns tragenden Landtsfürstl: Ambts vnnd Gewissens halber in allweg obligen vnd gebüren thuet / Wir es auch gegen Gott nicht verantworten künden / dergleichen Vrsacher vnd Verhandler / in Vnserm Erblandt vnd Ertzhertzogthumb Oesterreich Ob der Ennß / vmb jhres verbrechens / vnnd darauß erfolgten / auch vielleicht noch besorgenden grossen Vnhails willen / länger zugedulden vnd zuleiden / Als haben Wir Vns auß jetzgehörten beweglichen Vrsachen / zu stabilierung aines sichern / ruhig / vnd beständigen Regiments / all vnd jede obbemelte Prædicanten / auß dem gantzen Landt Ob der Ennß / außzuschaffen / auch derselben bißhero verübtes Exercitium gäntzlich vnd allerdings abzustellen vnd zuverbieten allergnädigist resolvirt; Zu welchem Ende Wir dann allen vnnd jeden Innwohnern deß Landes / was Würden / Standts / oder Wesens die sein / bey denen sich die oberwehnten Prædicanten / es sey in Schlössern / Stätten / Märckten / Flecken / oder auff dem Landt / auffhalten thuen / hiemit gemessen / vnnd alles ernsts anbefelchen vnd gebietten / das sie nach publicierung dieser Vnserer gnädigisten Resolution / inner den nechsten Acht Tagen darauff / all vnd jede Prædicanten mit deren Schuelmaister abdancken / vnnd sie sich darüber alsobalden mit allen jhren Haab vnd Güttern / auß dem gantzen Landt gewiß / vnd vnfählbarlich hinweg begeben / vnd ferner darinnen / bey vermeydung im widerigen vnaußbleiblicher einziehung jhrer Personen / vnd darüber erfolgend vnnachläßlicher ernstlicher bestraffung / kaines wegs mehr betretten lassen sollen; Da vnd zum fall aber über jetzt berührten Termin / ain oder der ander Landts Innwohner / ainigen Prædicanten oder Schuelmaister / weitters bey sich haimb / oder offentlich auffhalten wurde / haben Wir berait deßwegen dem Wolgebornen Vnserm Rath / Cammerern / vnd lieben Getrewen / Adamen / Graven von Herberstorff / Churfürstlichen Bayrischen Reutter Obristen vnd der Zeit Statthaltern zu Lyntz / vollkommenen Macht vnd Gewalt erthailt vnd gegeben / Erthailen vnd geben Ihme denselben auch hiemit auß Kayser: vnd Landtsfürstlicher Macht Vollkommenhait / wissentlich in Crafft diß Vnsers offnen General Mandats, Also vnd dergestalt / daß Er Graff von Herberstorff nicht allain darob vnnd daran seyn / damit dieser Vnserer gnädigisten Resolution in allem gehorsamist nachgelebt werde / Sondern auch wider all die jenigen / welche diesem Vnserm Kayser: vnd Landtsfürstlichen Gebott vnnd Bevelch / auch dem darin benennten Termin mit Abdanckung der Prædicanten vnd Schulmaister nicht nachkommen / oder sonsten das wenigste darwider vorzunemen sich vndterstehen wurden / nach Befindung der Sachen / vnd deß Verbrechen Beschaffenhait / an Leib / Haab vnd Güt / andern zum Abscheuch / vnd Exempl / vnverschonet Menigliche / alßbalden würcklich procedirn vnd verfahren solle / Darnach sich Menigklich zur gewissen Wahrnung zu richten / vnd vor Schaden vnd Vngelegenhait zu hüetten würdet wissen / Es beschicht auch hieran Vnser gnädigist / endlicher Willen / vnnd ernstliche Mainung. Geben in Vnserer Statt Wienn / den Vierdten Octobris / Anno Ain Tausent Sechshundert Vier vnd Zwaintzig / Vnserer Reiche deß Römischen im Sechsten / deß Hungarischen im Sibenden / vnd deß Böhaimischen im Achten.

Ad Mandatum Sacræ Cæsareæ
Majestatis proprium.

zu verlassen hatten. Selten sind wir über den genauen Ablauf der Ereignisse so gut unterrichtet wie über den Beginn der endgültigen Religionsreformation: Von einer kaiserlichen Audienz in Wien zurückgekehrt, schickte Herberstorff um 7 Uhr früh seinen Kammerdiener in das Landhaus, welcher zuerst dem Mesner befahl, das Läuten zu unterbrechen. Auf der Stiege zum Landhaussaal fing er den Prediger Mag. Johannes Mayr ab und verbot ihm, die Kanzel zu besteigen. Dann suchte er die Verordneten auf und bestellte sie sofort zum Statthalter auf das Schloß. Sie waren schon vorgewarnt und ersuchten die Glaubensgemeinde, so lange zu singen, bis sie wieder zurück seien. Fünf Lieder (O Gott vom Himmel sich darein . . ., Es ist ein Heil uns kommen her . . ., Eine feste Burg ist unser Gott . . ., Wo Gott der Herr nicht bei uns hält . . .) wurden immer wiederholt. Als die Bestätigung des absoluten Predigtverbotes eintraf, sang die Menge noch „Gott wird einmal aufwachen" und lief dann auseinander, nicht ohne lautes Wehklagen, wie die Jesuiten in ihren Annalen berichten. Sie schreiben es vor allem zwei Faktoren zu, daß es nicht schon damals zu einem Aufstand oder zu Tumulten gekommen ist: der Weisheit des Statthalters und der Angst vor den Waffen der Soldaten. Zwischen 9 und 10 Uhr wurden die inzwischen gedruckten Mandate unter Trommelschlag verlesen und dann an den Toren des Landhauses angeschlagen.

Die Prädikanten und ein Großteil der Professoren der Landschaftsschule verließen am Vormittag des 17. Oktober Linz für immer. Eine sofort eingeleitete Verzögerungstaktik der Stände (schriftliche Eingaben, Proteste etc.) zeigte keinerlei Wirkung mehr. Einen Monat später hielt Herberstorff vor der ins Schloß bestellten Bürgerschaft eine große Rede, in der er sie eindringlich davor warnte, das kaiserliche Mandat nicht ernst zu nehmen. Der Besuch der katholischen Predigt (noch nicht der Messe!) wurde allen Einwohnern zur unbedingten Pflicht gemacht.

Herberstorff verbot ihnen, ohne ordentlichen Abschied Stadt und Land zu verlassen. Er war selbst Konvertit und hatte deswegen seine Heimat zurücklassen müssen, weshalb er ihnen von einer Auswanderung abriet, indem er ihnen das Emigrantenschicksal in den schwärzesten Farben malte, und er appellierte auch an ihren Österreichpatriotismus. Die gesamte Aktion war wesentlich besser durchdacht und organisiert als beim ersten Versuch um die Jahrhundertwende. Ganz bewußt begann Herberstorff in Linz, der Hauptstadt des Landes, und er begann mit den Prädikanten und der Landschaftsschule. In einer ersten Etappe bereiste er im Jänner 1625 mit einer Kommission die landesfürstlichen Städte mit Ausnahme Freistadts, wo damals wieder einmal eine Seuche wütete. Die Protestanten wurden überall aus dem Stadtrat entfernt und ein Stadtanwalt eingesetzt, der über alle anderen Instanzen zu befehlen hatte.

Schon Anfang Dezember waren neben den Bürgern die ständischen Beamten gezwungen worden, den katholischen Gottesdienst zu besuchen. Trotz aller Mandate und Drohungen waren die Protestanten aber keineswegs gesonnen, sofort aufzugeben. Erst im März 1625 wurden jene Schildwachen abgezogen, die die Patente bewachen mußten, die am Landhaustor angeschlagen waren. Man hatte also aus den Ereignissen von 1602 gelernt. Besonders empört hat die Stände, daß der neu eingesetzte Stadtverwalter gemeinsam mit dem Stadtrichter und zwei Jesuiten in das Landhaus gekommen war und bei den beiden Buchhändlern die evangelischen Bücher konfisziert hatte. Das war eine Mißachtung der Landhausfreiheiten. Sie hatten nämlich darüber hinaus die Schulkassa eingezogen und mit sämtlichen Unterlagen und Rechtstiteln den Jesuiten übergeben. Der Abzug der höheren ständischen Beamten konnte zwar noch hinausgezögert werden, und Johannes Kepler glaubte etwa 1626 noch, daß dies alles ihn nicht betreffen könnte, aber spätestens nach dem Bauernkrieg 1626 war die Situation soweit klar, daß jeder Widerstand als sinnlos erscheinen mußte.

In der historischen Literatur gilt es als Allgemeingut, daß die Städte durch den Abzug der Protestanten einen schweren wirtschaftlichen Schaden erlitten haben. Die Zerstörungen im Bauernkrieg haben ein übriges zum Niedergang der Kommunen beigetragen. Wir wissen, daß in der Folgezeit etliche Bürgerhäuser leer gestanden sind und daß sich statt Unternehmergeist Kleinmut breitgemacht hat. Konkrete Zahlen aber haben wir nicht. Als Detail ist uns lediglich bekannt, daß sich z. B. zwischen 1625 und 1637 insgesamt 28 Linzer in Regensburg um das Bürgerrecht beworben haben. Wohin sich die anderen Emigranten gewendet haben, muß erst noch erforscht werden. Ebensowenig ist uns bekannt, wie viele Linzer eine Bekehrung vorgezogen haben. Die Jesuiten melden für 1624 eine Zahl von über 100 und für 1625 87 Personen, die sich vom „Irrglauben" abgewandt haben.

Der Sieg des Katholizismus trug in der folgenden Epoche reiche Früchte. Linz wurde zu einer Stadt der Barockklöster, in der die Bürgerschaft immer mehr an den Rand des Geschehens gedrängt worden ist, wie wir in einem späteren Abschnitt noch sehen werden. Im Zusammenhang mit dem Glaubenskampf ist die große Bedeutung schon angeklungen, die dem Adel des Landes innerhalb der Stadtmauern zugekommen ist.

Das Land und die Stadt

Den verwaltungstechnischen Reformmaßnahmen Maximilians I. und Ferdinands I. setzten die Stände des Landes durch die Bildung eines eigenen Verwaltungsapparates ein Äquivalent entgegen, mit dessen Hilfe sie ihren politischen Einfluß zu sichern trachteten. Im Laufe des 16. Jahrhunderts entwickelte sich daraus eine doppelgleisige Verwaltung, die mit dem Begriff „Dualismus" eine treffende Beschreibung gefunden hat. Hauptzweck des Zusammenschlusses der vier Stände war die jeweilige Festlegung der Steuerhöhe, die dem Landesherrn auf den Landtagen gewährt worden ist. Der Landesfürst war auf diese Einnahmen angewiesen, weil seine eigenen Güter und Einnahmen aus Regalien nicht ausreichten, um den Hof und seine Aktivitäten (Erwerbungen, Kriege, Heiraten) zu finanzieren.

Über Aufgabe, Selbstverständnis und Zusammensetzung der Stände ist schon gehandelt worden (siehe S. 55 f.). Die Tradition der Städte als Vierter Stand reichte in Ansätzen bis in das 13. Jahrhundert zurück. Wir wissen aber nicht, seit wann sie gemeinsam mit den „oberen Ständen" regelmäßig die Steuer aufbrachten. Ursprünglich hatten sie direkt mit dem landesfürstlichen Hubmeister abgerechnet. Ihre Einnahmequellen waren ja ganz anders geartet als die der oberen Stände, und auch der persönliche Status der Bürger unterschied sich gravierend von jenem des Adels. Seine Mitglieder und die Geistlichkeit waren persönlich von jeder Abgabe befreit, ein Recht, das sie auch auf ihre „Dienerschaft" ausdehnten. Alle eingehobenen Steuern hatten die Untertanen auf den Bauerngütern aufzubringen. Die Leistungen des Adels beschränkten sich auf den persönlichen Einsatz im Kriegsfalle und auf die Ausübung diverser Hofämter.

Die Bürger jedoch steuerten selbst. Ihr Einsatz im Kampf beschränkte sich in der Regel auf die Verteidigung der Stadt. Durch das Aufkommen des Söldnerwesens war jedoch diese Unterscheidung im 16. Jahrhundert schon stark verwischt. Wichtig für den Status der Städte war, daß sie so wie die Landesklöster, die im wesentlichen den Ersten Stand bildeten, nominell zum Kammergut des Fürsten gehörten. Durch ihre Position innerhalb der Stände waren beide in eine zweispältige Situation versetzt, aus der besonders für die Städte so manche Schwierigkeiten erwuchsen, vor allem in Religionsangelegenheiten. Andererseits haben sie immer wieder die direkte Hilfe ihres Stadtherrn gesucht, wenn sie innerhalb der Stände politisch nicht durchdringen konnten. Ihre erste Hürde war dabei jeweils der Landeshauptmann als Vertreter des Landesfürsten, der meist selbst aus dem landständischen Adel kam und damit ihr wirtschaftlicher und politischer Gegner sein konnte. Deshalb mußte er des öfteren umgangen werden.

Trotz der hierarchischen und ständischen Abstufung und trotz der klaren Aufgabenzuteilung kam es im Bereich der Wirtschaft zu dauernden Konflikten zwischen den Städten und dem Adel. Einerseits drängten die Bürger durch den Erwerb von Landgütern und durch höfische Dienste in den Stand der Ritterschaft, und andererseits drangen die oberen Stände in den Handel und das Gewerbe, die Domäne der Bürger, ein. Es geschah dies auf dem Umweg über die Grundherrschaft, die die gesamte Palette der „Bürgerlichen Handtierung" ermöglichte, ohne daß der Grundherr selbst in Aktion trat. Der wirtschaftliche Abstieg der oberösterreichischen Städte zu Ende des 16. Jahrhunderts ist im wesentlichen auf diesen zweiten Aspekt zurückzuführen. Er spiegelt sich vor allem in der Steuergebarung wider.

Die Steuern

Eine der ersten Maßnahmen Erzherzog Ferdinands war die Regelung der Steuereinnahmen. Sie beruhte auf der freiwilligen Offenlegung seitens der Besteuerten, die wenig Interesse daran hatten, ihre Einnahmen klar und offen zu deklarieren. Immerhin erklärten sie sich

1526 bereit, nach ihren eigenen Angaben ein Verzeichnis anzulegen, in dem ihre Untertanen aufgeführt wurden, das Gültbuch. Dieses war bis in die Zeit Maria Theresias die Hauptgrundlage für die Besteuerung. Die Höhe der Steuern konnte für jedes Jahr verschieden hoch ausfallen, je nachdem, was der Landesfürst am Landtag forderte und die Stände zusagten. Gleich aber sollte die Quote sein, die auf die einzelnen Stände entfiel. In diesem Punkt kam es immer wieder zu Streitigkeiten und Verhandlungen zwischen den Städten und den übrigen Ständen.

Die Argumente blieben ein Jahrhundert lang gleich: Die oberen Stände verlangten von den Städten, daß sie die Einkünfte von ihren Untertanen bei den übrigen Ständen versteuern oder die Güter verkaufen sollten. Diese wieder wiesen auf die untertänigen Märkte hin, in denen bürgerliche Hantierung betrieben werde, die steuerlich aber zu den oberen Ständen gehörten. Die landesfürstlichen Marktsiedlungen wurden nicht in die Debatte eingebunden, sie gehörten ja ohnedies dem Kaiser (König).

Schon 1526 konnte man sich nicht einigen, sodaß erst der Verwalter der Landeshauptmannschaft, Balthasar Thanredl, einen Vergleich zustande brachte, der die Quote für die Städte mit einem Viertel des Gesamtsteueraufkommens regelte. Darin eingeschlossen waren die städtischen Gülten auf dem Lande, und zwar von den Untertanen der Bürger, aber auch von den Gütern geistlicher Stiftungen, Kirchen, Benefizien und (Bürger)spitäler. Im übrigen sollten jene Güter, die die Bürger neu erwerben würden, bei den oberen Ständen versteuert werden. Im Gegensatz dazu verlangten die Städte stets, daß dafür die Freihäuser in den Städten besteuert werden dürften. Darüber soll uns ein eigener Abschnitt informieren.

Einer viel späteren Aufstellung zufolge war der Landbesitz der Bürger wesentlich geringer, als es die Heftigkeit der Auseinandersetzung vermuten lassen würde. Der Besitzstand der Städte stellte sich im Jahre 1596 so dar:

Stadt	Bürgerhäuser	Untertanen
Steyr	605	215
Wels	424	130
Freistadt	238	125
Linz	238	31
Enns	219	63
Gmunden	211	–
Vöcklabruck	110	–
Summe	2045	564

Die Quote innerhalb des Vierten Standes wurde berechnet nach der Anzahl der Gewerbeberechtigungen, der Mannschaft (= Zahl der Bewohner), der Feuerstätten (= Häuser), der Güter und Gülten (= Untertanen auf dem Land) und nach den städtischen Einkünften (= im Fall von Linz z. B. das Bruckgeld, die Einnahmen aus der Leinwandbeschau, der Salz- und Weinniederlage usw.). Steyr trug in der ersten Hälfte des 16. Jahrhunderts 28 % der Gesamtsumme bei (später 30 %), Linz und Wels je 18 %, Enns und Freistadt 10 %, Gmunden 8,5 % (8 %) und Vöcklabruck 7,5 % (5 %).

Aus der Aufstellung geht hervor, daß Linz bzw. seine Bürger am Ende des Jahrhunderts sehr wenige Landgüter besaßen. Andererseits werden wir noch sehen, daß auch der Anteil der Bürgerhäuser im Laufe des Jahrhunderts immer mehr zurückging.

Die Prälaten hatten dagegen 14.764 Untertanen, der Ritterstand 1675, der Kaiser selbst 749 und der hohe Adel 22.751. Durch die besonders radikale Besteuerung der Prälaten und den starken wirtschaftlichen Einbruch der Ritterschaft haben sich im 16. Jahrhundert innerhalb der drei oberen Stände große Verschiebungen ergeben, von denen die Städte nur indirekt betroffen waren.

Insgesamt standen den ca. 40.000 Untertanen des Adels 2600 bürgerliche Einheiten gegenüber, ein Verhältnis, dessen Proportion auf eine sehr ungleichmäßige Verteilung der Lasten schließen läßt. Natürlich waren die Einnahmen eines städtischen Handelsmannes ungleich höher als die eines bäuerlichen Untertanen, aber in der Stadt gab es nicht nur reiche Bürger, sondern auch Bevölkerungsschichten, die ein sehr kümmerliches Dasein fristen mußten. Die Tatsache, daß von den Städten ein Viertel der gesamten Steuer aufgebracht werden mußte, fand in der gesellschaftlichen Hierarchie keine Entsprechung. Das heißt, daß dem Kapital nicht jene dominierende Wirkung zugekommen ist, die ihm heute vielfach zugeschrieben wird.

Die Steuerquote ist immer für mehrere Jahre im voraus ausgehandelt worden. Knapp vor Auslauf einer solchen Periode kam es immer wieder zu heftigen Auseinandersetzungen zwischen den Ständen und den Bürgern, so auch 1545. Auf seiten der Städte führte der Linzer Bürgermeister Peter Hofmändl die Verhandlungen, der es durch das Einbringen neuer Aspekte verstand, den Anteil der Städte auf ein Fünftel herabzusetzen. Er fragte nämlich die oberen Stände, was mit jenem Geld geschehe,

135 Das Porträt des Peter Hoffmandl auf einer Medaille des Ludwig Neufahrer (1535) zeigt einen energischen, selbstbewußten Bürger.
Kunsthistorisches Museum Wien, Münzkabinett.
Foto: Herbert Tscherni

das von den Untertanen der auswärtigen Herren eingehoben würde, die nicht dem landständischen Adel angehört haben und die nicht in das Gültbuch eingetragen worden waren. Die oberen Stände wiesen diesen versteckten Vorwurf vom Vorhandensein einer „schwarzen Kasse" zwar entrüstet zurück, gaben aber in der Sache nach.

Neu ist in diese Verhandlungen auch das Rüstgeld aufgenommen worden, wenngleich es in Notfällen schon immer eingehoben worden war. Die Quote belief sich wie bei der gewöhnlichen Steuer auf den fünften Teil, wobei die Städte vier gerüsteten Pferden der oberen Stände zwei Fußknechte auf die Seite stellen mußten, die auf dem „freien Söldnermarkt" geworben wurden: Im Jahre 1537 stellte z. B. Steyr 60, Linz 42, Wels 36, Enns und Freistadt 15, Gmunden 13 und Vöcklabruck 11 Soldaten. Sie sind namentlich überliefert und stammen nur zu einem sehr geringen Teil aus den Städten selbst oder dem näheren Umland. Breslau, Glatz, Görlitz, Lemberg, aber auch Nürnberg, Augsburg, Straßburg, Schlettstadt, Marburg, Zwickau usw. scheinen als Herkunftsorte auf.

Im Zusammenhang mit den Verhandlungen des Jahres 1545 hat der damalige Stadtschreiber von Linz, Veit Stahel, alle Privilegien, aber auch alle Protokolle der Landtagsverhandlungen gesammelt und verzeichnet. Die Schriftstücke wurden in einer Truhe im Linzer Rathaus aufbewahrt. Dieses erste Archivinventar hatte einen sehr praktischen Wert, weil für die Argumentation jederzeit die richtigen Unterlagen greifbar gewesen sind. Die übrigen Stände sind dem Linzer Beispiel erst ein Jahrzehnt später (1553) gefolgt, bauten dann aber ihre Registratur vorbildlich aus, sodaß sie am Höhepunkt ihrer Auseinandersetzung mit dem Landesfürsten mit Schriftstücken wohlgerüstet waren.

An der Frage der Rüstung drohten die neuerlichen Steuerverhandlungen 1557 zu scheitern. 1556 war es wieder zu Kämpfen mit den Türken gekommen, bei denen der Adel ver-

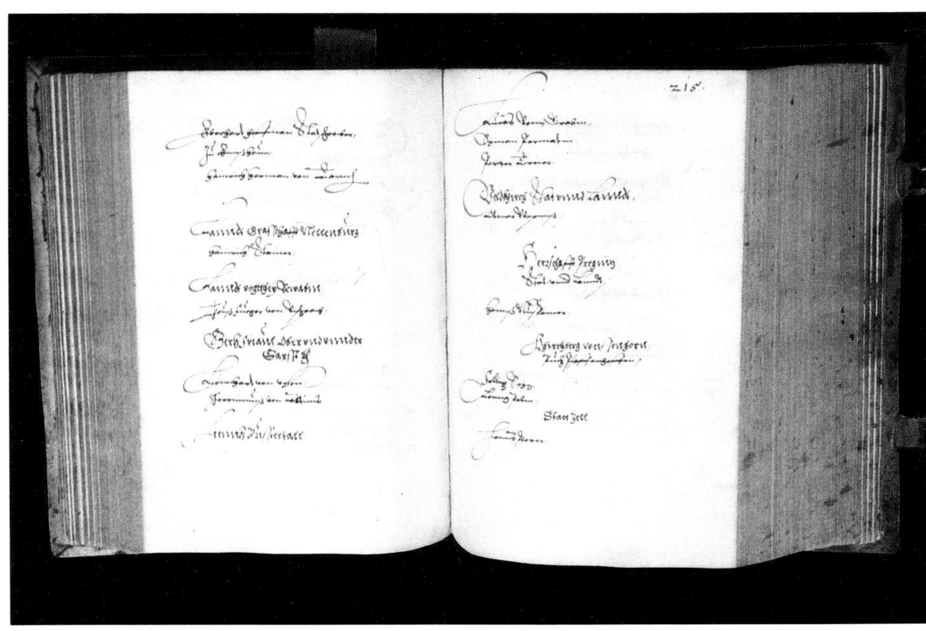

136 Für das Jahr 1537 ist eine genaue Liste mit allen Fußsoldaten erhalten, die die einzelnen Städte geworben haben.
Aus: „Der siben Stött Freiheitten ..." 1572, Stadtarchiv Enns.
Foto: Katzinger

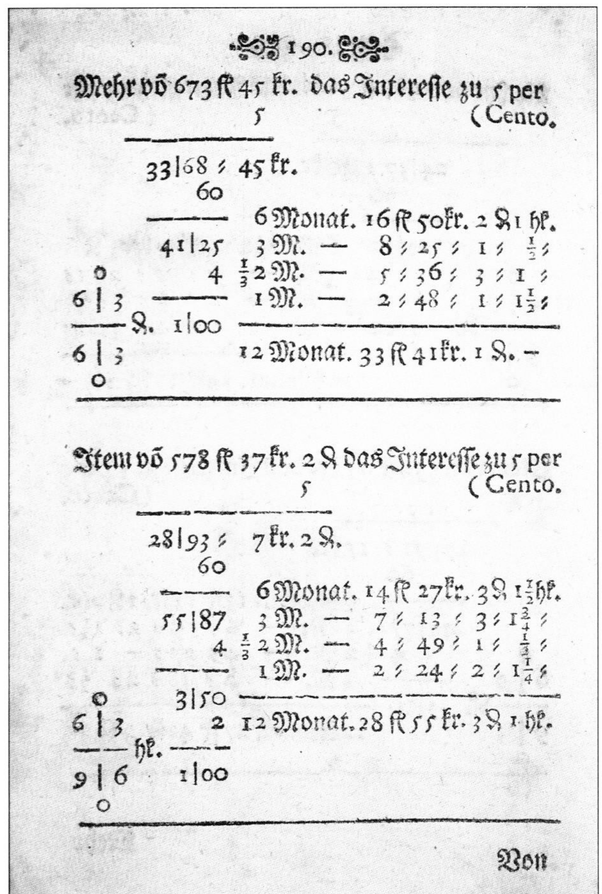

190.

Mehr võ 673 fl 45 kr. das Interesse zu 5 per
5 (Cento.

33|68 : 45 kr.
60
6 Monat. 16 fl 50 kr. 2 ß 1 hl.
41|25 3 M. — 8 : 25 : 1 : 1/2 :
0 4 1/3 2 M. — 5 : 36 : 3 : 1 :
6|3 1 M. — 2 : 48 : 1 : 1 1/2 :
ß. 1|00
6|3 12 Monat. 33 fl 41 kr. 1 ß. —
0

Item võ 578 fl 37 kr. 2 ß das Interesse zu 5 per
5 (Cento.

28|93 : 7 kr. 2 ß.
60
6 Monat. 14 fl 27 kr. 3 ß 1 1/3 hl.
55|87 3 M. — 7 : 13 : 3 : 1 3/4 :
4 1/3 2 M. — 4 : 49 : 1 : 1/3 :
1 M. — 2 : 24 : 2 : 1 1/4 :
0 3|50
6|3 2 12 Monat. 28 fl 55 kr. 3 ß 1 hl.
hl.
9|6 1|00
0

Von

137 *Beispiel einer Zinsrechnung aus „Kurtze und nach Wälischer Practic ... Rechnungen" von Samuel Laibl. Gedruckt in Linz 1695 von Johann Rädlmayr. Archiv der Stadt Linz, Bibliothek. Foto: Litzlbauer*

pflichtet wurde, persönlichen Zuzug zu leisten und nicht nur einen Hauptmann mit einer Schar Söldner zu schicken. Die Stände verlangten abermals den Verkauf der Bürgergülten oder eine Erhöhung der Quote. Als sich die Stadt direkt an den Kaiser um Hilfe wandte, drohte eine Abspaltung der Städte von den Ständen. Auf die Einzelargumentation soll in anderem Zusammenhang eingegangen werden. Die Städte hatten ein Jahr zuvor mit Peter Hofmändl († 1555) einen ihrer besten Verhandler verloren und waren untereinander erstmals streitig geworden, weil der Linzer Ratsbürger Wolfgang Schauer anscheinend nicht in der Lage gewesen war, als Steuereinnehmer der Städte die Rechnungen korrekt zu führen. In seiner Buchhaltung verwechselte er Einnahmen und Ausgaben, und zwar zu seinen Gunsten.

Die Entscheidung König Maximilians II. ließ letztendlich alles beim alten, und damit war der nächste Konflikt bereits vorausprogrammiert: er wurde bei den neuen Verhandlungen 1564/66 ausgetragen, als sich die Stände eben anschickten, das Landhaus zu errichten und damit die vier im Landtag vertretenen Gruppen noch enger aneinanderzuschließen. Der alte Kaiser war gestorben, und von Maximilian II. erwartete man Zugeständnisse in Glaubensangelegenheiten. Dafür wurde dem Kaiser auf dem Landtag von 1568 eine Summe von 1,2 Millionen Gulden zugesagt. Sie konnte nur durch die Erhöhung alter und die Einführung neuer Steuern aufgebracht werden. Das Zapfenmaß wurde um 100 % angehoben und über die Einhebung eines Leibpfennigs diskutiert. Die Verhandlungen darüber erstreckten sich bis 1573. Damals reduzierten die oberen Stände ihre Forderungen an die Städte, weil sie die Bürger für die Religionsassekuration gewinnen wollten. Der Zeitpunkt war für diese sehr ungünstig, weil sie gerade Geheimbotschaften an den Kaiser abgefertigt hatten, mit einem ganzen Bündel von Beschwerden gegen den Adel. Abermals hatten sie dazu ihre Privilegien gesammelt und in einen dicken Folianten eintragen lassen, von dem jede Stadt ein Exemplar erhielt.

Für eine noch effizientere Arbeit und um ein wachsames Auge auf die Vorgänge im Landhaus werfen zu können wurde 1578 mit dem Steyrer Ratsbürger Mathias Winkler ein eigener Syndikus angestellt, der in Linz seinen ständigen Aufenthalt nehmen mußte. Er bekam die Funktion eines der beiden städtischen Verordneten übertragen. Es war dies nicht nur verwaltungstechnisch nötig, sondern auch ein Mißtrauensvotum gegen die Linzer, die bis jetzt immer die Sache der Städte vertreten hatten.

Bei neuerlichen Steuerverhandlungen wurden 1584 erstmals Klagen über die hohen Schulden der Städte laut, und 1590 drohten die Stände erstmals mit der Exekution, wenn die Steuerrückstände nicht bezahlt würden. Als Ergebnis blieb der fünfte Teil, allerdings mit einem Aufschlag von 2000 Gulden pro Jahr.

1592 begann die später zu schildernde Kalamität mit der Einschränkung der freien Richter- und Ratswahl, und außerdem begann der 14jährige Krieg gegen die Türken, der nicht nur mit großen finanziellen Lasten, sondern für die Bürger auch mit persönlichen Opfern verbunden war: Es begann jene Zeit, in der Linz beinahe jährlich zum Musterplatz für anzuwerbende Soldaten ausersehen wurde und zusätzlich unter der Einquartierung und Verproviantierung durchziehender Truppen zu leiden hatte. Am rauhen Verhalten der Söldner hatte sich

138. In der täglichen Praxis verwendete man für Rechenoperationen sogenannte „Raitpfenninge". Die Initialen (D, Z) stehen für Bürgermeister Damian Ziegler. OÖ. Landesmuseum, Münz- und Medaillensammlung. Foto: Litzlbauer

seit dem Spätmittelalter wenig geändert. Sie hausten wie die Vandalen und kümmerten sich wenig um Recht und Gesetz.

1594 wurde die Bürgerschaft selbst gemustert. Sie hatte den 30., 10. und 5. Mann zu stellen und bildete zwei Fähnlein Knechte, die für den Kriegsschauplatz Ungarn bestimmt waren. Fähnriche wurden die Söhne des Linzer Bürgermeisters Wolfgang Schickh und des Syndikus Winkler. Sie hatten jahrelang mitangesehen, wie Soldaten hausen konnten, und machten es auf ihrem Weg nach Osten ebenso: Beredete Klagen über das Linzer Kriegsvolk trafen aus allen Stationen entlang der Donau ein.

Bereits 1592 hatten sich die übrigen Städte über Linz und Freistadt beschwert, weil sie ihren Zahlungsverpflichtungen nicht nachgekommen sind. 1598 mußte der Syndikus Mathias Winkler persönlich Geld für sie aufnehmen, weil sie am freien Kapitalmarkt nicht mehr kreditwürdig waren. Ein Jahr später ging die Aufnahme von Neubürgern schlagartig zurück, und die reichsten Kaufleute gaben ihr Gewerbe auf. Sie zogen sich auf ihre Güter auf dem Land zurück, so wie es die oberen Stände immer von ihnen verlangt hatten. Ohne Handelsleute brachten die Handwerker ihre Ware nicht mehr auf den Markt, und ein Viertel aller Bürgerhäuser stand angeblich leer.

1600 und in den folgenden Jahren drohten die Stände mehrmals mit der Exekution, und als die Bürger beim Landeshauptmann ihre Beschwerden gegen die übrigen Stände einbrachten, meinte dieser nur: *Ir sollet ainsmalls Zum Creuz khriechen.* Er war nicht bereit, für sie einzutreten, wenn sie nicht katholisch würden. Bei den Landtagsverhandlungen setzten sich sogar die kaiserlichen Kommissäre vergeblich für die Städte ein.

Im Jahre 1603, als sich auch Erzherzog Matthias für die Linzer verwendete, waren die Steuerausstände auf 39.790 Gulden angewachsen, die Gesamtschulden der Städte auf 111.538 fl. Als im April abermals die Exekution angesetzt wurde, erklärten sich die anderen Städte bereit, die Schulden der Linzer zu übernehmen, und im Oktober dieses Jahres heißt es in einem Bericht der Hofkammer an den Geheimen Rat, daß für Linz und Freistadt der gänzliche Untergang zu befürchten sei, wenn der Kaiser als Stadtherr nicht hilft. Aber es waren ja schließlich auch seine Ausstände, die die Städte ruiniert haben. Über 30.000 fl. von der Landauischen Schuld waren noch immer nicht bezahlt!

Ein Jahr später gewährten die Stände erstmals einen Steuernachlaß, und der Kaiser ließ die Exekution stoppen. Eine katholische Kommission sollte die Rechnungen der letzten 15 Jahre überprüfen und feststellen, wer Schuld am finanziellen Fiasko trage, der alte protestantische oder der neue katholische Rat.

Als im Jahr 1606 die Exekution aufgrund städtischer Finten abermals scheiterte, wurden die Abgesandten von Linz, Gmunden und Vöcklabruck in Arrest genommen und damit ein altes Recht verletzt, denn Bürger durften wegen Schulden nicht inhaftiert werden. Eine Ausnahme bildete hier nur das Linzer Repressalienrecht, über das wir später sprechen wollen. Auf Veranlassung des Stadtherrn gingen sie wieder frei. Die finanzielle Situation an sich aber besserte sich auch unter den 1608 zurückgekehrten protestantischen Bürgern nicht.

Ab 1610 begannen die Linzer eine neue Variante ins Spiel zu bringen: Sie glaubten, innerhalb des vierten Standes mit der Quote ungerecht behandelt worden zu sein, was einen Schaden von insgesamt 80.000 Gulden verursacht hätte, und beantragten eine neue Festsetzung ihres Steueranteiles. Um die Stadt wieder zu beleben, beantragten sie das Niederlagsrecht für alle Waren. Dies wurde sowohl von den Ständen als auch den anderen Städten abgewiesen. 1617 nahmen sie eine neue Burgfriedsschätzung vor, was de facto zu einer Steuererhöhung führte.

Wie verzweifelt die Lage der Stadt tatsächlich gewesen ist, zeigt uns erst eine Aufstellung aus dem Jahre 1612, in der nicht nur die Steuerschulden, sondern auch alle Ausstände und aufgenommenen Darlehen samt den fälligen Zinsen aufgeführt sind: Sie ergaben eine Summe von 215.644 Gulden, davon allein an die 10 % Zinsen. Der Steuerrückstand lediglich bei den Ständen betrug samt Zinsen und Strafen 53.615 fl. Den übrigen Städten schuldeten sie 21.980 fl.

Es stand nicht zu erwarten, daß die Stadt ohne Elementarereignis aus dem Schlamassel jemals wieder herauskommen würde. Dieses „rettende" Ereignis traf mit der bayrischen Besatzung, der Inflation in der Kipper- und Wipperzeit und dem Bauernkrieg gleich in dreifacher Weise ein.

Zunächst machten 1620 die Stände selbst im Linzer Schloß mit der Schuldhaft Bekanntschaft, dann unterlagen ihre Freihäuser in der Stadt der Quartierslast, was sie bis dahin immer entrüstet von sich gewiesen hatten, und schließlich wurden ihnen allein die Quartierskosten für das Militär auferlegt, die sich ohne Sold in Linz von 1620 bis 1625 auf 83.000 Gulden belaufen haben.

1621 waren monatlich 20.000 Gulden für die bayrische Besatzung aufzubringen, und obwohl die Bürgerhäuser stärker besteuert wurden als vorher, betrug nun das Verhältnis 18.440 fl. von den oberen Ständen und 1593 fl. von den Städten, inklusive ihrer Landgüter. Freilich war dabei die Gewerbesteuer nicht inbegriffen, aber von einem Fünftel konnte nicht mehr die Rede sein. Der Gesamtschaden aus bayrischer Besatzung, Bauernkrieg und Brand

139 Zu den frühen Beispielen profaner Renaissancebaukunst in Linz zählt das Freihaus des Stiftes Kremsmünster: 1579/80 von Christoph Canevale errichtet, erhielt es sein endgültiges Erscheinungsbild mit den beiden Rondellen beim Umbau durch Marx Martin Spaz 1615/1625.
Foto: Fremdenverkehrszentrale der Stadt Linz

der Vorstädte wurden von den Linzern mit 231.380 fl. beziffert, etwas mehr als ihre Schulden vom Jahr 1612. Über das weitere fiskalische Schicksal der Stadt wird weiter unten berichtet werden.

Die Freihäuser

Zu einem Kapitel für sich entwickelte sich im 16. Jahrhundert das Problem der Freihäuser, das erst durch den Aufstieg von Linz zur Landeshauptstadt wirklich virulent wurde.

Zu den wichtigsten Funktionen der mittelalterlichen Städte gehörte die Bewirtung und Beherbergung der Gäste. Linz und seine Bürger hatten durch die häufigen Aufenthalte des Hofes mitsamt dem ganzen Hofstaat und durch die großen Jahrmärkte ausgiebig Gelegenheit dazu. Auch die mehrere Tage oder Wochen dauernden Landtage haben große Verdienstmöglichkeiten eröffnet. Die häufigen Versammlungen des Adels und der Prälaten der Landesklöster wurden für die einzelnen Mitglieder der Stände zu einer relativ teuren „Staatspflicht", auch wenn letztendlich alle Ausgaben von ihren Untertanen zu tragen gewesen sind. Es verwundert daher nicht, daß die Vermögenderen unter ihnen trachteten, in der Stadt ein eigenes Haus zu erwerben, um während der zahlreichen Aufenthalte billiger leben zu können, denn es ging nicht nur um das Quartier, sondern auch um die Verpflegung, wie wir noch sehen werden. Dazu kam noch, daß man entweder gegen Entgelt oder ein entsprechendes Ehrengeschenk gleichgestellte Gäste beherbergen und bewirten konnte. Darüber hinaus wurden von vielen die Zerstreuungen des städtischen Lebens gegenüber dem „adeligen Landleben" längst bevorzugt. Jedes Haus aber, das aus bürgerlichem Besitz in die Hand des Adels überging, bedeutete für die Stadt einen wirtschaftlichen Verlust. Am vordergründigsten war dies bei der Steuer zu spüren, aber auch bei den bürgerlichen Pflichten, der Wacht und der Verteidigung, und bei allen Problemen, die von den Bürgern gemeinsam zu leisten waren, wie etwa die rasche Bekämpfung einer Feuersbrunst.

Es gab für den Adel eine ganze Palette von Möglichkeiten, um in den Besitz eines Bürgerhauses zu kommen, vor allem wenn sich die Bürgerschaft selbst nicht einig war und einzelne ausscherten. Es konnten aber auch Bürger in den Adelsstand aufsteigen und den städtischen Besitz behalten.

Der rechtliche Status der Freihäuser war sehr vielfältig und verschieden abgestuft, je nachdem, ob sie auf städtischem oder landesfürstlichem Grund standen; dies entschied unter anderem, ob sie nur von der städtischen Gerichtsbarkeit oder von allen steuerlichen Lasten befreit waren. Es gab auch „befreite Häuser“, die den städtischen Steuern unterlagen, deren Besitzer aber der Stadt in keiner Weise unterworfen waren. Schließlich sind noch die „Freisitze“ zu erwähnen, von denen es in der Stadt nur einen gab, nämlich Egeregg, in der unmittelbaren Umgebung aber eine erkleckliche Anzahl wie z. B. die Eiserne Hand, den Hagen, Auhof, Auerberg, Lustenfelden, Straßfelden, Weingarting u. a.

Dazu kamen noch die Häuser der Landesregierung, das Landhaus, die Landschaftskanzlei, das Ballhaus etc. und die landesfürstlichen befreiten Häuser, allen voran die Linzer Burg und z. B. das Maut- und das Vicedomhaus. Weiters sind zu den Freihäusern noch die geistlichen Besitzungen zu rechnen, wie Pfarrhof, Mesnerhaus, die Dreifaltigkeitskapelle und das Benefiziatenhaus sowie natürlich das Minoritenkloster.

Auch die Stadt selbst besaß Häuser, die von allen Abgaben befreit waren, wozu natürlich das Rathaus zählte, das Bürgerspital, das Bruderhaus, Lazarett usw.

Streitigkeiten und gerichtliche Kämpfe der Linzer mit einzelnen Adeligen um die Befreiung von Stadthäusern hat es auch im Mittelalter schon gegeben. Beim Landtag des Jahres 1568 wurde die Frage aber zu einer allgemeinen erhoben, und wir glauben nicht, daß dies zufällig geschehen ist, haben doch die Stände in ebendiesem Jahr die kaiserliche Befreiung für ihr Landhaus erhalten, das künftig zum Mittelpunkt ihres adeligen Selbstverständnisses werden sollte. Sie hatten damit nun ihrerseits Linz zur Landeshauptstadt gemacht. Es war auch das Jahr, in dem sie von Kaiser Maximilian II. ihr Religionszugeständnis erhalten haben, ein erster Höhepunkt ihres Erfolges und ihrer Macht.

Die Frage hatte sich aber an einem scheinbaren Nebenproblem entzündet. Die Stände stellten nämlich die ganze Angelegenheit so dar, als ob es lediglich ihre Witwen wären, die ihre letzten Lebensjahre in Linz verbringen möchten. Aktueller Anlaß war der Tod Margaretes von Landau, einer geborenen von Losenstein, die das ehemalige *Dornhoferische Haus* zu Leibgeding (d. h. solange sie lebte) erhalten hatte. Es handelt sich dabei übrigens wieder um

140 Landeshauptmann Dietmar von Losenstein ließ sich an der Ecke Hofgasse/Altstadt ein Stadthaus errichten, das 1576 von allen Lasten befreit wurde. Der ursprüngliche Charakter wurde in der Biedermeierzeit zerstört. Bemerkenswert ist der polygonale Erker, der noch am Rathaus und am Haus Hauptplatz Nr. 30 beobachtet werden kann. Unmittelbar unter dem Erker der Markuslöwe, der auf den Venediger-Handel hinweist. Foto: Eigner

das Vaterhaus unserer berühmten Wiedertäufer: die Brüder Freisleben. Die Stadt verweigerte – übrigens ganz korrekt – den Söhnen Margaretes die Besitznachfolge.

Unter diesem Prätext und angesichts der 12 Millionen Gulden, die sie dem Kaiser zugesichert hatten, erreichten die Stände eine kaiserliche Resolution, die ihnen zugestand, daß sie von den Bürgern am Kauf von Stadthäusern nicht gehindert werden durften. Voraussetzung war allerdings, daß sie sich bereit erklärten, die bürgerlichen Lasten (= Steuern und Wacht) mitzutragen. Ferner sollte es einem adeligen Hausbesitzer nicht verwehrt sein, Lebensmittel und Getränke von seinen Landgütern in das Stadthaus bringen zu lassen. Ebenso sollten sie ihren niederösterreichischen Eigenbauwein so lange in den Häusern einlagern dürfen, bis die Jahreszeit einen Weitertransport erlaubte. Selbstverständlich sollten die Adeligen (und stillschweigend ist hinzuzufügen, auch ihre Dienerschaft) nicht der städtischen Jurisdiktion unterworfen sein. Ihre Häuser sollten ausschließlich Wohnzwecken dienen. Alle Einkünfte, wie Vermietung, Aufnahme eines Gewerbebetriebes oder einer Handelstätigkeit, sollten den Freihausbesitzern untersagt bleiben. Selbstredend wurde alles, was hier verboten wurde, in der Praxis gehandhabt. In den Freihäusern wurden Handwerker und Händler eingemietet und das Schankgewerbe ausgeübt. An den Toren der Freihäuser endete in der Regel die Gewalt des Stadtrichters und seiner Büttel. Steuern waren oft nur mit Mühe einzutreiben, und wer hätte unter den geschilderten Umständen schon kontrollieren und überprüfen können, wieviel und welche Lebensmittel in diesen Häusern eingelagert waren. Militäreinquartierung, wie sie alle Bürgerhäuser auf sich nehmen mußten, kamen für die Freihäuser nicht in Betracht, weil ihre Besitzer ja ohnedies den Militärstand repräsentierten. Mit einem Wort, es war wenig oder gar kein Geschäft mit den Bewohnern dieser Freihäuser zu machen.

Immer wieder beklagten die Linzer um 1600, daß ohnedies schon mehr als ein Drittel aller Linzer Häuser im Besitz des Adels oder dessen Diener und Angestellten sei. Es ist gar nicht möglich, alle Aspekte zu beleuchten, die der Stadt zum Nachteil gereichten. Die Bürger mußten sich sogar gefallen lassen, daß sie verhöhnt wurden: Sie sollten mehr und besser in ihrem Bereich arbeiten, dann würde die Stadt schon einen wirtschaftlichen Aufschwung nehmen. Daß solche Anwürfe allerdings nicht ganz aus der Luft gegriffen waren, haben wir schon gesehen.

141 Das erst 1644 befreite Florianer Stiftshaus an der Landstraße (Nr. 22) wurde 1615–1618 wie das Kremsmünsterer Haus von Marx Martin Spaz errichtet. Charakteristisch für die Zeit ist das Eckrondell.
Foto: Katzinger

Tatsächlich haben die vielen Freihäuser – im 17. und 18. Jahrhundert wurden sie noch beträchtlich vermehrt – das Erscheinungsbild der Stadt bis zum heutigen Tage entscheidend geprägt. Als Beispiele seien etwa das Kremsmünsterer Haus (Altstadt Nr. 10) genannt, das Losensteiner Haus (Altstadt Nr. 2) und das Florianer Stiftshaus (Landstraße 22), die alle im 16. oder am Beginn des 17. Jahrhunderts erbaut worden sind und sich in ihrer Substanz bis heute erhalten haben. Sie gehören zu den wenigen Beispielen der Renaissancebaukunst in Linz.

Die Stände haben zwar aus Eigeninteresse gehandelt, aber die Gesamtproblematik, die für die Stadt mit den Freihäusern verbunden gewesen ist, war ihnen durchaus bewußt. Und da sie sich als Landesherren und damit als Obrigkeit der Stadt Linz im weitesten Sinn fühlten, konnte ihnen das wirtschaftliche Schicksal der Landeshauptstadt nicht gleichgültig sein. Sie haben deshalb mehrmals versucht, in einer großangelegten Aktion die Stadt Linz zu einer würdigen Landesresidenz auszubauen.

Die Stadt auf dem Papier

Die Verhandlungen begannen 1587 und zogen sich über insgesamt 30 Jahre hin, ohne jemals zur Ausführung zu gelangen. Von daher gesehen wäre die gesamte causa nicht der Rede wert, wenn uns nicht die Argumentation einige Aufschlüsse über die Sichtweise der einzelnen Bevölkerungsgruppen in der Stadt geben würde.

Die Initiative zu einer Stadterweiterung nahm von den Ständen ihren Ausgang. Sie fand sehr schnell die Zustimmung des Kaisers, aber die Bürgerschaft wehrte sich von Anfang an dagegen.

Das Argument, daß die Stadt bei Hofhaltungen und zu Marktzeiten kaum genügend Unterkünfte zur Verfügung stellen könne, ließen die Bürger nicht gelten, denn allein innerhalb der Stadtmauern seien von 187 Häusern 55 in nichtbürgerlichem Besitz. Sie standen deshalb als Unterkünfte für zureisende Personen nicht zur Verfügung. Außerdem gäbe es in der Nordost- und Südostecke der Stadt noch genügend freie Fläche, wenn der ohnedies öd liegende Petershof und der Salzburger Hof zum Verkauf freigegeben würden. Es ließen sich dort ohne weiteres noch 50 Bürger- und Handwerkerhäuser errichten.

Die Ursache, daß sich in Linz kaum vermögende Bürger ansiedeln wollen, liege darin, daß die Handelsmöglichkeiten von außen her stark eingegrenzt worden sind, sodaß der Linzer Kaufmann auf eine kleine Region beschränkt worden ist. Die Stapel- und Niederlagsrechte von Passau, Freistadt, Steyr und Wien machten jeden Fernhandel unmöglich. Es müßte also zuallererst der Bürgerschaft wirtschaftlich unter die Arme gegriffen werden, alles andere würde sich dann durch die Attraktivität der Stadt von selbst lösen und ihre entsprechende Ausweitung wäre nur mehr eine Frage der Zeit. Als erstes müßte überhaupt der sehr enge Burgfried erweitert werden, damit die Bürger mit ihren kleinen Landwirtschaften die tägliche Nahrung gewinnen könnten.

Es fällt uns heute aus der Distanz von 400 Jahren noch immer schwer zu entscheiden, wer damals recht gehabt hat. Es gab in Österreich manche Stadt, die seit dem Mittelalter nicht in der Lage war, die großzügige Ausdehnung der Stadtmauern mit Häusern zu füllen. Aber Linz war zweifellos im 16. Jahrhundert eine aufstrebende Stadt, und mit Wels und Steyr standen ganz in der Nähe Beispiele gelungener Stadterweiterungen zur Verfügung. Von den Kosten war zunächst wenig die Rede und schon gar nicht davon, wer sie übernehmen sollte. Die Handelsbürger, die sich rund um den Hauptplatz ihre bereits ansehnlichen Häuser erbaut hatten, sahen wahrscheinlich wenig Anlaß, ih-

142 Schematischer Rekonstruktionsversuch der geplanten Stadterweiterung. Die in Fachkreisen vieldiskutierte Frage nach dem genauen Plan wird wohl fortdauern.
Entwurf: Willibald Katzinger und Fritz Mayrhofer in Abänderung eines Vorschlages von Franz Wilflingseder.
Grafik: Erwin Krump

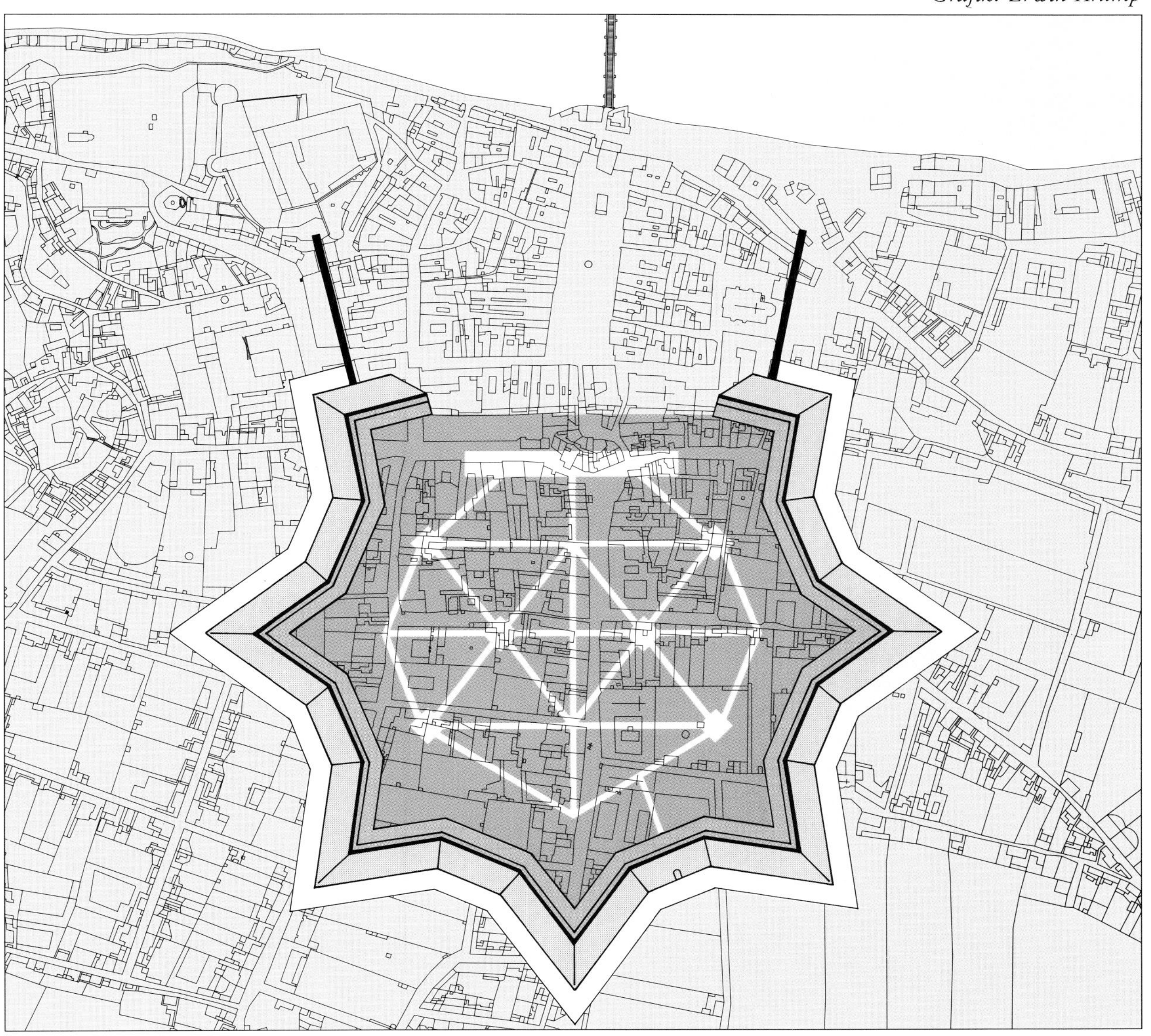

ren Wohnsitz in eine Neustadt zu verlegen, und sollten Neubürger en gros zuziehen, so konnten diese höchstens zu einer unliebsamen Konkurrenz werden. Wir sollten also der restriktiven Haltung der Linzer durchaus Verständnis entgegenbringen. Andererseits war es damals wie heute klar, daß mit derlei Begründungen allein kein zusätzlicher wirtschaftlicher Impuls zu erwarten war und eine Stagnation der städtischen Entwicklung die Folge sein würde.

Wir wissen nicht, welche Vorbilder den Ständen bei ihren Stadtplänen vorschwebten. Im 16. Jahrhundert hat man sich in ganz Europa sehr eingehend mit dem Städtebau beschäftigt und eine Anzahl theoretischer Werke war bereits im Druck erschienen. Das begann in Deutschland schon mit Albrecht Dürers *Etlichen Unterricht von der Befestigung der Städte, Schlösser und Flecken* (1527). Entscheidende Impulse kamen aus Italien, wo Sanmicheli und Niccolo Tartaglia die italienische Festungsbauweise propagierten mit polygonalen gebrochenen Bastionen. Nach italienischen Vorstellungen schrieb 1589 Daniel Speckle in Straßburg sein Werk *Architectura, von Vestungen,* nach dem Colmar, Ulm, Basel, Düsseldorf, Jülich, Hagenau und Wien ausgebaut worden sind. Ziel aller Planungen war die Idealstadt mit einfachem, geometrischem Grundriß, aufbauend auf symmetrisch angelegten Quadraten, Kreisen und Vielecken, die entweder auf einen zentralen Bau, etwa dem Schloß des Stadtherrn, ausgerichtet oder wie ein Schachbrett angelegt waren.

Die Linzer Neustadt sollte von einer Befestigung umschlossen werden, die beim Schloß beginnend die Promenade hinunterstreichen sollte, um etwa in der Höhe des Neuen Domes nach Osten zu schwenken. Im Bereich der Kreuzung Mozartstraße/Fadingerstraße wäre die Mauer wieder nach Norden verlaufen, um etwa beim heutigen Zollamtsgebäude auf die alte Befestigung zu treffen. Sieben Bastionen sollten die Mauern verstärken und acht neue Plätze angelegt werden, die auf 28 Straßen erreichbar sein sollten. Die alte Befestigung an Promenade und Graben wäre gefallen, Wall und Graben eingeebnet worden. Das Landhaus hätte im Süden einen großen freien Platz erhalten und wäre architektonisch zum eigentlichen Zentrum der Stadt aufgestiegen. Und so war es ja wohl auch geplant.

Vier Jahre nach den ersten Gesprächen lag ein Abriß vor und 1593 genehmigte Kaiser Rudolf II. das Bauvorhaben. Ein Ausschuß hatte ihm ein Modell der Stadt überbracht mit allen Plätzen, Straßen, Kirchen, Mauern, Gräben, Türmen und Basteien.

Inzwischen hatten zwei Brände die Vorstadt schwer heimgesucht und von dort kamen auch die entscheidenden Impulse, die das Unternehmen in Bewegung hielten. Es waren aber kaum Handwerker, die die Initiative ergreifen konnten, auch wenn gerade für sie die Stadterweiterung große rechtliche und wirtschaftliche Vorteile gebracht hätte, denn sie wären damit automatisch den Leuten innerhalb der Mauern gleichgestellt gewesen. Wir dürfen nicht übersehen, daß sich gegen Ende des Jahrhunderts die landesfürstlichen und landständischen Angestellten in der Vorstadt anzusiedeln begannen. Sie dürften es gewesen sein, die das Projekt Stadterweiterung vorangetrieben haben, die Interessen der Handwerker wurden nur vorgeschoben.

Aus einem Schreiben des Kaisers an den Landeshauptmann geht hervor, daß auch Erzherzog Matthias sehr viel an der Sache gelegen war. Als einzige Bedingung verlangte Rudolf II., daß auch ein Festungsbaumeister des Kriegsrates an der Planung beteiligt werde. Eine Kommission sollte einen Augenschein vornehmen, das gesamte Gebiet ausmessen und die Gassen, Plätze und Befestigungen *in die Schnur zu ziehen.*

Doch dann stockte das Vorhaben unvermutet, ohne daß uns aus den Quellen die Ursachen erkennbar würden. Wir denken etwa an den langen Türkenkrieg oder auch an den folgenden Bauernaufstand von 1595/97.

Erst 18 Jahre später wurde der alte Plan wieder aufgewärmt. Die Ablehnung durch die Bürger hatte sich nicht geändert. Inzwischen war ja auch rein wirtschaftlich an größere Ausgaben keineswegs mehr zu denken. So waren denn auch ihre Bedingungen, die sie an ein Einlenken knüpften, für alle anderen Beteiligten unannehmbar.

Nunmehr war es der Landeshauptmann Wolf Wilhelm von Volkenstorf, der die Stadterweiterung energisch betrieb. Erstmals tauchte auch die Kostenfrage auf, die selbst die zustimmenden Gruppen zu entzweien begann. Die Stände verlangten auf etliche Jahre vollkommene Steuer- und Abgabenfreiheit vom Kaiser, die Stadt die Rückgabe des Salzhandels und ein besonderes Privileg für den Eisenhandel, ferner die Einschränkung aller Rechte für die Freihäuser.

Jeder verlangte vom anderen und alle wollten erst dann Zugeständnisse machen, wenn die jeweils anderen verbindliche Erklärungen abgegeben hatten. Es war leicht vorauszusehen, wie diese vertrakte Taktik enden würde. 1615 starb der Landeshauptmann und damit war wohl das endgültige Aus für die Stadterweiterungspläne gekommen, wenn es auch noch zwei Jahre lang belanglose Nachgeplänkel gegeben hat.

Zweifellos war damals eine große Chance verpaßt worden, etwa zur gleichen Zeit, als beim „Reichstag" von 1614 die Eignung der Stadt für große Fürstentreffen in Frage gestellt werden mußte.

Das Landhaus

Im Gegensatz zu heute war es für die Menschen des Mittelalters und der frühen Neuzeit ein leichtes, sich in einer fremden Stadt zurechtzufinden. Topographische Lage und äußeres Erscheinungsbild der einzelnen Bauten vermittelten jedem Neuankömmling einen sicheren Eindruck, wohin er sich mit seinen Anliegen wenden konnte. Es war keine Frage, daß sich die Burg des Stadtherrn majestätisch über die Stadt zu erheben hatte, und nötigenfalls, wenn es das Terrain nicht anders zuließ, fiel einem besonders hohen Bergfried diese Aufgabe zu, wie etwa in Freistadt und vielleicht auch in Enns. Ebenso unbestritten war, daß dem Rathaus der schönste Standort am Stadtplatz zuzustehen hatte und daß es sich durch eine besonders prächtige Fassade, durch ein aus- und damit auch einladendes Portal, Freskenschmuck und Erker oder Türmchen von den übrigen Bürgerhäusern abzuheben hatte.

Selbstverständlich stand dieser Vorrang auch dem Haus Gottes, der Stadtpfarrkirche, zu. Die Stadttore und die Türme der Befestigung symbolisierten die Macht der Stadt über das umliegende Land innerhalb des Burgfrieds, ja sogar im Bereich der Bannmeile. Dies merkten die umliegenden Bewohner vor allem dann, wenn sie für die Erhaltung oder den Neubau von Mauern und Toren ungemessene Robot leisten mußten.

An der Widerspiegelung des gesellschaftlichen Umfeldes in der jeweiligen Architektur hat sich bis heute wenig geändert, sie wird aber neuerdings nur mehr bei öffentlichen Bauten hinterfragt, wie dies in Linz zuletzt beim Bau des Neuen Rathauses geschehen ist. Ein Teil der Bürgerschaft wollte sich damit nicht identifizieren und betrachtete das Rathaus nicht mehr als Bau, in dem sich die Stadt (und damit ihre Bewohner) selbst erkennt, sondern als Architektur gewordener Ausdruck von Macht und Verwaltung, mit denen der einzelne Bürger nichts zu tun zu haben glaubt. Ziemlich widerspruchslos werden die Großbauten von Banken und Versicherungen hingenommen, und Krankenhäuser konnten bis in die jüngste Vergangenheit gar nicht groß und aufwendig genug sein, wenn auch nicht vordergründig in Linz. Assoziationen, die sich in diesem Zusammenhang aufdrängen, wollen wir nicht weiterverfolgen.

Zurückkehrend zum 16. Jahrhundert und aufgrund der vorgebrachten Überlegungen war also ein repräsentativer Bau der Stände in der Hauptstadt des Landes längst fällig gewesen. In Graz und Wien (1494 bzw. 1513) waren sie bereits verwirklicht, und Klagenfurt wurde als rein ständische Stadt eben ausgebaut. In Linz sollte es noch länger dauern, bis die Stände zu ihrem Landhaus kamen. Allein der Name des Gebäudes drückt bereits die gesamte Programmatik aus: Es sollte das erste Haus des gesamten Landes werden, ein Zentrum der ständischen Macht. Denn selbstverständlich verstanden sich Adel, Rittertum und die großen Landesklöster nicht nur als *Vertreter* des gesamten Landes; sie repräsentierten nicht nur das Land, sondern sie waren nach durchaus noch mittel-

143 Auf einer der frühesten Ansichten des Landhauses (1649) ist die alte gotische Kirche der Minoriten noch deutlich zu erkennen. Der polygonale Turm und die Südfront des Landhauses ragten in die Klosterstraße hinein. Deutlich zu erkennen auch der „Schulturm". Stadtmuseum Linz, Inv. Nr. 14.031. Foto: Michalek

alterlicher Auffassung selbst das Land. Die Städte als vierter Stand spielten dabei nur eine marginale Rolle. Einzig eine adelige Lebensführung hätte die Bürger berechtigt, in diesem erlauchten Kreis mitzuwirken, ein kleiner Adelstitel genügte dafür nicht. Und obendrein hatten sie mit dem Landesfürsten eindeutig einen Herrn über sich, was sich mit dem ständischen Selbstverständnis ebenfalls nicht vereinbaren ließ.

Als schwieriges Problem sollte sich die Standortwahl herausstellen. Die Innenstadt war weitgehend verbaut und ein geeignet großes Grundstück kaum mehr aufzutreiben. Zudem drängte die Zeit, denn es war nicht ständisches Repräsentationsbedürfnis allein, das an den Bau eines Landhauses denken ließ. Durch den Aufbau einer ständischen Verwaltung mit den Verordneten an der Spitze war ein bislang ungeahnter Raumbedarf erwachsen. Und wo immer die Bürokratie Fuß faßt, neigt sie dazu, sich auszubreiten. Neue Aufgaben werden übernommen, neue Ziele gesetzt. Schon 1536 hatte man Räumlichkeiten im Minoritenkloster angemietet, um die Schreiber unterbringen zu können. Für ihre Arbeitsstätten hätten auch bürgerliche Häuser genügt. Was aber unbedingt nötig wurde, war ein Versammlungsraum für die nun regelmäßig stattfindenden Landtage. Es waren bereits unhaltbare Zustände eingetreten: Wollte man nicht auf das bürgerliche Rathaus angewiesen sein, mußte man in das Haus des Vicedomus ausweichen, auf die landesfürstliche Burg, auf deren desolaten Zustand schon hingewiesen wurde, oder mit den Räumlichkeiten in irgendeinem Freihaus vorliebnehmen. Längst hatte man davon Abstand genommen, wie im Mittelalter Versammlungen grundsätzlich im Freien abzuhalten, wie dies etwa bei den jährlich wiederkehrenden Taidingen an den Herrschaftssitzen und auch in der Stadt noch üblich war. Auch die Gerichtstage fanden bereits unter Dach statt, was früher nur „in offener Schranne" möglich gewesen wäre. Es war ja auch nicht mehr der „Umstand", der den Gang des Verfahrens beeinflußte, sondern die rechtsgelehrten Advokaten, die im 16. Jahrhundert einen neuen, eigenen Berufsstand bildeten.

An der Notwendigkeit eines Landhausbaues konnte also nicht gezweifelt werden. Und es ist auch kaum daran zu zweifeln, daß die Stände schon seit den dreißiger Jahren das Minoritenkloster als erste Wahl in ihre Überlegungen eingebaut haben. Es gab kaum noch Mitbrüder, und auch der Zeitgeist konnte diese Art von Bettelordensklöstern kaum noch akzeptieren. Zuletzt lebte der greise Quardian Georg Haselhueber ganz allein im Kloster. Er hatte die Verwaltung der Welser Niederlassung mitübernommen, und auch das Vermögen des bereits aufgehobenen Ennser Minoritenklosters war mit dem letzten Refugium des Bettelordens in Linz vereinigt worden.

Lange vor Haselhuebers Tod begann ein Wettlauf und Intrigenspiel zwischen dem Kaiser und den Ständen um das zu erwartende Erbe. 1557 wurde ein Vorvertrag zwischen ihm und den Ständen abgeschlossen, der sehr deutlich zeigt, daß sie nicht nur am Klosterbau, sondern auch an der Kirche großes Interesse hatten. Zu dieser Zeit hielten sie ihre Versammlungen bereits im Konvent ab. Kaiser Ferdinand stimmte zwar dem Kauf des Klosters zu, behielt sich als oberster Schutzherr aber die Kirche und den Kreuzgang vor. Es ging nur mehr darum, den Provinzial Matthias Damitsch zu gewinnen, was auch gelang. Als beide (Haselhueber und Damitsch) 1560 gestorben waren, kam es am 12. November zur Übergabe des Klosters, das nur mehr 800 Gulden kostete.

Eine neuerliche Verzögerung ergab sich durch das Einschreiten des Generalkommissars des Minoritenordens Valentin de Cingulo, der die endgültige Entscheidung über den Verkauf des Klosters von der Zustimmung des Ordens-

144 Die noch heute im Durchgang des Landhauses angebrachte „Römertafel" von 1570. Foto: Eigner

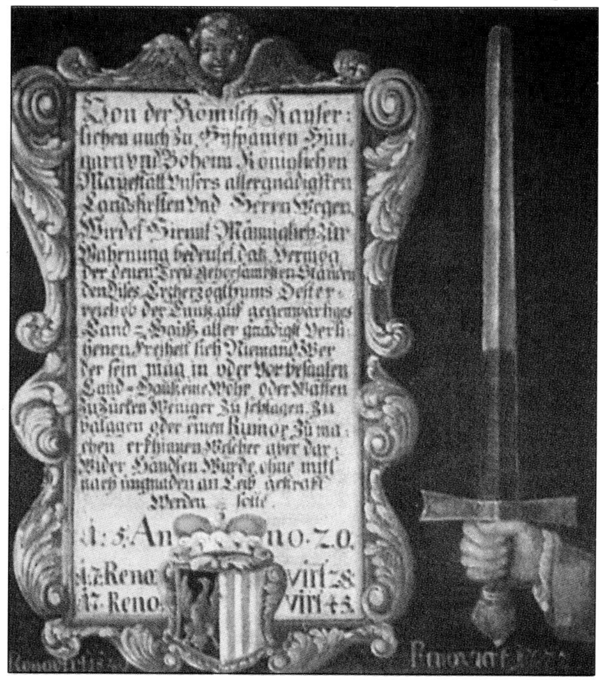

145 Selbst nach den barocken Umbauten war an der Fenstergestaltung noch zu erkennen, daß das Südportal ähnlich gestaltet werden sollte wie das vermutlich von Pietro Ferabosco geschaffene Nordportal.
Ausschnitt aus einem Kupferstich des Martin Engelbrecht nach einer Zeichnung von Bernhard Friedrich Werner (1762). Stadtmuseum Linz, Inv. Nr. 2086.

generals und des apostolischen Nuntius abhängig machte, wodurch er sich den Grimm des Kaisers zuzog, der aber die Verzögerung hinnahm.

Anfang 1562 war auch dieses Hindernis ausgeräumt, aber erst zwei Jahre später begann man mit dem Abbruch des alten Klostergebäudes. Nach wie vor bleibt der Architekt des Neubaues unbekannt. Im Zuge des Bauvorhabens stellte sich heraus, daß zur Aufführung eines sinnvollen Gebäudes auch der Kreuzgang benötigt würde, der nunmehr für 1000 Gulden erworben wurde, obwohl er nur einen Bruchteil der ursprünglichen Klosteranlage mitsamt Garten ausmachte, die um nur 800 Gulden den Besitzer gewechselt hatte.

Im Dezember 1565 – der Bau dürfte inzwischen weit fortgeschritten sein – einigte man sich darüber, daß die Städte für die Gestaltung des Landhaustores, dessen Kosten auf 15.000 Gulden geschätzt wurden, 1000 Gulden beisteuern sollten. Dafür sollten ihre Wappen daran angebracht werden. Beides ist nie geschehen, weshalb das Portal heute noch ein freies Feld aufweist. Wie sehr das Kloster bereits darniedergelegen hatte, zeigt vielleicht das Detail, daß im Kreuzgang und in den beiden daran angebauten Kapellen 7000 Spieße eingelagert waren und Eibenholz für die Herstellung von Pfeilbögen.

Im Dezember des Jahres 1568 war der erste Teil des Gesamtkomplexes so weit gediehen, daß die Stände bei Kaiser Maximilian II. um die Befreiung des Landeshauses ansuchen konnten, was er ihnen nach dem Muster des niederösterreichischen Landhauses auch gewährte. Damit fielen die Erlangung der freien Glaubensausübung und die Fertigstellung des Hauses zusammen. Es war dies ein Höhepunkt ständischer Macht und adeligen Selbstbewußtseins im Lande ob der Enns. Die offizielle Ausfertigung dieser kaiserlichen Gnade erfolgte im Februar 1570. Noch heute ist die Tafel mit dem Text des Privilegs im Landhaus angebracht. Damals hatte die Stadt keine Freude damit, denn das Landhaus mit allen seinen Bewohnern wurde aus der städtischen Jurisdiktion und Verfügungsgewalt ausgenommen. Doch das war es nicht allein, was den Stadtvätern Sorge bereitete: Der Bau war von Anfang an so geplant, daß dem altstadtseitig gelegenen Renaissanceportal ein Tor auf der Südseite gegenüberliegen sollte, um den gewölbten Durchgang, in dem sich heute die Portierloge befindet, besser ausleuchten zu können. Das hätte einen ganz schweren Eingriff in die städtischen Kompetenzen bedeutet, und es dauerte mehr als 60 Jahre, bis die Stände ihren Wunsch

146 Das Nordportal des Landhauses in seiner heutigen Gestalt. Im freien Feld unter dem Giebel sollten ursprünglich die Wappen der landesfürstlichen Städte angebracht werden. Foto: Fremdenverkehrszentrale der Stadt Linz

147 Der Arkadenhof des Landhauses mit dem 1582 gesetzten Planetenbrunnen. Aus den erhaltenen Rechnungen geht hervor, daß der Hof 1577 weitgehend fertiggestellt war. Foto: Litzlbauer

durchsetzen konnten. Davon jedoch mehr im nächsten Kapitel.

Den Kern des gesamten Gebäudes bildet der Steinerne Saal über dem Renaissanceportal, der eine Fläche von 3330 m² eingenommen hat. Hier fanden nicht nur die Landtagsversammlungen statt, sondern auch Feste und Feiern, vor allem die Hochzeiten der adeligen Töchter und Söhne. Besondere Bedeutung kam dem Saal als Kirchenraum zu, in dem das evangelische Exerzitium über Jahrzehnte seine Heimstatt fand, denn evangelische Kirchen hat es in Linz nie gegeben, und der Zugang zur Minoritenkirche blieb den Ständen immer verwehrt.

Bislang hat man immer angenommen, daß die erste Bauetappe auch den westseitigen Arkadenhof umschlossen hatte, was wir eher nicht glauben, denn die Abrechnung des Arkadenhofbaues wurde erst 1577 vorgenommen. Der Steinmetz Kaspar Doreth hatte damals noch nicht alle Arbeiten beendet. Vermutlich wurde zuerst nur der Haupttrakt errichtet und als nächster Bauabschnitt erst der Arkadenhof geschaffen. Für ihn war bereits der ständische Baumeister Michael Khügler zuständig.

Vom dritten Abschnitt, dem Bau der Landschaftsschule östlich vom großen Landhaussaal, haben wir bereits genauere Nachrichten und kennen auch den Architekten: Christoph Canevale, einen Italiener aus Como, der sozusagen zum Linzer „Hausarchitekten" wurde.

Alle drei Baublöcke wurden mit ihren Außenmauern direkt auf die Stadtmauer aufgesetzt, ein zweifellos riskantes Unterfangen, weil danach nur mehr der Zwinger vor äußeren Feinden schützte, und auch dieser wurde für Wirtschaftsbauten genützt, sehr zum Unwillen der Stadtväter.

Erst 1582 wurde der bekannte Planetenbrunnen vom Peuerbacher Steinmetz Peter Guet gesetzt. Der Meister der Bronzeplastiken, die erst den Reiz der Wasserbaukunst ausmachen, ist bis heute unbekannt.

Die beiden Landhaustürme wollten die Stände nach ihrer neuerlichen Machtentfaltung 1614 aufstocken. Aber Kaiser Matthias schritt dagegen ein, weil er sich durch die schmalen Türmchen die Sicht aus seinen Schloßfenstern nicht verbauen lassen wollte. Außerdem befürchtete er, daß man von den Türmen aus seine Gemächer einsehen könnte. Als wenn Authentisches den Hoftratsch hätte ersetzen können! Außerdem war sein Bruder Rudolf II. als Wüstling bekannt und nicht er! Die Gründe waren sicher tiefergreifender: Es war undenkbar, daß sich die Stände mit ihren Türmen auf die Höhe des Kaisers begeben würden! Einer der Türme wurde übrigens nach dem Stadtbrand von 1800 nicht mehr wiederaufgebaut.

Das prächtige Renaissanceportal im Norden dürfte schon um 1577 entstanden sein und wird Pietro Ferabosco zugeschrieben, der auch das Schweizertor in der Wiener Hofburg schuf, das stilistische Ähnlichkeiten aufweist. Das Portal stellt gleichsam ein Spiegelbild und Programm der Stände dar, das in den Tierkreiszeichen seine Entsprechung findet. Auf den Sockeln sind der Zentaur und der Wassermann dargestellt. Symbole für Ackerbau und Viehzucht einerseits und für den Schützen und Steinbock andererseits. Über dem Torbogen sind im Relief kriegerische Gegenstände zu sehen, die auf die Aufgabe der Stände als Landesverteidiger hinweisen. Die schildhaltenden Knaben stehen für das Tierkreiszeichen Zwilling und sollen gleichzeitig auch die Schüler der Landschaftsschule als Hoffnungsträger des landständischen Adels symbolisieren. Das Feld unter dem Giebel ist auffälligerweise leer, obwohl es zu einer

Inschrift oder Ausschmückung geradezu einlädt. Es könnte sein, daß dort die Wappen der Städte angebracht hätten werden sollen, wenn sie sich an den Baukosten beteiligt hätten, was aber unterblieben ist.

Der Steinerne Saal, der sich ursprünglich über die gesamte Wölbung der Tordurchfahrt erstreckt hat (inklusive Braunen Saal), war das Prachtstück des gesamten Baues. Bei den Landtagsversammlungen nahmen die drei oberen Stände nach einer genau festgeschriebenen Sitzordnung ihre Plätze auf den Bänken ein. Die Vertreter der Städte mußten als unterster und am wenigsten angesehener Stand hinter einem Schranken stehend den Verhandlungen folgen.

In diesem Saal fanden auch die Landgerichtssitzungen statt, die vom Landeshauptmann und dem Landrichter geführt wurden. Das Landgericht war die oberste juristische Instanz im Lande, vor der alle Händel der Adeligen ausgetragen wurden und an die über alle anderen Instanzen des Landes hinaus appelliert werden konnte.

Neben den Kanzleien für die ständischen Verordneten, den Syndikus und die anderen ständischen Beamten beherbergte das Landhaus in seinen ebenerdigen Räumen auch eine Rüstkammer. Eine zweite Rüstkammer gab es in Enns. Aufseher über die Kriegsutensilien war der Zeugwart, über dem noch der ständische Ingenieur stand.

Am stärksten belebt wurde das Landhaus in seinen ersten Jahrzehnten von den Gläubigen, die den Gottesdienst besuchten, und vor allem von den Schülern und Lehrern der Landschaftsschule, die weit über die Grenzen des Landes hinaus bekanntgeworden ist.

Die Landschaftsschule

Es liegt wohl am großen Interesse des Bildungsbürgertums in der zweiten Hälfte des 19. und ersten Hälfte des 20. Jahrhunderts, daß der Geschichte der Landschaftsschule so breiter Raum zugemessen wurde wie keinem anderen Thema der gesamten Stadtgeschichte. Freilich hat auch die Anwesenheit eines Johannes Kepler viel zu dieser späten Berühmtheit beigetragen. In diesem Zusammenhang wird aber der Bedeutungsanspruch dieser Schule doch manchmal überzogen. Es sollte nämlich nicht übersehen werden, daß an ihr zwar große Gelehrte unterrichtet haben, daß sie aber andererseits selbst keine großen Gelehrten hervorgebracht hat, also keine Schule gebildet hat. Das mag sicher mit ihrer relativ kurzen Lebensdauer zusammenhängen oder auch mit dem Fehlen eines entsprechenden Forschungsansatzes, der sich mehr mit den Schülern als mit den Lehrern beschäftigt. Diese einschränkenden Bemerkungen sollen aber den Glanz der Anstalt nicht trüben. Immerhin hat sie, wenn auch in vielfach abgewandelter Form und Gestalt, die Jahrhunderte überdauert und lebt heute im Akademischen Gymnasium an der Spittelwiese noch fort.

148 Das Schloß Luftenberg, in dem die erste private Adelsschule (1542) untergebracht gewesen ist. Rechts im Bild die alte Burg. Kupferstich nach Georg Matthäus Vischer (um 1670)

Foto: Litzlbauer

Die Landschaftsschule – der Name sagt es bereits – war eine Unterrichtsanstalt für die Söhne der in der Landstandschaft vertretenen Adeligen. Daß die Töchter nicht genannt werden, haben wir als etwas für das 16. Jahrhundert Selbstverständliches kommentarlos hinzunehmen. Nur in besonders geregelten Fällen hatten auch Bürgersöhne Zutritt zur Schule. Eine Zwischenstellung nahmen die Kinder der meist gelehrten ständischen Beamten.

Die Anfänge der Landschaftsschule sind nach wie vor nicht ganz geklärt, doch haben wir nach den zuletzt gültigen Forschungen von insgesamt zwei Quellen auszugehen, die zur Gründung der Anstalt führten.

Die eine befindet sich auf Schloß Luftenberg, wohin im Jahre 1542 Christoph von Schallenberg Mag. Friedrich Lagus (= Hase) aus Tübingen berief, um seine Kinder unterrichten zu lassen. Diese private Initiative veranlaßte auch andere Adelige, ihre Kinder dorthin zu schicken, sodaß bereits nach drei Jahren eine Übersiedlung nach Enns notwendig wurde. Lagus gab 1551 seine Lehrtätigkeit auf, um in Italien Medizin zu studieren, und kehrte später als Arzt zurück.

Die zweite Quelle ist in einem Testament der Brüder Jörg und Wolf von Perkheim zu suchen, die 1543 für den Fall, daß sie kinderlos sterben würden, ihr gesamtes Vermögen zur Gründung einer *gemain christlichen schuell* stifteten. Sie hatten sehr genaue Vorstellungen über die Einzelheiten der geplanten Schule, die z. T. in die spätere Organisation einflossen.

Zwei Umstände aber verhinderten eine rasche Realisierung: Die Langlebigkeit des Jörg Perkheim und eine späte Liebe seines Bruders, der noch eine Tochter entsproß. So dauerte es bis 1562, bis die Erbschaftsangelegenheit geregelt und weitere vier Jahre, bis die neue Schule ins Leben gerufen werden konnte. Als Standort hatten die Brüder Perkheim das Schloß Würting bei Lambach vorgesehen, wohl nach dem Vorbild des Schallenbergers.

Jetzt allerdings, gut 20 Jahre später, schlugen die Stände das Ennser Minoritenkloster als Schulgebäude vor, das seit Jahren leerstand. Kaiser Maximilian II. erteilte 1566 seine Zustimmung. Warum gerade Enns ausersehen war, bedarf sicher noch der Klärung, denn schließlich war ja auch das Linzer Kloster um diese Zeit schon angekauft. Wahrscheinlich hatte die private Adelsschule in Enns die Zeiten überdauert, auch wenn uns darüber keine Nachrichten erhalten sind, sodaß man nahtlos an sie anschließen konnte. Für die Zöglinge dürfte die Gründung der Landschaftsschule nur die eine Auswirkung gehabt haben, daß sie nun ein eigenes Schulgebäude und gleichzeitig ein Internat erhielten, denn vorher waren sie im Haus des Stadtrichters untergebracht und verköstigt worden. Zum ersten Rektor wurde der Ennser Lateinschulmeister Michael Eckelhuber ernannt. Wir werden später noch auf die Lateinschulen zurückkommen, haben aber jetzt schon die Frage zu stellen, wo die adelige Jugend denn vor der Errichtung der Landschaftsschule ihre schulischen Grundkenntnisse erwarb. Wir wissen ja, daß die Jörger, Starhemberger usw. schon zu Beginn der Reformation ihre Söhne nach Wittenberg, Jena und Straßburg zur Ausbildung schickten. Dafür aber war ein Basiswissen im Lesen, Schreiben und in Latein notwendig. Allzu streng dürfen wir uns ja selbst die Universitäten zu dieser Zeit nicht vorstellen. Sicher gab es noch Klosterschulen, etwa in Kremsmünster, Garsten und St. Florian, aber diese hatten um die Mitte des 16. Jahrhunderts schon sehr an Ansehen eingebüßt und standen als katholische Anstalten kaum zur Debatte. Wir können in dieser Frage nur zwei Erklärungsmöglichkeiten anbieten: Die eine besteht in der Anstellung von Privatlehrern an den Herrschaftssitzen, wie eben in Luftenberg. Als Alternative dazu bieten sich nur die städtischen Lateinschulen an. Es mag also sein, daß besonders die Ennser Lateinschule eine entsprechende Anziehungskraft auf die obderennsischen Adelskinder ausübte. Solange keine ge-

149 Wandkritzeleien von Schülern der Landschaftsschule aus dem Jahr 1579 in den Arkaden des Landhaushofes. Aus: Hermann Schardinger, Studie zur Geschichte des Linzer Gymnasiums. Historisches Jahrbuch der Stadt Linz 1957, Abb. 1. Foto: Max Eiersebner

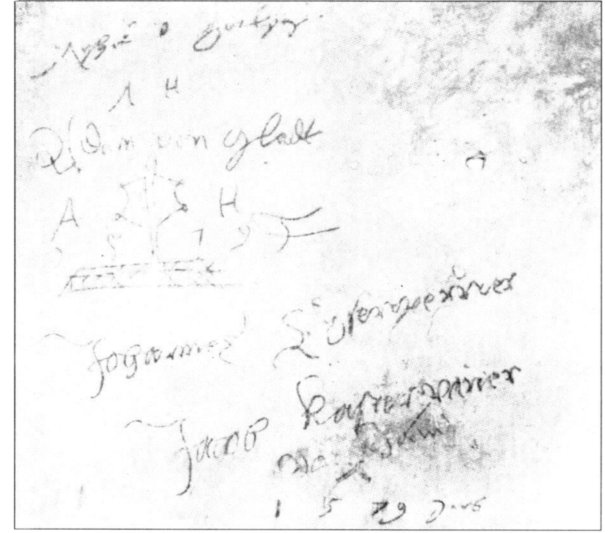

150 Der ehemalige Hof der Landschaftsschule im Landhaus nach der Renovierung im Jahre 1987. Foto: Eigner

naueren Forschungen vorliegen, müssen wir uns also damit abfinden, daß Linz erst relativ spät zum Zentrum des landesweiten Schulwesens avanciert ist. Dies war nicht vor 1574.

Damals entschlossen sich die Stände, die Schule im neuen Linzer Landhaus unterzubringen. Es ist heute unbestritten, daß sie sich in den Räumen des späteren sogenannten Präsidialtraktes befand. Verwirrung in dieser Frage rief zwischendurch die Aufdeckung von Wandkritzeleien im ersten Stock des Arkadenhofes hervor, weil man nun meinte, daß die Schule dort untergebracht war. Aber welcher Schüler bekritzelt schon die Wände seiner allernächsten Umgebung, oder welcher Sprayer schmückt heute sein eigenes Haus? In diesem Falle wäre die Gefahr des Erwischtwerdens viel zu groß!

Es werden ungefähr 25–30 Schüler gewesen sein, die mit ihrem Rektor Laurenz Puechler (Pichler) nach Linz übersiedelten. Die Stände hofften, das Ennser Kloster wieder an den Kaiser verkaufen zu können, zumal da ihnen der Ennser Burgvogt Georg Gienger verraten hatte, daß sich der Kaiser mit dem Gedanken trug, in einer oberösterreichischen Stadt eine „Jungfrauen"-Versammlung zu stiften, also ein Mädcheninternat, in dem adelige Töchter in guten Sitten und nützlichen Frauenarbeiten unterrichtet werden sollten. Der Kaiser war nämlich der Meinung, daß an der guten Zucht des weiblichen Geschlechts sehr viel gelegen sei.

Aus alledem wurde nichts. Die Stände mußten sich noch jahrelang mit dem alten Kloster herumschlagen, es an Wohnparteien vermieten und statt zarten Adelsdamen beherbergten die Mauern der frommen Brüder Kriegsmaterial – das Kloster wurde zur Rüstkammer umfunktioniert.

Die Linzer Landschaftsschule bestand zunächst bis zum Jahre 1601. Bereits im März 1600 sollte auf kaiserlichen Befehl neben dem evangelischen Religionsexerzitium auch die Schule aufgelöst werden, aber die Stände wehrten sich dagegen und stellten sich schützend vor die Lehrer, die dem Landeshauptmann mutig die Stirn boten und blieben. Der Rektor Dr. Matthias Anomäus übernahm sogar vorübergehend die Gestaltung des evangelischen Gottesdienstes. Erst im Dezember 1601 entließen die Stände das gesamte Schulpersonal, das bis dahin seine nicht gerade leichte Tätigkeit unter dem Druck schwerer politischer Spannung und von Kerkerhaft bedroht, ausübte. Anomäus kam einige Jahre später als Mathematikprofessor an der Universität Wittenberg unter und der ehemalige Rektor Mag. Johannes Memhard wurde mit der Ordnung der Schulbibliothek beauftragt.

Die nicht mehr erwartete Wende kam, als sich Kaiser Matthias im Kampf gegen seinen Bruder die Kapitulationsresolution abringen ließ, sodaß der erste Versuch der Gegenreformation bald nur mehr wie ein Spuk erschien. Bereits 1608 hatten die Stände die Prediger zurückgerufen, allen voran den Neffen des ehemaligen Rektors, Clemens Anomäus, der sich auch nach neuen Lehrern für die Landschaftsschule umsah und unter anderen den bereits berühmten Komponisten Johannes Brassicanus (= Kraut) nach Linz holte. Im September waren bereits 140 Schüler eingeschrieben und

151 Das 1614 erbaute Ballhaus am heutigen Taubenmarkt. Die Abbildung (1674) zeigt das Erscheinungsbild nach dem Wiederaufbau in den dreißiger Jahren des 17. Jahrhunderts.
Ausschnitt aus einer Vogelschau des Georg Matthäus Vischer. Stadtmuseum Linz, Inv. Nr. 2828.

die Anstalt ging ihrer absoluten Glanzzeit entgegen. Vor der Aufhebung waren es vermutlich nur um die 80 gewesen. Die evangelischen Schulen in Kärnten und Steiermark blieben geschlossen, sodaß automatisch ein starker Zustrom nach Linz einsetzte.

1611 wurde Johannes Kepler von Prag nach Linz berufen und zwei Jahre später kam Hieronymus Megiser aus Leipzig, der ursprünglich Rektor der Klagenfurter Schule gewesen war. Aus Wittenberg wurde Dr. Matthias Anomäus zurückgeholt. 1612 holte man aus München den Fechtmeister Caspar Pettinger und ein Jahr später den Tanzmeister Georg Keller, der vermutlich bald im neuen Ballhaus Unterricht erteilte, das im Jahre 1614 unmittelbar vor dem Bürgerspital am Stadtgraben erbaut wurde. Es war dies ein Versuch, der Eintönigkeit des sturen Paukens standesgemäße adelige Erziehung gegenüberzustellen. Tanzen und Fechten gehörten zum gesellschaftlich unbedingt erforderlichen Repertoire des angehenden Edelmannes. Auch an den Kriegsschauplätzen löste der elegante Säbel allmählich das ungeschlachte Schwert ab. Spieße, Hellebarden und Bihänder waren etwas für die Landsknechte, von denen sich der adelige Streiter doch abheben sollte.

Kepler und Megiser unterrichteten Physik (= Naturwissenschaften im umfassenden Sinn) und moderne Sprachen (Italienisch, Französisch). Die Konföderation mit den böhmischen Ständen ließ auch daran denken, das Slawische an der Landschaftsschule lehren zu lassen. Es war aber nur eine kurze Blüte, die der Schule beschieden war. Die verlorene Schlacht am Weißen Berg und die Besetzung durch die Bayern waren Vorboten der bevorstehenden Schließung der Anstalt, die mit der zweiten Etappe der Gegenreformation erfolgte. Die bereits sehr geschwächten Stände der Herren und Ritter leisteten diesmal kaum noch ernsthaften Widerstand. Das Schulvermögen wurde 1625 unter Sperre genommen und die Herrschaft Ottensheim, einer der wirtschaftlichen Grundpfeiler der Landschaftsschule, gedieh an die Jesuiten, die ja ihrerseits seit 1608 ein Gymnasium betrieben.

Ende des Jahres 1627 fanden Verhandlungen über die Wiedererrichtung der Landschaftsschule statt, die aber von vornherein zum Scheitern verurteilt waren, denn die Jesuiten, die die Schule führen sollten, brauchten in Erziehungsangelegenheiten keine vorgesetzte Obrigkeit und hätten sie wahrscheinlich auch nie geduldet.

Das Verhältnis des Adels zu seiner Schule war anfänglich noch sehr ambivalent. Hätte es die Perkheim-Stiftung nicht gegeben, wäre es vielleicht nie zur Gründung gekommen. Es gab zwar umfassend gebildete Adelige im Land, die im Laufe ihres Lebens äußerst reichhaltige Privatbibliotheken aufgebaut hatten. Bei weitem wollten aber nicht alle den Nutzen der Schule einsehen, denn mit dem dort vermittelten Wissen könne man den *groben Pöbel und die Bauern nicht regieren.* Dafür seien Gewalt und Ernst, Stock und Eisen die richtigen Mittel. Der Ennser Rektor meinte 1570 ganz despektierlich, indem er Alfons von Aragonien zitierte, das sei die Ansicht von Ochsen, denn es war längst unbestritten, daß Grundkenntnisse im Rechnen und Schreiben zur Führung einer Herrschaft unbedingt notwendig seien. Kenntnisse im Rechtswesen brachten ebenfalls Vorteile, weshalb auch sehr viele Adelige an den italienischen Universitäten von Bologna und Padua inskribierten. Unerläßlich wurde die Schulbildung für das religiöse Leben des einzelnen, denn jeder mußte die Bibel selbst lesen und interpretieren können. Es war weniger Luther als Philipp Melanchthon, der „Präzeptor Germaniae“, der der Erkenntnis zum Durchbruch verhalf, daß die Reformation ohne entsprechende Schulbildung der Glaubensbrüder nicht durchführbar sein würde. In der Überbetonung von Latein und Griechisch war einerseits das alte lateinische Schulwesen noch wirksam, das in erster Linie als Vorbereitung für den geistlichen Beruf diente, und andererseits der Humanismus. Neben dem Erlernen und Interpretieren der Bibel und antiker Schriftsteller war es vor allem die eloquentia, die Rhetorik, die gepflegt werden sollte, um den künftigen Vertretern der Stände ein sehr brauchbares Mittel in ihrem politischen Kampf gegen den Landesfürsten an die Hand zu geben. Neue Lehrbücher von Melanchthon selbst und anderen haben die Effektivität des Unterrichtes zweifellos gesteigert und dazu geführt, daß auch katholische Kinder an protestantischen Lehranstalten eingeschrieben wurden.

Der organisatorische Aufbau der Schule war relativ kompliziert. Als Spitze fungierten die zwei oberen politischen Stände (Herren und

152 Prämienmedaillen der Landschaftsschule aus den Jahren 1611, 1613, 1615 und 1616. Auf der Rückseite meistens das Landeswappen. Vorderseiten: Motive aus der antiken Mythologie: Merkur, einem Knaben Blumen schenkend; Orpheus oder Arion, die Lyra spielend; Pegasus. Alle Medaillen OÖ. Landesmuseum, Münz- und Medaillensammlung. Fotos: Litzlbauer

SIC ITVR
AD ASTRA
MVNERA MVSARVM

Ritter), die bei der Ernennung eines neuen Rektors meist vollzählig versammelt waren, um ihr großes Interesse zu dokumentieren. Auch die Prüfungen wurden öffentlich vor den Eltern abgehalten und Prämienmedaillen an die besten Schüler verteilt. Aus praktischen Gründen fanden sie zu den jeweiligen Linzer Marktzeiten zu Ostern und am Ende des Sommers statt, wenn die Eltern ohnedies in Linz weilten. Ferien gab es anschließend im Herbst.

Den Ständen waren die Schulinspektoren verantwortlich, öfter auch Scholarchen genannt. Sie sollten den gesamten Schulbetrieb ständig überprüfen und die Schule selbst mindestens einmal im Monat visitieren. Ihnen stand die Aufnahme und Entlassung der Schüler zu und sie hatten sich um die Berufung von neuen Lehrkräften zu kümmern. Außerdem waren sie erste Instanz bei Klagen des Rektors gegen den Schulwirt, gegen die Kollegen und die Privatlehrer und umgekehrt.

Den eigentlichen Schulbetrieb führte der Rektor, dem auch der schon erwähnte Schulwirt unterstand, der für das leibliche Wohl jener Kinder zu sorgen hatte, die im Internat untergebracht waren. Dem relativ gut bezahlten Rektor standen die Präzeptoren zur Seite, meist für jede der 4–5 Klassen einer. Je niedriger die Schulstufe, desto schlechter waren sie bezahlt. An der Basis der Pyramide stand der Modist, der den Kindern Lesen und Schreiben beizubringen hatte. Außerdem standen dem Rektor noch die Famuli bei, meist Kinder ärmerer Eltern, die den Grundkurs schon absolviert hatten und sich als Subpräfekten Brot und Unterkunft verdienten.

Sehr viele Schüler wohnten in der Stadt privat und hatten auch noch Privatlehrer, die den Lehrstoff zu Hause mit den Schülern zu festigen hatten. Dazu kamen noch Musiklehrer, die Gesang unterrichteten und auch Instrumente lehrten. Die Prädikanten des Landhauses waren für die Bibelexegese zuständig. Der gesamte Aufbau war eine einzige Quelle für Zank und Hader. Schon in Enns war es zwischen dem Schulwirt und dem Rektor zu ernsthaften Auseinandersetzungen gekommen. Die Verpflegung gab immer wieder Anlaß zu Klagen, obwohl sie nach den überlieferten Speisezetteln sehr üppig und abwechslungsreich gewesen sein müßte. Ebenso waren Streitigkeiten zwischen den Privatlehrern und den fix besoldeten Kollegen in der Schule an der Tagesordnung.

Die Eltern nahmen ihre Kinder oft während des Schuljahres nach Hause und brachten sie wieder, wann es ihnen paßte. Die Lehrer klagten auch oft darüber, daß sie ihren mißratenen und faulen Söhnen mehr Glauben schenkten als ihnen. Gar nicht gern sahen oder hörten sie es, daß ihre Sprößlinge die damals in der Erziehung durchaus übliche Rute zu spüren bekamen. Dabei ging es aber keineswegs etwa um eine besonders moderne Ansicht in der Pädagogik, sondern darum, daß eventuell das Ansehen geschmälert werden könnte, denn schließlich standen doch die Lehrer in der sozialen Hierarchie weit unter den Schülern.

Bereits im Jahre 1577 hatte der aus Straßburg kommende Rektor Mag. Johannes Memhard eine genaue Schulordnung ausgearbeitet und von seinem Lehrer Johannes Sturm, einem der bekanntesten Pädagogen seiner Zeit, und von seinen Exkollegen überprüfen lassen. Jeder Schulangestellte erhielt bei Dienstantritt einen auf seine Tätigkeit abgestimmten Vertrag, in dem alle Pflichten und Rechte genau angeführt waren. An vorderster Stelle stand dabei immer ein tadelloser Lebenswandel, der sich nach der strengen protestantischen Moral zu richten hatte und ein starkes religiöses Engagement nach der Augsburger Konfession forderte. Aber auch in allen anderen Lebensbereichen sollten zumindest der Rektor und alle Lehrer jeweils ein Vorbild an Tüchtigkeit, Sittsamkeit, Bescheidenheit usw. sein. Den Klassenlehrern war es verboten, sich zu verehelichen. Diese Bestimmung wurde zwar in der zweiten Schulperiode etwas gemildert, aber im Prinzip doch aufrechterhalten. Der später so bekannte Georg Calaminus hatte mehrmals vergeblich versucht, sich von diesem Schulzölibat dispensieren zu lassen. Als er schließlich doch heiratete, mußte er den Lehrdienst aufgeben und sich als Schulwirt verdingen. Die Lehrer hatten die Schüler ganztägig zu beaufsichtigen und durften nach 9 Uhr abends selbst nicht mehr aus dem Hause gehen, weil um diese Zeit das Schultor geschlossen wurde. Eine Woche pro Monat mußten sie auch die Nacht im Schlafsaal der Schüler verbringen. Diese ruhten zwar in Himmelbetten, die sie von zu Haus mitbekamen, allerdings aus Platzgründen doch meistens zu zweit auf einer Liegestatt.

Sehr genau waren die Vorschriften für den Schulwirt. Vor allem über die Qualität des Weines, den die Knaben zu bekommen hatten, gab es immer wieder Meinungsverschiedenheiten, weshalb 1582 mit Daniel Schmuckher ein eigener Kellner eingestellt wurde. Das verstimmte den Schulwirt Balthasar Wolf so sehr, daß er sich als Mundkoch in die Dienste des Erzherzogs Matthias begab, der damals gerade in Linz residierte. Im Gegensatz zu den Lehrern war es für den Schulwirt fast unabdingbar, daß er verheiratet war, denn nach landläufiger Meinung hatte damals den Haushalt immer eine Frau zu führen, wenn auch der Mann nach außen hin in Erscheinung trat, die Verhandlungen führte und Rechnung legte. Diese Ansicht war so verwurzelt, daß die Witwer immer schon nach sehr kurzer Zeit wieder heirateten. An die Einhaltung eines Trauerjahres war nicht zu denken.

Im Grunde genommen lag die Ursache für das kaum zu vermeidende Spannungsverhältnis zwischen Schulwirt und Rektor in der Organisation. Deshalb hatte Matthias Anomäus bei seiner Rückkehr als Rektor nach Linz im Jahre 1609 diese Aufgabe zusätzlich übernommen. Seinen fortwährenden Klagen über die geringe Dotierung der Wirtschaft sind sehr genaue Einzelheiten über die Zusammensetzung des Personals und über die geradezu unvorstellbaren Zustände zu entnehmen, unter denen er leben und arbeiten mußte. In einer Stube waren sechs Dirnen (= Dienstmädchen) untergebracht, seine umfangreiche Bibliothek befand sich in der Schlafkammer, die Studierstube war zur Speisekammer umfunktioniert, im Vorhaus war das Brennholz gestapelt und Truhen, Kästen, Schaffeln und die Hühner untergebracht. In einem Gewölbe kugelten Rüben, Kraut, Fleisch, Äpfel, Milch und Schmalz durcheinander. In der sehr engen Küche wurde gekocht, gebraten, gerieben, gewaschen und gespielt. Kellner konnte Anomäus keinen anstellen, weil kein Platz mehr für eine Liegestatt vorhanden war. Das tägliche und in großen Mengen benötigte Brot konnte er nicht selber backen lassen, weil in der ehemaligen Backstube nunmehr der Hofmeister des Landhauses untergebracht war. Außerdem, so klagte Anomäus, könne er unter diesen beengten Verhältnissen nicht jene 3 bis 4 Schweine halten, die ihm eigentlich zustünden. Er habe nur zwei Famuli gegenüber früher vier oder fünf. Ganzjährig angestellt waren eine Köchin, vier Mägde und ein Küchenbub.

Alle vier Wochen kamen der Bader und seine Gesellen ins Haus und unterzogen die Schüler einer Generalreinigung mit Haarschur und Versorgung kleinerer *Wehwehchen.* Probleme gab es, wenn ein Schüler krank wurde, weil sich niemand zur Pflege herbeilassen wollte. Die medizinische Versorgung konnte Anomäus selbst gewährleisten, denn er war ja nicht nur Schulwirt und Rektor, sondern auch Arzt. Für Seuchenzeiten war ein Stadel in der Vorstadt als Bleibe vorgesehen oder das alte Minoritenkloster in Enns. Tatsächlich aber hat sich bei solchen Anlässen die Schule ohnedies von selbst aufgelöst, weil die Eltern ihre Kinder nach Hause holten.

In den 42 Jahren ihres Bestehens hatte die Schule nur fünf verschiedene Rektoren, die Präzeptoren (= Lehrer) allerdings und die Schulwirte wechselten häufig. Der erste Linzer Rektor, Mag. Johannes Memhard, der die Schulordnung ausgearbeitet hatte, hielt sich selbst nicht sehr genau an sie und war auch der einzige, der wegen seiner offensichtlichen Trunksucht des Postens enthoben wurde (1597). Ihm folgte, wie schon bemerkt, Dr. Matthias Anomäus, der den Ständen vorher als Arzt gedient hatte. Auch ihm drohte die Entlassung, allerdings wegen seines fortgeschrittenen Alters. Im August 1614 bewahrte ihn bei der Hochzeit seines Sohnes in Steyr der Tod vor dieser Schmach. Sein Nachfolger wurde der Landhausprädikant Mag. Konrad Rauschert, der das Amt mit eher geringer Begeisterung annahm und vermutlich 1622 wieder resignierte. Die Nachrichten werden über die Schule gegen ihr Ende hin immer spärlicher, das Regiment wurde immer strenger, die Anforderungen an den Rektor immer höher. Als die Verordneten von ihm auch noch verlangten, daß er den Tischwein überprüfen und vorkosten sollte, streikte er und meinte, daß er einen Wachauer von einem Klosterneuburger oder Stockerauer nicht unterscheiden könne, und außerdem seien ihm die österreichischen Sorten zu stark.

Auf Rauschert folgte sein Stellvertreter Urban Baumgartner und im letzten Bestandsjahr Johann Friedrich Benzius. Von ihnen wissen wir kaum etwas.

Die Inspektoren haben sich in sehr unterschiedlicher Weise um die Schule gekümmert. Neben zwei Verordneten aus dem Adelsstand war auch immer der Landhausprädikant für diese Funktion vorgesehen, zuallererst der aus Graz vertriebene und sehr zänkische Mag. Georg Khuen, der auch auf die Erstellung der Schulordnung Einfluß nahm. Manchen von ihnen war der Unterricht zu weltlich ausgerichtet, wie etwa dem Magister Johannes Bruder, der die Aufführungen von Terenzstücken im Schultheater heftig kritisierte und als *Poetisch Narrengedicht* abtat. Dabei waren die Schuldramen, die Georg Calaminus aufführen ließ und die zum Teil aus seiner Feder stammten, eher bescheiden ausgestattet. Später, als auch die Jesuiten Theaterstücke aufführten, stiegen

EPIGRAMMATVM

GEORGII CALAmini Silesij Liber Epigrammatum vnus.

IN VVLCANVM, QVO ILLVstris & generosi D. D. Gundackeri Baronis Starhembergij, Consiliarij Cæsarei, & in Austria superiore procerum Ordinarij &c. arx Beurbachium, & instructissima Bibliotheca superioribus annis planè perijt.

O Vulcane ter ampliusue mordax:
Sæue, audax, vafer, impudens, auare,
Infande, improbe, dire, pestilensque:
Immanissime & omnium Deorum.
Tu vaga furis vndiquaque flamma:
Et vultu rapis igneo tot arces,
Villas, oppida, regias tot vrbes.
Fecisti modò proximis quid annis?
Hic Boijs vbi proximis ad Istrum
Fines Austria terminat iugosos?
Te Beurbachia deuorante sedes
Gundackero obijt viro innocenti:
Illustri genere, & graui & diserto:
Quo nostræ duce nunc uigent Camenæ:
Et

153 Eines der üblichen humanistischen Lobgedichte. Hier ein Epigramm des Georg Calaminus auf Gundaker von Starhemberg. Augsburg 1583. Studienbibliothek Linz I 66.255. Foto: Litzlbauer

wahrscheinlich aus Konkurrenzgründen die Kosten gewaltig. Allein für einen Wal, der in einem Stück über Jonas auf die Bühne kam, mußten die Stände 200 Gulden auf den Tisch legen. Ein anderer Heißsporn auf dem Predigtstuhl, Mag. Daniel Hitzler, verdächtigte Johannes Kepler, daß er heimlicher Calvinist sei, und wollte ihn zumindest vom Unterricht fernhalten.

Zu den positiven Erscheinungen unter den adeligen Scholarchen zählten sicher Achaz von Hohenfeld, selbst ein sehr gebildeter Mann, und Job Hartmann von Enenkl, der sich sehr für die Schule einsetzte und wie Reichard Strein von Schwarzenau zu den ersten Historiographen des Landes zählte.

Von den Lehrern selbst haben neben Kepler und Megiser einige hervorragende Leistungen erbracht. So vor allem Georg Calaminus, den Memhard aus Straßburg hierhergebracht hatte. Er war der fruchtbarste und talentierteste Poet unter allen Lehrern, konnte sich aber anfänglich mit den strengen Lebensbedingungen an der Schule gar nicht anfreunden. In einem Brief an seinen Mentor Hugo Blotius, den Leiter der Wiener Hofbibliothek, nannte er die obderennsischen Adeligen Ochsen, Esel und Barbaren. Das hinderte ihn freilich nicht, ihnen lateinische Lobgedichte zu verehren. Bereits in Straßburg hatte er Schuldramen selbst verfaßt und antike Komödien und Tragödien aufführen lassen. Das setzte er in Linz fort. Weit über die Gelegenheitsschriftstellerei, wie sie beinahe alle seine Kollegen betrieben, reichte sein Drama „Rudolphottocarus“ hinaus, an dem er mehr als zwei Jahre lang arbeitete. Es ist eines der ersten historischen Dramen überhaupt, und passagenweise findet man Calaminus' Stück in Franz Grillparzers „König Ottokars Glück und Ende“ wieder. Calaminus wurde dafür mit dem Dichterlorbeer ausgezeichnet; konnte ihn aber nur wenige Monate genießen. Von einer Wienreise kehrte er todkrank und von den gefürchteten Pestbeulen gezeichnet zurück.

Neben Calaminus ist noch Laurenz Pichler, der Ennser Rektor, zu erwähnen, der später Advokat in Linz wurde. Er verfaßte eine Stadtgeschichte von Steyr und arbeitete damit dem späteren Valentin Preuenhueber gut vor. Eine kurze Geschichte von Enns und Linz aus seiner Feder befand sich im Nachlaß des Ebelsberger Pfarrers Jakob Lyresius, ist aber heute verschollen. Von den Prädikanten Johannes Caementarius (= Maurer), Clemens Anomäus und Daniel Hitzler sind Leichenpredigten überliefert. Als Komponisten und Musiktheoretiker betätigten sich Daniel Hitzler und Johannes Brassicanus (= Kraut).

Die Lehrer der Landschaftsschule standen wie alle gebildeten Menschen der damaligen Zeit untereinander in regem Briefwechsel und pflegten in gesellschaftlich ziemlich klar definierten Grenzen regen persönlichen Umgang. So zählten zum Freundeskreis des Calaminus der schon erwähnte Hugo Blotius und der berühmte Leibarzt des Kaisers, Crato von Crafftheim. Auch seine Verbindung nach Straßburg zu Johannes Sturm und seinem Kreis war nicht abgerissen. Auf lokaler Ebene verkehrte er vor allem mit den sogenannten „Gebildeten“, meist Angestellten der Stände, allen voran mit den Ärzten Dr. Friedrich Lagus, Matthias Anomäus, Christophorus Schilling und seltsamerweise auch mit Dr. Paravicinus, der seinen Kollegen Schilling unmöglich gemacht hatte. Bekannt war er mit dem ständischen Sekretär Zacharias Eyring, dem landesfürstlichen Sekretär und Eisenobmann Christoph Strutz, dem Stadtschreiber Mag. Georg Eisenmann und dem Syndikus der landesfürstlichen Städte Matthias Winkler aus Steyr. Daß die meisten seiner Schulkollegen zu seinem Bekanntenkreis zählten, ist eigentlich selbstverständlich. Aber auch die Spitzen der städtischen Hierarchie zählten zu den standesgemäßen Freunden, in Linz etwa der Bürgermeister Christoph Schickh. Schließlich heiratete Calaminus die Witwe des Freistädter Bürgermeisters Wenzel Kirchmair, der aber vermögenlos verstarb, also ziemlich abgewirtschaftet haben dürfte. Ein reicher Bücherschatz weist ihn allerdings als zumindest sehr belesenen Mann aus. Auch Johann Memhard hatte mit einer Tochter des Hanns Ehinger eine Bürgerliche geheiratet. Ehinger war als Stadtschreiber und Syndikus der Städte ein „litteratus", ein gebildeter Mann.

Die Verbindungen zu den Kreisen des Adels blieben großteils auf ein Abhängigkeitsverhältnis beschränkt. Nur wenige durchbrachen die Standesunterschiede. Calaminus schmeichelte ihnen mit Lobgedichten, speziell jenen, von denen er besonders abhängig war, wie etwa dem Schulinspektor Achaz von Hohenfeld oder dem Landeshauptmann Leonhard von Harrach. Die Jörger wurden mehrfach mit Hochzeitsgedichten bedacht.

Reichard Strein von Schwarzenau, der selbst literarisch tätig war, kann als wohlwollender und verständnisvoller Gönner des Calaminus bezeichnet werden. Für ihn verfaßte er auch den „Casus Freidecianus", eine „Gegenpropagandaschrift", denn 1581 war bei der Hochzeit des Reichard Strein in der Burg Freidegg die Decke des Rittersaales eingestürzt. Dies war ein willkommener Anlaß für die Katholiken, um das Ereignis als deutlich sichtbare Strafe Gottes an den Protestanten weidlich auszuschlachten. Calaminus versuchte mit einer genauen Schilderung der Vorfälle, die Sache wieder ins rechte Licht zu rücken. Vor allem war ihm der Hinweis wichtig, daß außer ein paar Beinbrüchen und Schrammen niemand ernstlichen Schaden davongetragen hätte.

Als einzig wirklicher Freund aus Adelskreisen dürfte sich Christoph von Schallenberg erwiesen haben, der Sohn des Schulgründers von Luftenberg, der selbst ein begnadeter Lyriker war. Vielleicht hat er sich die üblichen Lobgedichte verbeten, denn es existieren von seiner Feder zwar fünf Gedichte auf Calaminus, aber keines von Calaminus auf ihn!

THEATRVM CÆSAREVM
Hiſtorico-Poeticum:
Quo omnium & ſingulorum
ROM. IMPERA-
torum, cum Icones ex antiquis
Numiſmatibus expreſſæ, tum Vitæ
quàm breviſſimè deſcriptæ, & deniq; eorum-
dem Eulogia, ex optimis quibusq; Poëtis
collecta, continentur.
Operâ & ſtudio,
Hieronymi Megiſeri Co. P.
Cæſarei: Archidd. atq; Ordd. Auſtriæ
Hiſtoriographi.
Lentijs ad Iſtrum,
Ex Typographejo Ioh. Planci.
Cum Privilegio Cæſareo.

154 Das Theatrum Caesareum (Linzer Planck-Druck von 1616) von Hieronymus Megiser. Archiv der Stadt Linz, Bibliothek. Foto: Litzlbauer

Es war also zweierlei, ob man gebildet oder hochgeboren war. Möglicherweise wird der Bildungshunger und der Bildungsgrad des durchschnittlichen Adeligen dieser Zeit in der einschlägigen Literatur etwas zu euphemistisch gesehen. Männer wie Georg Erasmus Tschernembl, der eine Bibliothek mit mehr als 1800 Bänden besaß und diese nachweislich auch benützte, dürften eher zu den Ausnahmen zu rechnen sein. Bücher zur Religion, Bibeln, Haus- und Arzneibücher sowie Zaubertraktate mag es in den adeligen Häusern durchaus überall gegeben haben, auch juridische und historische Werke, aber man sollte dabei nicht übersehen, daß gerade die theologische Literatur sehr kontrovers war und mit ihren deftigen Ausdrücken und heftigen Attacken bereits stark in den Bereich der Unterhaltungsliteratur rückte. Aber immerhin gab es im Landhaus einen eigenen Buchladen, und auch auf den Linzer Märkten bestand reichlich Gelegenheit, Literatur zu erwerben. Es dürften vor allem Job Hartmann von Enenkl und Hieronymus Megiser gewesen sein, die für die Landschaftsschule ganz gezielt Bücher einkauften und auch ein regelmäßiges Bibliotheksbudget einführten. Mehrmals wurde an einem Bibliothekskatalog gearbeitet. Er hat sich erhalten und ist auf Umwegen in den Besitz der Preußischen Staatsbibliothek in Berlin gelangt. 1800 Bände sind in diesem Katalog verzeichnet, darunter 39 Wiegendrucke. So berühmte und alte Bibliotheken wie die von St. Florian umfaßten damals nur an die 500 Werke; sicher mit ein Zeichen für den geistigen Niedergang der Klöster in der Reformationszeit.

Reichliche Kenntnis besitzen wir über die Bibliotheken der sogenannten ständischen Diener, etwa jenes Kreises, der vorhin angesprochen wurde. So umfaßte die Büchersammlung des ständischen Sekretärs Mag. Philipp Bubius, der zuvor Stadtschreiber in Freistadt und Wels gewesen war, 311 Bände und jene von Johannes Memhard 567. Der Arzt Dr. Johann Perillius, der im Jahr 1618 starb, hatte 295 Werke in seinem Bücherschrank und Dr. Johann Faber in Wels 619. Die Bibliothek von Hieronymus Megiser schließlich wies 959 Bände auf und repräsentierte immerhin einen Wert von ca. 1000

155 Zeitgenössisches Porträt Johannes Keplers von einem unbekannten Maler.
Original im OÖ. Landesmuseum. Foto: Litzlbauer

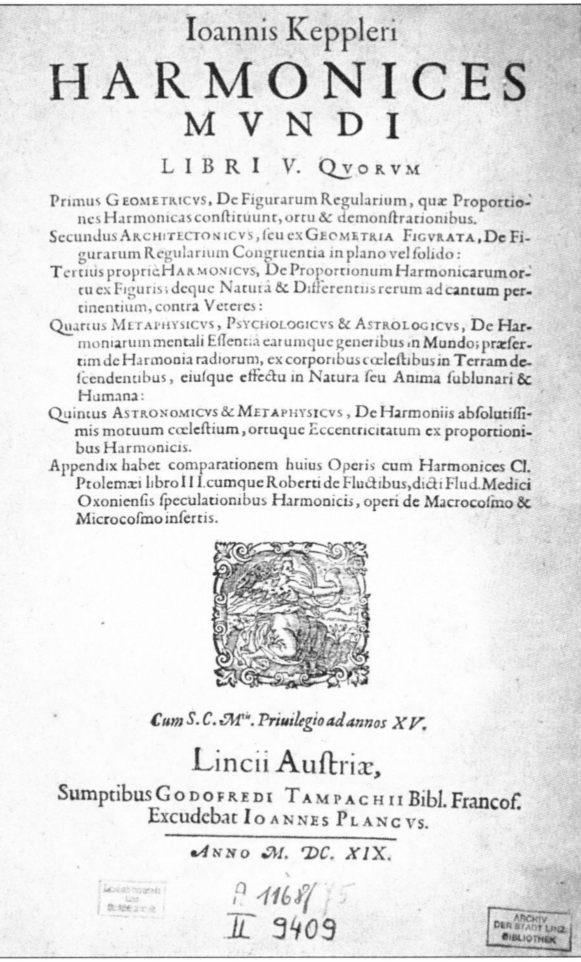

Ioannis Keppleri
HARMONICES
MVNDI
LIBRI V. QVORVM

Primus GEOMETRICVS, De Figurarum Regularium, quæ Proportiones Harmonicas constituunt, ortu & demonstrationibus.
Secundus ARCHITECTONICVS, seu ex GEOMETRIA FIGVRATA, De Figurarum Regularium Congruentia in plano vel solido:
Tertius propriè HARMONICVS, De Proportionum Harmonicarum ortu ex Figuris; deque Naturâ & Differentiis rerum ad cantum pertinentium, contra Veteres:
Quartus METAPHYSICVS, PSYCHOLOGICVS & ASTROLOGICVS, De Harmoniarum mentali Essentiâ earumque generibus in Mundo; præsertim de Harmonia radiorum, ex corporibus cœlestibus in Terram descendentibus, eiusque effectu in Natura seu Anima sublunari & Humana:
Quintus ASTRONOMICVS & METAPHYSICVS, De Harmoniis absolutissimis motuum cœlestium, ortuque Eccentricitatum ex proportionibus Harmonicis.
Appendix habet comparationem huius Operis cum Harmonices Cl. Ptolemæi libro III. cumque Roberti de Fluctibus, dicti Flud. Medici Oxoniensis speculationibus Harmonicis, operi de Macrocosmo & Microcosmo insertis.

Cum S. C. M^tis. Priuilegio ad annos XV.

Lincii Austriæ,
Sumptibus GODOFREDI TAMPACHII Bibl. Francof.
Excudebat IOANNES PLANCVS.

ANNO M. DC. XIX.

156 Titelblatt vom Hauptwerk Keplers: Harmonices mundi libri V (= Weltharmonik). Gedruckt in Linz 1619. Archiv der Stadt Linz, Bibliothek. Foto: Litzlbauer

Gulden. Es war dies auch sein einziges Vermögen, das er bei seinem Tod (1620) besaß. Seine Bücher warteten lange und vergeblich auf einen Käufer und dürften, nachdem sie den ersten Sturm der Gegenreformation und den Bauernkrieg überlebt hatten, in alle Winde zerstreut worden sein. Der Großteil der ständischen Bibliothek ist dem Landhausbrand von 1800 zum Opfer gefallen.

In der zweiten Phase der Schule war übrigens auch Martin Zeiller als Privatpräzeptor tätig, der sich später als Verfasser von Topographien einen Namen machte. Er und alle anderen wurden von Hieronymus Megiser und Johannes Kepler überragt, wobei letzterer neben Anton Bruckner und Adalbert Stifter unbestritten die bedeutendste Persönlichkeit gewesen ist, die jemals in Linz gewirkt hat.

Megisers Verdienste lagen im Bereich der Sprachwissenschaft und Historiographie. Er

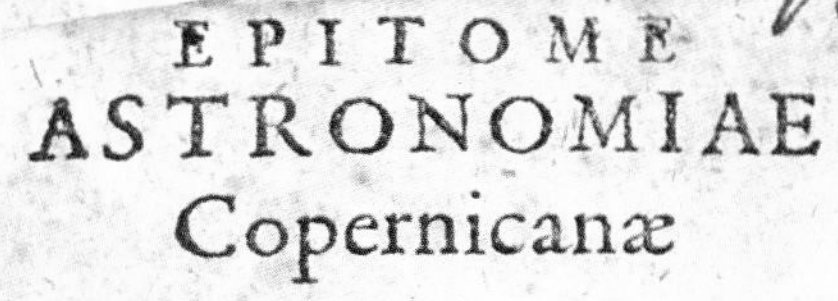

EPITOME
ASTRONOMIAE
Copernicanæ

Usitatâ formâ Quæstionum & Responsionum conscripta, inq; VII. Libros digesta, quorum TRES hi priores sunt de

Doctrina Sphæricâ.

HABES, AMICE LECTOR, HAC PRIMA parte, præter physicam accuratam explicationem Motus Terræ diurni, ortusq; ex eo circulorum Sphæra, totam doctrinam Sphæricam nova & concinniori METHODO, auctiorem, additis Exemplis omnis generis Computationum Astronomicarum & Geographicarum, quæ integrarum præceptionum vim sunt complexa.

AUTHORE

JOANNE KEPPLERO IMP: CÆS: MATTHIÆ, Ordd: q; Ill[ium] Archiducatus Austriæ supra Onasum, Mathematico.

Cum Privilegio Cæsareo ad Annos XV.

Lentijs ad Danubium, excudebat Johannes Plancus.

ANNO MDCXVIII.

157 Die Epitome Astronomiae sind Keplers umfangreichstes Werk (gedruckt zu Linz 1618). Es handelt sich dabei um ein astronomisches Lehrbuch für „Schulbänke minderen Rangs", wie Kepler sich ausdrückte. Heute würden wir es als Sachbuch bezeichnen.
Archiv der Stadt Linz, Bibliothek. Foto: Litzlbauer

verfaßte eine türkische Grammatik, erklärte den Dialekt von Malta und brachte das Vaterunser in insgesamt 54 Sprachen heraus. Er übersetzte die Bücher Marco Polos ins Deutsche und lieferte Reisebeschreibungen von Island, Malta, Rhodos und Madagaskar! Wenn er auch seine „Annales Carinthiae" zum Teil abschrieb, so wäre es unfair, ihm geistigen Diebstahl zu unterschieben, denn er hat sich in Linz sehr darum bemüht, die alten Schriftsteller im Druck herauszugeben. Auch eine Geschichte des Landes ob der Enns wollte er verfassen. Erhalten hat sich aus seiner Linzer Zeit unter anderem das „Theatrum Caesarium", eine Geschichte der römischen Kaiser, illustriert mit deren Münzporträts.

Der Astronom Johannes Kepler, der von Kaiser Rudolf II. aus Graz nach Prag gerufen worden war, wo mit Tycho de Brahe bereits eine der größten Kapazitäten des Zeitalters wirkte, kam keineswegs als reiner Wissenschafter nach Linz. Der Prager Hofstaat hatte sich nach Kaiser Rudolfs II. Niederlage weitgehend aufgelöst, sodaß Kepler ein Angebot aus Linz gerade recht kam. In völliger Verkennung von Keplers Genie verlangten die Stände von ihm eine genaue Karte des Landes ob der Enns, und es ging ihm nicht viel besser als später Kafkas Landvermesser K. Der Auftrag hatte sicher militärische Hintergründe, aber überall, wo er auftauchte, stellten sich ihm mißtrauisch und feindselig gesinnte Bauern in den Weg. Sie haben hinter der geheimnisvollen Vermessung mit den unbekannten Gegenständen gar nicht so unrecht neue Ränke ihrer Grundherren vermutet.

Kepler gab das Vorhaben auf und mußte sich im Jahr 1618 vor den Ständen verantworten, als er ihnen ein von ihm verfaßtes Büchlein „Nova stereometria doliorum vinariorum" widmete, das auf deutsch und in erweiterter Fassung als „Meßkunst des Archimedes" ein Jahr später erschien. Es war dies zweifellos eine sehr prakti-

158 Titelblatt einer Leichenpredigt des Daniel Hitzler auf Wolff Wilhelm von Volkenstorff (1618).
Studienbibliothek Linz, Singn. I 5575. Foto: Litzlbauer

Christliche Einweyhung
Der Newgestifften
Volckenßdorffischen Erbbegräbnuß vnd darvber erbawten ansehlichen Kirchen/
Gehalten
Mit vnd bey Leuchbegängnuß
Deß Wolgebornen Herrn
Herrn Wolff Wilhelms
Herrn von vnd zu Volckhenßdorff/ Herrn auff Weissenburg/Stein/vnd Reicherßdorff/ Panier-Herrns in Oesterreich / Röm. Kay. Mtt. Rath/ Camerers vnd Landts-Hauptmans in Oesterreich ob der Enß/
Als
Deß Herrn Stiffters Seeligen/
Welcher

Den XII. Decembris ANNO MDCXVI.
Seeligen Todts verschieden/
Vnd hernacher/
Neben einer von M. Daniel Hitzler der Löbl. Stände im Ertzhertzogthumb Oesterreich ob der Enß Augspurgischer Confession bestelltem Prediger gehaltener Leuchpredigt/
Mit herrlichen Solenniteten
In selbige newe Volckenßdorffische Erbbegräbnuß/ dem Leibe nach / ist eingesetzet worden
Den XIX. Iunij
Im Jahr Christi/ M DC XVIII.

sche Arbeit, die einer Vereinheitlichung der Maßsysteme gedient hätte, aber die Stände mahnten ihn, daß er solche Arbeiten lieber lassen und sich mit der Landmappe oder den Rudolfinischen Tafeln befassen solle.

In seiner ausführlichen Stellungnahme wies Kepler darauf hin, daß letztere ein wissenschaftliches Werk seien, das sich nicht wie eine Komödie über Nacht schreiben lasse. Zur Landmappe meinte er, daß die Stände selbst nicht genau wüßten, was sie eingezeichnet haben wollen, weil bis jetzt keine Konversion darüber erfolgt sei. Die Rudolfinischen Tafeln erschienen dann übrigens erst 1627 in Ulm. Sein Linzer Hauptwerk blieben die „Harmonices mundi libri V", die 1619 gedruckt wurden. Kepler zeigt darin, daß es ihm bei seiner Wissenschaft nicht um L'art pour l'art geht. Zwar ist in diesem Werk das dritte und wichtigste seiner Planetengesetze enthalten, was er damit aber eigentlich wollte, war die Suche nach einer gesetzmäßigen Harmonie in der Welt. Auf dem Gebiet der Astronomie war sie ihm bekannt, und er glaubte sie auch in anderen Bereichen finden zu müssen, in der Musik (Tonleiter), in den verschiedenen Versmaßen der Dichter, im Verhältnis der Farben, bei den Gerüchen und im Bau des menschlichen Körpers.

Die „Harmonices mundi" waren keine spontane wissenschaftliche „Idee", sondern dürften als Versuch einer Antwort auf die Konfusion der Zeit verstanden werden. Wir stehen im Erscheinungsjahr am Beginn des Dreißigjährigen Krieges. Ganz Mitteleuropa befand sich damals in Aufruhr. Aus dem Werk wird eine Sehnsucht nach Harmonie und Ordnung im menschlichen Zusammenleben spürbar. Nicht eine von menschlicher Willkür festgesetzte Ordnung, sondern eine, die sich aus der Schöpfung Gottes rechnerisch ableiten läßt und die deswegen unparteiisch und unbestechlich ist. Natürlich setzt sich Kepler dabei über alle Konventionen und Ansichten der Zeit hinweg. Es würde aber viel zu weit führen, Keplers Werk an dieser Stelle einer eingehenden Interpretation zu unterziehen oder gar seine Bedeutung für den Fortschritt in der Wissenschaft messen zu wollen. Darüber gibt es gute und reichliche Literatur. Wir wollen nur mehr eine Tat Keplers anführen, die unmittelbare Auswirkungen auf die Kultur der Stadt zeitigen sollte, nämlich die Berufung des ersten Druckers nach Linz, die im Jahre 1615 und ausschließlich auf das Betreiben Keplers hin erfolgte.

Er machte den Ständen das Unternehmen schmackhaft, indem er sie auf die Vorteile hinwies, wenn sie ihre Patente nicht mehr in Nürnberg oder Wien drucken lassen müßten. Seltsamerweise haben sie aber Hans Plank nie in ihren Dienst aufgenommen, sondern nur auf Bestellung drucken lassen. Kepler selbst besorgte „seinem" Drucker die entsprechenden Lettern, da er sie für seine wissenschaftlichen Arbeiten benötigte.

Planks Druckerei in der Vorstadt (Lederergasse?) wurde im Bauernkrieg ein Raub der Flammen, und er mußte das Land wie alle anderen Glaubensgenossen verlassen, ein Schicksal, das auch Kepler ereilte, obwohl er bis zuletzt nicht daran glauben wollte. Am 20. November 1626 verließ er *cum uxore, liberis, libris, supellectilibus omnibus* Linz für immer. Wir kennen diese Floskel schon vom Abgang des Münzmeisters Puellacher. Neu hinzugekommen sind nur die *libri*, die Bücher.

Der Abgang Keplers kann als Symbol für die damaligen Ereignisse gewertet werden, denn mit ihm ging auch die freie geistige Entfaltung. Es sollten mehr als zwei Jahrhunderte vergehen, bevor wieder ein ähnlich freier Geist in die Stadt einkehren konnte.

Die Stadt

In den vorangegangenen Kapiteln haben wir von verschiedenen Gesichtspunkten aus das Geschehen in der Stadt von außen eingekreist. Alles mögliche wurde zur Sprache gebracht, wie etwa die städtische Infrastruktur; die bürgerlichen Bewohner jedoch kamen als handelnde Personen bis jetzt kaum vor. Wir haben diese Vorgangsweise mit der gesamten Gesellschaftsstruktur begründet und demgemäß die äußeren Einflüsse in den Vordergrund gestellt. Es wurde dabei, so hoffen wir, deutlich, daß es gerade und besonders die Aktivitäten bzw. Einrichtungen des Landesherrn und der Stände waren, die der Stadt Linz zum unangefochtenen Status einer Landeshauptstadt verholfen haben. Wenn wir uns nunmehr auf die Stadt selbst konzentrieren wollen, so müssen wir um des Gesamtverständnisses willen dennoch ein weiteres Mal auf ihren wirtschaftlichen Kampf mit dem Adel eingehen, denn Linz war wie jede andere Stadt in Österreich in vielfältiger Hinsicht vom Umland abhängig.

Das begann bei der Bevölkerungsentwicklung, die ohne Zuzug vom Land rückläufig gewesen wäre, denn die Reproduktion der städtischen Einwohnerschaft blieb hinter der des Landes zurück. Zwar war die Kindersterblichkeit hier wie dort enorm hoch, aber die Überlebenschancen dürften auf dem Land größer gewesen sein. Dem steht zwar die Erkenntnis entgegen, daß in Zeiten von Hungersnöten die städtischen Einwohner aufgrund der besseren Bevorratung eher überlebten als das Volk auf dem Lande, aber andererseits erinnern wir uns auch an die unmittelbare Nachkriegszeit, als die sogenannten Hamsterfahrten auf das Land und der Schwarzmarkt für die Städter zum Bestandteil des Überlebenskampfes geworden waren. Der Vergleich über mehrere Jahrhunderte hinweg ist freilich anfechtbar, aber er mag als Erklärungsmuster dienen.

Im Verlauf der Handwerkerunruhen in den Städten Oberösterreichs zu Beginn des 16. Jahrhunderts, über die an anderer Stelle noch berichtet werden soll, warfen die Ennser und Steyrer Handwerker den Kaufleutebürgern vor, daß sie keine angestammten städtischen Einwohner seien, sondern vom Pflug und vom Bauerndienst davongelaufen seien, um sich erst in der Stadt als Herren über die

159 Die erste definitive Nachricht vom Zusammenschluß der landesfürstlichen Städte stammt aus dem Jahr 1439 und ist im ältesten Privilegienkodex der Stadt Enns überliefert. Allein daraus läßt sich erkennen, daß Enns ursprünglich die angesehenste Stadt im Lande war.
Museum Lauriacum Enns, Archiv, Hs. 1.
Foto: Katzinger

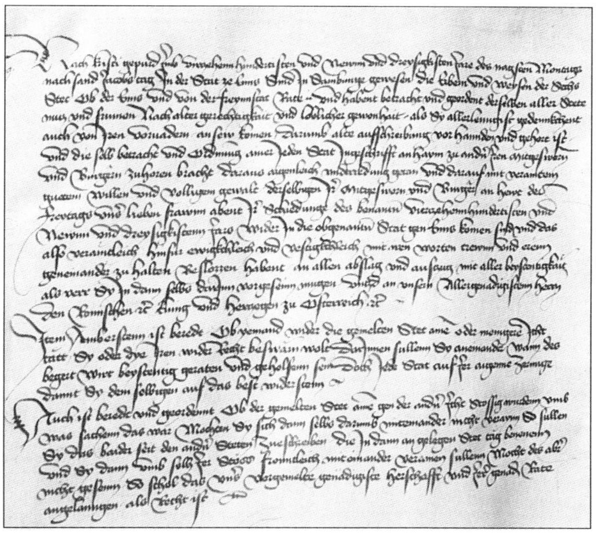

Handwerker aufzuwerfen. Den Wahrheitsgehalt dieser Anschuldigungen können wir nicht überprüfen, interessant ist für uns aber der Hinweis auf die Verbindung zwischen Landvolk und städtischen Neubürgern.

Ein zweiter Angelpunkt der engen Verflechtung zwischen Stadt und Land lag in der Aufgabenteilung begründet. Der Handel galt als das alleinige Vorrecht der Bürger, als eine ihrer Haupteinnahmsquellen, und hier vor allem der Handel mit agrarischen Produkten der näheren und weiteren Umgebung (Wein, Getreide, Vieh, Garn etc.). Die ursprüngliche Konzeption lief darauf hinaus, daß die Bauern ihre Produkte auf dem nächstgelegenen Markt anbieten sollten, wo sie der kapitalkräftige Bürger aufkaufen konnte, um sie in den Groß- und Fernhandel zu bringen. Der gefreite Jahr- oder Wochenmarkt war das Zentrum jedes Handels, der nach Auffassung des Mittelalters öffentlich erfolgen sollte. Dadurch war eine gegenseitige Kontrolle gegeben, die für das Handelsgeschäft selbst keiner obrigkeitlichen Aufsicht bedurfte. Streitereien, die sich bei der Abwicklung des Geschäftes entwickeln konnten, wurden an Ort und Stelle vom Stadt- oder Marktrichter entschieden.

Seit dem späten 15. Jahrhundert versuchten die Inhaber der größeren Grundherrschaften und die Klöster, durch Kauf und Tausch ihre Besitzungen zu arrondieren und die oft sehr weit entfernten Untertanen abzustoßen. Über einen geschlossenen Herrschaftskomplex konnten sie bei einer entsprechenden Größe leichter die Landgerichtshoheit erringen und damit die volle Kontrolle über ihre Untertanen erreichen. Parallel dazu versuchten sie, durch die Gründung von eigenen Märkten auf ihrem Gebiet den Handel und die gewerbliche Produktion (= Handwerk) unter ihre Obhut zu bringen. So wurden im Lande ob der Enns z. B. unter Kaiser Maximilian I. allein zwölf neue Märkte geschaffen. Um diese Zeit verfügte beinahe jedes Kloster bereits über eine eigene Marktsiedlung, und die nicht privilegierten Märkte auf dem Gäu, gegen die die Städte schon im Mittelalter vergeblich angekämpft hatten, genossen weiterhin den Schutz des jeweiligen Grundherrn.

Im Jahre 1510 erreichten die Oberen Stände von Maximilian I. das Zugeständnis, daß die Bauern ihre Produkte nicht mehr auf den Markt bringen mußten, sondern sie bei ihren Häusern verkaufen durften. Eine gegenseitige Handelskontrolle war dadurch nicht mehr möglich. Geschäfte konnten von nun an von jedermann abgewickelt werden. Vor allem waren es die Grundherren selbst, die sich vermehrt im Handel betätigten, ohne persönlich in das Geschehen eingreifen zu müssen. 1533 wurde ihnen die Errichtung von großen Getreidespeichern zugestanden, in denen das sogenannte Bau- und Zinsgetreide gesammelt wurde. Der Händler kaufte nun direkt aus den Speichern. Dieses grundherrliche Recht wurde 1548 auf Vieh, Schmalz und Garn ausgedehnt.

Als weiteres wirtschaftliches Druckmittel gegen ihre eigenen Untertanen und gegen die städtischen Bürger setzte der Adel den sogenannten „Anfeilzwang" durch, d. h. daß die Bauern ihre Überschußproduktion zuerst dem Grundherrn zum Kauf anbieten mußten, der meist auch den Preis bestimmte. Erst wenn er (bzw. sein Pfleger) die Waren nicht nehmen wollte, durften sie auf den öffentlichen Markt gehen. Damit waren die Bürger vom Ersthandel ausgeschaltet und auf die Grundherrn als Geschäftspartner angewiesen. Konsequenterweise führte der neu eingeführte Zwischenhandel zu einer Verteuerung der Produkte.

160 Der besonders prächtige Wappenbrief für Damian Ziegler aus dem Jahre 1550 (Ausschnitt). OÖ. Landesarchiv, Wappenbriefe, Urkunde 9 a
Foto: Litzlbauer

Die Grundherren hatten sich damit nicht nur eine zusätzliche Einnahmequelle gesichert, sondern auch die Möglichkeit, die Prosperität ihrer Untertanengüter zu überwachen. Sie bzw. ihre Pfleger wußten nunmehr sehr genau über die steuerliche Belastbarkeit der einzelnen Bauern Bescheid.

Zusätzlich zum Anfeilzwang eröffnete die Einführung des „Besthauptes" einen Zugang zum Viehhandel. Beim Tod einer Bäuerin oder eines Bauern stand dem Grundherren nämlich das beste Stück Vieh aus dem Stall zu. Es ist uns heute nicht mehr möglich, eine einleuchtende Begründung für diese neue Abgabe zu finden.

All diese Neueinführungen, die sehr zutreffend mit dem Begriff „Kapitalisierung der Grundherrschaften" umschrieben worden sind, waren nicht nur darauf ausgerichtet, die wirtschaftliche Macht des Adels auszubauen und dem städtischen Bürger einen Teil seiner Arbeits- und Nahrungsgrundlagen zu entziehen, sondern sie sind auf einer höheren Ebene in das allgemeine Ringen zwischen Landesfürst und Ständen um die Vormachtstellung im Lande einzuordnen. Denn mit einer wirtschaftlichen Schwächung der Städte konnte man den Landesfürsten als Stadtherrn sehr empfindlich treffen.

Neben den Städten hatte der niedere Adel, der Ritterstand, am meisten unter der wirtschaftlichen Entwicklung zu leiden. Mit einigen wenigen Untertanen konnte er bei der Kapitalisierung nicht mithalten.

Es sei aber auch die Kehrseite nicht verschwiegen und noch einmal wiederholt: Ebenso selbstverständlich, wie vom Adel die festgefügte ständische Ordnung durch das Eindringen in den Handel erschüttert wurde, trachteten die Bürger durch den Kauf von Landgütern zusätzliche Einnahmequellen zu erschließen. Darüber hinaus ging es den reichen Handelsleuten auch um eine ständische Erhöhung, um eine Steigerung des Sozialprestiges, denn von ein paar wenigen Untertanen konnten sie ihren im Handel erworbenen Lebensstandard kaum halten. Lediglich in wirtschaftlich äußerst schlechten Zeiten konnte der Rückzug auf den Landbesitz die Grundlage zum Überleben sein. Von nicht zu unterschätzendem Vorteil war der Besitz einer kleinen Grundherrschaft in den Zeiten der Gegenreformation: Auf dem Land konnten die Bürger in Anlehnung an die adeligen Grundbesitzer bei der evangelischen Religion verbleiben. Wer und wie viele Linzer sich im Jahre 1600 bzw. 1624 auf ihre Landgüter zurückgezogen haben, können wir mangels einschlägiger Untersuchungen nicht angeben. Alle angeführten Gründe wurden überragt von dem Drang, in die nächsthöhere Gesellschaftsschicht, also in den niederen Adel, aufzusteigen. Dazu konnte etwa der Dienst in landesfürstlichen Ämtern verhelfen. Der Apotheker Damian Ziegler wurde 1550 von König Ferdinand in den Adelsstand erhoben. Der mehrmalige Stadtrichter Andre Prückner war 1513 Anwalt (= Verweser) der Landeshauptmannschaft geworden und scheint 1527 als Besitzer der Herrschaft Schlüßlberg auf. Kaiser Maximilian I. wandelte Georg Waltinger – er war mehrmals Stadtrichter und Bürgermeister gewesen – seine landesfürstlichen Lehen zu freiem Eigen um. Kolman Grüntaler, ebenfalls Stadtrichter und Bürgermeister, war auch Pfleger der Herrschaft Lützelburg. Ruprecht Wildberger, im Jahre 1570 Stadtrichter und 1573 Bürgermeister, war 1565 in den erbländischen Adelsstand aufgenommen worden. Ausschlaggebend dafür waren seine Verdienste im Türkenkrieg, so wie bei Lorenz Sixt gut 25 Jahre später. Die Beispiele ließen sich beliebig vermehren. War der Adelsstand nicht zu erreichen, so bemühten sich die meisten Bürger wenigstens um einen Wappenbrief, denn auch das Recht zur Führung von Wappen und Siegel hob das Image beträchtlich. Wenn man beide Bestrebungen – das Eindringen des Adels in den Handel und den Kauf von Landgütern durch die Bürger – gegeneinander abwägt, wird sofort klar, wer als Sieger aus diesem Wettstreit hervorgegangen ist: Von den Bürgern waren es immer nur einzelne, denen es gelang, eine weitere Stufe der gesellschaftlichen Pyramide zu erklimmen, der Adel beanspruchte die wirtschaftlichen Rechte generell für sich. Für die Bürger wäre es außerdem noch ein weiter, über Generationen dauernder Weg gewesen, bevor sie sich in den hohen Adel hätten einreihen können.

Wir werden noch andere Aktionen kennenlernen, mit denen der Adel einerseits in die bürgerliche Domäne vorzudringen und andererseits landesfürstliche Hoheitsrechte an sich zu ziehen versuchte. Doch zuvor wollen wir uns einem Thema zuwenden, das Linz vor allem im 16. Jahrhundert im gesamten Reich bekannt und berühmt gemacht hat, die Linzer Märkte.

Die großen Messen

Wir haben schon gesehen, daß die beiden Linzer Jahrmärkte im Spätmittelalter einen unwahrscheinlich großen Aufschwung genommen haben. Die Gründe dafür sind schon genannt worden. Sie bleiben auch in keiner ernstzunehmenden Wirtschaftsgeschichte des mitteleuropäischen Raumes unerwähnt, und dennoch sind wir über kein bedeutendes Ereignis und über keine Einrichtung aus der Stadtgeschichte des 16. Jahrhunderts schlechter informiert als über die Linzer Märkte. Jeder noch so spärlichen schriftlichen Nachricht muß man in auswärtigen Archiven nachspüren, denn in Linz hat sich so gut wie nichts erhalten. Nur ganz verstreute Dokumente werfen wie Theaterspots einzelne Lichtpunkte in das Dunkel der Bühne, auf der sich zweimal pro Jahr die damalige Geschäftswelt Mitteleuropas traf. Einer Schätzung von 1593 zufolge soll der Umsatz auf einem einzigen Linzer Markt 4 Millionen Gulden betragen haben, das war soviel wie auf den Freistädter und Kremser Märkten zusammen, und das zweimal pro Jahr. Vom Reingewinn eines Marktes bekommt man eine ungefähre Vorstellung, wenn man den Stadtbrunnen von Bruck an der Mur betrachtet, der als einer der schönsten in Österreich gilt. Die Brucker ließen ihn errichten, als ihnen die Verlegung des Bartholomäimarktes im Jahre 1626 eine unverhoffte zusätzliche Einnahme brachte. In Linz wütete in diesem Jahr der Bauernkrieg, die Stadt war belagert und an einen Jahrmarkt nicht zu denken.

Die Verlagerung des Fernhandels vom Mittelmeer an den Atlantik und das allmähliche Wachsen eines transkontinentalen Weltmarktes konnten den Linzer Märkten lange Zeit keinen Eintrag tun. Im Gegenteil: Die Einführung des Giro- und Wechselverkehrs steigerte die Attraktivität des Linzer Platzes nachgerade. Es war nun für den auswärtigen Kaufmann nicht mehr nötig, vollbepackt mit Waren in die Donaustadt zu kommen. Sie wurden zum Teil nur mehr anhand von Mustern bestellt und die Bezahlung vielfach bargeldlos abgewickelt. War aber Geld vonnöten, konnte man sich der Linzer Münzstätte bedienen, die, wie schon bemerkt, einen ausgezeichneten Ruf genoß. Nicht einmal ihr sang- und klangloses Verschwinden konnte die Prosperität der Linzer Märkte ernsthaft beeinflussen. Wichtig war für die Kaufleute lediglich, daß sie hier zweimal im Jahr zu einem bestimmten Zeitpunkt die Geschäftspartner verläßlich treffen konnten. Als

161 Der aus dem Reingewinn des Bartholomäimarktes 1626 finanzierte Stadtbrunnen in Bruck an der Mur.
Foto: Stadtgemeinde Bruck, Huber

unübertrefflicher Vorteil erwies sich dabei das Repressalienrecht der Stadt, über das schon gehandelt worden ist. Eine Linzermarktschuld war eine sichere Angelegenheit, und nirgendwo anders kam der einzelne so leicht zu seinem Recht wie hier.

Neben dem geld- und warenlosen Geschäftsverkehr wurde natürlich der konkrete Handel weiter aufrechterhalten. Zu einem sehr großen Teil war es noch ein Tauschverkehr, manchmal nicht unähnlich den heutigen Bartergeschäften. Das Mautvectigal von 1604 läßt erahnen, welche Waren auf den Linzer Märkten gehandelt wurden:

Neben den Landesfrüchten vor allem alle Sorten Wein aus dem Ausland wie Malvasier, Muskateller und Vernatsch. An Vieh vor allem ungarische Ochsen. Dazu nach wie vor Salz und Eisen. An Tuchen (Stoff) wurde geboten, was das Herz begehrte: Gesponnene Gold- und Silberborten und ebensolche Tücher; Samt, Atlas, Damast, spanische Seide; dies alles neben den schon erwähnten niederländischen und englischen Fabrikaten.

Darüber hinaus kamen die heimische Leinwand und der Barchent auf den Markt.

Es gab gröbere Stoffe aus Meißen, Zwickau, Iglau, Braunau in Schlesien und aus Bautzen sowie Schweizer Futtertuch. An Spezereien Nelken, Muskatblüten, Zimtröhren, Ingwer, Safran und türkischer Pfeffer. Es gab Kümmel, Zucker, Anis, Koriander, Lorbeeröl, Mandeln, Datteln, Parmesan, holländischen Käse, Orangen, Zitronen, Kirschen, Marillen, Pfirsiche und frische Weinbeeren, Feigen und Oliven.

Im großen wurde gehandelt Wachs, Süßholz, Zinn, Messing, Kupfer, Blei, Pech, Unschlitt, Garn, Schmalz, Glockenspeise, Gips, Schwefel, Kreide und verschiedene Wollarten sowie Bettfedern. Dazu Schießpulver, Salliter und Drähte und Nägel. Eine Ladung Fensterglas bestand aus 5000 Butzenscheiben. Trinkgläser waren seltener, bezeichnenderweise hießen sie Scherben-Gläser.

Unerschöpflich war der Erfindungsreichtum bei den Kopfbedeckungen, damals „*Parret*" genannt. Alle Macharten und alle Stoffe kamen dafür in Frage: Samt, Atlas, Wolle und Filz.

Gestrickte Handschuhe aus München, gefüttert und ungefüttert, wurden angeboten und ebenfalls gestrickte Bauernhosen. Große Aufmerksamkeit wurde der Bettwäsche zugewandt. Leinwand aus Italien und St. Gallen in der Schweiz dürfte sehr gefragt gewesen sein. Ulmer, Augsburger, Münchner und Passauer Tuchentüberzüge und Leintücher waren zu haben. Im Federnhandel waren die böhmischen Juden führend. Unglaubliche Mengen davon wurden in Linz umgesetzt. Die Augsburger Firma David Brunell und Compagnie kaufte z. B. auf dem Ostermarkt 1574 insgesamt 3600 kg Federn und bestellte für den Kremser Markt die zehnfache Menge! Allein für die fachgerechte Verpackung mußten an die 100 Gulden aufgewendet werden.

Zurück zu den anderen Waren: Der Linzer Markt war auch Umschlagplatz für allerlei Arzneimittel, vor allem Heilkräuter- und Wurzeln: Rapunzel, Angelika, Pimpernell, Engelsüß, Enzian, Meisterwurz, Ochsenzungen, Hirschzungen, Alraun usw.

An Fischen, diese auch auf den Wochenmärkten, gab es Hausen, Reinanken, Karpfen, Hechte, Forellen, Grundlinge, Koppen, Pfrillen. An gesalzenen oder getrockneten Köstlichkeiten Aal, Lachs und Heringe, Sardellen, Meerspinnen (= Seestern?) und Austern. Billig war der Stockfisch.

Einen großen Umfang nahm der Fell- und Häutehandel ein, das sogenannte Kürschnerwerk: Zobel-, Marder-, Fuchs-, Luchs-, Otter-, Eichhorn- und andere wertvolle Pelze wie Bären- und Wolfshäute gab es neben geringeren Sorten wie Schaf- und Lammfellen sowie Ochsen- und Kuhhäuten. Hasen- und Katzenbälge sind im Verzeichnis zu finden, aber interessanterweise keine Hirsch- oder Rehdecken. Von allen Pelzsorten gab es wieder eine reiche Auswahl von Kopfbedeckungen, wobei die Zobelhauben weitaus am teuersten waren.

Zur gemischten Krämerei zählten neben den schon erwähnten Arzneimitteln niederländische und türkische Teppiche, gemalte Tücher, bunte Strauß- und Kranichfedern, Badeschwämme, seidene und andere Schleier und, was uns in Linz und Oberösterreich aufhorchen läßt, auch gold- und silberdurchwirkte Frauenhauben! Seidene und wollene Strümpfe, Joppen, *Pfaiden,* Halstücher, Hals*pfaiden,* Fürtücher und Brusttücher sowie gestrickte Hosen. Elefantenzähne wurden als *Helffenbein* bezeichnet.

Maultrommeln wurden pro Saum, also en gros vermautet!

Plattner, Schlosser und Büchsenmacher boten ein ganzes Arsenal von Rüstungen, Wehr und Waffen an, Harnische und Panzer, Brech- und Reithauen, Schwerter und Spieße.

Die sogenannten Nürnberger Waren bestanden in Taschen, Gürteln, Beuteln, in Kämmen, Bürsten, Nadeln und Fingerhüten, Roß- und Riemenzeug, Augengläsern (=Brillen!), Briefspagat usw.

Es gab steinerne und hölzerne gemalte Altar- und andere Tafeln und Bildwerke; Trompeten, Posaunen, *Clavicordias,* Orgelpositive und natürlich auch jede Menge gedruckte Bücher, Aderlaßtafeln, gemalte Briefe, Traktate und Hausväterliteratur, die als *„Practiquen"* bezeichnet wurden.

Die Wiener und später auch die Prager Hofkanzleien deckten sich auf dem Linzer Markt mit Papier ein, das in Kaufbeuren, Memmingen, Ravensburg und Augsburg hergestellt wurde. Die heimische Produktion – 1529 hören wir von einer ersten Papiermühle in Margarethen, und auch in Kleinmünchen wurde um die Jahrhundertmitte Papier geschöpft – konnte den benötigten Bedarf nicht decken. Die seit ca. 1540 betriebene Papiermühle in Kremsmünster blieb aber bis in das 19. Jahrhundert bestehen. Die Stadt Linz selbst hatte keinen Zugang zu Gewässern, die eine Mühle, gleich welcher Art, hätten treiben können. Deshalb hat auch das Müllerhandwerk bis an das Ende des 16. Jahrhunderts in Linz nicht existiert.

80 Codicis Austriaci

	fl.	ß.	₰.
Von einem Fäß Pockaschin, oder Regen-Tücher, so 100. Stück halten, soll davon zu Mauth	1	5	10
Ulmer, und andere Golschen, ein Faß zu 30. Stück, giebt Mauth	-	4	-
Von einem Stück Bettziechen	-	-	4
Von einem Stück Bett-Parchent	-	-	8
Der Münnicher Golschen, Augspurger, und Passauer Ziechen, so vermöge des alten Vectigals nach den 100. Ellen angesagt, und vermauth worden, sind abgekommen ꝛc.			
Von einem Nürnbergischen Tisch-Töbig	-	-	4
Banck-Töbig oder Tuch	-	-	4
Von 100. eine Roß-Decke	-	-	12
Von einer gemahlten Roß-Decke	-	-	2

Feder-Bett, Polster, und deren Ziechen.

	fl.	ß.	₰.
Von einem Feder-Bett	-	-	4
Von einer Tuchend	-	-	2
Von einem Pflaumen Polster	-	-	1
Von zwey Küssen	-	-	1
Von einer Bett-Ziechen	-	-	1
Von einem neuen abgenähten Golder, oder Decke	-	-	4
Von einem Hungarischen Kotzen	-	-	4
Von einem Keppeneck, er sey gemacht oder ungemacht	-	-	4
Von einer Englischen weissen Decke	-	-	16
Von einer Türckisch- oder Razischen Decke	-	-	16

Allerley Cramerey, und Pfennwerck, so nach dem Gulden angesagt und vermauth werden muß.

	fl.	ß.	₰.
Ein Sämb Crämerey, so aus Welschland kommt, wird per 140. Gulden angeschlagen, giebt der Sämb, so drey Centner hält	2	2	20
Von einem halben Sämb	1	1	10
Von einem viertel Sämb	-	4	20
Und von einem Centner	-	6	8
Apotheckerey, als Simplicia, Sassaparilla, Cassia, Senis-Blätter, Manna, und dergleichen, ist ein Sämb per 60. Gulden angeschlagen, von einem Gulden zu Mauth 1. Kreutzer, id est vom Gulden	-	-	4
Parmesan Käß, sagt man an nach dem Sämb, der hält 2. Bällel, und müssen halten 3. Centner, ist der Sämb per 60. fl. angeschlagen, giebt man vom Gulden	-	-	4
Die Corduan Felle sagt man an nach dem Gulden, und ist ein Sämb per 80. fl. angeschlagen, vom Gulden zu Mauth	-	-	4
Item das Moldan-Leder, so etwas schlechter als Corduan, wird nach dem Gulden gleichfalls angesagt, und der Sämb per 60. Gulden angeschlagen	-	-	4
Wälsche Trinck-Gläser, sagt man an nach dem Gulden, von einem Gulden zu Mauth	-	-	4
Was von Speck-Art in Trugen, item von schönen weissen und geschmoltzenen Speck-Art aus Franckreich oder Venedig geführt wird, Spill- und Spiegel-Glaß, item die Kolben, so man zum scheiden und distiliren brauchet, vom Gulden werth	-	-	4
Tapezerey, Spalir, Türckische, Niederländische, und andere dergleichen Tebiche, gemahlte Tücher, und gemahlte Strauß- Kranich- und andere dergleichen Federn, Baad-Schwammen, Elephanten-Zähne, oder Helffenbein, Schleyer, sie seyn seiden, Baumwollen, oder Stauchen, goldne, silberne, seidene, gestrickte oder gewirckte Hauben, item seidene und andere gestrickte Strümpfe, von einzigen, und gemachten Joppen, Pfaiden, Hals-Tüchern, Hals-Pfaiden, Fürtüchern, Faciletten, Brust-Tücher, Frauen Hauben, und alles was solcher Arbeit ist, es sey von gebleichter oder roher Leinwand gemacht, und dann gestrickte Hosen, wird alles nach dem Gulden angesagt, und vom Gulden zu Mauth genommen	-	-	4

Maul-

162 Ausschnitt aus dem Mautvectigal von 1604, das alle Waren aufzählt, die die Linzer Mautstelle passiert haben und auch am Linzer Markt gehandelt wurden. Supplementum (wie Abb. 111), S. 80. Foto: Litzlbauer

Steyr und Wels dagegen betrieben seit damals ihre eigenen Papiermühlen.

Vom Gewandschnitt war schon die Rede. Die Handwerker und Kleinhändler boten ihre Waren in den Markthütten an, die zerlegbar waren und in der marktfreien Zeit im Stadtzwinger gestapelt wurden. Gegen eine entsprechende Gebühr wurden sie an die Marktfahrer entlehnt. Der Großhandel spielte sich in den offenen Gewölben der Bürgerhäuser ab. Diese waren zu den Marktzeiten bis unter den Dachboden mit zahlenden Gästen belegt. Nicht nur der Hauptplatz, sondern auch alle Nebenstraßen und sogar die Vorstädte waren mit Marktbuden vollgestopft.

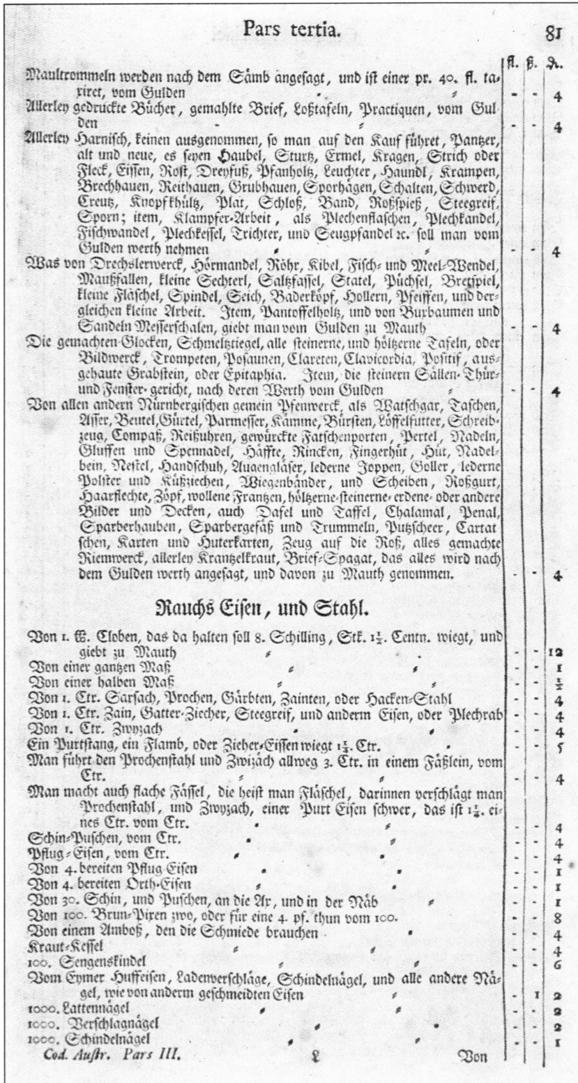

Pars tertia. 81

	fl.	ß.	₰.
Maultrommeln werden nach dem Sämb angesagt, und ist einer pr. 40. fl. taxiret, vom Gulden	-	-	4
Allerley gedruckte Bücher, gemahlte Brief, Loßtafeln, Practiquen, vom Gulden	-	-	4
Allerley Harnisch, keinen ausgenommen, so man auf den Kauf führet, Pantzer, alt und neue, es seyen Haubel, Sturtz, Ermel, Kragen, Strich oder Fleck, Eissen, Rost, Dreyfuß, Pfanholtz, Leuchter, Haundl, Krampen, Brechhauen, Reithauen, Grubhauen, Sporhägen, Schalten, Schwerd, Creutz, Knopfkhültz, Plat, Schloß, Band, Roßspieß, Steegreif, Sporn; item, Klampfer-Arbeit, als Plechenflaschen, Plechkandel, Fischwandel, Plechkessel, Trichter, und Seugpfandel rc. soll man vom Gulden werth nehmen	-	-	4
Was von Drechslerwerck, Hörmandel, Röhr, Kibel, Fisch- und Meel-Wendel, Maußfallen, kleine Sechterl, Saltzfassel, Statel, Püchsel, Bretspiel, kleine Fläschel, Spindel, Seich, Baderköpf, Hollern, Pfeiffen, und dergleichen kleine Arbeit. Item, Pantoffelholtz, und von Buxbaumen und Sandeln Messerschalen, giebt man vom Gulden zu Mauth	-	-	4
Die gemachten-Glocken, Schmeltztiegel, alle steinerne, und höltzerne Tafeln, oder Bildwerck, Trompeten, Posaunen, Clareten, Clavicordia, Positif, ausgehaute Grabstein, oder Epitaphia. Item, die steinern Sällen-Thür- und Fenster-gericht, nach deren Werth vom Gulden	-	-	4
Von allen andern Nürnbergischen gemein Pfenwerck, als Watschgar, Taschen, Asser, Beutel, Gürtel, Parmesser, Kämme, Bürsten, Löffelfutter, Schreibzeug, Compaß, Reißuhren, gewürckte Fatschenporten, Pertel, Nadeln, Gluffen und Spennadel, Häffte, Rincken, Fingerhüt, Hüt, Nadelbein, Nestel, Handschuh, Augengläser, lederne Joppen, Goller, lederne Polster und Küßziechen, Wiegenbänder, und Scheiben, Roßgurt, Haarflechte, Zöpf, wollene Frantzen, höltzerne-steinerne-erdene- oder andere Bilder und Decken, auch Dafel und Taffel, Chalamal, Penal, Sparberhauben, Sparbergefäß und Trummeln, Putzscheer, Cartatschen, Karten und Huterkarten, Zeug auf die Roß, alles gemachte Riemwerck, allerley Krantzelkraut, Brief-Spagat, das alles wird nach dem Gulden werth angesagt, und davon zu Mauth genommen.	-	-	4
Rauchs Eisen, und Stahl.			
Von 1. W. Cloben, das da halten soll 8. Schilling, Stk. 1½. Centn. wiegt, und giebt zu Mauth	-	-	12
Von einer gantzen Maß	-	-	1
Von einer halben Maß	-	-	½
Von 1. Ctr. Sarsach, Prochen, Gärbten, Zainten, oder Hacken-Stahl	-	-	4
Von 1. Ctr. Zain, Gatter-Ziecher, Steegreif, und anderm Eisen, oder Plechrab	-	-	4
Von 1. Ctr. Zwyzach	-	-	4
Ein Purtstang, ein Flamb, oder Zieher-Eissen wiegt 1¼. Ctr.	-	-	5
Man führt den Prochenstahl und Zwizäch allweg 3. Ctr. in einem Fäßlein, vom Ctr.	-	-	4
Man macht auch flache Fässel, die heist man Fläschel, darinnen verschlägt man Prochenstahl, und Zwyzach, einer Purt Eisen schwer, das ist 1¼. eines Ctr. vom Ctr.	-	-	4
Schin-Puschen, vom Ctr.	-	-	4
Pflug-Eisen, vom Ctr.	-	-	4
Von 4. bereiten Pflug Eisen	-	-	1
Von 4. bereiten Orth-Eisen	-	-	1
Von 30. Schin, und Puschen, an die Ax, und in der Näb	-	-	1
Von 100. Brun-Pixen zwo, oder für eine 4. pf. thun vom 100.	-	-	8
Von einem Amboß, den die Schmiede brauchen	-	-	4
Kraut-Kessel	-	-	4
100. Sengenskindel	-	-	6
Vom Eymer Huffeisen, Ladenverschläge, Schindelnägel, und alle andere Nägel, wie von anderm geschmeidten Eisen	-	1	2
1000. Lattennägel	-	-	2
1000. Verschlagnägel	-	-	2
1000. Schindelnägel	-	-	1

Cod. Austr. Pars III. L Von

163 *Ausschnitt aus dem Mautvectigal von 1604, das alle Waren aufzählt, die die Linzer Mautstelle passiert haben. Supplementum (wie Abb. 111), S. 81. Foto: Litzlbauer*

Was wäre ein Markt ohne Kundschaft! Wem immer es möglich war, der begab sich auf einen oder zwei Tage zu den berühmten Linzer Märkten. Die Freihäuser waren zwar nicht mit Händlern, aber mit den adeligen Verwandten und Gästen der glücklichen Hausbesitzer voll belegt. Auch für sie war der Linzer Markt ein Pflichttermin, an dem Außenstände kassiert und Darlehen aufgenommen werden konnten, und so manches Gut mag auf dem Linzer Markt seinen Besitzer gewechselt haben. Allerdings ließ sich der Adel bei solchen Geschäften in der Regel von den Pflegern oder „profimäßigen Bankiers“ vertreten.

Abt Eberhard von Kremsmünster, den wir als Freund des Stadtpfarrers Purgleitner schon kennengelernt haben, ist z. B. während des Ostermarktes 1588 in seinem Linzer Freihaus verstorben.

Die Linzer Märkte hatten sich ja zu regelrechten Wechselmärkten entwickelt, am ehesten vergleichbar einer Börse im heutigen Sinn. Wenn man der einschlägigen Literatur glauben darf, dann zählte Linz zu den wichtigsten Geldmessen in ganz Europa.

Wir haben schon darauf hingewiesen, daß man diese Vorrangstellung zu einem beträchtlichen Teil dem Repressalienrecht verdankte. Durch dieses rigide und rigorose Recht wurde es z. B. möglich, daß Jacob de Arco, ein Handelsmann aus Verona, über Einschreiten des Linzer Stadtrichters von der Stadt Krakau in Polen und deren Handelsleuten ohne große Schwierigkeiten eine Schuld einfordern konnte (1607). Ebenso konnte (1611) der Wiener Kaufmann Lindelauf von Achaz Anschelm aus Laibach in Linz eine Schuld eintreiben oder Rohrmann aus Nürnberg eine Schuld des Zinabersockhi aus Agram.

Natürlich gab es von seiten der unschuldig Verhafteten immer wieder heftige Proteste gegen das Repressalienrecht, und einige wenige glaubten, sich nicht beugen zu müssen, wie etwa der berühmte und reiche Welser Handelsmann Ruprecht Trinker und ein gewisser Martin Fürnhaber aus Breslau oder Paulus Pestaluz aus Cleve. Nur kurz geriet dieses exklusive Recht in Zusammenhang mit dem ersten Versuch der Gegenreformation ins Wanken, als der Landeshauptmann glaubte, alles abschaffen zu müssen, was bis dahin bei den Evangelischen in Übung gewesen ist. Die rapide Münzverschlechterung und die Teuerungswelle von 1623/24 brachten die Linzer Märkte ebenfalls kurzfristig in Gefahr. Sie konnte aber durch die rigorosen Preisregelungen des Statthalters Herberstorff gebannt werden.

Nur bei einer Gruppe von autorisierten Händlern versagte das Repressalienrecht: bei den Juden. Sie waren ja um 1420 für immer aus dem Land ob der Enns vertrieben worden, galten aber auf den Linzer Märkten als verläßliche Geschäftspartner mit den wenigen Ausnahmen, die es auch bei allen anderen Nationen gab. Ihr besonderer Rechtsstatus in der jeweiligen Heimatstadt machte es aber unmöglich, einen beliebigen Bürger von dort in Schuldhaft zu nehmen. Ebenso unmöglich war es, den nächstbesten Juden zu verhaften, gleichgültig aus welcher Stadt er kam. Auch das entsprach nicht dem Repressalienrecht. Allerdings wird aus den Quellen deutlich, daß alle übrigen

Kaufleute im 16. Jahrhundert sehr schnell zu Pauschalverdächtigungen gegen alle Juden gegriffen haben. Die Wogen der Erregung gingen hoch, als im Jahre 1601 Juden aus Prostnitz in Mähren Marktschulden hinterließen und nach Polen flüchteten. Für einen Ausstand von nur 127 Gulden wurden beliebige andere Juden aus Mähren verhaftet, für die sich Karl von Liechtenstein, der Herr auf Nikolsburg, erfolgreich bei Kaiser Rudolf II. einsetzte, sodaß sie aus der Haft entlassen werden mußten. Der Linzer Stadtrichter Hans Kogler war von einer breiten Front ausländischer Kaufleute bedrängt worden, ihre Rechte gegenüber den Juden zu schützen. Eine ähnliche Affäre spielte sich 1608/09 ab, als sich Nicolao Signorini aus Florenz, Gierolamo Rescalle aus Cremona, Johann Friedrich Mazoldi aus Görz, Andreas Jonavoll und Hans Ufinger aus Nürnberg, Johann Baptist Falkhet aus Mailand, Johann Ascanius Mora aus Wien, Alexander Cazzia und Wolf Sailler aus Salzburg von zwei Prager Juden auf dem Linzer Markt geprellt fühlten. Sie bildeten eine geschlossene Allianz gegen die jüdischen Kaufleute und unternahmen alles, um einen von ihnen, der in Freistadt gefangengenommen worden war, vor ein ihnen genehmes Gericht zu bringen.

Nur nebenbei sei erwähnt, daß die Erinnerung an die frühere Anwesenheit der Juden in Linz im 16. Jahrhundert noch wach gewesen sein dürfte: 1566 hieß ein Haus in der Altstadt noch immer *Juden duckh grueb*.

Bei aller Spärlichkeit der Nachrichten, die uns überliefert sind, wäre der Bericht über die Linzer Märkte wohl gänzlich unvollständig, wenn wir nicht auch einen Blick auf das Darumherum werfen würden.

Wer könnte sich heute einen Urfahrmarkt ohne Vergnügungspark vorstellen? Und ohne Sensationen und Attraktionen können wir uns auch die Messen des 16. Jahrhunderts nicht denken, auch wenn uns schriftliche Nachrichten weitgehend fehlen. Aber aus anderen Städten wissen wir, daß diese Großereignisse nicht nur seriöse und weniger seriöse Handelsleute, Handwerker, Adelige und Geistliche anlockten, sondern auch die sogenannten Randgruppen der Gesellschaft. Allen voran standen die Geschäftemacher mit der Gesundheit: Bruch- und Steinschneider, Zahnbrecher, Starstecher und Oculisten, Theriakkrämer etc. Sie wurden in Linz von den Ärzten geprüft und überprüft, hatten aber ihre sichere Kundschaft.

Geradezu magische Anziehungskraft muß der Glückshafen, eine Art Lotto, gehabt haben. Einmal verboten, dann wieder erlaubt, waren die Betreiber offenbar gezwungen, in ihren Eingaben stets darauf hinzuweisen, daß sie laut glaubwürdiger Zeugnisse immer ohne Arglist und Betrug arbeiten würden. Sie versicherten, daß sie nicht abreisen würden, bevor die Ziehung der Lose stattgefunden hat und der Gewinn ausgeschüttet wird. Das Glücksspiel-„Monopol“ lag damals beim Landeshauptmann, so wie heute beim Staat, und wir dürfen annehmen, daß er ebenso wie dieser auf seine Kosten gekommen ist.

Es ist uns dann noch in ein paar Worten die Anwesenheit von fahrenden Musikanten, Spielleuten und Spieltischbetreibern überliefert. Im Jahre 1600 haben englische Komödianten bei der Stadt um eine Auftrittserlaubnis angesucht. Vielleicht wurde damals Shakespeare erstmals in Linz aufgeführt. Wir wissen aber nicht, ob die Schauspieler aus Anlaß eines Jahrmarktes oder einfach während des Jahres nach Linz gekommen sind.

Wenn wir uns ein nur halbwegs annäherndes Bild vom Gewühle auf den Linzer Märkten machen wollen, müssen wir wohl die jetzt noch bestehenden orientalischen Märkte als Vergleich heranziehen.

Es gibt nur mehr wenig erhaltene Überreste, die an die große Zeit der Linzer Märkte erinnern, wie etwa die ältesten Stadtrichterschwerter aus dem Ende des 16. Jahrhunderts. Gerade sie waren aber nicht nur Symbol der richterlicher Gewalt zur Zeit der Märkte, sondern galten das ganze Jahr über als Zeichen der städtischen Jurisdiktion, und die galt damals, als Justiz und Verwaltung noch nicht getrennt waren, wesentlich mehr als heute.

Was allerdings zur Gänze erhalten blieb, ist das städtische Waaghaus in der Altstadt neben dem Kremsmünsterer Stiftshaus, das Anfang des 16. Jahrhunderts errichtet wurde. Ohne die geeichte Stadt- und Marktwaage war an einen geregelten und friedlichen Handel nicht zu denken. Sicher hat es auch vorher schon eine Stadtwaage gegeben, wo sie sich befunden haben mag, können wir indessen nur vermuten: im Rathaus. Allerdings ist uns dessen Existenz auch erst aus dem Ende des 15. Jahrhunderts überliefert. Die Einnahmen, das *Waaggefälle,* flossen zum Großteil der Stadtpfarrkirche, respektive dem Kirchenamt zu. Auf das Gebäude selbst werden wir im Zusammenhang mit dem Schulwesen noch einmal zu sprechen kommen.

Maße und Gewichte waren für das gesamte Mittelalter ein überaus leidiges Problem, denn

164 Das zu Beginn des 16. Jahrhunderts in der Altstadt erbaute öffentliche Waaghaus, das in seinem ursprünglichen Erscheinungsbild erhalten werden konnte.
Foto: Eigner

jede Stadt, ja sogar größere Märkte hatten ihre eigenen Einheiten, die zum Teil beträchtlich voneinander abweichen konnten, sodaß die Ware immer wieder neu vermessen oder gewogen werden mußte. Eine sinnvolle Angleichung scheiterte immer wieder an den jeweiligen Sonderinteressen. Sie war oftmals versucht worden. Im Jahre 1568 bemühten sich die Stände um eine Vereinheitlichung von Maß und Gewicht. Als Norm wurden die Linzer Einheiten vorgeschlagen, weil sie durch die Märkte bei in- und ausländischen Kaufleuten bekannt und eingeführt waren. Im Jahre 1570 ordnete daher Kaiser Maximilian II. an, daß die Linzer Elle im ganzen Land Gültigkeit haben sollte und nur sie verwendet werden dürfe. Ähnlich wurde mit den Holzmaß verfahren, dem Klafter, obwohl Linz sicher nicht die erste Adresse für den Holzumsatz gewesen ist. Lediglich beim Getreide sollte der Steyrer Metzen allgemeine Geltung erlangen. Das galt auch für die Kohlen- und Kalkmetzen. Dazu muß einschränkend bemerkt werden, daß es den Grundherrschaften natürlich weiterhin erlaubt blieb, ihr eigenes Dienst- und Kastenmaß zu verwenden, sodaß ihre Anregung von 1568 kaum von einem Trachten nach dem Allgemeinwohl getragen gewesen sein dürfte wie es den Anschein haben könnte.

Es waren nur Schlaglichter, die wir auf die Geschichte der Linzer Märkte im 16. Jahrhundert werfen konnten, weil uns die Quellen zu näheren und konkreten Ausführungen fehlen. Als Abschluß und Illustration vielleicht noch ein Hinweis: Als Karl von Zierotin 1609 seine Tochter vermählen wollte und die bereits bestellte, reichhaltige Aussteuer aus Italien nicht rechtzeitig eintraf, entschloß er sich, alles am Linzer Ostermarkt kaufen zu lassen. Zierotin war Landeshauptmann von Mähren und väterlicher Freund des Georg Erasmus von Tschernembl, dem geistigen Führer des oberösterreichischen Adels. Seiner Stellung entsprechend waren seine und sicher auch seiner Tochter Ansprüche gewiß nicht bescheiden. Daß diese Ansprüche in Linz erfüllt werden konnten, zeigt einmal mehr, wie vielfältig und leistungsfähig die Jahrmärkte gewesen sind.

Bürger und Handwerker

Im Kapitel über das Mittelalter wurde bereits dargelegt, daß die Bevölkerung der Stadt keineswegs so homogen gewesen ist, wie man sich das gemeinhin vorstellen möchte. Die Geschichtswissenschaft hat sich, beeinflußt durch die Soziologie, damit anfreunden müssen, eine genauere Differenzierung der einzelnen Gruppen und Schichten vorzunehmen. Manchmal wurde dabei kräftig über das Ziel geschossen und Streitereien, ob die Gruppe zur unteren Ober- oder zur oberen Mittelschicht gehörte, waren nicht selten. Vielfach sind auch die Forschungsmethoden, die aus der Vorstellungswelt des 19. und 20. Jahrhunderts entwickelt wurden, für frühere Epochen nicht brauchbar. Die exakte Messung und das Zählen anhand von Steuerlisten und anderen Massenquellen scheint allein deswegen nicht immer sinnvoll, weil gerade dieser Zahlenfetischismus beim mittelalterlichen Menschen nur ein mitleidiges Kopfschütteln hervorgerufen hätte. Für ihn waren Zahlen auch wichtig, aber nur als Symbole für zu bezeichnende Größen. Die meisten von ihnen wurden der Bibel und der Mythologie entnommen.

Die Forschung zur Linzer Geschichte hat mit solchen Problemen keine Schwierigkeiten, denn bei der gründlichen Vernichtung des Stadtarchivs hat man die dazu erforderlichen Unterlagen weitgehend beseitigt.

Wir unterscheiden deshalb nur zwischen den Kaufleutebürgern und den Handwerkern, wobei bei letzteren noch zu differenzieren ist, ob sie innerhalb oder außerhalb der Stadtmauern wohnten. Mit Gesellschaftsgruppen, die unterhalb dieses sozialen Levels standen, befassen sich nur wenige Quellen, sodaß man über ihren Einfluß auf den Fortgang der historischen Entwicklung nur marginale Aussagen treffen kann. Sie werden nur im Bereich der Sozialfürsorge besser greifbar und erfahren im entsprechenden Abschnitt Berücksichtigung. Zunächst zu den Bürgern: Ihre führende Position innerhalb der städtischen Gemeinschaft, die sie sich im Mittelalter aufgebaut haben, blieb im 16. Jahrhundert im wesentlichen unangetastet. Die wenigen Auflehnungsversuche der Handwerker, über die noch zu sprechen sein wird, hatten keine einschneidenden Folgen. Ein städtisches Patriziat, das nur von einem arbeitslosen Einkommen lebte, gab es im Gegensatz zu größeren Städten in Linz nicht. Alle Bürger gingen ihrer *Handtierung*, d. h. ihrem Beruf nach, der global mit „Handel" umschrieben werden kann. Dazu waren Grundkenntnisse im Schreiben und Rechnen erforderlich, eine gute Kenntnis der Waren, der Währungen, der Handelsgepflogenheiten und wenn möglich, der Sprachen. Eine spezifische Ausbildung – etwa eine kaufmännische Lehre – war für die Ausübung des Berufes nicht notwendig. Der Sohn übernahm vom Vater das „Geschäft" oder eröffnete selbst eine Handlung, ohne vorhergehende Prüfung. Entscheidend war lediglich die Aufnahme als Bürger. Dafür waren allerdings einige Voraussetzungen zu erfüllen, wozu in der Regel der Familienstand zählte: ein Bürger mußte verheiratet sein. Ein Neubürger mußte in der Stadt ein Haus erwerben oder zumindest nachweisen, daß er begütert war, denn Habenichtse konnten keine Steuern aufbringen und waren deshalb in der Stadt nicht erwünscht. Ein halbwegs sittlicher Lebenswandel war ebenfalls gefordert. Interessanterweise spielte die soziale Herkunft bei den Bürgern weniger eine Rolle als bei den Handwerkern, zumindest sind uns keine Richtlinien darüber erhalten.

Ihre Tätigkeit im Handel müssen wir uns global vorstellen, ohne Einschränkung oder Spezialisierung auf ein bestimmtes Produkt oder eine Produktpalette. Dies war auch gar nicht möglich, denn trotz der Intensivierung der Geldwirtschaft wurde noch immer ein Großteil des Umsatzes durch Tauschhandel erzielt. In der Regel haben wir mit einem Großhandel zu rechnen, doch verschmähten die Bürger den Detailhandel keineswegs. Dies wird vielleicht beim Geschäft mit dem Wein am deutlichsten sichtbar: Beinahe jeder Bürger war gleichzeitig Gastwirt, der seinen gekauften Wein auch ausschenken durfte. Bei einer ständigen Gastwirtschaft bediente er sich dabei eines *Kellners,* der das Wirtsgeschäft betrieb.

Den Linzer Kaufleuten war der Fernhandel durch die verschiedenen Niederlagsprivilegien von Passau, Wien, Steyr und Freistadt verwehrt, eine Entwicklung, die erst im Spätmittelalter eingesetzt hat. Sie beschränkten sich deswegen auf den Lokalhandel, d. h. den Handel innerhalb des Landes ob der Enns. Alle Waren, die sie umsetzen konnten, wurden ihnen auf den Linzer Märkten ohnedies unmittelbar vor die Haustür gebracht. Besonderer Wagemut für lange Reisen oder Risikofreudigkeit im Kapitaleinsatz waren für die Linzer Bürger nicht notwendig. Auch darüber ist schon gesprochen worden. Den Typ des Fernhandelskaufmannes finden wir unter ihnen im 16. Jahrhundert genausowenig wie im Spätmittelalter. Dessenungeachtet betrachteten sie sich als die eigentlichen Herren der Stadt. Sie waren es auch, die alle wichtigen Ämter im Rat besetzt hielten, weil sie sich als einzige zu einer gesunden Wirtschaftsführung befähigt fühlten. In manchen Fällen war dies nur Einbildung, wie wir an der mangelhaften Buchführung des

165 Jeder neu aufgenommene Bürger hatte einen entsprechenden Eid zu leisten und eine festgelegte Gebühr zu entrichten. Der Ausschnitt berichtet über die Aufnahme Johann Pruners, dessen Söhne Johann Adam und Michael zu bemerkenswerten Gestalten der Linzer Geschichte wurden.
Archiv der Stadt Linz, Hs. 26: Bürgerbuch (1658 bis 1707)
Foto: Litzlbauer

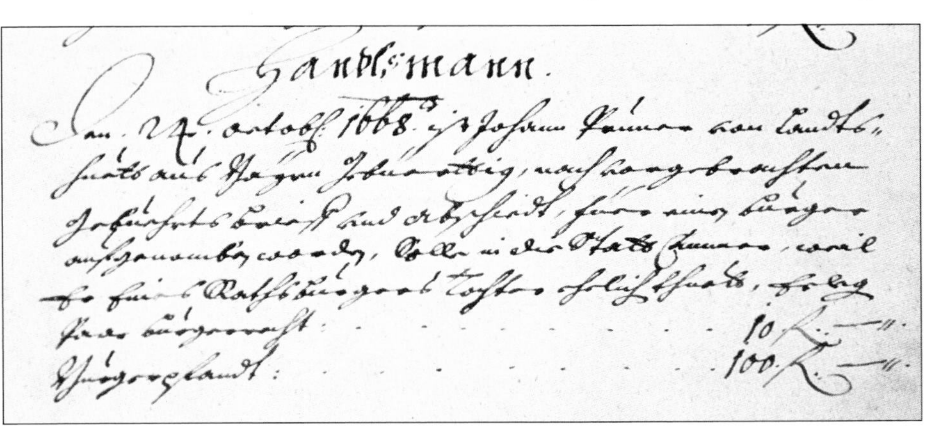

166 Die ersten Porträts von Linzer Bürgern, die uns überliefert sind (1535). Links Adrian Hueber, rechts seine Gattin Margarete. Aus G. Probszt, Ludwig Neufahrer. Ein Linzer Medailleur des 16. Jahrhunderts. Wien 1960, Abb. 34 und 35.

Wolfgang Maurer schon gesehen haben. Für die Zeit von ca. 1500 bis 1626 sind uns etwa 162 Ratsmitglieder namentlich bekannt; 32 davon werden nur ein einziges Mal genannt, sodaß wir annehmen können, daß sie nur kurz im Rat vertreten waren und ihre Familien nicht als ratstragend angesehen werden können. In der Zeit des ersten Anlaufs der Gegenreformation wurden viele Ratsmitglieder ausgetauscht und es kamen nun auch Personen aus Gesellschaftsschichten zum Zuge, die bei einer freien Wahl keine Chance auf einen Sitz im Rat gehabt hätten. Übrigens behielten jene Protestanten, die nach 1600 aus dem Rat ausscheiden mußten, sehr oft den Titel „Ratsbürger" bei, denn im Bewußtsein der Stadtöffentlichkeit waren sie es ja noch immer. Von den verbleibenden 130 Ratsmitgliedern waren 76 nur für ihre Person allein im Rat, d. h., daß keine eindeutig nachweisbare Verwandtschaft mit anderen Familien bestand. Doch ist hier größte Vorsicht am Platze, weil über Einheiraten sehr wohl Verwandtschaftsbeziehungen vorhanden sein konnten, in die wir keinen Einblick haben, weil uns für diese Zeit die Kirchenmatriken noch fehlen. Nach unserer vorläufigen Rechnung verbleiben noch 54 Personen, die 23 verschiedenen Familien angehörten, wobei diese untereinander natürlich noch verwandt sein konnten. Diese knapp zwei Dutzend Familien bestimmten das Leben in der Stadt und stellten bis zum Eindringen der Katholiken auch ausschließlich den Bürgermeister. Vorsichtig interpretiert bedeutet dies, daß nur Mitglieder aus alteingesessenen Familien für dieses Amt in Frage kamen. Das Amt des Stadtrichters wurde auch mit anderen, manchmal sogar relativ neu zugewanderten Bürgern besetzt. Eine Ausnahme bildete nur Bürgermeister Damian Ziegler, der nicht nur neu zugezogen ist, sondern sich als Apotheker auch in einem Naheverhältnis zum nicht ratsfähigen Stand der Handwerker befand. Er hat, wie dies aus dem Wappenbrief deutlich wird, sein Ansehen im Dienste des Kaisers erworben und von sich aus nie städtische Ämter angestrebt. Wenn er trotzdem zum Bürgermeister gewählt wurde, dann hat er gewiß in eine der angesehensten Familien eingeheiratet, was wir mangels schriftlicher Nachrichten nicht überprüfen können.

Während des 16. Jahrhunderts finden wir folgende dominierende Familien vor: Ottmair, Prandstetter, Toplhaimer, Mitterhofer, Hofmandl, Huetter, Schick, Waiss, Küeberger, Schmidberger, Hueber, Hackhlberger und Schreckinger. Nach der Vertreibung der Protestanten waren es die Hebenstreit, Eckhart, Althamer, Müller, Griesmüller und Schreier, die alle Fäden in der Hand hielten.

Bei den Familienverbindungen spielte das Heiratsalter der Kandidat(inn)en keine Rolle und es kam nicht selten vor, daß der Weg einer steilen Karriere über die Hochzeit mit einer wesentlich älteren Bürgerswitwe nach oben geführt hat. Es wäre aber weit gefehlt, diesem Umstand irgendeinen negativen Beigeschmack unterlegen zu wollen. Adrian Hueber heiratete z. B. im Alter von 25 Jahren die 17 Jahre ältere

Margarete Hackhlberger. Sie bekamen noch zehn Kinder. Wir dürfen annehmen, daß die Attraktivität der jeweiligen Brautleute keineswegs wie heute von der Jugend oder vom Aussehen abhing. Die Hackhlberger zählten übrigens zu den einflußreichsten Familien der Stadt. Der Zufall will es, daß gerade von diesem Paar Porträtmedaillen des Ludwig Neufahrer erhalten sind. Neufahrer war einer der bekanntesten Medailleure seiner Zeit und arbeitete einige Jahre in Linz. Es sind dies auch die ersten Bildnisse, die wir von Linzer Bürgern besitzen.

Eine Stufe unter den Bürgern standen in der sozialen Hierarchie die Handwerker. Damit ist freilich eine sehr grobe und globale Klassifizierung vorgenommen, denn selbstverständlich gab es reiche und ärmere Bürger, vermögende und sehr arme Handwerker.

Innerhalb der Handwerker war einerseits der Beruf und andererseits der Status innerhalb eines bestimmten Berufszweiges für das Sozialprestige ausschlaggebend. Besonders gravierend war die Differenzierung zwischen Gesellen und Meistern. Hier entschied weder das Können noch die Schaffenskraft, sondern nur die einmal zuerkannte Position als Meister. Und diese Position war in allen Städten rar. An der damaligen spezifischen Berufslaufbahn (Lehrling – Geselle – Meister) hat sich im Prinzip bis zum heutigen Tag wenig geändert. Wenn wir davon ausgehen, daß in jeder Werkstatt nach Möglichkeit nur ein Meister, ein Geselle und ein Lehrbub beschäftigt waren, wie es in einigen Linzer Handwerksordnungen festgelegt ist, dann ergibt es sich von selbst, daß in kurzer Zeit ein sehr großer Überhang an Gesellen vorhanden sein mußte. Vielleicht liegt auch darin ein Grund für den Zwang der Gesellen, sich auf Wanderschaft zu begeben. Hauptzweck des Wanderns sollte jedoch die Weiterbildung im Beruf sein.

Wir haben schon bei der Kürschnerordnung gesehen, daß für die wandernden Handwerksleute in jeder Stadt für jeden Beruf eine eigene Herberge eingerichtet war, in der die Gesellen Aufnahme und ein Nachtlager fanden. Dort erfuhren sie auch, ob es einen freien Arbeitsplatz in der Stadt gab oder nicht. Selbst auf Arbeitssuche zu gehen, war verpönt und zwecklos.

Alle Gesellen lebten so wie die Lehrlinge oder auch die Dienstboten, wenn welche im Haus arbeiteten, unter der Obhut des Meisters. Von ihm bekamen sie nicht nur Arbeit und Lohn, sondern auch Kost und Quartier.

Der Aufstieg zum Meister war nur den wenigsten Gesellen möglich, und wir haben allen Grund zur Annahme, daß sich viele von ihnen zumindest zeitweise anderweitig, vornehmlich als Söldner verdingten.

Sehr viel wurde schon über die Engstirnigkeit der Zünfte und über die wirtschaftliche Stagnation aufgrund der rigiden Beschränkung der Werkstättenanzahl geschrieben. Wir sollten dabei aber nicht übersehen, daß derlei Vorwürfe erst dann aufgekommen sind, als sich die allgemeinen wirtschaftlichen Verhältnisse geändert hatten und mit der Einführung der Manufakturen (= Vorläufer unserer heutigen Fabriken) eine freiere Wirtschaftsentfaltung gefordert wurde. In unserer Epoche war die geregelte Arbeits- und Wirtschaftsordnung im Handwerk durchaus noch gern gesehen. Die gegenseitige Preis- und Qualitätskontrolle der Meister, die offenen Werkstätten, das von religiösen Vorstellungen geprägte Leben, das sich aus den Zechordnungen des Spätmittelalters auftut, läßt uns das Bild eines sehr verantwortungsbewußten Berufsstandes erkennen. Dies resultiert nicht zuletzt auch aus einer sich allmählich wandelnden Beurteilung der Gesellschaft über den Wert der Arbeit, wozu die Reformation viel beigetragen hat. Arbeit bedeutete nun nicht mehr ausschließlich Mühsal und Plage, sondern erhielt einen höheren sittlichen Wert. Davon profitierte in erster Linie das Handwerk. Die hohen moralischen Anforderungen, die sich die Handwerker zum Teil selbst auferlegten, waren durchaus auch darauf ausgerichtet, das gesellschaftliche Ansehen des Berufsstandes zu heben. Auch die Kunst des Meistersanges, die sich im 16. Jahrhundert entwickelte, diente der Verherrlichung des Handwerkes. Es ist vielleicht bezeichnend, daß sich diese Kunstform in Linz nicht nachweisen läßt, und deckt sich mit der Beobachtung, daß das Gewerbe in Linz eine relativ untergeordnete Rolle spielte.

Die Zechordnungen sind im Spätmittelalter noch sehr selten niedergeschrieben worden. Soviel wir sehen, gab es in Linz bis 1500 nur drei schriftliche Handwerksordnungen. Aus dem 16. Jahrhundert (und bis 1626) aber kennen wir insgesamt 18. Das mag damit zusam-

167 Darstellung verschiedener Handwerkstypen aus dem Land ob der Enns um 1580. Nicht alle gezeigten Berufszweige lassen sich für Linz schriftlich nachweisen. Auffällig ist die durchgehend zu beobachtende Tracht der weiten, bis über die Knie reichenden Pumphosen. Ungewiß ist die Zuordnung des Beutlers. Nur der Schmied, der Lederer und der Bader tragen keine Kopfbedeckung. Original Tuschzeichnungen im Museum für Volkskunde in Wien. Fotos: Tscherne, Wien

Arzt und Apotheker

Zinngießer und Kupferschmied

Bader und Beutler (?)

Sattler und Sporer

Faßzieher

Schlosser und Hufschmied

Flaschner und Nestler

Wagner und Glaserer

Lederer

Drahtzieher und Messerer

Plattner und Beckenschlager

Seiler und Hafner

menhängen, daß die Schriftlichkeit damals generell zunahm, aber uns scheint doch, daß hinter dieser Anhäufung von Ordnungen auch ein starker Wunsch nach Reglementierung stand, der nicht immer von außen, von der Obrigkeit kam, sondern oft vom Handwerk selbst gefordert wurde.

Linz war bis dahin nie eine ausgesprochene Gewerbe-, sondern eher eine Handelsstadt gewesen und wir wüßten nicht anzugeben, welche Berufszweige sich hier so auszeichneten, daß Linzer Waren damals einen internationalen Ruf erlangt hätten. Es gab auch in keinem Berufszweig viel mehr als fünf Werkstätten. Zu diesem Schluß gelangen wir unter anderem aus den geschätzten Bevölkerungszahlen:

Wir haben im 16. Jahrhundert etwa 50 verschiedene Gewerbe gezählt. Rechnet man für jeden Betrieb neben den offiziell Beschäftigten noch die Meisterin und die Kinder dazu, so ist man sehr schnell bei ca. 1000 Personen angelangt, die vom Handwerk lebten. Die ganze Stadt hatte aber sicher kaum mehr als 2000 bis 2500 Einwohner. Vielleicht war es auch deshalb zunächst gar nicht notwendig, besonders ausgefeilte schriftliche Statuten für einige Meister auszuarbeiten, zumal jeder schon während der Lehre nicht nur das Handwerk selbst, sondern auch alle damit zusammenhängenden Verhaltensregeln im gesellschaftlichen Umgang ausgiebig kennengelernt hatte.

Meister konnte man nur werden, wenn durch den Tod oder den Wegzug eines Meisters eine entsprechende Werkstatt frei wurde und kein Sohn dem Vater in dieser Würde folgte.

168 Originalmodell einer „Feldschlange", angefertigt vom Linzer Glockengießer und Zeugwart Hieronymus Münich (ca. 1590). Es handelt sich dabei um ein äußerst seltenes „Muster", das in Erwartung eines größeren Auftrages für die Stadt Enns hergestellt worden ist.
Original im Museum Lauriacum Enns Foto: Katzinger

Nicht selten führte der Weg zu Meisterehren über die Witwe des Hauses. Dies war umso leichter möglich, als es durchaus nicht der Regel entsprach, daß der Sohn dem Vater im Handwerk folgte. Meist hat er sich einen anderen Beruf gewählt. Bis auf wenige Ausnahmen waren die einzelnen Berufszweige nicht an einen bestimmten Standort oder ein bestimmtes Haus gebunden. Es gab Werkstätten, in denen sich Hafner, Schneider, Gürtler, etc. abwechselten. An einen bestimmten Standort waren die Schmiede (Vorstadt an der Landstraße), Fleischhacker und Lederer (Ludlarm) gebunden. Es entsprach dies den Feuerbestimmungen und der Abhängigkeit mancher Berufe vom fließenden Gewässer, weniger den Vorstellungen von Hygiene oder gar von Umweltbeeinträchtigung. Lärm und Gestank war für die Städter alltäglich und durchaus erträglich. Das heißt nicht, daß sie zum Beispiel ihre Körperpflege vernachlässigt hätten. Aber keinem Menschen wäre es eingefallen, die Stadt regelmäßig zu säubern. Das geschah nur unmittelbar vor hohen Besuchen oder an besonderen Festtagen. Die Viehhaltung mitten in der Stadt war sicher noch durchaus üblich, denn das von Kaiser Maximilian I. ausgesprochene Interdikt über die frei herumlaufenden Schweine wurde gewiß nur vorübergehend eingehalten.

Wenn wir ein wenig nach Branchen unterscheiden wollen, so finden wir im Lebensmittelgewerbe Bäcker, Fischer, Fleischhacker und Lebzelter. Für die Kleidung waren Beutler, Handschuhmacher, Huter, Hutschmücker (!), Kürschner, Schneider und Schuster zuständig. Dem Transport und den damit zusammenhängenden Arbeiten dienten die Binder, Faßzieher, Seiler und Schiffleute.

Für den Hausbau benötigte man Zimmerleute, Schlosser, Maurer und Glaser. Letztere waren neben den Hafnern, Kupferschmieden, Tischlern und Zinngießern auch für die Erzeugung des Hausrates zuständig.

Wehr und Waffen wurden von den Büchsenmeistern, die aus dem Schlosserhandwerk oder den Glockengießern hervorgegangen sind, den Messerschmieden, Plattnern und Schwertfegern hergestellt. Hufschmiede, Riemer, Sattler und Sporer waren für die Funktionstüchtigkeit des wichtigsten Transportmittels (Pferd) unentbehrlich. Die Schmiede brauchte man für alle Lebensbereiche, Hufschmiede unter anderem auch für die Roßarzneikunde und als Zahnärzte.

Nur ganz wenige Berufszweige dienten exklusiven kulturellen Bedürfnissen oder dem

Luxus: die Bildhauer, Maler, Buchdrucker und Buchbinder, die Goldschmiede und Stadtturner. Vielleicht zählten auch die Groß- und Kleinuhrmacher dazu. Noch unterschied man nicht zwischen Handwerkern und Kunsthandwerkern oder gar Künstlern schlechthin. Auch ein angesehener Maler wurde zu „niederen Diensten", etwa der Bemalung von Kulissen für die Schulkomödien herangezogen. Bezeichnend ist etwa auch, daß selbst hervorragende Zinn- und Silberarbeiten nach dem Gewicht und nicht nach dem individuellen künstlerischen Wert bemessen und bezahlt wurden. Sogar für das gesellschaftliche Ansehen der Hofkünstler blieb die Tatsache entscheidend, daß sie eine dienende Funktion und keine herrschende zu erfüllen hatten. Es ist mit der Beschränkung auf die wenigen Luxusgewerbe übrigens nicht gesagt, daß nicht auch die anderen Berufe kostbare Waren liefern konnten, etwa die Schneider oder Kürschner, die Glaser oder Schuster.

169 Ein Beispiel gediegener Goldschmiedekunst aus dem Jahr 1612: Der von Gottfried Korber geschaffene, teilweise vergoldete Silberhumpen der Stadt Linz.
OÖ. Landesmuseum, Inv. Nr. G0103 Foto: Litzlbauer

Jede neue technische Erfindung mußte zwangsläufig zu neuen Berufsbildern führen, denn es war genau festgelegt, wer welche Produkte erzeugen durfte. Wir sehen das an den Auseinandersetzungen zwischen den Hutern und Hutschmückern, den Beutlern und Handschuhmachern, den Schlossern und Büchsenmachern usw. Einige Berufe dienten nur der Zwischenfertigung oder sie arbeiteten nicht auf Bestellung, sondern für den offenen Markt, wie die Lederer, Leinweber und Messerer.

Daneben gab es noch Berufsbilder, die man als nichtzünftisch bezeichnen könnte, etwa die Köche und Kellner, die Krautschneider, Torwächter, Biertrager oder Krenhacker, die Boten, Dienstboten, Handelsgehilfen und Taglöhner, die Schulmeister, Hebammen und Schreiber, die Rats- und Gerichtsdiener sowie die Nachtwächter. Ja selbst den Bettlern war eine Nische in der Sozialordnung zugewiesen, weil die Reicheren auf ihr Gebet angewiesen waren, denn ohne Fürbitte der Armen war es ihnen unmöglich, die ewige Seligkeit zu erlangen. Alle übrigen wurden ungern auf Dauer in der Stadt gesehen: Die Söldner, Gaukler und Spielleute, die Marktschreier und vor allem die *„Störer"*. Das waren unzünftische Handwerker, sehr oft sogar Spezialisten, die für den Hof und seine Bedürfnisse oder für den Adel arbeiteten.

Man darf sich die Berufsstruktur und die tatsächlich ausgeübten Tätigkeiten auf der anderen Seite aber wieder nicht allzu streng reglementiert vorstellen. Genaue Vorschriften gab es nur innerhalb des Handwerkes. Nebeneinkünfte waren durchaus erlaubt, nur durfte das Handwerk selbst nicht zu einem Nebenerwerb degradiert werden. Darum gingen zum Beispiel die Schneidermeister gegen den Landschafttorhüter Hans Meillinger vor, der sich nebenbei auch in ihrer angestammten Domäne betätigte. Ganz anders wurde es beurteilt, wenn sich die schlechter verdienenden Handwerker während der Marktzeiten als Torwächter gebrauchen ließen. Schließlich gab es noch durch die Weinschank zu Zeiten eines Hoflagers und während der Jahrmärkte Zusatzeinkünfte.

Wie in allen anderen wirtschaftlichen Belangen wurde im 16. Jahrhundert auch im Zunftwesen der Widerstreit zwischen Städten und Ständen, zwischen Landesfürst und Grundherren spürbar. Dreh- und Angelpunkt wurden dabei die Zunftordnungen. Der Landesfürst als Stadtherr hatte ein besonderes Interesse am städtischen Handwerk und war bis zu einem gewissen Grade an seiner Förderung interessiert. Er befürwortete den Zusammenschluß der Zünfte aus den einzelnen Städten zu landesweiten Verbänden und auch den Wunsch der Zünfte, die Meister in den grundherrlichen Märkten zur Mitgliedschaft in den städtischen Laden zu zwingen. Weniger Interesse hatte er an der Beschränkung der Werkstätten und Meisterstellen und an der von den Handwerkern beanspruchten Versammlungsfreiheit. Darin traf er sich mit den Ansichten der Kaufleute, die als städtische Obrigkeit gegen unangemeldete Versammlungen der Handwerker einschritten. Damit zusammenhängend lehnten Stadtherr und Bürger das handwerksinterne Disziplinarrecht und die autonome Errichtung von Statuten ab.

Die Stände sahen im Ausgreifen der Zünfte auf die Handwerker in den grundherrlichen Märkten und auf den Dörfern eine Schmälerung ihrer Rechte, die ihnen über ihre Untertanen zustanden. Sie opponierten auf dem Augsburger Generallandtag von 1525 gegen die von den Handwerksvereinigungen ausgeübte Preiskontrolle und Preisregelung.

170 Die auf die Linzer Ordnung zurückgehende landesweite Zunftordnung der Leinweber aus dem Jahre 1578. Abschrift im OÖ. Landesarchiv, Stiftsarchiv Mondsee
Foto: Litzlbauer

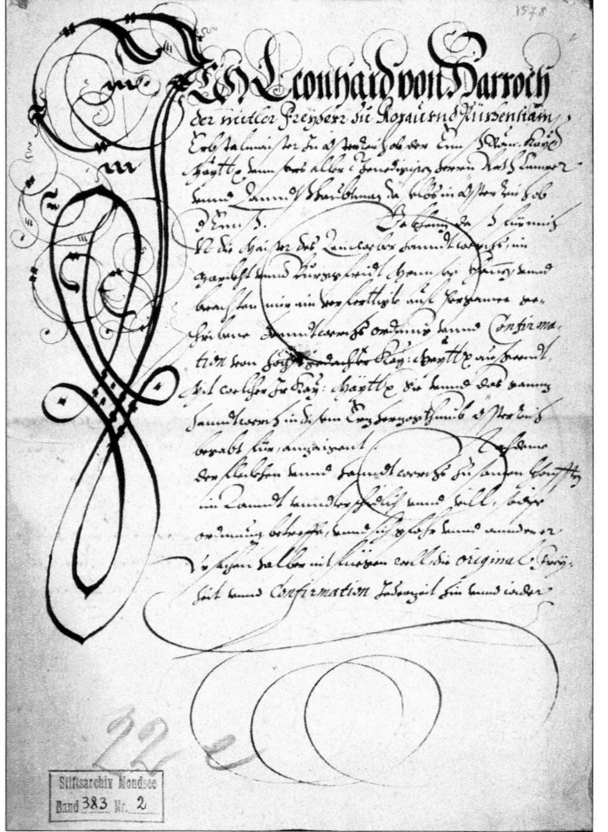

Die von König Ferdinand I. 1527 erlassene allgemeine Handwerksordnung für die niederösterreichischen Länder setzte für alle Handwerker die Pflicht fest, sich in allen Belangen der städtischen oder grundherrlichen Obrigkeit zu unterwerfen.

1587 verlangten die Stände sogar die Aufhebung der Zünfte. Alle wirtschaftlichen und politischen Gründe, die sie dafür angaben, hatten deswegen wenig Gewicht, weil sie zur gleichen Zeit in ihrem jeweiligen Herrschaftsbereich dabei waren, selbst neue Zunftordnungen zu erlassen. Tatsächlich ging es ihnen um eine Zurückdrängung des städtischen Einflusses, denn dieser war im Bereich des Handwerks im Laufe des 16. Jahrhunderts immer mehr gewachsen. Das macht uns unter anderem die Linzer Schusterordnung von 1576 deutlich, die, von den Schustern selbst erstellt, keine Zustimmung von der Stadtobrigkeit erhalten konnte und über den Landeshauptmann und die niederösterreichische Regierung bis zum Kaiser gebracht wurde. Hauptstreitpunkt war das darin beanspruchte Disziplinarrecht der Zunft, das die Stadt für sich in Anspruch nahm. Wir werden in anderem Zusammenhang sehen, daß die Kaufleutebürger, vor allem aber der Rat, absoluten Gehorsam von den Handwerkern verlangten. Sie stützten sich dabei auf die vorhin genannte allgemeine Handwerksordnung von 1527. Konsequenterweise wurden von den acht Handwerksordnungen, die zwischen 1594 und 1610 neu aufgestellt worden sind (Binder, Fleischhacker, Hafner, Lederer, welsche Maurer, Sporer, Tischler, Zimmerleute) sieben von der Stadt selbst ratifiziert.

Im Jahre 1617 bestimmte Kaiser Matthias, daß für jede Zunftordnung um eine landesfürstliche Genehmigung einzukommen sei. So waren die Handwerker zu einem Spielball der verschiedenen politischen Kräfte geworden und konnten aus Eigenem nichts dagegen unternehmen. Dieser Konflikt kommt am deutlichsten bei den Leinwebern zum Ausdruck, für die 1578 eine landesweite Zunftordnung mit der Hauptlade in Linz aufgerichtet wurde, die auf eine entsprechende städtische Ordnung von 1572 zurückging. In dieser Hauptlade waren die Leinweber von 21 Städten und Märkten zusammengeschlossen. Doch das waren bei weitem nicht alle Zünfte des Landes, denn viele Grundherren hatten ihren Webern verboten, in die Linzer Lade einzutreten. Erst bei der Bestätigung der Zunftordnung durch Kaiser Ferdinand II. scheinen im Jahre 1628 insgesamt 44 neue Orte auf, und 1646 weitere 14. Der Inha-

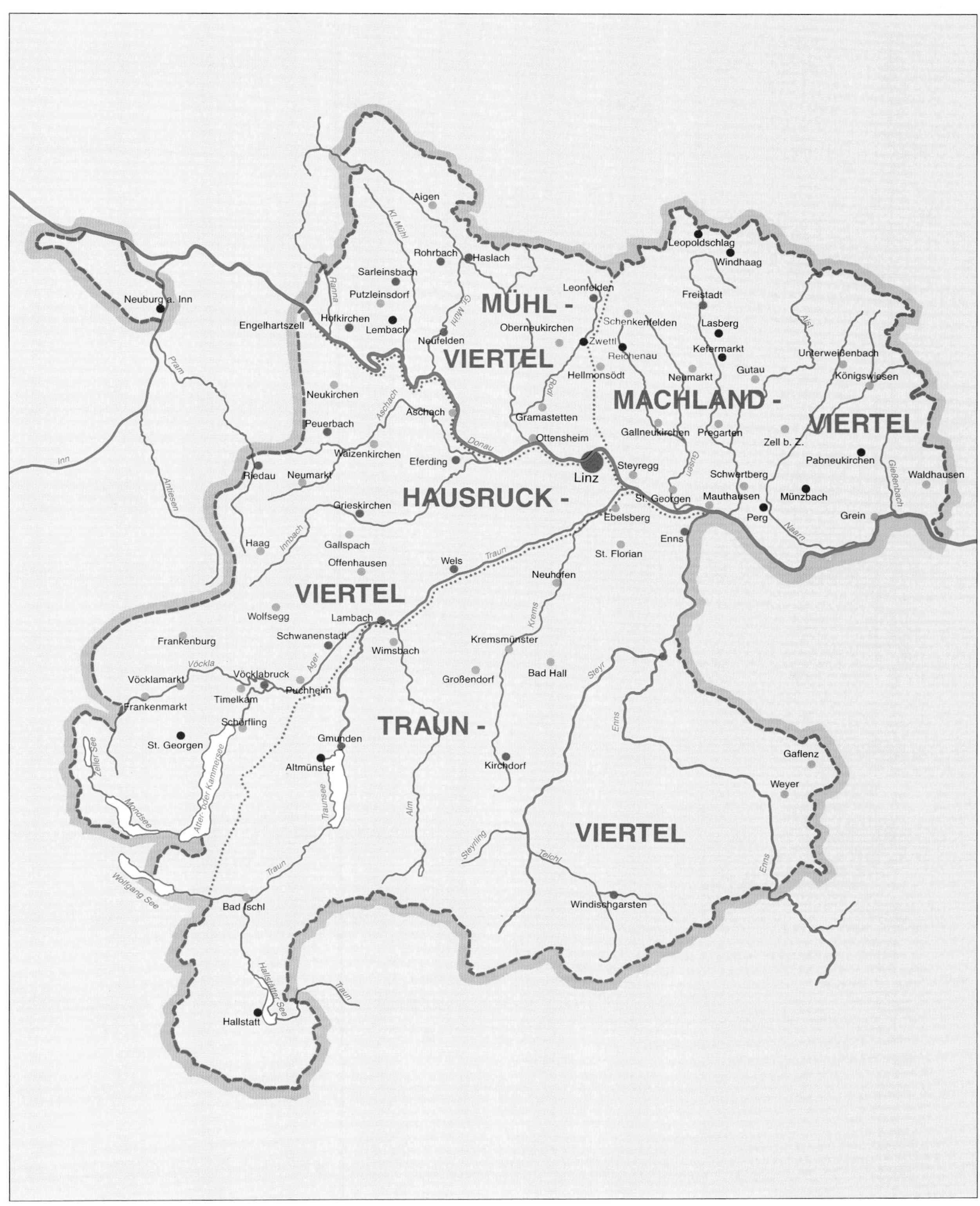

- Die 1578 dem Landesverband eingegliederten Zünfte.
- Bis 1628 beigetreten (Weyer und Gaflenz besaßen eine gemeinsame Weberzunft).
- Bis 1646 beigetreten.
- - - Landesgrenze.
- ········ Grenzlinie zwischen den Landesvierteln.

171 Die von 1578 bis 1646 der Linzer Hauptlade inkorpierten lokalen Leinweberzünfte in Oberösterreich.
Nach Alfred Marks: Das Leinengewerbe und der Leinenhandel im Land ob der Enns von den Anfängen bis in die Zeit Maria Theresias. In: JbOÖMV Bd. 95 (1950) *Grafik: Erwin Krump*

ber der Herrschaft Weinberg, Hans Wilhelm von Zelking, hatte für seine insgesamt 60 Meister im Jahre 1597 eine eigene Handwerksordnung erlassen und die landesweite Zunft nicht anerkannt. Die Wichtigkeit des Weberhandwerkes und seiner landesweiten Verbreitung wird uns bei der Geschichte der Wollzeugfabrik noch einmal eingehender beschäftigen. Für uns ist vor allem die Erkenntnis von Bedeutung, daß die Ausübung eines Handwerkes nicht den Städten und Märkten allein vorbehalten war und daß die Zünfte die Situation keineswegs so fest in den Händen hielten, wie dies etwa aus ihren Ordnungen hervorscheinen könnte. Wir haben sogar damit zu rechnen, daß einige Handwerksberufe in Dörfern und an Herrschaftssitzen ungeachtet der städtischen und märktischen Entwicklung über die Jahrhunderte hinweg weiter bestanden haben. Zu ihnen gesellten sich jene Handwerker, die aus irgendwelchen Gründen, sei es wegen einer „unehrlichen" (= unehelichen) Geburt, sei es wegen berufsausschließender Vergehen, nicht in eine Zunft aufgenommen oder von ihr ausgestoßen wurden. Sie schlugen sich als sogenannte *„Störer"* durchs Leben und fristeten meist als Wanderhandwerker ihr Dasein. Schutz fanden sie bei den Pfarrhöfen, den Herrschaftssitzen und bei den Bauern, die ihre Dienste gern in Anspruch nahmen, weil sie sich dadurch den Weg in den nächsten Markt oder in die nächste Stadt ersparten.

Den städtischen Handwerkern erwuchs in den Marktfahrern eine zusätzliche Konkurrenz, die durchaus zünftisch sein konnte. An den Jahr- und Wochenmärkten war es nämlich auch auswärtigen Handwerkern erlaubt, ihre Ware feilzubieten. Es versteht sich von selbst, daß die städtischen „Beschaumeister", die die angebotene Ware zu begutachten hatten, ihrem Geschäft mit aller nur möglichen Strenge nachgingen. Zu bleihaltiges Zinn wurde z. B. zerschlagen und zu leichtes Brot eingezogen und im Bürgerspital ausgeteilt. Ähnlich streng ging man mit Holz- und Tongeschirr, Schuhen und Stiefeln ins Gericht. Für die Konsumenten brachte dies den Vorteil, nur wirklich gute Ware auf dem Markt zu finden. Aus gesundheitlichen Gründen war man besonders beim angebotenen Fleisch sehr streng. Dazu kam noch, daß die sogenannten Gäufleischhacker aus der unmittelbaren Umgebung der Stadt näher bei den Produzenten, den Bauern, angesiedelt waren als die Stadtfleischhacker und dadurch viele Vorteile besaßen. Sie durften auf den Wochenmärkten ihr Fleisch nur bis zur Mittagsstunde veräußern und mußten alles, was sie nicht verkaufen konnten, wieder nach Hause bringen. Es hatte sich eingebürgert, daß die Linzer Konsumenten besonders den Urfahrer Fleischhackern nachliefen und auf der Brücke jenseits des Schlagbalkens aus den unverkauften Resten billiges Fleisch erstanden. Ja, es geht aus den Schriften sogar hervor, daß sich in Urfahr ein regelrechter Fleischmarkt entwikkelte, wogegen die städtischen Fleischhauer heftig opponierten.

Das Fleischangebot wurde von zwei Quellen gespeist: Dem im Land gemästeten Vieh und den ungarischen Ochsen, die wesentlich größer als die heimischen waren. Obwohl der Handel mit den ungarischen Rindern auch in Kriegszeiten nie ganz zum Erliegen kam, brachte der Türkenkrieg nach 1592 doch eine empfindliche Verknappung an Fleisch. So wie das Getreide wurde auch das Vieh entgegen aller Verbote zu jeweils höheren Preisen immer wieder in das Ausland verschwärzt. Trotz der heftigen Dementi wird aus den Quellen deutlich, daß die Grundherren stark daran partizipierten, was von Landeshauptmann Hans Jakob Löbl auch ganz unverblümt ausgesprochen wurde.

172 Im Jahre 1568 versuchte Kaiser Maximilian II. durch eine entsprechende Regelung den Handel mit ungarischen Ochsen und Ochsenhäuten zu ordnen. Das von der nö. Regierung ausgetüftelte Mandat (siehe Ausschnitt) erwies sich jedoch als untauglich.
Archiv der Stadt Linz, Urkundenreihe

verfüeren. Also vnnd gleicher gestalt/solle es mit den vberblibnen Heüten vnnd Fellen/so alsdann
Osterreich ob der Enns Haubt vnnd Niderlag Statt Lintz gebracht / wie an jetzo von Wienn
bey dem Wasser vnd am Gestatt daselbs zu Lintz/da Jn[illegible]n die ablegung beschwerlich wer/fail hab
anhero als Wir dessen glaubwierdig bericht sein / beschehen)nit beschwert noch wider die billigkha
getrew/ N. Burgermaister/Richter vnnd Rath / beeder Vnnserer Stett/ Wienn vnnd Lintz / jed
uelchen / das Sy die Märckht der Ochsenheüt vnnd andern Fell stettigs besuechen vnnd den b
khünten / Sy alsdann jede Haut vnnd Fell/nach gebü[illegible]lichen dingen vnnd gelegenhait / der zeit
khaufft guet eruolgen zulassen schuldig sein solle. Denen Zwayen Personen aber/ solle für Jr mhü

Zurückkehrend zur Gesamtsituation des Handwerkes ist zu bemerken, daß uns die überlieferten Zunftordnungen mehr Einblick in die formalrechtliche Situation gewähren als für alle anderen Berufsstände. Jeder Beruf entwickelte eigene, fest geregelte Umgangsformen, die überaus facettenreich waren. Sie haben besonders im 19. und am Beginn des 20. Jahrhunderts das Interesse der Forschung auf sich gezogen.

Arme Leut

Es ist in den vorangegangenen Kapiteln schon mehrfach angeklungen, daß das mittelalterliche Gesellschaftssystem auch für sehr viele Randgruppen Platz hatte. Vor allem die Armut galt durchaus nicht als etwas, wofür man sich schämen mußte, sondern als gottgewollter Zustand, der unter Umständen jeden treffen konnte, da unter Armut nicht generell die Mittellosigkeit verstanden wurde, sondern auch viele andere widrige Zustände des menschlichen Lebens. So war unabhängig von seinem Vermögen der Kranke arm, der glücklose Herrscher, der Verkrüppelte oder der geistig Behinderte. Und es war durchaus kein Widerspruch, wenn z. B. das Mitglied eines reichen Klosters als armer Mönch bezeichnet wurde. Dazu kam noch, daß das Arbeitsethos nicht besonders hoch entwikkelt gewesen ist. Vornehmlich physische Arbeit galt nicht unbedingt als erstrebenswert, und wenn sie als Grundprinzip in die Ordensregeln eingeflossen ist, dann aus Gründen der Askese und nicht als erstrebenswertes Ideal. Grundsätzlich war es Sache der untersten Bevölkerungsschichten, mit ihrer Hände Arbeit den Lebensunterhalt zu verdienen, und es bedurfte eines langen Umdenkprozesses, bis der körperlichen Tätigkeit zum Zweck des Geldverdienens ein entsprechender Stellenwert in der Gesellschaft zugeschrieben wurde. Vielleicht haben die Handwerker mit der sehr hohen Auffassung ihres jeweiligen Berufes mit zu dieser Entwicklung beigetragen. Bettler, arme und kranke Menschen, die keinem Erwerb nachgehen konnten, wurden nicht nur geduldet, sondern sogar gebraucht, weil man ihres Gebetes bedurfte. Man war nämlich der Ansicht, daß die Reichen so viele Sünden auf sich geladen hätten, daß sie allein bei Gott kaum Gehör finden würden. So war denn die reiche Stiftungstätigkeit der Menschen im Spätmittelalter nicht nur ein Akt sozialen Verantwortungsbewußtseins, sondern auch eine Rückversicherung für die ewige Seligkeit. Beides hatte sich sinnvoll ergänzt und niemand hatte einen Anlaß, darüber nachzudenken, wie die Entstehung der Armut verhindert werden könnte. Diese Einstellung änderte sich erst mit dem Aufkommen des reformierten Glaubens.

Die Vermittlerrolle der Kirche für das Seelenheil wurde in Frage gestellt. Jeder war sich vor allem in Glaubensfragen selbst verantwortlich und daraus resultierte auch eine individuelle Verantwortung des einzelnen für die Gesellschaft, die nicht mehr als alleinig gottgegeben angesehen wurde. Das führte einerseits zu einer wesentlich geringeren Toleranzschwelle gegenüber Bettlern und anderen nichtwerktätigen Gruppen, andererseits aber auch zu einem kollektiven Verantwortungsgefühl für die unschuldig Verarmten. Es war nun nicht mehr der Spendenbereitschaft einzelner allein anheimgestellt, ob und was für die Armen abfiel, sondern Aufgabe der Öffentlichkeit, für ein geregeltes Auskommen der ärmeren Leute zu sorgen. Doch das machte auch unduldsamer gegen jene, von denen man glaubte, daß sie sehr wohl arbeiten könnten, aber nicht wollen. In manchen Bereichen führte dies zur Kriminalisierung der Armut.

Die Einrichtung des Bürgerspitals und des Siechenhauses haben wir schon kennengelernt. Es wurden dort im weitesten Sinn „arbeitsunfähige“ Bürger untergebracht, die sich gegen eine entsprechende Summe entweder selbst

/ nach dem Wasserstramb der Thuenaw auffwerts gfüert / vnnd zu der in Vnnserm Fürstenthumb
ehalten werden / Doch solle denen Hanndlsleuhten zuegelassen sein / das Sy solliche Heüt auch
Vnnd damit auch der Hanndtwerchßman vnd anndere von den Handßleüten in erkauffung (wie
rt werden. So ordnen vnnd wöllen Wir / das die Ersamen vnd Weisen vnnser besonder lieb vnnd
gliche dises Gefüllwerchs erfarne vnuerdechtige Personen / bey Inen verordnen / vnnd denen be-
vnnd do sich zutrüege / das der Verkhauffer vnnd Khauffer / sich des khauffs nicht vergleichen
bey sollicher Schatzung der Verkhauffer vnwaigerlich zuverbleiben / vnnd dem Khauffer das er-
r Ochsenhaut ain Phenning / vnd von hundert Fellen / drey khreützer / von dem verkhauffer vnnd

173 Das im Jahre 1563 gegründete Bruderhaus (3) nach dem Umbau und der Aufstockung im 17. Jahrhundert (heute Hotel „Schiff“ an der Landstraße). Anschließend die Kapelle der Dreifaltigkeitsstiftung und das Benefiziatenhaus (2), in dem später das Kellerische Waisenhaus untergebracht wurde. Ausschnitt aus einem Kupferstich von Martin Engelbrecht nach Bernhard Friedrich Werner (1732). Stadtmuseum Linz, Inv. Nr. 2066

einkaufen konnten oder von ihren Verwandten dorthin gebracht wurden. Sehr oft handelte es sich um geistig verwirrte Personen, aber auch um Waisenkinder, die von ihren Gerhaben (= Vormund) untergebracht worden sind.

Im Jahre 1563 gründeten die Bürger in der Vorstadt an der Landstraße (heute Nr. 36) ein Bruderhaus, das für die Aufnahme alter und arbeitsunfähiger Dienstboten gedacht war. Die Versorgung erfolgte aus Mitteln des Bürgerspitals.

Ein Jahr vorher hatte der Stadtrat beschlossen, für die Pestkranken ein Lazarett zu errichten, in das ebenfalls Personen niederen Standes aufgenommen werden sollten, die wegen ihrer Krankheit von den Dienstgebern im Haus nicht mehr geduldet wurden. Darüber an anderer Stelle etwas mehr.

Nach heutigen Anforderungen der Krankenfürsorge könnten diese Einrichtungen sicher nicht befriedigen. Wir würden von Ausgrenzen, Abschieben etc. sprechen, aber unsere Vorstellungen sind eben nicht einfach auf das 16. Jahrhundert übertragbar. Damals handelte es sich um einen Fortschritt. Erstmals wurden aus kollektivem Verantwortungsbewußtsein heraus Einrichtungen für die Mitglieder einer Bevölkerungsgruppe geschaffen, die vorher unweigerlich und nach göttlicher Ordnung am Bettelstab geendet hätte. Wir müssen aber anfügen, daß aller Wahrscheinlichkeit nach nur langgediente Knechte und Mägde in das Bruderhaus aufgenommen wurden.

Wir haben schon gehört, daß besonders Kaiser Ferdinand I. am Ende seines Lebens vielen Mitgliedern seines Hofstaates Pensionen zukommen ließ und daß er in seinem Testament die Gründung einer ganzen Reihe von Hofspitälern vorgesehen hatte, die aus Geldmangel zum großen Teil aber nie ins Leben gerufen worden sind.

Auch die Stände hatten eine Armenkasse eingerichtet, aus der individuell Unterstützung gereicht und zum Teil auch die städtischen Versorgungsanstalten bedacht wurden, besonders das Bruderhaus. Aus dieser Tatsache dürften wir vermuten, daß dort auch ständische Diener unterkommen konnten.

Obwohl der Bereich des Armenwesens noch viel zu wenig erforscht ist, was nicht zuletzt auf die heute nur mehr spärlich vorhandenen schriftlichen Quellen zurückzuführen ist, wissen wir, daß die Stadt in der zweiten Hälfte des 16. Jahrhunderts ebenfalls einen Budgetposten einplante, der für die Individualhilfe vorgesehen war, die *cassa pauperum* (= Armenkasse). Soweit bis jetzt gesehen werden kann, mündete diese Einrichtung gemeinsam mit der Sammerstift im späteren Spendamt, das bis in das 19. Jahrhundert bestanden hat.

Wie verbreitet am Ende des 16. Jahrhunderts die Armut gewesen sein muß, darüber gibt uns die Kammeramtsrechnung des Jahres 1590 Auskunft: Peinlich genau hat der Kämmerer jeden kleinen Betrag aufgeschrieben, den durchziehende Personen auf Geheiß des Bürgermeisters erhielten. Neben der großen Zahl Hilfsbedürftiger überrascht vor allem der berufliche Status der Vorsprechenden. Der einfachen Bezeichnung „Armer Mann" steht eine große Anzahl von Studenten und Schülern gegenüber, aber auch verarmte Adelige, katholische Pfarrer und evangelische Prädikanten und einige Schulmeister und Schreiber. Beim Almosen wurde offensichtlich kein Unterschied des Glaubens oder der Nation gemacht. Eine *Arme cath. Teuflin* wurde ebenso bedacht wie gefangene Türken, *vom Türken geschatzte*, gefangene Verbrecher, entlassene Soldaten, Deutsche, Franzosen und Salzburger. Die gegebene Summe war selten hoch, zwischen 1 und 4 Schilling, sehr selten ein ganzer Gulden. In vielen Fällen wurde die Gabe als Ritterzehrung bezeichnet.

Diese Versorgung stadtfremder Personen stand im Widerspruch zur Reichspolizeiordnung von 1530, die vorsah, daß jede Stadt, jedes Dorf, jede Herrschaft ihre Armen selbst zu versorgen hatte, um damit das Umherziehen der Bettler zu unterbinden. Aber eine derartige Anordnung ging an der Realität vorbei und mißachtete vor allem die wirtschaftlichen und gesellschaftlichen Ursachen des Bettelwesens. Dessenungeachtet blieb sie auch für die Barockzeit aufrecht, in der regelrechte Landesgerichtsstreifen durchgeführt wurden, während der die Bettler zusammengesammelt und über die Grenze in den nächsten Landgerichtssprengel verfrachtet.

Wer wohnte wo?

Im Mittelalter haben wir bereits einmal einen Gang durch die Stadt angetreten und uns mit der Topographie, der räumlichen Ausdehnung der Stadt, vertraut gemacht. Im 16. Jahrhundert hat sich daran nicht allzuviel geändert. Allerdings besitzen wir für diese Zeit schon konkretere Nachrichten, sodaß wir – zwar noch mit einiger Mühe – zur sozialräumlichen Gliederung der Stadt schon ziemlich konkrete Aussagen machen können.

Die Zentren der Herrschaft und Verwaltung, vornehmlich das Schloß, das Landhaus, das Rathaus und das Mautamt haben wir schon kennengelernt. Zum großen Problem für die Stadt wurden die vielen Freihäuser des Adels und zu Ende des Jahrhunderts auch die der Landesklöster. Sie seien hier nur im Hinblick auf ihre Lage angeführt. Wie aus der Karte (S. 212) ersichtlich ist, war ihr bevorzugter Standort nach wie vor die Altstadt, vornehmlich an den beiden Achsen vom Urfahrtor zum Landhaus und vom Hauptplatz zum Schloß. Der Besitz der hohen Herren in der Vorstadt hielt sich noch in Grenzen und konzentrierte sich im wesentlichen auf eine Front entlang der Promenade, an Plätzen, die heute etwa von der Allgemeinen Sparkasse und der Druckerei Wimmer dominiert werden. Die Herrenstraße verdiente diese Bezeichnung damals noch keineswegs. Hier hatten sich die *welschen Maurer* angesiedelt, Bäcker, Sporer, Zimmerleute, Weber und ein Gärtner, also Handwerksleute. Die Häuserzeile, wenn man von einer solchen überhaupt sprechen kann, war nur die ersten fünfzig bis hundert Meter mit Bauten gesäumt, die ganz und gar den Charakter der üblichen kleinen Vorstadthäuser aufwiesen, viele von ihnen noch aus Holz. Diese lockere Bauweise setzte sich an der äußeren Klammstraße und der Kapuzinerstraße fort, allerdings gehörten die dort errichteten Häuschen nicht mehr zum Burgfried und Einflußbereich der Stadt. Ein ähnliches Bild hat bis in die zweite Hälfte des 16. Jahrhunderts die Landstraße geboten. Auch hier dominierten zunächst Handwerkerhäuschen das Stadtbild. Draußen beim Barbarafriedhof auf der Höhe der Mozartkreuzung verlief nicht nur die Burgfriedgrenze, dort begann auch schon das Land. Gärten und Stadel wurden bereits spärlich. Das Kaufmännische Vereinshaus, damals der Freisitz Straßfelden, gehörte bereits nicht mehr zur Stadt. Noch weiter südlich erhob sich in der Gegend des Schillerparkes das Siechenhaus Straßfelden, über das an anderer Stelle noch berichtet werden soll. Zwischen dem Friedhof und der heutigen Bischofstraße befanden sich Seilerwerkstätten und die Öfen eines Glockengießers.

Auf der Höhe des Karmelitenklosters war ab 1563 das Bruderhaus emporgewachsen und erst im Bereich der Ursulinenkirche, die freilich damals noch nicht stand, begann die Bebauung Richtung Stadt. Und wiederum finden wir bis hinein auf den Taubenmarkt die Häuser von Maurern, Seilern, Zimmerleuten, Faßziehern, Tischlern, Schustern, Schneidern und im letzten Abschnitt hauptsächlich Schmiede: Kupferschmiede, Hufschmiede, Messerschmiede etc. Diesbezüglich entsprach das Bild durchaus den gängigen Klischees einer mittelalterlichen Stadt, denn noch bevor ein Kaufmann in die Stadt einfuhr, ließ er Pferd und Wagen versorgen. Es war dies eine echte Servicestation.

Um die Jahrhundertwende begann sich die Struktur etwas zu wandeln, es wurde der Keim gelegt zum großen Ausbau der Landstraße in der Barockzeit. Hochgestellte Persönlichkeiten mischten sich in die Reihe der Hausbesitzer: Die Witwe des ständischen Einnehmers, Margarete Händl, der Postmeister Mauritius von Paar (bereits 1562!), Dr. Philipp Persius, den wir als Arzt und Verfasser der ersten medizinischen Schrift in Linz kennenlernen werden, ein Hofprokurator, und 1620 bereits das Stift Baumgartenberg; die Witwe des Mautners Bischof, ein Schulmeister und ein Advokat, und seit 1614 stand vor dem Bürgerspital das Ballhaus.

Am Graben war lediglich die der Pfarrkirche gegenüberliegende Ostseite in einer Zeile verbaut. Hier hatten die Handelsbürger Zweithäuser in Besitz, oft schon mit einem schön an-

174 Sozialräumliche Verteilung der Linzer Bevölkerung (Hausbesitzer!) um 1600. Entwurf nach Hanns Kreczi, Linzer Häuserchronik, Linz 1941, von Willibald Katzinger. Copyright der Kartengrundlage: Verlag Deuticke, Wien.

gelegten Lustgarten. Parallel zum Ludlarm verlief die Lederergasse, an der sich Fleischhacker, Maurer und eben auch Lederer angesiedelt haben. Doch auch hier reichte der Straßenzug kaum zehn Häuser weit. Für unseren Zeitraum ist die Gasse unter anderem deswegen interessant, weil auch der erste Linzer Buchdrucker, Johannes Plank, hier gearbeitet haben soll.

Direkt an der Donau befand sich dann noch der Bruckstadel, die Schießstätte, die Eisenniederlage und andere Speicherbauten.

In der Innenstadt selbst war beinahe alles beim alten geblieben. Mit Ausnahme des Maut- und Vicedomhauses wurden am Hauptplatz nur Bürgerhäuser geduldet. In der Rathausgasse, Pfarrgasse und Domgasse sowie der heute nicht mehr bestehenden Badgasse öffnete sich das Reich der Handwerker, durchsetzt mit Bürgerhäusern. Auch der Pfarrplatz war Domäne der Bürger. Dazwischen wohnten und arbeiteten Riemer, Fragner, Bäcker, Tischler, Binder, Schuster, Barbiere, aber auch – was uns für das Gebiet innerhalb der Stadt etwas wundert – Schmiede. In der Klosterstraße, die einstmals Sporergasse geheißen hatte, waren die vornehmeren Handwerke zu Hause: Die Bäcker, Plattner, Kürschner, Zinngießer und Goldschmiede.

In der Altstadt lebten Adelige und Handwerker nebeneinander, was am Hauptplatz mit den Handelsbürgern offensichtlich nicht möglich gewesen ist. Im Plan sind die Handwerkerhäuser unschwer durch ihre geringe Parzellengröße von allen anderen Häusern zu unterscheiden. Damit zeichnet sich auch im Grundriß der Bauten die geringe gesellschaftliche Stellung ab.

Wir konnten dieses kurze topographische Bild nur anhand der Hausbesitzer entwickeln. Genauer wären in diesem Fall Steuerverzeichnisse, denn sehr viele Menschen wohnten in Miete, etwa die meisten Lehrer der Landschaftsschule, wenn sie nicht ohnedies im „Internat" bleiben mußten. Wir wissen wenig über die große Gruppe der Taglöhner. Alle übrigen – Lehrlinge, Gesellen, Gehilfen, Diener – waren im Haus ihres Dienstherrn untergebracht, denn eine Trennung von Wohn- und Arbeitsstätte war noch weitgehend unbekannt.

Ämter und Offiziere

Über die städtische Verfassungsentwicklung ist im Kapitel über das Mittelalter schon ausführlich gehandelt worden. Sie hatte mit dem Privileg von 1490 einen Höhepunkt an Selbständigkeit und Freiheit erreicht, der beinahe das ganze 16. Jahrhundert hindurch gehalten werden konnte. Die Linzer Ratswahlordnung war so vorbildlich, daß andere Städte um Abschriften davon ersuchten. Die weitgehende städtische Autonomie hat zweifellos das Selbstbewußtsein der Bürger gestärkt, das durch ihre regelmäßige Teilnahme an den Landtagsverhandlungen zusätzlich erhöht wurde. Das städtische Ämterwesen wurde ausgebaut, und der „Beamtenstand" erfuhr im 16. Jahrhundert eine für damalige Zeiten nicht unbeträchtliche Vermehrung. Immer mehr Bereiche wurden als öffentliche Angelegenheiten betrachtet, sodaß mit Recht von einer ersten Phase der Kommunalisierung in den Städten Österreichs gesprochen werden kann. Stadtturner, Rats- und Amtsdiener, und die Wächter wurden in prächtige, die Stadtfarben symbolisierende Uniformen gekleidet, für die ansehnliche Beträge ausgegeben wurden. Man sollte im Alltag auf den ersten Blick erkennen, wer als städtischer Diener oder Offizier (von officium =Dienst) anzusprechen war. Die Ratsstellen waren einer kleinen Gruppe von Kaufleutebürgern vorbehalten, und nur bei den Steueranschlägen und der Überprüfung der Amtsrechnung wurden drei bis vier Handwerker beigezogen, denen aber nur der Status von Beobachtern zukam.

Die sozialen Spannungen zwischen Bürgern und Handwerkern schwelten während des gesamten Jahrhunderts weiter, kamen aber nur dreimal zum Ausbruch, wobei sich die wirtschaftliche Situation kaum, die verfassungsrechtliche praktisch gar nicht änderte.

Ferdinand I. bestätigte 1521 die Entscheidung Maximilians I. von 1497, die wieder im wesentlichen auf die Bestimmungen Kaiser Friedrichs III. von 1491 zurückging. Ein neuerliches Mandat Ferdinands I. brachte eine rechtliche Gleichstellung der Bürger- und Handwerkerhäuser, das heißt, daß die Berufe nicht an bestimmte Häuser gebunden waren, sondern daß in jedem Haus entweder eine bürgerliche oder handwerkliche Tätigkeit ausgeübt werden konnte. Die Regelung wirkte sich vornehmlich im Bereich des Handwerks aus, weil sich dadurch weniger als in anderen Städten eigene, besonderen Berufen vorbehaltene Quartiere entwickelten.

Erst 1589 eskalierte der alte Streit zwischen Bürgern und Handwerkern wieder und führte zu einem drei Jahre dauernden Prozeß, der letztendlich den Status quo bestätigte. Der Anlaß war wirtschaftlich gesehen eher lächerlich, denn es ging nur um die Ausschank eines einzigen Eimers Bier in einem Handwerkerhaus während des Ostermarktes 1589. Der Streitwert – die der Stadt angeblich vorenthaltene Getränkesteuer – betrug nur wenige Gulden. Aber als sich der Zank einmal erhoben hatte, und die Bürger sahen, daß sie sachlich mit ihren Argumenten kaum durchkommen würden, stellten sie die Prozeßursache auf eine höhere Ebene und junktimierten sie mit der absoluten Gehorsamspflicht der Handwerker gegenüber ihrer vorgesetzten Obrigkeit. Das waren die Bürger, vertreten durch den Rat. Der Stadtschreiber Mag. Georg Eisenmann bemühte in seiner weitläufigen Argumentation während des Prozesses nicht nur alle erdenklichen Parallelbeispiele, sondern auch Homer und Vergil. Damit wollte er sicher seine Gelehrsamkeit und die Überlegenheit gegenüber den Handwerkern unter Beweis stellen. Auf der anderen Seite wird daraus deutlich, wie sehr sich eine übertriebene Auslegung humanistischer Bildung selbst ad absurdum führen konnte. Der Streit vor dem Landgericht endete mit einem Sieg der Handwerker, ohne daß sich daraus gegenüber früheren Privilegien Verbesserungen ihrer wirtschaftlichen Lage ergeben hätten. Die Bürger wieder sollten nach dieser kleinen „Niederlage" bald Gelegenheit bekommen, für wichtigere Rechte einzutreten:

Am 27. April 1592 teilten die Linzer Stadtväter den im Rathaus versammelten Abgesandten der übrigen Städte die beunruhigende Nachricht mit, daß von seiten der Regierung ein Anschlag gegen die städtischen Freiheiten bevorstünde. Dem Stadtrichter Sigmund Schmidberger war, als er in Wien Acht und Bann für sein Amt einholte, ein Befehl übergeben worden, der besagte, daß die Bürgermeister-, Richter- und Ratswahlen in Hinkunft nur mehr im Beisein landesfürstlicher Kommissäre stattfinden dürften. Gleichlautende Befehle waren an Gmunden und Vöcklabruck ergangen. Die Versammlung kam überein, sofort die Stände einzuschalten und sie um ihre Hilfe zu ersuchen. Diese aber verwiesen sie auf den Rechtsweg. Der Zeitpunkt war für Linz äußerst ungünstig, denn damals begannen die Jahrzehnte dauernden Schwierigkeiten mit den übrigen Ständen, die auf die steigenden Steuerschulden der Stadt zurückgingen. Vom Landeshauptmann war ebenfalls keine Hilfe zu erwarten, denn mit Hans Jakob Löbl war eben ein Katholik mit diesem Amt betraut worden, der sich nicht scheute, sogar gegen die eigenen adeligen Standesgenossen vorzugehen. Als zusätzliche Belastung kam der Beginn des Türkenkrieges hinzu.

Nach einer ersten Eingabe gegen den kaiserlichen Befehl glaubten die Linzer, einen Aufschub erreicht zu haben, und nahmen die Wahl für das Jahr 1593 noch einmal allein vor. Tatsächlich war weder vom Landeshauptmann noch von der niederösterreichischen Regierung dagegen eingeschritten worden, sodaß Erzherzog Matthias, in dessen Agenden die Angelegenheit gehörte, die Hände gebunden waren. Es blieb ihm nichts anderes übrig, als den Befehl zu erneuern, die Wahl aber anzuerkennen. Auch der Kaiser war noch einmal bereit, zuzustimmen. Allerdings wurde der altgediente Ratsbürger Wolfgang Schauer mit der Begründung ausgeschlossen, daß er zu alt für dieses Amt sei: An seiner Stelle bestimmte Matthias den Katholiken Georg Hueber als neuen Ratsbürger. Der Landeshauptmann und die Regierung in Wien wurden gerügt, und ersterer beeilte sich, den Rüffel an die Stadt weiterzugeben, obwohl diese ohnedies schon ein Schreiben von Erzherzog Matthias und Kaiser Rudolf II. in Händen hatte.

In Steyr war die Wahl schon nach der neuen Ordnung durchgeführt worden, und am St.-Thomas-Abend 1593 war es auch für Linz soweit. Die Stände konnten oder wollten nicht helfen, und der Landeshauptmann war nicht bereit, sich ein zweites Mal eine Blöße zu geben. Zwischen ihm und der Stadt erhob sich ein zähes Ringen um die freie Ratswahl, wobei sich die Linzer nicht scheuten, den Landeshauptmann in anderen Angelegenheiten mehrmals in Prag anzuschwärzen und schlechtzumachen. Noch aber konnten die Wahlen nach den Vorstellungen der Stadtväter ablaufen, den Kommissaren stand lediglich ein Aufsichtsrecht zu und die Möglichkeit, die endgültige Entscheidung des Kaisers in seinem Sinne zu beeinflussen.

Der Landeshauptmann wurde vom Hof gedrängt, für die Entlassung des Stadtschreibers Mag. Georg Eisenmann zu sorgen, der sich bereits gegen Erzherzog Matthias ungebührlich benommen hatte und bei der Regierung *für ein unverträglichen, hitzigen und verschlagnen man beschaut gewesen ist.* Der Stadtschreiber aber war kein gewählter Funktionär, sondern Angestellter der Stadt, sodaß sich Löbl keine Möglichkeit zum Eingreifen bot. Er blieb bis zum Jahre 1600 im Amt und diente nach seiner erzwungenen Entlassung noch bis 1611 als Rechtsberater der Städte.

Der ausgeschlossene Wolfgang Schauer wurde als Vertreter von Linz in die Städtekurie gewählt, was einer Aufwertung gleichkam und einen Affront gegen den Landeshauptmann und den Erzherzog darstellte. Die Linzer wollten damit unterstreichen, daß er keineswegs zu alt war – auch für höhere Ämter nicht. Bei dieser Gelegenheit ist noch einmal auf die Zusammensetzung des Rates einzugehen, die mit der ersten Erwähnung eines „Inneren Rates" im Jahre 1580 einige Rätsel aufgibt. Wenn der „Äußere Rat" expressis verbis auch erst 30 Jahre später aufscheint, so müssen wir ab ca. 1580 doch mit einer Zweiteilung dieses Gremiums rechnen, wie sie in anderen österreichischen Städten schon im Spätmittelalter bestanden hat. Zusätzliche Verwirrung stiftet die Nennung von „Genannten", die sich später als Mitglieder des äußeren Rates entpuppten. Das verleitete zur Annahme, daß die Genannten und der Äußere Rat identisch seien. Wir wissen aber aus einer ca. 1630 abgefaßten Ratswahlordnung, die frühere Verhältnisse mit der neuen Verfassungswirklichkeit verbinden wollte, daß es sowohl einen Äußeren Rat als auch Genannte gegeben hat. So war es zum Beispiel Aufgabe des Ältesten von den Genannten, den abtretenden Funktionären den Dank der *Gemein* auszusprechen, die bei der Wahl anwesend war, und er mußte sie ersuchen, bis zur Bestätigung der Neugewählten ihre Ämter weiter zu versehen. Den insgesamt zehn Genannten fielen bei der Ratswahl die wichtigsten Aufgaben zu. Sie mußten in Anwesenheit von sechs Bürgern und vier behausten Mitbürgern die Wahl des Inneren Rats vornehmen, der ebenfalls aus zehn Mitgliedern bestand. Anschließend schritten die nunmehr Gewählten zur Wahl des Äußeren Rates und der Genannten. Die Kür des Bürgermeisters überwachten zwei Bürger, zwei Mitbürger (= Handwerker) und für die übrigen Stadtbewohner wieder zwei aus den Genannten. Für dieses Amt kamen nur Mitglieder des Inneren Rates in Frage, der Bürgermeister war aus seiner Mitte zu nehmen. Für den Posten des Stadtrichters kam jeder aus der gesamten Bürgerschaft (= Kaufleutebürger) in Betracht, ob er Ratsmitglied war oder nicht. Alle behausten Mitbürger waren wahlberechtigt, also auch jene Handwerker, die innerhalb der Stadtmauern ein eigenes Haus besaßen. Damit wird auch unsere bereits früher geäußerte Beobachtung unterstrichen, daß für die Position des Bürgermeisters nur Mitglieder alteingesessener Familien in Betracht kamen, für den Stadtrichter aber auch sogenannte „Neubürger", niemals aber einfache Mitglieder des Handwerkerstandes.

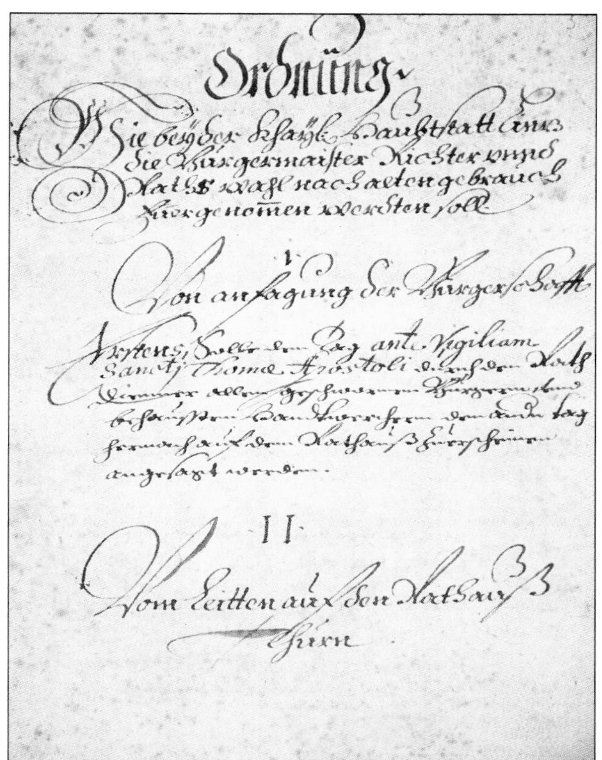

Ordnung

I

II

175 Aus der Zeit um 1630 stammt die erste überlieferte „Ratswahlordnung" der Stadt. Sie versucht, den alten Wahlmodus der Zeit vor 1592 zu rekonstruieren.
OÖ. Landesarchiv, Landesregierungsarchiv, ältere Stiftungen, Fasz. 12 Foto: Litzlbauer

Während des zweiten Bauernkrieges (1595) versuchte Löbl mit Ott Bernhard von Traun einen Adeligen als Hauptmann zur Verteidigung der Stadt einzusetzen, wogegen sich die Linzer mit Teilerfolgen zur Wehr setzen konnten, denn die Verteidigung der Stadt war allein ihre Angelegenheit. Im Verlauf des Krieges gerieten die Bürger in den Verdacht, mit den Bauern gemeinsame Sache zu machen. Landeshauptmann Löbl und Gotthard von Starhemberg sprachen dies 1597 auf dem Landtag ganz offen aus. Die dabei anwesenden Mag. Eisenmann und Bürgermeister Christoph Schickh wurden sogar vorübergehend festgenommen. Tatsächlich hatten die Städte in einer Art Geheimbündnis beschlossen, ihren Glauben – das Augsburger Bekenntnis – mit allen Mitteln zu verteidigen. Von den Ständen hatten sie nämlich wegen der Steuerangelegenheiten noch immer keine Hilfe zu erwarten. Außerdem schadete den Bürgern der Verdacht, daß sie es mit den rebellischen Untertanen der Grundherren hielten, sehr. Damit waren sie von Bundesgenossen im Glauben zu Gegnern in politischen und wirtschaftlichen Belangen geworden. Nach der Niederschlagung des Aufstandes lokkerte sich das gespannte Verhältnis ein wenig, und die Städte wurden eingeladen, an der Revidierung der Landtafel mitzuarbeiten.

Gegenüber dem Stadtherrn und in seiner Vertretung gegenüber dem Landeshauptmann blieb die Lage gespannt. Über die Vorgänge während des ersten Versuchs der Gegenreformation ist an anderer Stelle schon berichtet worden, sodaß nur einige Ergänzungen anzubringen sind:

Bei der Wahl für das Jahr 1603 wurden acht Katholiken neu in den Rat inkorporiert, von einer korrekten Wahl konnte keine Rede mehr sein. 1604 stand die Stadt unmittelbar vor dem Bankrott. Die niederösterreichische Regierung ließ die Geschäftsgebarung von Freistadt und Linz durch eine eigene Kommission überprüfen. Die relativ unerfahrenen Ratsherren hatten sie selbst beantragt, um sich vom Vorwurf der schlechten Wirtschaftsführung reinwaschen zu können. Die Verpfändung von Rathaus, Waaghaus und Salzstadel konnte nur mit Mühe verhindert werden.

176 Liste der besoldeten Stadtdiener aus dem Jahr 1610 (Ausschnitt). Auf dieser Seite scheinen auf: Bügermeister, Stadtrichter, Stadtschreiber, der Wachtmeister Elias Huebner und der Stadttürmer Conradt Frisch.
Archiv der Stadt Linz, Kammeramtsrechnung 1610, Hs. Nr. 54 Foto: Litzlbauer

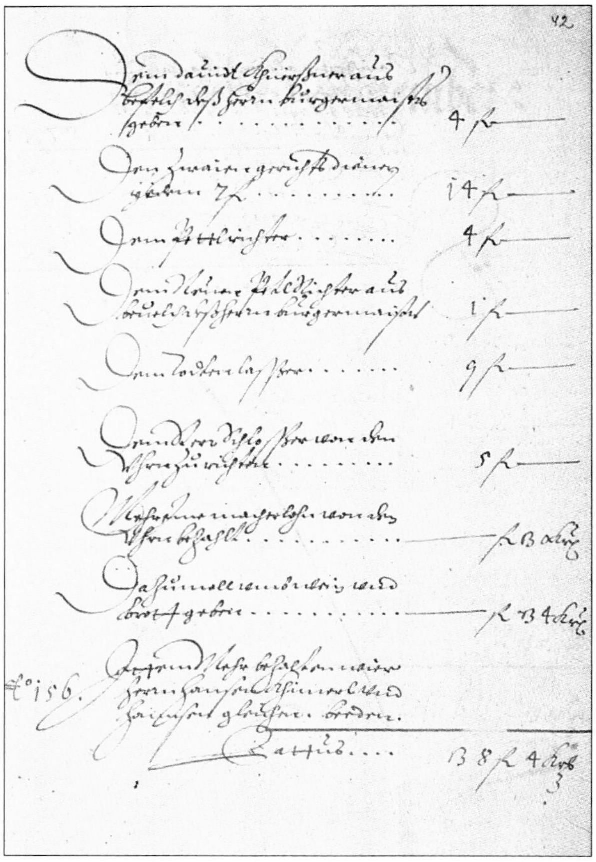

Im Jahre 1606 hat sich das ohnedies labile Verhältnis zu den Ständen schlagartig verschlechtert, als am Augustlandtag die Abgesandten von Linz, Gmunden und Vöcklabruck verhaftet und in der Ritterstube des Landhauses gefangengehalten wurden, um die Eintreibung der ausständigen Steuern zu erpressen. Auf Befehl des Hofes mußten sie wieder freigelassen werden.

Erst nach der nicht mehr erhofften Wende von 1608/09 konnte am Samstag vor St. Thomas wieder eine korrekte Wahl abgehalten werden, bei der ein Teil der seinerzeit ausgeschlossenen Ratsmitglieder in seine alten Stellungen zurückkehrte. Peter Waiß wurde Bürgermeister und Lorenz Sixt Stadtrichter.

Alles schien wieder in bester Ordnung, als die beiden zusammen mit den Ratsherren Georg Praitenfellner und Hans Gleich überraschend von Kaiser Matthias nach Wien zitiert und dort ihrer Ämter für verlustig erklärt wurden. Sie hatten den Stadtpfarrer Blasius Aliprandus gezwungen, beim (evangelischen) Begräbnis des alten Wolfgang Schauer die Kirchenglocken zu läuten, was strengstens untersagt gewesen ist. Alle Bitten der Linzer und auch von den nunmehr der Stadt wieder geneigten Ständen blieben fruchtlos. Als einziges Zugeständnis durften sie die Stellen der Suspendierten nachbesetzen.

Das an anderer Stelle ebenfalls schon erwähnte kurze Intermezzo eines von außen eingesetzten Stadtanwaltes im Jahre 1625 blieb für die weitere Geschichte der Verfassung ohne jegliche Nachwirkung. Die Überprüfung der Ratswahlen durch anwesende Kommissäre der Regierung blieb über die Jahrhunderte erhalten. Als letzten Rest dieser Regelung mag man es ansehen, wenn die Wahl des Bürgermeisters durch den Gemeinderat heute noch unter der Anwesenheit des Landeshauptmannes vorgenommen wird, der den neuen Bürgermeister im Namen der Regierung auch angelobt.

Über den Aufgabenbereich und die Wahl der Ratsherren ist schon eingehend berichtet worden. Daran hat sich im 16. Jahrhundert wenig geändert, lediglich die Anzahl der Ämter wurde vermehrt, sodaß wir am Ende der zu schildernden Epoche bereits bei insgesamt 15 halten (Bürgermeisteramt, Stadtrichteramt, Kämmerei, Bauamt, Bruckamt, Salzamt, Ungeldamt, Steueramt, Kirchenamt, Bürgerspitalsamt, Siechenamt, Lazarettamt, Weinniederlage, Leinwandbeschau, Spendamt).

Besser als aus den Jahrhunderten vorher sind wir nun über die innere Verwaltung der Stadt informiert. Ab 1550 stehen uns wenigstens für jedes zehnte Jahr Kammeramtsrechnungen zur Verfügung, in denen alle ständig angestellten städtischen Bediensteten zum Teil sogar namentlich überliefert sind. Den Stadtschreiber als wichtigsten Beamten der Stadt werden wir noch kennenlernen. Außer ihm standen in der Mitte des 16. Jahrhunderts noch ein Ratsdiener (-knecht), der Nachrichter und sein Knecht, zwei Ausrufer, ein Uhrrichter, der Bettelrichter und die Turner als Wächter und Musiker auf dem Schmiedtor- und Kirchenturm auf der Besoldungsliste der Stadt. Dazu kamen noch je eine Hebamme für Stadt und Vorstädte. Da wir die Anzahl der Turner nicht kennen, haben wir also mit 12–16 Bediensteten zu rechnen, wobei einige von ihnen, wie etwa der Bettelrichter, die Hebammen und der Uhrrichter nicht ganztägig für die Stadt tätig waren. Andererseits wurden immer wieder Tagwerker und Handwerker für anfallende Arbeiten engagiert, etwa wenn die Brücke zu reparieren, der Stadtgraben zu räumen, die Markthütten aufzustellen oder die Reichen zu säubern waren.

Der Bürgermeister und der Stadtrichter erhielten eine Aufwandsentschädigung von 20 Pfund Pfennig pro Jahr, eine Summe, die sich bis 1620 nicht geändert hat. Ratsdiener, Stadtschreiber und Nachrichter waren mit 24 Pfund Pfennig die Spitzenverdiener, denen auch der Knecht des Nachrichters mit 20 Pfund Pfennig nahe kam. Die Ausrufer, die Hebammen und der Uhrrichter kamen auf die Hälfte des letztgenannten Betrages. Der Bettelrichter erhielt 2 Pfund Pfennig. Wir wissen nicht, welche Naturalleistungen die Gehälter jeweils ergänzten, aber es ist bemerkenswert, daß etwa der Ratsdiener ursprünglich dem Stadtschreiber gleichgestellt war. Das hat sich im Laufe der 70 Jahre, die wir verfolgen wollen, radikal geändert: 10 Jahre später kam der Stadtschreiber bereits auf 200 Gulden – die Währungsbezeichnung hatte sich ja zwischenzeitlich verändert, aber der Wert des Geldes ist annähernd gleichgeblieben – alle anderen blieben gleich. Neu hinzugekommen sind *Gassengeher*, die für die Betreuung der Straßenlaternen Lichtgeld erhielten. Wir werden nicht fehlgehen, wenn wir darunter die Nachtwächter verstehen. 1570 stehen bereits drei Hebammen im Sold der Stadt und zehn Jahre später vier. 1590 verdoppelte sich das Gehalt des Stadtschreibers auf 400 Gulden, der Stadtturner Joachim Fasoldt erfuhr eine kräftige Gehaltsaufbesserung, und Hebammen gab es inzwischen fünf, alle mit dem gleichen Grundgehalt wie vor 40 Jahren. Der Ratsdiener bekam seit 10 Jahren schon 32 Gulden und der Uhrrichter 12. Die beiden Stadtkämmerer erhielten für ihre Bemühungen 30 Gulden und waren damit neben Stadtrichter und Bürgermeister die einzigen gewählten Amtsträger, die eine offizielle Aufwandsentschädigung erhielten. Der Stadtschreiber hielt sich selbst Schreiber, die er aus seinem Säckel zu zahlen hatte. Von der Stadt erhielten sie nur ein Schreibtrinkgeld von 4 Gulden pro Jahr. Seit 1570 scheint ein Wachtgeld von 152 Gulden auf, ohne daß wir erkennen können, für welche Wachen sie ausgegeben wurden. Der Gerichtsdiener hatte 1590 einen Kollegen dazubekommen.

Im Jahre 1600 kam es offensichtlich aufgrund der katastrophalen finanziellen Lage der Stadt zu Einsparungen auf dem Personalsektor. Wir finden nun nur mehr drei Hebammen, und das Uhrrichten mußten die Ausrufer übernehmen. Sie bekamen auch das Lichtgeld und ein nicht näher bezeichnetes *Schmiergeld.*

Wieder zehn Jahre später finden wir einen hauptamtlich bestellten Wachtmeister mit 52 Gulden neu in der Gehaltsliste, je zwei Wächter am Kirchenturm, Schmiedturm, Urfahrtor und zwei am Neubau. Sechs Gassengeher sind nun angestellt, von denen zwei als Ausrufer fungierten. Neu hinzugekommen ist ein *Totenlasser* (= Totengräber) mit 36 Gulden Jahresgehalt. Wir stehen also vor einer größeren Umgruppierung im Personalstand der Stadt, wobei die Anstellung eines eigenen Wachtmeisters, dem die Leute auf den verschiedenen Türmen und die Gassengeher unterstellt waren, den Anfang einer städtischen Polizei begründet.

Jene Regierungskommission, die die städtischen Finanzen zu überprüfen hatte, dürfte auch dafür gesorgt haben, daß die Abrechnungen nunmehr in einer etwas übersichtlicheren Form abgefaßt wurden. Bis 1600 waren lediglich Einnahmen und Ausgaben getrennt aufgeschrieben worden. Die einzelnen Posten wurden kunterbunt durcheinander eingetragen. Für die Reihenfolge war lediglich das Eingangsdatum entscheidend und oft nicht einmal dies. Ab 1610 finden wir festumrissene Budgetposten vor, die quartalsweise abgerechnet wurden. Bei den Einnahmen dominieren in diesem Jahr die Steuern und das Ungeld mit 7122 bzw. 8160 Gulden. Weitere Aktivposten sind das Bauamt mit 1138, das Bruckamt mit 889, das

Salzamt mit 449, die Einnahmen für die Erteilung des Bürgerrechtes mit 404 und der Zins für stadteigene Häuser mit 437 Gulden. Die Weinniederlage brachte 213, die Leinwandbeschau 46, die Baukommissionen 18 Gulden. Um das Budget ausgleichen zu können, mußte eine Neuverschuldung von 3771 Gulden in Kauf genommen werden. Dabei machte allein der Zinsendienst für die Altschulden bereits 7467 Gulden aus. Darin waren aber der Zinsen- und Kapitalaufwand für die Steuerschulden an die Landstände nicht inbegriffen.

Die Kapitaltilgung betrug nur 3402 Gulden, also weniger als die Neuverschuldung. An Ungeld und Steuern mußten 7450 Gulden abgeliefert werden, die Kriegsunkosten betrugen 2597 Gulden. An Hochzeitsgeschenken und Almosen an durchziehende Bettler wurden 98 Gulden aufgewendet, die Einbußen aus der Münzverschlechterung betrugen 114 Gulden. An Reisekosten, Kanzleitaxen, Botenlöhnen und Honoraren für Gerichtsprokuratoren und Sollizitatoren (= Betreiber) waren 548 Gulden aufgelaufen. Die Personalkosten machten bei einem Gesamtbudgetvolumen von 23.056 Gulden 490 Gulden aus, das waren nur etwa zwei Prozent.

Einige Ämter wurden gesondert abgerechnet und scheinen deshalb in der allgemeinen Kammeramtsrechnung nicht auf, wie etwa das Kirchenamt, das Bürgerspitalsamt und das Siechenamt. Konkrete Gründe dafür können nicht angegeben werden. An dieser knappen Zusammenfassung fällt in erster Linie die exorbitante Steigerung des Stadtschreibergehaltes auf, die einer Erklärung bedarf: 1550 hielt er noch bei 24 Pfund Pfennig pro Jahr. Damals stand mit Veit Stahel der historisch wohl bekannteste Stadtschreiber in den Diensten der Stadt. Kaum eine zweite Einzelperson aus dem Gesamtbereich des Magistrates hat in der Forschung so großes Interesse gefunden wie er. Er stammte aus der Retzer Gegend und dürfte um 1510 geboren worden sein. Zuerst war er Sekretär des Wiener Bischofs Johann Fabri und später im Hofstaat König Ferdinands I. als Schreiber tätig. 1541 trat er in die Dienste der Stadt und hat, wohl im Auftrag des sehr rührigen Bürgermeisters Peter Hofmanndl, die städtische Kanzlei von Grund auf reorganisiert. Als Sekretär der sieben landesfürstlichen Städte ordnete und verzeichnete er sämtliche Urkunden, Akten und Rechnungen des Städtebundes. Die Wichtigkeit dieser Arbeit für das tägliche politische Werk kann für die damalige Zeit gar nicht hoch genug angesetzt werden. Stahel legte auch eine Sammlung von Musterschriftstükken rechtlichen Inhalts an, in die er auch seinen eigenen Heiratsvertrag aufnahm. In seinem Ruhestand verfaßte er ein 700 Blätter umfassendes Rechtslexikon, das er „Liber Rapititus" betitelte. Für das bürgerliche Erbschaftsrecht ungemein lehrreich ist das von Stahel erstellte Testament des Bürgermeisters Wolfgang Schickh, das er – 860 Seiten stark – 1571 mit *allerley nützliche vermerckhungen unnd Remedia* schrieb. Im gleichen Jahr hatten ihn die Stände um ein Gutachten über die Errichtung einer Landesordnung gebeten, die erst in den ersten Jahrzehnten des 17. Jahrhunderts von Dr. Abraham Schwarz fertiggestellt werden sollte, wobei er sich auf die Vorarbeiten Stahels stützte.

Für seinen Dienstgeber wurde besonders *Der Stadt Linntz Gerichts Ordnung und Prozeß* wichtig, die er 1545 schrieb. Das Buch handelt vom Verfahren vor dem Stadtgericht mit Einschluß der Appellationsmöglichkeiten an den Landeshauptmann und den Landesfürsten. Wie Stahel in der Vorrede mitteilt, ist die Verfahrensweise bis dahin nur mündlich weitergegeben worden.

Veit Stahel besaß keinen akademischen Grad. Es ist nicht einmal sicher, ob er an der Universität Rechtsvorlesungen gehört hat. Seine Kenntnisse über das städtische Recht hat er sich selbst aus den im Archiv verwahrten Urkunden und Akten erarbeitet.

Wir haben schon gesehen, daß sein Gehalt nicht höher lag als das des Nachrichters oder des Ratsdieners. Die Linzer haben seine Leistungen damals kaum zu würdigen gewußt, sodaß er die Stadtschreiberstelle in Freistadt annahm, wo ihm 150 Gulden pro Jahr zugesichert wurden. Erst nach seinem Abgang erkannte man den großen Wert seines bedeutenden juristischen Fachwissens und engagierte mit Dr. Hieronymus Fuerer einen Juristen als seinen Nachfolger auf dem Stadtschreiberposten. Möglicherweise war Fuerer vorher als Prokurator am Landgericht tätig gewesen. Sein Gehalt betrug bereits 200 Gulden. Die Bestellung eines ausgebildeten Juristen für die innere Stadtverwaltung wurde wegweisend für die Städte Oberösterreichs und – soweit dies bis jetzt beurteilt werden kann – auch für die im Aufbau begriffene Verwaltung der Stände. Als bedeutendere Nachfolger Dr. Fuerers sind zu erwähnen: Mag. Georg Eisenmann, Dr. Salomon Sollinger und Dr. Alban Venediger. Sie alle galten zu ihrer Zeit als ausgezeichnete Rechtsexperten.

Recht und Gericht

Linz hat nie ein verbrieftes Stadtrecht erhalten. Das ist schon eingehend erläutert worden. Fest steht, daß dieser Umstand für die Bewohner der Stadt keine gravierende Bedeutung besaß und auch keine Nachteile mit sich brachte, da die Rechtsstellung der Siedlung als Stadt seit dem Hochmittelalter als gesichert gelten darf.

Die Stadtgeschichtsforscher des 19. Jahrhunderts – hier wieder besonders die Rechtshistoriker – waren bemüht, das gesamte Phänomen Stadt aus der Sicht des Rechtes zu erklären. Dieser Forschungsansatz gilt heute als überholt und wird eigentlich zu Unrecht kaum noch verfolgt, denn das relativ reibungslose Zusammenleben vieler Menschen auf engem Raum war nur auf der Grundlage von (wenn auch noch ungeschriebenen) Gesetzen möglich. Sie reglementierten nicht nur die alltägliche Ordnung in der Stadt, sondern legten auch die Verkehrsformen der Städte untereinander und mit den übrigen gesellschaftlichen Gruppen fest. Die Tätigkeit des Handels und die zunehmende Auffächerung und Spezialisierung der handwerklichen Berufe verlangten andere Rechtsgrundsätze als jene, die bis dahin geübt wurden. Zwar hatten sich im Hochmittelalter auch auf dem flachen Land die rechtlichen und politischen Verhältnisse geändert, aber die im Rahmen der „Landwerdung" eingerichteten Landgerichte waren auf das Feudalsystem abgestimmt und deshalb für die besondere Situation der Städte nicht geeignet. Jedes bürgerliche Gemeinwesen – ob Stadt oder Markt – konnte nur dann klaglos funktionieren, wenn es aus der Kompetenz der flächendeckenden und damals noch relativ großen Landgerichtssprengel herausgenommen wurde und einen eigenen Rechtsbereich zugewiesen erhielt. Im Gegensatz zu dem allseits herrschenden Prinzip der persönlichen gegenseitigen Verbundenheit oder auch Abhängigkeit wurde für den Wirkungsbereich des städtischen Rechtes eine klar abgegrenzte Fläche bestimmt, die über die Mauern der Stadt hinausreichte und in der Regel die unmittelbar stadtnahen Äcker und Wiesen der Bürger umfaßte. Dieses genau umgrenzte Gebiet hieß Burgfried, und alle Rechtsfälle und strafwürdigen Vergehen, die darin vorfielen, waren vor dem Stadtgericht abzuhandeln. Als erste Appellationsinstanz galt das Gericht des Landeshauptmannes, das Landrecht. Dritte und letzte Instanz war der Landesfürst als Stadtherr und in dessen Vertretung das Regiment der niederösterreichischen Lande in Wien zur Zeit seiner Konstituierung, das ja kurzfristig in Linz seinen Sitz hatte.

Todeswürdige Verbrecher mußten ursprünglich an das benachbarte Landgericht Donautal ausgeliefert werden, das als Hochgericht das Todesurteil aussprechen und exekutieren konnte. Der Burgfried war eo ipso nur mit einem „Niedergericht" verbunden, am ehesten vergleichbar mit einem heutigen Bezirksgericht. Das Recht, über Leben und Tod zu urteilen, besaß die Stadt ab dem Jahre 1453. Seit dieser Zeit war sie in Rechtsangelegenheiten vom Landgericht nicht nur befreit, sondern ist selbst ein solches geworden, ohne jedoch diese Bezeichnung zu führen. Andere Städte, wie zum Beispiel Enns, besaßen dieses Recht bereits seit dem Hochmittelalter. Das heißt aber nun nicht, daß die Stadt die Todesurteile auch selber vollstreckt hat. Der in Linz im Bereich der heutigen Lessingstraße ansässige Freimann oder Henker war für die Hinrichtungen im ganzen Land zuständig und wurde so wie der oberste Landrichter von allen Landgerichtsinhabern bezahlt, wobei jede Tortur (= Folter) und jede Hinrichtung nach festen Sätzen extra zu entlohnen war.

Da, wie schon erwähnt, das Recht keine genau kodifizierte Grundlage besaß und auch die Kompetenzen der einzelnen Gerichte sich im

177 Skizze zur geplanten Erweiterung der Landgerichtsgrenzen bis an die Traun aus der Zeit unmittelbar vor 1645. Im Hintergrund sind deutlich Kleinmünchen und Ebelsberg auszumachen.
Archiv der Stadt Linz, Altakten, Sch. 76 Foto: Litzlbauer

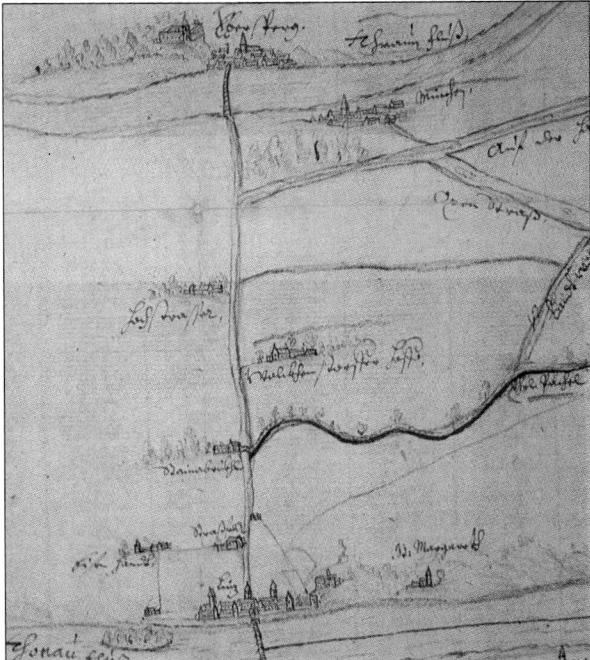

steten Fluß befanden, gab es immer wieder Meinungsverschiedenheiten zwischen den einzelnen Gerichtsinhabern. Vor allem standen sich sehr oft verschiedene Rechtsauffassungen konträr gegenüber, die beide für sich durchaus begründbar waren. Denn neben dem flächenmäßig abgegrenzten städtischen Rechtsbereich war nach wie vor der persönliche in Kraft. Dies traf vor allem auf die gesellschaftlich höherstehenden Personen des Adels zu, die in der Stadt ihren Wohnsitz hatten. Sie unterstanden mit ihrem gesamten Hab und Gut dem Gericht des Landeshauptmannes. Ihre an sich der städtischen Jurisdiktion unterworfenen Häuser ließen sie, wann immer es ging, befreien. Problematisch wurde die Kompetenzfrage immer dann, wenn die nichtadeligen Bewohner dieser Stadthäuser mit den Bürgern in Konflikt gerieten. Ihre Hausherren beanspruchten nämlich die niedere Gerichtsbarkeit über sie, wie sie den Grundherren ganz allgemein zustand. Für zusätzlichen Konfliktstoff sorgte der Umstand, daß die Freihausbesitzer auch zünftische Handwerker als Mieter aufnahmen, sodaß auch diese dem städtischen Zugriff zu entgleiten drohten.

178 Die letzte erhaltene Burgfriedssäule an der oberen Donauländе bei der Wasserstiege zum Schloß
Foto: Eigner

In Abständen von einigen Jahren nahm der Stadtrichter in Begleitung der Ratsherren und auch etlicher Handwerker eine Burgfriedsbereitung vor. Mit dieser öffentlichen Demonstration wurde der Bereich der richterlichen Kompetenz gegenüber den benachbarten Landgerichten abgesteckt. Im 16. Jahrhundert wurden dabei an jeder der Säulen, die die Eckpunkte des Burgfrieds markierten, einige Schüsse abgefeuert.

Im Jahre 1645 wurde der Einflußbereich des Linzer Landgerichts – nicht des Burgfrieds! – wesentlich erweitert und über Leonding bis an die Traun ausgedehnt, sodaß weitere 158 Feuerstätten (= Höfe und Häuser) unter die Kompetenz des Linzer Hochgerichts aufgenommen wurden, darunter die Dörfer Leonding und Kleinmünchen. Die dem Vicedomamt unterstehenden landesfürstlichen Gehöfte wurden dabei wieder ausdrücklich ausgenommen.

Die benachbarten Grundherren haben immer versucht, ihre Bauern zu schützen, wenn sie aufgrund irgendwelcher Vergehen in der Stadt festgehalten und vor Gericht gestellt wurden. Die Kompetenz des Stadtgerichtes wurde dabei oft in Frage gestellt, denn dieses war in ihren Augen nur befugt, über die Stadtbewohner zu richten.

Die gewöhnliche Linzer Richtstätte – der Galgen – befand sich westlich der Martinskirche auf dem *perg genant Lützelburg.* Doch werden wir sehen, daß in Kriegszeiten oder bei besonders wichtigen Anlässen Hinrichtungen auch auf dem Hauptplatz vorgenommen wurden. Über die Härte und die Grausamkeit der Folter und der Todesstrafen, die aus der sogenannten „Carolinischen Halsgerichtsordnung" geschöpft wurden, ist schon viel geschrieben worden. Sicher ging man auch in Linz danach vor, aber wir besitzen aus dieser Zeit keinerlei Prozeßakten mehr. Einzelne Fälle werden wir am Ende des Bauernkrieges kennenlernen. Die unehrenhafteste Art des Tötens war das Hängen, die am häufigsten an Dieben vollzogen wurde. Die Enthauptung galt bereits als wesentliche Milderung der Strafe. Sie wurde am

179 Bereits auf dem Vogelschauplan des Abraham Holzwurm ist der Galgen auf der Höhe zwischen Martinskirche und Margarethen eingezeichnet (Ausschnitt). Stadtmuseum Linz, Inv. Nr. 2086. Foto: Michalek

knienden Opfer mit dem Schwert des Henkers vollzogen. Sehr oft wurde der Kopf des Hingerichteten auf eine Stange gesteckt und an besonders belebten Straßen und Plätzen mehrere Monate ausgestellt. Die übrige Leiche des Justifizierten wurde oft gevierteilt und die einzelnen Teile ebenfalls auf Stangen gespießt zur Schau gestellt. Die Leichen von Kirchenschändern, Ehebrechern, Sodomiten und Homosexuellen wurden verbrannt. Hexen und Hexer wurden ebenfalls dem Feuer übergeben, meist aber vorher gehenkt. Von Linz sind uns allerdings keine derartigen Fälle bekannt.

Zu den schlimmsten Strafen zählte das Rädern, wobei man noch den feinen Unterschied beachtete, ob vom Kopf oder den Beinen aus begonnen wurde. Die Leichen solcherart Hingerichteter wurden auf das Rad gebunden den Raben zum Fraß überlassen. Kindesmörderinnen wurden meistens ertränkt, eine Strafe, die beinahe ausschließlich nur bei Frauen angewendet wurde. Aus Linz ist uns nur ein einziger, allerdings nur unzureichend dokumentierter Fall des Ertränkens überliefert.

Die Folter diente der Wahrheitsfindung und wurde ohne jegliche moralische Bedenken oder juristische Zweifel angewendet.

Für beinahe alle Verbrechen – vielleicht mit Ausnahme der Rebellion – gab es die Möglichkeit des Sühneausgleiches, d. h., daß man sich mit dem Opfer oder den Hinterbliebenen des Opfers durch entsprechende Abschlagszahlungen aussöhnen konnte. Die Gerichtskosten mußten dennoch bezahlt werden.

Es ist leicht einsichtig, daß diese Möglichkeit nur den Reicheren offenstand, und vor diesem Hintergrund wundert es nicht, daß die in den meisten Landgerichtsprotokollen verzeichneten Hinrichtungen fast durchwegs Angehörige der Unterschichten betrafen.

Die klare Unterscheidung zwischen arm und reich kommt z. B. auch im mittelalterlichen Stadtrecht von Enns, das vorbildhaft für alle oberösterreichischen Städte gewesen sein dürfte, deutlich zum Ausdruck. Andererseits hat die Möglichkeit, sich durch Sühnegeld freizukaufen, das noch wesentlich ältere private Recht zur Blutrache abzulösen geholfen und damit nach heutigen Begriffen einen Fortschritt in der Rechtsprechung gebracht.

Die in den Weistümern (= Rechtssätze, die der versammelten Gemeinde mindestens einmal pro Jahr vorgelesen wurden) festgelegten Strafen für geringere Vergehen können in Linz nicht verfolgt werden. Es ist nur bekannt, daß seit dem Spätmittelalter bis zur Errichtung der Dreifaltigkeitssäule ein Pranger auf dem Hauptplatz gestanden ist, der zur öffentlichen Schaustellung und „Anprangerung" von Personen diente, die sich gegen das Gemeinwesen vergangen haben. Nach einer eigenartigen Zeremonie, bei der der Wachtmeister, die Maurer, die Großuhrmacher und Schlosser den Pranger dreimal umkreisten und mit ihren Hämmern schlugen, um den Platz freizusprechen, wurde er auf den Taubenmarkt versetzt,

180 Beim Enthaupten empfing das kniende Opfer den Todesstreich vom hinter ihm stehenden Henker. Gravur auf dem Scharfrichterschwert des Henkers Georg Sündhöriger um 1700. In der auf dem Bild dargestellten Szene empfängt die Frau den Todesstreich sitzend! Stadtmuseum Eferding. Foto: OÖ. Landesmuseum

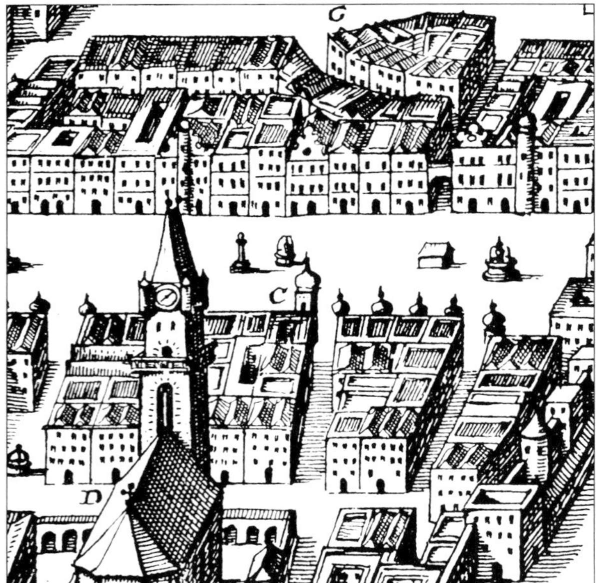

181 Auf dem Kupferstich ist der Pranger nur schwer auszumachen, sodaß wir uns von seinem Aussehen kein genaues Bild machen können.
Stadtmuseum Linz, Inv. Nr. 2051.

von wo er in der Zeit Josephs II. dann endgültig entfernt wurde.

Ein zweiter „Schandort" befand sich beim Eingang der Stadtpfarrkirche, wo jene Frauen in der Brechel (= Halsbrett) stehen mußten, die das Ansehen anderer durch „bösen Tratsch" geschädigt haben. Tratschende Männer sind nicht überliefert.

Schließlich sei noch kurz an die „Bäckerschupfe" erinnert, die am Donauufer aber vermutlich eine ganz andere Hauptfunktion hatte und als Entladekran diente.

Wir haben uns bis jetzt mehr oder weniger auf die Kriminalgerichtsbarkeit konzentriert, die zwar zu den wichtigsten Funktionen des Stadtgerichtes zählte, aber durchaus nicht dessen alleiniger Aufgabenbereich war. Es hatte über alle strittigen Punkte zu entscheiden, über die sich zwei Parteien nicht gütlich einigen konnten und die nicht ausdrücklich anderen Gerichten vorbehalten waren. Darin sind auch alle privatrechtlichen Auseinandersetzungen inbegriffen, die man von der Kriminalgerichtsbarkeit kaum schied. Es ist, wenn auch sehr ermüdend, ganz interessant, auf den enervierend langsamen Verlauf der Gerichtsverfahren generell einzugehen. Der Stadtschreiber Veit Stahel schrieb ihn 1545 minutiös nieder, und wir wollen dieses sehr seltene Dokument hier stark gekürzt anführen.

Das Stadtgericht tagte nur alle 14 Tage am Freitag in der Früh. Der Beginn der Gerichtshandlung wurde jedesmal durch den Ausrufer bekanntgemacht. An Feiertagen, im Fasching, zur Zeit der beiden Jahrmärkte, während der Weinlese, im Advent und zu Weihnachten ruhte das Gericht. Ebenso während eines Krieges und bei Hochzeiten, Taufen oder Begräbnissen des Kaiserhauses. Im Durchschnitt ergaben sich aufgrund dieser Einschränkungen nicht mehr als 15 Rechtstage pro Jahr. Wenn wir dieser Tatsache nun die Umständlichkeit des Rechtsverfahrens gegenüberstellen, wird deutlich, daß bei einem durchaus zügigen Verfahren für einen Rechtsfall mit mindestens einem halben, in der Regel aber mit ein bis zwei Jahren Prozeßdauer gerechnet werden mußte. Jeder konnte an den festgesetzten Gerichtstagen eine Klage einbringen, die schriftlich abgefaßt sein mußte. Am ersten Tag wurde entschieden, ob die Klage statthaft ist und angenommen wird. War dies der Fall, dann konnte der Kläger bei der nächsten Sitzung den Antrag auf Vorladung des Gegners stellen, der vom Nachrichter zur nächsten Verhandlung geladen wurde. Erst am dritten Gerichtstag erfuhr der Beklagte, um was es eigentlich ging. Er konnte eine Abschrift der Klage einfordern und mußte beim nächsten Gerichtstermin antworten. Wußte er schon vorher um die Anschuldigung, war es ihm ein leichtes, durch verschiedene Entschuldigungen die Kenntnisnahme der Anklage hinauszuzögern. Beim nächsten Termin war es dem Kläger erlaubt, auf die Antwort seines Gegners zu replizieren, und wieder einen Gerichtstag später durfte der Beklagte abermals antworten, worauf dann der Kläger seine Schlußschrift einbringen konnte. Beim nächsten Termin durfte dasselbe der Beklagte. Wenn alles gut ging, erfolgte am 9. Gerichtstag das Urteil. Inzwischen hatten die Advokaten bzw. Prokuratoren und Schreiber harte Arbeit geleistet und einiges Geld verdient, denn ab dem 16. Jahrhundert war man gut beraten, sich vor Gericht eines ausgebildeten Juristen als Anwalt zu bedienen.

Sollte sich einer oder beide Kontrahenten vom Gericht benachteiligt fühlen, so konnte er gleich nach der Urteilsverkündung an die Landeshauptmannschaft appellieren. Dies geschah wieder über das Stadtgericht. Innerhalb von 14 Tagen sollte vom Landeshauptmann eine Entscheidung getroffen werden, was natürlich illusorisch war. Deshalb gab es die Möglichkeit, um einen Schubbrief anzusuchen, der weitere vier Wochen Fristerstreckung ermöglichte. Dieses Spiel ließ sich in Abständen von jeweils sechs Wochen erneuern. Hatte das Landrecht dann endlich doch entschieden, wurde das Urteil im Stadtgericht eröffnet und erneut die Möglichkeit der Appellation geboten, diesmal beim Landesfürsten (Kaiser) oder dessen Regierung der niederösterreichischen Lande in Wien. Aufgrund der großen Entfernung betrug nun die erste, ebenfalls illusorische Frist sechs Wochen. Sie konnte durch Schubbriefe mehrmals verlängert werden. Das kaiserliche Urteil war dann endgültig. In jeder Stufe des Verfahrens konnten „Beiurteile" gefällt werden, die einzelne Teilbereiche der Streitsache betrafen und gegen die natürlich ebenfalls appelliert werden konnte.

Wenn während des Prozesses einem der beiden Kontrahenten auferlegt wurde, eine Weisung beizubringen, wurde das Verfahren auf sechs Wochen unterbrochen, um Zeugen vorladen und verhören zu können. Damit begann nach dem vorhin dargestellten Muster ein neues Teilverfahren zu laufen. Es gab dadurch wieder unzählige Möglichkeiten, den Prozeß hinauszuzögern, und zwar so lange, bis der finanzielle Ruin dem Gegner eine Weiterführung des Streites und die Erlangung eines Endurteiles unmöglich machte, denn selbst bei einer Verurteilung war es möglich, durch Nichterfüllung der auferlegten Strafe neue Händel in der bereits erledigten Sache zu beginnen.

In den Freistädter Akten hat sich ein Prozeß um die Lieferung eines Fasses Heringe erhalten, der zwischen dem dortigen Ratsbürger Anton Spar und dem Fragner (= Krämer) Paul Horner aus Linz ablief und insgesamt 18 Jahre (1531–1549) dauerte. Pikanterie am Rande ist, daß die ersten Jahre des Prozesses vom Linzer Stadtrichter Georg Hueber geleitet wurden, der ein Schwager von Spar gewesen ist. Nach den Rechtsaufzeichnungen Veit Stahels war dies an sich verboten. Ehrenbeleidigungen haben das Verfahren begleitet, sodaß immer neue Tagsatzungen notwendig wurden. Nach sechs Jahren waren die Prozeßkosten des Horner bereits auf 900 Gulden angewachsen, jene Spars werden nicht viel niedriger gewesen sein. Der Preis für die Heringe betrug übrigens 7 Gulden. Horner erhielt sie am Ende des Prozesses zurück, nachdem er sie 18 Jahre vorher aufgrund des Ersturteiles hatte zahlen müssen.

Es gibt auch heute noch endlose Prozesse und die Rechtslage ist durch die Kodifizierung der Gesetze nicht unbedingt einfacher geworden. Der grundsätzliche Unterschied zu den Verhältnissen im Mittelalter und in der frühen Neuzeit besteht aber darin, daß in der Gegenwart alle Personen vor dem Gesetz gleich be-

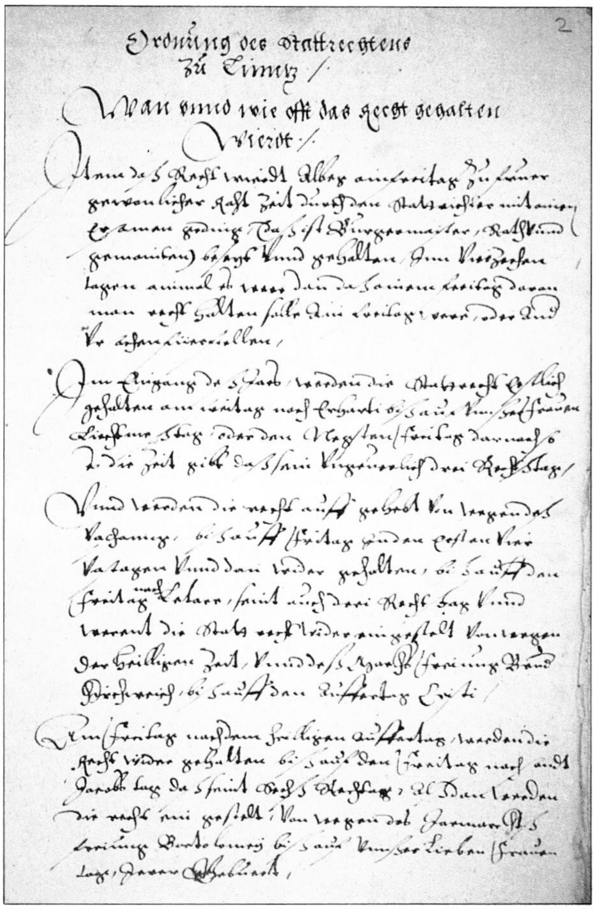

182 Des Linzer Stadtschreibers Veit Stahel Gerichtsordnung für Linz aus dem Jahre 1545, die den Prozeßverlauf genau regelt.
OÖ. Landesarchiv, Statthaltereiarchiv, Bd. 50, Nr. 2.
Foto: Litzlbauer

handelt werden (sollen) und daß die Justiz von den übrigen Machtinstrumenten der Herrschaft (= des Staates) getrennt ist.

Rechtsfähigkeit und Rechtssicherheit waren damals vom persönlichen gesellschaftlichen Status abhängig. Es ist dies vorhin schon angedeutet worden. Selbst in der relativ geschlossenen Sphäre einer Stadt wie Linz gab es die verschiedensten von den Personen abgeleiteten Rechtsinstanzen. Adelige brauchten sich grundsätzlich nur vor dem Landrecht zu verantworten. Erste Instanz für ihre Dienerschaft waren sie zunächst selbst. Dem Stadtrichter bot sich kaum Möglichkeit zum Eingreifen. Die Geistlichkeit brauchte sich vor keinem weltlichen Gericht zu verantworten, sondern nur vor dem Bischof. Diese Kompetenzzuweisung bezog sich jedoch nicht nur auf Kriminaldelikte, sondern auch auf Grundstücks- und Erbschaftsangelegenheiten, Verlassenschaftsabhandlungen und alle anderen Fälle, die vor einer Obrigkeit abgehandelt werden mußten. Daraus ergaben sich nicht nur Kontroversen zwischen Bürgern und Adeligen oder unter den Herren untereinander, sondern auch zwischen der Rechtsphäre des Landesfürsten und der Stände. Für zusätzliche Komplikationen sorgten Sonderrechte, wie sie zum Beispiel der jeweilige Mautner beanspruchte, der dem Landesfürsten direkt unterstellt war, und jede Einmischung des Landeshauptmanns oder seines Gerichts entschieden ablehnte.

Wir sind uns der durch eine Gesetzesflut fast lückenlosen Reglementierung unseres Alltagslebens nicht bewußt und genießen in unserem Privatleben Freiheiten, die im 16. Jahrhundert nicht vorstellbar gewesen wären.

Wie weit z. B. die Kompetenz der Gerichte zu dieser Zeit gehen konnte, zeigt sich an einer Linzer Liebes- bzw. Heiratsaffäre: Die Tochter des Bürgermeisters Georg Hueter hatte sich in Christoph Mitterhofer, den Sohn eines angesehenen Bürgers, verliebt und wollte ihn gegen den Willen des Vaters heiraten. Aus dieser Privataffäre entstand ein Prozeß, der ursprünglich vor dem Stadtgericht abgeführt, alle Instanzen durchlief und nach eineinhalb Jahren beim Kaiser landete, der das Urteil der ersten Instanz bestätigte: Mitterhofer hatte mit seiner Werbung gegen den Willen des Vaters und damit gegen Gottes Gebot gehandelt, sowie gegen die *gemeine zucht*. Solche Urteile stützten sich nicht auf geschriebenes, sondern allein auf geübtes Recht, das von Fall zu Fall „gesucht" und „gefunden" wurde. Das heißt, daß die Rechtsentscheidungen mitunter sehr individuell gefärbt gewesen sind.

Auch innerhalb einer Gerichtskompetenz war die Handhabung der Rechtssätze je nach sozialer Stellung der Kontrahenten sehr verschieden. Dies haben wir unter Hinweis auf das Ennser Stadtrecht von 1212, dessen Rechtsanschauungen sicher auch in Linz Gültigkeit hatten, schon vorgebracht. Nach Auffassung dieser Rechtssätze war eine *gmaine fraw* (= eine Nichtbürgerin), die vergewaltigt wurde, praktisch rechtlos. Wer immer aus der Bürgerschaft seinen Knecht oder die Magd blutig schlug, also schwer verletzte, brauchte sich vor dem Gericht nicht zu verantworten.

Diese Rechtsansicht galt noch 400 Jahre später: Als sich 1624 die Linzer beim Freistädter Stadtrichter erkundigten, was es für eine Bewandtnis mit einem dort verübten Totschlag auf sich habe, antwortete dieser, daß ihm davon nichts bekannt sei. Sie würden doch nicht etwa jenen Fall meinen, als der Bürgermeister seinen Knecht mit der Heugabel schlug und so unglücklich traf, daß dieser daran gestorben ist! Das war auch noch zu Beginn des 17. Jahrhunderts kein Grund für eine Anklage und kein Fall für das Gericht!

Frauen mußten sich im 16. Jahrhundert vor Gericht vertreten lassen, sie waren also nicht voll rechtsfähig. Das heißt aber nicht, daß ihnen grundsätzlich keine Gerechtigkeit widerfahren wäre. Aus einigen kurzen Notizen wissen wir, daß sie es durchaus verstanden, sich gegen die dominierende männliche Umwelt zur Wehr zu setzen. Es sind aber nur einige Sätze, die uns überliefert sind und keine Prozeßakten, sodaß wir den Rechtsgang nicht verfolgen können.

Es sei hier schon vorweggenommen, daß sich auf dem Gebiet des Rechtswesens bis in die Zeit Maria Theresias und Josephs II. wenig oder gar nichts änderte, sodaß wir erst in der Epoche der Aufklärung wieder auf dieses Thema zu sprechen kommen werden.

Das Gesundheitswesen

Mit dem Hausarzt, Facharzt, Krankenhaus und Apotheke ist in etwa jenes Spektrum umschrieben, das wir heute mit Gesundheitswesen verbinden. Die Krankheit erscheint uns lediglich als lästige Unterbrechung jenes Zustandes, auf den wir Anspruch und für den die oben genannten Einrichtungen zu sorgen haben. Die schwere Krankheit findet nicht in der Gesellschaft, sondern in einem abgesonderten Haus statt und der Tod holt die alten Menschen, nur in Ausnahmefällen auch jüngere. Es ist für uns deswegen die tägliche Bedrohung durch die Krankheit und durch den Tod, denen unsere Vorfahren ausgesetzt waren, kaum mehr vorstellbar: Im Seuchenjahr 1530 antwortet die in Linz weilende Witwe des ungarischen Königs auf die sorgenvolle Briefe ihres Bruders Ferdinand I., daß die Gefahr nicht extrem sei, es würden täglich lediglich sieben bis acht Menschen sterben. Und dies bei einer Bevölkerung von nur ca. 2000–2500 Personen.

Die medizinische Betreuung wurde angesichts des allgegenwärtigen Todes nicht so wichtig genommen wie heute. Trost fanden die Menschen – ohne Unterschied des Standes – im Glauben, in der Hoffnung auf das Jenseits. Der Schrecken der in unbestimmten Intervallen auftauchenden Seuchen führte nicht automatisch zu Einkehr und Buße, sondern im Gegenteil oft zu seltsamer Ausgelassenheit und

Sinnenfreude, wie dies im Decamerone oder Lieben Augustin zum Ausdruck kommt. Auch für Linz werden wir später ein Beispiel kennenlernen. Die Eigenheit der medizinischen Lehre – man glaubte an das Zusammenspiel vier verschiedener Komponenten im Inneren des Körpers – und daraus folgend die völlige Ahnungslosigkeit von der Anatomie des Leibes, hatte eine Trennung der medizinischen Behandlung mit sich gebracht, die im wesentlichen bis in das 19. Jahrhundert beibehalten wurde: Der Bader, Wundarzt, Feldscher usw. durfte äußere Verletzungen und andere sichtbare Krankheitsbilder behandeln, die innere Medizin war den Buchärzten, den gelehrten, an Universitäten ausgebildeten Doktoren vorbehalten. Wir haben dies bei der Beinamputation Friedrichs III. deutlich unterscheiden können. Bäder und Bader gab es in Linz seit dem Mittelalter jeweils zwei, das eine in der oberen Badgasse Nr. 10 und das andere „in der Froschau", Zollamtstraße Nr. 12. Beide wurden bei der Neugestaltung des Brückenkopfes im Jahre 1939 abgetragen.

„Gebildete" Ärzte wurden zwar fallweise von vermögenden Personen, den Mitgliedern des zeitweilig anwesenden Hofes, von Adeligen und vermutlich auch von reicheren Bürgern zu einem aktuellen Fall manchmal gerufen, haben sich im Mittelalter in der Stadt aber nicht auf Dauer niedergelassen.

Im übrigen beherrschte die Volksmedizin das Feld und besonders zu den Marktzeiten die fahrenden Händler und Pfuscher (Theriakkrämer, Steinschneider und Starstecher), sowie eine Menge Leute, die *Simplitia und Composita* verkauften, im weitesten Sinne also fahrende Apotheker. Ob es auch in Linz vorwiegend Frauen gewesen sind, die sich auf medizinische Kuren verstanden haben, kann aus Mangel an Quellen nicht gesagt werden. Abgesehen von jenen Ärzten und Apothekern, die den kaiserlichen Hof begleiteten (einer hieß Jakob Walich), ist uns mit Konrad Valckh der erste gelehrte Arzt bekannt, der sich 1510 auf Geheiß Kaiser Maximilians für längere Zeit in Linz niedergelassen hat und dafür – nicht für seine Tätigkeit, denn die mußte von den Patienten bezahlt werden – jährlich 50 Gulden aus der Maut zugewiesen erhielt. Drei Jahre später scheint mit Sebastian Thomanstorfer bereits ein zweiter Arzt auf, der zunächst aber sicher nicht seßhaft war, sondern in Böhmen und Schlesien kurierte und sich schließlich in rosenbergische Dienste nach Krummau begab. Dem Dr. Hans Dornhofer verkauften 1521 die Kinder des Glasers Ambrosius Freisleben, darunter die zwei späteren Schulmeister und Wiedertäufer, ihr Haus neben dem Minoritenkloster (rechts vom nördlichen Landhausportal). Dornhofer erwarb sogar das Bürgerrecht. Sein Nachfolger Dr. Christoph Hüfftl wurde erstmals von den Landständen besoldet. Mit ihm beginnt auch die Reihe der *Landschaftsphysici,* wie sie damals genannt wurden. Ihre Zahl wechselte, doch wurden in der Regel mindestens vier Ärzte in Kontrakt genommen. Sie erhielten von den Ständen ein fixes Gehalt (2–400 Gulden) und waren dafür zum Besuch der adeligen Patienten auf dem Land verpflichtet, wofür sie allerdings extra entlohnt wurden. Darüber hinaus konnten sie durch eine jährliche Sonderdotation für bestimmte Klöster oder Herrschaftssitze verpflichtet werden. Ziel der Stände war es, für jedes Viertel des Landes einen zuständigen Arzt zu haben, weshalb einigen jeweils Steyr, Wels, Freistadt, manchmal auch Gmunden und Vöcklabruck als Wohnsitz zugewiesen wurde, denn es herrschte unter ihnen ein „Drang zur Hauptstadt".

Neben der Betreuung der Patienten hatten sie von Fall zu Fall die Apotheken zu visitieren und später auch die angehenden Apotheker zu examinieren, woraus nicht selten Zank und Hader entsproß.

183 Ein in Linz hergestellter Mörser aus Bronze (spät. 15. Jahrhundert) läßt darauf schließen, daß schon vor der ersten Erwähnung Apotheker hier tätig waren. Stadtmuseum Linz, Inv. A 35. Foto: Michalek

Mit Paulus Werder, der seit spätestens 1522 die Hofapotheke „Zum Schwarzen Adler" in der Altstadt innehatte, und Damian Ziegler (1535), der die spätere Goldene Krone am Hauptplatz führte, sind uns die vermutlich ersten ständig in Linz ansässigen Apotheker überliefert. Zieglers Tätigkeitsspektrum ging aber weit über das hinaus, was man heute unter der Arbeit eines Apothekers versteht. Er betreute die Weinfuhren für das Salzburger Domkapitel und war auch Salzkämmerer für das Gmundner Salz. Wie sein Nachfolger Jobst Schäffer bekleidete er mehrmals das Amt eines Stadtrichters und des Bürgermeisters. Damit ist schon ausgesagt, daß das Geschäft des Apothekers sowie der Beruf des Baders bürgerlich waren. Obwohl die Apotheker sowie die Bader eine Lehre absolvieren mußten, galten diese als Handelsbürger und jene als Handwerker mit allen gesellschaftlichen Konsequenzen. Dennoch kann beobachtet werden, daß es nicht selten zu Verwandtschaftsbeziehungen zwischen Ärzten, Apothekern und Badern gekommen ist. Daraus können wir ersehen, daß die berufliche Klammer bisweilen stärker als die soziale gewesen ist.

Den Ärzten oblag eine weitere wichtige und äußerst ungeliebte Verpflichtung, nämlich die Ernennung eines *magister sanitatis* in Seuchenzeiten. D. h., daß einer von ihnen während einer Epidemie in Quarantäne zu gehen und die Pestkranken zu betreuen hatte. Trotz doppelter Besoldung wollte sich begreiflicherweise, aber entgegen dem hippokratischen Eid, keiner freiwillig dazu melden. Ähnlich sah es übrigens bei der Priesterschaft aus.

Linz galt bis in das 19. Jahrhundert als relativ seuchenbegünstigt und in sämtlichen Reisebeschreibungen wird es wegen seiner „guten Luft" gerühmt. Der kaiserliche Hof hat dieser Tatsache Rechnung getragen und so mancher Aufenthalt gekrönter Häupter ist diesem Umstand zu verdanken – nicht immer zum Besten der Stadt. Man wußte im 16. Jahrhundert in bescheidenem Ausmaß über die Zusammenhänge von Hygiene und Gesundheit Bescheid. Darauf ist konkret das Anerbieten König Ferdinands I. aus dem Jahr 1528 zurückzuführen, Wasser aus der unter Kaiser Friedrich III. gefaßten Quelle am Freinberg, die den Schloßbrunnen versorgte, in die Stadt zu leiten. Ein entsprechender Auffangbrunnen wurde im Zwinger vor dem Mauthaus errichtet. Nach dem Stadtbrand von 1542 wurde eine Quelle in Margarethen gefaßt und das Wasser in einem Strang von über 1000 Rohren aus Föhrenholz in die Stadt geleitet. Damals entstanden die beiden Hauptplatzbrunnen, von denen der obere jetzt wieder auf seinem alten Platz steht. Der 1582 fertiggestellte Landhausbrunnen bezog sein Wasser von den Gründen des Siechenbauern in der Nähe des Kapuzinerklosters. Seine Versorgungsrohre bestanden damals aus Blei. Wenn schon von Wasser und Hygiene die Rede ist, soll auch gleich vom Gegenteil gesprochen werden. Anlaß dazu gibt uns das sagenhafte „Reichengäßchen", das den Touristen gern als „schmalste und reizvollste Gasse" von

184 Bauinschrift in der Quellstube eines Stollens, der beim Haus Donatusgasse Nr. 10 beginnt. Er wurde 1602–1606 für die Schloßwasserleitung angelegt. Foto: Michalek

Linz vorgestellt wird. Über Sinn und Zweck dieser „Reichen“ ist schon gehandelt worden. Wie aber wurde der Unrat und Kot entfernt? Einmal im Jahr haben Tagwerker bei Nacht die Fäkalien in den „Reichen“ gesammelt und mit Schubkarren zur Donau befördert. Die nächtliche Tätigkeit – in der Stadt sonst generell verpönt – trug ihnen den Namen „Nachtkönige“ ein. Daraus kann man unschwer schließen, daß der Standard der Allgemeinhygiene nicht besonders hoch war, im Gegensatz zur körperlichen Reinlichkeit, die durch das wöchentliche Bad in einer der beiden Badestuben – verbunden mit der Körperpflege insgesamt wie Haarschnitt und Rasur, genau geregelten Aderlaß und sonstiger Kurierung äußerer Krankheitsbilder bis in die Zeit der Gegenreformation ein absolutes Bedürfnis gewesen ist. Der Besuch des Bades war bei Speise und Trank darüber hinaus ein gesellschaftliches Ritual. Ganz allgemein wurde bis in das 16. Jahrhundert herein für manche Leistungen Badgeld und nicht Trinkgeld gereicht. Am Ende des 16. Jahrhunderts gerieten die Badstuben als Seuchenherde in Verruf, wobei wir heute nicht mehr klären können, ob die Vorwürfe den Tatsachen entsprachen oder nur Vorwand waren, um im Sinne der Glaubenserneuerung gegen die „schamlose“ Nacktheit der Badenden vorgehen zu können. Auch in Linz wurde das Bad des Hans Magenhardt vorübergehend gesperrt.

Wir wissen heute, daß längst nicht alle Seuchen, die damals als Pest bezeichnet wurden, diese Klassifizierung wirklich verdienten. Die Namen tun auch nichts zur Sache. Oft waren sie identisch mit dem Namen gerade feindlich gesinnter Nationen (ungarische Krankheit, Franzosen, englischer Schweiß usw.), ohne daß wirklich eine Verbindung mit diesen Ländern hergestellt werden könnte.

In der medizinischen Literatur, vor allem in den Pesttraktaten, wurde immer wieder auf die außergewöhnlichen Vorzeichen aufmerksam gemacht, die das Unheil schon lange vorher ankündigten, allen voran ungewöhnliche Himmels- und andere Naturerscheinungen, z. B. der Halleysche Komet im Jahre 1572. Ferner soll sich immer wieder die Erde aufgetan haben und aus allen Löchern und Spalten allerlei Schlangen, Echsen und Gewürm gekrochen sein, die Unheil heraufbeschworen. Deren bevorzugte Heimstatt aber war der Friedhof, wo sie sich von den irdischen Resten der sündigen Leiber nährten. Es war also geboten, den Friedhof aus der unmittelbaren Nachbarschaft der menschlichen Behausungen zu entfernen.

185 Der in den siebziger Jahren des 16. Jahrhunderts an der Landstraße angelegte Barbara-Friedhof auf der Ansicht des Matthäus Merian aus dem Jahr 1649. Stadtmuseum Linz, Inv. Nr. 2051 (Ausschnitt).

Vermutlich waren bereits ähnliche Überlegungen angestellt worden, als Kaiser Friedrich III. die Toten beim Linzer Schloß exhumieren und auf den Friedhof des Bürgerspitals in der Vorstadt transferieren ließ. Der zweite oder vielmehr erste Friedhof lag rund um die Pfarrkirche, also mitten in der Stadt. Manche der an der Außenseite der Kirche eingemauerten Grabsteine erinnern noch an diese Zeit. Bei der schon erwähnten Epidemie des Jahres 1530 trat erstmals der Gedanke auf, den Gottesacker aufzulassen und ebenfalls jenen beim Bürgerspital zu benützen. Drei Jahre später wurde das Vorhaben in die Tat umgesetzt. Dem erweiterten und mit einer neuen Mauer umfangenen Friedhof beim Bürgerspital hat Caspar Bruschius in seinem 1553 verfaßten Lobgedicht auf Linz die meisten Verse gewidmet. An der Innenseite der Mauer war in einem Freskenband das Leben Christi und die Auferstehung zu bewundern. Ungefähr zwanzig Jahre später wurde der Gottesacker abermals verlegt, und zwar an die Landstraße, in das Gebiet Mozartkreuzung-Seilerstätte. Wir kennen die einzelnen Gründe dafür nicht, doch steht zu vermuten, daß bei dieser zweiten Verlegung neben den hygienischen Maßnahmen auch die Konfessionsfrage mit hereingespielt hat. Vermutlich wollten die Stadtväter im Einklang mit den Landständen mehr Einfluß auf den Friedhof gewinnen, der in erster Linie doch dem Pfarrer unterstand.

Bevor aber zu üppige Theorien und Spekulationen Platz greifen, wenden wir uns wieder einem der Hauptprobleme des 16. Jahrhunderts zu: Als König Ferdinand im Jahre 1541 auf der

Flucht vor der Seuche aus Wien mit seinem Hofstaat sie auch in Linz einschleppte – das hätte damals allerdings niemand zu behaupten gewagt – wurden am Pfarrplatz Markthütten aufgebaut, um darin die Erkrankten bis zu ihrem beinahe unausweichlichen Tod zu pflegen. Aus späterer Zeit und nicht ganz abgesicherten Chronikberichten wissen wir, daß der Tod zumindest beim Sterben durchaus ständische und gesellschaftliche Unterschiede machte. Angesteckte Vermögenslose, Tagwerker, Handwerksgesellen etc. starben – ausgesetzt von ihren ums eigene Leben bangenden Dienstgebern – unter unvorstellbaren Bedingungen auf der Straße. Das „ganze Haus", das als soziale Klammer alle Bewohner bei Arbeit, Tisch und Nachtlager zusammenhielt, konnte dem extremen Druck der akuten Lebensbedrohung nicht standhalten. Wenn im engeren Familienkreis ein Mitglied erkrankte, wurde das Haus gesperrt, die Bewohner durch ein Fenster oder eine Lucke von außen versorgt. Ein kalkweißes Kreuz an Türen und Fensterläden warnte vor dem Betreten.

Die sicherste Medizin gegen die pestartigen Seuchen war die Flucht aus der betroffenen Stadt, aus der gefährdeten Region. Doch war es schwer, anderswo unterzukommen. Die Stadttore waren streng bewacht und ohne Quarantäne außerhalb der Mauern war ein offizielles Eintreten kaum möglich. Einerseits fügten sich die Menschen in das Unvermeidliche und akzeptierten das Verderben als Strafe für ihre Sünden, andererseits versuchten sie mit allen Mitteln, gegen die Krankheit anzukämpfen. Das erste in Linz gedruckte *Pestilenzbüchlein* kennt eine Anzahl zum Teil abstrusester Medikamente (z. B. Pillen aus getrockneten und zerstoßenen Kröten). Das Werk wurde übrigens

186 Das Lazarett am Ludlarm (Lederergasse 33) auf einem Planaufriß aus ca. 1830.
OÖ. Landesarchiv, Plansammlung XII/63.
Foto: Litzlbauer

vom angesehenen Landschaftsarzt Philipp Persius im Jahre 1619 verfaßt und in der Plankschen Offizin gesetzt. Für die Hausbesitzer und ihre Familienmitglieder war zumindest soweit gesorgt, daß sie einen würdigen Tod sterben konnten. Wohin aber nun mit den anderen?

Im Jahre 1562, als in Wien wieder einmal fast das ganze Jahr hindurch die „Pestilenz" umging und die Kinder König Maximilians II. mit einem großen Hofstaat nach Linz gebracht worden waren, entschlossen sich die Stadtväter, für die armen *prechhafftigen* und infizierten Personen eine *behausung und lazaret,* also eine Art Kranken- oder Pflegestation errichten zu lassen. Wir haben damit das erste öffentliche Krankenhaus vor uns, das allerdings zunächst nur während einer Epidemie geöffnet gewesen sein dürfte. Schon zwei Jahre vorher hören wir von der Anstellung von vier *alten Weibern,* die zur Betreuung der *infizierten Personen* angestellt und mit 16 Pfennig pro Woche beschämend niedrig entlohnt worden sind. Den Standort des neuen Lazaretts (vom Namen Lazarus!) kennen wir nicht, dürfen aber vermuten, daß er mit dem des späteren Standplatzes identisch gewesen ist: Weitab von der Stadt zwischen Lederergasse und Ludlarm. Die Pesttoten wurden ganz in der Nähe, im Wörth jeweils bei Nacht und Nebel eher verscharrt als begraben.

Die Bevölkerungsverluste während einer Epidemie konnten enorm hoch sein. In Freistadt starb z. B. 1541 jeder siebte Einwohner. Für Linz besitzen wir keine Zahlen, denn die vormals reichlich vorhandenen Infektionsakten wurden zu Beginn des 19. Jahrhunderts vernichtet. Mehr noch als die Menschenverluste fürchtete man den wirtschaftlichen Schaden, der durch die Sperre der Stadt hervorgerufen wurde. Linz hatte mit seinen zwei Jahrmärkten, den Landtagen und den häufigen Aufenthalten des Hofes in diesem Zusammenhang mehr zu befürchten als die anderen Städte des Landes, aber die Ratsbürger verstanden es auch, für Linz den Ruf einer Stadt mit „gesunder Luft" zu wahren, wenn nötig auch mit verharmlosenden Meldungen über die Ursache von Todesfällen, wie uns mehrere Beispiele zeigen.

Es bleibt noch, kurz einiger Ärzte zu gedenken, die das Leben in der Stadt als angesehene Personen mitgeprägt haben.

Da ist zunächst neben den schon Erwähnten Dr. Fridericus Lagus (= Hase) aus Kreuzburg an der Werra in Thüringen zu nennen, der uns im Zusammenhang mit den Anfängen der Landschaftsschule schon begegnet ist. Er starb als vermögender Mann mit annähernd 80 Jahren in Linz. Eine besonders schillernde Persönlichkeit war der Italiener Dr. Bartholomäus Paravicinus, der 1578 in die Stadt kam. Er hat sich aber mit seinen Dienstgebern, den Adeligen des Landes, nicht verstanden und wurde mit Dr. Martin Stopius, der den Ständen 24 Jahre lang medizinisch zur Seite gestanden war, schon ein Jahr später wieder entlassen. Wir finden ihn drei Jahre später im Hofstaat des Erzherzogs Matthias wieder. Kaum ein zweiter Arzt hat gegen so viele Kollegen Prozesse ausgefochten wie er. Seine Gattin klagte er wegen Ehebruchs und versuchten Giftmordes, zu Unrecht, wie die kärglichen Aufzeichnungen vermuten lassen.

Vom Hof des Salzburger Erzbischofs kam Dr. Melchior Fleck und aus Augsburg der damals schon berühmte Dr. Leonhard Rauwolf, ein Botaniker, dessen Herbarien in ausgezeichnetem Ruf standen. Kaiser Rudolf II. ließ am Bartholomäimarkt vier Kräuterbücher von ihm um die große Summe von 310 Taler kaufen.

Dr. Mathias Anomaeus nahm sich besonders der studierenden Jugend an und wechselte später in den Schuldienst über.

1592 kam der Wiener Dr. Johann Springer und der Leibarzt Herzog Wilhelms von Bayern, Dr. Johann Attenstett, nach Linz. Letzterer genoß einen hevorragenden Ruf und wurde sowohl von Erzherzog Ferdinand von Steiermark als auch von Kaiser Rudolf II. in Prag als Leibmedikus umworben. Ein von ihm verübter Totschlag in einem Welser Wirtshaus vermochte sein gutes Image nicht zu trüben, das er selbst ausgiebig pflegte, indem er sehr oft darauf hinwies, daß er ja schon in Neapel, Rom, Florenz, Siena, Padua, Mailand und Venedig praktiziert hätte, in Städten also, wo die medizinische Wissenschaft in hoher Blüte stand.

Dr. Philipp Persius, von dessen Pestilenzbüchlein schon die Rede war, hatte seine Praxis um 1600 in Eferding begonnen und war erst fünfzehn Jahre später nach Linz gezogen. Sein Ansehen brachte ihm den Adelsstand ein und er nannte sich nach Lonstorff, ein Name, der uns im Laufe der Linzer Geschichte schon mehrmals begegnet ist.

Im Jahre 1628 kündigten alle Ärzte ihren Dienst auf und verließen das Land. Katholische Kollegen folgten ihnen nahtlos nach.

Über den Gefilden der hohen Medizin sollen die Apotheker und Bader nicht vergessen werden, die eher mit dem gemeinen Volk in der Stadt zu tun hatten, in unserem Falle mit den Bürgern und Handwerkern, den ständischen und höfischen Dienern. Die übrigen konnten sich vermutlich weder diese noch jene leisten. Paulus Werder, Damian Ziegler und Jobst Schäffer haben wir als Apotheker schon ken-

thumbs Oesterreich vnter vnd ob der Ennß. 127

mit bösen feuchten / als Blut angefüllt / als da seyn Arme / so nicht zu leben haben / vnd doch starck arbeiten / Item / in Personen / so gar messig vnd einzogen leben / Item / bey denen / in welchen die Kranckheit mit hefftigem Naßblüten / oder andere strenge Blutflüß / Item / wo ein starcker Durchbruch / oder vil vbriges Vndäwen / oder starcks vnd stäts schwitzen / vnd Ohnmächten / oder sonst von Kräfften verlassen.

Von der Köpffel Läß.

BEy Kindern vnter Zwölff oder Vierzehen Jahren / Item / gar alten Leuthen / Schwangern oder andern gar schwachen Personen / ist die Köpffel Läß gut vnnd fürzunemmen. Item / bey denen man die Aderläß nicht wagen darff / wie jetzo vermeldt. Darumb so sich von Zeichen vorgemeldte Fäll zu trugen / so soll man die Köpffel an statt der Hauptader setzen / hinden auff

J dem

128 Von gewöhnlichen Seuchen deß ErtzHertzog.

dem Nack / für die Median zwischen den Schultern / für die Leber / oder auff die Lenden / oder in die Knyebüg / vnd wol Schrepffen / daß vil Bluts herauß rinne / vnnd fürnemblich in allweg Achtung habe / damit das Gifft weit von dem Hertzen / vnnd auß der Tieffe in die Haut gezogen werde / vnnd derohalben nemmen etliche einen jungen schwartzen Haan / rupffen den hinden auff biß er blütet / vnnd setzen jhn also warm auff die Pestilentz / mit zugetrucktem Schnabel / vnnd so er stirbet / treiben sie mit andern den Wechßel / so lang / biß einer lebendig bleibt / vnnd der Kranck Besserung empfindet / vnd diß ist ein sehr bequeme Außziehung deß Giffts.

In Weibsbildern aber / da jhre Zeit vorhanden / oder es an derselben Rainigung gar mangelt / soll man die abgesetzten Adern nicht berühren / sondern es ist der sicherste Weg / daß man die Rosenader vnten an Füssen springen lasse / dann diß befürdert die Zeit / vnnd zeucht das Gifft weit vom Hertzen. Item die Ader quæ circa talum non sub talo.

Eben

187 Empfohlene Medikamente aus dem in Linz gedruckten Pestilenzbüchlein des Dr. Philipp Persius (1619). Aus der zweiten Auflage von 1649. Studienbibliothek Linz. Foto: Litzlbauer

nengelernt. In der Hofapotheke „Zum Schwarzen Adler" folgte auf Werder Wilhelm Ästl, dann Wilhelm Männer und sein Sohn Zacharias. In der zweiten Apotheke folgte auf Jobst Schäffer, der 1585 starb, Stefan Eberstorffer und dann Abraham Pfeffer, der eine Welser Bürgerstochter geheiratet hatte.

Aus einer Sanitätsordnung von 1571 wissen wir, daß die Apotheker eine Lehrzeit von nicht weniger als sechs Jahren zu absolvieren hatten. Ihr Handelsspektrum beschränkte sich keineswegs auf Medizin und Tinkturen. Sie versorgten alle Kanzleien mit Papier, Tinte und Siegelwachs, die Kirchen mit Oblaten für Hostien und die Rüstkammern mit Öl für Büchsen und Panzer.

Von den Badern ist besonders Heinrich Hostauer zu erwähnen, der sich selbst als Schnitt- und Wundarzt bezeichnete und sich so wie die Ärzte im Dienst der Stände befand. Er förderte durch eine enorme Stiftung die Landschaftsschule. Städtische Bader und ständische

188 Trotz der in der NS-Zeit vorgenommenen Angleichung der Fassade an die Brückenkopfbauten ist beim sogenannten „Ehrentletzbergerhaus" der Renaissancecharakter noch deutlich zu sehen, geprägt vor allem durch die Doppelfensterachse über dem Hauptportal. Das um 1581 erbaute Haus kann auch mit einem überaus stimmungsvollen Arkadenhof und einer Hauskapelle aufwarten. Foto: Litzlbauer

Chirurgi, Feldscher und Wundärzte trugen einen permanenten Konkurrenzkampf aus. Besonders begehrt war eine Anstellung beim *Schulbad* der Landschaftsschule, denn für die studierende Jugend war im Landhaus eine eigene Badstube eingerichtet worden.

Die schon erwähnte Sperre des Magenhardt'schen Bades im Jahr 1616 war auf eine Syphilisepidemie zurückzuführen, von der ein vermutlich gar nicht so geringer Teil der Bürgerschaft betroffen war. Nachdem in einem geflüchteten „Badejungen" der Schuldige gefunden war, der selbst ein mit „Franzosen" behaftetes Weib gehabt haben soll, konnte die Badstube wieder geöffnet werden und alle konnten mit reinem Gewissen wieder zur Tagesordnung übergehen.

Bildung und Kultur

Der Begriff Kultur ist gegenwärtig so weit gefaßt, daß es sehr schwierig ist, alle Facetten seines Bedeutungsfeldes auszuleuchten. Das nur schmale Band der schriftlichen Überlieferung legt uns zusätzliche Beschränkungen auf.

Wenn wir bei der Alltagskultur, beim täglichen Leben in der Stadt beginnen, werden wir zuerst auf die Wohnverhältnisse eingehen müssen, ohne dabei wirklich abgesicherte Ergebnisse bringen zu können. Wir sind zu sehr auf zufällig überlieferte Quellen angewiesen, und einen Schatz von Bürgertestamenten, aus denen Rückschlüsse gezogen werden könnten, besitzen wir im Gegensatz zu anderen Städten für die hier zu behandelnde Zeit nicht.

In der Architektur und im Hausbau dürfte sich bei den bürgerlichen Häusern gegenüber dem Spätmittelalter nicht allzuviel geändert haben. Noch immer wurden in den Vorstädten Bauten aus Holz errichtet. In der Stadt selbst dürfen wir bereits überwiegend Stein- und Ziegelbau annehmen. Selbst die Schindeln der Dächer wurden nach und nach durch Ziegel ersetzt. Die Nebengebäude in den Hinterhöfen waren aber noch immer aus Holz. Eine Datierung der Arkadenhöfe rund um den Hauptplatz ist kaum möglich, denn gotische Bauformen werden noch das ganze Jahrhundert hindurch angewendet. Sie können aus dem 16. Jahrhundert ebenso stammen wie aus dem 14. Sehr gut datierbar sind die wenigen Freihäuser, das Landhaus und das Schloß, von denen schon gesprochen worden ist.

Vom Haus und dem Hausrat des Bürgers Sebastian Sumerauer haben wir ein ziemlich genaues Verlassenschaftsverzeichnis aus dem Jahr 1616. Er besaß das Haus Hauptplatz Nr. 18 im Wert von 5300 Gulden und ein weiteres Haus in der Unteren Badgasse zu 1400 Gulden. Alle Urkunden über die Besitzveränderungen durch mehr als 150 Jahre waren bei seinem Tod erhalten. In den zwei Stockwerken befanden sich immerhin 26 verschiedene Räume. Die Grazer und die Nürnberger Stuben geben uns Hinweise auf stets wiederkehrende Gäste zu den Marktzeiten. Im Keller lagerten 284 Eimer Wein; das waren immerhin an die 16.000 Liter. In den Ställen des Hinterhofes standen vier Kühe und sechs Schweine und den Hof selbst belebten 24 Hühner und zwölf Enten. Sumerauers Bücherschatz war für den Bildungsstand dieser Zeit eher bescheiden: Neben dem Alten Testament und einer Lutherbibel ist ein „Spiegel der Hauszucht" zu erwähnen, ein Kräuter- und Arzneibuch und verschiedene religiöse Streitschriften. Dazu gedruckte Leichenpredigten und Sebastian Münsters Cosmographie. Das sonst sehr häufig anzutreffende obligate Hexen- und Zauberbuch fehlt in der Aufstellung. Vielleicht ist es vor der Amtshandlung entfernt worden.

An Wehren besaß Sumerauer drei Musketen, drei Rüstungen mit Blechhandschuhen und Sturmhauben, eine Prachtrüstung, ein Richtschwert, ein Rapier, drei alte Säbel, drei Hellebarden und Kleinzeug.

Sehr reichlich war die Kleidung, darunter ein schwarzer Mantel aus englischem Tuch, mehrere Wamse mit silbernen Knöpfen, Hüte und Hosen in großer Anzahl und immerhin 31 Hemden. Leinwand, Tischtücher, Handtücher, Servietten und Kissenüberzüge waren im Wert von 433 Gulden vorhanden.

Wie sehr ein Hauptplatzhaus auf die Beherbergung von Gästen ausgerichtet war, zeigt das weitere Inventar: 94 Betten, 6 Kästen, 16 Truhen, 35 Tische und 63 Bänke und Sessel befanden sich in den einzelnen Räumen. In die Betten gehörten 116 Polster, 82 Tuchenten, 91 Unterbetten (= Strohsäcke) und 62 Kissen. Zinngeschirr im Wert von 203 Gulden weist ebenfalls auf eine reiche Schanktätigkeit hin, denn der Wein wurde in Zinnhumpen und die Speisen auf Zinntellern aufgetragen. Die gesamte Verlassenschaft belief sich auf ca. 11.000 Gulden.

Werfen wir einen Blick in die Küche des landschaftlichen Ingenieurs Israel Holzwurm, dem wir eine frühe Stadtansicht von Linz verdanken und der im Jahre 1617 gestorben ist, so finden wir dort fünf verschieden große Pfannen, einen Bratenrost, eine Glutpfanne, einen Bratspieß, zwei Hackmesser, ein kupfernes Becken und eine kupferne *Seich*pfanne, Schöpf- und *Famb*löffel, zwei eiserne Leuchter und zehn Holzteller. Es war dies die Standardausrüstung für einen durchschnittlichen Haushalt.

Reichhaltig war Holzwurms Bibliothek, die uns erkennen läßt, daß er sich in bezug auf seinen Beruf auf dem laufenden hielt. Er besaß Werke über Festungsbauten, Architektur allgemein, über die Meßkunst, die Herstellung von Geschützen und über mechanische Instrumente. Dazu die obligaten geistlichen Werke, aber auch Drucke vom Professor an der Landschaftsschule Hieronymus Megiser. Silberne Becher und Kannen, meist zu Hochzeiten oder anderen festlichen Anlässen verehrt, finden wir in sehr vielen Haushalten. Sie zählten zum Schatz und dienten nicht dem täglichen Gebrauch. Silberbestickte Gürtel und vor allem Fingerringe mit Edelsteinen gehörten zu einem gehobenen Lebensstandard.

In die Adelshäuser vermögen wir in dieser Zeit keinen Einblick zu nehmen. Dafür ist uns ein Verzeichnis über die Verlassenschaft des

189 Der ungewöhnlich langgestreckte Arkadenhof im Haus Hauptplatz 18 (später Posthaus und dann Druckerei Feichtinger) zur Zeit des Summerauers. Eine genaue Datierung ist nicht möglich. Foto: Eigner

landschaftlichen Türhüters Gabriel Perger erhalten, also eines sehr niedriggestellten Dieners, der zum Zeitpunkt seines Todes, 1565, schon Witwer gewesen ist. Nach Abzug aller Schulden blieb ein Vermögen von 70 Gulden. Sein bereits verstorbener Sohn war Schulmeister in Freistadt gewesen. Perger besaß selbst in einem kleinen Kästchen und auf einem Regal etliche Bücher, d. h. daß er zumindest lesen konnte. Ferner nannte er ein silbernes Siegel der Schaunberger und einen goldenen Siegelring, einen in Silber gefaßten Dattelkern, ein kristallenes Herzerl, ebenfalls in Silber gefaßt, und einige kleine Becher aus demselben Edelmetall sein eigen. Sein Küchengeschirr unterschied sich kaum von jenem des Holzwurm, und er konnte es sich immerhin leisten, aus Zinngeschirr zu essen und zu trinken. Das soll nun keineswegs verallgemeinernd heißen, daß es selbst den Unterschichten um die Mitte des 16. Jahrhunderts in Linz sehr gut gegangen ist, denn dazu fehlen uns die Vergleiche. Perger war immerhin in einer festen Stellung und dürfte relativ sparsam gelebt haben. Vielleicht ist daraus sein relativer Wohlstand zu erklären.

Die sehr schlechten hygienischen Verhältnisse in der Stadt sind schon mehrfach angesprochen worden, und es wurde auch erwähnt, daß man es gewohnt war, innerhalb der Stadt mit den nötigen Haustieren zu leben. Neben Hühnern und Schweinen gehörten noch Hunde und Katzen zum alltäglichen Bild. Daß man demgegenüber auf die Körperpflege sehr großen Wert gelegt hat, ist unter anderem an der großen Anzahl von Hemden abzulesen, die der Bürger Sumerauer besaß. Dazu finden wir in manchen Verlassenschaftsabhandlungen noch viele verschiedene Krägen und sehr oft auch einen Bademantel, den man auf dem wöchentlichen Weg in die Badstube übergeworfen hat.

Zu den gesellschaftlichen Vergnügungen der Bürger zählte neben dem täglichen Abendtrunk in einem der unzähligen Gasthäuser das Würfel- und das Kartenspiel. Einige Male hören wir auch vom Versuch, eine Kegelbahn einzurichten, können aber nicht sagen, ob das Vorhaben verwirklicht worden ist.

Nach einer jeweils sehr ernsthaften Diskussion über die Lage des Handwerks gaben die jährlichen Versammlungen der Zünfte einen willkommenen Grund zu einer größeren Feier ab. Da nach und nach die meisten Zünfte ihre Hauptlade in Linz einrichteten, war dies in der Stadt sehr oft der Fall. Das Freisprechen von Lehrlingen und die Ernennung von Meistern boten weitere Anlässe für größere und kleinere Feste. Dazu kamen Taufen, Hochzeiten und Begräbnisse, alles sehr teure Angelegenheiten, bei denen man ausgiebig tafelte und zechte.

All dies wurde überstrahlt von den, fast möchte man sagen, international ausgeschriebenen Schützenfesten, die von den Schützengesellschaften organisiert wurden.

Man unterschied im 16. Jahrhundert zwischen dem *Stachelschießen* mit der Armbrust und dem Schießen mit den *Zillpüchsen,* also mit Schußwaffen aller Art. Beim Armbrustschießen mußte auf ca. 80 m eine Scheibe im Durchmesser von 10 cm anvisiert werden, beim Büchsenschießen verwendete man eine Zielscheibe von 80 oder 160 cm Durchmesser, die aus einer Entfernung von ca. 220 Metern getroffen werden mußte.

Der Landesfürst als Stadtherr mußte an einer treffsicheren Bürgerschar großes Interesse haben. So wird es kein Zufall sein, daß die ersten Nachrichten über Linzer Schützenfeste im Zusammenhang mit Kaiser Maximilian I. überliefert sind. Er setzte den Städten Linz und Wels einen Preis für ein (jährliches?) Büchsenschießen aus, der vom Vicedom beglichen werden mußte. Es handelte sich dabei um ein Hosentuch, *so man nennt Loffrer,* im Wert von 13 Gulden. Allerdings hätte es kaum eines äußeren Anstoßes bedurft, um die Schützenfeste durchzuführen, denn sie hatten sich im Laufe der Zeit zu richtigen Volksfesten entwickelt. Eingeladen wurde jedermann, ob adelig oder bürgerlich aus nah und fern. Für Linz sind Schützenfeste nur aus den Jahren 1533, 1539, 1553, 1560, 1564, 1578, 1583 und 1584 überliefert. Das kann bedeuten, daß zumindest die großen Schützenfeste nicht jährlich stattgefunden haben.

Am besten sind wir über das letzte Fest informiert, dessen Ablauf vom Augsburger Pritschenmeister Caspar Lerff schriftlich festgehalten und in Druck gegeben worden ist. Die Schießstatt befand sich im unteren Stadtgraben und wurde für das Fest, das immerhin acht Tage dauerte und meist in der zweiten Hälfte des Bartholomäimarktes abgehalten wurde, mit eigenen Bauten versehen. Ein stockhoher unterkellerter Holzturm bot im Erdgeschoß Platz für die Schreiber, während im ersten Stock die *Neuner* residierten, die als Schiedsrichter das Schießen überwachten. Im Keller lag gekühlter Wein bereit, der jedem Schützen kostenlos gereicht wurde und als „Zielwasser" sehr gefragt gewesen sein dürfte. Drei Hütten zur Vorbereitung und Reinigung der Gewehre, ein Abort und die *Pritschenbank* vervollständigten die

Einrichtung des Festplatzes. Die Pritschenmeister hatten für einen reibungslosen Ablauf zu sorgen und kommentierten mit ihren oft sehr derben Reimsprüchen die Kunst der einzelnen Schützen. Besondere Versager wurden auf die Pritschenbank gespannt, um ihnen das Hinterteil zu versohlen.

Für die Kurzweil jener, die nicht der Kunst des Schießens frönten, war ebenfalls gesorgt. Das weitaufgerissene Maul einer grotesken Narrenfigur lud sie dazu ein, ihre Treffsicherheit im Ballwerfen zu erproben. An den Ständen von Zinngießern und Goldschmieden konnte man sich beim „Glückshafen" versuchen, und auch ein Kugel-(oder Kegel-?)Scheiben wurde angeboten. Nicht umsonst sind ja die Einladungsschreiben immer mit der Formel *zu mehrer Freuden und Kurzweil* ergangen.

Einen guten Einblick in die Festkultur bietet der Abschluß des Schützenfestes: Im Haus des Obersten der Schützengarde, Bürgermeister Christoph Schickh, wurde ein üppiges Mahl eingenommen, bei dem in sechs Gängen 28 verschiedene Speisen gereicht wurden. Spielleute und die Pritschenmeister hatten für die Unterhaltung zu sorgen, die bei ausgesuchten und reichlich genossenen Weinen sehr ausgelassen gewesen sein dürfte, denn um fünf Uhr morgens nahmen die Pritschenmeister abwechselnd in den beiden Brunnen am Hauptplatz ein Vollbad.

Gute Pritschenmeister waren gesucht und zogen von einem Schützenfest zum anderen. Sie gehörten meist dem Handwerkerstand an, wie z. B. der Seiler Hans Weitenfelder aus Urfahr, dessen Teilnahme am Klagenfurter Schützenfest 1571 überliefert ist. Von ihm sind zwar keine Pritscherreime, aber zwei Satiren überliefert. Die eine berichtet augenzwinkernd ironisch von der Mühsal des Ehestandes, während die andere über die Kunst, den *bösen Frauen die Klappersucht zu vertreiben,* wohlgemeinte Ratschläge erteilt.

Große Feste haben die Bevölkerung verbunden und die ständischen Schranken gelockert. Einerseits nahmen Adelige an den bürgerlichen Festschießen teil, und andererseits waren Handwerker und Bürger an den adeligen Aufzügen beteiligt, die meist Auftakt zu einem Turnier oder einer anderen Geschicklichkeitsübung waren.

Der Linzer Hauptplatz war mit seiner großen Ausdehnung und der natürlichen Kulisse der Häuserfronten für größere Veranstaltungen wie geschaffen. Von den Turnieren Kaiser Maximilians I. und vom Losensteiner Turnier

NVn habt jhr jetzundt auff dißmal/
Die Schützen all in einer zal/
Die hab ich gezelet fleissig/
Waren Hundert drey vnd dreyssig.
Die habt jhr doch fleissig vernommen/
Vnd wo ein jeder her ist kommen.
Jedoch hats nit ein jeder gnossen/
In acht Tagn hat mans abgeschossen.
Den drey vnd zweinzigisten Tag/
Hat man die Schützen wie ich sag.
Gleichsfals Jungen vnd auch Alten.
Ein herzliche Gastung thun halten.
Am Morgenmal dasselb geschach/
Wie jhr dann hören werdt hernach.
Wol in des Oberisten Hauß/
Lebten wir Herzlich vberauß/
Was man für Trachten jhn hat geben/
Will ich erzelen euch darneben/
Wie jhrs dann selbs wol gsehen haben/
Die Herrlichen vnd Reichen gaben.
Das man euch hat getragen für/
In aller Ehren vnd gebür.

Der erst Gang.

1. Erstlich ein Hennen Suppen drinnen/
Gebätne schnitten thetten schwimmen/
Vnd auff dem ranfft oben herumben/
Gerauch-

Gerauchets Fleisch fein vmb vnd vmmen.
2. Zum andern ward gesetzt ich main/
Ein gsottne Hänn sampt zwey Eißbain.
Dassellbig ließ man sthen fein lang/
In dem bracht man den andern gang.

Der ander Gang.

1. Im Pfeffer ein eingemacht Wildpret/
2. Ein brathne Gans darneben steht.
Kocht in einer weissen krien Suppen/
Die Gans kam recht in die kluppen.
3. Auch setzt man auff ein blattel Dortten/
4. In einer Suppen Aoll gepratten.

Der dritt Gang.

Den dritten gang trůg man daher/
Dasselb was etwas anders mehr/
1. Gesotne Visch Asch Hecht vnd Barmen/
Auch Karpffen fein lustig vnd warmen.
2. Geprattens Wildpret in einer Supp.
3. Vnd ein Rebhůn wol vber gstupp.
Darzu war auch weitter gerathen/
Gute Vögel herrlich gebraten/
4. Auch setzt man auff hüpsch Marcipan/
5. Gesottne Visch darneben stahn.
Förhine gesottne Sälling/
Was das nit ein herrliches ding.
Der

190 Speisefolge des Festessens nach dem großen Schützenfest von 1584. Verfaßt vom Pritschenmeister Caspar Lerff aus Augsburg (Montage). OÖ. Landesmuseum, Bibliothek. Foto: Litzlbauer

war bereits die Rede. Solche Veranstaltungen wurden wahrscheinlich noch viel häufiger abgehalten, als uns die sehr dürftige Überlieferung vermuten lassen würde. Kindstaufen, Hochzeiten, Fürstenbesuche und das Faschingsbrauchtum gaben meist die Anlässe für das fröhliche Treiben ab.

Im 16. Jahrhundert wandelte sich die Turnierform vom nicht ungefährlichen „Freistechen“ oder „Scharfrennen“ zum „Ringelstechen“ oder „Ringelrennen“. Stand bei den beiden ersten Varianten noch der Kampf zweier schwer gerüsteter Männer gegeneinander im Mittelpunkt des Geschehens, so ging es beim „Ringelstechen“ nur mehr um die Geschicklichkeit des Reiters und um die Sicherheit, mit der man in vollem Galopp frei aufgehängte Ringe zu treffen imstande war. Beim „Quintanrennen“ ersetzte eine auf einem Pfahl befestigte, um die Mittelachse drehbare Holzfigur den früheren Gegner. In der linken Hand hielt sie ein Brettspiel und die Rechte hatte sie waagrecht ausgestreckt. Traf der Reiter mit seiner Lanze nicht genau in die Mitte von Kopf oder Rumpf, dann wirbelte die Figur herum und versetzte ihm einen groben Schlag auf den Rükken, den er mit seiner Ungeschicktheit selbst ausgelöst hatte. Ähnlich ging es bei den „Kopfrennen“ zu, bei denen die Köpfe von Mohren oder Türken getroffen werden sollten.

Keine Informationen besitzen wir über die Vorgänge beim „Festenstürmen“, doch darf als sicher gelten, daß damit die turniermäßige Überwindung einer Befestigung dargestellt wurde. Dazu bedurfte es eines freien Geländes. Deshalb fanden diese Veranstaltungen nicht auf dem Hauptplatz, sondern im Wörth statt.

Im Wandel der Turnierkunst spiegelt sich der Rückzug des Adels vom Schlachtfeld wider. Hatte man ursprünglich noch gegen einen leibhaftigen Gegner zu bestehen, so wurde dieser durch Ringe oder Puppen ersetzt. Die wichtigste Lebensaufgabe, die Verteidigung des Landes, wurde zum höfischen Spiel, das in der Barockzeit noch ausgebaut wurde, worüber später noch zu berichten sein wird.

Beinahe jede größere Veranstaltung wurde mit einem Tanz beschlossen, ein Vergnügen, dem sich alle Bevölkerungsschichten ausgiebig widmeten.

Für die Zeit der Renaissance besitzen wir für Linz noch keine Angaben über die Art der Tänze, doch kann angenommen werden, daß sie noch sehr lebendig und ausgelassen waren und wenig mit den exakt vorgeschriebenen und etwas steifen Tanzschritten des Barock zu tun hatten. Erst im 17. Jahrhundert wurden aus Italien die Ballettänze übernommen, die als eine Mischung von gesungenen und getanzten Auftritten eher Opernszenen ähnlich waren als

191 Der erste bildlich überlieferte Faschingszug aus Linz 1619: Er wurde von Gundaker von Starhemberg organisiert. OÖ. Landesmuseum, Bibliothek. *Foto: Litzlbauer*

den erfrischenden und bewegungsfreudigen Volkstänzen der vergangenen Zeit. Menuett und Contredance kamen aus Frankreich und waren den höfischen Tanzveranstaltungen vorbehalten.

Weil der Tanz ohne Musik kaum vorstellbar ist, sei auch gleich von dieser berichtet: Die Kirchenmusik lag nach wie vor in den Händen des Pfarrschulmeisters, der mit einem Kantor, zwei Gesellen und sechs, später 12 Schülern für die musikalische Umrahmung der Messen zu sorgen hatte. Dazu kam noch der Organist, der in der Regel auch den Mesnerdienst übernehmen mußte. Zu feierlichen Gottesdiensten wurden zusätzlich die Stadtturner herangezogen, die als „Stadtkapelle" bezeichnet werden könnten. Neben ihrer musikalischen Tätigkeit oblag ihnen der Wachtdienst am Schmiedtorturm und am Turm der Pfarrkirche, wobei der Turnermeister am Schmiedtorturm immer der angesehenere war.

Aus einer allerdings erst vom Beginn des 18. Jahrhunderts stammenden Instruktion können wir ihren Arbeitsbereich ablesen, der im 16. Jahrhundert nicht sehr viel anders gewesen sein dürfte: Bei Ausbruch eines Brandes hatten sie durch das Blasen der Trompete akustisch Alarm zu geben und bei Tag mit einer Fahne, bei Nacht mit einer Laterne die Richtung anzugeben, in der sich das Feuer erhoben hat.

Dreimal pro Tag, außer an Samstagen und Feiertagen sowie der Fasten- und Adventzeit mußten sie mit Zinken und Posaunen blasen: In der Früh zur Gebetszeit, zu Mittag um 11 Uhr und am Abend, wenn die Sperrglocke geläutet wurde. Das war das Zeichen dafür, daß die Wirtshäuser zu schließen und die Auswärtigen die Stadt zu verlassen hatten. In Richtung Vorstadt waren zwei Stücke zu spielen und in die Stadt hinein vier. An den hohen Festtagen wie Weihnachten, Ostern und Pfingsten hatten sie den Auszug aus der Pfarrkirche mit Trompeten und Heerpauken zu begleiten. Sie bestimmten mit ihrer Musik neben den Kirchenglocken den Arbeits- und Lebensrhythmus in der Stadt.

Wenn sich hoher Besuch den Mauern näherte, wurde er „angeblasen". Das war nicht nur eine Ehre für den Ausgezeichneten, sondern hatte auch praktische Bedeutung, denn dadurch fanden die Bürger noch Zeit, ihm durch ein rasch zusammengestelltes Empfangskomitee die nötige Reverenz zu erweisen. Selbstverständlich wurde der wichtige Akt der Ratswahlen ebenfalls von Zinken und Posaunen begleitet.

Bei Verlobungen und Hochzeiten spielten die Turner mit Geigen auf. Nur den Reicheren waren zusätzliche Instrumente erlaubt. Der Adel durfte für seine Feste ebenfalls auf die Stadtturner zurückgreifen, und diese spielten offensichtlich so gut, daß sie auch beim evangelischen Gottesdienst im Landhaus Verwendung fanden.

In der einschlägigen Literatur wird darauf hingewiesen, daß die Stadtturner zu den sogenannten unehrlichen Berufen gehört hätten. Das läßt sich für Linz nicht nachweisen. Allerdings stimmt es, daß sie zünftisch nicht organisiert waren. Dafür aber standen sie auf der Besoldungsliste der Stadt. Stellvertretend für andere Namen sei Joachim Fasoldt genannt, der von 1558 bis 1600, also über 40 Jahre lang, Linzer Turnermeister gewesen ist – eine ungewöhnlich lange Dienstzeit.

Von den Stadtturnern sind die von den Ständen angestellten Landschaftstrompeter und Heerpauker zu unterscheiden, die im Feld und bei allen offiziellen Anlässen des Adels, wie den Landtagen, Erbhuldigungen, bei Turnieren und sonstigen Aufmärschen Verwendung fanden. Ihre gesellschaftliche Stellung war höher als die der Stadtturner, ohne daß wir in Linz dafür stichhältige Beweise finden könnten.

Die Pflege der Musik gehörte zu den Ausbildungszielen der Landschaftsschule. Besonders im Hinblick auf die Gestaltung des Gottesdienstes war sie von Luther empfohlen worden. Der Kantor rangierte in der schulischen Hierarchie an dritter Stelle nach dem Rektor und Konrektor. Jeden Tag von 12 bis 13 Uhr wurde Gesang unterrichtet. Zu den bekannteren Lehrern zählten Johann Linckh und Johannes Brassicanus.

Den auf freiwilliger Basis angebotenen Instrumentalunterricht hatte der Modist, also der Schreiblehrer zu bestreiten. Er wurde später vom Organisten in dieser Funktion abgelöst.

Über die Qualität und das Können all dieser Musiker läßt sich nur wenig aussagen. Ausnahmen bilden nur die erwähnten Linckh, Brassicanus und Daniel Hitzler, von denen Kompositionen überliefert sind. Ob sie an das Niveau der Mitglieder der Hofkapelle heranreichten, die manchmal mit dem kaiserlichen Hof in Linz weilte, ist fraglich.

192 Nächste Seite: Eine der schönsten Ansichten von Linz schuf der Niederländer Lucas van Valckenborgh im Jahre 1593. Das Original (Öl auf Lindenholz) ist nur 23,5×36 cm groß.
Städelsches Kunstinstitut Frankfurt a. M., Inv. Nr. 158.
Foto: Ursula Edelmann, Frankfurt a. M.

193 Porträtmedaille des Hofkapellmeisters Arnold de Bruck (1500–1554), der in Linz seinen Lebensabend verbrachte (1536).
Kunsthistorisches Museum Wien, Münzkabinett.
Foto: Herbert Tscherni

Beziehungen und Anknüpfungspunkte zu ihr gab es mehrere. So war der Bürgerspitalsbenefiziat Konrad Groß ursprünglich *Hoff vnd Capelln Singer.* Ein Georg Neydecker war als Tenorist für die Hofkapelle vorgesehen. Der Hofkapellmeister Arnold de Bruck hat ihm geraten, so lange den Posten als Pfarrschulmeister in Linz anzunehmen, bis eine entsprechende Stelle in der Hofkapelle frei würde.

Er selbst erhielt aus der Maut zu Linz seine Pension, sodaß er 1546 hierher übersiedelte. Darüber hinaus wurden ihm für seine letzten acht Lebensjahre die Einkünfte aus dem Dreifaltigkeitsbenefizium zugewiesen, die ja nicht gerade klein waren. Es ist nicht bekannt, ob er sich bis zu seinem 1554 erfolgten Tod in Linz noch musikalisch betätigt hat.

Auch andere Mitglieder der Hofkapelle erhielten aus der Maut Abfertigungen oder Pensionen, wie z. B. der Tenorist Pascasius Beghino und die Hofkapellmeister Jakob Regnart und Lambert de Sayve. Letzterer errichtete 1612, zwei Jahre vor seinem Tod, in Linz sein Testament. Andere Musiker der Hofkapelle erhielten von den Ständen Verehrungen, meist für gewidmete Werke, was durchaus für ein gewisses Musikverständnis der Adeligen spricht. Ob die einzelnen Komponisten auch längere Zeit in Linz waren, wissen wir nicht.

Von den Malern haben wir Lukas van Valckenborgh schon erwähnt, der ein Jahrzehnt in Linz gearbeitet hat. Er gilt in der Kunstgeschichte als einer der bedeutendsten Nachfolger Pieter Brueghels. Von den übrigen überlieferten Namen wie Georg Peck, Philipp Ziegler, Stephan Grießler, Michael Wunderer etc. ist am ehesten noch Simon Dürnschwamm zu erwähnen, der etliche Entwürfe für Gedenkmünzen und die Prämienmedaillen der Landschaftsschule lieferte. Letztere wurden bei Jahresabschluß als Anerkennung für besondere Leistungen an die besten Schüler verteilt.

Ähnlich wie der Hofkapellmeister Arnold de Bruck verbrachte der Hofmaler König Ferdinands I., Jakob Seisenegger, seine letzten Lebensjahre in Linz. Er erfreute sich der Gunst des Königs und erwarb sich vor allem als Porträtist einen klangvollen Namen. Seine Malerei war noch der Kunst der Donauschule verpflichtet und gilt als konservativ. Zur Zeit seiner Linzer Jahre (1561–1567) verließ ihn allmählich die Sehkraft.

Von dem ursprünglichen Freskenschmuck auf Linzer Häusern und Türmen, der zum

194 Ansuchen des als Tenorist für die Hofkapelle vorgesehenen Georg Neydecker als Pfarrschulmeister von Linz (1539).
Archiv der Stadt Linz, Altakten, Sch. 152. Foto: Litzlbauer

Großteil auf das 16. Jahrhundert zurückging, hat sich außer Zeichnungen nichts erhalten. Das Wappenprogramm und die übrige Bemalung des Schmiedtorturmes dürfte auf die Zeit nach der Krönung Ferdinands I. zum Kaiser (1558) zurückgehen und nach dem Vorbild des Innsbrucker Wappenturmes gestaltet worden sein. Die Bemalung des Rathauses zeigt nach einem Bild von Wenzel Hollar aus dem Jahr 1636 unter anderem die Justitia als Symbol für die richterliche Gewalt.

Wenden wir uns nach dem kursorischen Blick auf Alltag, Fest und „Hochkultur" nunmehr der Bildung zu. Das Schulwesen zählt zu den absolut dunklen Kapiteln der Linzer Geschichte. Das ist nicht nur auf die überaus dürftige Überlieferung zurückzuführen, sondern auch auf die Unschärfe der verwendeten Begriffe: Die Termini Pfarrschule, deutsche Schule, Lateinschule, Partikularschule sind kaum zu entwirren. Von der Existenz einer Pfarrschule seit dem Mittelalter sind wir bereits unterrichtet, und wir wissen auch, daß seit dem 15. Jahrhundert unmittelbar an der östlichen Stadtmauer zwischen dem Chor der Pfarrkirche und der Annakapelle ein eigenes Schulgebäude stand. Es ist unklar, unter welchen Umständen diese Schule in eine Lateinschule umgewandelt wurde. Städtische Lateinschulen wurden in Österreich auf Veranlassung König Ferdinands gegründet, um katholischen Priesternachwuchs heranzuziehen und auch um der darniederliegenden Wiener Universität wieder aufzuhelfen. Die oft nur dreijährige Lateinschule genügte bereits als Vorbereitung für die Immatrikulierung an einer Universität. Dabei diente Latein auch dem Elementarunterricht, dem Erlernen von Lesen und Schreiben. Nun müssen wir aber trotz dieser klaren Aussage annehmen, daß auch Deutsch und die Grundbegriffe des Rechnens gelehrt wurden, denn die Bürgersöhne sollten doch auch für die berufliche Praxis geschult werden. Auf der anderen Seite war ganz sicher bereits in der sogenannten Pfarrschule Latein unterrichtet worden, und zwar auch von sogenannten „deutschen" Schulmeistern. Das lassen zwei Beispiele wahrscheinlich werden: Die beiden jetzt schon oft genannten Freisleben in Linz und Wels und der ebenfalls schon erwähnte Georg Neydecker, dessen Bewerbungsschreiben von 1539 in klassischem Latein abgefaßt ist. Ferdinand I. hat das Ansuchen in einem eigenhändig unterfertigten Brief an den Landeshauptmann (Julius Graf von Hardegg) befürwortet. Daraus wird deutlich, welch wichtigen Stellenwert das Schulwesen

195 Das zweistöckige Gebäude der Lateinschule am Pfarrplatz gegen den unteren Graben zu im Jahre 1635. Links die Anna-Kapelle. Unbekannter Zeichner, Stadtmuseum Linz, Inv. Nr. 2080. Foto: Litzlbauer

für den Landesfürsten eingenommen hat. Es war ihm vordergründig wichtig, daß Neydekker der *alten heilligen Religion anhengig* war.

Das Gehalt von Schulmeister, Cantor und Successor wurde aus frommen Stiftungen bezahlt, die vom Kirchenmeister verwaltet wurden. Sie hatten nicht nur den Unterricht in der Schule zu gewährleisten, sondern auch den Gottesdienst zu gestalten und wurden im Pfarrhof verköstigt. Das konnte im 16. Jahrhundert nur bei verträglichen Charakteren gutgehen, denn die Schulmeister waren fast ausnahmslos protestantisch.

Die Stadtväter versuchten ab der Mitte der vierziger Jahre, das Schulregiment an sich zu ziehen. Der Chronist Sindt verzeichnet in den ehemaligen Archivbeständen mehrere Schulordnungen aus den Jahren 1545–1606. Zudem war Bürgermeister Peter Hoffmandl in den Verhandlungen mit der niederösterreichischen Regierung Deputierter der sieben landesfürstlichen Städte in Schulangelegenheiten.

Die Stadt dürfte damals tatsächlich erstmals größere Mittel für den Schulbau, die Einrichtung und die Besoldung der Lehrer aufgewendet haben. Caspar Bruschius hebt in seinem Lobgedicht besonders die Schule hervor und rühmt die Einstellung der Stadtväter:

Hier liegt den Bürgern besonders am Herzen,
daß in den Sitten und in Wissen und Kunst
die Jugend bilde sich aus.

Neben der Lateinschule, die also die Pfarrschule zumindest räumlich abgelöst hat, muß es ab Mitte des Jahrhunderts eine weitere Elementarschule gegeben haben, die noch stärker an die Pfarre gebunden war als jene. Wo sie sich befand, wissen wir nicht.

Im Jahre 1574 wurden zwölf Schüler der Lateinschule im Bürgerspital untergebracht. Eine Stiftung des Bürgermeisters Daniel Ziegler sicherte ihnen eine ausreichende Verpflegung, die als „Brot- und Bratlgeld" in die Linzer Schulgeschichte eingegangen ist. Als Gegenleistung mußten sie den Kirchenchor stellen. Drei Jahre vorher bestand der Plan, eine Stiftung, die zur Unterhaltung eines Schulmeisters und Organisten im Bürgerspital gedacht war, in ein Benefizium für einen evangelischen Prädikanten umzuwandeln. Der Plan wurde von Kaiser Maximilian II. vereitelt. Die zwei Daten sind unsere einzigen Anhaltspunkte für den Zeitpunkt einer Schulgründung im Bürgerspital, die das 17. und 18. Jahrhundert hindurch bestanden hat.

Eine weitere Schule läßt sich ab 1590 im Waaghaus nachweisen, wobei wieder der Konnex zur Stadtpfarre deutlich wird, denn drei Viertel der Einnahmen aus den Waaggefällen flossen dem Kirchenvermögen (nicht dem Pfarrer!) zu.

Doch nicht genug der vagen Überlieferungen zum Schulwesen in Linz: Im Kapuzinerfeld existierte um 1600 ebenfalls eine Schule, die sich zwar nicht mehr im Burgfried und damit im Einflußbereich der Stadt befand, aber dennoch zu den Linzer Schulen gezählt werden muß.

Es gehört zu den Pikanterien der Linzer Geschichte, daß es mit Paul Matt gerade ein Schulmeister aus dem lange mit Linz verfeindeten Urfahr gewesen ist, der uns die einzige Lebenserinnerung eines Lehrers dieser Zeit überliefert hat. Dadurch erfahren wir von der Urfahrer Schule, die sich nicht einmal als Pfarrschule bezeichnen durfte, weil Urfahr ja zur Pfarre Linz gehörte.

Darüber hinaus gab es zumindest in einem nachweisbaren Fall eine Schulmeisterin, die vermutlich Bürgerstöchter unterrichtete. Wir werden an einem weiteren Einzelfall gleich sehen, daß eine Bürgersfrau in der Lage war, die Familienchronik zu führen. Zuvor muß aber noch der Jesuiten gedacht werden, die 1602 mit einem Elementarschulbetrieb begannen und 1608 eine höhere Schule aufbauten, die in den ersten 15 Jahren ihres Bestehens gegen die 1609 wiedererrichtete Landschaftsschule allerdings nicht konkurrieren konnte. Wesentlich besser ließ sich der Unterricht der Unterstufe an, fiel sein Beginn doch in jene Zeit, als in der Stadt jedes protestantische Schulwesen strengstens verboten war. Wir haben schon erwähnt, daß die Jesuiten sogar eine Bürgerswitwe als Lehrerin für die Mädchen engagiert hatten. Sie waren es auch, die für die nächsten 150 Jahre die höhere Bildung fest unter ihrer Obhut hielten, wobei weder die Bürger und die Adeligen noch der Landesfürst eine Möglichkeit hatten, in das Bildungsmonopol des Ordens einzugreifen. Darüber im nächsten Kapitel mehr.

So ohne weiteres wollten sich die Linzer aber mit der Sperre ihrer Lateinschule nicht abfinden. Ein sonst nicht näher bekannter Ratsherr namens Hans Gleich hat eine Privatlateinschule eingerichtet, gegen die der Stadtdechant heftig opponierte. Als die Landschaftsschule 1608 ihre Pforten wieder öffnete, wurden die Schüler dieser „Winkelschule" in die dritte (= vorletzte) Klasse aufgenommen, was der Privatanstalt ein gutes Zeugnis ausstellt.

Die Geschicke der Landschaftsschule können hier ausgeklammert werden, weil sie an anderer Stelle schon geschildert worden sind. Wir wenden uns also gleich dem Universitätsstudium zu und wollen feststellen, ob und in welchem Ausmaß geborene Linzer im 16. Jahrhundert an den Universitäten zu finden waren.

Zwei einschränkende Bemerkungen sind von vornherein anzubringen: Die jungen Adeligen, die auf ihrer Kavalierstour an sehr vielen Universitäten Europas „studierten", werden hier nicht berücksichtigt. Damit soll ihr Bildungsstreben nicht etwa abgewertet werden, aber ihr Weg an die Universität dürfte aufgrund der besseren finanziellen Absicherung weniger problematisch gewesen sein als jener der Bürgerssöhne. Wichtiger aber ist noch, daß wir nicht beurteilen können, auf wen von den jungen Herren etwa das städtische Bildungsbewußtsein so weit eingewirkt hätte, daß er sich deswegen zum Studium entschloß.

Zur zweiten Relativierung zwingt uns der Umstand, daß wir keine Vergleichsmöglichkeiten haben. Wir wissen nicht, ob sich aus anderen Städten Oberösterreichs im Durchschnitt mehr oder weniger Schüler dem Studium gewidmet haben. Vergleiche mit anderen Städten, etwa Wien, Universitätsstädten und Reichsstädten, sind von vornherein nicht zielführend.

Der Zufall will es, daß uns die kurze Selbstbiographie eines Linzer Bürgers überliefert ist, die den möglichen Bildungsweg eines Linzer Bürgerkindes aufzeigt.

Der 1523 geborene, immer etwas kränkliche Christoph Hueber (seine Eltern vgl. auf S. 200) wurde mit zehn Jahren bei seiner Tante in Ybbs an der Donau in Kost gegeben, um dort Latein zu lernen. Warum er so weit vom Elternhaus weg mußte, hat er uns nicht mitgeteilt. Viele Stadthistoriker meinen, daß die Linzer Schule damals (1533) eben zuwenig angesehen gewesen wäre, was wir eher nicht glauben wollen, denn es gab im 16. Jahrhundert viele Gründe, die Kinder schon sehr früh aus dem Haus zu geben. Es muß dafür nicht unbedingt die geringe Leistungsfähigkeit der Linzer Schule ausschlaggebend gewesen sein.

In Ybbs hat sich Christoph ein Jahr lang ausgezeichnet gehalten, bevor er in schlechte Gesellschaft geriet. Er wurde nach einem vermutlich verbummelten weiteren Jahr von seinen Eltern auf eineinhalb Jahre in eine Schule nach Wien geschickt und anschließend nach Nürnberg, wo er *neben andern studiis* ein Jahr lang *Epistolas componirn* lernte. Mit nunmehr ca. 15 Jahren inskribierte er an der Universität Wittenberg. Er war dort bei einem köstliche(n) Maler namens Sebastian Adam untergebracht, der mit seinen Eltern gut bekannt war und der es (angeblich) zuwege brachte, daß zu Christophs „depositio", bei der der angehende Student Professoren und Kollegen ein Mahl geben mußte, neben anderen lokalen Berühmtheiten Martin Luther und Philipp Melanchthon persönlich erschienen, *welcher* (= Luther) *doch manichen Landhern ist aussen bliben,* wie er später stolz vermerkte. Seine Erfolge an der Universität aber dürften mäßig gewesen sein. Er blieb wieder nur eineinhalb Jahre. Inzwischen war in Linz die Mutter gestorben. Da sich sein Vater mit einer Salzburger Bürgerstochter wiederverheiratete, verließ er mit 17 Jahren abermals das Haus und begab sich mit einem Kaufmann nach Italien, vermutlich, um an einer der dortigen Universitäten weiter zu studieren, wozu es aber nicht kam. Er war nicht ganz freiwillig wieder weggegangen, wie seine Klage *ich kundt mich abermal nit vil wärmen dahaim* zeigt. Nach elf Jahren kam er ohne abgeschlossenes Studium, ohne Geld und ziemlich abgerissen nach Linz zurück. Hier wurde er von Bruder und Schwester sehr ungnädig aufgenommen. Der Vater war inzwischen verstorben. Es wird dieses Verhalten der Geschwister erklärbar, wenn man an die Erbschaft denkt, denn Christoph sollte als Erstgeborenem das Haus am Hauptplatz zufallen. Vier Jahre lang verwaltete er dann als Pfleger das Landgut Hohenberg, das der Familie

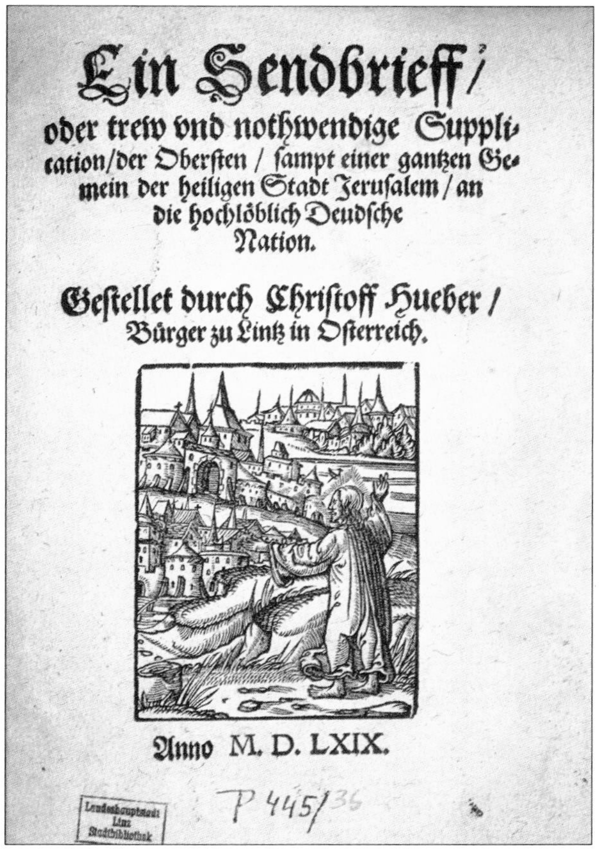
Ein Sendbrieff /
oder trew vnd nothwendige Supplication / der Obersten / sampt einer gantzen Gemein der heiligen Stadt Jerusalem / an die hochlöblich Deudsche Nation.
Gestellet durch Christoff Hueber / Bürger zu Lintz in Osterreich.
Anno M. D. LXIX.

196 Das einzige gedruckte Werk eines Linzer Bürgers aus der zweiten Hälfte des 16. Jahrhunderts. Archiv der Stadt Linz, Bibliothek. Foto: Litzlbauer

Hacklberger gehörte, aus der seine Mutter stammte. Dann verehelichte er sich mit der Linzer Bürgerstochter Margarethe Dürr, deren Schwester mit dem Ennser Stadtrichter Stefan Felnwaldt verheiratet war, der zu dieser Zeit großes Ansehen im Lande genoß. Die Hochzeit fand im Hause seines Vetters Jörg Hacklberger statt, der damals Linzer Bürgermeister war. Christoph Hueber wurde nun Bürger der Stadt, übernahm verschiedene Ämter (Ungeld, Bruckamt), wurde mit 37 Jahren Genannter und rückte bald darauf in den Stadtrat auf.

Als er 1574 mit 51 Jahren starb, hinterließ er ein Vermögen von 4300 Gulden. Das war nicht ausgesprochen viel, vielleicht war er auch nicht sehr geschäftstüchtig. Neben den üblichen Gütern, die zur Ausstattung eines Bürgerhaushalts gehörten, scheinen in seinem Nachlaß 200 Bücher auf, darunter allein 38 Bände von Luther und sechs von Philipp Melanchthon. Neben den üblichen religiösen Streitschriften und Gebetbüchern auch Cicero, Livius und Caesar. Es fehlten weder die üblichen Arznei- und Kräuterbücher noch das obligate „geheime" Werk, in diesem Fall ein Traumbuch. Christoph Hueber hat nicht nur Bücher besessen, sondern auch welche geschrieben. Neben der erwähnten Selbstbiographie verfaßte er noch *Paterna precepta, das ist, väterliche Gebott und Lehr* an seine Kinder; in einer nicht erhaltenen Handschrift legte er *schöne alte Geschichten* nieder und schrieb außerdem zwei Bände mit Sprüchen aus der Hl. Schrift. Gedruckt wurde aber nur *Ein Sendbrief*... (vgl. Abb. 196), eine literarische Fiktion, in der die Juden Jerusalems die Deutschen vor dem religiösen Zerfall warnen.

Von den beiden überlebenden Söhnen (von insgesamt neun Kindern) wurde Johannes zunächst Ratsbürger in Wels, kehrte zurück nach Linz und wanderte zwischen 1595 und 1597, noch bevor die erste Welle der Gegenreformation über die Stadt hereinbrach, nach Regensburg aus, wo er zu hohem Ansehen gelangte und sogar hohe Stadtämter bekleidete.

Nach diesem Einzelschicksal wenden wir uns dem zu, was sich aus den Universitätsmatriken herauslesen läßt. Wir blicken zunächst nach Wien, denn die dortige Universität konnte unter den Humanisten Cuspinian, Konrad Celtes, Konrad Peutinger, Ladislaus Suntheim, Johannes Stabius und anderen einen großen Aufschwung verzeichnen.

Wir finden mit Parczner, Muesperger, Hacklberger, Sattlberger, Pfaffenharder, Wienner, Preuer, Trebinger, Ennser, Topelhaimer und Hoffmanndl Namen von Studenten, die allesamt aus dem Bürgerstand stammten. Dazu kamen mit Christoph und Leonhard Freisleben die Söhne eines Handwerkers. Mit Johannes Wunderle, der als „Bünderlin von Linz" bekannt wurde, seinem vermutlichen Bruder Thomas Wunderl und Ambrosius Spittlmair sind beinahe alle Personen vertreten, die später als Führer der Wiedertäufer Berühmtheit erlangten. Die letztgenannten stammten aus nicht begüterten Familien. Wunderls Eltern sollen Fischer aus dem Wörth oder aus St. Peter gewesen sein und Ambrosius Spittlmair ist sicher im Mairhof des Bürgerspitales aufgewachsen. Daraus ist zu schließen, daß es auch ärmeren Bevölkerungsschichten möglich war, ihren Kindern eine gediegene Ausbildung angedeihen zu lassen.

Sie verdienten sich ihren Unterhalt zum Teil durch das Abschreiben von Lehrbüchern für reichere Studenten. Es ist deshalb durchaus denkbar, daß der neu aufkommende Buchdruck den armen Studenten den Broterwerb aus der Hand genommen hat und daß deswegen später nicht mehr so viele „arme" Schüler studieren konnten, denn wir finden in der zweiten Hälfte des 16. Jahrunderts kaum noch Handwerkerkinder in den Matriken vertreten, von anderen ganz zu schweigen. Dazu kommt noch, daß in den Wiener Matriken nach 1522 außer Johann Pürckmair, der es sogar bis zum Rektor gebracht hat, bis in die vierziger Jahre überhaupt keine Linzer Studenten mehr aufscheinen. Der Zusammenhang mit dem Prestigeverlust der Universität ist evident.

Die Bemühungen König Ferdinands I. um das Schulwesen schlossen die Universität mit ein: Die Städte wurden verpflichtet, für Stipendiatenstellen aufzukommen. Um das Geld einigermaßen in ihrem Sinn verwenden zu können, schickten die um diese Zeit meist schon protestantischen Bürger ihre Söhne auch an die katholische Universität. Ihre Zahl reicht aber nicht mehr an jene von der Zeit vor 1520 heran. Wir finden die Söhne des Stadtarztes Dornhofer (1546), Johann Boniat, den späteren Initiator für den Bau des Bruderhauses, Wolfgang Mitterhofer, den gleichnamigen Sohn des Apothekers und Bürgermeisters Damian Ziegler, und Adam Velthamer, der so wie der Sohn des reichen Steyrer Bürgers Wiser wegen nicht näher bekannter Vergehen die Universität verlassen mußte. Echte Stipendiaten könnten Georg Hagedorn und Andreas Nedl gewesen sein, beide Söhne von Linzer Schulmeistern. Ab ca. 1560 sind dann wieder kaum mehr Linzer an der Wiener Hochschule anzutreffen. Sie bevorzugten längst die protestantischen Universitäten im Reich, wie wir das auch bei Christoph Hueber schon feststellen konnten. In Tübingen waren u. a. der gleichnamige Sohn des Bürgermeisters Wolfgang Schickh (1581), ferner Johann Baptist Wrona (1597), der später Arzt in Vöcklabruck wurde und der Sohn des Apothekers Männer, namens Wilhelm (1598), der ebenfalls Arzt wurde, immatrikuliert. Abraham Sixt (1617) und Johann Jakob Waiss (1621) stammten ebenfalls aus „guten" Linzer Häusern. Die Namen Berger, Memhart, Jordan, Langjahr, Diemer, Hitzler, Schwarz und Persius weisen auf die Söhne von ständischen Beamten, Lehrern, Ärzten und von Gerichtsprokuratoren hin.

Es kann schon jetzt vorweggenommen werden, daß sich die Studierfreudigkeit der Linzer Bürger- und Beamtensöhne in der Barockzeit nicht in diesem Ausmaß fortgesetzt hat. Eine Bürgerschaft mit hohen Bildungszielen und -idealen kennen wir dann wieder erst aus dem späten Biedermeier und vor allem aus der zweiten Hälfte des 19. Jahrhunderts. Es ist nicht klar auszumachen, ob es die Gegenreformation war, die zu diesem aus heutiger Sicht eher bedauerlichen Rückschritt geführt hat. Das Fehlen von Linzer Studenten in den Universitätsmatriken bedeutet auch nicht, daß um so viel weniger studiert hätten. Viele entschieden sich für den Priesterberuf und wurden deshalb weniger an den offenen Universitäten als an den hauseigenen Studienanstalten der Orden ausgebildet. Führend waren auf diesem Gebiet die Jesuiten, die hervorragende Gelehrte hervorgebracht haben, von denen wir im nächsten Abschnitt (S. 379 f.) einige kennenlernen werden.

Die Bauernkriege

Unter den Brettspielen gilt nur Schach bis in die Gegenwart als Sport. Der Konnex ist erst auf den zweiten Blick naheliegend und findet seine Begründung darin, daß sich fast alle Sportarten in Abwandlung aus kriegerischen Handlungen entwickelt oder zumindest der Körperertüchtigung für künftige Auseinandersetzungen gedient haben. Erst seit den letzten hundert Jahren dient die sportliche Betätigung der Menschen auch anderen, wertfreieren Zielen, ohne ihre Wurzeln jemals ganz zu verlieren. Was für uns heute Sport ist, war jahrhundertelang bitterer Ernst. Kein Sport verdeutlicht die Rolle der Bauern im Kampf ums Überleben besser als das Schachspiel. Es kommt nicht von ungefähr, daß gerade dieses Spiel im Mittelalter dem höfischen Zeitvertreib diente. Ohne Bauern ist kein Spiel zu gewinnen, obwohl sie als einzige Figuren keine Möglichkeit zum Ausweichen oder zum Rückzug besitzen, und nur ein Bauer kann mit einem Durchmarsch ein verloren geglaubtes Spiel noch retten. Bei jedem Spiel bleiben das Leben und die Reputanz des Königs unangetastet. Alle übrigen Figuren haben ihm zu dienen, wobei die Bauern in der vordersten Reihe postiert sind. Sie werden als erste bedroht und am leichtesten geopfert. Vieles an diesem Spiel erinnert uns an die insgesamt drei Bauernkriege des Landes ob der Enns.

197 Holzschnitt vom Titelblatt einer Augsburger Flugschrift aus dem Jahr 1626 mit einer typischen Kampfszene. Archiv der Stadt Linz, Bibliothek.

Seit dem Ende des 14. Jahrhunderts war der Glaube an die Unbesiegbarkeit der gepanzerten Reiterheere im Sinken begriffen. An ihre Stelle traten die Söldnertruppen, die zum überwiegenden Teil zu Fuß kämpften und von einer eher leichten und schnellen Reiterei unterstützt wurden. Sie waren im Frieden wie im Krieg gleichermaßen begehrt und gefürchtet, denn ihr Sold bestand aus Raub, den sie im Falle des Sieges am Gegner verübten, bei einer Niederlage aber an der jeweils heimischen Bevölkerung. Kriege und Fehden hatte es das ganze Mittelalter hindurch gegeben, aber nun waren es nicht mehr die Fürsten und ihre Gefolgsleute, die aufeinandertrafen. Sie ließen sich fortan von den Söldnern im Kampf vertreten und waren mit wenigen Ausnahmen auf dem Schlachtfeld nicht mehr anzutreffen. Da sie persönlich nicht mehr erreichbar waren, versuchte man, sie an ihrer empfindlichsten und schwächsten Stelle zu treffen, bei der Versorgung; diese aber wurde ausschließlich von ihren Untertanen, den Bauern, gewährleistet. So artete denn beinahe jeder Krieg in ein Rauben, Morden und Brennen der gegnerischen Bauern aus. Die Ernte und die Vorräte wurden mitgenommen oder vernichtet, das Vieh weggetrieben, die Männer ermordet, die Frauen vergewaltigt, die Kinder hingeschlachtet und die Höfe verbrannt. Das war in Böhmen nicht anders als in Frankreich, in Deutschland so wie in den österreichischen Ländern. Den Bauern blieb als einzige Rettungsmöglichkeit die Flucht in die Wälder und, wenn sie Glück hatten, in die Burg ihres Grundherrn. Das jedoch nur, wenn sie rechtzeitig vorgewarnt wurden.

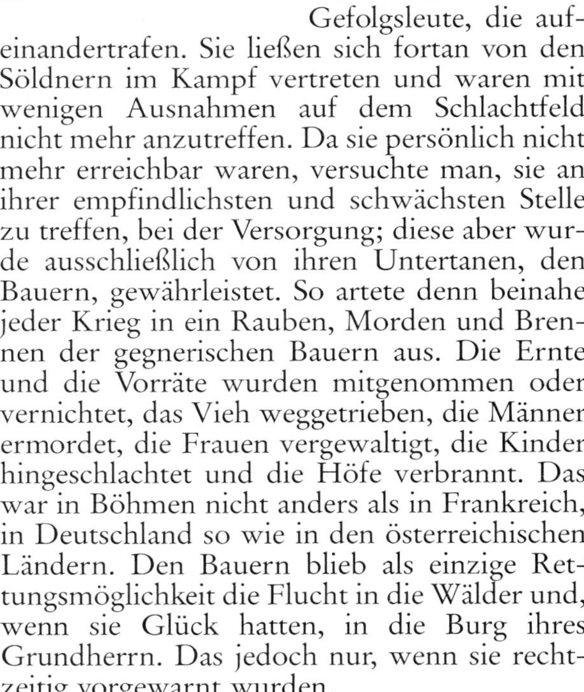

Doch auch abseits jedes Kriegsschauplatzes und wenn sie persönlich nichts zu fürchten hatten, waren sie es, die durch erhöhte Abgaben die Kriege zu finanzieren hatten. Niemand konnte zu dieser Zeit ein größeres Interesse an lang andauernden Friedenszeiten haben als sie. Dies sollte man bedenken, bevor man von den Bauernkriegen spricht.

Diese haben schon immer das Interesse der Nachfahren geweckt und sind sehr ausführlich und in vielen historischen Arbeiten abgehandelt worden. Jede neu auftauchende Ideologie bemächtigte sich des Themas und deutete es in ihrem Sinn. Das ist unter anderem auf die Komplexität der Vorgänge zurückzuführen, und die Diskussion darüber wird wohl noch lange andauern. Obwohl Bücher über die Bauernkriege bereits viele Regale füllen, kann eine Linzer Geschichte dieses Problem nicht einfach umgehen, zumal die Stadt vor allem in den letzten Bauernkrieg sehr stark involviert gewesen ist. Dabei widerfuhr Linz keine besondere Behandlung, denn die Eroberung von Städten war zu einem der wichtigsten Ziele der gesamten Kriegsführung geworden. Außer in den ungeschützten Bauernhöfen war vor allem dort reiche Beute zu erhoffen.

Vor diesem Hintergrund verwundert es nicht, daß bereits im ersten Bauernkrieg, der sich weitab von Linz im Attergau zugetragen hatte, die Stadt an der Donau zu einer Art Befehls- und Einsatzzentrale geworden war. Allerdings sind die Quellen zu diesem Ereignis sehr dürftig.

Die erste Probe

Ende Mai 1525 schlossen sich die Angehörigen von 27 Pfarren im Attergau zu einem Bund zusammen, hielten Versammlungen ab und reichten auf dem Mitte Juni zu Innsbruck tagenden Generallandtag ihre Beschwerden schriftlich ein, die sich zwar auch gegen die katholische Geistlichkeit richteten, aber in erster Linie soziale Mißstände beklagten. Erzherzog Ferdinand verlangte von den Ständen eine Erklärung. Das Gebiet unterstand den Polheimern, die sich schon 1511/12 eine Rüge Kaiser Maximilians I. eingehandelt hatten, als sie den Steuerdruck in den Herrschaften Kammer, Kogl und Frankenburg so stark angezogen hatten, daß es zu einer Zusammenrottung der Bauern gekommen war. Die öffentliche Rüge ist deswegen besonders bemerkenswert, weil Wolfgang von Polheim als persönlicher Freund des Kaisers gelten konnte, sodaß schon ein sehr triftiger Grund vorliegen mußte, wenn der Kaiser so offen sein Mißfallen über die Bedrükkung der Bauern zeigte.

1525 verstanden es die Stände meisterhaft, allen voran der damalige Landeshauptmann Cyriak von Polheim, vom eigentlichen Grund des Aufstandes abzulenken und die Frage der Religion in den Vordergrund zu spielen. Wenn sie die irreführenden Lehren der Pfarrer anprangerten, durch die die Untertanen verwirrt würden, dann meinten sie gewiß nicht die Predigten der alten katholischen Geistlichkeit, sondern die Reden der neuen „Schwarmgeister“. Die Gefahr, daß sich der Aufstand so wie in Süddeutschland 1524 ausweiten und zu einer sozialrevolutionären Bewegung werden könnte, war sicher gegeben. Luther hatte damals die bäuerlichen Untertanen im Stich gelassen und sich von den Aufständischen eindeutig distanziert, sodaß man sich in Religionsfragen auf seine Lehre berufen konnte, ohne sie beim Namen nennen zu müssen.

Die Stände konnten angesichts der ihnen drohenden Gefahr nicht zuwarten und zuerst die Schuldfrage klären, sondern waren gezwungen, rasch zu handeln. Kaum ins Land zurückgekehrt, beschlossen sie die sofortige Eintreibung der bewilligten Steuer, um das Aufgebot erlassen zu können. Über einen Monat lang zögerten die Städte, ihren Beitrag zu leisten. Sie betrachteten – vermutlich ganz richtig – den Aufstand als Angelegenheit, die zwischen den Grundherren und ihren Untertanen zu regeln war und die Bürger nichts anging. Wie ernst der Aufstand selbst vom Landesfürsten genommen wurde, zeigt der Umstand, daß schon Ende Mai, Anfang Juni umfangreiche Maßnahmen zur Verteidigung der Städte getroffen wurden. Der landesfürstliche Zeugwart hatte von Linz aus Pulver und Büchsen nach Enns zu liefern und zum Schutz der Donaustadt wurden 100 böhmische Landsknechte in Sold genommen. Der Glockengießer wurde zum Büchsenmeister ernannt, weil er angeblich die Kunst beherrschte, aus einem *veldgeschütz* zu feuern. Es mangelte also an technisch erfahrenen Geschützbedienern. Der Aufstand konnte letztlich ohne Blutvergießen verhindert werden. Die Rädelsführer wurden im Linzer Schloß eingekerkert, das wir damit erstmals in seiner Funktion als Gefängnis sehen, die es bei den späteren Aufständen noch oft erfüllen sollte.

Erst ein Jahr nach der Erhebung wurden die Bauern vor ein Gericht gestellt, das sich aus dem Linzer Stadtrichter, den Ratsbürgern und Bürgern anderer Städte zusammensetzte. Das war ungewöhnlich und ist als Strafe für die Bürger aufzufassen, die sich ursprünglich nicht an der Niederschlagung des Aufstandes beteiligen wollten. König Ferdinand hat diese Methode auch bei den Prozessen gegen die Wiedertäufer angewandt. Über die Urteile wissen wir nicht Bescheid, aber allein die Tatsache, daß Ferdinand einen Henker in das Land schickte, läßt auf einige Todesurteile schließen. Die Unschuldigen sollten möglichst bald entlassen werden, denn lange Gefängnisstrafen waren damals nicht üblich.

Wenn die Gründe für den ersten Bauernkrieg eindeutig im sozialen Bereich liegen, so gestaltet sich die Frage nach seinen Ursachen beim zweiten Aufstand wesentlich schwieriger.

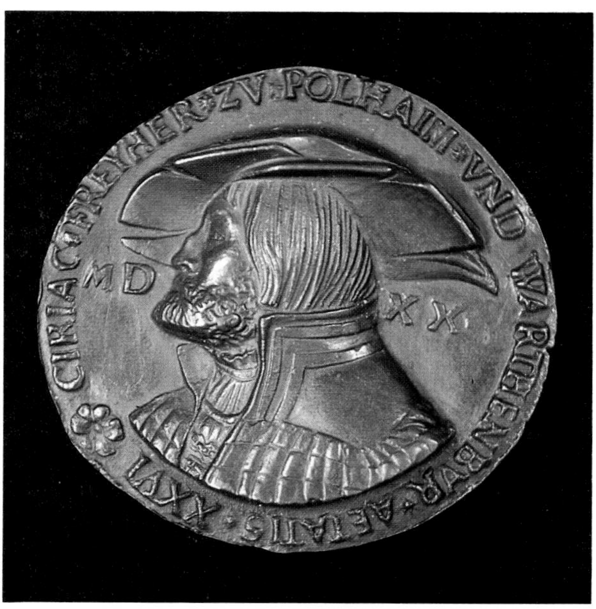

198 Porträtmedaille des Cyriak von Polheim (1495–1533), dessen Untertanen maßgebend am ersten Bauernaufstand beteiligt waren. Er war damals nicht nur ihr Grundherr, sondern auch Landeshauptmann. OÖ. Landesmuseum, Münz- und Medaillensammlung. Foto: Litzlbauer

Der zweite Aufstand

Diesmal ist der Zusammenhang mit der Gegenreformation evident. Die ersten Vorboten, die sich im Sierninger Aufstand von 1588 zeigten, richteten sich gegen die Maßnahmen des Sierninger Pfarrers Johann von Tattenbäck, der gegen den Willen der Pfarrgemeinde die katholische Religionsreformation beginnen wollte. Die Widerstandsbewegung griff auf das ganze Ennstal über und erfaßte nicht nur Bauern, sondern auch Handwerker, Holzknechte, Schmiede, Messerer und die Arbeiter in den Eisenwerkstätten. Die Bittschrift der Sierninger an den Kaiser wurde von Dr. Abraham Schwarz verfaßt, damals Professor *iuris institutionum* an der Landschaftsschule, was ihm eine Zitation vor Erzherzog Ernst einbrachte. Als Haupt des Aufstandes galt aber der Sierninger Schulmeister, der verhaftet wurde. Im Hintergrund agierte Abt Alexander a Lacu von Wilhering, dem zu dieser Zeit auch das Stift Garsten unterstellt war. Er trieb die Religionsreformation im Auftrag des Passauer Bischofs voran. Im Februar 1589 erschienen 140 Sierninger Bauern bewaffnet in Linz, um bei den Ständen Hilfe für den verhafteten Schulmeister zu erbitten. Sie gaben ihre Waffen aber bereits in der Vorstadt ab. Ob sie ihren Schulmeister freibekamen, wissen wir nicht. Der Marsch auf Linz war aber eine eindrucksvolle Demonstration organisatorischer Stärke unter den Bauern.

Im weltlichen Bereich war es seit 1592 Landeshauptmann Hanns Jakob Löbl, der die Bestrebungen vorantrieb, die Landpfarren mit katholischen Priestern zu besetzen.

Den äußeren Anlaß für den zweiten Bauernkrieg gab 1594 die Vertreibung eines neu eingesetzten katholischen Geistlichen in St. Peter am Wimberg ab, einer Pfarre des Klosters St. Florian. Genau aus dieser Gegend besitzen wir ein beredtes Zeugnis, daß es nicht in erster Linie Religionsfragen waren, die die Bauern zu den Waffen greifen ließen. Schon sechs Jahre zuvor gärte es in der ländlichen Bevölkerung und eine schriftlich überlieferte Unmutsäußerung eines Bauern zeigt uns, daß man einen radikalen Umsturz der gesellschaftlichen Verhältnisse ersehnte, nämlich, daß die *Pauern Herrn sein und im Himel, die Herrn aber in der Hell sitzen werden.*

Relativ rasch griff die Aufstandsbewegung auf den Hausruck über, dessen Bauern sich später im großen Krieg besonders hervortun sollten.

Auf dem Oktoberlandtag hielt Georg Erasmus Tschernembl, dessen führende Rolle unter den Adeligen des Landes schon mehrfach angesprochen wurde, seine große Rede *(Erstes Guetbedunncken)*, in der er auf die Ursachen des Aufstandes einging und dabei seine Standeskollegen keineswegs verschonte, die ihren Untertanen doppelte Steuer, Dienste, Robot, Freigeld, Rüststeuer und Monatsgeld abverlangten. Wenn er dennoch die Maßnahmen der Gegenreformation für den eigentlichen Grund des Aufstandes ansprach, so hat dies sicher politische Gründe gehabt. Es ging ihm darum, den Katholiken die eigentliche Schuld am Aufstand zuzuschieben. Außerdem glaubte er offensichtlich, mit dieser Ansicht auch die Untertanen in Schutz nehmen zu können, denen er das Eintreten für die Glaubensfreiheit ausdrücklich zugestand. In weltlichen Angelegenheiten wollte er den Bauern aber selbst gegen tyrannische Grundherren nur die Möglichkeit der Bitte einräumen, keineswegs ein Recht, schon gar nicht das Recht auf Widerstand. Als Alternative zur Bitte bot sich aus seiner Sicht für die Bauern nur der Wechsel des Grundherren. Seinen Standeskollegen gab er drei Ratschläge zur Dämpfung des Aufruhrs:

1. Einkehr und Buße der Grundherren,
2. Anerkennung der rechtmäßigen Beschwerden der Untertanen und
3. wenn das nicht hilft, die Anwendung von Gewalt.

Interessanterweise beinhaltet dieser Maßnahmenkatalog nur mehr weltliche, politische und soziale Aspekte, jedoch keine religiösen. Weil die ersten beiden Punkte nur auf lange Zeit verwirklichbar gewesen wären und außerdem einer wahrhaft christlichen Gesinnung aller Adeligen bedurft hätten, ging man gleich zum dritten Rat über und berief das Aufgebot ein. So wie beim Türkenfeldzug wurden die Bürger gezwungen, persönlich Zuzug zu leisten. Sie mußten, wie der Chronist Wagner schildert, *auß dem haffen Zettel* heben, das heißt, daß das Los über die Einberufung entschied. Alle Städte zusammen sollten ein „Fähnlein" von 500 Fußknechten stellen. Inzwischen war das städtische Regiment aus Ungarn zurückgerufen worden, das sich auf seinem Weg zum Kriegsschauplatz so unbeliebt gemacht hatte (vgl. S. 169).

Bald darauf konnte Löbl die von den Aufständischen eroberte Stadt Eferding zurückgewinnen und etliche Bauern gefangen nach Linz abführen. Welser und Linzer Bürger wurden als Besatzung in die ehemalige Schaunberger Stadt gelegt. In Linz setzte er mit Otto Bernhard von Traun einen Stadthauptmann ein, dem die Einwohner in militärischen Angelegenheiten zu gehorchen hatten, was die Bürger mit einem heftigen und teilweise sogar erfolgreichen Protest quittierten, denn die Verteidigung der Stadt war allein ihre Angelegenheit.

Durch den Erfolg des Eferdinger Unternehmens ermutigt und nach einem weiteren Scharmützel bei Tragwein entsandte Landeshauptmann Löbl eine relativ kleine Streitmacht in den Hausruck, die am 13. November bei Grieskirchen eine empfindliche Schlappe gegen die Bauern hinnehmen mußte. Der Befehlshaber der ständischen Truppe, Weikart von Polheim, rettete sich nur mit Mühe in das Schloß Parz, etliche Soldaten wurden gefangen, der Polheimer aber mußte sich vor den Ständen rechtfertigen. Die Schmach, den Bauern unterlegen zu sein, vertrieb ihn aus dem Land.

In Linz ging die Angst vor den Bauern um. Stadt und Vorstädte wurden noch einmal genau visitiert und die Wachen verstärkt. Die Stände und der Landeshauptmann, die sich aus politischen und religiösen Gründen an sich erbittert gegenüberstanden, rückten nunmehr zusammen. Man traute den Bürgern nicht über den Weg und verlangte ihnen die neuerliche Beschwörung eines „Artikelbriefes", der sie auf die Verteidigung der Stadt vereidigt hätte. Sie lehnten dieses Ansinnen mit der Begründung heftig ab, daß sie ohnedies dem Kaiser geschworen hätten. Eine neuerliche Musterung konnten sie allerdings nicht verhindern.

Der Landeshauptmann mußte einem Austausch der Gefangenen zustimmen, sodaß die in Eferding und bei Tragwein dingfest gemachten Bauern wieder freikamen. Gleichzeitig reichte er beim Prager Hof über die Bürger eine Beschwerde nach der anderen ein, weil sie ihm keinen Gehorsam leisteten. Es mag dies mit dazu beigetragen haben, daß sie knapp zwei Jahre später ihrer wichtigsten Privilegien verlustig gingen (vgl. S. 157 f.).

Kaiser Rudolf II., auf dem die Hoffnungen aller Streitparteien ruhten, ordnete in einem seiner vielen Mandate an, daß die Bauern ihre Waffen abzuliefern hätten und außerdem setzte er eine Kommission ein, die die Vorfälle untersuchen sollte. Abgesandte aller Viertel und die Zechmeister jeder Pfarre sollten am 21. Dezember vor den Kommissären Georg von Zettritz und Dr. Paul Garzweiler aus Prag im Linzer Rathaus erscheinen und ihre Beschwerden schriftlich einreichen. Letzteres ist weitgehend geschehen und auch an die 9000 *uber wehren* wurden im Linzer Schloß abgeliefert, bei weitem nicht alle, wie sich bald herausstellen sollte und wie die auffällige Wiederholung des Befehls beweist.

Die Verhandlungen über die Gravamina der Bauern waren langwierig und spielten sich größtenteils in Linz ab. Im Sommer kam es wieder zu Unruhen unter den Untertanen des Stiftes Schlägl. Da die Verhandlungen keine Ergebnisse zeitigten, erschienen die Bauern nach der Ernte wieder auf dem Schlachtfeld. Schloß

Weinberg und Freistadt wurden bedroht. Die Stadt an der böhmischen Grenze öffnete ihre Tore und ließ die Bauern ein. Die Bürger sorgten dafür, daß in den Wirtsstuben reichlich eingeschenkt wurde, sodaß an eine regelrechte Besetzung der Stadt durch die Bauern bald nicht mehr zu denken war. Kremsmünster und Steyr wurden belagert, ohne daß die Bauern wirklich durchschlagende Erfolge verzeichnen hätten können. Noch immer erhofften sie vom Kaiser die Unterstützung ihrer Anliegen, der Weg der Verhandlungen schien ihnen gerechtfertigter. Letztlich fehlte ihnen noch eines, was sie später vorantrieb: der Mut der Verzweiflung. So konnte es geschehen, daß Gotthart von Starhemberg mit einer kleinen Streitmacht von 500 Leuten das Mühl-, Hausruck- und Traunviertel mit Gewalt und praktisch im Alleingang befriedete. 25 Hinrichtungen ohne Gerichtsverhandlung säumten seinen Weg, und das sind nur die amtlich bekannten. In weniger als zwei Monaten erpreßte er über 10.000 Gulden von den Bauern und steckte sie in die eigene Tasche. Auch seine Söldner werden sich entsprechend bereichert haben. Landeshauptmann Löbl, der selbst den Auftrag zu dieser Strafexpedition gegeben hatte, deckte seinen Obristen, der sich vor den Ständen für seine Greueltaten rechtfertigen sollte. Starhemberg aber entschuldigte sich mit dem Kriegsrecht und kam ungeschoren davon.

Im September 1597 galt das Land als befriedet. Schon während des Jahres waren in Linz die ersten Todesurteile über die „Rädelsführer" gefällt worden und, wie in Kriegszeiten üblich, wurde auf dem Hauptplatz neben dem Pranger ein Galgen errichtet, an dem übrigens auf Befehl Starhembergs auch ein Söldner gehenkt wurde, der *Pauern gschaczt* hatte.

Auch im Jahr 1598 wurden einzelne Anführer der Bauern, die in Linz gefangen saßen, vor Gericht gestellt und verurteilt. Es wurde ihnen ein Prokurator zur Seite gestellt, der auch bei den Marterungen anwesend sein durfte. Die meisten wurden geköpft und ihre Häupter auf Stangen in den einzelnen Vierteln zur Schau gestellt. Bis mindestens 1600 dauerte die Suche nach Anstiftern und mit großer Wahrscheinlichkeit hielt die revolutionäre Stimmung in der Landbevölkerung an, bevor sie 1626 mit ungeahnter Stärke und Wucht abermals losbrach. Bis dahin war die bäuerliche Bevölkerung erneut Belastungen ausgesetzt, von denen man sich heute kaum mehr eine Vorstellung machen kann. Eine davon ging direkt auf das Konto des von den Bauern immer hochverehrten Kaisers.

Der Einfall des Passauer Kriegsvolkes

Wir haben schon gehört, daß sich durchziehende Truppen fast immer ihren Lebensunterhalt von den Bauern raubten, ja oft rauben mußten, weil ihr Sold nicht ordnungsgemäß ausbezahlt wurde. Manchmal haben die militärischen Befehlshaber die wahllosen Plünderungen nicht nur geduldet, sondern ausgesprochen befürwortet. Fast gehörten sie schon zum Image einer tüchtigen Truppe. Die Stände wußten darüber sehr genau Bescheid und versuchten immer wieder, das Militär aus dem Land fernzuhalten. Spätestens seit dem Beginn der Türkenkriege wurde aber Oberösterreich zum Durchzugsland für fast alle Truppen, die gegen Osten zogen. Neben den Bauern hatten besonders die Städter unter den Einquartierungen der Soldaten zu leiden, die ja nicht allein kamen, sondern mit einem ganzen Troß, in dem nicht nur eine allfällige Beute mitgeführt wurde und die Marketenderinnen mitzogen, sondern auch die Frauen und Kinder der Söldner, wenn sie welche hatten. Eine dieser Kriegsscharen sollte als besonders grausam in die Geschichte des Landes eingehen.

Im Vertrag von Lieben hatte der geistig zerrüttete Kaiser Rudolf II. im Juni 1608 zwar auf die Herrschaft in Österreich, Ungarn und Mähren verzichtet, aber er hatte die Länder nicht wirklich aufgegeben. Der Bruderzwist im Hause Habsburg war damit noch nicht beendet. Vielmehr beauftragte er seinen Cousin Leopold, der damals gleichzeitig Bischof von Passau und Straßburg war, für ihn Truppen zu sammeln. Der Bischof kam dieser Bitte nach und hatte mit seiner Werbung ab Beginn des Jahres 1610 einen beträchtlichen Erfolg: Ende März waren schon 2000 Reiter, meist Franzosen und Wallonen, und 6000 Mann Fußvolk in Passau gelagert. Die Stadt und das kleine Bistum waren nicht in der Lage, eine so große Volksmenge zu verköstigen, und so blickte man von Linz aus besorgt auf die Vorgänge jenseits der Grenze. Zu einer Hungersnot in der Stadt gesellte sich eine Seuche, die mehrere hundert Soldaten das Leben kostete. Die Soldzahlungen blieben aus, und die Befehlshaber machten sich mitsamt dem Bischof aus dem Staub. Das Kommando übernahm mit Oberst Laurenz von Ramée ein kriegserfahrener Haudegen aus Lüttich. Er brach im Dezember mit 9000 Fußknechten, 4000 Reitern und 2000 Mann (Frau, Kinder) Troß Richtung Oberösterreich auf. Am Heiligen Abend standen sie vor Wels, nachdem sie den ganzen Hausruck

199 Porträt des von den Bauern „Rammauf" genannten Oberst Laurenz von Ramée, der das gefürchtete „Passauer Kriegsvolk" anführte.
Aus: Annales Ferdinandei, Conterfet Tom II.
Foto: Litzlbauer

besetzt und im wahrsten Sinne des Wortes leergefressen hatten. Von dort wollten sie über das Kremstal in die Steiermark vorrücken, wurden aber bei der Enge von Klaus vom Landesaufgebot (= den Bauern) zurückgeschlagen. Ramée wich zurück und wandte sich nach Norden: Am 10. Jänner 1611 wurde Linz eingeschlossen.

Damit ist eingetroffen, was man hier nun schon beinahe ein Jahr lang befürchtet hatte. Ab März 1610 hatten Städte und Stände mit nur geringem Erfolg versucht, eine Streitmacht zu werben, um gegen die Passauer gewappnet zu sein. An den Grenzen wurden Verteidigungsmaßnahmen getroffen und Schanzen aufgeworfen. Bei den Steyrer Meistern wurden Musketen und Landsknechtharnische in Auftrag gegeben. Im Oktober haben die Stände Georg Stripf als Ingenieur für Befestigungsbauten aufgenommen. Für die geplante Absperrung der Donau bei der Enge von Neuhaus wurde eine Kette mit 3600 einzelnen Gliedern und 25 Tonnen Gewicht geschmiedet, die sowohl beim Einmarsch der bayerischen Truppen (1620) als auch im Bauernkrieg die ihr zugedachte Funktion nicht erfüllen konnte. Beim Anprall eines schweren Schiffes riß sie entzwei. 1610/11 brauchte man sie nicht, denn Ramée war über Land gekommen.

Die Angst in der Stadt war groß: Stände und Bürger zogen dem gefürchteten Obristen entgegen und luden ihn ein, im schönen Freisitz Lustenfelden Quartier zu nehmen, um ihn nur ja nicht in die Stadt hineinlassen zu müssen. Die Söldner wurden in den umliegenden Dörfern und Märkten einquartiert und von der Stadt aus mit Proviant versorgt. Überraschend schnell konnte Ramée zum Weiterziehen nach Böhmen überredet werden. Wir können sicher sein, daß dabei eine größere Summe Geldes eine Rolle gespielt haben muß. Als sich also alles zum Besten zu wenden schien, rissen die Eisschollen auf der hochwasserführenden Donau drei Brückenpfeiler weg, und es bestand plötzlich wieder die größte Gefahr, daß sich die Truppen notgedrungen für längere Zeit in Linz und Umgebung niederlassen würden. Die Schiffleute waren nur mit Mühe zu überreden, daß sie bei dem hohen Wasserstand die Söldner samt dem Troß übersetzen. Stadt und Umland waren innerhalb weniger Tage bereits leer „gefressen". Schließlich gelang das Überfahren doch und das Passauer Kriegsvolk rückte ins Mühlviertel ab, um nach einigen Wochen nach Böhmen weiterzuziehen. Ein größeres Heer hatten die Linzer noch nie gesehen! Ramée wurde später in Prag hingerichtet, das Kriegsvolk abgedankt.

Die Quellen versagen uns weitgehend Einzelheiten über die Greueltaten der Passauer. Sie werden stets nur als die grausamsten Soldaten bezeichnet. Raub und Plünderungen können es nicht gewesen sein, die sie so berüchtigt werden ließen. Daß die Frauen und Töchter der Bauern als Freiwild angesehen wurden, war nicht außergewöhnlich und in Kriegszeiten bis in die jüngste Vergangenheit üblich. Vielleicht illustriert eine spätere Quelle, was ihren Schrecken unter anderem ausmachte: Sie zerschmetterten Kleinkinder an den Hauswänden, hackten ihnen die Hände ab und steckten sie statt Federn an den Hut! Das war selbst für die Gemüter der damaligen Menschen, die mit einer kaum mehr verständlichen Sensationsgier und sichtlichem Vergnügen jeder Hinrichtung beigewohnt haben, eindeutig zuviel!

Die Besetzung des Landes

Mit berechtigtem Stolz weist die heimische Geschichtsschreibung auf die beeindruckende

Rolle hin, die das kleine Land ob der Enns am Abend des Dreißigjährigen Krieges in der mitteleuropäischen Politik gespielt hat. Im März 1611 siegte König Matthias über seinen Bruder Rudolph II. und setzte ihn endgültig ab. Knapp ein Jahr später starb er. An Matthias aber erfüllte sich ein Schicksal, das seine Brüder schon vorausgesehen haben werden. Seine Politik scheiterte sowohl im Reich als auch in Böhmen. Der Prager Fenstersturz von 1618 leitete einen Adelsaufstand ein, der in den vorhin erwähnten Krieg mündete. Die Adeligen des Landes ob der Enns hatten von Anfang an mit ihren benachbarten Standesgenossen sympathisiert. An der Landschaftsschule sollte Slawisch gelehrt werden, um die Beziehungen zu vertiefen. Andererseits luden die Stände den kranken Kaiser ein, so wie früher in Linz Residenz zu nehmen: Sie taten dies aber nur, um seinen nur zu berechtigten Argwohn gegen sie zu zerstreuen. Der im März 1619 erfolgte Tod des Kaisers ließ diese Pläne ins Nichts zerrinnen, brachte aber keine politische Entspannung, sondern beschwor im Gegenteil neue Gefahren für das Land herauf, denn die Stände wollten seinen Neffen Erzherzog Ferdinand von Steiermark nicht als Nachfolger anerkennen. Mit gutem Grund, denn er galt als kompromißloser Katholik, der in seinem Land die Gegenreformation mit eiserner Faust schon durchgeführt hatte. Ohne Zutun und ohne Einwilligung der Stände hatte der legitime Nachfolger von Kaiser Matthias, Erzherzog Albrecht aus den Niederlanden, auf seine Erbansprüche verzichtet. Eine Einigung war kaum denkbar. Die Stände verbündeten sich mit den Vertretern Böhmens, Mährens, Schlesiens und der Lausitz und strebten gemeinsam mit diesen Ländern einen ständischen Bundesstaat mit einem König an der Spitze an. Die Böhmen er-

200 Die Ankunft des bayerischen Heeres am 4. August 1620 ist auf einem Kupferstich festgehalten, der auf das Linz-Bild von Valkenborgh zurückgeht. Ganz ähnliche Bilder wurden für die verschiedenen Kampfszenen verwendet. OÖ. Landesmuseum, Inv. OA Linz II 1/5a. Foto: Litzlbauer

klärten Ferdinand II. für abgesetzt und wählten Kurfürst Friedrich V. von der Pfalz zu ihrem Herrscher, der seinerseits nur einen Tag später in Frankfurt Ferdinand II. bei der Wahl zum römisch-deutschen Kaiser seine Stimme gab. In Böhmen und im Land ob der Enns mußten nun die Waffen entscheiden. Ferdinand II. war es auf seiner Rückreise von der Wahl gelungen, die Katholische Liga als Bundesgenossen zu gewinnen, die unter der Führung Herzog Maximilians I. von Bayern stand. Er versprach ihm als Kriegsentschädigung die Verpfändung irgendeines österreichischen Landes. Noch war es nicht klar, daß dies das Land ob der Enns sein würde. Während Georg Erasmus Tschernembl mit den verbündeten protestantischen Ständen im Reich, in Böhmen und Ungarn paktierte, wurden auch die Verhandlungen mit Ferdinand II. nicht abgebrochen, der auf die Erbhuldigung drängte, die von den oberösterreichischen Ständen immer wieder hinausgezögert und verhindert wurde. Im Sommer schlossen die Katholische Liga und die Protestantische Union im Reich einen Neutralitätsvertrag, der Kaiser Ferdinand II. freien Spielraum verschaffte, um sich auf die böhmische und österreichische Frage konzentrieren zu können. Er

201 Der neue Pfandherr des Landes ob der Enns: Herzog Maximilian von Bayern.
Aus: Annales Ferdinandei, Conterfet Tom II.
Foto: Litzlbauer

wollte nun das „Nest“ des Unheils, wie er das Land ob der Enns bezeichnete, zur Räson bringen und beauftragte Herzog Maximilian am 30. Juni mit der Niederwerfung des Adelsaufstandes im Land ob der Enns. Knapp drei Wochen später marschierten unter der Führung General Tillys in Oberösterreich bayerische Truppen ein. Außer einigen Bauernaufgeboten bei Aistersheim und Haag am Hausruck trafen sie auf keinen Widerstand. Die auf der Donau herannahenden Mannschaftsschiffe passierten die Engstelle bei Neuhaus ohne Probleme. Vom vielgepriesenen Adel des Landes war während der Besetzung nichts zu sehen und nichts zu spüren. In der Landesgeschichte wird darauf hingewiesen, daß die Stände von den protestantischen Bundesgenossen und den Böhmen im Stich gelassen worden seien. Aber kann man jemanden im Stich lassen, der selbst so gar nichts zu seiner eigenen Rettung beiträgt? Im Grunde genommen – dies ist sicher ein hartes Urteil – waren es die Adeligen selbst, die das Land im Stich gelassen haben. Sie waren nicht bereit gewesen, auch nur das geringste Risiko einzugehen.

Als am 4. August Herzog Maximilian von Bayern in Linz eintraf, entschuldigten sich einige Ständemitglieder mit den „üblen Zeiten“ und glaubten, mit dieser Unhöflichkeitsgeste Widerstand genug geleistet zu haben. Zur sogenannten Interimshuldigung am 20. August erschienen sie aber, soweit sie das Land nicht verlassen hatten, beinahe vollzählig. Ohne Widerstand nahmen sie es hin, daß die Konföderationsurkunde mit den böhmischen Ständen zerschnitten und kassiert wurde. Ihr armselig kleines Söldnerhäufchen wurde von Maximilian I. in Dienst genommen. Der historisch wichtigste Akt dieses Tages war die Einsetzung des Grafen Hans Adam von Herberstorff als Gubernator des Landes.

Drei Tage später verließ der bayerische Herzog das Land, um gemeinsam mit den Truppen des kaiserlichen Feldherrn Bouquoy gegen Prag zu ziehen. Am 8. November 1620 brach der böhmische Adelsaufstand nach der Niederlage in der Schlacht am Weißen Berg zusammen. Der „Winterkönig“ Friedrich von der Pfalz wurde verjagt. Die verbündeten Stände des Landes ob der Enns hatten mit all dem nichts mehr zu tun, sie waren eben dabei, sich mit dem neuen Statthalter so gut es ging, zu arrangieren. Dies wurde ihnen allein deshalb relativ leichtgemacht, weil er sie in Religionsangelegenheiten nicht bedrängte. Sie wagten es sogar, die Bezahlung der Garnisonskosten für das Militär zu verweigern, sodaß der Statthalter bis Ende des Jahres keinen Kreuzer aus dem Land herausholen konnte. Erst nachdem der Kaiser einer Verpfändung des Landes an Bayern offiziell zugestimmt hatte, mußten sie sich zur Übernahme der Besatzungskosten – immerhin 26.000 Gulden pro Monat – bequemen. Später stellte sich heraus, daß sie den Untertanen noch wesentlich mehr abforderten, als sie abzuliefern hatten und dies, obwohl sie 6000 Gulden aus dem eigenen Säckel hätten bestreiten müssen. Dazu kam noch, daß es ja nicht die Untertanen gewesen waren, die sich gegen den Landesfürsten erhoben hatten, sondern die Stände. Aber schon vor der Schlacht am Weißen Berg hatten sie umgeschwenkt und Kaiser Ferdinand II. eindringlich um die Entgegennahme der Erbhuldigung in Linz gebeten. Es dürfte ihnen das Schicksal der Jörger und Tschernembls vor Augen gestanden haben, deren Güter konfisziert worden sind. Aufgrund ihrer neu entdeckten Treue zum Landesfürsten blieb ihnen das Schicksal der böhmischen Standesgenossen erspart, von denen viele hingerichtet wurden.

Allerdings rollte auch in Linz eine Verhaftungswelle an, die die Starhemberger, Scherffenberger, Gera und den alten ständischen Landeshauptmann Sigmund Ludwig von Polheim traf. Dazu kamen noch der Verfasser der Landtafel, Dr. Abraham Schwarz, der Landhausprädikant Mag. Daniel Hitzler, der Steyrer Stadtrichter Wolf Madlseder, der im letzten Bauernkrieg eine tragende Rolle übernehmen sollte, der Syndikus der landesfürstlichen Städte Christoph Puechner und der Linzer Bürger Ludwig Hebenstreit. Das Linzer Schloß hatte Platz für viele Gefangene! Sie wurden nach verschieden langer Haftdauer ohne ordentlichen Prozeß auf freien Fuß gesetzt, viele ihrer Güter aber verfielen der Konfiskation und wurden umgehend von den katholischen Landherren aufgekauft, wobei auch der Statthalter von der Hausse profitierte. Der Generalpardon des Kaisers ließ allerdings noch einige Jahre auf sich warten und wurde erst gewährt, als die Gegenreformation nach 1624 voll eingesetzt hatte. Den Ständen ist von ihren politischen Forderungen nichts geblieben. Der Kaiser hatte ihre Macht weitgehend gebrochen, und als sie kniefällig Abbitte leisteten, blieben ihnen nur die grundherrlichen Güter und die Herrschaft über ihre Untertanen. Für diese aber brauchte sie der Landesfürst, denn an eine durchorganisierte Verwaltung des Staates war damals noch nicht zu denken. Die ursprünglich vorgesehene 1 Million Gulden Strafe wurde auf 600.000 herabgesetzt. Wiederum sollten den Betrag die Adeligen aus der eigenen Tasche zahlen. Ob sie dies jemals taten, bleibt zu bezweifeln. Mit großer Wahrscheinlichkeit wurden die Lasten auf die Untertanen abgewälzt. Zuvor aber sollte noch eine weitere Prüfung über Land und Stadt hereinbrechen.

202 Beispiele für minderwertige Münzen aus 1621/22. OÖ. Landesmuseum, Münzsammlung. Foto: Litzlbauer

Die Kipper- und Wipperzeit

Wir erinnern uns, daß die Auflösung der Linzer Münzstätte im wesentlichen auf die Reichsmünzordnung von 1559 zurückging, die einen viel zu hohen Feingehalt für die kleinen Münzen wie Groschen, Kreuzer und Pfennige vorgeschrieben hatte (vgl. S. 133). Dazu kam noch, daß in ganz Europa die Silbergewinnung stagnierte und bald darauf starke Rückgänge zu verzeichnen hatte. Der Wert des Edelmetalles stieg dadurch laufend und unaufhaltsam. Die gute Münze wurde fässerweise ins Ausland verbracht, von wo sie als mindere Prägung wieder zurückkehrte. Der Türkenkrieg ab 1592 und die Aufrüstung in Mitteleuropa verschlangen große Summen vor allem an kleineren Münzeinheiten. Waren es vordem nur unbedeutende kleinere Münzstätten, die zu einer Wertminderung der Münze gegriffen hatten, so begannen am Vorabend des Dreißigjährigen Krieges auch die Fürsten mit dem verderblichen Spiel der Münzverschlechterung. Die aufständischen Böhmen und Kurfürst Friedrich von der Pfalz begannen mit der Prägung minderwertiger Münzen. Die Folge war eine ungeheure Inflation, die die Wirtschaft ganz Mitteleuropas erschütterte. Sie setzte im Land ob der Enns nach der Niederschlagung der böhmischen Adelsrebellion ein: Am Linzer Ostermarkt 1621 waren die Währungen schon so diversifiziert, daß Herberstorff eine Neufestsetzung des Kurses vornehmen mußte. Die Jahresinflationsrate betrug bereits 50 Prozent. Bis in den Februar 1622 stieg die Geldentwertung auf annähernd 1000 Prozent. Die Folge war nicht nur eine Verteuerung, sondern auch eine Verknappung der Lebensmittel, denn die Bauern weigerten sich, ihre Ware gegen die schlechte Münze auf den Markt zu bringen. Die Grundherren hielten das Getreide zurück und verweigerten eine Viehzählung, die Herberstorff durchführen wollte, um sich ein Bild von der Versorgungslage machen zu können. Im September ließ er ein Preisregulativ publizieren, das Normpreise für Getreide, Fleisch, Vieh, Wein und Bier vorsah. Dies führte zu noch größeren Engpässen in der Versorgung.

Eine versuchte gesetzliche Entwertung des Geldes auf die Hälfte des Nominales brachte ebenfalls keinen Erfolg. Der Chronist der Stadt Steyr, Jakob Zetl, berichtet von einer neuerlichen Verteuerung der Lebensmittel und davon, daß die Bewohner der Städte und Märkte selbst aufs Land hinausgingen und ihr Silbergeschmeide, das Zinngeschirr und Bettwäsche gegen Getreide und Fleisch eintauschten.

Erst ein Patent des bayerischen Kurfürsten Maximilian vom Mai 1623 brachte wieder Ordnung in das Münzwesen. Alle Geldsorten wurden auf ein Achtel des Nennwertes herabgesetzt. Weh dem, der damals Bargeld gehortet hatte! Ein neues Preisregulativ setzte die Preise für die Lebensmittel herab, allerdings nur auf

203 Wie sehr der oberösterreichische Bauernkrieg und mit ihm die Stadt Linz im Mittelpunkt des Interesses stand, zeigen die vielen Flugschriften, die im gesamten deutschen Sprachraum verbreitet waren, darunter Drucke aus Augsburg, Regensburg und Frankfurt.
Aus: Julius Strnadt, Der Bauernkrieg in Oberösterreich. Linz 1925.

Warhafftige newe Zeitung/
Von dem mächtigen Auffstand der Bawren im Land ob der Enß vnnd Oberösterreich/ welche sich wegen harter Reformirung der Religion/ in viel tausendt Mann zusammen rottirt/ vieler Stätt/ Schlösser vnd Dörffer bemächtiget/ vnd was sich ferner mit denselbigen zugetragen/ werdet ihr außführlich in diesem Gesang vernehmen. Im Thon/ wie man den Graffen von Serin singt. Darbey auch ein Geistlich Liedt/ daß GOtt die Früchten behüten wöll/ Im Thon: Wie schön leucht vns der Morgenstern/ 2c.

Gedruckt zu Regenspurg/ im Jahr 1626

Relation.
Auß Oesterreich ob der Ennß/
Wie die Baurschafft die Statt Lintz zu beyden Seitten der Tonaw belägert/ biß in den dritten Tag gestürmet/ doch vom Herrn Statthalter endtlich mit Verlust viel hundert Mann abgetriben worden. Auch wie Herr Obrister Löbel vor Ennß in der Bawrn Läger gefallen/ jhnen viel Vieh/ sambt allem Geschütz abgejagt/ bey 900. erlegt/ auch das gantze Läger so vber 12000. starck zerstreit/ vnd in die Flucht geschlagen.

Gedruckt zu Augspurg/ durch Andream Aperger. 1626

Recht...
Des Auf...
Der B...
Tumult vn...
Wie nemblich nu... sent Mann sich zusa... Statt nach dem ander... men/ vnd also vffs... Religion...

Im

die Hälfte der vorherigen Höhe, sodaß sie immer noch doppelt so teuer zu stehen kamen wie vor der Inflation. Der harte Kurs in Bayern und Oberösterreich zeigte schließlich Wirkung. In Innsbruck, Salzburg und Wien wurde wieder eine gute Münze geprägt, sodaß in den Jahren 1624 und 1625 die Kupfermünzen allmählich vom Markt verschwanden. Es gibt noch keine Spezialuntersuchungen darüber, welche Gesellschaftsschicht von dieser Inflation am stärksten betroffen war. Die Bauern waren es kaum. Aber indirekt fiel ein gesamtwirtschaftlicher Abstieg auch auf sie zurück.

Es mueß also sein

Im Oktober 1624 setzte auf Befehl Kaiser Ferdinands II. die zweite Welle der Gegenreformation ein. Als willfähriges Instrument dieser Politik konnte der bayerische Statthalter Herberstorff verwendet werden, der sich damit und mit seinem Vorgehen zu Beginn des zweiten Bauernkrieges die vermutlich ewig dauernde Verurteilung in der oberösterreichischen Landesgeschichte zugezogen hat. Erst vor einem Jahrzehnt wurde das absolut negative Bild vom „Bluthund“ vorsichtig revidiert.

Die Ereignisse des Jahres 1626 haben die internationale Geschichtsforschung zu Recht mehr beschäftigt als jedes andere Thema der oberösterreichischen Geschichte. Schon zum Zeitpunkt der Ereignisse genoß das Land eine europaweite, wenn auch sehr zweifelhafte Publicity: Seit 1609 waren gedruckte Zeitungen auf dem Markt, die Neuigkeiten schnell und aufgrund einer größeren Auflage auch breit gestreut übermitteln konnten. Blätter aus Straßburg, Köln, Hamburg, Berlin, Hildesheim, Frankfurt, Stuttgart, Öttingen und Wien brachten laufend Nachrichten über die Vorgänge im Lande ob der Enns, wobei ein Korrespondent mehrere Zeitungen versorgte oder diese voneinander abschrieben. Nach der Hinrichtung des letzten Rädelsführers schweigen diese Quellen wieder und liefern damit ein anschauliches Beispiel für eine frühe Form des heute gängigen Sensationsjournalismus. Dennoch muß man den Redaktionen bescheinigen, daß sie die Einmaligkeit und überregionale Bedeutung des oberösterreichischen Bauernkrieges richtig einschätzten, denn obwohl sich alle Schlachten und Auseinandersetzungen in den Grenzen des Landes abspielten, kam dem Ausgang des Krieges mehr als nur landesgeschichtliche Bedeutung zu.

ericht
Verlauffs
grossen
in Osterreich
rc.
ie Hundert Tau-
orff/Fleck/Schloß vnd
ihrem Willen einzuneh-
vmb jhre Christliche
npffen ange-

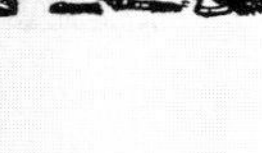
26.

Ein Geistreicher Gesang/
Welchen die Baurn im
Ländlein ob der Ens/ alle 24. Stund viermal/ zu
Morgens/ Mittags/ Abends vnnd Mitternacht/ Wie auch allezeit wann
man sie angreiffen will/ Knieend/ mit gen Himmel auffgehabenen
Händen/ Inniglich vnd Einhelliglich auch mit Seufftzen
vnd weinen/ vnterm freyen Himmel
zu singen pflegen.

1626.

Außführliche Avisa auß Ennß/
Wie abermaln die Baur-
schafft den 29. Julij Lintz mit Stürmen angeloffen/ widerumb abgetrieben/ vnd bey 1000. Mann der jhren verlohren/ auch
wie Sie den Lesten desselben/ vom Vffer in 5. Schiffen vber die Tonaw/
Pulver vnd Volck in jhr Läger haben führen wöllen/ aber von deß Statthalters Volck erdapt/ Jhrer etlich gefangen/ viel erlegt/ auch ersoffen/
vnd vom Pulver/ welches bey jhnen durch einen Mußquetenschuß an-
gangen/ vmbkommen. Dann entlich wie sie zu Steyr vbel
gehaust/ vnd selbe Statt ver-
lassen haben.

Gedruckt zu Augspurg/ durch Andream
Aperger/ Auff vnser L. Frawen
Thor/ 1626.

Wie bei allen anderen kriegerischen Auseinandersetzungen sucht die Nachwelt nach den Ursachen der Katastrophe. Selten sind sie so schwer zu ergründen, wie im Falle des großen oberösterreichischen Bauernkrieges. Die Bauern selbst haben in ihren Beschwerdeartikeln die Religionsreformation, die Fremdherrschaft und die Belastungen durch die Garnisonsgelder für die bayerischen Truppen als Kriegsgrund angegeben. Sie forderten eine Rückkehr unter die habsburgische Herrschaft und zeigten sich anfänglich sogar bereit, das Land von Herzog Maximilian zurückzukaufen. Dies führt uns gleich zum alten Streit, ob die Bauernerhebung in erster Linie religiöse oder soziale Motive gehabt hat. Mit Recht ist nämlich darauf hingewiesen worden, daß die Bauern des Landes ob der Enns gegenüber jenen etwa in Böhmen und Niederösterreich wirtschaftlich und auch rechtlich bessergestellt waren. Es könnten also nicht wirtschaftliche Motive gewesen sein, die sie zu den Waffen greifen ließen. Diese Argumentation geht davon aus, daß Aufstände nur dann denkbar sind, wenn äußerste soziale Not

204 Statthalter Adam Graf von Herberstorff in Kriegsrüstung mit dem Feldherrnstab, ein Attribut, das ihm wohl kaum zustand.
Aus: Annales Ferdinandei, Conterfet . . ., Tom II.
Foto: Litzlbauer

die Menschen zu Verzweiflungstaten schreiten läßt. Die Geschichte Europas kennt aber nicht wenig Epochen, in denen die Menschen verhungerten, ohne daß es zu einer Revolution gekommen wäre. Absolute Entrechtung kann auch zu Apathie führen. Es ist deshalb durchaus denkbar, daß die oberösterreichischen Bauern gerade aufgrund ihrer relativ guten wirtschaftlichen Stellung glaubten, sich gegen finanzielle und rechtliche Bedrückung auflehnen zu müssen. Bezeichnenderweise suchten sie ihr Heil beim Kaiser und nicht bei ihren Grundherren.

Wären die Kriegsgründe tatsächlich in der Gegenreformation gelegen und damit in der religiösen Bedrückung, dann müßte dem Adel des Landes das denkbar schlechteste Zeugnis ausgestellt werden. Es wäre dann nämlich die Pflicht der Grundherren gewesen, sich an die Spitze des Aufstandes zu stellen, um die Religionszugeständnisse des Kaisers Matthias zu verteidigen. Sie hätten ferner ihre Untertanen davon unterrichten müssen, daß es Kaiser Ferdinand II. war, der die Religionsreformation befahl, nicht der Statthalter. Sie hätten ihnen auch sagen müssen, daß der Landesfürst keineswegs gewillt war, in dieser Angelegenheit auch nur einen Schritt zurückzuweichen. Über die persönliche Lage der Adeligen war damals in Wien noch keine endgültige Entscheidung gefallen. Vielleicht sahen sie auch deswegen dem Kampf der Bauern nur zu und warteten ab, wie sich ihre Untertanen schlagen würden.

Herberstorff selbst ist nach dem gräßlichen Blutgericht auf dem Haushamerfeld, das als „Frankenburger Würfelspiel" in die Literatur einging, und nach seiner peinlichen Niederlage bei Peuerbach während des gesamten Bauernkrieges nicht mehr ins Feld gezogen. Seine einzige militärische Leistung bezog sich auf die Verteidigung der Stadt Linz; auch die wurde ihm schwer genug gemacht. Er war sich vollkommen darüber im klaren, daß die Bürgerschaft mit den Bauern sympathisierte und ihn aus Linz weghaben wollte. Während der Ereignisse des Frankenburger Würfelspiels im Mai 1625, die so bekannt sind, daß sie hier übergangen werden dürfen, verbreitete sich in Linz die völlig unbegründete Nachricht, daß Herberstorff von den Bauern geschlagen worden wäre. Daraufhin liefen die Bürger und Handwerker auf dem Hauptplatz zusammen, und jeder wollte schon immer gewußt haben, daß es so kommen mußte und daß die Bauern schon dafür sorgen würden, daß sie nicht *päpistisch* werden müßten. Das wurde Herberstorff natürlich hinterbracht, und er konnte sich ausmalen, wie beliebt er bei den Linzern war. Der landfremde Statthalter ahnte die Größe der Gefahr und bewies damit mehr Einfühlungsvermögen in die politische Lage als der gesamte heimische Adel des Landes. Nicht zuletzt deshalb ordnete er im April 1626 die Entwaffnung der Bürger und Bauern an. Die Aktion wurde trotz verschiedener Proteste ein voller Erfolg. Er wähnte sich so sicher, daß er in München sogar eine Verringerung der Besatzung und eine Herabsetzung des Garnisonsgeldes beantragte. Darum kam für ihn der Ausbruch des Krieges völlig unerwartet. Wir wissen heute, daß auf bäuerlicher Seite die Vorbereitungen dazu längst getroffen waren. Der Aufstand brach aber auch für sie am 17. Mai vorzeitig und eher zufällig los, als in Lembach im Mühlviertel bayerische Soldaten und Bauern aneinandergerieten. Herberstorff weilte damals gerade auf seinem Gut Schloß Ort am Traunsee, um den von den Ärzten allgemein empfohlenen Frühjahrsaderlaß über sich ergehen zu lassen. Bereits am nächsten Tag eroberten die jenseits der Donau durch Sturmglocken verständigten Bauern die Burgen Neuhaus, Schaunberg, Weidenholz und Dachsberg sowie die Siedlungen Aschach, Hartkirchen und Eferding. Eine zweite Schar überwältigte Waizenkirchen, Grieskirchen und die Schlösser Parz, Tratteneck und Gallspach. Aus den Wehrkammern der Burgen und Schlösser versorgten sie sich mit Waffen und Munition. Herberstorff eilte auf die beunruhigende Nachricht hin sofort nach Linz und rückte mit einer Streitmacht von 1000 Fußsoldaten, 100 kroatischen Reitern und 3 Geschützen nach Peuerbach vor. Er hatte so wie nach Frankenburg den Henker und viele Stricke mitgebracht, um noch einmal ein abschreckendes Exempel zu statuieren. Die Schlacht sollte aber zur größten militärischen Blamage seines Lebens werden. Mit Müh und Not konnte er sein Heil in der Flucht finden und mit ein paar Reitern Linz erreichen. Seine Streitmacht wurde zum Teil niedergemacht und zum Teil in alle Winde zerstreut. Die Geschütze fielen den Bauern in die Hände. Herberstorffs Respekt vor der Kriegskunst der Bauern war gewachsen, und er trat nie mehr auf offenem Feld gegen sie an. Innerhalb von 14 Tagen nahmen sie Lambach, Wels, Kremsmünster und Steyr ein. Den Herrschaftssitz Ort bei Gmunden, der dem Statthalter gehörte, zerstörten sie. Die Städte hatten sich kampflos ergeben, und nach einem weiteren Monat war auch Freistadt in ihrer Hand. Der Steyrer

Gedechtnis des Bauren Kriegs im Jahr. 1626.

Psal: 37.
Der Herr hilfft den Gerechten. Er ist ihre Stercke in der Noth.

Psal: 20.
In Nahmen unsers GOTTES werffen wir Banier auff.

Diß Symbolum in Fannleia bericht.
Solches nicht auß muhtwilln geschicht.
Sondern betrifft allein Gottes Ehr.
Rein wort, des Doctor Luthers lehr.

Der Osterreichischen Ob der Ens gesambten Bauerschafft an Ihr Kayß: May: begeren stehet in folgenden 12. Articulenn.

1.
Das Wort GOTTES.

2.
Den Kayser zum Herren, und nicht den Beyerfürsten.

3.
Den Stadthalter zu Lintz abzuschaffen.

4.
Einen Landtshauptmā der in Lande geseßen.

5.
In den Städten Lutherische Richter und Burgemeister zusetzen, den Catholischen ist nicht zutrauen.

6.
Die Prælaten auß den Rath und die Bauren hinein zusetzen, wie in Tyrol der brauch.

7.
Das die Soldaten aus den lande mit stäblein geweiset, dan wir Bauren wollen das landt schutzen.

8.
Die Guarnison in Städten abzuschaffen, soll Jahrlich etlich gelt darfur gegeben werden.

9.
Das Jesuitische Pfaffengesinde außer die Prælaten auß den Lande zuschaffen.

10.
Einen General Perdon allen Armen und Reichen Hohes und Nider standes.

11.
Die Capitulation so Käyser Matthias verheischen, ein ieder Landtherr auff seinen Güttern einen Prediger zu halten.

12.
Allen vertribenen ihre Gütter gentzlich zu Restituiren und widerumb in geruigen Poßes zusetzen.

Gegeben in Ländlein Ob der Ens.

205 Auf einer Flugschrift erschien die Zusammenfassung der bäuerlichen Beschwerden in zwölf Artikeln aus dem Jahr 1626 (Druck). Die Originaleingaben sind wesentlich ausführlicher gehalten.
OÖ. Landesarchiv, Neuerwerbungen, Aktenbd. 80.
Foto: Litzlbauer

Stadtrichter Wolf Madlseder, der 1621 gemeinsam mit den adeligen Herren im Linzer Schloß eingesessen war, schlug sich auf die Seite der Bauern, ebenso der Steyrer Advokat Dr. Lazarus Holzmüller. Die beiden sollten einen nachhaltigen Einfluß auf die Bauern gewinnen, und vermutlich haben sie auch ihre Beschwerdeschriften abgefaßt, die sich in manchen Passagen eher wie die Gravamina der Städte anhören und nicht wie Klagen von Bauern. Wie allgemein bekannt ist, galten aber als eigentliche Bauernführer Stefan Fadinger und Christoph Zeller. Der eine befehligte das bäuerliche Kriegsvolk südlich und der andere jenes nördlich der Donau.

Ganz gewiß haben die Militärhistoriker recht, wenn sie behaupten, daß es ein absoluter Fehler der Bauern war, nach der siegreichen Schlacht bei Peuerbach nicht sofort nach Linz vorzurücken und die Stadt im Sturm einzunehmen. Die Besatzung wäre bereits zu klein gewesen und die Bürgerschaft hätte allein kaum Widerstand geleistet, ja mit aller Wahrscheinlichkeit gar nicht leisten wollen, wie die Beispiele Wels, Steyr und Freistadt sehr deutlich zeigen. Aber nach gut 350 Jahren lassen sich leicht wohlgemeinte Ratschläge erteilen. Woher hätten sie eine so entschlossene Offensivkraft nehmen sollen? Vermutlich waren sie über ihre Erfolge selbst am meisten überrascht, denn man hatte ihnen seit Jahrhunderten eingeredet, daß das Kriegsführen eine eigene Kunst sei und daß die Bauern sicher nicht dazu geeignet wären. Es war dies allein Sache des Adels. Während des gesamten Bauernkrieges erhoben sich immer wieder Gerüchte, daß die Bauern von besonders kriegserfahrenen Adeligen geführt würden, die sich nur während der direkten Kämpfe aus dem Geschehen zurückziehen würden. Später werden wir sehen, daß mit Achaz Wiellinger und Christoph Hayden von Dorf tatsächlich zwei Mitglieder des Ritterstandes zu Bauernführern wurden. Sie waren aber eher die Ausnahme, und Wiellinger wollte diese Rolle gar nicht übernehmen, weil er glaubte, als Heerführer nicht geeignet zu sein. Wer könnte sich die Situation auch vorstellen, wenn man nach einem völlig untertänigen Dasein über Nacht plötzlich als Sieger und faktischer Inhaber absoluter Machtvollkommenheit dastünde? Das wäre zuviel, und richtigerweise waren die Bauern bereit, nunmehr einzulenken. Sie schickten eine Abordnung zum Kaiser nach Wien, die klarmachen sollte, daß sie sich gar nicht zu Herren im Lande aufwerfen wollten. Von dort waren ebenfalls schon Kommissäre unterwegs, um nach dem Rechten zu sehen. Die von München abgesandten Sonderbotschafter machten in Passau halt und harrten der Dinge. Sie kamen zunächst nicht in das aufrührerische Land.

Am Tag nach seiner geglückten Flucht bestellte Herberstorff die Stände nach Linz und veranlaßte sie zu Verhandlungen mit ihren Untertanen. Er wollte Zeit gewinnen, um einerseits Verstärkung heranzubringen und andererseits die Verproviantierung der Stadt zu sichern. Der Ritter Hans Niclas von Sigmar begab sich in seinem Auftrag zu den Aufständischen nach Wels. Er wurde von den Bauern freudig begrüßt, die ihn vergeblich zu überreden versuchten, das Kommando zu übernehmen. In Wels hatten sich nach und nach ebenfalls Ständemitglieder eingefunden, deren Tun und Lassen der Statthalter mit Argwohn verfolgte. Zwei Tage bevor die kaiserlichen Kommissäre in Enns eintrafen, tauchte erstmals ein Ausschuß von vier Personen am Urfahrer Brückenkopf auf, um Verhandlungen aufzunehmen. Herberstorff schickte Heinrich Wilhelm von Starhemberg zu ihnen, der sie fürs erste beruhigen konnte. Als sich herausstellte, daß die Wiener Abgesandten keinerlei Befugnisse hatten, rückte Fadinger nach St. Florian und Ebelsberg vor. Am 6. Juni passierten die Truppen die Traunbrücke und schlugen in einem *Gehölz* zwischen Linz und Ebelsberg ein Lager auf. Auf der Mühlviertler Seite besetzten sie am nächsten Tag das Dorf Urfahr. Die Verhandlungen zwischen den Linzer und Welser Ständen, dem Statthalter, den Kommissären und den Bauern zerschlugen sich sehr rasch. Keiner traute dem anderen und in Wien glaubte man, daß die Bauern mit ihren Grundherren unter einer Decke stecken würden. Das mag eine Erklärung dafür sein, daß die Abordnung der Bauern vom Kaiser gar nicht vorgelassen wurde.

Am 10. Juni wollte Herberstorff einen nächtlichen Ausfall nach Urfahr wagen, und hatte die Söldner schon auf den Hauptplatz gerufen, als es doch noch zu Verhandlungen kam. Die Bauern ließen es lange Zeit sogar zu, daß Verpflegung über die Brücke gebracht wurde. Erst als die Nachricht vom Scheitern der Wie-

206 Stefan Fadinger, Oberhauptmann der Bauern, vor der Kulisse der Stadt Linz. Links die Pfarrkirche, rechts das Schloß. Gleichartige Gemälde ohne Stadthintergrund im Stadtmuseum und Landesmuseum.
Ölgemälde im OÖ. Landesmuseum, Inv. Nr. G 95.
Foto: Litzlbauer

207 Der zeitgenössische Kupferstich soll den Moment festhalten, als Fadingers Pferd von einem Schuß getroffen mit den Hinterläufen einbricht. Die Szenerie im Hintergrund soll die Gegend am Graben darstellen.
Kupferstich im OÖ. Landesarchiv/Musealarchiv
Foto: Litzlbauer

ner Verhandlungen ins Land gebracht wurde, rückte Fadinger mit seinen Leuten bis auf den Martinsberg vor, die Brücke wurde gesperrt und die Stadt war ab 24. Juni von allen Seiten eingeschlossen. Stefan Fadinger verlangte von den Ständen die Auslieferung des Statthalters und bot den Soldaten freien Abzug. Schriften wurden fast täglich hin und zurück geschickt. Es entwickelte sich ein regelrechtes diplomatisches Tauziehen, bei dem die Bauern von vornherein im Nachteil sein mußten. Im Vollgefühl ihrer militärischen Stärke aber kamen sie dicht an die Mauern der Stadt heran und verhöhnten die Soldaten, die allerdings Befehl hatten, nicht zu schießen, weil inzwischen auch die Munition rationiert werden mußte. Ein weiteres Schreiben, in dem die Bauern auch den Ständen und den Bürgern freien Abzug zusicherten, wurde in der Stadt ebensowenig veröffentlicht wie das andere, sodaß weder die Bürger noch die Soldaten jemals davon Kenntnis erhielten. Herberstorff hatte sich sogar gezwungen gesehen, die Bürger wieder zu bewaffnen und als Wache auf den Mauern einzusetzen, eine Aufgabe, die ohnedies zu den bürgerlichen Pflichten gehörte und von den Stadtbewohnern gerne übernommen wurde, auch wenn sie mit den Bauern sympathisierten. Ein Teil der Bürgerschaft war ja bereits katholisch gesinnt. Der Stadtrichter Anton Eckhardt hatte die Botschaft vom Aufstand nach München gebracht und saß jetzt mit den bayerischen Kommissaren in Passau fest. Später stellte sich heraus, daß er große Mühen aufwandte, um Lebensmittel in die hungergeplagte Stadt zu bringen.

Die Bauern waren nunmehr entschlossen, einen Angriff auf die Stadt zu wagen, aber Herberstorff überraschte sie mit einem Präventivschlag, als er in der Nacht auf den 28. Juni brennende Pechkränze auf die Brücke schleudern ließ, worauf die zwei mittleren Joche abbrannten, sodaß der Übergang gesperrt und die Linzer von den Urfahrer Truppen getrennt wurden. Dennoch provozierten die Bauern am nächsten Tag erneut und forderten unmittelbar vor dem Stadtwall hin- und herreitend die Soldaten auf, auf sie zu schießen. Ein gezielter Treffer war bei der großen Streuung der damaligen Schußwaffen unwahrscheinlich. So war es denn eher ein Zufall, als am Nachmittag Stefan Fadingers Pferd getroffen und er selbst am Schenkel verletzt wurde. Die Schüsse waren aus den Fenstern des Landhauses abgefeuert worden. Durch diesen Tausendguldenschuß ermutigt gaben die Soldaten Salve um Salve ab, sodaß die Bauern freiwillig die Vorstädte räumten und erst am nächsten Tag zurückkehrten. Ihre Stärke dürfte zu dieser Zeit an die 8000 Mann betragen haben. Vielleicht war die vom Statthalter vorgenommene Schätzung übertrieben, aber es waren sicher genug, um den hinter den Stadtmauern Eingeschlossenen Angst und Schrecken einzujagen. Immerhin war es mehr als 150 Jahre her, daß die Stadt das letzte Mal belagert worden war. Der 28. Juni war zum schwarzen Sonntag für die Angreifer geworden, was ihren Kampfeswillen aber nur erhöhte. Schon am nächsten Tag warfen sie am Martinsfeld Schanzen auf und begannen mit ihren Geschützen das Schloß und die Stadt unter Feuer zu nehmen. Spät aber doch hatten sie die Hinhaltetaktik des Statthalters und der Stände durchschaut und wollten auch keine Boten mehr empfangen. Den Landschaftstrompeter, der die Verbindung zwischen der Stadt und ihrem Lager aufrechterhalten hatte, nahmen sie einfach gefangen.

Es wird also eine besondere List des Statthalters gewesen sein, daß er nunmehr mit Elisabeth Aichperger eine Frau als Nachrichtenübermittlerin einsetzte; die Bauern konnten mit ihr nichts anfangen und ließen sie ungeschoren zwischen Stadt und Feld passieren. Am Abend des 30. Juni brach in der Vorstadt bei der Eisernen Hand und beim Freisitz Lustenfelden ein Brand aus, der dann auf die Lederergasse übergriff. Sowohl der Statthalter als auch die Bauern versicherten, mit dem Brand nichts zu tun und das Feuer nicht gelegt zu haben. Erst am 5. Juli, dem Sterbetag Stefan Fadingers, ebbten die Schießereien wieder ab. Erneut forderten sie die Auslieferung des Statthalters. Die Lebensmittelknappheit in der Stadt war schon sehr bedrohlich geworden, als es fünf bayerischen Schiffen gelang, die Kette bei Neuhaus zu sprengen und die Donausperre zu überwinden. Am 18. Juli trafen sie mit Waffen, Munition, Proviant und 350 Musketieren in Linz ein. In einem Scharmützel während der Entladung der Schiffe wurde der zweite Bauernführer Christoph Zeller von einem Musketenschuß tödlich getroffen. Die militärische Führung übernahm nun mit Achaz Wiellinger ein Mitglied des Ritterstandes.

Inzwischen hatte ein Gesandter des dänischen Königs den Bauern Hilfe von außen versprochen, was diese den Ständen vertraulich mitteilten, weil sie noch immer glaubten, daß auch diese in erster Linie an der Erhaltung des protestantischen Glaubens und der Vertreibung der Bayern größtes Interesse hätten. Aber diese trugen das Gerücht an die in Steyr weilenden kaiserlichen Kommissäre und an die Stände in Linz weiter. Von diesen erfuhr es wieder der Statthalter. Ob es sich bei dieser Botschaft um ein reelles Angebot oder um eine Finte der Bauernführer handelte, ist heute nicht mehr zu entscheiden. Die Aufständischen jedenfalls glaubten daran und schöpften neuen Mut.

In der Nacht auf den 22. Juli versuchten sie, durch das sogenannte Schullertörl, einem der schwächsten Punkte des Verteidigungsringes, die Stadt zu stürmen, wurden aber von den Truppen des Statthalters in eine Falle gelockt. Sobald sie sich im Stadtgraben und im Zwinger drängten, wurden auf den Mauern Fackeln entzündet und die Angreifer vom Wehrgang aus gnadenlos niedergeschossen. An die 1000 Toten sollen den Graben gefüllt haben. Es entsprach durchaus der zum Makabren neigenden Psyche Herberstorffs, daß er die 50 gefangenen Bauern diesmal nicht um ihr Leben würfeln, sondern im Gegenteil ihre Wunden versorgen

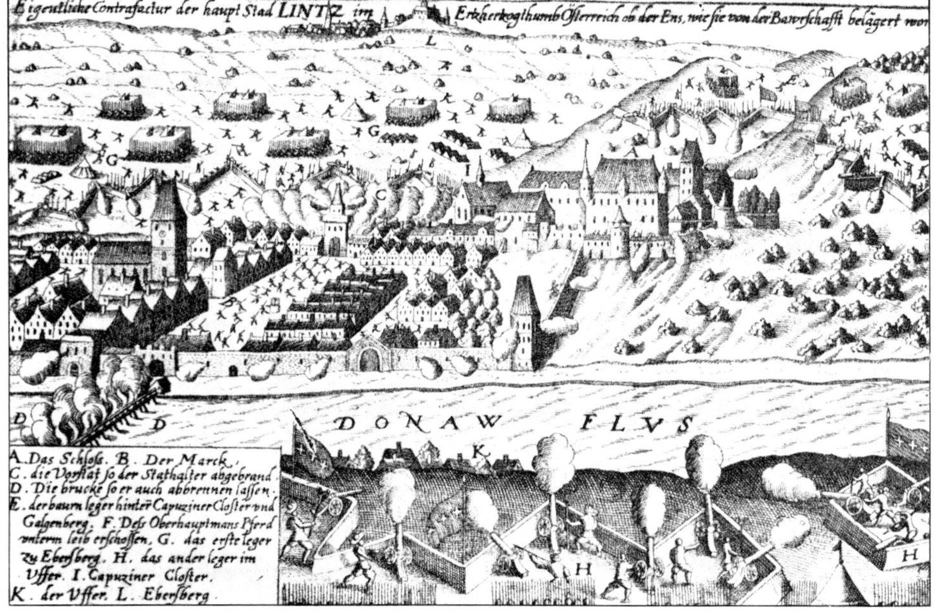

208 Neben der üblichen Darstellung mit hin- und herlaufenden Bauern im Hintergrund und einem Getümmel am Hauptplatz ist vor allem die Szene der Bauernschanzen in Urfahr (H) von Interesse. Aus: Julius Strnadt, Der Bauernkrieg (wie Abb. 203).

209 Die Belagerung der Stadt. Auf dem Augsburger Kupferstich, der in verschiedenen Varianten in den Handel kam, sind die Ankunft der Proviantschiffe am 18. Juli und der vergebliche Sturm der Bauern vom 22. Juli gleichzeitig dargestellt. Stadtmuseum Linz, Inv. Nr. 2057. Foto: Michalek

und sie mit Speis und Trank ordentlich „traktieren“ ließ. Dann schickte er die völlig Verblüfften wieder zurück in das Bauernlager. Sie sollten als Antipropagandatruppe wirken und die Kampfgenossen zum Abzug bewegen, was ihnen teilweise auch gelang.

Der Generalangriff auf die Stadt war abgeschlagen, ein zweiter sollte nicht mehr erfolgen. Zwei Tage später überschritten kaiserliche Truppen unter Hans Christoph von Löbl die Enns und entsetzten die ebenfalls stark bedrohte Stadt an der Landesgrenze, die nur von einem Häuflein bayerischer Soldaten gehalten worden war. 1500 Fußsoldaten und 500 Reiter haben für diesen Überraschungsschlag genügt. Anfang August überschritt Obrist Hans Philipp Breuner mit ca. 1100 Mann die böhmische Grenze bei Kerschbaum und begann seinen erfolgreichen „Befriedungszug“ im Norden der Donau.

Beide, Löbl und Breuner, hausten nicht anders als Gotthard von Starhemberg 30 Jahre zuvor. Es folgten rasch aufeinander die Schlacht bei Neuhofen an der Krems mit 1000 gefallenen Bauern (17. August) und ein Angriff auf das Lager bei Kleinmünchen. Der Kampf forderte das Leben von 700 Bauern. Das Dorf wurde von den Kaiserlichen verwüstet und die Soldaten behandelten die Einwohner so grausam, daß es die Türken hätten nicht schlimmer treiben können, wie es in einem Bericht heißt. Am 22. August fiel Steyr in Löbls Hände. Gegen die Linzer Belagerer wagte er aber noch nicht vorzugehen.

Wir haben kaum Nachrichten über die Zustände in der Stadt seit dem ersten Sturmangriff. Seltsam ungeklärt bleibt die Verhaftung des Landschaftstrompeters Hoy, der vorher einige Zeit bei den Bauern gefangen war, des Zeugwartes Damper und der Bürger Grienauer und Mitterhofer. Die Gründe wollte Herberstorff erst nach dem Ende des Krieges bekanntgeben. Er fühlte sich in Linz von Verrätern umgeben, die er in den Kreisen der Stände und in der Bürgerschaft suchte. Auf die Klagen der Stände über die Lebensmittelknappheit soll er ihnen sehr gereizt geantwortet haben, daß nicht nur sie, sondern mehr ehrliche und redliche Leute in der Stadt Hunger leiden würden. Sie sollten so wie er Schwarzbrot essen und damit vorliebnehmen und „kein Kuhl backen“. Es zeigt dies, daß der Adel auch in der größten Not auf seine Privilegien pochte, mochten sie angesichts der gefährlichen Umstände noch so nebensächlich gewesen sein. Gegen Ende August begann die Lage in der Stadt wieder bedrohlich zu werden. Es grassierte die Ruhr und der Hunger zermürbte die Bevölkerung und die Soldaten. Am 24. August setzte Herberstorff mit 300 Soldaten auf Zillen nach Urfahr über und verjagte die nur mehr sehr kümmerliche Besatzung. 150 Bauern, darunter auch Minderjährige, wurden getötet, 60 Gefangene gemacht und vor allem Lebensmittel konnten erbeutet werden. Er mußte zwar das Nordufer wieder räumen, aber die Moral der Bauern schien gebrochen zu sein. Drei Tage später übergaben sie kampflos die Stadt Wels. In Linz waren in den letzten Tagen auch die Vorstädte an der Landstraße, Herrenstraße und Klammstraße in Flammen aufgegangen.

Die Bürger werden dem Frieden kaum getraut haben, als sie am Morgen des 29. August vergeblich nach den Belagerern Ausschau hielten. Es rührte sich nichts mehr in den Vorstädten, am Martinsfeld und in der Gegend des Kapuzinerklosters. Die Bauern waren in der Nacht abgezogen. Nach knapp zwei Monaten konnten die Stadttore wieder geöffnet werden. Es entspricht ganz dem Naturell Herberstorffs, daß er den letzten abziehenden Bauern nachsetzen ließ, um sich wenigstens an einigen noch rächen zu können.

Von den weiteren Ereignissen des Bauernkrieges bekam Linz nichts mehr zu spüren. Zwar hatten sich im Hausruck in der Weiberau noch etliche Bauern versammelt, aber die Leute des Traunkreises stimmten einem Waffenstillstand zu, der von den kaiserlichen Kommissären vorgeschlagen wurde. Der endgültige Stillstand wurde für den 10. bis 18. September vereinbart. Die Bevölkerung war zermürbt, die Soldaten Löbls taten noch ein übriges, um sie gänzlich zu demoralisieren. Über ein halbes Jahr haben die Bauern unter schwersten Opfern für die Rückkehr unter die kaiserliche Obhut gestritten. Jetzt bekamen sie sie auf eine Art zu spüren, die zumindest den Leuten des Traunviertels klarwerden ließ, daß unter den Obrigkeiten offensichtlich kein so großer Unterschied bestand, wie sie geglaubt hatten. An eine Verteidigung der Religion war überhaupt nicht mehr zu denken. Es war eine bedingungslose Kapitulation, zu der sie sich bereit erklären mußten.

Da entzündete der Einmarsch bayerischer Truppen, der vor Ablauf des Waffenstillstandes erfolgte, noch einmal den Widerstandsgeist der Aufständischen, die sich in den letzten Schlachten ausgesprochen grausam gegen sich und den Gegner erwiesen. Sie hatten in den paar Monaten viel von den Soldaten gelernt und rechneten bei einem neuerlichen Aufstand mit keinem Pardon mehr. Eine Streitmacht von über 4000 Soldaten unter der Führung Herzog Adolfs von Holstein wurde bei Neukirchen vernichtend geschlagen. Beim Dorf Pram wurde ein Heer von 3100 Knechten und 700 Reitern in die Flucht gejagt. 770 Knechte und einige Hauptleute blieben tot auf dem Schlachtfeld zurück. Die Erfolge im Hausruck führten zu einer abermaligen Erhebung im Mühlviertel. Erst als es dem bayerischen Kurfürsten Maximilian gelang, mit Gottfried Heinrich von Pappenheim einen wirklich erfahrenen Feldherrn anzuheuern, begann sich das Kriegsglück zu

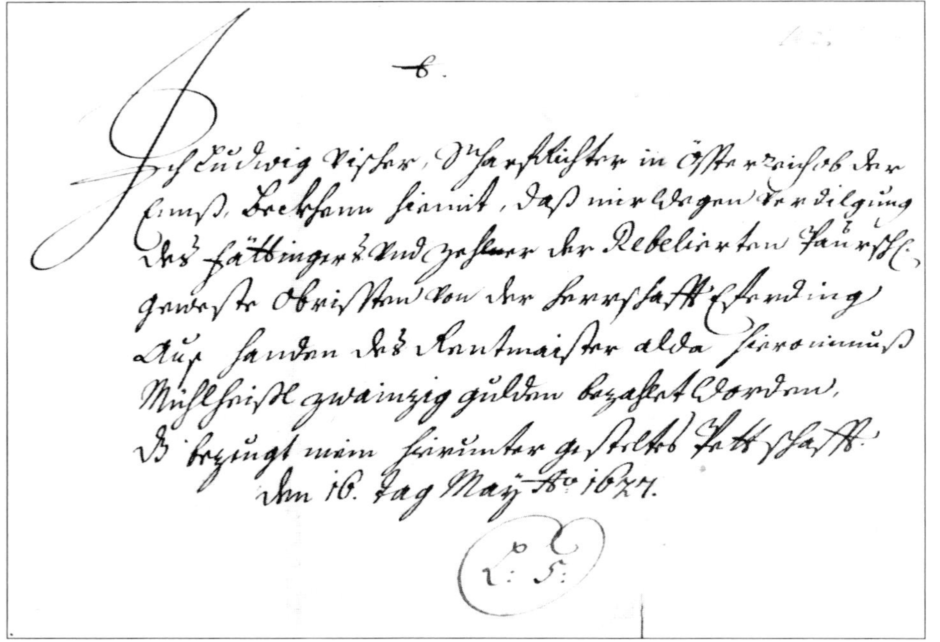

210 Die Angst der Sieger vor den Bauern war so groß, daß sie sogar die Leichen der in Eferding begrabenen Bauernführer Fadinger und Zeller exhumieren und an einem zunächst unbekannten Ort vom Henker verscharren ließen. Laut Originalquittung erhielt er dafür 20 Gulden. OÖ. Landesarchiv, Musealarchiv.

Foto: Litzlbauer

wenden. Außerdem haben sich die bayerischen und kaiserlichen Truppen vereinigt.

Am 4. November trafen die Söldner Pappenheims in Linz ein, und nach einer Rast von einigen Tagen begann das große „Bauernschlachten“: 3000 Tote im Emlinger Holz, 2000 bei Pinsdorf, 500 bei Vöcklabruck und einige weitere hundert bei der Schlacht um Wolfsegg. Ende November war das Morden vorbei. Die gefangenen Rädelsführer wurden nach Linz gebracht und im Schloß eingekerkert. Es begann eine große Proskription. Wer einen Verdächtigen anzeigte, durfte mit einem Drittel von dessen Vermögen rechnen. Alle geltenden Rechte wurden bei den Verfolgungen aufgehoben.

Am 24. März 1627 schrieb der in Linz weilende Stadtrichter Martin Symon seinem Bürgermeister in Freistadt, daß er wegen der schlechten Straßenverhältnisse momentan nicht nach Freistadt zurückkommen könne und außerdem würde in zwei Tagen die Exekution der gefangenen Rebellen erfolgen. An die 20 bis 30 Personen sollten justifiziert werden, darunter Mädlseder und Dr. Holzmüller. In Urfahr wurden an jener Stelle, wo die Bauern ihr Geschütz stehen hatten, drei Galgen übereinander aufgebaut, der untere mit vier, der mittlere mit drei und der obere mit zwei Schlingen. Einige sollten gerädert, andere gespießt oder sonstwie zu Tode gemartert werden. *Würt ein thraurichs Schauspiell sein* meinte Symon, und der Bürgermeister werde gewiß auch gerne nach Linz kommen, um dabeizusein. Einer anderen Quelle zufolge wurden die beiden Genannten und Achaz Wiellinger am Stadtplatz enthauptet. Dr. Holzmüller war allerdings schon vorher an der Tortur gestorben; das Urteil wurde an der Leiche vollstreckt. Die Jesuiten haben ihn und alle anderen Todgeweihten vor der Hinrichtung bekehrt. Nur einer, der Bauer Hans Vischer, soll standhaft bei seinem Glauben geblieben sein.

Der für diese Zeit schon ziemlich verläßliche Chronist Leopold Sindt unterrichtet uns darüber, daß die Köpfe einiger Enthaupteter am unteren Wassertor bei der Brücke über ein Jahr lang auf Stangen gespießt zur Abschreckung ausgestellt waren. Andere Teile der gevierteilten Leichen wurden an der Landstraße gezeigt. Die Köpfe Madlseders und Dr. Holzmüllers wurden nach Steyr gebracht, und das Haupt von Wolfgang Wurm, der die Belagerung von Enns befehligt hatte, wurde am dortigen Stadtturm drapiert. Wer in Urfahr gehenkt wurde, ist nicht zu eruieren. Die meisten Rädelsführer wurden jedenfalls am Hauptplatz justifiziert.

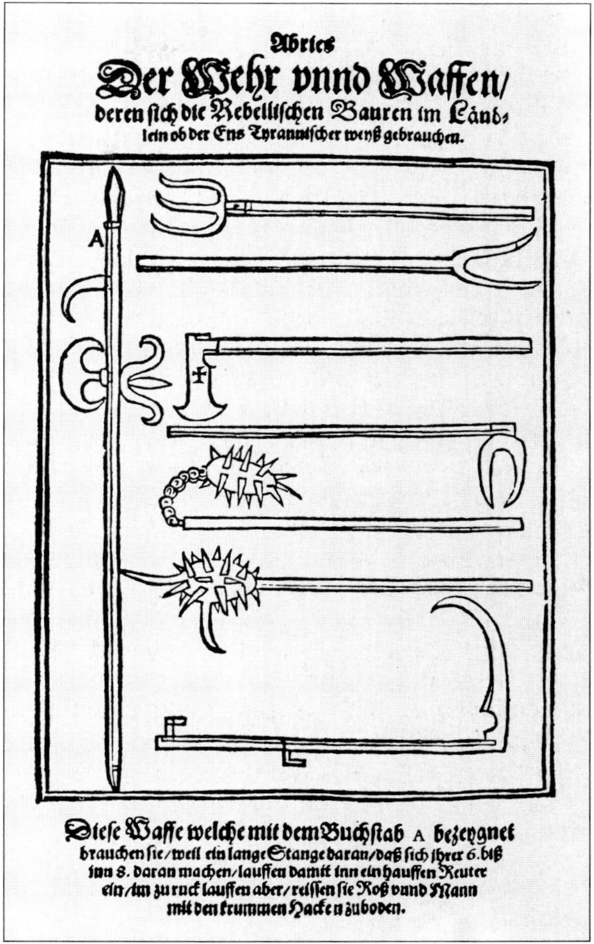

211 Selbst die primitiven Waffen der Bauern wurden in Flugschriften durch Abbildungen bekanntgemacht. Aus: Julius Strnadt, Der Bauernkrieg (wie Abbildung 203, Tafel 23).

Sindt verzeichnete in seinem Archivrepertorium im 18. Jahrhundert an die 50 Originalschriftstücke zu den Ereignissen des Bauernkrieges in Linz. Sie sind ebenso verschwunden wie ein „Knittel“ der rebellischen Bauern, der vermutlich bei den Akten aufbewahrt wurde.

Der grausamen Exekution steht die Tatsache gegenüber, daß der Kaiser von seinem Begnadigungsrecht ausgiebig Gebrauch gemacht hat. Allerdings war das Land ja verpfändet. Als einzige von allen Bewohnern des Landes wurden die Bauern nicht unmittelbar gezwungen, den Glauben zu wechseln. Die Furcht vor einem neuerlichen Aufstand war zu groß. Den Winter über waren nämlich über 12.000 Soldaten im Land einquartiert, die schonungslos raubten und plünderten. Was sie an Getreide und Vieh nicht selbst benötigten, verkauften sie ins Ausland, denn hierzulande wollte ihnen niemand etwas abnehmen, weil es ja ohnedies neuerlich geraubt worden wäre. So stand denn dann das Land am Ende des Bauernkrieges ausgeplündert da. Viele Höfe waren verödet, die Insassen gefallen, geflohen und aus purer Not abgezogen.

Nicht besser stand es in den Städten. In Linz waren in der Vorstadt 62 Häuser verbrannt und in Wörth 19. Dazu war nicht nur die Brükke zerstört, sondern auch der Bruckstadel zu Asche geworden, in dem das Ersatzholz für den Wiederaufbau gelagert gewesen wäre. Das Bürgerspital war bis auf die Grundmauern abgebrannt. Inklusive der außerhalb des Burgfrieds am Martinsberg und beim Kapuzinerkloster gelegenen Häuser hatte ihre Zahl vor dem Krieg 286 betragen, nun waren es nur mehr 166. Der Wiederaufbau ging nicht so schnell vonstatten wie nach einem gewöhnlichen Stadtbrand, denn die Stadt war auch finanziell ausgeblutet. Der direkte Schaden aus Krieg und Brand betrug an die 100.000 Gulden. Dazu kamen für die Zeit von 1620–1628 noch Besatzungskosten von über 83.000 Gulden und Quartierlasten von 48.000 Gulden.

Anton Eckhardt, von dem schon die Rede war, hat es erreicht, daß Linz und Enns aufgrund ihrer besonderen Belastung während des Krieges von der normalen Steuer befreit wurden und nur das Rüstgeld bezahlen mußten. Enns hatte unter der Beschießung und auch unter den Besatzern noch mehr gelitten als Linz und konnte sich später von diesem Schlag nie mehr ganz erholen. Es kam aber beiden Städten nunmehr zugute, daß sie, wenn auch widerwillig und keineswegs allein, den Bauern standgehalten haben. Der Kaiser wälzte Pläne, die beiden „treuen" Siedlungen zu regelrechten Festungen auszubauen, wozu es aber nie gekommen ist.

Das Werk der Gegenreformation war durch den Bauernkrieg ins Stocken geraten und wurde auf Betreiben Kaiser Ferdinands II. bereits ab Jänner 1627 wieder vorangetrieben. Am 4. Februar erfloß wieder einmal ein Patent, das allen städtischen Bewohnern, die nicht katholisch werden wollten, befahl, innerhalb von vier Wochen auszuwandern. Am 8. März erfolgte ein ähnlicher Befehl an die protestantischen Beamten. Im April waren es die Adeligen, die in die Glaubenszange genommen wurden. Nur die Bauern blieben zunächst weiterhin ungeschoren. Gerüchte besagten, daß sie trotz aller ausgestandenen Not noch immer bereit seien, neuerlich loszuschlagen.

Am 5. Mai 1628 endete die bayerische Pfandherrschaft, sodaß einer der wichtigsten Gründe für die Rebellion wegfiel. Im Mai 1631 wurden endlich die Bauern vor die Wahl gestellt, sich zu bekehren oder auszuwandern. Die Folge war ein neuerlicher Aufstand im Jahre 1632, über den im nächsten Kapitel gesprochen werden soll.

Wenn wir zu jener Frage zurückkehren, die am Anfang dieses Hauptkapitels gestellt worden ist, nämlich ob Linz nach der Erhebung zur Landeshauptstadt einen wirtschaftlichen und kulturellen Aufstieg zu verzeichnen hatte oder nicht, und wenn wir das Gesagte nunmehr rekapitulieren, dann können wir feststellen, daß bis in das letzte Jahrzehnt des 16. Jahrhunderts der Weg immer nach oben führte, obwohl der Bürgerschaft mit dem Adel als neuen Wirtschaftsunternehmer eine beträchtliche Konkurrenz erwachsen ist. Es mag bereits ein schleichender wirtschaftlicher Abstieg gewesen sein, der die Steuerschulden beinahe ins Unermeßliche anwachsen ließ. Der Krieg gegen Ungarn, die neue Mautpolitik und die repressiven Maßnahmen des Landeshauptmannes Löbl haben sicher viel zum Niedergang beigetragen.

Die wesentliche Politik im zweiten Jahrzehnt des 16. Jahrhunderts hat bereits weitgehend ohne Zutun der Städte stattgefunden. Die Bürger waren bereits zum Spielball der Mächtigeren geworden. Die kulturelle Sphäre wurde vom zeitweilig anwesenden Hof und vor allem den Beamten des Landes und den Professoren der Landschaftsschule geprägt, wobei Johannes Kepler unter ihnen sicher als einsam dastehender Stern hervorgeleuchtet hat.

Mit den Jesuiten war im Jahre 1600 eine Kraft in die Stadt gekommen, die sich im 17. Jahrhundert voll entfalten sollte. Linz wurde bald in jeder Beziehung zu einer barocken Stadt. Der Weg dorthin soll uns im nächsten Kapitel interessieren.

Von Belagerung zu Belagerung
Das Zeitalter des Barock

Der Strom der Geschichte bewegt sich ohne Aufenthalt fort. Er überwindet Klippen, umschlängelt Hindernisse, die sich ihm in den Weg stellen, oder reißt sie mit Gewalt hinweg. Er ist in der Lage, seinen Lauf in die Gegenrichtung zu ändern, und von außen strömen Bäche und Flüsse auf ihn ein, sodaß er sein Wesen von Abschnitt zu Abschnitt völlig verändert. Der Historiker muß nun den Versuch unternehmen, ihn gleichsam zu stoppen, um einen Abschnitt herausnehmen zu können, denn er ist niemals imstande, den gesamten Lauf des Stromes zu überblicken. Deshalb wird er sich Anhaltspunkte suchen, um seine Einteilung rechtfertigen zu können, ein Versuch, der nie völlig gelingen kann. Die Strömungen und Wirbel auf dem Grunde des Flußbettes nimmt er nur selten wahr. Es sind die Erscheinungen an der Oberfläche, die ihn zunächst fesseln und die seinem Auge Halt geben, und es ist leicht verständlich, daß es vor allem die Kriege sind, die eine heftige Bewegung an der Oberfläche verursachen. Aus der Linzer Perspektive sind es weniger die berühmte Schlacht am Weißen Berg und der daraus folgende Dreißigjährige Krieg als die Erschütterungen des Bauernkrieges von 1626, die den Beginn dieser Epoche kennzeichnen. Zwei Nachbeben in den Jahren 1631/32 und 1635/36 unterstreichen die Dominanz des zäsurbildenden Ereignisses. Zwar blieben das Land und die Stadt in den nächsten 100 Jahren von Kämpfen weitgehend verschont, aber die Türkenkriege, der Siebenjährige Krieg und der Spanische Erbfolgekrieg sollten doch nachhaltig auf das Land ob der Enns einwirken. Linz wurde sukzessive zur Garnisonstadt.

Den Abschluß des Kapitels wird die Belagerung der Stadt durch die eigenen Truppen bilden, die mit schonungsloser Härte Freund und Feind gleichermaßen traf, als es darum ging, dem Hause Habsburg die Macht zu erhalten. Linz hat damals als betroffener Teil seinen Beitrag zur Durchsetzung der Pragmatischen Sanktion geleistet.

Zwischen diese beiden Eckpfeiler österreichischer Geschichte fiel der Zusammenschluß der Länder zur österreichischen Monarchie mit einem absolut regierenden Fürsten an der Spitze. Die Selbständigkeit der Länder wurde eingeschränkt, der Partikularismus mußte allmählich einem straffen Zentralismus weichen, und die Uniformierung der Gesellschaft begann sich in ersten Ansätzen abzuzeichnen.

Der Aufstieg des Absolutismus österreichischer Prägung ist untrennbar mit dem Sieg der Gegenreformation verbunden, und der Katholizismus wurde zum Bannerträger des unumschränkt herrschenden Monarchen. Die Kirche, weniger der Glaube, bestimmte das Leben der Menschen wie nie zuvor. Das war nicht so sehr ein Verdienst des Säkularklerus als der neu erstarkenden Orden und Klöster, der Nonnen und Mönche, die nun nicht mehr die Einsamkeit dünnbesiedelter Landstriche suchten, sondern das pulsierende Leben in der Stadt.

Der Triumph der römischen Kurie suchte und fand seinen Ausdruck in einer neuen Sichtweise der Welt, die sich in Architektur und Malerei, aber auch Musik und Wissenschaft widerspiegelt. Die Kunst des Barock wurde namengebend für die neue Epoche.

Der Landedelmann wurde vom verantwortungsbewußten Grundherrn zum rentenbesitzenden Höfling, der in der Stadt seinen Vergnügungen nachging und mehr und mehr seine ursprünglichen Aufgaben vergaß. Das Repräsentieren wurde ihm zur Hauptaufgabe des Lebens. Aber was uns heute als reine Verschwendungssucht erscheint, mag manchmal schwerer auf seinen Schultern gelastet haben, als uns vorstellbar erscheint. Nach und nach der politischen Funktionen und des Machteinflusses beraubt, bauten sich die Adeligen eine Scheinwelt auf, die in pompösen Festen und Feiern präsentiert wurde. Auch darin wurde die Stadt zur Schaubühne der Eitelkeiten.

Die Städte des Landes ob der Enns haben sich bis in das 18. Jahrhundert von den Folgen des Bauernkrieges nicht mehr erholt. Die große Ausnahme bildete nur Linz, das als Hauptstadt den Adel und die Orden anzog wie keine zweite Kommune im Lande. Nun erst begann sich das Privileg von 1490 voll auszuwirken:

Die Stadt wurde zum Sitz fast aller Hauptladen der Handwerkszünfte, der Luxusbedarf des Adels brachte neue Berufe hervor, und die zunehmende Zentralisierung des im Entstehen begriffenen Staates heischte nach mehr Beamten. Linz wurde zu einer Residenz ohne Fürsten, zu einer Garnison ohne entsprechende Befestigung, zu einem kulturellen Mittelpunkt des Landes ohne Universität.

Die Stadt schwamm auf allen Strömen der Zeit und der Gesellschaftsentwicklung mit und schien sich durch nichts von anderen Provinzhauptstädten zu unterscheiden, bis sie 1672 durch die Gründung einer Manufaktur in den Blickpunkt der gesamten Monarchie geriet: Die Wollzeugfabrik steht am Beginn einer neuen Wirtschaftsgesinnung, die unter der Bezeichnung Merkantilismus in die Geschichte eingegangen ist. Ein arbeitsteiliges Verfahren ersetzte die rein handwerkliche Produktion und ermöglichte erstmals die Erzeugung von Massengütern. Die Manufaktur wurde zum Vorläufer und zur Wiege der späteren Industriefabrik.

Es blieb der Fortschrittssucht und der Technikgläubigkeit der sechziger Jahre unseres Jahrhunderts vorbehalten, dieses einmalige industriegeschichtliche Denkmal mit Sprengsätzen dem Erdboden gleichzumachen. An die 200 Jahre lang hatte die Wollzeugfabrik jeden Linz-

212 Allegorie auf das Land ob der Enns: Auf dem Schabblatt aus dem Jahre 1716 werden die Taten des Landes und des Kaisers in höchsten Tönen gelobt: Unter dem Schutz des Kaisers können sich Wissenschaft und Kunst entfalten. Auf dem Triumphwagen mit den Emblemen der vier Stände fährt durch das Land auch noch der Glaube, die Wachsamkeit und die Freigiebigkeit. Vor dem Tor werden sie von Krieg und Frieden erwartet: Über der Szene schwebt Kaiser Karl VI. in den Wolken, neben sich die Weltkugel als Symbol seiner allumfassenden Herrschergewalt. Der neben ihm sitzende Gott Mars kennzeichnet ihn als siegreichen Kriegsherrn. An das untere Ende des Feldes sind besiegt die Empörung, die Irrlehre und die Anfeindung verbannt.
Thesenblatt des Linzer Jesuitenschülers Godefrid Castner von Sigmundlust von Elias Christian Heiss (Augsburg) im Stadtmuseum Linz Inv. 8053. *Foto: Michalek*

Besucher mehr fasziniert als Schloß und Rathaus, als Klöster, Kirchen und Palais.

Die Belagerung von 1741/42 wird uns überleiten zum zweiten Band und zu einer in vieler Hinsicht bemerkenswerten Epoche. Wir werden über 40 Jahre lang eine Frau an der Spitze des Staates sehen. Das hat es in der langen Geschichte Österreichs nie gegeben.

Vom Werden des Staates

Im Kapitel über den Bauernkrieg haben wir gesehen, daß die Stände, die sich bis dahin als die eigentlichen Herren und Regenten des Landes verstanden hatten, zur entscheidenden Schlacht um die Macht gar nicht mehr angetreten sind, weil das Land ob der Enns schon vorher von den Bayern besetzt worden war.

1627 erlangten sie gegen entsprechende finanzielle Leistungen den Pardon des Landesfürsten. Ihre Macht wurde bedeutend eingeschränkt. Die fähigsten Adelsführer waren geflohen oder gefangengesetzt worden. Einem Blutgericht wie in Böhmen sind sie entronnen, aber der erzwungene Verzicht auf den evangelischen Glauben bedeutete sicher einen schweren Verlust. Die Zentralgewalt, verkörpert in einem absolut herrschenden Monarchen, konnte sich zunächst dennoch nicht unumschränkt durchsetzen, und mit Recht ist in letzter Zeit darauf hingewiesen worden, daß die wirtschaftliche und verwaltungstechnische Basis der Stände und damit auch der daraus resultierende Dualismus der Regierung noch lange erhalten geblieben sind. Vor diesem Hintergrund ist noch nicht ausreichend geklärt, wie, wann und warum es auch in Oberösterreich den gar nicht im Lande befindlichen habsburgischen Fürsten letztendlich relativ unangefochten und ohne ernstzunehmenden Widerstand von seiten der Stände gelungen ist, ihre absolute Herrschaftsgewalt durchzusetzen.

Sicher ist es richtig, daß nach der Katastrophe von 1620 an eine Aufrechterhaltung des Widerstandsrechts nicht zu denken war, aber es sollte überlegt werden, ob es nicht doch die gemeinsame Angst vor den Untertanen war, die Fürst und Stände zusammengehen ließ. Das Steuerbewilligungsrecht der Stände erfuhr erst an der Wende vom 17. zum 18. Jahrhundert eine Bedeutungseinschränkung, als man auf Geheiß des kaiserlichen Hofes von der jährlichen Proposition abging und durch sogenannte „Rezesse“ die Steuer auf Jahre hinaus bewilligte.

Kaiser Ferdinand II. hatte aus den Fehlern seiner Vorfahren gelernt und schon 1621 in seinem Testament festgelegt, daß die österreichischen Länder hinfort nicht mehr geteilt werden dürften. Die gemeinsame Regierung aller habsburgischen Länder sollte die Herzogtümer und Grafschaften zusammenschmieden.

Der Westfälische Friede (1648) brachte geringe Territorialverluste für die Habsburger und ein weiteres Absinken der Idee eines pluralistisch strukturierten römischen Kaiserreiches deutscher Nation, die in den habsburgischen Ländern mehr und mehr durch die Staatsideologie einer österreichischen Monarchie ersetzt wurde. Der Aufstieg des Hauses Österreich zur Großmacht konnte nach der siegreich überstandenen Türkenbelagerung Wiens (1683) beginnen.

Die Erfolge Prinz Eugens von Savoyen brachten Ungarn und Siebenbürgen zurück und öffneten den Weg nach Serbien und in die Walachei. In Italien wuchsen die kleinen Königreiche Sardinien, Sizilien und Neapel zu und die Herzogtümer Mailand, Parma und Toskana. Österreich war mächtig wie noch nie, als 1740 mit Karl VI. der letzte Habsburger ohne männliche Nachkommen starb. Er hatte wie schon vor ihm sein Bruder Joseph I. für diesen Fall vorgesorgt und in zähem Ringen mit den mitteleuropäischen Mächten, die ihre begehrlichen Blicke auf das künftig männerlose Haus Habsburg gerichtet hatten, die Anerkennung der Pragmatischen Sanktion erreicht. Im Jahre 1713 hatte Kaiser Karl VI. noch einmal die Unteilbarkeit und Untrennbarkeit seiner österreichischen Länder deklariert. Gleichzeitig wurde festgelegt, daß nach einem allfälligen Erlöschen des Mannesstammes auch die habsburgischen Frauen erbberechtigt sein sollen. Im Inneren – auch in Ungarn, Kroatien und Siebenbürgen – wurde dieses Gesetz bald anerkannt. Die Zustimmung der fremden Staaten mußte in harten diplomatischen Winkelzügen Land für Land eingeholt werden. Im Vordergrund stand dabei die Sicherung der dynastischen Erbansprüche. Die in der Pragmatischen Sanktion enthaltene und nunmehr gesetzlich verankerte Zusammenkettung der österreichischen Länder zur Monarchie fand damals bei den Verhandlungen auf den einzelnen Landtagen wenig Beachtung. Dennoch geht – mit allen historisch begründeten Abstrichen, die zu machen sind – der heutige Bundesstaat Österreich auf diese Vereinigung der Länder zurück; beschränkt freilich auf die Grenzen, die 1919 in St. Germain festgelegt worden sind.

Ein Hort für die Zuflucht der Kaiser

Höfische Zeiten in der Stadt

Linz blieb, wie die folgenden Jahrzehnte zeigen werden, ein äußerst beliebter Aufenthaltsort der habsburgischen Kaiser. Allein Ferdinand II. scheint anfänglich keine rechte Freude mit dem Land und seiner Hauptstadt gehabt zu haben. In den ersten acht Jahren war es ja auch verpfändet, und der Bauernkrieg wird einiges zu seiner Haltung beigetragen haben, das Land und seine Hauptstadt zu meiden.

Sein politisches Kalkül war so umfassend von der Idee der Gegenreformation, vom Sieg der katholischen Kirche determiniert, daß er dafür alles andere zu opfern bereit war. Zwar stimmt es, daß die Verbündeten, Bayern und Spanien, nach der Schlacht am Weißen Berg zur Fortführung des Kampfes drängten, und der anfängliche Erfolg gab ihnen auch recht. Aber nachdem durch den Frieden von Lübeck (1629) die Vormachtstellung des Hauses Habsburg in Deutschland gesichert schien, entfachte der Kaiser selbst durch ein Restitutionsedikt einen Kriegsbrand, der über 20 Jahre nicht mehr gelöscht werden konnte und unsägliches Elend über ganz Europa nach sich zog. Er wollte die Zeit auf das Jahr 1555 zurückdrehen, in dem der Augsburger Religionsfriede geschlossen wurde, der ja bekanntlich in Linz seinen Anfang genommen hat.

Ein Jahr später hat er auf Drängen der bayerischen Verbündeten seinen fähigsten General, Albrecht von Wallenstein, entlassen. Längst hatte dabei auch Kardinal Richelieu in Paris seine Hand im Spiel. Mit französischem Geld startete der Schwedenkönig Gustav Adolf einen Feldzug am Festland, der die kaiserliche Armee 1631 erstmals in die Defensive zwang.

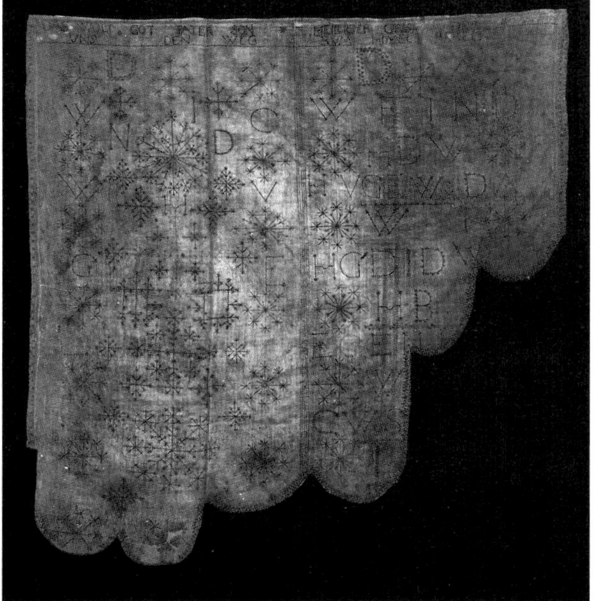

213 Die sogenannte „Laimbauer-Fahne" aus dem Jahre 1635, ein Fahnentuch aus weißem Leinen in Form eines sechsfach gezüngelten Wimpels. Der Laimbauer (richtig: Martin Aichinger) soll sie selbst angefertigt haben.
OÖ. Landesmuseum Foto: Michalek

Die Nachbeben des Bauernkrieges

Etwa gleichzeitig – Zusammenhänge lassen sich durch Dokumente nicht belegen – begann es unter den Bauern des Landes wieder zu gären. Als direkten Anlaß müssen wir ihre bis dahin verschobene gewaltsame Rekatholisierung ansehen. Mit dem aus dem Mühlviertel stammenden Prädikanten Martin Greimbl marschierten im Sommer 1632 6000 Bauern nach Peuerbach, verhafteten und töteten den Pfleger und besetzten am 7. September Vöcklabruck. Zehn Tage später war der Spuk wieder vorbei. Abermals hatten die Städter ausgiebig Gelegenheit, dem Schauspiel der Hinrichtungen beizuwohnen. Sechs Anführer fanden in Wels, drei in Linz den Tod durch den Henker. Greimbl, der geflüchtet war, wurde in Böhmen gefangen. Er wurde ein Jahr später auf dem Linzer Hauptplatz ebenfalls hingerichtet.

Die Stadt selbst war von den Ereignissen nur am Rande berührt: Es hatte sich nämlich herausgestellt, daß eine Bürgerin (Katharina Wolckherstorfer) mit einer Kalesche nach Grieskirchen gefahren war und gemeinsam mit ihrer Dienerin dem Prädikanten gebeichtet (!) hatte. Nach Gewohnheit und katholischer Übung hat sie dafür sogar einen Taler Beichtgeld entrichtet. Der Stadtrichter, vor dem der Fall verhandelt wurde, hat sie nach einigen Interventionen aus dem Arrest entlassen, wodurch er einen Kompetenzstreit heraufbeschwor, denn die Tour der Wolckherstorferin galt als Majestätsverbrechen und konnte nur vom Landesfürsten geahndet werden. Der Bürgermeister (Anton Eckhardt) und der

Stadtrichter (Thomas Wäppelshamer) wurden in dieser Angelegenheit vom Landeshauptmann sogar vorübergehend eingesperrt, aufgrund ihrer sonstigen Verdienste für den Glauben aber bald wieder freigelassen.

Noch im Frühjahr 1633 schrieb der Hofrichter des Stiftes Wilhering seinem Abt Georg Grill nach Wien, wo dieser jahrelang im Auftrag der Stände weilte, daß trotz des abermaligen Strafgerichtes die Religionsreformation nur langsam vorwärtskomme. Der Landrichter habe zwei Gerichtsschergen ausgeschickt, um die renitenten Bauern nach Linz abzuführen. Beide seien erschlagen worden. Die Stände aber erwiesen dem seit 1631 amtierenden Landeshauptmann Hans Ludwig von Kuefstein, einem niederösterreichischen Konvertiten, alle Ehre und schenkten ihm 3000 Reichstaler für seine Bemühungen bei der Niederschlagung des Aufstandes. In einem Atemzug aber wiesen sie den Henker Stefan Hörmann ab, der seinen Sold für die Hinrichtungen erbat.

Auch in der Stadt selbst blieb die Situation nach wie vor gespannt. Der Landeshauptmann ließ genau überprüfen, ob auch wirklich alle zu Ostern zur Beichte und Kommunion gingen. Auf den beiden Jahrmärkten wurden ehemalige Linzer oder Oberösterreicher nicht geduldet.

Im April 1635 verbreitete sich das Gerücht, daß sich die Bauern im Machland, besonders um Steyregg, zusammenrotten würden. Kuefstein wollte die Rädelsführer von einem kleinen Trupp verhaften lassen, der aber von den Bauern jämmerlich verprügelt wurde. Ihr Anführer war der Laimbauer, der mit Prophezeiungen und Wundertaten eine Anhängerschar um sich versammelte, der auch viele Frauen und Kinder folgten. Im Mai des nächsten Jahres war es wieder soweit: Ein kleines Aufgebot, bei dem der Linzer Bürger Zacharias Huebmer die Reiterei anführte, brach auf, um die Aufständischen zur Räson zu bringen. Der Trupp wurde zunächst bei Pulgarn selbst kräftig aufs Haupt geschlagen, bevor es einer Verstärkung gelang, den Laimbauer in einer Kirche bei Langenstein unter den Frauen hervorzuholen, die ihn zu verbergen trachteten. Das Ereignis erregte deswegen soviel Aufsehen, weil Kaiser Ferdinand II. eben im Begriff war, zum Reichstag nach Regensburg aufzubrechen. In Linz wollte er einige Wochen Station machen. Dazu kam noch, daß eine englische Gesandtschaft, die ihm in Wien aufwarten wollte, ebenfalls nach Linz umdirigiert wurde. Im Troß der Diplomaten befand sich – wie damals oft üblich – ein Zeichner, der die einzelnen Stationen und die denkwürdigen Ereignisse festhalten sollte. Mit Wenzel Hollař war dies ein ungewöhnlich fähiger Künstler, dem wir nicht nur eine Stadtansicht von Linz, sondern auch eine Moment-

214 Hinrichtung des Bauernführers Martin Laimbauer und einiger „Haupträdelsführer" auf dem Linzer Hauptplatz im Jahre 1636. Am Fuße der Rampe zur Hinrichtungsbühne Jesuitenpatres. Auf der Bühne selbst wird eines der Opfer gerade enthauptet. Im Hintergrund wird eine Leiche zerteilt, um die einzelnen Stücke später auf Stangen zu spießen. Unter der Bühne steht auch ein Sarg bereit. Rechts sehen der Landrichter und der Urteilsverkünder zu. Auf der zweiten Bühne die Angehörigen der Hinzurichtenden. Der vordere Teil dieser Bühne ist leer. Sie sind die einzigen, die sich nicht nach vorn drängen, um besser zu sehen.
Federzeichnung von Wenzel Hollař. Devonshire Collection, Chatsworth Settlement.

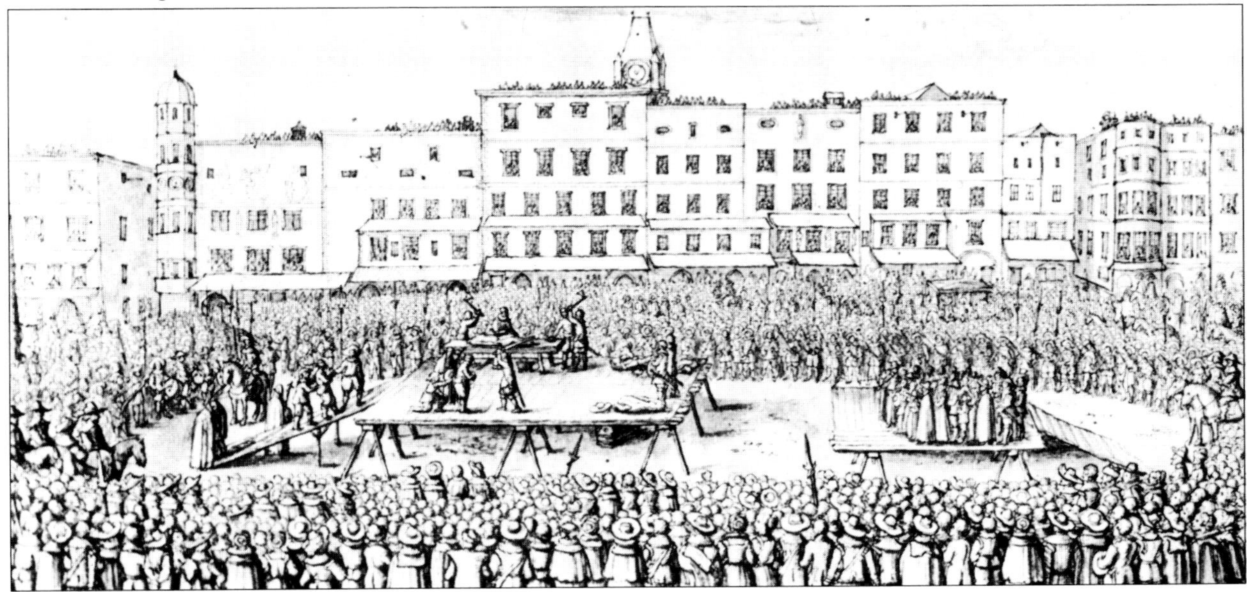

aufnahme von der Hinrichtungsszene des Laimbauern und acht seiner Mitgefangenen auf dem Linzer Hauptplatz verdanken. Das Bild – vor allem die riesige Menge der Schaulustigen – spricht für sich. Erwähnenswert ist vielleicht noch, daß es sich bei den Personen auf der rechten Bühne um die nächsten Anverwandten der Hingerichteten handelt, die gezwungen wurden, das Sterben des Gatten, des Bruders oder des Vaters mitanzusehen. Ein böhmischer Bericht spricht davon, daß nicht nur der Laimbauer, sondern 50 weitere Gefangene gefoltert worden sind. Ihm selbst sei die rechte Hand abgehauen worden, und außerdem soll er lebendigen Leibes gerädert und gevierteilt worden sein.

Wir wissen nicht, ob der Kaiser bei diesem grausigen Schauspiel persönlich anwesend gewesen ist. Jedenfalls besuchte er noch am gleichen Abend eine Aufführung der Jesuitenschüler, die ein Drama über den hl. Aloisius brachten.

Es sollte nicht die letzte Erhebung der Bauern im Land ob der Enns gewesen sein. Immer wieder flackerte der Widerstand auf, vor allem beim großen Jagdaufstand (1716–1721) und zuletzt unter dem Kalchgruber (= Michael Huemer) in den Jahren 1819–1849, also knapp vor der endgültigen Bauernbefreiung. Der Ruf, den sie sich 1626 erworben haben, sollte sie immer wieder als mögliche Verbündete verschiedener Gegner der Habsburger im Kampf gegen den Kaiser ins Gespräch bringen. Sehr zu Unrecht, denn gegen ihn haben sie sich nie erhoben.

Die Kosten für Keller und Küche

Doch zurück zu Ferdinand II. und seinem Verhältnis zu Stadt und Land in Oberösterreich. Es ist vielleicht bezeichnend, daß der kaiserliche Hof bis zum Jahre 1636 selten länger in Linz verweilte, obwohl der Weg nach Regensburg stets durch die Stadt oder an der Stadt vorbeiführte.

Nicht immer fand man hier in der Provinz auch den richtigen Geschmack für hohen Besuch. Als z. B. des Kaisers Schwiegertochter, Königin Maria Anna von Ungarn und Böhmen, im Juli 1634 nach Linz kam, wurde sie noch auf dem Schiff von den adeligen Damen des Landes mit Handkuß artig begrüßt. Aber sie waren *alla moda* gekleidet, was bedeutete, daß sie *vorn oben entplest* waren. Das ist den spanischen *damas etwas selczamb vorkomben.*

215 Königin Maria Anna, Gemahlin Ferdinands III., die mehrmals in Linz weilte und hier auch ihr Leben beschloß. Sie war eine Tochter König Philipps III. von Spanien und Cousine ihres Mannes.
Aus: Annales Ferdinandei, Conterfet . . . , Bd. I
Foto: Litzlbauer

Maria Anna war auf dem Wege zu ihrem Bruder, dem spanischen Kardinal-Infanten Fernando, der ebenso wie ihr königlicher Gatte (Ferdinand III.) auf den Schlachtfeldern Europas Ruhm und Ehre suchte. Letzterer hatte eben während ihres Linz-Aufenthaltes Regensburg zurückgewonnen.

Das Hoflager erforderte große logistische Anstrengungen, und nicht immer waren die Bürger darüber begeistert, daß sie nun neuerdings auch für die Verpflegung des großen Trosses sorgen mußten. Selbst bei einem Kurfürsten war dieser beträchtlich. Als Maximilian I., der einstmalige Herr der Stadt, im Sommer 1635 zweimal durchreiste, waren 472 Personen und 554 Pferde zu versorgen. Freilich hatte er auch die Gattin mit, der allein sechs Hofdamen und ebenso viele Dienerinnen aufwarten mußten. Die hohen Offiziere wurden selbst von bis zu zehn Dienern begleitet. Dazu gab es noch Ärzte, Apotheker, Bader, Trompeter, Lakaien, Wäscherinnen, Silberputzer für die Tafel. Für Küche und Keller waren 33 Beschäftigte mit, darunter neben dem Mundkoch ein eigener Pastetenkoch und zehn Nebenköche. Zur Betreuung der Pferde waren außer den Stallknechten Futterknechte, Truhenknechte und entsprechende Hufschmiede erforderlich. Auch drei Esel waren mit im Zug, die Sänften zu tragen hatten. Die Viktualien und das Pferdefutter kamen für den relativ kurzen Durchmarsch durch Oberösterreich auf 14.300 Gulden zu stehen.

Um den Hof der Kaiserin Maria, Gemahlin Ferdinands III., von Linz auf der Donau nach Wien zu befördern, bedurfte man 1645 nicht weniger als 52 Schiffe. Ein Schiff allein wurde für ihre Garderobe benötigt, ein anderes für die Ehrengeschenke, die sie erhalten hat. Zwei Schiffe nahmen den Hofwein auf.

Ein anderes Verzeichnis läßt uns einen Einblick in die Hofküche tun: Im gleichen Jahr residierte Erzherzog Leopold Wilhelm für längere Zeit in Linz. In einer Woche wurden konsumiert: Zehn (= 560 l) Eimer Kammerherrenwein, 16 Eimer Kammerdienerwein und 30 Eimer Offizierswein (zusammen 3140 Liter), sechs Ochsen, zwei Kälber, 45 Schafe, zehn Indiane, 20 Kapaune, 140 Hennen, 20 Gänse, 160 kg verschiedene Fische, 2000 Eier, drei Eimer Essig, 20 Metzen Mehlgetreide, 25 kg Käse, 50 frische Zitronen; dazu Pfeffer, Ingwer, Muskat, Zimt, Safran, Zucker, Mandeln, Feigen, Weinbeeren in größerer Menge; Kräuter nach Bedarf.

Über die Schwierigkeiten der Unterbringung war schon in den vorigen Kapiteln die Rede. Nun erfahren wir, daß während eines Hoflagers vor allem die in Miete wohnenden Leute die Stadt verlassen mußten, um Platz zu machen. Die meisten von ihnen versuchten in Urfahr unterzukommen. Dennoch reichte das Quartier für den gesamten Hofstaat bei weitem nicht aus, weshalb die zahlreiche Dienerschaft, die nicht unmittelbar zu persönlichen Diensten benötigt wurde, in den umliegenden Dörfern einquartiert wurde.

Eine leise Ahnung von den Kalamitäten, die der Hof mit in die Stadt brachte, vermittelt eine diesbezügliche kaiserliche Verordnung an die Stadt aus dem Jahr 1645. Darin wird vor allem die Quartierfrage erörtert, denn es hatte sich gezeigt, daß der Hofstaat unzählige Schaulustige anzog, die gegen ein horrendes Geld in der Stadt unterzukommen suchten. Wie schon seinerzeit Maximilian I. reagierte auch Ferdinand III. allergisch gegen die Unsauberkeit in der Stadt. Er verbot die Verunreinigung der Straßen mit Küchenabfällen und anderem, üblen Geruch erzeugenden Unrat. Schließlich war ja Linz für seine gute und gesunde Luft bekannt! Alle Wäscherinnen wurden nach Auhof verbannt. Die Sperrstunde wurde rigoros mit 21 Uhr gehandhabt. Und schließlich erhielt der Magistrat besondere Vollmachten gegen Randalierer, die ohne Ansehen der Person wenigstens für eine Nacht eingesperrt werden konnten. Fallweise wurden, wenn sich der gesamte Hofstaat für längere Zeit in Linz niederließ, wichtige Hofämter und Kanzleien in Wels und Enns untergebracht.

Prominente Gefangene im Schloß

Im schon mehrfach erwähnten Jahr 1636 scheint die Aversion Kaiser Ferdinands II. gegen Linz allmählich erloschen zu sein. Die von den Jesuiten organisierte Fronleichnamsprozession beeindruckte ihn ungemein. Aus der zur Schau getragenen Frömmigkeit glaubte er auf den völligen Sieg des Katholizismus schließen zu können. Dies gerade in der Stadt, die sich am allerheftigsten dagegen gewehrt hat. Sie schien ihm nunmehr sogar vertrauenswürdig genug, seinen wohl wertvollsten Gefangenen in ihren Mauern aufzunehmen, den vom spanischen Kardinal-Infanten Fernãndo zu Trier überrumpelten alten Kurfürsten Philipp Christoph v. Soetern, der damals in Gent inhaftiert war. Er hatte mit Frankreich konspiriert und die protestantischen Schweden unterstützt. Die Habsburger zählten zu seinen Intimfeinden, ob spanisch oder österreichisch. Als typisch barocker Kirchenfürst glaubte er sogar, den Kaiser totbeten zu können, wie es ihm angeblich bei Erzherzog Leopold, den wir als Bischof von Passau in einer unrühmlichen Rolle kennengelernt haben, angeblich schon gelungen war.

Der Kurfürst war auch deswegen für Ferdinand wichtig, weil er im selben Jahr die Wahl seines Sohnes Ferdinand III. zum römisch-deutschen König durchdrücken wollte. Dazu benötigte er an sich des Kurfürsten Stimme. Andererseits konnte er als Gefangener keine Gegenstimme abgeben. Schwer bewacht traf Christoph v. Soetern im November in Linz ein, wo der Kaiser nun schon lange Monate zugebracht hatte, um aus gebührender Entfernung das Eintreffen der anderen Kurfürsten in Regensburg abzuwarten.

Die Wahl verlief nach Wunsch, und die Stadt – allen voran die Jesuiten – feierte den Erfolg enthusiastisch. Der neue Kaiser – sein Vater starb bereits im Februar 1637 – sollte der Stadt wesentlich mehr Sympathie entgegenbringen als dieser. Er hielt sich mehrmals hier auf, obwohl kein guter Stern seine Linzer Jahre überstrahlte.

Kaum war der alte, verschlagene Kurfürst, der mit Schmeicheln und Drohen seiner Haft zu entfliehen suchte, nach Wien gebracht worden, hielt ein anderer prominenter Gefangener Einzug auf der Linzer Burg: der kaum 20 Jahre alte, etwas melancholische Prinz Ruprecht von der Pfalz.

Landeshauptmann Kuefstein hatte sich als Bewacher eines prominenten Gefangenen bewährt. Er profilierte sich als Edelmann, als Kavalier der neuen Schule, während ringsum bei Heerführern und vielen Adeligen durch die langen Kriegsjahre vermehrt eine derbe Roheit um sich griff.

Prinz Ruprecht hätte ebensogut als Herr seinen Fuß auf Linzer Boden setzen können. Sein Vater war nämlich jener Winterkönig, dem die oberösterreichischen Stände im Bündnis mit den böhmischen die Herrschaft übertragen wollten. Ruprecht selbst wurde ein Jahr vor der Schlacht am Weißen Berg in Prag geboren. Seine Mutter Elisabeth war eine Tochter König Jakobs I. von England. Dort fand die Familie des Winterkönigs nach langen Jahren der Flucht auch Aufnahme.

Prinz Ruprecht war also in England aufgewachsen. Er geriet als Verbündeter der Protestanten in Kriegsgefangenschaft. Kuefstein versuchte, ihm seinen Aufenthalt so angenehm als möglich zu gestalten. Die Linzer mögen z. B. nicht wenig gestaunt haben, als sich der junge Gefangene im Jänner 1641 im Schloßhof die Zeit mit *Gehen oder Schleyffen auf denen Niederländischen Schrittschuhen* vertrieb. Später durfte er untertags das Schloß verlassen und war beinahe täglich Gast im Ballhaus vor dem Schmidtor, das erst in den dreißiger Jahren wiederaufgebaut worden war.

Im Herbst 1641 erwirkte er nach mehr als zwei Jahren Haft seine Freilassung und war später in England an der Restauration der Stuarts wesentlich beteiligt.

Linz wird in seiner späteren Geschichte noch mehrmals prominente Gefangene beherbergen, aber so schön traurig wie beim jungen Prinzen werden die Episoden nicht mehr sein.

Der Linzer Frieden

Linz ist im Dreißigjährigen Krieg auch weniger wegen seiner Funktion als Haftort für politische Gegner bekannt geworden als durch den sogenannten „Linzer Frieden“ von 1645. Die Stadt selbst oder ihre Einwohner hatten damit freilich nichts zu tun, lediglich die Anwesenheit des Hofes während der Friedenspräliminarien hat zu dieser an sich ehrenvollen Bezeichnung geführt.

216 Gefangennahme des Kurfürsten Philipp Christoph v. Soetern in seinem Gemach.
Kupferstich aus: Annales Ferdinandei, Bd. XII
Foto: Litzlbauer

217, 218 Landeshauptmann Hans Ludwig Kuefstein und sein prominenter Gefangener, der Kurfürst von Trier. Kupferstiche aus: Annales Ferdinandei, Conterfet . . . , Bd. II *Fotos: Litzlbauer*

Während zu Beginn des Jahres 1645 die Aktionen auf dem Kriegsschauplatz in Bayern erfolgversprechend schienen – im Mai wurden die Franzosen bei Mergentheim geschlagen –, braute sich im Norden und Osten ein unheilvolles Gewitter zusammen. Die Schweden haben Dänemark unterworfen und das verbündete Sachsen zur Neutralität gezwungen. Sie waren im Begriff, in Böhmen einzudringen. Im Osten hatten sie ein Bündnis mit Georg Rakoczy, den Fürsten von Siebenbürgen, zustande gebracht, der die Österreicher von dorther in die Zange nehmen sollte. Ferdinand III., der sich seit Dezember 1644 in Linz aufhielt, eilte Ende Jänner nach Prag, um die Rettung Böhmens persönlich in die Hand zu nehmen. Der in Linz zurückgelassenen Gattin Maria Anna übertrug er die Herrschaft der Länder ob und unter der Enns.

In Böhmen stand bereits der schwedische Feldherr Torstensson, der nach Oberösterreich vordringen und hier die Bauern bewaffnen wollte. Am 6. März kam es bei Jankow in der Nähe von Tabor zur Schlacht, die schmählich verlorenging. Daraufhin wurde es höchste Zeit, Linz zu räumen. Maria Anna brach mit der oben genannten Zahl von Schiffen nach Wien auf, wohin ihr Ferdinand III. folgte. In Linz blieb nur Erzherzog Leopold Wilhelm, sein jüngerer Bruder, zurück, um dem von Torstensson angekündigten Aufstand der Bauern vorzubeugen. Diese dachten aber gar nicht daran, sich gegen den Kaiser zu erheben, sondern halfen eifrig mit, die Pässe an den Grenzen so zu verhauen, daß für das schwedische Heer ein Durchkommen unmöglich wurde, weshalb es seinen Weg durch das Wald- und Weinviertel nach Niederösterreich nahm. Am 24. März wurde Krems besetzt. Ein Übergreifen über die Donau konnte von den inzwischen ausgehobenen kaiserlichen Truppen verhindert werden. Allerdings war nun Wien bedroht, weshalb der gesamte Hof wieder aufbrach und zuerst nach Graz flüchtete, um dann wieder nach Linz zurückzukehren. Nicht die Bauern, sondern einige Adelige des Landes waren es gewesen, die Torstensson zu einem Marsch nach Oberösterreich eingeladen hatten.

Georg Rakoczy, der durchaus gewillt war, nunmehr in das Geschehen einzugreifen, wurde von der Hohen Pforte zurückgehalten, deren Truppen Anstalten machten, in Siebenbürgen einzufallen. Den ganzen Juli hindurch fanden in Linz Verhandlungen statt, die Rakoczy von einem Angriff abhalten sollten. Parallel dazu verliefen Rüstungsanstrengungen, die

219 Georg Rakoczy, der Fürst von Siebenbürgen (1606–1646), mit dem im Sommer 1645 der „Linzer Friede“ abgeschlossen wurde.
Aus: Annales Ferdinandei, Conterfet . . . , Bd. I.
Foto: Litzlbauer

Erzherzog Leopold Wilhelm in die Lage versetzten, ihm notfalls auch auf dem Feld zu begegnen. Rakoczy ließ sich bereden, der Abschluß des Friedens erfolgte am 8. August. Die Achse Wien bzw. Linz–Konstantinopel hatte sich bewährt.

Von größerer Bedeutung waren die Verhandlungen im Reich, die drei Jahre später das unselige dreißigjährige Morden und Brennen durch den Westfälischen Frieden beendeten. Aber auch der Linzer Friede hatte einiges zum Löschen des europäischen Brandes beigetragen. Noch immer aber standen damals die Schweden an der Donau. Nicht wenige Linzer Bürger waren in einer ersten Panikreaktion nach Westen geflohen. Sie kehrten aber bald zurück, als sie sahen, daß die Wiener nach Graz und Linz auszurücken begannen.

Der Tod der Königin und die zweite habsburgische Hochzeit

Kaiser Ferdinand III., den der Ruf, nach Jankow vor den Schweden geflüchtet zu sein, nicht ruhen ließ, kam erst im September wieder nach Linz, wohin er seine Residenz *auf ein zeitlang* zu verlegen gedachte, um sich gemeinsam mit seinem Bruder ausgiebig der Jagd widmen zu können. Der Landeshauptmann versuchte, das Seine dazu beizutragen, und errichtete ein neues Ballhaus, das später zu einem Freihaus (Klammstraße) umgewandelt wurde.

Linz wurde also wieder einmal zum Zufluchtsort des Wiener Hofes, und alles schien zum besten zu stehen, als ganz unerwartet Kaiserin Maria Anna am 12. Mai 1646 starb. Die Meldungen über das traurige Ereignis sind sehr widersprüchlich. Die Jesuiten berichten, daß sie zwei Tage vorher mit den Spaniern ihres Gefolges bei den Kapuzinern zu einem opulenten Mahl geladen gewesen sei. Nächsten Tag sei sie in Wahnsinn verfallen, der dann zum Tod führte. Da sie hochschwanger gewesen ist, hätte ihr das Kind – ein Mädchen – genommen werden müssen. Die Kapuziner wissen vom Wahnsinn nichts und überliefern glaubhaft, daß die Kaiserin während einer schwierigen Zangengeburt gestorben ist. Die Details wären an sich nicht so wichtig, würden sie uns nicht zweierlei zeigen: Erstens die alte Rivalität zwischen Jesuiten und Kapuzinern und zweitens die nationalen Spannungen zwischen Deut-

220 Maria Leopoldina, die zweite Gemahlin Kaiser Ferdinands III.
Aus: Annales Ferdinandei, Conterfet . . . , Bd. I.
Foto: Litzlbauer

schen (Österreichern) und Spaniern, die es im Bereich des Hofstaates immer wieder gegeben hat und die in manchen Zügen das Losensteiner Turnier wieder in lebendige Erinnerung rufen.

Als nächste Gattin war für Ferdinand III. Maria Leopoldina aus Tirol vorgesehen, die Tochter Erzherzog Leopolds, der wegen seiner zuvor innegehabten geistlichen Würden erst relativ spät geheiratet hatte und sechs Monate vor der Geburt Marias (1636) starb. Die Hochzeit *(Copulation und Beylager)* fand in Linz statt. Getraut wurde das Paar in der keineswegs ansehnlichen Exminoritenkirche, die in aller Eile ausgeweißt und mit einem neuen Fußboden versehen wurde. Die Zeremonie selbst nahm der päpstliche Nuntius Camillo de Melzi vor, Erzbischof von Capua. Ferdinand und Maria Leopoldina blieben noch bis Anfang September und begaben sich dann per Schiff und Floß nach Wien. Allein die Fuhrkosten beliefen sich auf 6423 Gulden.

Die Ehe war nur von kurzer Dauer, denn Maria Leopoldina starb bereits ein Jahr später an ihrer ersten Geburt. Trotz schwerer persönlicher Schicksalsschläge blieb Ferdinand III. der Stadt verbunden und kehrte bis zu seinem Tod 1657 immer wieder in ihren Mauern ein. Seine dritte Gemahlin, Eleonore von Gonzaga, sollte als Witwe sogar wesentlichen Einfluß auf die Ansiedlung der Ursulinen in Linz nehmen.

Im Türkenjahr

Der für die Thronfolge vorgesehene Ferdinand IV. wurde zwar noch als römisch-deutscher König gewählt (1654), starb aber ein Jahr später an den Pocken. Einige Jahre vorher haben ihm die Stände des Landes gehuldigt. An seine Stelle trat nun sein jüngerer Bruder Leopold, der eigentlich für den geistlichen Stand bestimmt gewesen war. Er wurde zu einem der längstregierenden Herrscher Europas, war aber zeit seines Lebens ein unterlegener Gegner seines großen Kontrahenten Ludwig XIV. in Frankreich. Obwohl unter seiner Herrschaft Österreich zu einer Großmacht in Europa aufgestiegen ist, bleibt das Bild seiner Persönlichkeit unscharf. Die unzähligen Darstellungen, die ihn als den großen Türkenbesieger zeigen, konnten ihre beabsichtigte propagandistische Wirkung trotz Prunk und Gloria nie völlig entfalten. Persönlich äußerst fromm, wurde sein gesamter Lebensweg von Männern der Kirche bestimmt. Den Ruhm der österreichischen Kriegstaten mußte er völlig zu Recht an andere, vor allem an Prinz Eugen von Savoyen, abtreten. Zu seinen Lieblingsbeschäftigungen zählte neben der Jagd und dem Organisieren pompöser Feste, mit denen er den Glanz des französischen Königshauses zu übertrumpfen suchte, das Komponieren von Zwischenstücken und Arien, mit denen er die Opern seiner Hofkomponisten belebte. Darin wird ihm sogar Talent nachgesagt.

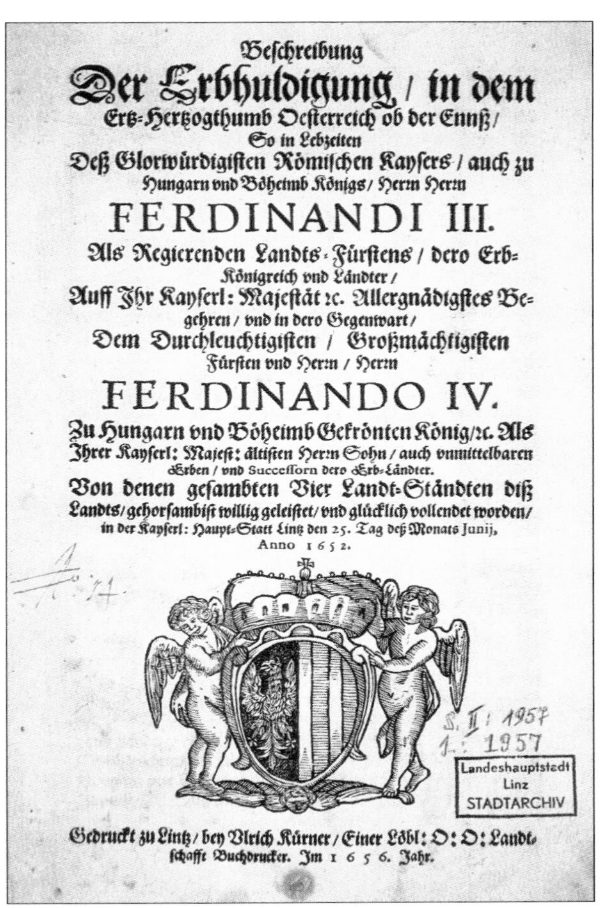

Beschreibung
Der Erbhuldigung / in dem
Ertz-Hertzogthumb Oesterreich ob der Ennß /
So in Lebzeiten
Deß Glorwürdigisten Römischen Kaysers / auch zu
Hungarn vnd Böheimb Königs / Herrn Herrn
FERDINANDI III.
Als Regierenden Landts-Fürstens / dero Erb-
Königreich vnd Länder /
Auff Ihr Kayserl: Majestät ꝛc. Allergnädigstes Be-
gehren / vnd in dero Gegenwart /
Dem Durchleuchtigisten / Großmächtigisten
Fürsten vnd Herrn / Herrn
FERDINANDO IV.
Zu Hungarn vnd Böheimb Gekrönten König / ꝛc. Als
Ihrer Kayserl: Majest: ältisten Herrn Sohn / auch vnmittelbaren
Erben / vnd Successorn dero Erb-Länder.
Von denen gesambten Vier Landt-Ständten diß
Landts / gehorsambist willig geleistet / vnd glücklich vollendet worden /
in der Kayserl: Haupt-Statt Lintz den 25. Tag deß Monats Junij,
Anno 1652.

Gedruckt zu Lintz / bey Vlrich Kürner / Einer Löbl: O: O: Landt-
schafft Buchdrucker. Im 1656. Jahr.

221 Anläßlich der Erbhuldigung für König Ferdinand IV. (1652) wurde 1656 ein Druck über den genauen Ablauf der Verhandlungen und der Zeremonien herausgegeben. Gedruckt bei Ulrich Kürner in Linz.
Archiv der Stadt Linz, Bibliothek. Foto: Litzlbauer

Mut gehörte nicht zu seinen hervorstechenden Charaktereigenschaften. Das mag einer der Gründe gewesen sein, der ihn in einer der schwersten Stunden der Habsburgermonarchie nach Linz führte. Indessen hat er, ähnlich wie sein Großvater im Dreißigjährigen Krieg, selbst wesentlich zum Ausbruch des Türkenkriegs beigetragen, als er in den habsburgischen Gebieten Ungarns die Gegenreformation vorantrieb. Daraus erwuchs eine Verschwörung

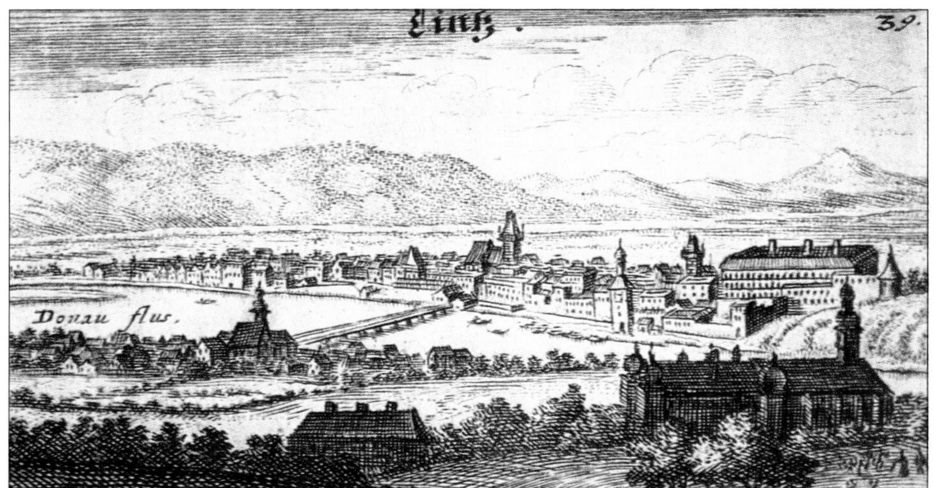

222 Im Jahre nach dem Türkenkrieg wurde die Reisebeschreibung „Der Vermehrte Donau-Strand ...“ neu aufgelegt und um die Türkenkriege 1663/64 und 1684 vermehrt. Linz nimmt darin einen beachtlichen Platz ein. Das Buch wurde beim Kupferstecher Jacob Sandrart in Nürnberg verlegt. Archiv der Stadt Linz, Bibliothek
Foto: Litzlbauer

der ungarischen Magnaten, die allerdings bald niedergerungen wurde. Die Hinrichtung der Anführer brachte zwar vorübergehend eine Beruhigung, wurde aber doch auf lange Sicht der eigentliche Grund zum Eingreifen der Türken, das sich Ende 1682 klar abzuzeichnen begann. Im März 1683 war auf energisches Betreiben des Papstes (Innozenz XI.) eine Vereinbarung zu gegenseitiger Hilfe mit Polen geschlossen worden, das bis dahin eher mit Frankreich sympathisiert hatte. Völlig zu Recht verweist die Kirchengeschichte darauf, daß die römische Kurie wesentlich mehr Verdienste am glücklichen Ausgang des Türkenkriegs hatte, als dies in der Allgemeingeschichte herausgestrichen wird. Es waren nicht nur die großen Hilfsgelder aus Rom, mit denen die Truppen unterhalten werden konnten, sondern auch die erfolgreiche diplomatische Arbeit der Nuntiaturen. Innozenz XI. betrachtete den Türkenkrieg als Kreuzzug gegen den Glaubensfeind. Die Bevölkerung schien das zu spüren oder zu wissen, denn als sich das türkische Heer im Juli der Stadt Wien näherte, machte man dafür die Kirche verantwortlich. Aber auch der Kaiser kam nicht ganz ungeschoren davon, als er am 7. Juli Hals über Kopf die Flucht aus der Hofburg ergriff. In der Stadt selbst und in den Vororten verfluchten ihn die Menschen, als sie die Hofkaleschen erkannten.

Leopold I. hatte es eilig, vom Gefahrenherd wegzukommen. Hatten die Kaiser früher gerne Linz als Zufluchtsort aufgesucht, so preschte der Zug nun durch bis Passau, wo man sich einigermaßen in Sicherheit wähnte. Es kann keine Frage sein, daß ihm die pure Angst im Nakken saß, auch wenn in den Geschichtsbüchern höflich darauf hingewiesen wird, daß ihn seine Räte zur Flucht überredet hätten. Allerdings erkannte er sehr schnell sein Fehlverhalten und kehrte Ende August zurück nach Linz, wo ihm seine dritte Gattin am 7. September eine Tochter (Maria Anna Josefa) gebar, die später Königin von Portugal wurde.

Erst dann machte er sich donauabwärts auf den Weg, um von Dürnstein aus den Ausgang der Entsatzschlacht um Wien abzuwarten. Schon Ende August hatte sich nördlich der Donau ein starkes Heer gesammelt, das unter dem nominellen Befehl Johann Sobieskis aus Polen stand. Am 12. September begann die Schlacht um Wien, die einen überwältigenden Sieg brachte und die Rückeroberung Ungarns einleitete, das 1526 zum Großteil verlorengegangen war, noch bevor die Habsburger die Herrschaft im Lande hatten antreten können.

Leopold I. hat es dem Polenkönig nicht verziehen, daß er vor ihm als Sieger in die Stadt eingezogen ist. Er hat ihm damit nicht nur die Schau gestohlen, sondern auch jegliche Chance genommen, sich vor den Augen der Wiener zu rehabilitieren. Zwar wurde noch eine Siegesfeier abgehalten und von Bischof Kollonitsch im Stephansdom das „Te Deum“ angestimmt, aber Leopold I., der allen Grund zur Dankbarkeit gehabt hätte, stieß auch die anderen siegreichen Feldherren vor den Kopf.

Dem eigentlichen Sieger und Feldherrn, Karl von Lothringen, wollte er keine Unterstützung für seine Truppen gewähren, und Johann Georg III. von Sachsen brüskierte er, als sich dieser für die Protestanten Ungarns einsetzen wollte.

Bereits nach vier Tagen verließ der deprimierte Kaiser jene Stätte, die ihm unsterblichen Ruhm eingebracht, wenn er sie nicht so schmählich verlassen hätte. Er kehrte nach Linz zurück.

Die Heilige Liga

Das übrige Europa feierte den Sieg als das, was er war: ein Jahrhundertereignis für die abendländische Welt. Papst Innozenz XI. aber wollte die Gunst der Stunde nützen und zum entscheidenden Schlag gegen den alten Glaubensfeind ausholen, den der Vatikan nun schon seit den ersten Kreuzzügen bekämpfte. Er trachtete, die europäischen Erzfeinde, die Häuser Bourbon und Habsburg, auszusöhnen, um die ganze Kraft auf die Vernichtung der Türken konzentrieren zu können. Er beabsichtigte die Gründung einer „Heiligen Liga", und die Präliminarien zu diesem großen Vertragswerk spielten sich wieder einmal in den Mauern der Stadt Linz ab. Der Zufall wollte es so.

223 Vom Gesandten Venedigs Domenico Contarini, der 1684 bei den Verhandlungen in Linz weilte, wurde diese symbolische Darstellung der „Heiligen Liga" in Auftrag gegeben. Auf dem Original ist im Hintergrund eine Darstellung der Stadt Linz zu erkennen. Museum Correr, Venedig

Zur Verwirklichung des großen Vertragswerkes war es notwendig, die Republik Venedig zu gewinnen, zu der das Haus Habsburg seit den Tagen Kaiser Maximilians I. alles andere als gute Beziehungen pflog. Dem Kapuzinerpater Marco d'Aviano, dem großen Prediger gegen die Türken, ist es gelungen, den venezianischen Senat zu gewinnen. Das Bündnis mit Polen blieb aufrecht, und so konnte im März der Vertrag abgeschlossen werden. Alle christlichen Mächte wurden eingeladen, sich der Liga anzuschließen. Damit war der Grundstein gelegt für die Rückeroberung Ungarns: 1686 wurde Ofen erobert, und ein Jahr später siegte Karl von Lothringen bei Mohács, wo aus österreichischer Sicht 1526 das Unglück begonnen hatte. Der bayerische Kurfürst Max Emanuel, der bereits an der Befreiung Wiens beteiligt gewesen war, eroberte wieder ein Jahr später das wichtige Belgrad, das allerdings bald wieder verlorenging und 1717 von Prinz Eugen noch einmal bezwungen werden mußte. 1699 wurden im Frieden von Karlowitz noch Siebenbürgen und große Teile Sloweniens dem Habsburgerreich angegliedert. Ob dies für die betroffene Bevölkerung positive Auswirkungen zeitigte, können wir hier nicht verfolgen.

Linz aber durfte von Ende 1683 bis August 1684 den Glanz und den Prunk eines barocken Kaiserhofes erleben – oder erleiden. Max Emanuel von Bayern machte noch im November Leopold I. seine Aufwartung. Was das für die Stadt bedeuten konnte, haben wir vorhin schon gesehen. Der siegreiche Feldherr Karl von Lothringen sprach beim Kaiser vor, und lange Zeit hielt sich auch die polnische Königin in Linz auf. Dazu kamen noch die Gesandten des Vatikans und der Republik Venedig sowie des polnischen Königs. Nicht zu vergessen die Vertreter der französischen Krone, mit denen ein zwanzigjähriger Waffenstillstand ausgehandelt wurde. Opern- und Ballettaufführungen wurden geboten, und die Jesuitenschüler gaben bei der Inszenierung von Dramen mehrmals ihr Bestes. Immer wieder trug der Kaiser bei den häufigen Kirchenfesten seine Frömmigkeit zur Schau, in der er von seiner dritten Gattin, Eleonore von Pfalz-Neuburg, die ursprünglich in den Orden der Karmelitinnen eintreten wollte, noch übertroffen wurde. Sie weigerte sich z. B., bei Opernaufführungen, zu denen sie ihren musikbegeisterten kaiserlichen Gemahl begleiten mußte, auf die Bühne zu sehen. Später hatte sie die Karmelitinnen nach Linz gebracht.

Mit dem Abzug des Hofes im Jahre 1684 endet auch die Periode länger andauernder Hofhaltungen in Linz. Sicher haben Leopolds I. Nachfolger auch dann und wann einige Tage oder Wochen in Linz zugebracht, aber keiner von ihnen war mehr so lange in der Stadt wie er.

Der Spanische Erbfolgekrieg

Die Machtentfaltung der Habsburger im Osten ließ den Sonnenkönig im Westen nicht ruhen, und er dachte gar nicht daran, den abgeschlossenen Waffenstillstand einzuhalten: zudem schwelte seit dem Tode Philipps IV. von Spanien (1665) auf der Iberischen Halbinsel ein Konflikt, der früher oder später zum Ausbruch kommen mußte. Es war bereits damals klar, daß sein geistig und physisch schwer behinderter Sohn Karl II. keine Nachfolger würde zeugen können. Sowohl Leopold I. als auch Ludwig XIV. stellten Ansprüche auf die dynastische Erbfolge. Die Spanier aber bevorzugten Joseph Ferdinand, den zweiten Sohn Maria Antonias, die als Tochter Leopolds mit Max Emanuel von Bayern verheiratet worden war. Maria Antonia wieder stammte über ihre Mutter Margareta Teresa von Philipp IV. ab. Als Joseph Ferdinand aber 1699, ein Jahr vor Karl II., starb, mußten die Waffen entscheiden. Österreich hatte sich mit Holland und England verbündet, Frankreich mit Bayern, dessen Kurfürst außerdem als Statthalter die spanischen Niederlande regierte. Nach den Wiener Plänen sollte Leopolds I. Sohn, Erzherzog Karl, König von Spanien werden, wohin er 1703 auch aufbrach, um in Barcelona unter dem Schutz englischer Bajonette Hof zu halten. Zu Madrid residierte indes Philipp V., ein Enkel Ludwigs XIV. Für Linz ist dieser Spanische Erbfolgekrieg (1701–1714) insofern von Interesse, als die Stadt in die unmittelbare Gefahrenzone des Krieges geriet. Bereits im Jahre 1702 ließen Schanzarbeiten an der bayerischen Grenze des Hausrucks auf eine bevorstehende Auseinandersetzung schließen, auf die man auch nicht allzulange warten mußte. Der bayerische Kurfürst, der vor Wien einst für die Habsburger gekämpft hatte, stieß im Jänner 1704 über St. Willibald nach Österreich vor und stand am 18. in Eferding. Die kaiserlichen Truppen waren aus Linz abgezogen worden, sodaß der Weg in die Landeshauptstadt

224 Die Schanze bei St. Willibald sollte ein Eindringen der Bayern verhindern. Obwohl sie nicht standhielt, blieb Linz vom Krieg verschont. Die Angst des bayerischen Kurfürsten Max Emanuel vor den aufständischen oberösterreichischen Bauern war einfach zu groß!
OÖ. Landesarchiv, Schlüßlberger Archiv, HS 17, fol. 23 v/24 r. *Foto: Litzlbauer*

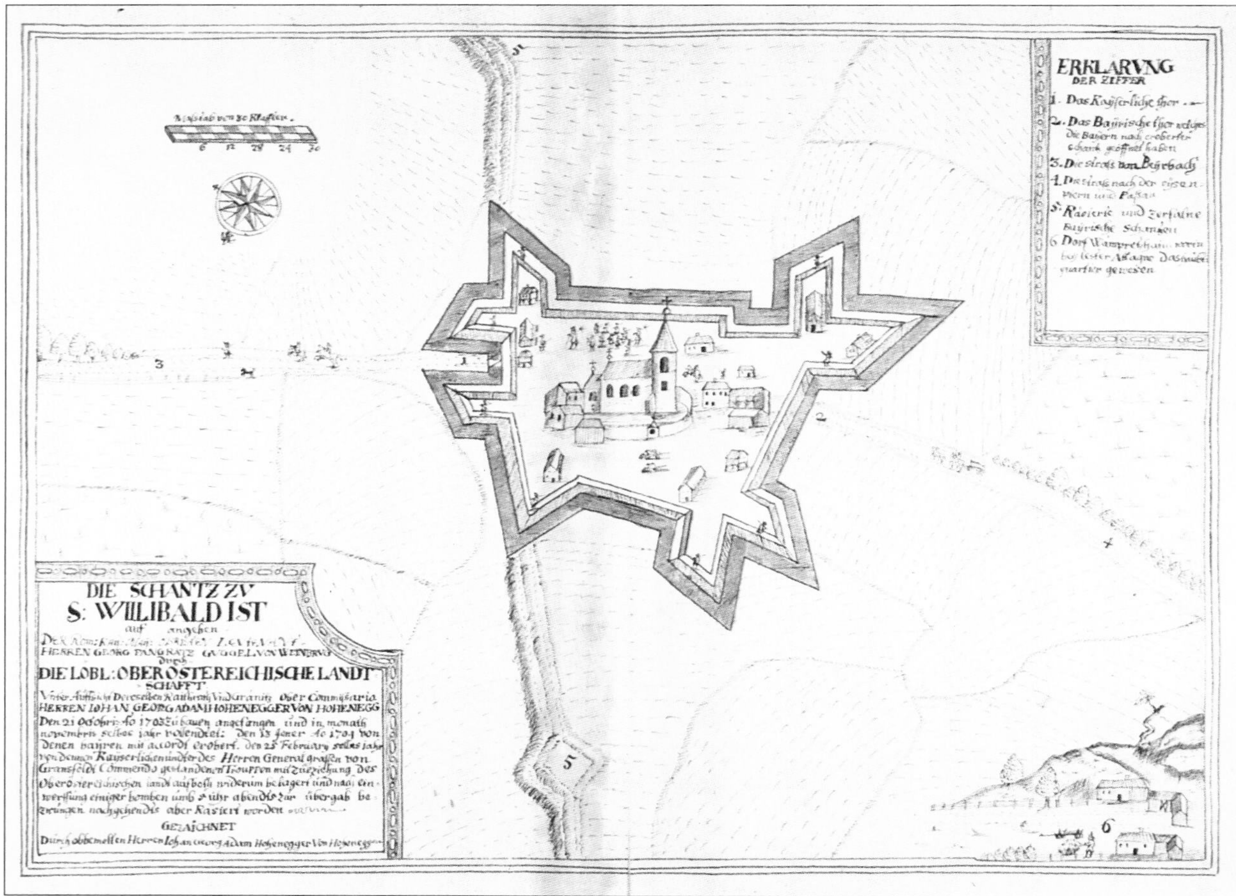

frei gewesen wäre. Aber wieder einmal sollte die Angst vor den oberösterreichischen Bauern für die weitere Entwicklung entscheidend werden: Max Emanuel hatte eine Kontribution ausgeschrieben, die so drückend war, daß das Landvolk zu seinen Waffen griff und jeden niedermachte, den es in bayerischer Uniform antraf. Der Aufstand dauerte nur zwei Tage, aber Max Emanuel entschloß sich zum Rückzug. An einen Durchmarsch und Angriff auf Wien dachte er vermutlich kaum. Er wußte aus eigener Erfahrung zu gut, daß dies ein sinnloses Unterfangen sein würde. Im Jahr zuvor war er übrigens an den Tiroler Bauern gescheitert. Im Sommer siegte ein vereinigtes kaiserliches und englisches Heer unter Herzog Marlborough und Prinz Eugen bei Höchstädt.

Die Österreicher marschierten daraufhin in Bayern ein. Es gab ja längst Überlegungen, das benachbarte Herzogtum dem Habsburgerstaat anzugliedern, wozu es aber letztlich nicht gekommen ist.

1705 starb Leopold I. Sein Sohn und Nachfolger Joseph I. aber regierte nur sechs Jahre. Nach seinem Tod mußte der „König von Barcelona“ an die Donau zurückkehren, um die Herrschaft im habsburgischen Länderkomplex anzutreten. Als Kaiser nannte er sich Karl VI. Spanien aber war seit damals für Habsburg verloren. Umsomehr konzentrierte sich der Wiener Hof nach Osten und Süden. Im Frieden von Rastatt (1714) fielen das Herzogtum Mailand und die Königreiche Sardinien, Neapel und Sizilien an die Habsburger. Sie blieben wie die ehemals spanischen Niederlande schwer zu regierende Teile des Reiches. Die österreichische Präsenz in diesen Ländern hatte eigentlich keine anderen Grundlagen als dynastische, die aber früher oder später nationalen Bestrebungen weichen mußten.

Auf die große europäische Politik dieser Jahre hatten die einzelnen habsburgischen Länder längst keinen Einfluß mehr. Das seit Wallenstein eingeführte stehende Heer hat die Stände einer weiteren Funktion entkleidet. Das jährliche Steuerbewilligungsrecht ging bereits im Jahre 1701 verloren, als die Höhe der Abgaben auf Jahre im voraus festgeschrieben wurde. Damit war es für die Landesfürsten auch nicht mehr notwendig, ihre Herrschaft in irgendwelcher Form legitimieren zu lassen. Kaiser Karl VI. ließ sich erst nach 20 Jahren Regierung herbei, in Linz von den Ständen des Landes die Huldigung entgegenzunehmen. Sie war ja längst zu einer leeren Zeremonie geworden und auch gar nicht mehr notwendig, hatten die Stände des Landes ob der Enns doch als erste bereits im Jahre 1720 der Pragmatischen Sanktion zugestimmt, sodaß sie an eine Huldigung gar keine Bedingungen mehr knüpfen konnten, wie es vorher üblich war.

Diese Unabhängigkeit verdankten die österreichischen Herrscher nicht zuletzt ihrer Streitmacht, die sie seit 1648 auch in Friedenszeiten unterhielten. Als Quartier für die Soldaten kamen aber nur mehr Städte in Betracht.

Auf dem Weg zur Garnisonsstadt

Es wurde bereits davon gesprochen (vgl. S. 128), daß Kaiser Matthias beim sogenannten „Reichstag“ von Linz im Jahre 1614 versucht hatte, von den Landständen das Zugeständnis zu erreichen, generell ein Heer zu unterhalten. Damals hatte diese Idee noch keine Chance auf Verwirklichung. Nach wie vor sollten erst im Bedarfsfall Truppen angeworben werden, die nach dem Krieg wieder entlassen wurden. Die damit verbundenen Probleme sind bereits angedeutet worden. Truppen, das haben wir aus der Zeit der bayerischen Besatzung schon gesehen, konnten nur im Krieg gewinnbringend eingesetzt werden. Im Frieden verschlangen sie im wahrsten Sinne des Wortes ungeheure Summen. Darum war jeder Feldherr darauf angewiesen, möglichst nur im jeweiligen Feindesland zu operieren, auch ohne unbedingt Schlachten zu schlagen. Es genügte unter Umständen, das gegnerische Land „leerzufressen“. Auch dafür wurde bereits ein Beispiel angeführt, nämlich das Wüten des Passauer Kriegsvolkes.

Während des Dreißigjährigen Krieges bildete sich immer mehr die Usance heraus, daß die einzelnen Truppenführer zu Inhabern ihrer Regimenter wurden, d. h., daß die Armee selbst zu einem Wirtschaftsfaktor gedieh, aus dem sich Geld herausholen ließ. Die genialste Ausprägung dieses Systems verkörperte sich in Albrecht von Wallenstein, der sich an den Güterkonfiskationen nach der Schlacht am Weißen Berg bereichert hatte. Gegen die Ernennung zum Generalissimus hat er sich 1625 be-

225 Abbildung aus der in Druck gegangenen Schrift des Fürsten Raymund Montecouccoli, in der er sich auch theoretisch mit der Kriegsführung auseinandersetzt. Der „Türkenbesieger“ (Schlacht bei Mogersdorf 1664) ist während seiner Anwesenheit am kaiserlichen Hof im Jahre 1680 in Linz gestorben. Archiv der Stadt Linz, Bibliothek.
Foto: Litzlbauer

reit erklärt, eine Armee auf die Beine zu stellen, die die Welt noch nicht gesehen hatte. Tatsächlich brachte er durch seine Werber die Stärke des kaiserlichen Heeres auf 100.000 Mann. Noch fünf Jahre vorher waren sich maximal je 30.000 gegenübergestanden. Entscheidend für die künftige Kriegskunst wurde der Ausbau der Infanterie, die grosso modo, in den seinerzeitigen Landsknechten Kaiser Maximilians I. wurzelten. Dazu kam noch die allmähliche Umstellung der Lanzen- und Hellebardenträger zu Musketieren. Das Gewehr in seinen Frühformen begann auf den Schlachtfeldern zu dominieren. Die Bedeutung der Artillerie nahm zwar stetig zu, ihre Feuerkraft war aber bei weitem noch nicht ausreichend, um Schlachten entscheiden zu können. Ein Regiment führte kaum mehr als zwei bis drei Geschütze mit sich.

Viel mehr als technische oder taktische Innovationen hat die Furie des langdauernden Krieges das Verhalten der Soldaten auf dem Schlachtfeld und noch mehr außerhalb desselben bestimmt. Der lothringische Zeichner Jacques Callot (1593–1635) hat die Greuel des Krieges in einer Serie von Radierungen dargestellt, und Christopher Grimmelshausen hat sie in seinen „Abenteuern des Simplicius Simplicissimus“ lebendig werden lassen.

Statt Händlern und Höflingen: Soldaten

Linz und Oberösterreich blieben davon weitgehend verschont. Aber es verging kein Jahr, kein Monat, in dem nicht durchziehende Truppen in Linz Quartier gemacht hätten. Noch fehlt es an einer militärgeschichtlichen Studie dieser Zeit, sodaß über die Auswirkungen des Krieges und der Einquartierungen auf die Stadt keine fundierten Angaben gemacht werden können. Wir führen deshalb in loser und unzusammenhängender Folge nur die zufällig überlieferten Nachrichten über ein halbes Jahr (1632) in zeitlicher Abfolge an:

Jänner 3: Vom Scherffenbergischen Regiment liegen in Linz 500 Mann (250 zu Pferd), in Ebelsberg 60 Mann zu Fuß und in Urfahr 30 Mann zu Fuß.

Jänner 8: Der ständische Steuereinnehmer Georg Niklas Pucher bittet um die Vermietung eines Gewölbes im Landhaus, um dort seinen Wein unterzubringen, da neues Kriegsvolk erwartet wird.

Jänner 10: Die Stadt Linz ersucht, 150 Pferde (samt Reitern) nach Urfahr verlegen zu dürfen, weil in der Stadt nicht genügend Quartier vorhanden ist.

Jänner 19: Der Linzer Mautner Hannes Georg Khautt wird als Gesandter zu Wallenstein geschickt, um ihm die seit dem Bauernkrieg unveränderte mißliche Lage des Landes darzulegen und ihn um Abhilfe zu bitten. Das Land und die Stadt leiden unter den einquartierten Soldaten, die mit ihrem Sold nicht zufrieden sind. Auch treibt sich im Troß des Heeres viel Gesindel herum.

Februar 10: 43 Untertanen der Herrschaft Steyregg in Urfahr bitten um die Befreiung von der Rüststeuer (pro Haus 3 Gulden 4 Schilling), weil sie durch viele Jahre durch die Soldaten größten Schaden erlitten haben.

Februar 16: Die Stadt Linz reicht bei Oberst von Scherffenberg Muster jener Stoffe ein, die er um 1000 Gulden für die Ausstattung der Soldaten begehrt hat. Für Leinwand und Schuhe kann sie nicht aufkommen.

März 13: Die Stadt Linz bittet bei den Ständen um ein Darlehen von 2000 Gulden, um das Fleisch bezahlen zu können, das einzelne Bürger an das Militär geliefert haben.

März 23: Die Stadt sieht sich außerstande, weiterhin Fleisch zu liefern. Sie ersucht, einen anderen Proviantmeister zu ernennen. Richter und Gemeinde von Urfahr ersuchen um die Abrechnung von 356 Gulden Unkosten für die Soldaten.

April 2: Richter und Gemeinde von Urfahr ersuchen um Bezahlung von Heu, Streu, Fleisch, Hafer und anderem. Sie werden an ihre Grundherren verwiesen.

April 19: Die Stadt Linz ersucht die Stände um Abrechnung für die Unkosten für die vier durchmarschierten Regimenter.

Mai 12: Der neue Proviantmeister David Palmiller tritt von seinem Posten zurück, weil das Kriegsvolk nicht abgezogen wird.

Mai 13: Zwei neue Regimenter sollen ankommen. Die Stadt hat keine Mittel mehr. Die Stände vertrösten und betonen, daß sie ohnedies alles mögliche überlegen, um der Situation Herr zu werden.

Mai 15: Die Stadt bittet, die bis jetzt aufgelaufenen Kosten von 12.541 Gulden von der Steuer abrechnen zu dürfen.

Mai 21: Die Stadt entschuldigt sich, die vom Landeshauptmann begehrten 5000 Gulden Darlehen nicht geben zu können.

Juni 8: Die Stadt fordert von den Ständen die wöchentliche Bezahlung des Proviantmeisters, da die Bürger ohne Geld nichts mehr liefern können.

Juni 11: Die Stadt fordert die Stände auf, mit Oberst Wangler und Oberstleutnant Stra (.....) selbst zu verhandeln, da sie nichts mehr geben können.

Juni 12: Die Urfahrer bitten, die 58 einquartierten Soldaten sofort wegzubringen.

Juli 2: Die Stadt erinnert an die über 12.000 ausständigen Gulden. Ein kleiner Betrag wird bezahlt.

Juli 9: Die Stände schreiben eine Steuer aus, um die fünf Regimenter bezahlen zu können. Auf die Städte entfallen 17.525 Gulden. Davon ein Zehntel auf Linz. Die Stadt beklagt sich heftig darüber, daß die Soldaten nur in den Kommunen untergebracht werden. Doch der Kaiser hat dies so befohlen. Dabei

226 Die erste provisorische Kaserne auf Linzer Boden, das 1713 errichtete „Campanement“ auf der Soldateninsel. Zeichnung im OÖ. Landesarchiv, Plansammlung. *Foto: Litzlbauer*

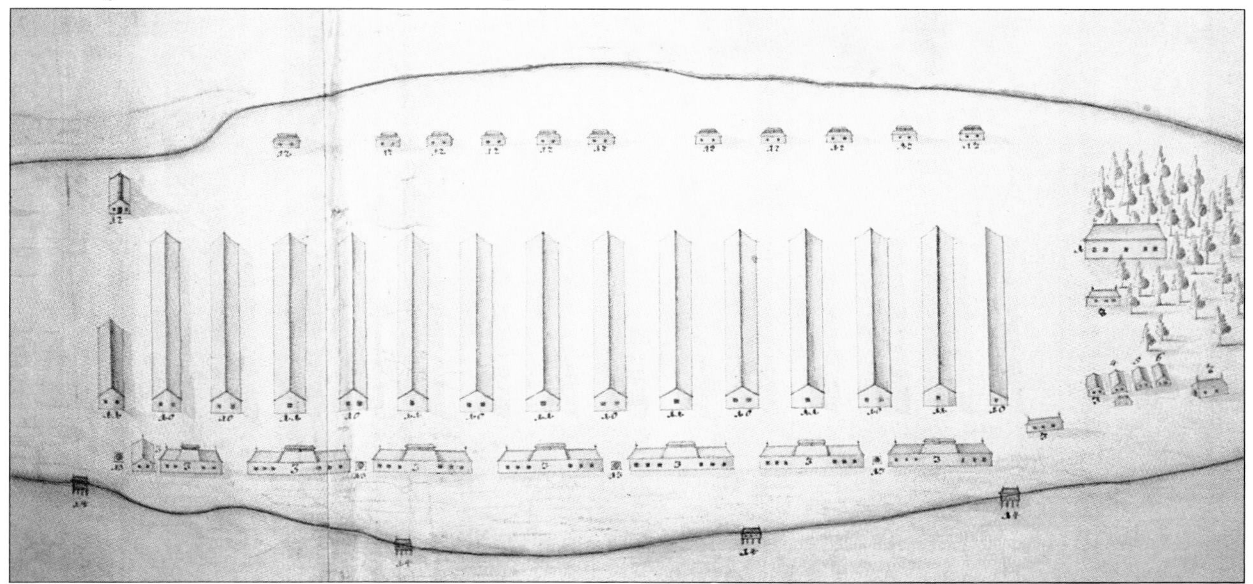

wären auch andere Orte so gut versperrbar, daß die Soldaten nicht desertieren können. Außerdem müßten auch in Linz die meisten in den Vorstädten untergebracht werden, weil in der Stadt selbst kaum für die Offiziere Platz genug wäre.

Juli 28: Linz, Ottensheim, Aschach, Engelhartszell und Mauthausen müssen für die im Lande liegende kaiserliche Truppe 80.000 Metzen Getreide besorgen.

Angesichts der Schrecken auf den Kriegsschauplätzen waren dies eher harmlose Anforderungen an die Bürgerschaft, aber sie mögen ihr sauer genug geworden sein. Immer wieder mußte um jeden kleinen Betrag gefeilscht werden, z. B. auch um das Brennholz im Winter. Traf es nicht ein, dann bedienten sich die Soldaten bei Zäunen und Planken, ja selbst bei Haustüren und -toren.

Immer wieder wird deutlich, daß die Einquartierung in den Städten bevorzugt wurde, weil dort die Soldaten besser beaufsichtigt werden konnten. Auf dem Land kam es zu vielen Übergriffen, vor allem die Frauen waren vor den rauhen Gesellen kaum zu schützen.

Immer mehr hat sich Linz zum idealen Standort herauskristallisiert, und es gab kaum ein Regiment mit klingendem Namen, das hier nicht in Quartier gelegen wäre: Wallensteinsche und piccolominische Reiter, Truppen von den Feldherren de Werth und Tilly. Nicht nur die Mannschaften, sondern auch die Generäle selbst waren zu Gast in der Stadt: etwa der Spanier Don Balthasar de Marradas, die Grafen Gallas, Hatzfeld und Colloredo. 1645 wurde Erzherzog Leopold Wilhelm zum Generalissimus des kaiserlichen Heeres ernannt. Er schlug sein Hauptquartier in Linz auf, sodaß die martialische Prominenz in der Stadt ein- und ausging. Damals mußten sogar 30 Bürger die Muskete zur Hand nehmen und bei Aigen-Schlägl Wachdienst versehen. Sie beschwerten sich darüber bitter, weil sie in der Stadt selbst längst verstärkten Wachdienst anordnen mußten. Außerdem hatten sie nun neben den Türmern auch noch eine eigene Stadtwache zu unterhalten, die jährlich mehr als 1000 Gulden verschlang.

Nicht nur weil der Generalissimus von Linz aus agierte, hatte es sich immer mehr eingebürgert, die Stabsstellen der Regimenter hier einzurichten. Vielmehr waren hier in den Verordneten der Stände auch die Ansprechpartner für alle finanziellen Belange (Geld und Proviant) zur Hand. Nur unter Aufbietung aller Überredungskünste brachte es die Stadt zuwege, daß auch die anderen Städte für die Quartierslasten herangezogen wurden, wobei Wels besonders beansprucht wurde, und Steyr versuchte, ungeschoren davonzukommen, obwohl es durch die Waffenerzeugung am meisten von der Kriegskonjunktur profitierte. In Linz unternahm man alles, um die Soldaten wenigstens während der beiden Markttermine aus der Stadt zu bekommen.

227 Die Feldherren Melchior Graf von Hatzfeld, der Spanier Octavius Piccolomini, Matthias Graf von Gallas und Gottfried Heinrich Graf von Papenheim, die alle während des Dreißigjährigen Krieges entweder persönlich in Linz waren, oder deren Regimenter wenigstens vorübergehend in der Stadt einquartiert waren. Alle aus: Annales Ferdinandei, Conterfet . . . , Bd. II
Fotos: Litzlbauer

Ein kleiner, aber sicherer Gewinn

Andererseits konnten die Bürger am Militär prächtig verdienen, solange der Sold ordentlich ausbezahlt wurde und Mannschaft und Offiziere weitgehend im Zaum gehalten werden konnten. Die Gewinnspanne war bei Unterkunft, Essen und Trinken zwar klein, aber relativ sicher. Großaufträge gab es für Schneider, Schuster,

Riemer und Sattler, wobei die Leistungsfähigkeit der Betriebe erstaunlich ist: Der Schneidermeister Ulrich Purger erklärte sich bereit, innerhalb von vier Wochen 1000 Soldatenuniformen zu liefern (à sieben Gulden). Freilich werden seine Zunftkollegen mitgearbeitet haben, denn sie beschwerten sich 1645 gemeinsam bei der Hofkammer, daß ein Restbetrag von 13.200 Gulden noch nicht bezahlt worden sei. Ähnlich ging es den Schustern und Sattlern, die Ausstände über 900 Paar Stiefel und 300 Sättel im selben Jahr beklagten. Neben Geld lockten immer wieder andere Begünstigungen zur Annahme solcher Aufträge. Purger wurde z. B. zum Hofschneider ernannt und außerdem Vollbürger der Stadt; ein Vorzug, der einem Handwerker an sich verwehrt gewesen ist.

Als 1648 der Friede gemacht war, wurden die Kriegsmannschaften nicht mehr zur Gänze abgedankt. In Linz lag das Regiment des Generals de Werth, und schon bald sah sich der Kaiser genötigt, eine Regelung darüber zu treffen, wenn Bürgerstöchter oder -witwen einen Offizier zum Gatten nahmen. Bei Hof hat man es gerne gesehen, wenn dieser das Bürgerrecht erwarb und aus dem Heer ausschied. Damit konnte der Überhang im Offiziersstand reduziert werden.

228 Erzherzog Leopold Wilhelm, Bischof von Passau, Straßburg, Halberstadt, Olmütz und Breslau, der Bruder Kaiser Ferdinands III., der als Generalissimus des kaiserlichen Heeres sein Hauptquartier 1645 in Linz aufgeschlagen hat und von hier aus einen Aufstand der Bauern des Landes verhindern sollte.
Aus: Annales Ferdinandei, Conterfet . . . , Tom. II
Foto: Litzlbauer

Die Armeen des Dreißigjährigen Krieges bestanden noch aus ausgesprochen bunten Haufen, denen zwar dann und wann neue Uniformen verpaßt wurden, die aber im Feld schnell bis zur Unkenntlichkeit verdarben. Erkennbar war ein kaiserlicher Soldat manchmal lediglich an seiner roten Armbinde. Erst nach und nach setzte der Hofkriegsrat das Tragen der später berühmten weißen Uniform durch. Eine einheitliche Befehlssprache war nur mit Mühe einzuführen, denn nach wie vor spielte die Nationalität der einzelnen Soldaten keine Rolle. Vereidigt wurden sie auf den Kaiser und nicht etwa auf Österreich. Aus den neu erworbenen Gebieten im Osten wurden Spezialeinheiten rekrutiert, etwa die ungarischen Husaren oder die als verwegen bekannten kroatischen Reiter, die sich im Winter 1741/42 im Sturm auf Linz bewähren sollten. Daneben existierten bis in das 18. Jahrhundert die sogenannten Freikorps, die sich von einer jeweils kriegsführenden Armee anheuern ließen und als Freibeuter besonders gefürchtet waren, etwa die Truppe des Freiherrn von Trenck, die im eben erwähnten Kampf um Linz ebenfalls beteiligt war.

Noch aber war von einer durchgehenden Garnisonierung nicht die Rede, denn die Regimenter wechselten noch sehr häufig. Ein ständiges Kommen und Gehen ließ die Einquartierung zu einer riskanten Sache werden, denn sehr häufig mußten die Bürger ihrem Geld nachlaufen. Die Truppenstärke wurde noch einmal stark angehoben.

Nach dem spanischen Erbfolgekrieg war es nicht mehr möglich, die Menge der Soldaten in der Stadt unterzubringen. Deshalb haben die Stände 1713 die Spitalinsel angemietet, um dort ein ständiges Militärlager zu errichten. Die Insel war während eines Hochwassers 1572 vom Festland abgetrennt worden. Sie hieß ab nun Soldatenau.

Erst 40 Jahre später (1751/52) wurde an der Unteren Donaulände die erste stabile Kaserne erbaut. Dazu kam später noch (ab 1770) das „Rekrutensammelhaus" an der Herrenstraße (Nr. 35). Als Militärspital und Kaserne fand nach dem Abzug der Barmherzigen Brüder (1789) das ehemalige Siechenhaus Straßfelden

Verwendung, und seit ca. 1731 logierten auch im Stockhof Soldaten. Fast ein Jahrhundert lang (1786–1869) diente das aufgelassene Jesuitenkollegium als Militärquartier. Von den übrigen Kasernen, die in der franzisko-josephinischen Ära entstanden sind, wird an anderer Stelle berichtet werden.

Waren es auf der einen Seite die Soldaten, die das Bild in der Stadt zu prägen begannen, so waren bald auch andere neue Gestalten auf den Straßen zu sehen: In ihren braunen und grauen Kutten begannen Mönche und Nonnen, in einem zähen Ringen die Stadt auf friedlichem Wege zu erobern.

Doch zuvor muß noch an den Kampf erinnert werden, den die katholische Kirche gegen den Glaubensfeind austrug und der manchmal seltsame Blüten trieb.

Ein neues Kleid für die alte Dame

Die barocke Kirche

Die oft gewaltsame Rückführung der vormals überwiegend protestantischen Bevölkerung zum alten katholischen Glauben wird in der Mehrzahl der österreichischen Geschichtsbücher positiv beurteilt. Das erklärt sich aus dem nachhaltigen Einfluß der katholischen Kirche auf das österreichische Geistesleben in den seit der Gegenreformation abgelaufenen Jahrhunderten. Noch viel weniger als die Glaubensrichtung wird die Wichtigkeit der Religiosität an sich in Frage gestellt. Das unterscheidet die mittel- und südeuropäischen Staaten auch heute noch von den skandinavischen Ländern oder etwa Frankreich. Dabei kann das Verhältnis des einzelnen Menschen zu Fragen der Religion durchaus sehr ambivalent sein. Katholisches Denken, religiöses Fühlen und frommes Handeln müssen sich nicht unbedingt decken. Die Wichtigkeit der rechten und guten Tat für ein gottgefälliges Leben war in den Wirren der Reformation heftig umstritten und sollte es in der Aufklärung wieder werden. Nun aber trat sie ganz zurück. Es heißt, daß sich der barocke Katholizismus (wieder) ganz einem verinnerlichten, subjektiven und gefühlsbetonten Glaubensleben zugewandt hat, die großen menschlichen Vorbilder (=Heilige) seien wichtiger als die religiösen Dogmen geworden. Die Religiosität fand eine sprituelle Erneuerung im weiten Feld der Emotionen und äußerte sich nicht selten in geradezu ekstatischen Ausbrüchen. Wir werden dafür noch spezielle Linzer Beispiele kennenlernen. Im wesentlichen sind das alles Erscheinungen, die uns aus der mittelalterlichen Welt durchaus schon bekannt sind, was es vorerst nicht einfach macht, das eigentlich Neue des barocken Katholizismus herauszuschälen. Wir werden es in der Volksfrömmigkeit, auf die die lokalen Religionsvertreter in erster Linie abzielten, auch kaum finden. Die Erkenntnis, daß nicht ein den Dingen innewohnendes Wesen, sondern ein äußerer Systemzusammenhang die Welt in Bewegung hält, blieb den Naturwissenschaftern und damit einer geistigen Elite vorbehalten. Sie begannen, alle sichtbaren Erscheinungen als Teile bestimmter Systeme zu beschreiben, die in exakter Gesetzlichkeit die Abläufe des Lebens bestimmen. Darauf hatte ja bereits Johannes Kepler in seinen Linzer Jahren hingewiesen.

Dabei war es sicher kein Zufall, daß der Mensch und das Geheimnis des Lebens im Zentrum des wissenschaftlichen Interesses standen. Stellvertretend für alle anderen Erkenntnisse der Wissenschaft möge die Entdekkung des Blutkreislaufes stehen, die dem englischen Arzt William Harvey (1578–1657) gelang. Wir wählen das Beispiel deswegen, weil Harvey mit der englischen Gesandtschaft, der auch Wenzel Hollar angehörte, 1636 wenigstens kurzzeitig in Linz weilte. Seine Erkenntnisse, die schon 1628 in Frankfurt im Druck erschienen waren, wurden von den Linzer Ärzten – soweit sich das aus den wenigen Schriften erkennen läßt – nicht angenommen. Bezeichnend blieb aber auch in der Wissenschaft, daß alle Erkenntnisse noch immer dem gesellschaftlichen Weltbild angepaßt wurden. Harvey verglich die Tätigkeit des Herzens mit der eines regierenden Fürsten: *Er (es) ist der Ursprung und Grund aller Macht.* Aber mehr noch als die weltliche Ordnung wurde im nunmehr mikroskopisch erforschten Bau von Pflanzen und Tieren, im mechanischen Funktionieren des menschlichen Körpers das Wirken Gottes gesucht und gefunden. Darin unterschieden sich die protestantischen und katholischen Länder kaum. Der Drang nach wissenschaftlicher Erkenntnis und die Ergebnisse der Forschung ließen den Glauben nicht nur unangetastet, sondern sie stärkten ihn, verbanden sich sogar mit ihm.

Aber auch abseits der Wissenschaft gingen in den österreichischen Ländern weltliche Herrschaft und Kirche eine dauernde und fruchtbare Symbiose ein, die sich für beide Teile als sehr vorteilhaft erweisen sollte. Für das städtische Leben wurde vor allem das Wirken der Jesuiten wichtig, die sich aufgrund des starken päpstlichen Schutzes einen Freiraum schaffen konnten, der sie sowohl gegenüber dem Herrscher als auch gegen die Ortskirche in einem Maße unabhängig machte wie sonst kaum ein Orden. Ihr jeweiliger Einfluß am kaiserlichen Hof wurde nur ab und zu von den Kapuzinern beeinträchtigt. Alle übrigen in die Stadt ziehenden Kongregationen, über die gesondert berichtet werden soll, haben auch nicht annähernd diese Bedeutung erreicht.

Das Wirken der Jesuiten bestimmte den Standard von Moral und Sitte in der Stadt. Über die Bücherzensur übten sie die Kontrolle über das geistige Leben der Menschen aus, beginnend vom Kindesalter an, denn sie übten auch die Aufsicht über das Schulwesen aus. Darin liegt sicher etwas Neues. Der Stadtpfarrer und mit ihm auch der Bischof in Passau als sein Vorgesetzter hatten in den ersten Jahrzehnten des 17. Jahrhunderts allen Einfluß verloren. Kirche war in Linz zu Beginn der Gegenreformation eher gleichbedeutend mit der Gesellschaft Jesu und weniger mit der altetablierten Hierarchie vom Priester über den Bischof zum Papst. Das Volk konnte in vielfältiger Weise an religiösen Handlungen aktiv und passiv teilnehmen, sei es bei Messen, Prozessionen, Wallfahrten oder an den als Marathonveranstaltungen organisierten Dauergebeten. Die Gläubigen wurden dazu in Bruderschaften organisiert, über deren Bedeutung am Ende dieses Kapitels zu berichten sein wird.

Als Hauptinformationsquelle für die folgende Darstellung dienen uns die jährlichen Berichte der Linzer Jesuitenniederlassung *(= litterae annuae)*, die in knappen Worten und relativ offen über Begebenheiten in der Stadt informieren, soweit das Kolleg davon betroffen war. Daß die Autoren dabei die Interessen des Ordens vertraten, ist nur zu natürlich. Eine kritische Beurteilung dieser einzigartigen Aufzeichnungen wird durch das weitgehende Fehlen anderer schriftlicher Nachrichten sehr erschwert. Diese Knappheit an Information engt auch den Zugang zum religiösen Verständnis der Zeit ein. Wir dürfen nicht übersehen, daß die „litterae annuae" selbstverstänlich auch nur das festhielten, was den geistlichen Chronisten besonders erwähnenswert erschien. Das religiöse Alltagsleben, die innere Einstellung der Menschen bleibt uns trotz intensiver Forschung weitgehend verborgen. Aber schlaglichtartig läßt sich dennoch das Dunkel erhellen.

Die Rekatholisierung

Nach hoffnungsvollen Anfängen ab 1600 mußten die Jesuiten in den Jahren 1608/09 schwere Rückschläge hinnehmen. Die Bürger hatten erstmals offiziell eine Religionsfreiheit erlangt, die auch während der ersten Jahre der bayrischen Besatzung gewahrt blieb. Erst ab Ende des Jahres 1624 ließ Kaiser Ferdinand II. durch den Statthalter die Rekatholisierung vorantreiben. Die Niederlage der protestantisch gesinnten böhmischen Stände in der Schlacht am Weißen Berg und die gewaltsame Unterdrückung des oberösterreichischen Bauernaufstandes hatten eine resignative Stimmung in der Bevölkerung hervorgerufen. Eine Auswanderungswelle erfaßte die wirtschaftlich stärksten Kräfte der Bürgerschaft und Teile des Adels.

Jenseits aller kaiserlichen und bayerischen Mandate, Patente und abseits jeder Ideologie war es aber auch bürgerlichen Kreisen möglich, gegen Entrichtung ansehnlicher Summen beim protestantischen Glauben zu bleiben, wenngleich ein öffentliches Bekenntnis oder eine zur Schau getragene evangelische Glaubenshaltung nicht mehr toleriert wurden.

Die Jesuiten führten genau Buch über die von ihnen erreichten Bekehrungen. Die Zahl stieg von 87 im Jahre 1626 über 127 (1627), 218 (1630), 272 (1631), 381 (1632) auf den absoluten Höhepunkt von 1000 im Jahre 1633, um dann wieder langsam abzusinken: 300 (1635), 400 (1636 nach dem Laimbaueraufstand), 240 (1637), 46 (1638), 30 (1639), 6 (1641). Die Zahlen beziehen sich zum Großteil, aber nicht ausschließlich auf die Linzer Bevölkerung, besaßen doch die Jesuiten mehrere Herrschaften auf dem Land. Die bekehrten bäuerlichen Untertanen wurden also miteingerechnet. Trotzdem bleiben die Angaben beachtlich, denn wir müssen ja damit rechnen, daß auch die Kapuziner sich eifrig dem Bekehrungswerk in der Vorstadt widmeten; der Stadtpfarrer und seine Kapläne mögen ebenfalls in der Mission tätig gewesen sein. Bis mindestens 1631 hielten protestantisch gesinnte Bürger bei heimlichen Zusammenkünften Bibellesungen und sangen in ihren Häusern Psalmen. Erst für 1645 können schließlich die Jesuiten scheinbar beruhigt notieren, daß es niemand in der Stadt mehr wagen konnte, sich öffentlich als Protestant zu bekennen.

Sechs Jahre später sollten sie auf ihren eigenen Gütern bei den ihnen untergebenen Bauern feststellen, daß dies eine voreilige Annahme gewesen war. Bei einer Volksmission in Ottensheim und Steyregg (Pulgarn) zeigte sich, daß noch längst nicht alle katholisch geworden waren. Und viele Jahre später mußte sich ein Linzer Bürger vor Gericht verantworten, weil er eine Lutherbibel, die ein Jahrmarktsgast bei ihm zurückgelassen hatte, im Kreise seiner Freunde herzeigte. Wie groß die Angst der Verantwortlichen vor diesen „häretischen" Schriften war, belegen die beinahe jährlich verzeichneten Bücherkonfiskationen und die öffentlichen Verbrennungen der Druckwerke.

229 Der Totschlag an Horatius de Thomasis und seiner Frau zu Beginn des Bauernkrieges in Hartkirchen. Horatius, ein Neffe des Linzer Dechants, war als Vikar eingesetzt und hat als solcher in erster Linie das Vermögen der reichen Pfarre verrwaltet.
Ölgemälde in der Pfarrkirche Hartkirchen.
Foto: Josef Hörmandinger

Seit ungefähr der Mitte des Jahrhunderts mußten den Jesuiten alle Schriften, die in Linz zum Druck befördert werden sollten, zur Zensur vorgelegt werden. Dabei konnte sich ihr Bannstrahl auch gegen katholische, religiöse Erbauungsliteratur der anderen Stadtorden richten. Noch immer war man überzeugt, daß in den Büchern ein bösartiger Dämon sitze, der den Geist der Leser zu verwirren imstande sei. Diese Überzeugung bezog sich nicht nur auf religiös verdächtige Literatur, sondern immer mehr auch auf sogenannte obszöne Schriften, auf Büchern mit „unanständigen" Liedern, auf Werke „unflätigen" Inhalts. Ja selbst in ganz harmlosen Büchern konnte so ein Dämon hausen, wie uns das Beispiel eines „Leseteufels" aus dem Jahr 1659 zeigt, dem eine Bürgersfrau verfallen war, und der sie zu unausgesetztem Lesen verführte.

Vom Schattendasein der Stadtpfarrer wurde schon berichtet. Zuletzt war von Blasius Aliprandus von Leuff die Rede, einem Italiener aus dem Trentino, der sich mit den Jesuiten relativ gut verstand und mit ihnen zusammenarbeitete. Es ist bekannt, daß sich die ländliche Bevölkerung gegen die Besetzung der Pfarren mit Priestern wehrte, die nicht einmal ihre Sprache verstanden. In Linz wirkte sich dies weniger drastisch aus, denn die Predigten in den Kirchen wurden ohnedies von den Jesuiten gehalten und bei den wichtigen pfarrlichen Verrichtungen wie Taufe, Heirat und Begräbnis bediente man sich der lateinischen Sprache, sodaß aus Linz über dieses Faktum keine Klagen bekannt sind. Dennoch war auch Blasius Aliprandus zumindest indirekt in die Anfänge des Bauernkrieges verstrickt: Es war ihm nämlich die Verwaltung der Pfarre Hartkirchen übertragen worden, um die sich die Jesuiten mit Unterstützung Herberstorffs vergeblich bemüht hatten. Die große Anzahl von Pfarrkindern – an die 4000 – versprach nämlich ein reiches Einkommen.

Der vom Linzer Pfarrer eingesetzte Vikar und seine Frau wurden am 19. Mai 1626 von den Aufständischen erschlagen. Es handelte sich dabei um Horatius de Thomasis, einen Neffen des Dechants! Als auch der Dechant während des Bauernkrieges starb (allerdings eines natürlichen Todes), folgte ihm der Bruder des in Hartkirchen Ermordeten nach: Nikolaus Aliprandus de Thomasis. Er konnte es sich in den folgenden Jahren leisten, im Auftrag Bischof Leopold Wilhelms von Passau wieder eine gesteigerte Stolgebühr festzusetzen. Leopold Wilhelm war ein Sohn Kaiser Ferdinands II. und Bruder Ferdinands III. Die Stolordnung unterschied bei der städtischen Bevölkerung zwischen Ratsbürgern, vornehmen Handelsleuten, mittelmäßigen Bürgern und Handelsleuten, schlechten Krämern und Handwerkern, armen Inwohnern und Dienstboten. Die Begräbnisgebühr inklusive Musik und Mesner schwankte zwischen 20 und zwei Gulden. Adeligen, höheren Beamten, Doktoren und Advokaten blieb es diskret überlassen, was und wieviel sie geben wollten. Ähnlich lagen die Verhältnisse bei Taufen und Hochzeiten. Allerdings handelte es sich dabei um Mindestsätze, die regelmäßig überboten wurden.

Aus der Zeit des Nikolaus Aliprandus stammt ein äußerst kostbarer goldbestickter Pfingstornat, der, von der Bürgerschaft gespendet, eine gestickte Darstellung des Stadtwappens zeigt.

Als Nikolaus Aliprandus 1638 zum Propst von Spital am Pyhrn gewählt oder ernannt wurde, wünschte er, von den Jesuiten in sein neues Amt eingeführt zu werden, weil er an ihren Rat so gewöhnt sei und weil er seine beharrliche Haltung in der Ausübung seiner Pflichten ihrem Ansporn verdanke. Deutlicher ließ sich seine Abhänggigkeit vom Orden des hl. Ignatius wohl kaum noch ausdrücken.

Auch sein Nachfolger, Martin Geiger, rückte bereits nach acht Jahren Dienst als Linzer Pfarrer in höhere Ämter auf, wurde Passauer Offizial in Wien, Domherr von Olmütz und später wie jener Weihbischof von Passau. In dieser Funktion hat er 1662 die Weihe des neuen Linzer Kapuzinerklosters vorgenommen. Als Pfründe war ihm die Stadtpfarre von Tulln zugewiesen worden.

230 *Auf dem Pfingstornat der Stadtpfarre ist uns diese frühe farbige Darstellung des Stadtwappens überliefert. Die Bürger stifteten das sehr kostbare, goldbestickte Meßkleid bereits im Jahre 1638.*
Stadtpfarrhof Linz, Paramentenschatz. *Foto: Maier*

In den relativ kurzen Jahren seiner Anwesenheit versuchte er, mit Hilfe des Magistrats die Position des Stadtpfarrers wieder zu stärken. Die Ratsbürger sollten die städtischen Einwohner zum Besuch der Messe wenigstens an Sonn- und Feiertagen anhalten. Das läßt uns vermuten, daß es mit dem Glaubenseifer breiter Bevölkerungsschichten noch immer nicht besonders gut bestellt war. Diese allgemeine Beobachtung wird durch das Beispiel der „Grienauerin" unterstrichen, einer angesehenen Bürgersfrau, die sich noch 1638 weigerte, an den katholischen Riten zur Osterzeit teilzunehmen. Wir haben also damit zu rechnen, daß noch Jahre nach dem Reformationspatent neben der öffentlich zur Schau gestellten Gläubigkeit und geradezu extremen Ausbrüchen der Spiritualität eine starke religiöse Indifferenz in der Linzer Bevölkerung herrschte. Auf der anderen Seite ließ der Stadtrat damals wieder eine Kapelle im Rathaus einbauen.

Die kräftigen, auf die Initiative der Stadtväter zurückgehenden Lebenszeichen eigener, von den Jesuiten unabhängiger Glaubensgestaltung in der Stadt werden unter Geigers Nachfolger Heinrich Schrader noch deutlicher: Von 1649 bis 1656 wurde die Pfarrkirche als erstes Gotteshaus der Stadt durchgehend erneuert und barockisiert. Die Jesuiten berichten, daß sie im ersten Jahr der Umgestaltung in den Ruinen der Kirche unter freiem Himmel predigen mußten. Der Hochaltar, vier Seitenaltäre und eine Orgel wurden neu angeschafft. Der Umbau des Turmes erfolgte erst später (1671).

Der Pfarrer sicherte sich vertraglich die von ihm geleitete besondere Verehrung des hl. Sebastian, die nach den Pestjahren zu Beginn der dreißiger Jahre eingesetzt hat, nach der Seuche von 1649 neuerlich. An der äußeren Landstraße, auf der Höhe der Mozartkreuzung, wurde aus diesem Anlaß die erste Linzer Pestsäule errichtet, die heute unbeachtet und in ihrer Bedeutung nahezu vergessen an der Gabelung von Auersperg- und Stockhofstraße steht.

1653 erfolgte der von den Jesuiten schon jahrzehntelang angestrebte Verkauf des Pfarrhofes an der Südseite der Kirche. Der Dechant übersiedelte mit seinen Kaplänen und dem gesamten Haushalt in den renovierten Petershof, der seine einst so wichtige Funktion der Salzburger Weinniederlage längst eingebüßt hatte. Die Stadtväter erlaubten ihrem Pfarrer, auf der Nordseite über die Stadtmauer hinaus auf den Zwinger zu bauen, weil sich dessen fortifikatorische Funktion in langen Jahrzehnten als nutzlos erwiesen hatte. Damals standen unmittelbar an der Zwingermauer die sogenannten „Judenhütten" für die sogenannten „böhmischen Federjuden", die nur zu den beiden Jahrmärkten nach Linz kommen durften. Der Hinweis ist deswegen interessant, weil er uns zeigt, daß die Juden einerseits vom übrigen Marktgeschehen abgesondert waren, das sich vornehmlich in den Gewölben und mobilen Markthütten am Hauptplatz abspielte; andererseits aber waren sie so fest in den Handel eingebunden, daß sie sogar ständige Verkaufsstellen einrichten konnten, wenn diese auch vielleicht nicht das ganze Jahr über besetzt waren.

Heinrich Schrader hat aber nicht nur die Kirche von Grund auf renovieren lassen, sondern auch die Wiederherstellung des Bürgerspitalbenefiziums vorbereitet: Seit den Tagen der Religionsfreiheit (1610) war nämlich die Stelle des Geistlichen unbesetzt geblieben. Außer der Bürgerspitalskapelle gab es damals in Linz keinen Sakralbau, der nicht von den Jesuiten in Beschlag genommen worden wäre: Sie besaßen die Dreifaltigkeitskapelle, hatten die alte Minoritenkirche okkupiert, predigten in der Stadtpfarrkirche und in der Nikolaikapelle in Urfahr und auf dem Umweg über die jährlichen Karfreitagsprozessionen hatten sie auch die Kapelle in Margarethen usurpiert. Über letztere wird gleich zu reden sein.

231 Die nach dem Bauernkrieg wiedererrichtete Bürgerspitalskirche an der Landstraße (an der Stelle des heutigen „Winkler-Baues").
Ausschnitt aus dem Gemälde „Belagerung von Linz 1742" im Festsaal des Alten Rathauses. Foto: Schepe

Die Bürgerspitalskirche wurde von einem Pfarrkaplan mitbetreut. Seit 1641 durften dort die Kapuziner predigen. 1665 wurde in einem Vertrag zwischen Stadtpfarrer und Magistrat wieder jenes Kapital aufgebracht, das den Unterhalt eines eigenen Spitalkaplans garantierte. Pfarrer Heinrich Schrader mußte sich – wie bereits seine Vorgänger auch – gegen die Minoriten wehren, die in die Stadt zurückkehren wollten und die ursprünglichen Einnahmen des Klosters zurückforderten, die seit gut hundert Jahren dem Stadtpfarrer zuflossen.

All diese Aktivitäten erforderten Geld! Und so wundert es uns eigentlich nicht, wenn wir von einer schweren Verstimmung zwischen der Stadt und ihrem Pfarrer hören, der die 1638 vereinbarten Stolgebühren um das Dreifache erhöht hatte.

Zur offenen Auseinandersetzung mit den Jesuiten und in der Folge auch mit den anderen Stadtorden kam es aber erst unter seinem aus Bayern stammenden Nachfolger Michael Rottmayr. Er hatte dort die von Bartholomäus Holzhauser gegründete Weltpriestervereinigung der Bartholomäiten geleitet, die sich die Versorgung alter, kranker Priesterkollegen zum Ziel gesetzt hatte. Die einzelnen Mitglieder sollten in einer Art Gütergemeinschaft zusammenleben, weshalb sie von Außenstehenden auch als *Kommunisten* apostrophiert wurden. Der Begriff allein sollte zu keinen Analogieschlüssen auf spätere politische Bewegungen verleiten! In Linz wußte niemand so recht, was man von diesen Bartholomäiten halten sollte, sodaß dem neuen Pfarrer, der noch dazu zwei gleichgesinnte Kapläne mitgebracht hatte, alles andere als Sympathie entgegengebracht wurde. Noch bevor er sein Amt antreten konnte, wurden ihm die Einnahmen aus dem Dienst in der Schloßkapelle entzogen und das Minoritenbenefizium genommen. Die Bürgerspitalseinnahmen genoß laut Vertrag nun ebenfalls wieder ein relativ unabhängiger Priester.

Die Jesuiten berichteten in ihren Annalen ganz entrüstet, daß sich der Pfarrer neuerdings sogar unterstehe, in der Pfarrkirche selbst zu predigen und sie legten heftige Beschwerden ein. Doch Rottmayr erwies sich stärker als sein Vorgänger Prätorius im Jahre 1602 und konnte sich behaupten, obwohl damals mit Pater Thomas Dueller einer der berühmtesten Jesuitenprediger in Linz wirkte. Dieser hatte sich als Hofprediger einen Namen und auch viele Feinde gemacht. Seine feurigen Reden dauerten nicht selten drei Stunden. Weniger glücklich war der Pfarrer in seinem Kampf gegen die Ansiedlung der Karmeliten und Ursulinen. Die Errichtung eines Kapuzinerklösterleins in Urfahr aber förderte er, schließlich konnte er damit die Jesuiten aus einem ihrer Wirkungsbereiche in der Pfarre entfernen. Zum Hauptstreitpunkt zwischen Pfarrer und Jesuiten wurde der Kalvarienberg in Margarethen. Die Jesuiten führten von Anfang an, auch in der Zeit, als sie gegen die Protestanten einen sehr schweren Stand hatten, Prozessionen zur alten Kapelle an der Donau. Der ursprünglich entlang des Ufers aufgestellte Kreuzweg wurde bald durch die heute noch bestehende Stiege ersetzt.

Doch wurde diese für damalige Verhältnisse relativ kurze Wallfahrt auch von der katholischen Bevölkerung nicht im gewünschten Maß angenommen. Seit 1626 pilgerten die Linzer lieber nach Mariahilf in Passau. Nach überstandener Seuche im Jahre 1634 spendeten sie Kirchengeräte im Wert von 1500 Gulden dorthin und führten in ihrer Pfarrkirche den Sebastianskult ein. Ein durchschlagender Erfolg stellte sich erst mit der Gründung der Todesangst-Christi-Bruderschaft im Jahre 1652 ein. Heute kaum mehr noch nachvollziehbar, dürfte die Empfindung für die Leiden Christi das Gemüt der Gläubigen wie keine andere religiöse Übung ergriffen haben. Dreimal pro Tag wurden in der Stadt die Glocken geläutet, worauf sich die eingeschriebenen Mitglieder der Bruderschaft auf die Knie warfen, um den Todesschmerz des Heilands zu betrauern. Bereits im ersten Jahr sollen 1000 Gläubige beigetreten sein. Doch das allein wäre zuwenig gewesen. Am Karfreitag wurden in einer langen Prozession schwere Holzkreuze auf den Kalvarienberg getragen, wo man an einer bestimmten Stelle die Erscheinung von Kreuzen zu sehen glaubte. Dort wurde nun die Ölbergszene gestaltet. Der Kreuzweg an der Stiege wurde in den Felsen geschlagen. Die Bruderschaftsmitglieder schmückten ihre Kleidung mit Kreuzen und anderen Zeichen der Buße.

232 Der von den Jesuiten angelegte Kreuzweg an der Stiege zum Kalvarienberg Foto: Litzlbauer

Doch nicht genug damit: Ein vornehmer Bürger schlief an gewissen Tagen auf einem selbstgezimmerten Kreuz und legte sich ein weiteres auf die Brust, um die Schmerzen Christi nachzuempfinden. Dasselbe taten viele Jesuitenschüler, über deren ekstatische Gefühlsausbrüche an anderer Stelle noch mehr berichet werden soll. Bald wurden nicht mehr nur einige Kreuze nach Margarethen getragen, sondern hunderte! Auf dem Höhepunkt dieser Entwicklung um 1670 setzte nun der Streit um die Margarethenkirche und den Kalvarienberg ein. Die realen Beweggründe für die Auseinandersetzung blieben dabei im verborgenen. Bischof Wenzeslaus von Thün aus Passau verlangte unter Berufung auf seine geistliche Autorität von den Jesuiten den Nachweis des bischöflichen Konsenses für die Errichtung des Kalvarienberges, die Inbesitznahme des Dreifaltigkeitsbenefiziums in der Stadt und die Übernahme der Seelsorge in Pulgarn und Steyregg. In bezug auf die letztgenannten war dies eine theologisch-juristische Spitzfindigkeit, denn wo hätten die Jesuiten in der protestantischen Zeit diese Erlaubnis einholen können? Mit Hilfe

233 Der Linzer Kalvarienberg oberhalb der gleichnamigen Kirche.
Foto: Litzlbauer

des päpstlichen Nuntius und des kaiserlichen Hofes wurde diese Frage aus der Welt geschafft. In Margarethen aber griff der Pfarrer selbst ein: nach einer Messe nahm er den Kelch aus dem Tabernakel, schloß ab und steckte den Schlüssel ein. Erst nach heftigen Interventionen und einem vom kaiserlichen Hof anbefohlenen Dekret des Landeshauptmannes gab er ihn zurück. Allerdings mußten die Jesuiten ihre Einnahmen aus den Spenden der Kirche und am Ölberg deklarieren. Möglicherweise war es also auch darum gegangen. Darüber hinaus ist dem Dechanten auch eine gewisse Sorge um seinen geistlichen Einfluß über seine Pfarrkinder zuzugestehen; eine Position, die nicht nur gegenüber den Jesuiten zurückerobert, sondern auch gegen neu in die Stadt drängende Orden verteidigt werden mußte.

Den Weg dahin hat Michael Rottmayrs Nachfolger Bernhard Gentilotti von Englsbrunn – nun wieder ein Italiener – konsequent weiter beschritten. Er trieb die weitere Ausschmückung der Pfarrkirche voran – das Hochaltarbild der Himmelfahrt Mariens von Carl von Reslfeld ist unter ihm entstanden – und schaffte neue Glocken an. Der Basisring auf dem Hauptplatz vor dem Haus Nr. 17 stammt von der damals gegossenen „Kaiserin“. Noch heute präsentiert sich die Kirche im damals geschaffenen Kleid, denn der Turm war 1671 schon unter Schrader fertiggestellt worden.

Ein beachtenswertes Werk war damit vollendet worden. Es wurde aber bei weitem überragt von der neuen Kirche der Jesuiten, die größer, höher und mächtiger angelegt war als alle

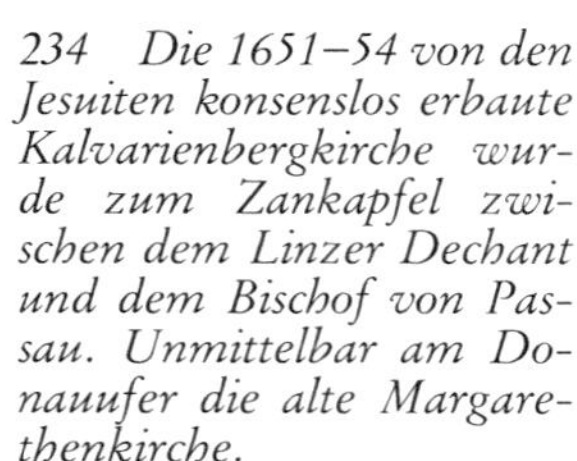

234 Die 1651–54 von den Jesuiten konsenslos erbaute Kalvarienbergkirche wurde zum Zankapfel zwischen dem Linzer Dechant und dem Bischof von Passau. Unmittelbar am Donauufer die alte Margarethenkirche.
Stich von Johann Friedrich Probst aus dem Jahre 1724. Stadtmuseum Linz, Inv. 2032

Gotteshäuser, die bis dahin das Bild der Stadt geprägt haben. Die Fassade mit ihren zwei Türmen überragte und übertrumpfte sowohl die nahe Pfarrkirche als auch den Schmiedtorturm und legte damit Zeugnis davon ab, wer der eigentliche Herr in der Stadt gewesen ist. Der Bau des Gotteshauses bildete aber eigentlich nur mehr den Höhepunkt einer städtebaulichen Entwicklung, die das gesamte Südostviertel der mittelalterlichen Stadt nachhaltig veränderte. Vom Kauf des anomäischen Hauses, das zusammen mit einem Nachbarhaus zum Ignatiusseminar ausgebaut wurde, ist schon berichtet worden. Schräg gegenüber, gegen die südöstliche Stadtmauer hin, wuchs in den dreißiger und vierziger Jahren das Kolleg in die Höhe, das nach dem Kauf des alten Pfarrhofes um das heutige Postgebäude erweitert werden konnte. Bereits 1640 hatte der Orden das spätere Palais Weissenwolff gekauft, um direkt am Hauptplatz eine Kirche zu errichten. Warum es nicht dazu gekommen ist und wie die Bürger das Vorhaben verhinderten, ist noch nicht bekannt. Der heutige Standort der Jesuitenkirche liegt ja etwas abseits, nur die Doppeltürme prägen die Silhouette des Hauptplatzes mit. In der Zeit von nur neun Jahren (1669–1678) wuchs der mächtige Bau an der Stelle des ehemaligen Salzburger Hofes empor, unbestreitbar eine schier übermächtige Konkurrenz zur Pfarrkirche, in der ja nach wie vor die Jesuiten neben dem Stadtpfarrer predigten.

235 Die alles überragende Kirche der Jesuiten, erbaut in den Jahren 1669–1678.
Foto: Fremdenverkehrszentrale Linz

Das sollte auch der äußere Anlaß für den nächsten Streit werden, denn Pfarrer Gentilotti duldete, ja förderte auch seine Kapläne auf der Kanzel. Abermals setzte sich der Pfarrer gegen die Jesuiten durch. Sie mußten auch den Verbindungsgang zwischen Jesuitenkolleg und Pfarrkirche abreißen, den sie errichtet hatten, um trockenen Fußes zur Messe zu gelangen. Nur in einem Punkt mußte der Pfarrer zurückstecken: Er wollte die öffentliche Prozession der bei den Jesuiten angesiedelten Bürgerkongregation an die Pfarrkirche gebunden wissen. Gerade diese Demonstration bürgerlichen Glaubens schien ihm für die Pfarrkirche wichtig. Es sollten allerdings noch Jahrzehnte rivalisierenden Streites darüber folgen. Einen Anlaß dazu bot die Fronleichnamsprozession, die seit 1600 von den Jesuiten organisiert und durchgeführt worden war. Mit Recht konnte Dechant Gentilotti darauf hinweisen, daß ihre Neubelebung ursprünglich auf eine pfarrliche Initiative zurückgegangen und daß die dazu gegründete Corporis-Christi-Bruderschaft seit Anbeginn bei der Stadtpfarre angesiedelt gewesen war. Trocken und nüchtern berichten die *litterae annuae*, daß die erste Prozession, die 1701 wieder der Pfarrer angeführt hatte, ins Wasser gefallen ist: ein heftiger Regenguß jagte alle Teilnehmer in die Kirche zurück.

Die nun kaum mehr verborgene Rivalität wurde auf allen Ebenen ausgetragen und unter anderem die Heiligen in den Kampf geschickt. Ein Jahr nach dem mißglückten „Comeback“ bei der Fronleichnamsprozession gründete der Pfarrer eine Dreifaltigkeitsbruderschaft. Das war eine bewußte Provokation gegen die Jesuiten, die ja das ehemalige Dreifaltigkeitsbenefizium in der Altstadt innehatten. In der Vorstadt an der Landstraße stiftete eine Gräfin Maria Elisabeth Theresia von Fürstenberg die neue Dreifaltigkeitskapelle, und auch die 1717–1723 errichtete Pestsäule auf dem Hauptplatz wurde nach der Dreieinigkeit benannt, obwohl sie ebensogut Mariensäule oder Pestsäule heißen hätte können.

Vom Bau der Dreifaltigkeitssäule

Sie wurde auf städtische Initiative hin errichtet und hat eine längere Vorgeschichte. Bereits nach der großen Pest von 1679 dachte man an den Bau einer neuen Gedenk- und Danksäule, obwohl die andere an der Landstraße noch gar nicht alt war. Aber es gab bereits genügend Beispiele, etwa in Wien am Hohen Markt, in Eggenburg, St. Pölten, Mödling und in Baden bei Wien. Doch es bedurfte noch weiterer Katastrophen, bis sich die Linzer zur Errichtung einer Säule entschlossen: Die Türkengefahr 1683, den Spanischen Erbfolgekrieg, eine große Feuersbrunst 1712 und schließlich die Pest von 1713, die Linz verschonte und nur jenseits der Donau in Urfahr viele Opfer forderte. Nach einem Entwurf des Italieners Beduzzi wurde sie vom Salzburger Steinmetzmeister Sebastian Stumpfögger gemeißelt und Stück für Stück auf Salzach, Inn und Donau nach Linz gebracht. Neben den Pestheiligen Sebastian und Borromäus ist auch der Feuerpatron Florian an der Basis des Sockels vertreten. Den Mittelteil dominiert Maria, die Schutzpatronin der Stadt, und an der Spitze der Säule gruppiert sich die heilige Dreifaltigkeit um eine goldene Weltkugel. Die Schrifttafeln auf den drei Seiten des Säulenstumpfes vereinen das Kaiserhaus (= Staat), die Stände (= Land) und die Stadt, gleichsam eine irdische Dreifaltigkeit. Die Kosten beliefen sich auf 60.000 Gulden und wurden von Stadt und Land gemeinsam getragen. Wir wissen nicht, warum es fünf Jahre gedauert hat, bis das längst fertiggestellte Wahrzeichen der Stadt eingeweiht werden konnte. Die Aufzeichnungen der Jesuiten verlieren über die Säule kein Wort.

236 Kupferstich der Dreifaltigkeitssäule von Johann Schütz und Klemens Kohl nach Johann Michael Herstorffer um 1780. Am Sockel links der Pestheilige Sebastian, rechts der hl. Florian. In der Mitte der Säule Maria. Stadtmuseum Linz, Inv. Nr. 2428 Foto: Michalek

Auch über die Errichtungen des zweiten Linzer Wahrzeichens, der Wallfahrtskirche auf dem Pöstlingberg, schweigt sich diese Quelle aus.

Die Wallfahrt auf den Pöstlingberg

Dabei war gerade diese auf keine Aktivität der konkurrierenden Pfarre oder anderer Orden zurückzuführen, sondern auf die Initiative eines einfachen, von religiöser Inbrunst ergriffenen Mannes: Franz Obermayr, ein Klostermann (= Laienbruder?) bei den Kapuzinern in Urfahr, wurde von den Schmerzen Mariens beim Tod ihres Sohnes, von denen er in einem Erbauungsbuch gelesen hatte, so tief ergriffen, daß ihn der Gedanke daran nicht mehr ruhen ließ. Er dachte, ein Bild mit der schmerzhaften Muttergottes anfertigen zu lassen und suchte nach einer geeigneten Stelle, wo er es aufstellen und in Ruhe seinen tiefen Betrachtungen nachgehen konnte. Nachdem er den Gaumberg bei Leonding, den Hügel beim Stieglbauern und den Kalvarienberg verworfen hatte, fand er bei einigen Felsen auf dem Gipfel des Pöstlingberges einen ihm zusagenden Ort. Der Platz war einsam, von Wald umgeben, und nur ein Wetterkreuz ragte vom höchsten Stein in den Himmel. Im Jahre 1716 ließ er vom Linzer Bildhauer Ferdinand Jobst eine Pieta anfertigen und befestigte sie an diesem Kreuz.

Jahrelang genoß Obermayr ganz allein die Andacht auf dem Berg, bis die kranke Pflegerin

237 In den Fensternischen des linken Oratoriums der Pöstlingbergkirche ist ähnlich wie in Maria Taferl die Genese der Wallfahrtsstätte bildlich festgehalten. (Mitte 18. Jahrhundert) Fotos: Eigner

des Schlosses Hagen nach zweimaligem Besuch des Muttergottesstandbildes geheilt wurde. Als dies bekannt wurde, begann die Wallfahrt auf den Berg. Dem Grundherrn, Graf Gundomar von Starhemberg, gefiel dies wohl, denn es war abzusehen, daß sich bald ein überaus einträglicher Wallfahrtsbetrieb daraus entwickeln würde. Beispiele dafür gab es damals genug. Er ließ die neue Gnadenstätte mit einem Verschlag umgeben, überdachen und Bänke aufstellen.

Der Stadtpfarrer hatte jedoch keine Freude mit dem aufkeimenden Wallfahrtsort, und über seine Anordnung hin wurde die Hütte dreimal versperrt und vernagelt. Mag sein, daß die Grundherrschaft den beginnenden Zustrom noch förderte, aber es dürfte kein Zweifel daran bestehen, daß die Hilfesuchenden selbst es waren, die auf dem freien Zugang zu ihrer neuen Gnadenstätte beharrten. Sie war ja längst nicht mehr eine Linzer Angelegenheit allein. Ein Verzeichnis der Wunderheilungen überliefert uns Wallfahrer aus Haslach, Peilstein, Reichenstein, Riedegg, Peuerbach, Haag in Niederösterreich usw. Wie damals üblich, wurden große Mengen Votivtafeln gebracht, aber auch Dankgaben aus Wachs oder Silber, die eine Nachbildung des geheilten Körperteiles darstellten oder zumindest dessen Gewicht aufwiesen.

238 Die von Ignaz Jobst bereits 1716 geschnitzte Pieta am Hochaltar. Strahlenkranz und Wolkenhimmel sind spätere Zusätze. Foto: Westmüller

Um die Frömmigkeit in die korrekten, d. h. damals gewünschten Bahnen zu lenken, bedurfte es der geistlichen Führung des pilgernden Volkes. Zwar hatten sich von Anfang an die Kapuziner von Urfahr und auch jene aus dem Linzer Kloster der Wallfahrer angenommen, aber so einfach lag die Sache nicht. Als der Linzer Pfarrer den Zustrom der Hilfesuchenden nicht mehr eindämmen konnte, beanspruchte er, von seinen Urfahrer Pfarrechten ausgehend, die geistliche Kontrolle. Auch Gentilottis Nachfolger Maximilian Gandolph Steyrer (ab 1726) hatte sich lange gegen die Wallfahrt gesperrt, die Errichtung einer gemauerten Kapelle in den Jahren 1730/31 aber nicht verhindern können. Als Graf Maximilian von Starhemberg 1738 in Passau um den Konsens zum Bau einer größeren Kirche ansuchte, stellte sich der Pfarrer dagegen und wußte dabei den Bischof hinter sich. Der Graf trug sich nämlich mit dem Gedanken, ein Kloster der Pauliner zur Betreuung der Pilger anzusiedeln. Dagegen trat nicht nur der Stadtpfarrer auf, sondern auch die Kapuziner. Zu ihnen gesellte sich noch der Abt von Wilhering, der glaubte, daß die künftige Kirche zu seinem Seelsorgebereich gehörte. Erst als dem Stadtpfarrer die Kaplanei auf dem Pöstlingberg zugesprochen wurde, konnte 1742 mit dem Bau begonnen werden. Die Kirche wurde vom Linzer Barockbaumeister Johann Matthias Krinner entworfen.

Es muß ein ungeheuer erhebendes Gefühl für Franz Obermayr gewesen sein, als er fünf Jahre später unter Assistenz der Gräfin Franziska Starhemberg „seine" Muttergottes in die fast fertige Kirche tragen und auf den Hochaltar stellen durfte. 35 Jahre waren vergangen, seit er seinen einsamen Entschluß gefaßt hatte, und was war daraus geworden!

Ob die Jesuiten direkt gegen die neue Pilgerstätte gekämpft haben, wissen wir nicht. Jedenfalls haben sie während des Kirchenbaues nichts unversucht gelassen, um „ihren" Kalvarienberg neu ins Gespräch zu bringen. Als Konkurrenz zur Maria am Berg wurde deshalb in den Jahren 1746/47 die Maria-Thal-Kapelle

239 Rechts neben dem Bethaus die Konkurrenz zu Maria am Berg: die Maria-Thal-Kapelle. *Foto: Litzlbauer*

mit ihren drei Toren errichtet. An dieser Stelle, gegenüber dem auf hohen Stelzen errichteten Bethaus, stand ursprünglich unter einem von Steinsäulen getragenen Dach eine Marienstatue. Beide neuen Marien-Gnadenstätten wurden 1748 geweiht. Letztendlich hat auch in dieser Auseinandersetzung, wenn auch gegen seine eigenen Intentionen, der Stadtdechant den Sieg davongetragen, denn die kleine Kapelle im Zaubertal wurde nie eine ernsthafte Konkurrenz zum zweiten Linzer Wahrzeichen auf dem Pöstlingberg.

Die Kommunikanten

Eine sehr wichtige Aufgabe des jeweiligen Pfarrers bestand im 17. Jahrhundert darin, darüber Buch zu führen, ob wirklich alle seine Schäflein die jährliche Osterbeichte ablegten und anschließend die Kommunion empfingen. Jedes Pfarrmitglied mußte seinen beglaubigten Beichtzettel vorweisen können. Aus Linz besitzen wir über diese Kontrollmaßnahmen relativ wenig Nachrichten. Das ist deswegen bedauerlich, weil wir über die ausgegebenen Beichtzettel verläßliche Angaben über das Bevölkerungswachstum in der Stadt gewinnen könnten. So stehen wir für die Zeit um 1680 plötzlich vor der kaum glaublichen Zahl von 9036 Kommunikanten in der Pfarre Linz. Selbst wenn wir die Einwohner von Urfahr und St. Peter und vielleicht auch jene von Kleinmünchen bei dieser Summe mitrechnen, ergibt sich daraus ein für diese Zeit äußerst ungewöhnliches Bevölkerungswachstum. In allen anderen oberösterreichischen Städten, ja in ganz Mitteleuropa waren die Einwohnerzahlen – verursacht durch den Dreißigjährigen Krieg – im selben Zeitraum stark rückläufig. In Linz wirkten sich anscheinend weder die Auswanderungswelle während der Gegenreformation noch die demographischen Allgemeintendenzen aus. Warum das so war, läßt sich kaum mehr nachvollziehen.

Auch die Jesuiten führten über die Zahl der ausgegebenen Hostien genau Buch. Sie stieg von ca. 10.000 im Jahr 1647 auf 42.000 im Jahr 1672, 51.000 1690, 85.400 1710 und im Jahr nach der letzten glücklich überstandenen Pestepidemie (1714) wurden über 100.000 gezählt. Doch sind diese Zahlen nicht unbedingt signifikant für die Bevölkerungsentwicklung, weil wir nicht wissen, wer wie oft pro Jahr die

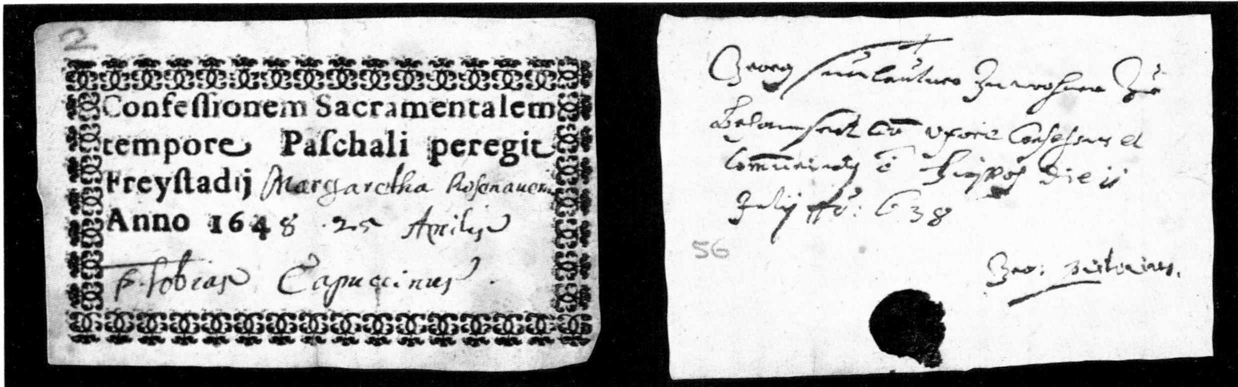

Confessionem Sacramentalem
tempore Paschali peregit
Freystadij
Anno 164

240 *Gedruckter und handschriftlicher Beichtzettel (1638 bzw. 1645) aus Freistadt, wie sie jeder Bewohner haben mußte. Originale im OÖ. Landesarchiv, Stadtarchiv Freistadt.* *Foto: Litzlbauer*

Kommunion empfangen hat. Noch weniger sagt die Anzahl der Generalbeichten aus, die unter Umständen in Intervallen von Jahrzehnten abgelegt wurden. Dazu ist noch zu bemerken, daß nicht nur in den Gebirgstälern, sondern auch am flachen Land und in Linz selbst der evangelische Glaube nicht ganz ausgerottet werden konnte.

Ganz im Gegensatz zu ihrer Meldung von 1646 mußten die Jesuiten 1669 bei einer Volksmission in St. Georgen an der Gusen zur Kenntnis nehmen, daß es noch immer Reste des Luthertums gab. Ohne großes Aufsehen zu erregen, hoben sie 1676 in Linz eine Gruppe aus, die in kleinen Zirkeln *häretische Bücher* gelesen hat, worunter wir wohl die Lutherbibel verstehen dürfen. Im Jahre 1715 wurde ein Nürnberger Buchhändler verhaftet, der kistenweise protestantische Literatur eingeschmuggelt hatte. Es muß ein einträgliches Geschäft gewesen sein, und an Käufern dürfte es keinen Mangel gegeben haben. In einer großangelegten Razzia wurden daraufhin alle Häuser nach verbotenen Schriften durchsucht.

Zwölf Jahre später entdeckte ein Jesuitenpater in der Vorstadt eine geheime Protestantengemeinde, deren Führer verhaftet und bestraft wurde. Es ist aber anzunehmen, daß diese nicht als Überrest der evangelischen Zeit gelten darf. Unter der meist sehr stark fluktuierenden Arbeiterschaft der Wollzeugfabrik befanden sich nämlich immer wieder Mitglieder der protestantischen Kirche, die ganz offen ihre Lieder sangen und in den Häusern Lesungen hielten. Es hielt sich hartnäckig das Gerücht, daß für die Protestanten sogar eine eigene Kapelle in der Fabrik eingerichtet würde.

So sehen wir denn am Ende der hier behandelten Epoche die katholische Glaubensgemeinschaft gar nicht so gefestigt, wie dies der erste radikale Ansturm der Gegenreformation hätte vermuten lassen.

Nachdem nun der äußere Rahmen abgesteckt ist, in dem sich das Glaubensgeschehen entwickelte, wenden wir uns den Glaubensinhalten und jener neuen wie alten Spiritualität zu, die wir einleitend als stark verinnerlichte, subjektive und gefühlsbetonte Glaubenshaltung charakterisiert haben.

Dennoch dürfen wir die Jesuiten nicht als Inquisitoren ansehen, denn sie sind nur dann aufgetreten, wenn die armen Opfer bereits vor dem Richter standen. Einige Fälle deuten darauf hin, daß sie reuige „Sünder" selbst nicht zur Anzeige gebracht haben, so z. B. eine Frau, die angeblich schon zwei Ehemänner vergiftet hatte und eben im Begriffe war, den dritten zu ermorden. Desgleichen eine weitere vornehme Dame, die, um ihrem Liebhaber zu gefallen, ähnliches plante. Als zwei Handwerksburschen von einer alten Frau, die sie wiederholt belästigt hatten, eine Krankheit angehext wurde, zogen die Jesuiten nicht diese zur Rechenschaft, sondern heilten die Kranken (1705).

Ein Mann, der jahrelang Zauberei ausgeübt hatte, mußte lediglich seine Utensilien abgeben (1707). Einer Frau, die vom Teufel in Gestalt eines Jägers beschlafen und zu Zaubereien verleitet wurde, geschah ebenfalls nichts. Auch bei der Beichte gestandene und bereits vollzogene Teufelspakte führten allem Anschein nach zu keinen weltlichen und damit tödlichen Folgen.

Der spektakulärste Fall war wohl der einer Nonne, die in Kriegswirren aus ihrem Kloster vertrieben wurde und sich als Dirne durchschlagen mußte. Sie hatte dem zeitgenössischen Bericht zufolge in einem nahe der Stadt gelegenen Wald ein zehnjähriges Mädchen getötet, zerteilt, gedörrt und stückweise gegessen. Nach der Ablegung der Beichte und Verrichtung der Buße wurde sie in ihr Kloster zurückgeschickt.

Sehr oft war es offensichtlich schwer zu unterscheiden, ob der „Tatbestand" der Hexerei vorlag oder eine „gewöhnliche Besessenheit", für die der einzelne nicht verantwortlich zu machen war. Für regelrechte Teufelsaustreibungen liegen ein Dutzend Beispiele vor. Nach erfolgtem Exorzismus wurde das Opfer freigelassen.

Doch nicht nur in den Menschen wüteten angeblich die Dämonen, auch in unzähligen Bauten hausten Geister, die Mensch und Vieh besonders zur Vesperzeit erschreckten. Auch sie galt es zu bekämpfen, wobei sich geweihte Bilder des hl. Ignatius, die an der Haustür angebracht wurden, als besonders wirksam erwiesen.

Um es erst gar nicht so weit kommen zu lassen war es am besten, vorbeugend Buße zu tun: Neben den üblichen Prozessionen sind uns für viele Jahre bis in die Zeit Kaiser Josephs I. Geißlerumzüge überliefert. Besonders hervorgetan haben sich dabei die Jesuitenschüler, die in jugendlichem Übereifer auch vor extremen Ausbrüchen selbstpeinigender Buße nicht zurückscheuten, ohne von ihren Lehrmeistern daran gehindert zu werden. Dabei waren das Kahlscheren des Kopfes, das Tragen grober, härener Kleidung und nägelbespickter Gürtel noch harmlose Erscheinungen. Ebenso die Kasteiung mit Eis und Schnee im Winter und die Selbstauspeitschung mit Dornen und Brennesseln im Sommer. Ein besonders eifriger Schüler schaffte unglaubliche 1200 Geißelhiebe, während sich ein anderer aus Verzweiflung über seine Sünden aus dem Fenster des Seminars stürzte und sich schwer verletzte. Einer ließ sich die Finger bis auf die Knochen abbrennen. Immer wieder war es die Sünde des Fleisches, die den Jugendlichen zu schaffen machte! Deshalb waren Gelübde sehr häufig, einen Monat lang kein einziges weibliches Wesen auch nur anzusehen. Manche verstiegen sich bis zu einem Jahr. Nicht nur Schüler, auch Erwachsene fügten sich mit Dornen und Reitersporen schmerzhafte Wunden zu, um die Begierde und die Sünde der Lust zu bekämpfen. Vorbild der Keuschheit war der hl. Joseph, von dem derlei Aktivitäten allerdings nicht überliefert sind. Als Extrem darf jener namenlose Jüngling angesehen werden, der sich, um der Versuchung des Ehebruchs zu entgehen, selbst entmannte (1635).

Verdrängte oder ausgelebte Sexualität zählte zweifelsohne zu den kaum bewältigbaren Problemen jener Epoche. Die unzähligen Berichte der Jesuiten über getrennte Ehegatten, die sie wieder versöhnten, über die Legitimierung wilder Ehen und die Vertreibung von Konkubinen lassen ein äußerst bewegtes Sittenbild entstehen. Das oft beschworene angeblich tadellose Vorbild des Kaiserhauses zeitigte, wie verläßliche Berichte vom Hofe aussagen, keinerlei Wirkung.

Die Jesuiten indes fochten einen beharrlichen, unermüdlichen Kampf für Sitte und Moral. Besonders morbid erschien ihnen die Faschingszeit. Seit 1632 organisierten sie an den drei gefährlichsten Tagen des Jahres 40stündige Gebete, um dem damals ungemein ausgelassenen Treiben ein frommes Äquivalent entgegenzusetzen. Nach und nach – im Verlauf von Jahrzehnten – erreichten sie es, daß zumindest am Vormittag keine Maskierten in der Stadt herumtollten und in den Gasthäusern kein Alkohol ausgeschenkt wurde. Die permanenten Ermahnungen – unterstützt von Buß- und Geißlerprozessionen an den tollen Tagen – mögen dazu beigetragen haben, daß in Linz die

241 In der Sterbestunde erscheinen noch einmal alle Sünden des Lebens. Zeitgenössischer Kupferstich aus: Das Große Leben Christi . . . Von Martinus von Cochem. Verlegt zu Linz. 1745. Archiv der Stadt Linz, Bibliothek. Foto: Litzlbauer

242 Hauskapelle aus der Mitte des 17. Jahrhunderts im sogenannten Ehrentletzbergerhaus (Hauptplatz Nr. 4), das damals dem späteren Bürgermeister Ludwig Pröller gehörte, der mit einer Tochter des eifrigen Katholiken Anton Eckhardt verheiratet war! Foto: Litzlbauer

Tradition des Faschings bis herein in die Gegenwart erstickt worden ist.

Natürlich leuchtet aus den Berichten durch, daß es in erster Linie die Frauen waren, die die armen Männer verführten und die angeblich das Böse in sich trugen. So richtete sich eine mehrere Jahre dauernde Kampagne um 1665 gegen die Dirnen in der Stadt. 1667 wurde ihre völlige Ausweisung aus der Stadt erreicht, doch bleibt unbekannt, wie lange diese rigorose Maßnahme durchgehalten wurde. Dennoch hielt sich der Feldzug gegen die Frauen in Grenzen, denn man war auf sie angewiesen: So wurden die sehr häufig abgehaltenen 40- und 50stündigen Gebete fast durchwegs von Frauen bestritten, die sich am Betstuhl abwechselten, wobei zumindest von den Jesuiten die Frömmigkeit vornehmer Damen höher eingeschätzt wurde. Diese waren es in der Regel auch, die sich in ihren Stadtpalais nach dem Vorbild der Stiftshäuser Hauskapellen einrichteten, für die sie auch die Meßlizenz erhielten. Nach dem Beispiel der Adeligen strebten auch Bürgersfrauen danach, neben dem Schlafgemach einen Sakralraum einzurichten, in dem Taufen und Hochzeiten stattfinden konnten.

Die Jesuiten und die übrigen Stadtorden bedienten sich bei ihrem schwierigen Geschäft der Bekehrung und des täglichen Kampfes gegen den Aberglauben, gegen Zauberei und Dämonenunwesen sehr ausgiebig der Hilfe unzähliger Heiliger, die ganz gezielt für bestimmte, unverwechselbare Zwecke angerufen wurden. Nur die Hauptheiligen der Jesuiten, Franz Xaver und Ignatius, wurden universell eingesetzt. Im Tausch gegen die heidnischen Amulette wurden Ersatzmittel eingeführt, z. B. Wachslämmer, Münzen mit dem Porträt des Heiligen und Heiligenbildchen schlechthin. Einem bestimmten Heiligen geweihtes Wasser oder beliebigen Gegenständen, mit seinen Reliquien in Berührung gebracht, wurden heilende oder dem Unheil vorbeugende Kräfte zugeschrieben. So sollten Totgeburten mit Ignatiusmünzen, Ignatiuskerzen und Ignatiuswasser verhindert werden. Der heilige Ordensgründer galt aber nur bei den Jesuiten als Geburtshelfer. Viel beliebter war natürlicherweise Maria, die bewährte Schutzpatronin auch der Stadt. Obwohl die Jesuiten immer wieder versuchten, den Marienkult im Bereich des Ordens zu beleben, blieb deren angestammter Platz in der Pfarrkirche. 1695 ließen sie zwischen ihrer Kirche und der Stadtmauer eine Marienkapelle errichten, die jener in Loretto genau nachgebildet war. An der Ecke Pfarrgasse-Domgasse brachten sie in der Höhe des ersten Stockes eine Marienstatue an, die die Jesuitenschüler beim Vorbeigehen grüßen mußten.

Erfolgreicher war die Gesellschaft Jesu mit den eigenen Ordensheiligen und vor allem mit den Prozessionen zum Kalvarienberg, wo 1701 ein Holzkreuz als Schutz gegen die Wetterunbilden, gegen Blitz und Hagel aufgestellt wurde. 1710 präsentierten sie die neueingetroffenen Reliquien des hl. Donatus zur öffentlichen Verehrung. Die Einführung seines Kultes wurde durch das Verteilen von 8000 Gedenkmünzen und 20.000 Bildern unterstützt. Er wurde der Wetterheilige schlechthin. Von den Äckern wurde Erde gebracht, um sie mit seinen Reliquien in Berührung zu bringen. Solcherart geschützten Feldern konnte der stärk-

243 Die sehr beliebten Längen Christi oder Mariens fanden immer Abnehmer: Hier eine Länge Mariens, auf mehrere Stücke geteilt. Gesamtlänge des Originals: 175 cm.
Ordinariatsarchiv Linz. Foto: Litzlbauer

Gewisse und wahrhafte rechte Läng

unser lieben Frauen, als der übergebenedeyten Himmelsköniginn

M A R J A,

welche heilige Läng zwar auf Seidenbanden denen Pilgramen, welche dieses heilige Haus zu Loreto besuchen, mitgetheilet wird.

Welcher Mensch es sey Manns- oder Weibsperson, eine solch heilige Läng bey sich tragt oder in seiner Behausung hat, der wird absonderlich große Gnaden von unser lieben Frauen zu gewarten haben, nicht allein hier zeitlich, sondern dort ewig.

Und wer diese unser lieben Frauenläng bei sich oder in seiner Behausung hat, der solls aufs wenigste alle H. Frauenfeste mit Andacht bethen; welche nicht lesen können, sollen alle Frauenfeste 63 Ave Maria bethen, zu Ehren unser lieben Frauen Alter und ihre H. Läng, absonderlich aber sollens ihnen die schwangere Frauen empfohlen seyn lassen, wanns eine Frau, so in Kindesnöthen ist, um den blossen Leib bindet, die wird absonderliche Hilf und Beystand von unser lieben Frauen zu gewarten haben

Jetzt heben sich an die schönen Grüße und Gebether, so von einem frommen unser lieben Frauen andächtig zugethanen Liebhaber hier beygesetzet: wer nun diese mit Andacht und Eifer bethet, der wird gewißlich von der seligsten Mutter GOttes große Gnade und Beystand verspüren, absonderlich in der Stunde seines letzten Endes.

Hundert tausendmal sey gegrüßt durch die Allmacht Gott des Vaters, du jungfräuliches Herz Mariä vor der Geburt. Hundert tausendmal sey gegrüßt, durch die Geburt, Leben, Leiden, Sterben, Auferstehung und Himmelfahrt deines lieben Sohnes du jungfräuliches Herz Mariä in der Geburt. Hundert tausendmal sey ge-

grüßt

grüßt durch die Liebe des H. Geistes jungfräuliches Herz Mariä nach der Geburt. Hundert tausendmal sey gegrüßt durch deine H. gebenedeyte Läng, du Lustgarten der allerheiligsten Dreyfaltigkeit, gebenedeyt sey deine H. Geburt, hoch gepriesen deren H. Aufopferung in dem Tempel, hoch lobwürdig sey deine Verkündigung, zu loben und zu preisen deine Heimsuchung, glorifizirt, triumphirt dein glorwürdige Himmelfahrt, lob- und preiswürdig deine H. Läng.

Heilige Mariä gebenedeyt sey dein H. Haupt, das von der H. Dreyfaltigkeit ist gekrönet worden: gevenedeyt sind deine H. Augen, die das Kindlein Jesu zum er-

sten

sten angeschaut: gebenedeyt sind deine H. Ohren, die oft mit dem englischen Lobgesange erfüllet gewesen: gebenedeyt sind deine H. Lefzen die das Kindlein Jesum so oft geküßt: gebenedeyt sey dein H. Mund, welcher das Kindlein Jesum so oft geliebet: gebenedeyt sind deine H. Hände, welche würdig gewesen das Kindlein Jesum zum ersten anzudienen: gebenedeyt sind deine H. Arme, so das Kindlein Jesum so oft herzinniglich umfangen, gebenedeyt sind deine H. Brüste, die das Kindlein Jesum so oft berühret: gebenedeyt sey dein H. Herz, das ohne Unterlaß gegen deinen liebsten Sohn gebrunnen: gebenedeyt sey deine H. Schooß, darinnen das Kindlein Jesu so oft süßiglich

ge-

geschlafen: gebenedeyt sind deine H. Knye, die sich oft in dem Gebethe gebogen: gebenedeyt sind deine H. Füße, so die 63 Jahre manchen harten Tritt gangen sind: gebenedeyt sey dein H. Leib, darin das ewige Wort 9 Monat so süßiglich geruhet: gebenedeyt sey dein H. Läng, so Gott vom Anfange wohlgefallen: geliebt sey deine H. Läng, darob sich die Engel belustigen: glorifizirt sey dein H. Läng in alle Ewigkeit A.

Eine schöne Empfehlung in die heilige Läng Mariä.

Heilige Maria! ich empfehle mich u. die Meinige, sammt meiner ganzen Freundschaft

in

in deine H. Läng, daß du uns beschützest vor des Teufel Auslauf, vor Feuer, Wassersnoth, vor Armuth, Sünd und Schand, vor Diebstahl, Ketten und Banden, H. Maria ich empfehle mich heut und allzeit in dein H. Läng, auf dein H Läng mein Schutz und Zuflucht sey. Dein H Läng sey mein Deckmantel, und Schild wider alle meine Feinde. Ich empfehle mich heut u. allezeit Kraft deiner H. Läng, in alle H. Meßopfer, damit ich in Kraft selbiger Worte beschützet werde. Ich empfehle mich heut und allzeit mein Leib und Seel, mit Herz und Mund sammt allen, was mir zuständig, in u. Leben, Ehr und Gut, Verstand und Willen, Gedächtniß und Anmuthung, in- und äusserliches in dei-

ne

ne H. Länge, Schutz und Schirm, auf daß du mich durch deine mütterliche Barmherzigkeit schützest und beschirmest, vor allem Unglück, Eisen, Waffen, vor geist und leiblichen Fall, vor Band und Gefängniß, vor Gift und aller bösen Nachstellung, vor Kugel und Pfeil, vor Zauberey und allen Schröcken, vor ungerechten Urtheil und Nachstellungen der Feinde, vor falschen Zungen, Ehrabschneidungen und Afterreden, und allen andern Uebeln, so mir würden an Leib und Seele schaden mögen. Ich erinnere dich durch deine H. Läng, H. Maria! daß du heut und allezeit wollest zur Ruhe stellen, befriedigen und hemmen alle böse Zungen, falsche Herzen, so mir

schaden

schaden können, oder zu schaden begehren, auf daß sie mir werden an Seel und Leib, noch Gütern und Leben auch in meinem Tode nicht schaden können. O heil. Maria! durch dein große Demuth und H. Läng stille und befriedige alle unruhige Zungen und Herzen, so mir zu schaden begehren, und bitte, o heilige Maria! durch deine H. Läng, mache kraftlos aller meiner Feinde und Widersager Zungen, Herzen, Hände und Bemühungen, auf daß sie weder geistlich noch leiblich etwas wider mich vermögen, vielweniger Rath geben, oder schaden können, die du nun lebest glorwürdig und sicher im Himmel, von Ewigkeit zu Ewigkeit. Amen.

Heilige

Heilige Maria, dein heilige Läng erfreue mich, dein heilige Läng erquicke mich, dein heilige Läng stärke mich, dein heilige Läng ehre ich, dein heilige Läng benedeye ich, bis ich dich mit Freuden siehe in deiner Glory ewiglich, Amen.

Beschluß.

O Maria mein! die Länge dein, ist ja mein Freund auf Erden, mein Trost und mein Begierd allein, mein Hoffnung selig zu werden.

Auf-

Aufopferung in die heilige Läng Mariä.

O Mutter Gottes! der Engel Zier, dieses Gebeth nimm an von mir, da ich dich in deiner Läng hab betten, hilf mir doch aus meinen Nöthen, die nim zu einer Gab von mir, nichts anders kann ich geben dir, empfehle mich dein Sohn allzeit, an meinem End sey von mir nicht weit, hilf mir die böse Geister dämpfen, meine arme Seele wollest du nehmen, und solche stellen vor dein Sohn, der für uns all hat gnug gethan, damit ich nach dem Jammerthal, dort wohuen mög im Himmelssaal, Amen.

Das ist die rechte wahrhafte Maas des Fußes unser lieben Frauen, welches aufbehalten wird in einem Kloster in Hispanien. Johannes der 22. Pabst dieß Namens, hat allen denen, so die Maas andächtig küssen, 700 Jahre Ablaß verliehen. Clemens der achte hat obgemeldte Indulgenz bestättiget.

Erstlich gedruckt zu Kölln.

ste Hagel nichts anhaben, auch wenn rundherum die Ernte vernichtet wurde.

Es würde aber im Rahmen der Stadtgeschichte zu weit führen, sich mit allen Heiligen der Stadt zu beschäftigen. Allein die Kapuziner konnten mit Stolz auf die Reliquien von 53 von ihnen verweisen. Dazu besaßen sie noch Partikel vom Abendmahlstisch und vom Tischtuch, Blutstropfen vom Haupt Christi, Stoffteile vom Schweißtuch, Splitter des Kreuzes und ein Stück vom blutgetränkten Kleid Christi.

Von den prominenteren Heiligen scheinen Augustinus auf, Cosmas, Franz von Assisi, Hieronymus, Ignatius (!), Elisabeth, Josef, Johannes und Maria Magdalena, Martin, Matthias, Petrus, Thomas, Stephan und Ursula.

Die Jagd nach Reliquien war ungeheuer und würde sich je einmal ein Forscher der Mühe unterziehen, alle Teile eines einzigen Heiligen allein in Europa zusammenzustellen, dann müßten daraus gewiß mehrere Einzelindividuen erwachsen. Ihr Einsatz war aber, wie wir gesehen haben, durchaus notwendig, standen sie doch als wahre Schutzpatrone einer ebenso großen Anzahl von Teufeln, Geistern, Dämonen, Sünden und daraus folgenden Krankheiten gegenüber.

244 Unter dem Papier dieser Abbildungen, die gedruckte Skapuliere darstellen, befinden sich Bruchstücke von Mineralien und Metallen, Sande und Kräuter. Sie übernahmen die Funktion der „heidnischen" Amulette. Ordinariatsarchiv Linz. Foto: Litzlbauer

Zuletzt sei noch ein Blick auf die Organisation geworfen, mit deren Hilfe der überbordende Glaubenseifer gelenkt und geleitet wurde.

Der Kampf der Heiligen gegen Hexen, Teufel und Dämonen

Passagenweise lesen sich die „litterae annuae" der Jesuiten wie aberwitzige, von Geistern und Dämonen belebte billige Groschenromane, die die unglaublichsten Geschichten auftischen. Wir sehen eine von Geistern gepeinigte Gesellschaft vor uns, die Spukerscheinungen als Bestandteil der äußeren Wirklichkeit auffaßte. Dabei ist die Grenze zwischen den vom Teufel angestifteten Untaten und den Wundern, die die Heiligen wirkten, oft sehr verschwommen. Der vermeintlich böse Zauber wurde mit gutem vertrieben.

Vor allem die Unterschichten waren am stärksten der Versuchung ausgesetzt, mit Amuletten und anderen Zaubermitteln jenes Glück zu erzwingen, das ihnen die streng hierarchisch gegliederte Gesellschaft versagte. Die Soldaten z. B. versuchten, sich durch sogenannte „Wundzettel" zu schützen, die sie vor gegnerischen Treffern bewahren sollten. Manchmal wurden dazu einige Beschwörungsformeln mit dem eigenen Blut auf ein Stück Papier geschrieben, eine Anlehnung an den Teufelspakt, den wir bereits kennengelernt haben und der im 18. Jahrhundert immer wieder auftaucht. Nur wenig wissen wir über die verschiedenen Amulette. Nur einmal ist von *Allreindln* (= Alraunen) die Rede. Ein Jesuitenschüler kaufte einem Jäger eine Kugel ab, die ihn vor Wunden und Unglücksfällen schützen sollte. Zur Strafe erschien ihm immer wieder ein schreckenerregender Dämon. Eine Frau erstand als Aphrodisiakum einen Zauberring, der eine so starke Wirkung zeigte, daß sie von Liebestollheit gepackt splitternackt nachts im Haus umherlief und in allen Winkeln und Ecken nach einem Liebhaber suchte. Ähnliche Wirkungen zeitigte das Glied einer Kerkerkette, mit dessen Hilfe ein Mann die Herzen der Frauen erobern wollte. Er hatte dabei angeblich einen solch durchschlagenden Erfolg, daß ihm das Amulett gewaltsam entrissen werden mußte. Es spielt keine Rolle, ob die hier kurz geschilderten Begebenheiten auf Wahrheit beruhten oder nicht. Wichtig war lediglich, daß sowohl die Besitzer der Amulette als auch die Jesuiten, die dagegen ankämpften, an die Wirkung der Gegenstände glaubten.

Die Patres erhielten ausreichend Gelegenheit, in die Abgründe menschlicher Seelen zu blicken, denn sie waren gesuchte Gefängnisseelsorger und bereiteten beinahe alle Delinquenten auf die Hinrichtung vor. Sie wurden auch zu Exekutionen außerhalb von Linz gerufen, weshalb wir oft nicht entscheiden können, ob sich ein in ihren Schriften überlieferter Fall in der Stadt oder auf dem Land zugetragen hat.

Wir kennen annähernd die Palette todeswürdiger Verbrechen, die zur Exekution führten. Obenan standen die Massenhinrichtungen nach den Bauernaufständen 1626, 1632 und 1636. Dazu kamen noch Diebe und (vermutete) Räuber, Münzfälscher und Kindesmörderinnen. 1689 wurden z. B. drei Zigeuner hingerichtet, ihre Frauen und Kinder über ein Jahr lang in Linz zurückgehalten und im Glauben unterwiesen.

Sehr wenig ist auch über Hexenprozesse in Linz bekannt. Die Jesuiten bereiteten aber jene Familie (sechs Personen) aus Reichenstein und Grein auf den Tod vor, denen im Jahre 1695 der Prozeß gemacht wurde. Ein Jahr später begleiteten sie (in Linz?) ein Mädchen auf den Scheiterhaufen, das angeblich schon 20 Jahre lang Hexenkünste getrieben hat. Geradezu abenteuerlich hört sich die Geschichte des Abraham Endtschläger aus der Herrschaft Weinberg an, dem ein Dämon die Kraft von 15 Männern verliehen haben soll. Darüber hinaus hielt er sich noch zwei Geister in Zwergengestalt, die er selbst in den Achselhöhlen gezeugt hatte, wie es ihn angeblich sein Vater gelehrt hatte. Der Fall ereignete sich 1694. Ein anderer und wohl der letzte ist aus dem Jahre 1730 überliefert: Eine sechzigjährige Frau, ihr Sohn, die Tochter und eine Nichte wurden wegen Hexerei hingerichtet.

Die Bruderschaften

Unter diesem Begriff verstand man im Mittelalter Vereinigungen berufsständischer Gruppen, deren Aufgaben vordergründig in der feierlichen Gestaltung des Gottesdienstes, der würdigen Zeremonie bei Begräbnissen von Mitgliedern und einer karitativen Tätigkeit innerhalb der Gruppen lagen. Sie ersetzten weitgehend die in den österreichischen Städten verbotenen Handwerkszünfte oder Kaufleutezechen, hatten also durchwegs auch wirtschaftspolitische Hintergründe. Die religiöse Bedeutung der Bruderschaften verlor sich in der Zeit der Reformation und der wirtschaftliche Aspekt wurde von den im 16. Jahrhundert immer stärker geförderten Zünften wahrgenommen. So konnte sich denn das Hauptanliegen der Bruderschaften bei ihrer Wieder- oder Neubegründung in der Barockzeit auf den religiösen Aspekt konzentrieren. Im Grunde genommen waren es nun Vereinigungen zum Zwecke des gemeinsamen oder getrennten, aber zur gleichen Zeit vorgenommenen Gebetes, zur Gestaltung von Messen, Prozessionen, Umzügen und anderen religiösen Aktivitäten. Die Bindung an eine bestimmte Berufsgruppe fiel weg. Interessanterweise spielte auch die ständische Hierarchie eine untergeordnete Rolle, wenn sie auch innerhalb der Bruderschaften durchaus gewahrt und berücksichtigt wurde. Ihre Zahl nahm vom Ende des 17. Jahrhunderts an kontinuierlich zu, was wohl aus der zunehmenden Konkurrenz der einzelnen in die Stadt strömenden Orden erklärt werden darf.

245 Vermögenderen Mitgliedern wurde beim Eintritt in die Bruderschaft eine Urkunde ausgestellt. Auch auf dem vorliegenden, von Johann Ulrich Kraus nach einer Vorlage von Johann Rudolf Halbax gestochenen (1710) Brief der Maria Himmelfahrtsbruderschaft sind der hl. Sebastian und St. Florian abgebildet.
OÖ. Landesmuseum Inv. II I/50 (dzt. verschollen).

Den Anfang machte 1588 die Corporis-Christi-Bruderschaft, die von Stadtpfarrer Zuppacher ins Leben gerufen wurde und deren Mitglieder sich bei allen Veranstaltungen, die mit der Eucharistie zusammenhingen, beteiligen sollten; also etwa bei der Fronleichnamsprozession oder bei Versehgängen. Zu Ostern, Fronleichnam und Weihnachten war der Empfang der Kommunion vorgeschrieben. Jeden Donnerstag sollte die Messe besucht werden, die mit einem demonstrativen Umschreiten der Kirche eingeleitet wurde. Außerdem waren jeden Tag fünf „Vaterunser" und der „Englische Gruß" zu beten. Die erhaltenen Statuten lassen keinen Zweifel darüber aufkommen, daß diese Bruderschaft ausdrücklich zur Bekämpfung der Sekten, der Ketzerei, des Aberglaubens und zur Wiederherstellung der katholischen Kirche gegründet worden war. Doch die Zeit entschied gegen sie und erst den Jesuiten gelang es wieder, die Bruderschaft neu zu beleben. Die Einschreibgebühr und der Mitgliedsbeitrag für ein Vierteljahr dürfen als gering angesehen werden: 15 Kreuzer, etwa der halbe Tageslohn eines Gelegenheitsarbeiters. Jeder konnte Mitglied werden, vom Kaiser bis zum Tagwerker.

Ähnlich war die erste Bruderschaft bei den Jesuiten gegliedert, die unter dem Namen „Marianische Kongregation" lief, die anfänglich (1622) nur für ausgezeichnete Schüler gedacht war, in die aber auch Adelige und Bürger aufgenommen wurden. 1636 wurde die Bürgerkongregation von jener der Studenten und Adeligen getrennt. Die eine hieß nun die „deutsche" oder Bürgerkongregation, die andere die „lateinische". Aus letzterer wurde 1652 die Studentenkongregation herausgelöst. Eine Arbeit des zweiten Linzer Buchdruckers Crispinus Voytlender aus dem Jahre 1632 informiert uns über die genau vorgeschriebenen Regeln und Gebetsübungen der Bruderschaft, die zur Erreichung eines *täglichen Fortschritts in Tugend und Frömmigkeit* gegründet wurde, und *die altehrenwürdigen Interessen der katholischen Religion besonders in unserem Vaterland fördern* sollte, *soweit es den einzelnen Mitgliedern ihr Stand und die Gnade Gottes ermöglichen* (Übersetzung).

Als spektakulärste Aktion nahmen die Mitglieder der Herrenkongregation seit 1636 alljährlich am Gründonnerstag an zwölf ausgesuchten Armen der Stadt persönlich die Fußwaschung vor, um sie anschließend reichlich zu bewirten, wobei sie selbst und ihre hochgeborenen Gattinnen das Essen auftrugen. Ein Jahr später eiferte die Bürgerkongregation diesem Beispiel im Rathaus bereits nach, sie nahmen jedoch vorher gemeinsam mit den Jesuiten selbst ein Mahl ein. Im Laufe der Jahrzehnte muß dieser ursprüngliche Akt der Demut bereits stark verflacht und zur leeren Zeremonie erstarrt sein, denn als einziges Zeichen der Bescheidenheit trugen die adeligen Herren nur mehr ein Handtuch auf dem Arm. Zum Arbeiten kamen sie nicht mehr. Möglicherweise war auch der Andrang zu groß, denn die Fußwaschung wurde zu einem der gesellschaftlichen Höhepunkte während des Kirchenjahres.

Viele der vorhin geschilderten jugendlichen Glaubensexzesse nahmen übrigens von der Studentenkongregation ihren Ausgang.

Von der 1652 gegründeten Todesangst-Christi-Bruderschaft und ihren Begleiterscheinungen war schon die Rede. Ihr großer Auftritt in der Stadt erfolgte am Karfreitag. Aber auch während der Fastenzeit wurden drei Prozessionen veranstaltet, bei der immer Symbole der Leiden Christi mitgetragen wurden.

Obwohl die Gründung von neuen Bruderschaften an die bischöfliche Erlaubnis gebunden war, wurden von den neu in die Stadt kommenden Orden in aller Stille solche ins Leben gerufen, um oft erst Jahre, ja Jahrzehnte später die offizielle Anerkennung zu erhalten. So ist die äußerst beliebte Skapulierbruderschaft der Karmeliten schon bald nach ihrer Ankunft (1672) nachzuweisen, ihre Bestätigung erfolgte aber erst 1714. Kein anderes Mitgliedszeichen der Bruderschaften erinnerte so frappant an die beliebten und verbotenen Amulette wie das Skapulier. Vielleicht deshalb hatte diese Vereinigung bis über die Mitte des 18. Jahrhunderts die meisten Mitglieder. Wohl nicht zufällig führte der Stadtpfarrer in seiner ablehnenden Stellungnahme zur Ansiedlung der Karmeliten die Skapulierbruderschaft an, durch die ihm Stolgebühren und Jahrtagsgelder entzogen würden, womit er recht behalten sollte.

Sehr beliebt war auch die ins 17. Jahrhundert zurückreichende Totenbruderschaft bei den Minoriten, deren Mitglieder den Verstorbenen im Fegefeuer mit ihren Gebeten beistanden, weshalb sie auch zuweilen als Arme-Seelen-Bruderschaft bezeichnet wurde.

Als Trost und Beistand für den Todeskampf wurde die (Letzte)-Stund-Bruderschaft eingeführt und, speziell für ärmere Bevölkerungsschichten aus Handwerkerkreisen, die Josefsbruderschaft. Ein Äquivalent zu den Toten- und Stundbruderschaften dürfte die Barbara-Bruderschaft dargestellt haben, die bei der Bar-

246 Ablaßbrief Papst Innozenz' XIII. für die Maria-Himmelfahrtsbruderschaft bei der Pfarrkirche aus dem Jahre 1723. Archiv der Stadt Linz, Stadtpfarrarchiv. Foto: Litzlbauer

barakapelle am Friedhof angesiedelt gewesen ist. Diese 1657 errichtete und um 1740 vergrößerte und erneuerte Kapelle stand an der Stelle des Hotels Schiff (Landstraße 36).

Auch von der Dreifaltigkeitsbruderschaft, die sich später um die Erhaltung der Dreifaltigkeitssäule zu kümmern hatte, war in einem anderen Zusammenhang schon die Rede. Dazu kamen noch eine Aloisius-, Schutzengel-, Antonius-, Sebastian-, Jesu-Maria-Josef-, Rosenkranz- und Franziskusbruderschaft. Nicht zu vergessen eine ähnlich strukturierte Drittordensgemeinde bei den Kapuzinern. Es wäre also für den (die) einzelne(n) Linzer(in) (die Geschlechter hielten sich bei den Mitgliederzahlen ungefähr die Waage) gar nicht so leicht gewesen, sich für eine dieser Bruderschaften zu entscheiden. Deshalb sind viele mehreren und manche sogar allen beigetreten, dazu oft noch auswärtigen, z. B. der berühmten Johann-Nepomuk-Bruderschaft in Prag oder der Dreifaltigkeitsbruderschaft an der damals berühmten Wallfahrtskirche auf dem Sonntagberg.

Es war schlichtweg unmöglich, wirklich alle vorgeschriebenen religiösen Übungen auszuführen, wenn man Mitglied mehrerer Bruderschaften war. Als Vergleich drängt sich das Vereinswesen unseres Jahrhunderts auf, das uns noch am ehesten als Erklärungsmodell dienen kann. Unter Umständen konnten es sich die Stadtadeligen und angesehenen Bürger gesellschaftlich gar nicht leisten, einen der vielen ansässigen Orden zu vergrämen, die sich nach und nach die Stadt erobert haben.

Die Klosterstadt

Dem wirtschaftlichen Aufschwung, den die Landklöster im Zeitalter der Gegenreformation erringen konnten, steht in den Städten eine Entwicklung gegenüber, die als geradezu signifikant für die Macht der Rekatholisierung im Lande angesehen werden kann.

Innerhalb von 110 Jahren wurden in Linz zu den bereits bestehenden zwei Klöstern der Jesuiten und Kapuziner sieben neue Konvente gegründet, die bis auf eine Ausnahme alle gegen den ausdrücklichen Protest der Bürgerschaft in die Stadt gekommen sind. Es handelte sich dabei durchwegs um Orden, die auf die Spendenfreudigkeit der Bevölkerung angewiesen waren. Nur zwei von ihnen, die Ursulinen und die Elisabethinen, widmeten sich neben der Kontemplation und den seelsorglichen Aufgaben auch praktischen Arbeiten, dem Schulwesen und der Krankenpflege. Weitere Orden, wie die Franziskaner und die Paulaner hatten die Ansiedlung zwar ebenfalls versucht, konnten aber vom Stadtpfarrer, dem Magistrat und den übrigen Kongregationen abgewiesen werden. Obwohl sich die Taktik der Orden, wie sie in die Stadt gelangten und sich hier festsetzen konnten, manchmal sehr ähnlich war, wollen wir der Manövrierkunst der einzelnen doch Rechnung tragen und die Vorgänge Fall für Fall betrachten, wobei in Anbetracht der Komplexität der Materie doch starke Vereinfachungen vorgenommen werden mußten.

Ganz gewiß wird aus der Schilderung ein negatives Bild entstehen, das über weite Strecken sicher seine Berechtigung haben mag. Dennoch wird einmal mehr davor gewarnt, heutige Maßstäbe an die Beurteilung historischer Vorgänge anzulegen. Es soll nicht vergessen werden, was einleitend über die Verquickung von Staat und Kirche im Zeitalter des Absolutismus gesagt worden ist. Gleichzeitig ist die Entwicklung des Jesuitenordens mit einzubeziehen, über dessen dominierende Rolle in der Stadt schon gehandelt worden ist und die deshalb hier unbeachtet bleibt, soweit die Jesuiten nicht in die Gründungsvorgänge der anderen Klöster agierend oder reagierend involviert gewesen sind.

Die Minoriten

Wir erinnern uns noch sehr an den ersten Linzer Stadtorden, die Minoriten, deren Kloster im 16. Jahrhundert in den Wirren der Reformation sang- und klanglos untergegangen ist. Die Einkünfte hatte der Stadtpfarrer Martin Purgleitner an sich ziehen können, das Kloster wurde an die Stände verkauft, nur die Kirche erhielten sie nicht. Nachdem sie jahrelang ungenützt vor sich hingedämmert hatte, sorgte der Eklat mit dem Linzer Stadtpfarrer Heinrich Prätorius im Jahre 1602 dafür, daß sie den Jesuiten zugesprochen wurde. Mitten im ersten Trubel der zweiten Gegenreformation meldeten die Minoriten ihr Anrecht auf die Restituierung der Klöster Wels, Enns und Linz an. Der Statthalter Herberstorff, die Klosterräte und Kaiser Ferdinand II. wurden damit befaßt, aber der Bauernkrieg ließ anderes wichtiger erscheinen, sodaß es bis zu Beginn der vierziger Jahre zu einem Stillstand in den Verhandlungen über das Linzer Kloster kam.

In Wels, wo die Minoriten 1626 wieder einziehen konnten, und in Enns, wohin sie 1644 zurückkehrten, hatten sie zunächst mehr Erfolg. In Linz konnten sie 1651 erst im letzten Moment verhindern, daß die Kirche von den Jesuiten abgetragen wurde, die das Baumaterial für die Errichtung eines neuen Gotteshauses verwenden wollten. In der Eingabe von ungezählten Ansuchen auf Rückerstattung ihres Klosters erlahmten sie zwar nie, aber die Situation schien relativ hoffnungslos.

Der Stadtpfarrer zeigte sich nicht bereit, die Benefizien herauszugeben, und fand dabei in seiner ablehnenden Haltung beim Passauer Bischof auch den nötigen Rückhalt. An der Stelle des alten Klosters stand längst das Landhaus und die Stände konnten einen gültigen Kaufvertrag vorweisen, auch wenn er nur auf die lächerliche Summe von 800 Gulden lautete. Das schlechte Gewissen über den nicht ganz reellen Handel ihrer Vorväter macht sie keineswegs zugänglicher. Sie wollten den Minoriten bei der Suche nach einem Platz für einen neuen Konvent zwar behilflich sein, als diese aber auf die drei benachbarten Häuser in der Klostergasse reflektierten, erklärten sie sich für nicht zuständig und verwiesen sie auf die Stadt, die den Schwarzen Peter an den Dechanten weiterreichte, unter dessen Grundobrigkeit nunmehr

247 Längsschnitt von einem der vielen Umbaupläne der Minoritenkirche aus der Zeit um 1750 (nicht ausgeführt). OÖ. Landesarchiv, Plansammlung XIII/6. Foto: Litzlbauer

die Häuser standen. Als Dechant Heinrich Schrader im Februar 1665 starb, ergab sich wieder einmal eine günstige Gelegenheit, das Minoritenbenefizium von der Pfarre einzufordern. Die Sperrkommissare Landschreiber Johann Friedrich Sumatinger (Sumeting) und Dechant Dr. Kaspar Rueß aus Freistadt sollten die schriftlichen Unterlagen über das Minoritenkloster von den übrigen Urkunden, Akten und Einkommensverzeichnissen trennen und für die Übergabe an den Orden bereithalten. Dies kam einer beträchtlichen Einkommensschmälerung für den künftigen Stadtpfarrer gleich, wogegen sich Bischof Wenzel von Passau verwahrte. Das hinderte ihn allerdings nicht, gleichzeitig der Abspaltung des St. Gangolph-Benefiziums im Schloß zuzustimmen, das Dr. Wolfgang Italus übertragen wurde, der später auch Benefiziat in der Bürgerspitalkirche wurde. Dadurch erfuhr das Einkommen des Pfarrers abermals eine nicht unerhebliche Verminderung.

Die Minoriten konnten, obwohl ihnen Kaiser Leopold I. durchaus wohlgesinnt war, in Linz auf keine Fürsprecher bauen, ja sie mußten sich sogar gegen einen abermaligen Vorstoß der Franziskaner zu Pupping und Grein zur Wehr setzen, die wieder einmal nach Linz ziehen wollten, worüber später noch zu berichten sein wird. Sie hatten aber das Glück, daß sich die Nachbesetzung der Linzer Pfarre fast zwei Jahre lang hinzog, weil der vorgesehene und vom Passauer Bischof empfohlene Kandidat Michael Rottmayr aus Erding in Bayern den Bartholomäiten angehörte, einer 1640 gegründeten Vereinigung von Weltpriestern, die sowohl vom Klosterrat als auch von der Wiener Regierung mit Argwohn betrachtet wurde. Im Sommer 1666 ordnete Kaiser Leopold I. trotz aller Proteste der Betroffenen die Übergabe der ehemaligen Stiftungen an die Minoriten an. Der neue Stadtpfarrer fand sich damit ab. So erfolgte die Wiederbegründung des Minoritenklosters in Linz ohne jedes öffentliche Aufsehen und ohne eine der zu dieser Zeit üblichen Festveranstaltungen. Es fanden sich in der Stadt lediglich einige Brüder ein, die die Erträgnisse der Stiftung in Empfang nehmen sollten. Freilich war mit diesen in den meisten Fällen die Verpflichtung zum Messelesen verbunden, womit der nächste Konflikt vorprogrammiert schien, denn die Minoriten verlangten nun die Rückgabe ihrer Klosterkirche, und das Spiel begann von neuem, diesmal mit den Jesuiten.

Nicht ganz zu Unrecht wiesen diese darauf hin, daß sie die Kirche nunmehr bereits an die 70 Jahre lang betreuten. Zudem war es ihnen zu verdanken, daß das völlig herabgekommene Bauwerk wieder instandgesetzt worden war. Sie allein hätten sich Ketzertum und Irrglauben gestellt und die Hauptlast bei der Bekehrung der Bevölkerung getragen. Sie unterließen es auch nicht, dezidiert darauf hinzuweisen, daß die Minoriten ihr Kloster ja freiwillig verlassen hätten und ganz im Gegensatz zu den Jesuiten dem Sturm der Reformanten unterlegen seien.

Schließlich brachte eine ad hoc eingesetzte Kommission einen Vergleich zustande, der den Minoriten die Kirchenbenützung während der Wochentage zusagte. Die Entscheidung wurde damit begründet, daß die Jesuiten ohnedies nur am Sonntag und da auch nur für ihre Studenten Messe hielten, weil ihnen für alle anderen Tage ja ohnehin wieder die Pfarrkirche zur Verfügung stand. In Wahrheit handelte es sich lediglich um ein Scheingefecht, denn inzwischen war ja bereits der Grundstein zur Jesuitenkirche gelegt worden und es konnte nur mehr eine Frage von wenigen Jahren sein, bis die größte Linzer Kirche fertiggestellt sein würde.

1679 war es soweit, die Minoriten bekamen ihre alte neue Kirche zurück. Die darin begrabenen Jesuiten wurden exhumiert und an ihre neue letzte Ruhestätte gebracht.

Schon fünf Jahre vorher hatten die Minderbrüder die beiden Nachbarhäuser erwerben können, nachdem sie sich mit der Stadt über die Ablösung der Steuerlasten gütlich geeinigt hatten. Das Erreichte konnte sie jedoch nicht recht befriedigen, zumal sie nunmehr wieder zu unmittelbaren Nachbarn des Landhauses geworden waren, an dessen Mauern die Minoritenkirche direkt anstößt. Das ständische Haus war ihnen noch immer ein Stachel im Fleisch und sie verlangten vom Adel als Äquivalent für den seinerzeit billigen Kauf eine Beihilfe zum Bau eines neuen Konventes. Letztlich siegte das gute über das schlechte Gewissen, und die Stände kauften sich mit 6000 Gulden ein für allemal vom alten Makel ihrer Vorgänger frei, der noch immer am Landhaus haftete.

Das Verhältnis zum Passauer Bischof besserte sich kaum. Was immer die Minoriten an religiösen Aktivitäten entfalteten, mußten sie sich hart erkämpfen, ob es sich um die öffentliche Verehrung des hl. Antonius, die Errichtung einer Totenbruderschaft (1698), einer Bruderschaft des hl. Antonius und Franziskus (1714) oder um die Beherbergung armer, herumziehender Priester (1693) handelte. Mit dem Stadtpfarrer gab es immer wieder Meinungsver-

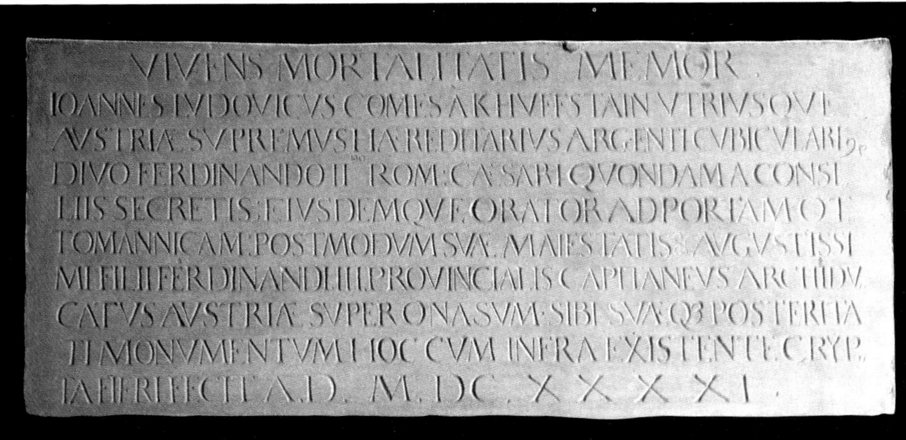

248 Die lateinische Inschrift auf grauem Marmor besagt u. a., daß der Landeshauptmann Graf Hans Ludwig Kuefstein für sich und seine Nachkommen in der Minoritenkirche 1641 eine Gruft anlegen hat lassen. Eingemauert in der Westwand der Minoritenkirche. Foto: Litzlbauer

schiedenheiten und Anlässe zu kleineren Konkurrenzkämpfen. Das war so, als sie die Chance erhielten, die Landtagssitzungen mit einer Messe feierlich zu eröffnen (1688), als der Stadtpfarrer just am Tage der Totenbruderschaftsfeier eine Prozession zur Barbarakirche einführen wollte (1715) und vor allem bei (Erb-)begräbnissen im Kloster. Diese wurden nun, nachdem sich die Brüder mit den Ständen ausgesöhnt hatten, zur großen Chance für den Orden: Denn alle vermögenden Personen dieser Epoche trachteten danach, in einem der Klöster oder zumindest in einer Kirche oder Kapelle ein Erbbegräbnis zu bekommen. Die Minoriten wurden von den Grafen von Kuefstein auserwählt, weil schon Landeshauptmann Hans Ludwig im Jahre 1641 in der Kirche eine Gruft anlegen hatte lassen. Als im Jahre 1710 das erste Mitglied dieser Familie von den Minoriten beigesetzt wurde, kam es zu einer heftigen und häßlichen Szene, als der Dechant in der Kirche den Baldachin über der Bahre und den Blumenschmuck am Sarg mit Gewalt hinwegnehmen wollte. Der Vorfall wiederholte sich zwar nicht mehr, aber Streit löste 1724 beinahe jedes Begräbnis aus (damals wurde der letzte Graf von Tilly beigesetzt). Uneinigkeiten mit der Stadt wurden meistens rasch beigelegt, auch als zweimal entwichene Verbrecher das Asylrecht des Klosters in Anspruch nahmen, das sich direkt gegen die Kompetenz des Stadtgerichtes richete.

Gegen die Neuansiedlung weiterer Orden setzten sich die Minoriten kaum zur Wehr. Als sie 1710 wegen der Karmelitinnen gefragt wurden, meinten sie resignierend, daß sie sowohl gegen die Niederlassung der Ursulinen als auch der Karmeliten protestiert hätten, was aber gar nichts genützt habe. Und es werde wohl auch diesmal wieder so sein. Nur gegen die Franziskaner traten sie immer wieder auf, zuletzt 1712, als diese bei der Wollzeugfabrik ein Hospiz errichten wollten.

Das gute Verhältnis zu den Stadtvätern dokumentiert sich in einem weiteren Hauskauf im Jahre 1741, der mit vollem Einverständnis der Stadtverwaltung erfolgte, obwohl damals der Verkauf von Realitäten an die „Tote Hand“ schon verboten war.

Die Minoriten gewannen das alte Ansehen, das sie vor der Reformation in der Stadt genossen hatten, nie mehr ganz zurück. Mag sein, daß die Konkurrenz nunmehr schon zu groß geworden war, mag auch sein, daß sie mit ihren Ordenszielen die Bevölkerung nicht so anzusprechen vermochten, wie die neuen Barockorden. Sie fielen als erste nach den Jesuiten der Klosteraufhebung zum Opfer. Alles was an ihr jahrhundertelanges geistliches Wirken in der Stadt erinnert, ist die Kirche an der Klostergasse.

Die Karmeliten

Die Begleitumstände bei der Gründung des Karmelitenkonvents zeigen bereits alle Schwierigkeiten auf, die sich bei einer Ansiedlung eines neuen Ordens in der Stadt ergaben. An ihrem Fall wird deutlich, wie chancenlos die Stadt gegen Klerus und Kaiser war. Gleichzeitig wird der Konkurrenzkampf der Klöster untereinander und auch die feindselige Haltung des Stadtpfarrers gegen neue Ordensniederlassungen offenbar.

Der Orden der Karmeliten, ursprünglich im „Heiligen Land“ begründet, zog sich im Zeitalter der Kreuzzüge nach Europa zurück und galt hier seit der Mitte des 13. Jahrhunderts als Bettelorden, der sich der Seelsorge in den Städten annehmen sollte. Als die ursprünglich sehr strenge, ein Eremitendasein vorschreibende Regel allmählich gelockert wurde, spaltete sich im 14. Jahrhundert der Orden. Die „unbeschuhten" Karmeliten erfuhren durch Terese von Avila und Johannes vom Kreuz im 16. Jahrhundert eine Erneuerung, die an die alte Regel anknüpfte. Von Spanien ausgehend breitete sich die neue Ordensrichtung in Europa aus. Die Gründungen in Mitteleuropa nahmen von Köln (1614) ihren Ausgang.

Ihr Einzug in den österreichischen Ländern soll durch P. Dominikus ermöglicht worden sein, der sich in der Schlacht am Weißen Berg als Feldprediger bei den kaiserlichen Truppen hervorgetan haben soll. 1622 wurde in Wien und 1624 in Prag ein Konvent gegründet. Es folgten in Österreich Graz (1628), Görz (1648), Mannersdorf (1654) und Wiener Neustadt (1665).

Im Jahre 1668 hat das Provinzkapitel eine neue Niederlassung in Linz ins Auge gefaßt und ein Jahr später die mündliche Zusage des Kaisers erreicht. Die Karmeliten setzten damit von Anfang an auf die richtige Karte. Ein weiteres Jahr später brachte das Testament eines Adeligen, Franz Ernst von Kaiserstain, der zu München als Frater Ildephons in den Orden eingetreten war, das nötige Kapital für das neue Vorhaben: die doch relativ große Summe von 40.000 Gulden.

Zu Anfang des Jahres ergingen kaiserliche Schreiben an die Stände und gezielt an die Prälaten von St. Florian und Lambach sowie an die Grafen Khevenhüller, Schallenberg, Sprinzenstein und Gera, das Vorhaben der Karmeliten zu unterstützen. Sehr schnell aber bildete sich eine Allianz der Gegner, in der von den Jesuiten bis zu den Minoriten alle Klöster, der Stadtdechant, die Bürger und die Stände vereint waren. Die kaiserliche Unterstützung erfolgte mit dem Hinweis auf die bessere seelsorgliche Betreuung der Bürger und die Abwehr lutherischer Ideen in der Bevölkerung. Die Stadtväter machten unmißverständlich deutlich, daß es hier bereits genug Geistliche gebe, und die Franziskaner von Pupping meinten ganz unverblümt, man wüßte hierzulande gar nicht, welche Verdienste die Karmeliten eigentlich aufweisen könnten. Dabei darf man freilich nicht vergessen, daß sie sich selbst immer wieder sehr darum bemühten, in Linz Fuß zu fassen. Der Stadtdechant befürchtete – wie sich später herausstellen sollte, ganz zu Recht –, daß sich für ihn Einbußen bei größeren Begräbnissen und auch bei Stiftungen ergeben würden. Es war ja noch nicht so lange her, daß sich die Minoriten wieder in der Stadt hatten festsetzen können, und der Pfarrer sah bereits deutlich genug, wohin das führen konnte. Die Pfarre hatte eben große Ausgaben aus der Barockisierung der Kirche (1468–1656) und dem Umbau des gotischen Turmes zu verkraften (1671). Ganz in der Nähe der Pfarre war soeben der Jesuitenkonvent fertiggestellt (1652–1669) und mit dem Bau der Kirche begonnen worden (1669). In der Vorstadt hatte der Ratsbürger und Handelsmann Johann Peisser die Kapuzinerkirche erweitern lassen (1660–1662) und auch die nach dem Bauernkrieg neu errichtete Bürgerspitalskirche stand für den Gottesdienst zur Verfügung. Alles in allem war also Linz mit Kirchen und Klöstern wohlversorgt. So wundert es eigentlich nicht, daß der Passauer Bischof nach außenhin zwar eine wohlwollende Förderung zusagte, sich aber doch hinter der ablehnenden Front der lokalen Gegner verschanzte.

Die Karmeliten versuchten vor allem die wirtschaftlichen Bedenken zu zerstreuen und verwiesen immer wieder auf ihr nicht unbeträchtliches Startkapital. Von den negativen Stellungnahmen ließen sie sich wenig beeindrucken und entsandten nach 1671 zwei Patres (P. Gereon und P. Johannes) nach Linz, wo sie zunächst beim ehemaligen Mautner Georg von Khautten eine Bleibe fanden, der sie im Kampf um die Erlaubnis zur Niederlassung tatkräftig unterstützte.

Unabhängig von den noch laufenden behördlichen Verfahren sahen sie sich nach einem Haus mit Grund und Boden um und fanden in der Erwerbung einer Haushälfte in der Herrenstraße eine tragbare Zwischenlösung. Das Gebäude gehörte dem Lebzelter Matthias Panlechner, der beim endgültigen Einzug des Ordens sowie auch bei den nachfolgenden Klöstern eine zentrale Rolle spielen sollte.

Zu Beginn des nächsten Jahres zogen zwar die Jesuiten ihren Protest zurück und schieden damit aus der Allianz der Gegner aus, aber dafür lehnte nun aufgrund der negativen Stellungnahmen das Passauer Ordinariat die Gründung eines neuen Klosters ab. Dennoch blieben die Karmeliten unbeeindruckt. Aus München und Wr. Neustadt trafen Stellungnahmen der Bürgermeister ein, die bezeugten, daß der Orden dort niemandem finanziell zur Last falle, und auch Erzbischof Matthias Ferdinand von Prag setzte sich für sie ein.

Inzwischen hatten sie erfahren, daß Baron Ehrenreich von Schifer sein Haus in der Vor-

249,250 Aufriß der Hauptfassade der Kirche aus dem Jahre 1690, wie sie in zumindest ähnlicher Form in den Jahren bis 1722 auch verwirklicht worden ist.
Grau lavierte Federzeichnung in der Prioratskanzlei der Karmeliten. *Fotos: Litzlbauer, Eigner*

stadt an der Landstraße verkaufen wolle. Gemäß altem städtischem Recht mußte er es den Bürgern anbieten, und richtig erwarb es auch am 29. Juni Matthias Panlechner, um es acht Tage später wieder an die Karmeliten zu veräußern. Im August gab der kaiserliche Hof seine Erlaubnis zum Kauf, wohl wissend, daß eigentlich zuerst die Ratifizierung durch den Magistrat hätte erfolgen müssen.

Im September übersiedelten die zwei Karmelitenpatres *in aller Stille,* wie es heißt, in das neue Haus an der Landstraße. Sie hatten auch allen Grund dazu. Denn als die Stadtväter davon erfuhren und die Patres wohl oder übel den Kaufvertrag zur Bestätigung vorlegen mußten, zitierten sie Panlechner vor das Stadtgericht und verlangten bei strenger Strafe die Rücknahme des Vertrages. Dem Lebzelter blieb nichts anderes übrig als zu versprechen, dem Auftrag der Stadtväter nachzukommen, er reiste aber umgehend zu den Karmeliten nach Wien, um sie um ihre Unterstützung zu bitten und ihm aus seiner mißlichen Lage wieder herauszuhelfen. Da den Ordensoberen selbst viel an einer Bereinigung gelegen war, halfen sie schnell. Sie erreichten durch mehrere Interventionsschreiben an den Kaiser, den Landeshauptmann und die Stände, daß das Verfahren um den Hauskauf ruhend gestellt wurde. Schließlich mußten sich die Bürger sogar bereit erklären, dem Vertrag zuzustimmen, was sie aber nicht davon abhalten konnte, neuerlich zu protestieren und an den Kaiser zu appellieren. Hier waren sie jedoch an der falschen Adresse, zumal gar nicht alle Protestnoten die höfische Kanzlei erreichten. Im April lehnten die Stände auf einer Sitzung des Landtages die Klostergründung neuerlich ab. Eine gemeinsame Protestnote von Stadtrat, Dechant, Kapuziner und Minoriten blieb auf dem „Dienstweg“ beim Landeshauptmann hängen, der sich neutral gab, aber natürlich den Wünschen des Kaiserhauses nachkam. Ein Mitarbeiter seiner Kanzlei informierte die Karmeliten, die neuerlich intervenierten, bevor noch irgendein Schreiben nach Wien gelangt war. In Passau hatte inzwischen ein neuer Mann den Bischofsstuhl bestiegen, der die Untersuchung von vorn beginnen ließ.

Es war abermals eine Pattstellung eingetreten, als im Jänner 1674 plötzlich aus der Wiener Hofkanzlei verlautete, daß der Kaiser im Mai 1673 seine Zustimung zur Klostergründung gegeben hätte. In Linz wußte zwar niemand etwas davon, aber der Landeshauptmann gab ein entsprechendes Dekret an die Stadt, die Stände und die Karmeliten weiter. Kaiserin Claudia intervenierte in Passau, sodaß ein Monat später auch von dort das Placet gegeben wurde.

In Linz unterstützten nur mehr die Stände den Magistrat in seinem vergeblichen Kampf, denn inzwischen war die Allianz gesprengt worden, als sich die Karmeliten in mehreren schriftlichen Erklärungen bereit erklärten, auf jedes Almosensammeln zu verzichten. Damit schieden sie als mögliche Konkurrenten der anderen Klöster weitgehend aus.

Einer vom Landeshauptmann angesetzten Tagsatzung blieben die Linzer mit dem berechtigten Einwand fern, daß ihre letzte Eingabe noch nicht behandelt worden sei. Zu allem Überdruß hatten die Karmeliten inzwischen begonnen, die Grundfesten zu graben und das Material für einen Kapellenbau heranführen zu lassen. Der Magistrat zitierte den darin verwikkelten Matthias Panlechner und den Maurermeister Anton Meischinger und verfügte einen sofortigen Baustopp. Der Landeshauptmann schritt umgehend dagegen ein, hatte ihn doch das Kaiserhaus mit der ehrenvollen Aufgabe betraut, gemeinsam mit Propst David von St. Florian die Grundsteinlegung vorzunehmen. Für den 18. April war sie festgesetzt. Es muß eine herbe Enttäuschung und überaus blamabel für Graf Heinrich Wilhelm von Starhemberg gewesen sein, als das große Fest aufgrund der Widerstände von Stadt und Ständen zweimal kurzfristig verschoben werden mußte. Schließlich aber zogen sie den kürzeren und mußten – wohl zähneknirschend – am 20. Mai der Grundsteinlegung beiwohnen.

Es dauerte Jahre, bis sich das Klima zwischen Stadt und Kloster besserte. Die Steuerbefreiung des Hauses wurde mit einer Abschlagzahlung von 2000 Gulden geregelt und als die Karmeliten schon ein Jahr später um den Kauf des Nachbarhauses (Pollerhaus an der Kreuzpoint) ansuchten, hatten die Bürger bereits resigniert und leisteten keinen Widerstand mehr. Ähnlich war es 1705, als auch das Haus des Apothekers Pußweh in den Besitz des Klosters überging. Allerdings waren in den ersten Jahrzehnten seines Bestehens bürgerliche Stiftungen für das Kloster eher selten.

251 Wappen der Familien Khautten und Eiselsberg über dem Amen-Altar in der Karmeliterkirche. Foto: Eigner

Die Befürchtungen des Stadtdechanten traten nicht einmal zehn Jahre nach der Gründung des Klosters ein: Bereits ab 1675 lassen sich die Bemühungen einzelner Adelsfamilien verfolgen, in der Gruft der Karmeliten ein Erbbegräbnis zu erhalten. Den Anfang machte die Familie Khautten mit einer Altarsstiftung, drei Jahre später folgte die Familie des Georg Konstantin Grundemann von Falkenberg, dessen Vorfahren ihren sozialen Aufstieg ebenfalls der Tätigkeit im Mautamt verdankten, und nach abermals drei Jahren die Grafen Sprinzenstein, wobei die regierende Gräfin Anna Elisabeth eine geborene Schifer war! Das war an sich schon Anlaß genug, den Unmut des jeweiligen Linzer Stadtpfarrers hervorzurufen, dem innerhalb des Pfarrsprengels das alleinige Begräbnisrecht zustand und das auch in der Reformationszeit weitgehend unangetastet blieb. Die katholische Konkurrenz war stärker. Zum Eklat kam es aber erst, als 1683 – der kaiserliche Hof war vor den Türken nach Linz geflüchtet – dem im Sterben liegenden Hofkanzler Adalbert Graf von Zinzendorf von den Karmeliten die Letzte Ölung gereicht wurde, weil im Pfarrhof angeblich niemand anzutreffen und außerdem Gefahr im Verzug war. Die Unstimmigkeiten zogen sich über elf Jahre hin und beeinträchtigten die Einsegnung des Kriegskommissars Johann Philipp Rem 1686 und seines neunjährigen Sohnes im folgenden Jahr sowie das Begräbnis der Gräfin Maria Secunda von Rabutin, immerhin einer geborenen Fürstin von Holstein.

Der Kampf um die Funeralrechte wurde vor dem geistlichen Gericht in Passau geführt und erst 1694 gelang es dem als Schiedsrichter eingesetzten Abt Anselm von Garsten, einen für beide Seiten erträglichen Kompromiß zustande zu bringen. Die näheren Einzelheiten wollen wir uns sparen, denn sie waren zum Teil überaus kleinlich. Zum Beispiel ging es unter anderem darum, wer die Reste der beim Begräbnis verwendeten Kerzen erhalten sollte.

Bereits ein Jahr nach der offiziellen Gründung und nach einer längeren Unterbrechung wieder 1713 wurde im Linzer Kloster ein Noviziat eingerichtet, in das pro Jahr durchschnittlich sechs bis sieben Personen um Aufnahme ansuchten. In Linz konnten die niederen philosophischen Studien absolviert werden, für die weitere Ausbildung mußten die Kandidaten nach Prag oder Wien.

1690 begann der Bau der interessanten Kirche, deren turmlose Fassade nach dem Vorbild der Karmelitinnenkirche in Prag gestaltet worden ist. Der Turm wuchs abseits der Straße ab 1722 in die Höhe und die Ausgestaltung des Innenraumes erfolgte bis zum Jahr 1726. Bischof Johann Philipp von Lamberg aus Passau nahm die Weihe der Kirche selbst vor. Die Zeremonie dauerte in echt barocker Festentfaltung an die sechs Stunden.

Bereits 1710 hatten die Karmeliten Verstärkung erhalten, als mit den Schwestern des gleichen Ordens der zweite weibliche Konvent in Linz eingerichtet wurde. Zuvor aber wurden noch zwei andere Klöster gegründet. Eines davon war ebenfalls Nonnen vorbehalten.

Die Ursulinen

Als am 14. August 1679 die Ursulinen in das neu erworbene Haus an der Landstraße einzogen, dachte niemand an eine offizielle Grundsteinlegung. Die Blamage bei den Karmeliten hatte offensichtlich ihre Spuren hinterlassen. Die Schwestern hatten den lokalen Behörden in einem dreijährigen zähen Ringen das Recht zur Niederlassung richtiggehend abgetrotzt. Zu so harten Auseinandersetzungen wie mit den Karmeliten ist es aber nicht mehr gekommen. Die Nonnen führten eine eindeutig feinere Klinge. Sie versuchten, niemanden vor den Kopf zu stoßen und waren bemüht, Adel und Bürger von den Vorteilen zu überzeugen, die mit ihrer Ansiedlung verbunden seien. Sie erklärten sich bereit, neben der Führung eines Internates für junge adelige Mädchen auch Bürgerstöchter in einer externen Schule zu unterrichten.

Der Orden der Ursulinen wurde 1535 nur ein Jahr nach dem der Jesuiten gegründet und widmete sich wie dieser der Jugenderziehung. Als bedeutender Förderer gilt Kardinal Karl Borromäus, einer der bekanntesten Theologen des 16. Jahrhunderts, der das Reformkonzil von Trient entscheidend beeinflußt hat.

Das erste Kloster nördlich der Alpen wurde in Lüttich errichtet (1614). Es folgten Köln (1639), Prag (1655), Wien (1660), Klagenfurt (1670), Görz (1672) und Preßburg (1676), bevor der Orden auch Linz als möglichen Standort auserwählte (1677). Die Schwestern sicherten sich zuallererst die Unterstützung des Wiener Hofes, und dieser zögerte nicht, ihr Anliegen zu unterstützen. Von Anfang an konnten sie mit einem weiteren starken Bundesgenossen vor Ort rechnen, den Jesuiten, die die Bestrebungen der Nonnen förderten, so gut sie nur konnten.

Dennoch fielen die ersten Stellungnahmen zur Gründungsabsicht von Stadt und Ständen

252 Ein Engel, die Skizze des ursprünglichen Fassadenaufrisses haltend.
Aus: Die Linzer Kirchen (= Österreichische Kunsttopographie Bd. XXXVI).

am Anfang des Jahres 1678 sehr negativ aus. Es war ja gerade erst vier Jahre her, daß man gegen die Ansiedlung der Karmeliten vergeblich Sturm gelaufen war. Ähnlich unerschrocken wie die Jesuiten wollte die Wiener Oberin sofort nach Linz reisen, um die Gründung voranzutreiben. Nur mit Mühe konnten sie die Jesuiten und der Landschreiber Engl davon abhalten und ihr begreiflich machen, daß eine ausgesprochen feindselige Stimmung in der Bürgerschaft gegen die Nonnen herrsche. Neben den üblichen Argumenten zeigt sich aus ihrer Äußerung, daß die Mädchen auch bisher den nötigen Unterricht genossen hätten und an guten Lehrerinnen durchaus kein Mangel herrsche, der verletzte Stolz der Linzer. Dazu kamen noch die bereits bekannten Argumente des Steuerverlustes, der gesteigerten Quartiersbelastung und der Befürchtung, daß die Almosensammler durch das Kloster vermehrt würden. Erstmals hören wir auch von kriegsversehrten Offizieren und Soldaten, die mit einer Bettellizenz durch die Lande zogen und der Bevölkerung zusätzlich zur Last fielen.

Die Schwestern erklärten sich aber bereit, die städtischen Steuern auf sich zu nehmen und wurden beim Magistrat um ein entsprechendes Quartier bittstellig, nicht ohne immer wieder auf die kaiserliche und bischöfliche Fürsprache hinzuweisen. Ein neuerliches Dekret Kaiser Leopolds I. vom Mai 1679, das der Landeshauptmann umgehend übermittelte, ließ die Stadtväter erkennen, daß weiterer Widerstand zwecklos ist. Von den Minoriten wissen wir, daß sie energisch protestierten, und auch die Kapuziner waren gegen eine Ansiedlung der Ursulinen. Den Karmeliten wäre ein Protest zu diesem Zeitpunkt wohl schlecht angestanden.

Als die Wiener Oberin schließlich am 11. Juli 1679 in Linz eintraf, hatte sie noch ein Empfehlungsschreiben der Kaiserin-Witwe Eleonora in der Tasche, die den Linzer Stadtvätern, auch persönlich bekannt war. Dazu gab es noch Befürwortungsschreiben der niederösterreichischen Regierung und des oberösterreichischen Landeshauptmannes. Die Oberin fuhr in der Kalesche der Gräfin Cavriani in der Stadt ein und bezog bei einem Advokaten Quartier. Zuvor hatte sie sich bereit erklärt, auch mit einem Haus in der Vorstadt vorliebzunehmen. Es wundert uns nicht, daß es der Lebzelter Matthias Panlechner war, der sein Haus in der Herrenstraße zur Pacht oder zum Kauf anbot. Er war inzwischen in den Äußeren Rat gewählt worden, das Karmelitenabenteuer hat ihm auf Dauer also nicht geschadet.

Die Schwestern kauften allerdings nicht sein Gebäude, sondern zwei Häuser in unmittelbarer Nachbarschaft der Karmeliten, die der Bürgermeisterswitwe Apollonia Pröller gehörten. Sie war eine Tochter jenes Anton Eckhardt, der sich während des Bauernkriegs auf katholischer Seite so verdient gemacht hatte und deshalb geadelt worden war. Ihr Bruder bekleidete zudem das Amt eines Vicedomus. Die Verhandlungen über ein nun doch eingeleitetes Verfahren zur Steuerbefreiung der Häuser dauerten noch ein halbes Jahr, gingen aber nach dem Abtausch der üblichen Finten doch relativ glatt vonstatten. Im Mai 1680 erfolgte die Wahl der neuen Oberin und damit konnte das Kloster als endgültig gegründet angesehen werden.

Sie stammte aus der Familie der Grafen Cavriani, die aus Mantua nach Österreich gekommen war und sich der Gunst der Kaiserinwitwe erfreute. Ihre Mutter war eine Gräfin von Meggau und mit den Starhembergern, den Grafen von Dietrichstein und jenen von Weissenwolff verschwägert. Der Zufall wollte es, daß bei der Wahl der Oberin Helmhart Christoph von Weissenwolff gerade Landeshauptmann war, der mit ihrer Schwester Elisabeth verheiratet gewesen ist. Der Rektor der Jesuiten aber stammte aus der Familie Dietrichstein.

Von Anfang an waren ihre Nichten Maria Anna und Maria Elisabeth (sechs und elf Jahre alt) im neuen Kloster untergebracht, und eine von ihnen sollte später das Amt einer Oberin bekleiden. Die Schwestern der ersten Jahre stammten durchwegs aus nichtheimischen Adelsfamilien. Als erste Linzerin wurde Maria Klara Hiertlhofer aufgenommen, die Tochter eines Mautners. Auch die Enkelin der ehemaligen Hausbesitzerin, Maria Apollonia Heyberger, wurde bei den Ursulinen eingekleidet. Bekanntere Namen trugen unter den Schwestern die Töchter aus den Häusern Sallaburg, Hohenstein, Türheim, Groß von Ehrenstein, Altomonte, Kaiserstain etc. Gegen Mitte des 18. Jahrhunderts wurden immer mehr bürgerliche Töchter aufgenommen. Die Gründe dafür müssen wir dahingestellt sein lassen. Die Laienschwestern stammten aus bäuerlichen oder Handwerkerkreisen, meist aus Tirol oder dem Bistum Passau. Linzerinnen waren wenige darunter.

Bereits im ersten Jahr des Bestehens richteten die Schwestern eine Kapelle ein und vier Jahre später nahmen sie den Konventbau in Angriff, wozu an der Harrachstraße noch Nachbarhäuser aufgekauft wurden. Im selben Jahr begannen auch die Begräbnisse bei den

Ursulinen, die, wie bereits gewohnt, zu Meinungsverschiedenheiten mit dem Stadtpfarrer führten. Erst 1699 gelang es den Schwestern, den Streit nach langwierigen Verhandlungen endgültig beizulegen. 1692 wurde das Internat errichtet und an der Harrachstraße entstand bis 1695 die öffentliche Schule. 1712 war der Landstraßentrakt fertig. Der Bau der heutigen Kirche an der Landstraße begann erst 1736, nachdem bereits vier Jahre zuvor von der Obersthofmeisterin der Kaiserin Elisabeth Christine, Fürstin Lobkowitz, eine Grundsteinlegung vorgenommen worden war, die aber an der Rückseite des Klosters erfolgte, wo dann niemals gebaut wurde. Die Kirche an der Landstraße war 1740 soweit fertiggestellt, daß ein Festgottesdienst darin gehalten werden konnte. Geweiht wurde sie in einer siebenstündigen Zeremonie allerdings erst 1757. Die Landstraßenfront war damals noch nicht errichtet, ein Bretterverschlag schützte das Kircheninnere vor den Unbilden der Witterung.

253 Festrede anläßlich der Ordensgelübde von Schwester Angela Ißlinger, einer Tochter des Ratsbürgers Johann Jakob Ißlinger, gehalten vom Linzer Jesuitenpater Joseph Peuchel. Der Linzer Druck von Johann Adam Auinger stammt aus dem Jahre 1737.
Archiv der Stadt Linz, Bibliothek. Foto: Litzlbauer

Altar-Opfer
Der Ehrwürdigen in GOtt Geistlichen
Schwester
ANGELÆ,
Auß der Hochlöbl. Gesellschafft der Heiligen
URSULÆ,
Einer gebohrnen
Ißingerin.
Bey
Feyerlicher Ablegung deren Geistlichen Ordens-Gelübden
An dem Fest deß Heiligen
ALOYSII,
Den anderten Tag der Octav
CORPORIS CHRISTI,
Anno 1737.
In einer Geistlichen Anred vorgestellet
Von
JOSEPHO PEUCHEL, der Gesellschafft JESU Priestern/
und dermalen gewöhnlichen früh-Predigern in der Kirchen
deß Heil. Ignatii Societatis JESU.
Gedruckt zu Lintz bey Johann Adam Auinger.

Ihr Bau wurde erst 1770 in Angriff genommen. Drei Jahre später konnten die imposanten Türme geweiht werden. Somit ist die wohl schönste Barockkirche der Stadt auch jene, die am spätesten von allen fertiggestellt wurde.

Der Schulbetrieb wurde 1680 mit sechs Internatszöglingen begonnen. Bereits ein Jahr später lösten die Ursulinen ihr Versprechen ein und eröffneten eine externe Unterrichtsanstalt mit 40 Schülerinnen, die zum Großteil aus der Bürgerschaft stammten. Darüber hinaus wurde in der Kapelle für jene Mädchen, die nicht zur Schule gingen, an Sonntagen die Christenlehre begonnen, die ausschließlich der Glaubensbildung diente. Das Internat wurde später im Landstraßentrakt untergebracht, für die externe Schule an der Harrachstraße ließen die Ursulinen ein neues Gebäude errichten. Der Unterricht begann wie heute um 8 Uhr und dauerte bei geschlossenen Türen zwei Stunden und am Nachmittag ebensolange (14–16 Uhr). An Donnerstagen war frei und in den höheren Klassen wurden Handarbeitsstunden gehalten.

Die Ursulinen übernahmen die Schulreform Maria Theresias und führten ab 1777 die erste Mädchenhauptschule in Linz. Sie unterrichteten damals mehr als 300 Schülerinnen. Die Schwestern haben die Klosteraufhebungen unter Kaiser Joseph II. nicht nur überlebt, sondern sogar noch den Auftrag erhalten, in Steyr eine Ursulinenschule einzurichten, die allerdings nur zwei Jahre bestand.

Bis in die jüngste Zeit (1968) führten sie die Linzer Schule und erst 1986 haben die letzten Ursulinen Linz verlassen. In ihrem Kloster befindet sich heute das Landeskulturzentrum.

St. Matthias und St. Joseph
Die Kapuziner zu Linz und Urfahr

Wir haben sehr wenig Nachrichten über die Wirksamkeit der Kapuziner während der Gegenreformation und auch nicht für die Jahre unmittelbar nach dem Bauernkrieg. Nachzutragen ist noch, daß bereits im Jahre 1614 ein Noviziat, und drei Jahre später eine Schule für das Theologiestudium eingerichtet werden konnte. Der Lehrtätigkeit ist es auch zuzuschreiben, daß immer zwischen 50 und 60 Mitglieder des Ordens den Konvent bewohnten. Dem Unterricht wieder haben wir es zu verdanken, daß im Kapuzinerkloster eine umfangreiche Bibliothek herangewachsen ist, die alle Stürme der Zeit überdauerte und heute im Stadtmuseum zu bewundern ist.

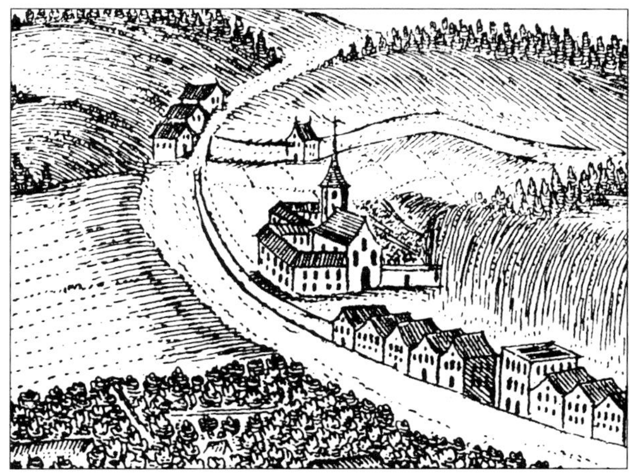

254 Das 1662 neuerbaute Kloster der Kapuziner „im Weingarten“ auf einer Ansicht von Georg Matthäus Vischer aus dem Jahr 1674. Stadtmuseum Linz, Inv. 2828.

Hat sich der Konvent auf der einen Seite der Wissenschaft und dem Studium der Theologie verschrieben, so ist andererseits bekannt, daß es in der Barockzeit kaum einen so populären Orden gegeben hat wie den der Kapuziner. Ihre überaus deftigen Predigten waren beim „einfachen Volk“ sehr beliebt. Die Situierung des Klosters weit draußen in der Vorstadt können wir als Programm auffassen, und zweifellos haben gerade sie sich mehr als alle anderen um die ärmsten Bevölkerungsschichten gekümmert. Die blieben auch dabei, als ihr Ansehen beim Wiener Hof so stark anwuchs, daß sie in der Residenz zeitweilig zu gefährlichen Konkurrenten der Jesuiten wurden. Beredtes Zeugnis für ihre hohe Gunst beim Kaiserhaus legt noch heute die Wiener Kapuzinergruft ab.

Und so verwundert es eigentlich nicht, daß z. B. im Jahre 1646 man die in Linz verstorbene Gemahlin Kaiser Ferdinands III. drei Tage lang in der Kirche der Kapuziner aufbahrte, bevor ihr Leichnam nach Wien gebracht wurde. Ähnlich war es, als 1664 Erzherzog Karl Joseph starb. Er war fünfzehnjährig gerade zum Hochmeister des Deutschen Ordens ernannt worden und bereits seit einem Jahr Bischof von Olmütz. Auch der von der Geschichte der Karmeliten schon bekannte Hofkanzler Albert von Zinzendorf wurde vorübergehend im kleinen Kloster im Weingarten aufgebahrt. Schließlich sei noch daran erinnert, daß seit 1681 auch das Herz des Türkenbesiegers Fürst Raimund Montecuccoli bei den Kapuzinern ruht.

Wie die Habsburger in Wien schuf sich das damals wohl angesehenste Geschlecht des Landes ob der Enns, die Starhemberger, in Linz in der Gruft der Kapuziner das Familienerbbegräbnis.

Als eigentlicher Mentor des Klosters darf allerdings der Linzer Bürgermeister Johann Peisser von Wertenau gelten, der fast allein den 1660–1662 durchgeführten Neubau von Kloster und Kirche finanziert hat. Auch seine Familie hatte ihr Erbbegräbnis bei den Kapuzinern. Die Grundsteinlegung nahm er gemeinsam mit seinem vierjährigen Sohn Johann Georg vor. Es sollte nicht die einzige Wohltat der Peisser für die Kapuziner bleiben.

Seit 1641 übernahmen die Patres die Sonntagspredigten an der Bürgerspitalkirche. Ab und zu gab es Streit mit den Jesuiten über das Recht, zum Tod verurteilten Personen die Beichte abzunehmen und sie zur Richtstatt zu begleiten. Seit den Hinrichtungen am Ende des Bauernkrieges beanspruchten diesen schweren, aber auch sehr spektakulären Dienst die Jesuiten allein für sich.

Immer wieder mußten sich die Kapuziner gegen die Ansiedlung von Franziskanern wehren, die nicht lockerließen und entsprechende Anträge 1657, 1665–1668, 1680 und 1712–

255 Der Grabstein des Bauherrn des neuen Klosters, Bürgermeister Johann Peisser von Wertenau, in der Kirche der Kapuziner. Foto: Litzlbauer

1716 stellten, wobei sie stets wieder andere Betätigungsfelder im Auge hatten. Seit 1688 war dies Urfahr. 1680 wurden sie auf diesem Platz zu direkten Konkurrenten, denn beide Orden suchten bei Kaiser Leopold I. um die Gründung eines kleinen Hospizes jenseits der Donau an. Wie nicht anders zu erwarten, entschied sich Leopold für die Kapuziner, und es mag dahingestellt sein, ob es wirklich der gewaltige Kapuzinerprediger Marco d'Aviano war, der diese Entscheidung begünstigte. Jedenfalls weilte er zur fraglichen Zeit drei Wochen in Linz, wo ihm wie überall die Menschen in Scharen zuliefen.

Angesichts der in der Stadt bereits sehr gereizten Stimmung gegenüber neuen Klostergründungen sprachen sie nur von einem kleinen Hospiz mit drei Patres und einem Laienbruder. Nun, Urfahr war nicht Linz, und außerdem kannte man die Kapuziner bereits in der Stadt. Der einzige, der wirklich Grund zu einer Ablehnung gehabt hätte, war der Linzer Dechant, zu dessen Pfarre Urfahr ja gehörte. Dieser aber war froh, wenn eine durchgehende Betreuung der Urfahrer Bevölkerung möglich wurde, denn für ein bis zwei Monate war beinahe jedes Jahr die Brücke zerstört, und auch in Seuchenzeiten durfte niemand an das jenseitige Donauufer. Gerade während der Epidemien hatten sich die Kapuziner bereits durch große Opferbereitschaft ausgezeichnet und den Weg zu den Kranken nicht gescheut wie zuletzt 1679 während der Pest in Linz, also ein Jahr vor der Urfahrer Klostergründung.

Innerhalb eines Jahres waren ein bescheidenes Kirchlein und die Zellen für die Mönche errichtet und es dauerte keine drei Jahre, bis aus Urfahr der Wunsch nach der Gründung eines richtigen Klosters laut wurde. Es währte zwar noch einige Jahre, aber 1690 wurde der Grundstein zu einer neuen Kirche und zu einem neuen Kloster gelegt. Diesmal war es der Sohn Johann Peissers, der dreißig Jahre vorher mit seinem Vater im Weingarten den Stein in die Baugrube senkte. Und wie damals sein Vater ließ er nun seinen Sohn Josef mitwirken.

Zuvor aber mußten doch noch Schwierigkeiten bewältigt werden, die einen Schatten auf die sonst klaglos erfolgte Klostergründung werfen: Auf dem vorgesehenen Bauareal, einem Obstgarten der Herrschaft Starhemberg, waren ca. 40 Jahre vorher sechs Häuser für Tagwerker errichtet worden, deren Eigentümer sich naturgemäß gegen eine Absiedlung wehrten. Vier von ihnen wollten bis zuletzt nicht verkaufen. Sie wurden aber gegen Entrichtung des geschätzten Kaufpreises dazu gezwungen.

256 Das Kapuzinerkloster in Urfahr im Jahr 1741. Ausschnitt aus dem Gemälde „Belagerung von Linz 1742" im Festsaal des Alten Rathauses. Foto: Schepe

Im Jahre 1702 konnte die neue Kirche geweiht werden und schon bald hatten die Kapuziner Gelegenheit, sich zu bewähren. An der Jahreswende 1713/14 brach das letzte Mal die Pest in unserer Gegend aus und forderte in Urfahr über 60 Tote. Linz blieb verschont, die Brücke gesperrt und einzig zwei Kapuziner kümmerten sich um die Kranken. Sie verteilten Almosen, die der Linzer Pfarrer aufbrachte und die er ihnen gemeinsam mit den Anordnungen der in Linz sitzenden Sanitätskommission schickte. Die Patres erhielten nämlich weder von den Grundherrschaften, die für Urfahr zuständig waren, noch von den Ärzten die nötige Unterstützung. Daher waren sie bald überfordert und luden statt Dank Schmach auf ihre Schultern. Die Urfahraner verlangten nach den Jesuiten, was einer Beleidigung gleichkam. In Linz ging es noch Ende November hoch her, *lustraich* als ob Jahrmarkt wäre, schrieb Dechant Gentilotti den Kapuzinern. Die Situation erinnert ein wenig an das fest- und todestrunkene Wien des Lieben Augustin.

Eine neue Aufgabe erwuchs dem Kapuzinerorden, als im Salzkammergut und in den übrigen Gebirgstälern der ausgerottet geglaubte evangelische Glaube wieder ans Tageslicht kam. Als im Jahre 1733 der Salzamtmann Friedrich von Seeau in Hallstatt die Kryptoprotestanten aufforderte, sich Pässe zum Auswandern abzuholen, meldeten sich spontan an die 1200 Personen. Das war den Verantwortlichen denn doch zuviel und man entschied sich zur Missionierung. In das Zentrum der „Ketzerei", nach Hallstatt und Goisern, wurden Linzer Kapuziner entsandt. Später folgten Missionsstationen in Regau, Viechtwang, Micheldorf, Sierning und Scharten. Allein in den sechs Jahren von 1747–1753 wollen die Kapuziner 215 Irrgläubige endgültig bekehrt haben.

Den Bettelorden waren Einnahmen aus Immobilien oder aus angelegtem Kapital verboten, weshalb sich auch nur ganz selten Stiftsbriefe finden. Daß sie dennoch nicht völlig von der Hand in den Mund leben mußten, erklärt sich aus regelmäßigen Almosen, um die sie zwar immer wieder ansuchen mußten, die aber doch als fixe Einnahmen bezeichnet werden können. Die Aufzeichnungen der Kapuziner sollen ein Beispiel dafür liefern.

Der Konvent im Weingarten erhielt z. B. pro Woche 100 Laib Brot aus Kremsmünster und 50 aus St. Florian. Der Magistrat lieferte Wein um 70 Gulden pro Jahr, die Stände um 150 und die Jesuiten für das Messelesen um 35 Gulden. Das Stift Kremsmünster spendete 36 Eimer (zu ca. 56 l) Heurigen pro Jahr und Wilhering 10 Eimer guten Weins. Das Mautamt sorgte für Kraut und die Befreiung von Abgaben. Einige Fuder Salz gingen aus Gmunden ein. Für die Darreichung von Fastenspeise war der Magistrat zuständig, und Brennholz stellten die Stände und die Herrschaft Steyregg zur Verfügung, die auch das Waschen der Klosterwäsche zahlte. Ein Stadtapotheker lieferte gratis Medikamente. Die Sammlungen an Selchfleisch, Schmalz, Eiern, Korn und anderem ergaben Naturalien im Wert von 2500 Gulden pro Jahr. An der Pforte, an der bereits im 17. Jahrhundert die Klostersuppe an die Ärmsten ausgegeben wurde, gingen an die 800 Gulden Almosen pro Jahr ein. Geld gab es auch für die Aushilfe an Nachbarpfarren, für das Messelesen und Beichthören bei den Elisabethinen und seit 1765 bei der Deutschordenskommende. Die Gesamteinnahmen beliefen sich inklusive der gestifteten Messen auf ca. 10.000 Gulden pro Jahr. Bei ca. 50 Ordensmitgliedern ergab sich daraus ein nicht unbeträchtlicher jährlicher Pro-Kopf-Verbrauch von 200 Gulden, der sich mit dem Armutsideal nicht mehr ganz in Einklang bringen ließ.

Das überrascht uns allerdings nicht, denn es entspricht genau dem landläufigen Klischee von den Kapuzinern, die sich zwar sehr bescheiden gaben und bezüglich Kleidung und Unterkunft keinerlei Aufwand trieben, ja sogar äußerst schmuddelig auftraten, aber Speis und Trank gerne zusprachen. Der durchschnittliche Weinverbrauch eines einzigen Ordensmitgliedes belief sich pro Jahr auf 10 Eimer, das waren 560 Liter. Dazu kam noch eine bestimmte Menge Bier, das sie von der Herrschaft Traun (12 Eimer) und aus dem städtischen Brauhaus erhielten. Fairerweise muß dazu gesagt werden, daß die Weine zu dieser Zeit noch ausgesprochen leicht waren und daß die Vinophilie der Kapuziner durchaus zeitüblich war. Die Patres waren Genußmitteln also nicht abgeneigt und sie frönten auch der neu aufkommenden Mode des Tabakrauchens. 1765 ver-

257 Anschauliche Darstellung „Von unterschiedlichen Höllenpeinen" aus dem Buch „Das Große Leben Christi ..." des Kapuzinerpaters Martin von Cochem (1745). Archiv der Stadt Linz, Bibliothek. Foto: Litzlbauer

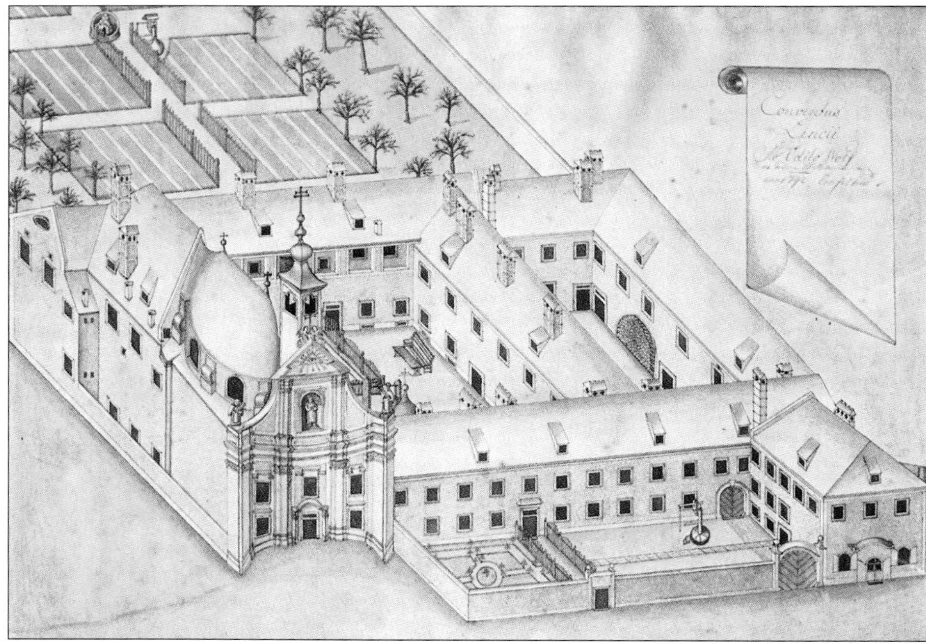

258 Ansicht des Klosters und der Kirche der Karmelitinnen nach der Aufhebung des Klosters (1782) und dem Einzug der Barmherzigen Brüder (1789), gezeichnet von Odilo Wolf 1792. Original im Kloster der Barmherzigen Brüder. Foto: Maier

brauchte der Konvent 100 Pfund (=50 kg) des edlen Krautes, das sie von ihren Mitbrüdern aus Ungarn bezogen. Vier Jahre später war der Konsum schon auf das Zweieinhalbfache gestiegen.

Die Versorgung der Mendikantenklöster war ohne die Freigebigkeit der Bevölkerung nicht denkbar. Überhaupt kann die Spendenfreudigkeit der Menschen in der Barockzeit gar nicht hoch genug angesetzt werden. Es war aber weniger ein sozialer Impetus, der sie dazu trieb, als die Sorge um das eigene Seelenheil. Denn Hölle und Fegefeuer wurden von der Kirche so drastisch und schaurig dargestellt und die Angst vor der Verdammnis derartig geschürt, wie es seit dem Spätmittelalter nicht mehr der Fall war. Teufel, Hexen und Dämonen waren allgegenwärtig, fanden seltsamerweise aber kaum Eingang in die bildnerischen Darstellungen der Zeit, wohl aber in die Literatur. In einem der am meisten verbreiteten Erbauungsbücher, *Das Große Leben Christi* vom Kapuzinerpater Martin von Cochem aus der Rheinischen Provinz, wird z. B. der Zustand der Hölle so genau und eindeutig beschrieben, daß am Wahrheitsgehalt der Geschichten gar kein Zweifel aufkommen konnte. Das Buch wurde auch in Linz mehrfach nachgedruckt. Es ist aber nur ein Beispiel für viele und nicht nur die Kapuziner drohten mit Feuer, Schwefel und Gestank.

Bevor wir uns nun den nächsten Klöstern zuwenden, sei abschließend nur mehr erwähnt, daß das Urfahrer Kloster unter Josef II. aufgehoben wurde, die Linzer Niederlassung als Pfarre St. Matthias aber bestehen bleiben konnte, einer Funktion, der es heute nachkommt.

Die Karmelitinnen

Wie alle Linzer Konvente hat auch das Kloster der Karmelitinnen eine längere Vorgeschichte. Nach einem Bericht der Linzer Ordenschronik soll sich Eleonora Magdalena mit ihrem Gemahl Kaiser Leopold I. und dem Sohn Erzherzog Karl im Jahre 1703 in das Wiener Kloster zurückgezogen haben, um dort den Ausgang des Spanischen Erbfolgekrieges abzuwarten. Für den Fall, daß Karl Nachfolger des spanischen Königs Karl II. werden sollte, versprach sie 10.000 Gulden für eine Klostergründung in Linz. Daraus wurde bekanntlich nichts. Philipp v. Anjou, der Enkel Ludwigs XIV. bestieg den spanischen Thron.

Zwei Jahre später machte Kaiser Joseph I. eine Spende von 20.000 Gulden von einem erfolgreichen Ausgang des Krieges in Italien abhängig und die Kaiserinwitwe versprach 50.000 Gulden. Die Karmelitinnen sollten sich schon um ein Haus in Linz umsehen. Die Chronik sagt uns nicht, warum es dann noch weitere vier Jahre dauerte, bis der Kaiser seine Zustimmung zur Gründung gab. Es bleibt auch unklar, ob diese großen Summen tatsächlich in voller Höhe in die Stiftung eingeflossen sind. Wir hören im Zusammenhang mit der geplan-

259 Die ehemalige Klosterkirche der Karmelitinnen an der Herrenstraße, heute Barmherzige Brüder. Foto: Eigner

ten Ansiedlung beinahe gar nichts aus Linz. Lediglich die Ursulinen gaben eine negative Stellungnahme ab. Die Minoriten hatten, wie uns schon bekannt ist, bereits resigniert. Möglicherweise wußte man trotz Geheimhaltung, daß die Kaiserinwitwe persönlich die Gründung finanziert und in die Wege geleitet hat.

Als die Nonnen am 4. Oktober 1710 in Linz einzogen, wurden sie von adeligen Damen, dem Baron Spindler und Propst Franz Claudius aus St. Florian festlich empfangen. Sie konnten gleich in das Haus der *Floridanin* einziehen, das für ihre Ankunft instandgesetzt worden war. Bei der *Floridanin* handelte es sich um Maria Rosina Florian, einer Tochter des Lebzelters Matthias Panlechner! Das Haus war noch immer jenes, das 40 Jahre zuvor den Karmeliten angeboten worden war.

Für das Klostergebäude war ursprünglich das *Englische* Haus an der Landstraße vorgesehen, das vis-à-vis von den Ursulinen lag und schräg gegenüber den Patres Karmeliten. Es sollte gegen das bereits erkaufte Haus des Stiftes Engelszell ausgetauscht werden, das damals fast am Ende der Herrenstraße lag. Die Zisterzienser wollten schon einmal an die Franziskaner verkaufen, wogegen aber die Kapuziner Einspruch erhoben. Es liefen auch Verhandlungen mit dem „Königskloster" der Clarissinen in Wien. Der Tausch scheiterte an der Hausbesitzerin Eva Rebecca Engl, einer späten Tochter des Bürgermeisters Anton Eckhart. So mußten sich die Karmelitinnen mit der etwas exzentrischen Lage des Bauplatzes abfinden.

Nicht ganz zu Unrecht wird in der Konventchronik mit Stolz darauf hingewiesen, daß die Grundsteinlegung von Elisabeth Christine, der Gattin Kaiser Karls VI., persönlich vorgenommen worden ist, und zwar am 6. Juli 1713. Den Abschluß des Festaktes bildete eine Lauretanische Litanei, bei der die Hoffnung auf die Geburt eines männlichen Nachfolgers ausgesprochen wurde, die sich, wie wir wissen, nicht erfüllen sollte.

Der Konventbau wurde von Johann Michael Pruner geplant und errichtet, der bereits bei der Grundsteinlegung assistierte. 1716 war er fertiggestellt und wurde geweiht. Die Errichtung der Kirche sollte längere Zeit in Anspruch nehmen und kann erst mit der Aufstellung des Hochaltares im Jahre 1735 als abgeschlossen gelten. Die Weihe wiederum ließ noch weitere acht Jahre auf sich warten. Die Kirche ist der hl. Theresia gewidmet. Die nach innen schwingende Schauseite der Fassade weist Ähnlichkeiten mit der Karmelitenkirche an der Landstraße auf. Die Ovalform der Kuppel erinnert an die Deutschordenskirche und an das spätere Gotteshaus der Elisabethinen.

Die weitere Geschichte des Karmelitinnenkonventes verlief abgesehen von den Ereignissen während der Belagerung 1741/42 äußerlich ruhig. Von der Ordensregel her waren die Schwestern zu strengster Klausur verpflichtet. Ihre Brüder vom männlichen Orden unterstützten sie in der Wirtschaftsführung und sie halfen gar nicht selten jenen wieder bei finanziellen Engpässen aus. Als Grablege eigneten sich die Frauenklöster nicht so gut wie jene der Männer, weil von Fall zu Fall Priester bestellt werden mußten. Die ehemalige Gruft dient heute übrigens als Heizhaus. Die bei der Auflösung des Ordens im Haus befindlichen Schwestern wurden von den Ursulinen aufgenommen, einige zogen sich aus dem Ordensleben zurück. Das Kloster übernahmen später die Barmherzigen Brüder, von denen als letztem Orden später die Rede sein soll.

Die Deutschordenskommende

Gegen die Gründung der Deutschordenskommende gab es in Linz von keiner Seite Protest. Es handelte sich bei dieser Institution auch nicht um einen der vielen Bettelorden und es war kaum zu erwarten, daß irgendeiner Gruppe Konkurrenz erwachsen würde. Die Bemühungen zur Gründung reichen bis in das Jahr 1701 zurück. Damals hat der Salzburger Erzbischof Johann Ernst von Thun 30.000 Gulden für die Errichtung einer Komturei in Linz in Aussicht gestellt.

Unter Umgehung der vielen Einzelheiten, die eine rasche Realisierung des Vorhabens verhinderten, gehen wir gleich auf seinen Nachfolger Erzbischof Franz Anton von Harrach über, der die Stiftung Thuns nach dessen Ableben verwirklichen sollte.

Zu Beginn des Jahres 1710 bat der Generalfeldmarschall Joseph Graf von Harrach seinen erzbischöflichen Bruder, das Werk in die Wege zu leiten und ihn als Komtur einzusetzen. Joseph von Harrach war ein ranghoher Militär, dürfte aber keine Güter besessen haben. Seiner Aufnahme in den Orden stand nicht nur die Tatsache entgegen, daß er keine rein deutsche Abstammung nachweisen konnte, sondern auch, daß ihm seine Kriegsdienste die erforderliche Probezeit nicht erlaubten. In der Ahnenreihe der Harrach schienen mit den Gonzaga und della Scala italienische Adelige auf. Der Komtur der österreichischen Ballei, Graf Heinrich Theobald von Goldstein, der Hochmeister Pfalzgraf Franz Ludwig, Bischof in Breslau und Worms, und die Ordensleitung in Bad Mergentheim zeigten sich anfänglich wenig begeistert vom Wunsch und der Idee der Brüder Harrach, obwohl das Kapital schon seit 1704 bei den Ständen des Landes angelegt war und jährlich sechs Prozent Zinsen abwarf. Erst die Drohung Josephs von Harrach, daß er seinen Bruder veranlassen würde, die Stiftung der Konkurrenz der Malteserritter zukommen zu lassen, führte zu einem Umdenken im Deutschen Orden, und der Hochmeister selbst betrieb nun energisch die Gründung. Aber erst nachdem der Salzburger Erzbischof in Linz ein Haus gekauft hatte, wurde Joseph von Harrach von den Mängeln seiner Abstammung dispensiert und 1712 in den Orden aufgenommen. Die Gründungsbestätigung durch Kaiser Karl VI. erfolgte ein Jahr später. Trotz dieser positiven Erledigung fand die Einsetzung Graf Harrachs zum ersten Komtur des Hauses erst im Jahre 1715 statt. Obwohl er in Alois Graf von Harrach beim Wiener Hof einen weiteren Bruder als Geheimen Rat und Kämmerer als Fürsprecher hatte, ging die Angelegenheit sehr langsam vonstatten, weil der Hofkanzler Graf von Seilern in Wien gegen ihn intrigierte. Dieser war 1714 gestorben.

Im Sommer 1715 konnte Joseph von Harrach nach Bad Mergentheim melden, daß er in Linz gut aufgenommen worden sei und daß ihm vom Landeshauptmann, den Ständen und der Stadt *nichts als Lieb, Gut und Geneigtes* erwiesen wird. Er dürfte damit nicht allzustark übertrieben haben, denn selbst gegen den Hauskauf konnte der Magistrat nichts einwenden, weil er selbst das Gebäude im Jahre 1709 von allen Steuern befreit hatte.

260 Die Deutschordenskommende mit der Kirche im Jahre 1732. Links im Hintergrund der Turm der Bethlehemkirche. Stich von Martin Engelbrecht nach Friedrich Bernhard Werner. Stadtmuseum Linz, Inv.-Nr. 2076.

Der Ordensritter Harrach war als einziges Mitglied des Konventes immer nur einige wenige Tage pro Jahr in Linz. Die übrige Zeit verbrachte er auf den Schlachtfeldern gegen die Türken, beim Hofkriegsrat in Wien oder bei seinem Bruder in Salzburg. Die Kommende in Linz ließ er durch einen Hausmeister verwalten. Eine äußerst rege Korrespondenz läßt darauf schließen, daß ihm doch sehr viel an seiner Gründung gelegen war. Obwohl das Haus selbst noch relativ neu war, ließ er es renovieren und 1718–1725 eine Kirche erbauen, die ein Juwel barocker Architektur in Linz darstellt. Den Plan hat kein Geringerer als der *Ingenieur Jean Luca von Hildebrand* entworfen, wie sich der Hausmeister ausdrückte, und den Bau überwachte Johann Michael Pruner, von dem wir später noch mehr hören werden.

Joseph von Harrach blieb Komtur bis 1764. Seine Nachfolger Graf Carl Colloredo (1764–1768) und Graf Aloys von Harrach hielten sich hier ebenso selten auf wie er. Sie kümmerten sich kaum um das Ordenshaus, sodaß es mehr und mehr verkam. 1796 wurde der Besitz verkauft und die Kommende aufgelöst. 1804 erwarb es der Linzer Bischof Franz Gall und widmete es zu einem Priesterseminar um, einer Funktion, der es heute noch dient.

261 Die Gründerin des Elisabethinenklosters Ernestine von Sternegg, Apothekerstochter aus Wien. Ölgemälde im Elisabethinenkloster. Foto: Litzlbauer

Die Elisabethinen

Mehr als ein Vierteljahrhundert war vergangen, als den Linzern die nächste Klostergründung ins Haus stand, wobei diesmal der Zufall Regie führte, denn die Gründerin ließ das Los zwischen Brünn, Olmütz und Linz entscheiden. Ernestine von Sternegg, die Tochter eines geadelten Wiener Hofapothekers und einer italienischen Mutter namens Innocentia von Minetti, die weitschichtig sogar mit Papst Innozenz VIII. verwandt gewesen ist, war aufgrund ihrer reichen Erbschaft von 50.000 Gulden in der Lage, auf einer neuen Klostergründung zu bestehen, obwohl es die Oberin Maria Aloisia sichtlich lieber gesehen hätte, wenn sie das Kapital dem Wiener Konvent hätte zukommen lassen.

Die Präliminarien zu einer Fundation sind nunmehr schon so bekannt, daß sie im einzelnen nicht wiederholt werden müssen: Im Jahre 1744 ließ Königin Maria Theresia durch den Landeshauptmann und den Bischof von Passau eruieren, ob vor Ort jemand Einwände gegen die Gründung hätte. Es war wie immer: am heftigsten wehrten sich die Stadt und der Dechant, der mit Recht befürchtete, daß jene Personen, die im Krankenhaus sterben werden, dort auch bestattet würden. Seine Funeralrechte sahen damit wieder einmal einer Einbuße entgegen.

Der Zeitpunkt war für eine neue Klostergründung zudem überaus ungünstig, weil die Stadt gerade eine ihrer schwersten Belagerungen überstanden hatte, die noch immer Nachwirkungen zeigte. Natürlich kam die Überhäufung der Stadt mit Ordenshäusern zur Sprache, der Steuerentgang, die Quartierslasten etc. In der Stellungnahme des Passauer Bischofs ist zu lesen, daß Linz mit Spitälern, Lazarett und Armenhäusern ausreichend versehen sei und daß für die Gründung eines neuen Spitals keine dringliche Notwendigkeit vorliege.

Wie immer fruchteten alle Einwendungen wenig und bereits im April 1745 wurde das königliche Placet gegeben, allerdings diesmal mit bemerkenswerten Einschränkungen: Der Orden dürfe nur ohnedies befreite Häuser oder ein lediges Grundstück weit draußen in der Vorstadt erwerben. Es mußte nachgewiesen

262 Projekt zum Bau von Kloster und Kirche der Elisabethinen von Johann Matthias Krinner (1755). In dieser Form wurde die Anlage nicht ausgeführt.
Original im Konvent der Elisabethinen. *Foto: Litzlbauer*

werden, daß ein ausreichendes Stiftungskapital vorhanden ist, und die Sammeltätigkeit war verboten, unter welchem Vorwand immer sie auch erfolgen würde.

Schutzpatronin des Ordens war die hl. Elisabeth von Thüringen (1208–1231), die allerdings selbst keine Kongregation gegründet hatte. Als Ahnmutter des Elisabethordens gilt Apollonia Radermacher, die 1610 in Hertogenbosch in den Niederlanden die erste Niederlassung errichtete. Das erste Kloster Österreichs stand in Graz (1690). 1707 folgte Wien, 1709 Prag, 1710 Klagenfurt und aufgrund des Losentscheids Linz 1745.

Die Suche nach einem geeigneten Freihaus gestaltete sich schwierig, und hätte nicht wie seinerzeit wieder ein angesehener Bürger seinen Beitrag geleistet, wäre die Stiftung nicht so schnell vorangekommen. Diesmal war es Johann Jakob Isinger, der sein Gartengrundstück an der Bethlehemstraße an den Wiener Architekten Franz Anton Pilgram verkaufte, der das Geschäft im Auftrag der Ursulinen abwickelte. Wie 70 Jahre vorher hatten die Vertragspartner allen Grund, den Kaufbrief zunächst dem Magistrat nicht vorzulegen. Abermals kam es zu einer unnötigen Verstimmung zwischen Schwestern und Stadt, sodaß sich die Verhandlungen über die Steuerbefreiung viele Jahre hinzogen, während das Kloster längst in Bau war.

Im Juli traf die Stifterin mit vier Schwestern, zwei Mägden und einer männlichen Begleitperson in Linz ein und mietete das Kirchstetterhaus neben den Karmelitinnen. Im September begann der Bau des neuen Hauses nach Plänen des erwähnten Anton Pilgram und des Linzer Architekten Matthias Krinner. Die Hoffnung, daß Maria Theresia selbst die Grundsteinlegung vornehmen würde, erfüllte sich zwar nicht, aber bereits 1749 konnten die Schwestern den ersten Trakt beziehen und in sechs Betten Kranke zur Pflege aufnehmen.

Überraschend wurde bei der ersten Wahl 1745 nicht Ernestine von Sternegg zur Oberin gewählt, sondern Maria Pezlhuber von Rosenfeld. Das Fräulein von Sternegg hatte sich zwar als Schwester einkleiden lassen, aber nie die Ordensprofeß abgelegt. Sie hatte sich auch ausbedungen, nicht in der Klausur leben zu müssen, sondern in separierten Räumen, wo sie frei Besuche empfangen konnte, und zwar von Personen beiderlei Geschlechtes. Eine allerdings vereinzelte Nachricht spricht auch davon, daß sie überhaupt nicht bei den Schwestern lebte, sondern in einem Haus nahe des Kapuzinerklosters. Dort wurde sie nach ihrem Tod 1762 auch beigesetzt und ihr Sarg erst nach der Fertigstellung der Elisabethkirche (1768) überführt. Über die Gründe für das damals seltsame Verhalten des Fräuleins von Sternegg kann man nur Vermutungen anstellen.

Der 1762 begonnene Kirchenbau wurde durch die Schenkung eines Fräuleins von Baumbach möglich, die dafür ihre Erbschaft von 100.000 Gulden vermachte. Architektonisches Vorbild soll die Karlskirche in Wien gewesen sein, aber es mag dahingestellt bleiben, ob dem Wiener Baumeister Paul Ulrich Trientl wirklich Anklänge gelungen sind. Es ist vielleicht viel eher zu vermuten, daß bei der Grundkonzeption die wesentlich nähere Kirche der Deutschordenskommende Pate gestanden ist.

Die Anzahl der Krankenbetten wurde bald auf 15 erhöht. Die medizinische Oberaufsicht führte ein Landschaftsphysikus, später der Protomedikus, also gebildete Ärzte. Den Gottesdienst übernahmen die Kapuziner.

263 Aus der zweiten Hälfte des 18. Jahrhunderts stammt diese Abbildung eines Krankensaales, die heute nicht mehr vorhanden ist, weil bei der Restaurierung des Originals eine darunter befindliche Schicht freigelegt wurde.

Über das weitere Schicksal des Klosters wird im Zusammenhang mit den Josephinischen Reformen zu sprechen sein.

Die Franziskaner

Abschließend sei noch eines Ordens gedacht, der immer wieder versucht hat, in der Stadt Fuß zu fassen. Es waren dies die Franziskaner, die sich in ihren Niederlassungen in Pupping und Grein der Krankenpflege widmeten. Ihre erbittertsten Gegner waren die Kapuziner und die Minoriten, also jene Kongregationen, die ihnen von der Ordensregel her am nächsten standen.

Wir wollen hier nur die Bemühungen aus dem Jahr 1712 näher ansehen, weil sie aufgrund ihrer Aussagen in allgemeinerem Interesse sein dürften: Im Oktober baten sie den Bischof, bei der Wollzeugfabrik ein *Klösterlein* für 6–8 Patres gründen zu dürfen. Sie begründeten ihre Eingabe damit, daß die Bevölkerung dieser Gegend des Gottesdienstes und des geistlichen Trostes entbehre, weil sich alle Kirchen hinter der Stadtmauer befänden. Außerdem kämen zu den Marktzeiten viele Häretiker, die ihre Unwahrheiten in den Gasthäusern verbreiteten, und niemand wäre dann da, den verwirrten Seelen der Heimischen beizustehen.

Die Minoriten meinten damals, daß es genug Religiosen in Linz gäbe. Außerdem hätten sie den älteren Anspruch auf eine Klostergründung in Linz. Die Franziskaner sollten nach St. Peter-Zizlau gehen oder noch weiter stromabwärts.

Die Kapuziner argumentierten ähnlich, wurden aber viel heftiger und konkreter: Es sei eine Hauptlüge, daß bei der Wollzeugfabrik so viele Leute des geistlichen Trostes entbehrten, weil dort höchstens 15 Personen wohnten. Alle übrigen hätten ihre Unterkunft im Weingarten, am Schullerberg, bei den Neuhäuseln und anderswo. Da bei der Fabrik niemand wohnt, könnte auch niemand für den Lebensunterhalt der Franziskaner sorgen. Zwar befänden sich in dieser Gegend große Gärten und Lusthäuser, die aber nur im Sommer genutzt würden.

Später (1743) verhinderten die Kapuziner von Urfahr gemeinsam mit dem Abt von Wilhering noch die Ansiedlung der Paulaner, die für die Betreuung der Wallfahrtskirche auf dem Pöstlingberg vorgesehen waren.

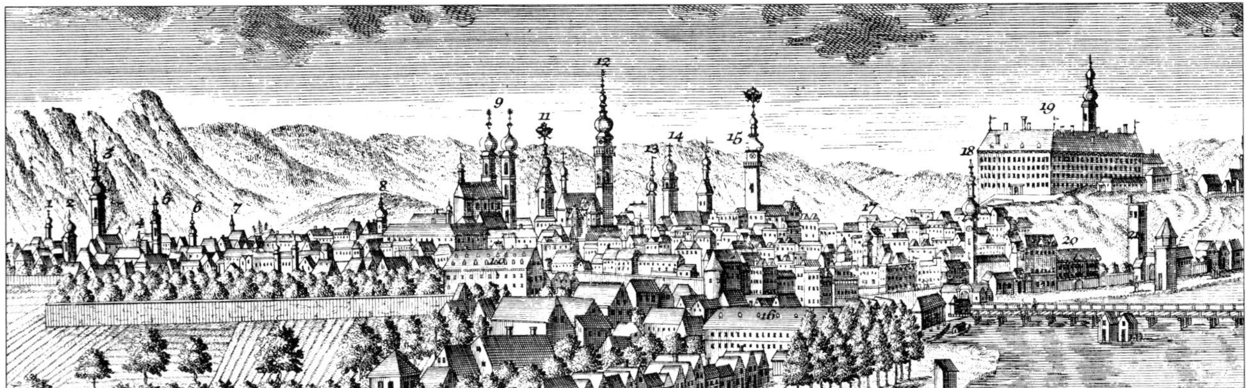

264 Statt Mauern und Toren dominieren nun Kirchtürme die Silhouette der Stadt. Sie zeigen deutlich, wer nun zum eigentlichen Herren innerhalb der Mauern aufgestiegen ist. Kupferstich von Martin Engelbrecht nach Bernhard Friedrich Werner (vor 1732).
Stadtmuseum Linz, Inv. Nr. 2038.

Die Barockstadt

Noch heute bestimmt der Stil des Barock die Linzer Innenstadt, den Hauptplatz ebenso wie die Landstraße oder die Herrenstraße. Selbst in der Altstadt überwiegen reichgegliederte Fassaden, auch wenn sich hinter ihnen oft wesentlich ältere Baukerne verbergen.

Als Bernhard Friedrich Werner um 1730 die Stadt vom Osten aus zeichnete, ließ er aus dem dicht verbauten Bereich der Innenstadt einen Wald von Kirchtürmen emporwachsen, dem er an der äußeren Landstraße, im „Klosterviertel", ein erst im Wachsen begriffenes Pendant gegenüberstellte. Es handelt sich dabei keineswegs um die beste Arbeit Werners, aber er hat mit dieser Stadtansicht mehr angedeutet, als sich mit Worten aussagen läßt. Das Bild der Stadt wurde nicht mehr bestimmt von den wehrhaften Türmen des Mauergürtels, sondern von den zwiebelturmgekrönten Bauten der Kirchen und Kapellen.

Die Kirchen

Den Anfang der Barockisierung machte allerdings die Stadt mit ihrer Pfarrkirche selbst, wenn wir vom ersten Kirchenbau nach dem Bauernkrieg absehen wollen. 1630 wurde nämlich die abgebrannte Bürgerspitalskapelle wiederaufgebaut. Das gleichsam in einem Notprogramm restaurierte Kirchlein erhielt seine spätere Gestaltung aber erst ab dem Jahre 1658, als es in Erwartung der wiedererweckten Kaplanstelle (vgl. S. 286) um den Chor vergrößert wurde.

Die Bürger waren es also, die als erste unmittelbar nach dem Erlöschen des europäischen Kriegsbrandes an die Neugestaltung ihrer Kirche herangingen. Innerhalb von vier Jahren wurde das Gotteshaus völlig erneuert; nur die Außenwände waren stehengeblieben. Wie bei vielen Barockbauten kennen wir den Architekten nicht. Der ursprünglich gotische Chor wurde miteinbezogen, wie ja überhaupt die Dreischiffigkeit noch in frühere Zeiten verweist. Es fehlt auch noch die später obligate runde oder ovale Kuppel. Noch trägt das Mittelschiff ein vierjochiges Tonnengewölbe mit Stichkappen. Nur an der Decke des Presbyteriums finden wir ein Fresko, umrahmt von architektonischer Malerei, die ebenfalls späterer Zeit zuzuschreiben ist.

Zeitlich am nächsten kommt dem Pfarrgotteshaus die von Jesuitenpater Philibert Bocabella entworfene Kalvarienbergkirche (1651–54). Die architektonisch bestimmende längsovale Kuppel wird uns noch bei vielen Sakralbauten der Stadt begegnen.

Völlig schmucklos war die 1660–1662 neu erbaute Kapuzinerkirche. Der einschiffige Bau trägt ein Tonnengewölbe mit drei Stichkappen. Bemerkenswert ist die Gruft mit dem Erbbegräbnis der Starhemberger. Dreizehn große und fünf kleine Kupfersärge mahnen an die Vergänglichkeit weltlicher Macht.

Im Jahre 1669 legten die Jesuiten den Grundstein für ihr imposantes Gotteshaus. Sieben Jahre lang erfüllte der Baulärm die südöstliche Ecke der Stadt, dann war die von zwei Fassadentürmen flankierte Kirche fertiggestellt.

265 *An die Bürgerspitalskirche erinnert nur mehr eine Ölbergszene im Hof des Winklerbaues an der Landstraße.*
Foto: Litzlbauer

266 *Die barockisierte Pfarrkirche im Winter 1741/42. Im Bild noch deutlich erkennbar die Friedhofsmauer und einige Gräber des bereits Mitte des 16. Jahrhunderts aufgelassenen Friedhofs.*
Ölgemälde „Belagerung von Linz 1742" im Festsaal des Alten Rathauses (Ausschnitt). *Foto: Schepe*

267 *Der imposante Innenraum der Jesuitenkirche (= Alter Dom) nach der letzten Renovierung. Zu seiner Zeit das größte Gotteshaus der Stadt.* *Foto: Maier*

268 *Von der Dreifaltigkeitskapelle (vgl. Abb. 178) hat sich nur wenig erhalten. Im Bild die Jahresrechnung des Benefiziaten Johann Treibsrat von 1756. Die Einnahmen aus der Stiftung gingen an die Stadtpfarre Urfahr über. Archiv der Stadt Linz, Altakten Sch. 130.*
Foto: Litzlbauer

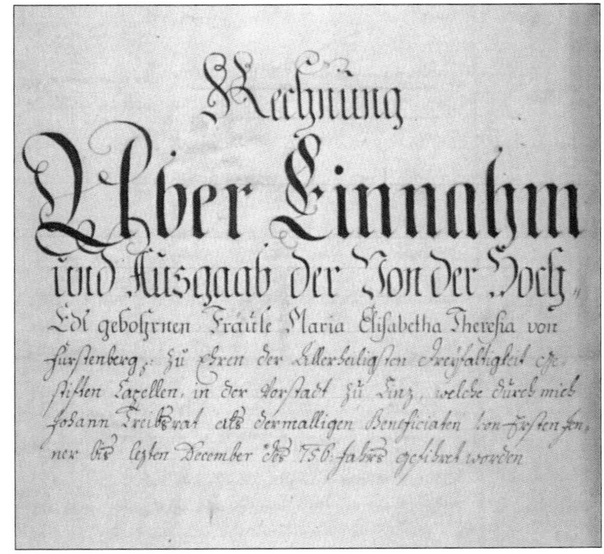

Rechnung
Uber Einnahm
und Ausgaab der Von der Hoch
Edl gebohrnen Fräule Maria Elisabetha Theresia von

Über den von Rundbogen abgeschlossenen sechs Seitenkapellen befinden sich ebenso viele Emporen. Die Seitenaltäre sind noch nach dem Hauptaltar ausgerichtet. Bei späteren Bauten wurden sie an die Außenwand gerückt und damit eigene kleine Altarräume geschaffen. Die tonnengewölbte Decke und die Seitenwände sind reich stukkiert, und die gerahmten Felder im Langhaus und im Chor dürften ursprünglich Fresken getragen haben, die der erste Linzer Bischof als aufgeklärter Kirchenfürst nach dem Vorbild der Hofkirche in Wien weiß übertünchen ließ.

Um und nach der Jahrhundertwende begannen die Klosterkirchen in der Vorstadt emporzuwachsen. Zuerst aber wurde noch die Barbarakapelle am Friedhof vergrößert (1688). Fünf Jahre später begannen die Karmeliten mit ihrem Sakralbau, der 30 Jahre in Anspruch nehmen sollte. Als Bettelorden waren sie auf die Spendenfreudigkeit der Bevölkerung angewiesen. Da konnte es schon geschehen, daß ganz in der Nähe auf der anderen Seite der Straße eine Kapelle innerhalb kürzester Zeit aus dem Boden gestampft wurde, wie z. B. die Fürstenbergsche Dreifaltigkeitskapelle (1702/03), ein dem Kalvarienberg nicht unähnlicher Kuppelbau. Es handelt sich dabei um ein Werk des Linzer Meisters Johann Michael Pruner.

269 Andachtsbild mit der Muttergottes aus der Bethlehemkirche. Es handelt sich dabei um einen der wenigen Überreste, die von diesem Gotteshaus geblieben sind. Die Statue befindet sich heute in der Kapuzinerkirche. Stadtmuseum Linz, Sammlung Andachtsbilder.
Foto: Michalek

Sehr schnell wuchs auch die Bethlehemkirche empor (1711/12), die erst 1963 abgetragen wurde. Sie war angeblich der Geburtskirche in Bethlehem genau nachgebildet. An 14 Altären konnte die Messe gelesen werden. Noch bevor die Karmeliten ihr Werk vollenden konnten, begannen ihre weiblichen Ordenskolleginnen ihrerseits, eine Kirche aufzurichten, zu der Kaiserin Eleonora selbst den Grundstein legte (1713). Es ging ihnen nicht viel besser als diesen. Sie konnten den Pruner-Bau an der Herrenstraße erst 1732 abschließen. Charakteristisch sind in beiden Fällen die Schaufassaden. Beide sind sie turmlos und werden überragt von einem Giebelaufsatz, der in einer Fensternische die Statue des(r) Kirchenheiligen zeigt. Bei den Karmelitinnen ist dies heute Johannes von Gott, weil das Kloster 1789 an die Barmherzigen Brüder übergegangen ist, vorher wird eine Marienstatue die Vorbeigehenden gegrüßt haben. An der Landstraße ist es der hl. Josef mit dem Jesuskind auf dem Arm. Diese Fassade stimmt weitgehend mit der Karmelitinnenkirche auf der Prager Kleinseite überein und auch mit dem Gotteshaus am St. Pöltener Hauptplatz, wie ja auch die nach innen schwingende Fassade an der Herrenstraße in der St. Pöltener Karmelitinnenkirche eine Entsprechung findet.

Für die längstdauernde Baustelle an der Landstraße sorgten die Ursulinen. Ihre Kirche, 1736 begonnen, wurde erst 36 Jahre später fertiggestellt. Dafür beherrscht sie mit ihren beiden Zwiebeltürmen bis heute die Silhouette der inneren Landstraße. Der Tod des Baumeisters (Johann Haslinger) und die Belagerung der Stadt 1741/42 haben zu großen Verzögerungen geführt. Deshalb konnten auch die später begonnene Wallfahrtsbasilika am Pöstlingberg und die Elisabethinenkirche (1762) früher fertiggestellt werden. Letztere ist aber nur ein Abklatsch des Meisterwerkes barocker Architektur in Linz, der Deutschordenskirche an der Harrachstraße. Gegen das

270 Die imposanten Doppeltürme der Ursulinenkirche, flankiert von denen der Jesuiten links und der Fassade der Karmelitenkirche rechts außen. Im Hintergrund der Turm der Pfarrkirche.
Foto: Fremdenverkehrszentrale Linz

Genie eines Lukas von Hildebrandt war Johann Michael Pruner doch nur ein besserer Stadtbaumeister. Aber er durfte dessen Entwurf 1718–1723 ausführen und brachte dazu auch noch eigene Ideen ein.

Die anläßlich des Brückenschlages errichtete gotische Nikolaikapelle wurde in den Jahren 1706/07 vergrößert und barockisiert. Ähnlich erging es den Kirchen zu St. Peter (1679 und 1753) und Margarethen (1792/93). Und schließlich ist noch die heutige Stadtpfarrkirche Urfahr zu erwähnen, die in den Jahren 1692–94 für das dortige Kapuzinerkloster gebaut worden ist.

Zahlreicher Anläufe bedurfte es, bis die Minoritenkirche an der Klosterstraße ihr heutiges Aussehen erhielt (1754). Ausführender Baumeister war Matthias Hergeth, aber die Pläne gingen bis in das Pestjahr 1713 zurück. Ihr Schöpfer, Johann Michael Pruner, konnte den Umbau nicht mehr erleben.

Der Regierungsantritt Maria Theresias bildet eine Zäsur im barocken Bauschaffen an Linzer Kirchen, auch wenn es noch die Ausnahme der Elisabethinen gab. Alle anderen waren schon vorher geplant oder befanden sich bereits in statu nascendi.

Einen ähnlichen Einbruch erlebten zur selben Zeit die wie Pilze aus dem Boden schießenden Freihäuser der Landklöster, Adeligen und hohen Beamten des Landes und der Stadt.

Die Freihäuser

Bei den Profanbauten lebte die Renaissance noch länger fort als bei den Kirchen. Ihre Entwicklung wurde durch die Gegenreformation und den Dreißigjährigen Krieg kaum unterbrochen. So steht das Windhagerische Freihaus am Hauptplatz (Nr. 23) noch durchaus in dieser Tradition (Portal datiert 1632). Völlig unbeachtet ist das Haus Klammstraße Nr. 1, über dessen zu 1630 datierbarem Portal so wie beim Schloß oder Ehrentletzberger-Haus am Hauptplatz eine gekuppelte Fensterachse emporwächst. Das im Bauernkrieg abgebrannte Gebäude gehörte dem Steuereinnehmer der Stände und vorherigen Stadtrichter Georg Niklas Puecher von Meggenhausen. Und schließlich unterscheidet sich die Fassadengestaltung des Klosterhofes – seit 1626 Freihaus des Klosters Baumgartenberg – kaum vom wenig entfernten St. Florianer Haus. Der Neubau wird in das Jahr 1652 datiert, das Portal und die darüberliegende Doppelfensterachse sprechen aber eher für einen Comaskenbau.

Dann aber, ab der Jahrhundertmitte, sind deutlich neue Bauformen wahrnehmbar. Am Übergang steht vielleicht das Wilheringer Stiftshaus in der Altstadt Nr. 13. Das Portal erinnert stark an das Windhagerische Haus, und auch der Arkadenhof könnte noch in die erste Hälfte des Jahrhunderts datieren, die Fassaden-

271 Die von Lucas von Hildebrandt entworfene Deutschordenskirche an der Harrachstraße. Die Bauleitung wurde Johann Michael Pruner übertragen, der im Eingangsbereich Planänderungen vorgenommen hat.
Foto: Fremdenverkehrszentrale Linz

272 Die barockisierte Nikolai-Kirche in Urfahr von Norden. Ausschnitt aus dem Ölgemälde „Belagerung von Linz 1742" im Festsaal des Alten Rathauses.
Foto: Schepe

gliederung selbst greift aber schon weiter. Der Unterschied zum Nachbarhaus, dem Freihaus Traun, das um 1700 sein jetziges Aussehen erhielt, ist deutlich. Ein paar Schritte weiter führt das Starhembergische Freihaus vor, was unter einem barocken Stadtpalais zu verstehen ist: Ein mächtiger Baukörper mit reich gegliederter Fassade. Da gibt es keine Schauseite, die nicht durch Pilaster aufgelockert wäre. Alle Fenster sind putzgerahmt und werden von Dreieck- oder Korbbogengiebeln überragt.

Der renaissancezeitliche Arkadenhof findet im Barock seine Fortsetzung. Die früher waagrecht über den Portalen verlaufenden Gesimse machten nun entweder den Schwung mit, wurden weggelassen oder, was am häufigsten ist, der Segmentgiebel wurde gesprengt. Sehr oft flankiert ein vorgesetztes Säulenpaar den Eingang, das das Abschlußgesims trägt oder auch einen Balkon. An die Stelle der Säulen können Atlanten treten, wie z. B. beim Freihaus Weißenwolff an der Landstraße (Nr. 12). Aber das führt uns schon in das 18. Jahrhundert, das noch mit weiteren Eigenheiten aufzuwarten hat.

Wohl nicht zeitlich, aber sicher stilistisch in das 17. Jahrhundert gehört einer der schönsten Paläste der Stadt, der Bischofshof – früher Kremsmünsterer Freihaus an der Herrenstraße (Nr. 19). Eingekeilt zwischen den Häusern kann er heute nicht mehr jenen Eindruck entfalten, der seinem Architekten Jakob Prandtauer zur Zeit der Erbauung wohl vorgeschwebt ist. Damals (1719–1722) bildete er einen markanten Abschluß der Herrenstraße, die sich, nur mehr gesäumt von kleinen Vorstadthäusern, nach Süden fortsetzte, wie sie etwa in der Bischofstraße noch stehen, allerdings meist ein Geschoß niedriger. Die vier Hausfronten umschließen einen intimen Innenhof, der jene Uneinsehbarkeit gewährte, die in unzähligen Nachbarschaftsprozessen bei anderen Häusern immer wieder gefordert und verteidigt wurde. Die Gründe dafür wären einer Untersuchung wert. Das Stift Kremsmünster besaß demnach

274 Der nebenstehende Plan aus dem Jahr 1736 wurde von den Stadtvätern in Auftrag gegeben, um deutlich zeigen zu können, wie sehr der Freihausbestand die Finanzen der Stadt belastet. (Ausschnitt)
OÖ. Landesarchiv, Plansammlung V/3.

273 Der Prandtauer-Hof (= Bischofshof) an der Herrenstraße.
Kupferstich des Martin Engelbrecht nach Bernhard Friedrich Werner (um 1730).
Stadtmuseum Linz, Inv. Nr. 2062.

Eigendtlicher gründtRiß der haubtstatt
Lintz
Im Land ob der Enns, welche mit sonderbahren fleis
Geometricè abgemessen, so weith sich der Bürgerliche
Burgfridt erströcket.
Bedeütung der farben.
Gelb zeiget an die Kayß. freye gründt.
Roth die Jenige haüser und gründtstuct, so gleichfals
von allen oneribus exempt und semper frey seynd
Blaue die mit litt A seynd jene 38 haüser und gründt
stuck deren possessores der statt in personalibus nicht under
worffen, auch kein quartier leyden
Die mit litt B jene 17 haüser und gründtstuck, deren
besitzer gleich quo ad personam nicht under die statt
gehörig doch vor das quatier einen Jahrlichen gewissen
beytrag in gelt geben
Die mit litt C jene 20 haüser und gründtstuck deren
Inhaber zwar das quatier aber in natura rarissimè
leiden thüen.
Grüen endlichen der kleine hauffen der Bürger
lichen haüseren welche in allem mitleiden und in
Kriegslauffen forderist dem schweren
quatiers last allein
underworffen
sein
Carmeliter Closter
Closter frau S. Ursulae
langegassen
Crembsmünster haus
Graff Kazianer
spitlwisen
grüen baum gassen
betlehem
burger spital
schurglerisch haus
weisen wolff
Graff starnberg
TT

275 Zu den schönsten Bauten des Frühbarocks in Linz zählt das Garstner Stiftshaus am Pfarrplatz.
Foto: Litzlbauer

drei Freihäuser in Linz: jenes in der Altstadt, das spätere Nordische Stift und den Bischofshof. Letztere allerdings nacheinander.

Das Stift Schlägl erwarb 1640 das Haus Landstraße Nr. 16 und stieß dafür jenes in der Altstadt Nr. 3 ab. Baumeister war mit Christoph Canevale ein sogenannter „welscher" Maurer. Das ursprünglich einstöckige Gebäude hat bis heute sein Erscheinungsbild stark verändert.

In die zweite Hälfte des 17. Jahrhunderts datiert auch das Garstener Stiftshaus am Pfarrplatz Nr. 17 und das Mondseer Stiftshaus in der Domgasse Nr. 1, heute besser bekannt als Wachauer Weinstube, wobei besonders das Garstner Haus zu den hervorstechenden Bauten des Linzer Frühbarocks zählt. Es ist über einen Arkadenhof mit dem ehemaligen Freihaus Khautten in der Rathausgasse (Nr. 8) verbunden, das ungefähr zur gleichen Zeit (um 1670/80) entstand. Das Stift Lambach baute damals sein Haus an der Landstraße ebenfalls von Grund auf neu. Es war allerdings schon 1632 Besitzer des Hauses.

Das Kloster Gleink bevorzugte wieder die Herrenstraße (Nr. 5) und kaufte ein bereits fertiggestelltes Haus (vor 1689), das vielleicht von Johann Michael Pruner seine Fassade erhielt.

Damit ist der Kreis der oberösterreichischen Landesklöster, die in Linz ein Haus besessen haben, beinahe geschlossen. Die Freihäuser von Waldhausen und Spital am Pyhrn (Steingasse Nr. 1 und 2) sowie Schlierbach stehen

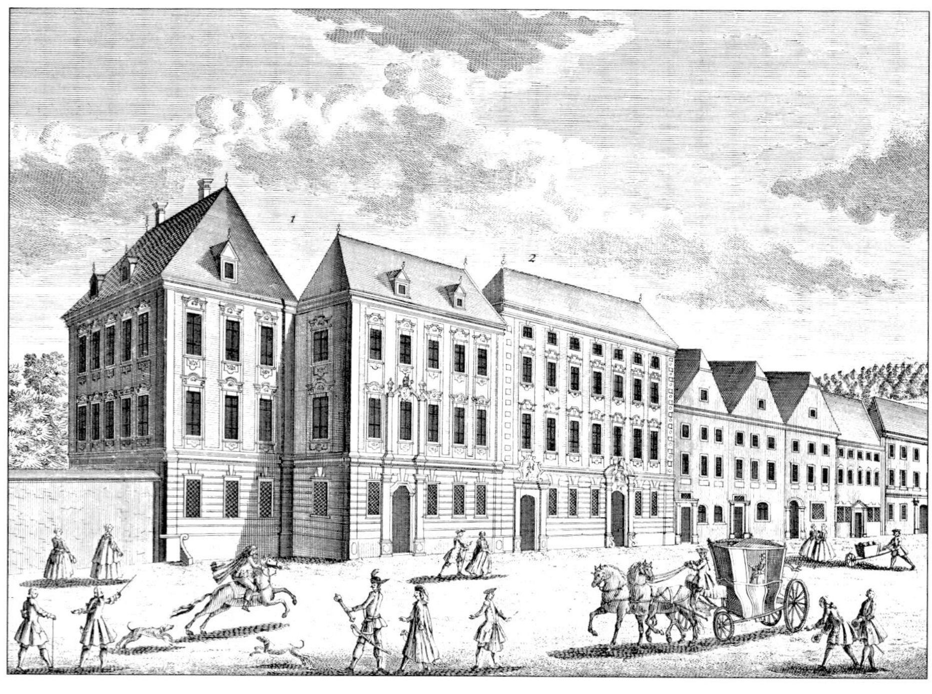

276 Das Gleinker und Mondseer Freihaus am Beginn der Herrenstraße. Rechts davon die drei Häuser jener „welschen Maurer", die sich schon um 1600 hier angesiedelt haben. Stich des Martin Engelbrecht nach Bernhard Friedrich Werner (um 1730). Stadtmuseum Linz, Inv. Nr. 2061.

277 Baugeschichtliche Entwicklung anhand von Beispielen Linzer Freihausportale. Von oben links beginnend: Hauptplatz 23 (1632), Altstadt 13 (ca. 1650), Landstraße 28 (1672), Landstraße 30 (ca. 1675), Pfarrplatz 17 (1695), Altstadt 15 (Beginn 18. Jh.), Landstraße 32 (1718), Herrenstraße 19 (1726), Landstraße 12 (nach 1732).
Fotos: Litzlbauer, Eigner

1632
23

28

30

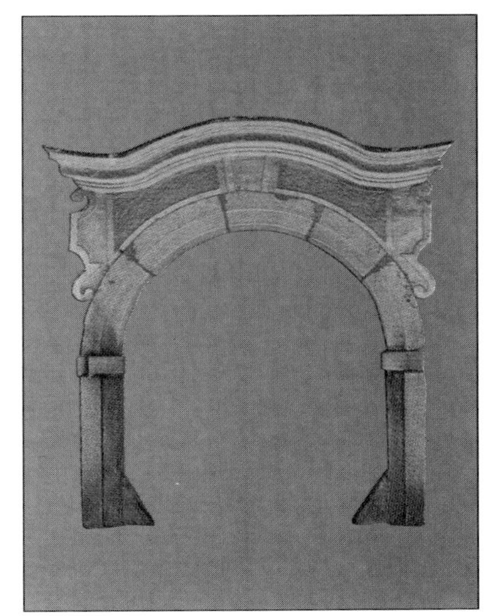

32

nicht mehr, und Engelszell hatte sich nur vorübergehend diesen Luxus gegönnt. Das Potpourri hat uns gezeigt, daß sie alle im 17. Jahrhundert in die Landeshauptstadt gezogen sind, sofern sie nicht schon vorher da waren, wie etwa Kremsmünster und Mondsee. Die Anzahl der Landklöster war aber begrenzt und es kamen seit dem Mittelalter kaum neue hinzu.

Ganz anders stand es mit den Adeligen, deren Anzahl unbegrenzt sein konnte. Viele kamen im Dienst der Stände oder des Landesfürsten in die Stadt oder suchten eben hier Zerstreuung. Aus wirtschaftlicher Sicht wurden sie, wie schon bemerkt, zu einer „Stadtplage". Die Folgen ihrer Anwesenheit in gesellschaftshistorischer Sicht sind noch nicht untersucht. Auch wir wollen ihnen lediglich in ihren Bauten nachspüren, allerdings beschränkt auf einige Beispiele.

Da ist sicher zunächst vom Palais Weißenwolff am Hauptplatz (Nr. 27) zu reden, von dem ja nur mehr die Außenmauer erhalten ist. Als einem der wenigen Adeligen ist es Graf Ungnad von Weißenwolff 1658 gelungen, ein Haus an diesem Platz zu erwerben und von Kaiser Leopold I. die Befreiung desselben zu erreichen. Die Mauer an der Rückseite des Hauses markiert den Verlauf der ehemaligen Stadtbefestigung, auf die sie aufgesetzt wurde. Die dem Frühbarock zugeschriebene Fassade zeigt eine starke Ähnlichkeit mit der Front des Alten Rathauses.

Ein ähnliches Kunststück gelang 1686 dem Postmeister Groß von Ehrenstein, der sich am Hauptplatz Nr. 18 ansiedelte und das ehemalige Bürgerhaus neu erbauen ließ. Die Schauseite zeigt stilistische Ähnlichkeiten mit dem Ignatiusseminar (Domgasse Nr. 12), auch in bezug auf das aus der Mittelachse gerückte Portal. Seinen Freihauscharakter verlor das Gebäude, als es 1790 der Buchdrucker Joseph Feichtinger erwarb.

Hier sind wohl stilgeschichtlich auch die Bauten der Jesuiten einzustreuen, sowohl das Jesuitenkolleg als auch das Ignatiusseminar. Jenes wurde 1652 begonnen und dieses wird mit 1680 bis 82 datiert, wobei als Architekten Mitglieder der Künstlerfamilie Carlone in Frage kommen. Das Kolleg, in dem die Franz-Xaver-Kapelle (1654) und das Jesuitentheater (1732–1762) untergebracht waren, beherbergt heute das Hauptpostamt.

278, 279 Das Palais Mannstorf an der Landstraße weist große Ähnlichkeit mit dem Freihaus Zeppenfeld (= Dompfarrhof) an der Herrenstraße auf. Für beide gilt Johann Michael Pruner als Architekt. *Fotos: Eigner*

Damit wird es Zeit, beim anderen Palais Weißenwolff an der Landstraße wieder anzuknüpfen: Charakteristisch, weil in zweifacher Ausführung vorhanden, ist für Linz die durch eine ovale Ausbuchtung nach außen unterbrochene Fassade des Palais Mannstorf (Nr. 32). Als Architekt wird Johann Michael Pruner angesehen (1716–1718). Die auffallende Ähnlichkeit mit dem Freihaus Zeppenfeldt (Herrenstraße Nr. 26) läßt natürlich an denselben Planer denken. Ursprünglich stand an dieser Stelle ein Faßzieherhäusl, heute dient das Gebäude als Dompfarrhof.

Es wurde bereits dargelegt, daß die Herrenstraße ursprünglich wenig bebaut gewesen war. Erst nach der Öffnung des Landhaustores (1632) begann sie an Attraktivität zu gewinnen. Früher hieß sie auch Saugasse. Das war aber jetzt undenkbar. Gegenüber vom Gleinker Stiftshaus hatte sich 1695 Graf Johann Ehrenreich von Sprinzenstein angesiedelt. Das Haus war damals schon 50 Jahre alt.

Von der Herrenstraße die Promenade abwärts zur Landstraße sind es die zwei Starhemberger Freihäuser, die das Auge zu fesseln vermögen. Das kleinere – noch heute im Besitz der Familie – fällt durch die reiche Gliederung der Fassade und das korbbogige Portal auf, das von zwei ionischen Pfeilern flankiert wird. Das darüber befindliche Wappen ist jünger (1802) als der Bau selbst, der wie so viele Häuser in der Stadt dem Architekten Pruner zugeschrieben wird (1710).

Die Bürgerbauten

Bevor sich dieses Kapitel zu einem Stadtführer durch das barocke Linz entwickelt, sei noch kurz einiger Bürgerhäuser gedacht, die in dieser Epoche entstanden. Die Schauzeilen der Häuser am Hauptplatz täuschen ja darüber hinweg, daß sich hinter den Fassaden eine meist viel ältere Bausubstanz verbirgt. Die seit der Gotik anzutreffenden Breiterker wurden auch später beibehalten, nur wurden die auf den Gehsteig hinausragenden Vorbaue nunmehr von Säulen unterfangen, was nicht nur die Sicherheit erhöhte, sondern auch einen feingliedrigeren Ausdruck ermöglichte. Vielfach stehen dahinter noch die weit klobigeren Wandpfeiler, auf denen früher die Kragsteine nach außen freischwebend ruhten. So muß man sich auch den ursprünglichen Breiterker vorstellen. Nach und nach bekam der Hauptplatz in den letzten Jahren sein altes Gesicht

280 Aufriß des Rathauses aus der Zeit um 1821. OÖ. Landesarchiv, Plansammlung. Foto: Litzlbauer

zurück. Als Zugabe erhielt er manche Säulenkolonnade, die nicht ganz dem Urbild entspricht.

Das imposanteste Gebäude am Platz war einst sicher das Rathaus. Seine frühbarocke Fassade wurde um 1650 zwei wesentlich älteren Bauten vorgeblendet. Im Inneren steckt noch heute die babenbergische Stadtmauer. Einer späteren Phase gehört auf der gegenüberliegenden Seite die Fassade des Elefantenhauses an (um 1740), das im Kern, so wie die meisten Hauptplatzhäuser in die gotische Zeit zurückreicht, soweit sie im Zweiten Weltkrieg nicht zerstört wurden.

Bürgerhäuser, die von Grund auf in dieser Epoche errichtet worden sind, findet man eher an der Landstraße, am Graben, an der Lederergasse und an der Promenade. Bereits am Taubenmarkt (Landstraße Nr. 1) begegnet uns das erste. Es ist um 1700 aus dem ehemaligen Ballhaus entstanden, das an die obere Promenade verlegt worden war. In der Höhe des ersten Stockwerkes hebt in einer Nische an der Hauskante eine Maria Immakulata ihre betenden Hände zum Himmel empor. Es gehört zur Besonderheit barocker Baukunst, daß auch Plasti-

281 Auf engstem Raum schmücken noch heute drei Statuen der Maria Immakulata die Fronten von Bürgerhäusern (Landstraße Nr. 1, 9 und 14). *Fotos: Eigner*

ken in die Fassade integriert wurden. Ähnliches finden wir beim Haus Landstraße Nr. 9, wo wieder eine Maria Immakulata und eine Dreifaltigkeitsgruppe auf die Passanten herabsehen. Die nächste Immakulata grüßt von der anderen Straßenseite (Nr. 14), nur zwei Stockwerke höher, geschützt von einer kapellenartigen Nische auf der Attikamauer. Wie weltlich machen sich dagegen die alten Götter Herkules und Venus auf der Attika des Nachbarhauses aus, die zwischen antikisierenden Vasen stehen.

Einen guten Eindruck bürgerlicher Baukultur bietet das Haus Landstraße Nr. 27, das 1640 bis 1781 im Besitz von Seilermeistern war. So in etwa hat man sich den Gesamtcharakter der Landstraße vorzustellen, bevor die Kirchenbauten der Ursulinen und Karmeliten den Prospekt bestimmten. Will man jedoch wissen, wie die Häuser der ärmeren Handwerker ausgesehen haben, ist es nötig, sich selbst auf die Suche zu machen. Über diese berichtet kein Stadtführer. Man findet sie etwa in der Kapuzi-

282 Häuserzeile an der Westseite der Landstraße um 1730. Von rechts beginnend gehörten die Häuser einem Seiler, Grießler, dem Baron Weissenwolff, dem Hofgerichtsadvokaten Adam Fridelli, Stift Schlägl, dem Gastwirt Wincklhofer, der Schusterin Hueber, dem Stift St. Florian und den Grafen Khuefstein (die beiden letzten unrichtig dargestellt). Stich von Martin Engelbrecht nach Bernhard Friedrich Werner.
Stadtmuseum Linz, Inv. Nr. 2063.

283 Ein Juwel barocken, bürgerlichen Bauschaffens ist das Apothekerhaus am Hofberg.
Foto: Fremdenverkehrszentrale der Stadt Linz

284 Eine relativ gut erhaltene Zeile mit Vorstadthäusern aus dem Ende des 18. Jahrhunderts an der Bischofstraße.
Foto: Eigner

nerstraße (Nr. 6–16). Vielfach waren sie ebenerdig und wurden erst im 19. Jahrhundert aufgestockt. Oder in der Bischofstraße, die als *Langgasse* im Jahre 1652 von der Landstraße zum Kapuzinerkloster angelegt wurde (Nr. 9–15). Dort saßen allerdings schon vornehmere Leute, etwa der Kartograph Johann Franz Knittel, von dem die Karte auf S. 135 stammt. Die noch weitgehend erhaltenen Häuser am Beginn der Lederergasse reichen meist noch in das 15. und 16. Jahrhundert zurück. Hierher gehören wohl auch manche Häuser in Alt-Urfahr entlang der Ottensheimer Straße, die ursprünglich als Weberunterkünfte errichtet worden sind. Nach der Schließung der Wollzeugfabrik wohnten darin Kleinhandwerker (Flickschuster, Schneider).

Die Gärten

Nicht nur die Wissenschaften wendeten sich in unserer Epoche mehr und mehr dem Wunder der Natur zu, auch die Städter entdeckten ihre Liebe zu ihr, eigentlich lange bevor sie Jean-Jacques Rousseau darauf aufmerksam machte. Allerdings war es eine gebändigte Natur, an der sie sich in ihren Lustgärten erfreuten. Der gepflegte Rasen hielt Einzug und geometrisch ausgerichtete Felder wurden von sorgfältig angelegten Wegen durchzogen. Bereits in der ersten Hälfte des 17. Jahrhunderts finden wir viele solche Anlagen westlich der Landstraße. Waren es hier vornehmlich die Adeligen, die im Grün ihr Lusthäuschen erbauten, dann östlich der Landstraße in einem breiten Streifen bis zur Donau die Bürger, unterbrochen nur von den ursprünglich wenigen Freihäusern. Freilich wurde noch viel Fläche landwirtschaftlich genutzt, aber im 17. Jahrhundert siegte bereits der Erholungs- über den realen Nutzwert. Viele Bürger errichteten in ihren Gärten auch Sommerhäuser, in denen sie die wenigen heißen Monate des Jahres zubrachten. Viele davon standen im Wörth, zwischen dem Ludlarm und der Donau. Sie wurden von der sich ausbreitenden Wollzeugfabrik, dem Zwangsarbeitshaus und u. a. dem Prunerstift verdrängt. Wer es sich leisten konnte, betrieb auch eine „Wasserkunst“ in seinem Idyll „am Land“.
Nach und nach wich man immer weiter auf das Land aus, vermutlich weil die Grundstücke im Burgfried immer teurer wurden.

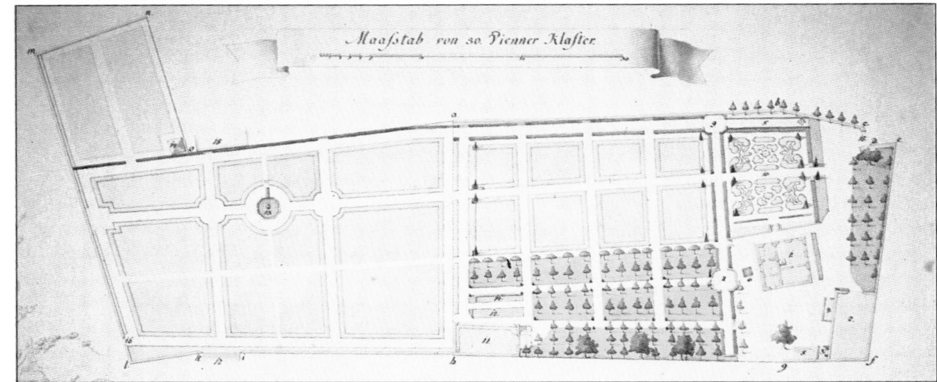

285 Der Garten des Apothekers Justus Pfaller im Wörth im Jahre 1775. Planzeichnung von Heinrich Vaultrin de St. Urbain. OÖ. Landesarchiv, Plansammlung XII/91.
Foto: Litzlbauer

286 Beispiele für Linzer Gartenanlagen um 1650: Unter anderem der Jesuitengarten am unteren Graben (ehemals Stoßscher Garten), Garten des Landeshauptmannes an der Klammstraße und ein bürgerliches Gegenstück mit Lusthäuschen an der Herrenstraße. Ausschnitte aus dem Vogelschauplan des Matthäus Merian von 1649.
Stadtmuseum Linz, Inv. Nr. 2051.

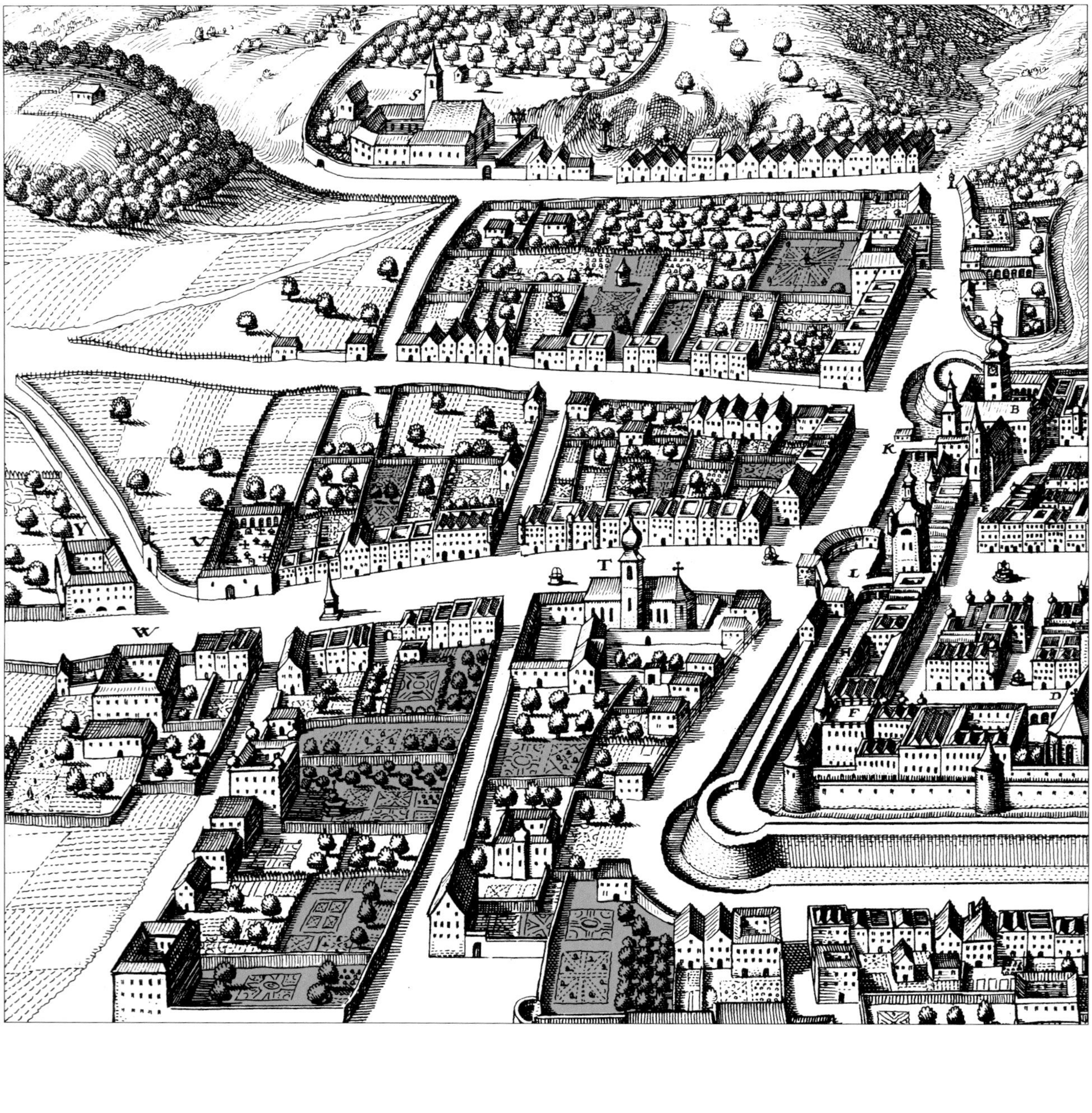

Der Verlust des bürgerlichen Ansehens

Wie gut auch die Barockzeit in Kunst und Schrifttum dokumentiert zu sein scheint, weisen die Stadthistoriker dennoch immer wieder darauf hin, daß das 17. und 18. Jahrhundert eigentlich als die „dunkle" Periode der europäischen Städte gelten. Linz darf sich rühmen, darin keine Ausnahme zu machen. Wir wissen über diese Epoche überraschend wenig, und so werden die folgenden Ausführungen eher kursorisch ausfallen:

Die Verwaltung der Stadt und verschiedener landesfürstlicher und ständischer Ämter hat sich bis in die Zeit Maria Theresias wenig verändert, sodaß erst im nächsten Kapitel davon wieder die Rede sein wird. Zwar haben sich die nunmehr weitgehend katholischen Bürger bemüht, ihre alte Freiheit wiederzuerlangen, aber das war ein müßiges Unterfangen, denn sie konnten das Rad der Zeit ebensowenig zurückdrehen wie die Stände des Landes.

Einer der wenigen Anhaltspunkte, die für das Absinken der Bürgerehre gerne ins Treffen geführt werden, ist das ungehobelte Benehmen des Kaspar von Starhemberg, der 1639 Bürgermeister Hanns Georg Schröckhinger ungestraft so schwer beleidigte, daß dieser sein Amt zurücklegen wollte. Aber nicht einmal das wurde ihm erlaubt. Es war dies übrigens jener Starhemberg, der die Gunst der Stunde zu nutzen wußte, zum katholischen Glauben zurückkehrte und im übrigen in der Stadt fast nach Belieben schaltete und waltete. Schließlich war er es, der durch seine großaufgezogenen Feste beinahe allein für Unterhaltung sorgte, zumal da seit 1643 das Auftreten von Gauklern und später auch von fahrenden Komödianten bei den Jahrmärkten verboten war.

Wir wollen aber andere Fälle von prinzipieller Bedeutung anführen, die, so wenig dramatisch sie heute auch klingen, doch tief in das Fleisch bürgerlichen Selbstverständnisses geschnitten haben.

Die Privilegienbestätigung von 1629

Da ist zunächst von der großen Privilegienbestätigung von 1629 zu reden, in der noch einmal der kaiserlichen Kommissäre gedacht wird, die die Ratswahlen überwachen mußten. Was

287 Die Privilegienbestätigung Kaiser Ferdinands II. aus dem Jahr 1629, die unter anderem die Anstellung nichtkatholischer Bediensteter verbietet. Archiv der Stadt Linz, Urkundenreihe. Foto: Michalek

einst als Kontrolle über den rechten Glauben der Ratsmitglieder eingeführt worden war, hat sich nach und nach institutionalisiert. Keine Frage, daß dieser Anspruch auf das katholische Glaubensbekenntnis weiter bestand und sowohl für die Bürger als auch die Angestellten des Magistrates Geltung besaß. Ein wachsames Auge war aber darauf zu werfen, daß nicht irgendein Auswärtiger als Bürger aufgenommen wurde, der aus einem protestantischen Gebiet kam. Ein Jahr nach der Privilegierung versuchten die Bürger, die alten Zustände wiederherzustellen. Aber dazu war es längst zu spät.

Obwohl die Ratswahl selbst ein solennes Ereignis war, scheint in der Folgezeit das Interesse daran gesunken zu sein: Ab 1650 bemühten sich die Bürger, die Wahlperioden auf zwei Jahre auszudehnen. Es muß dahingestellt bleiben, ob sie das aus ehrlichem Bemühen um Einsparungen angestrebt haben. Zehn Jahre später stimmte Kaiser Leopold I. bzw. dessen Regierung dem Vorschlag zu. Schon zuvor hatte es unter Ferdinand III. 1653 eine Änderung gegeben: Ein wiedergewählter Stadtrichter mußte nicht neuerlich nach Wien reisen, um Acht und Bann einzuholen, was immer einige hundert Gulden Kosten verursachte. Später, im 18. Jahrhundert, erhielt er seine Befugnis vom Landeshauptmann bzw. dem Regierungspräsidenten. Auffallend ist, daß der Magistrat seit der Zeit Leopolds I. von sich aus keine Eingaben bezüglich Verfassung und Verwaltung mehr entrierte. Verfügungen kamen nunmehr von oben, und die Stadt konnte sich bestenfalls noch dagegen wehren. Unter Maria Theresia war auch das kaum mehr möglich.

Seit 1665 galten auch die Handwerker als ratsfähig, doch dürfen wir diese Tatsache nicht etwa als Fortschritt in der Demokratisierung betrachten. Vielmehr ist damit zu rechnen, daß sich immer weniger vermögende Bürger um Ratsstellen bewarben. Die Gründe dafür entziehen sich noch unserer Kenntnis. Man sollte auch nicht übersehen, daß es sich nur um reich gewordene Handwerker handeln konnte, die früher oder später ohnedies in den regulä-

288, 289 Noch einmal zum Vergleich das Nord- und Südportal des Landhauses, wobei die promenadenseitige Ausführung bereits im Stil des Barock erfolgte.
Aquarelle aus der Zeit um 1800 im OÖ. Landesarchiv, Plansammlung VII 26 und 27. *Foto: Litzlbauer*

ren Bürgerstand hineingewachsen sind. Sogenannte „Neureiche“ gab es ja zu allen Zeiten, und ihnen konnte auf Dauer die gesellschaftliche Anerkennung nicht verweigert werden. In diese Kategorie gehörten etwa der uns bereits bekannte Lebzelter Matthias Panlechner, der Buchbinder Hans Georg Posch, aus dessen Familie etliche Priester hervorgehen sollten, der Glockengießer Melchior Schorer und Georg Pichler, ein aus Bozen zugewanderter Bader und Wunderarzt, der bis zum Stadtrichter und Bürgermeister aufstieg. Ähnlich der Handelsdiener und Hutsteppergeselle Dominikus Zampanelli. Ihm war allerdings die Karriere schon vorgezeichnet, denn er entstammte selbst einer Ratsfamilie in Rovereto. Noch immer aber war es die Heiratspolitik, die unabhängig von anderen Glücksfällen einen Aufstieg ermöglichte. Beispiele dafür gibt es zur Genüge.

Der Verlust der Hoheit in der Stadt

Nur eine nebensächliche Episode scheint auf den ersten Blick der verlorengegangene Kampf um das zweite Landhaustor zu sein. Wir erinnern uns, daß die Stände schon beim Bau des Landhauses planten, einen eigenen Zugang zur Stadt zu erhalten, über den sie allein verfügen konnten. Die Bürger wußten das zu verhindern. Sie wiesen mit Recht darauf hin, daß es ihnen nicht mehr möglich sein würde, die Sicherheit in der Stadt zu gewährleisten, wenn ihnen die Aufsicht über auch nur ein einziges Tor entzogen würde. Dabei darf nicht übersehen werden, daß Mauern und Tore bis in das 19. Jahrhundert herein nicht nur eine militärische Einrichtung waren, sondern eine wesentlich umfangreichere Bedeutung hatten, die in ihrer Gänze hier gar nicht dargestellt werden kann. Sie allein boten die Möglichkeit, unerwünschte Personengruppen, etwa Bettler, gänzlich aus der Stadt auszusperren. Aber auch in Seuchenzeiten leistete die Mauer gute Dienste, wenn sich das später auch als Irrglaube herausstellen sollte, denn die eigentlichen Virusträger der Pest, die Ratten, ließen sich durch ein geschlossenes Stadttor kaum abhalten.

Bereits 1628 begannen die Stände, ihr diesbezügliches Anliegen in Wien zu betreiben. Nach langem Hin und Her erklärte sich die Stadt im März 1630 unter gewissen Bedingungen bereit, dem Wunsch der Stände nachzukommen. Dazu zählte die Bewachung durch zwei Torhüter auf Kosten der Stände, ferner die Auflage, daß zu Seuchenzeiten das Tor gesperrt und in Kriegszeiten überhaupt zugemauert werden sollte; daß flüchtige Verbrecher nicht aus der Stadt gelassen werden usw.

Die Stände wieder argumentierten mit allen erdenklichen Gründen, die angesichts der kurzen Wege in der Stadt fadenscheinig bleiben mußten. Und doch verfing beim kaiserlichen Hof gerade der Hinweis, daß die Kapuziner einen kürzeren Weg hätten, wenn sie von ihrem Kloster nach Urfahr gingen, was genaugenommen gar nicht stimmte. Ein auf den 23. August 1631 ausgestelltes kaiserliches Diplom, in dem die Wünsche der Bürger keine Berücksichtigung fanden, trat wegen ihres Einspruches nicht in Kraft. Noch einmal konnten sie die Eröffnung des Landhaustores für ein Jahr verhindern. Erst im März 1632 war es soweit, daß man von der Altstadt durch das Landhaus und den Graben direkt in die Vorstadt gelangen konnte. Die Aufsicht über diesen neuen Stadteingang hatten die Stände. Das Monopol der Bürger auf die Bewachung ihrer Stadt war damit erstmals gebrochen. In der Folge entwickelte sich der dem Tor gegenüberliegende Straßenzug zu einer vornehmen Wohngegend, der Herrenstraße.

Da spielte es dann auch keine Rolle mehr, daß die Bürger 1636 auf Verlangen der Jesuiten auch ihre Schießstatt im Graben räumen mußten. Sie versuchten, sie in den oberen Graben zum Landhaus zu verlegen, scheiterten aber hier am Einspruch der Stände. So wanderte der so beliebte „Sportplatz“ 1640 in den Wörth, wo er bis zum Brand von 1755 blieb. Später wurde im Schloßgraben (1789–1851) und beim Jägermeister geübt (1851–1875).

290 Die um 1640 vom Graben hierher verlegte Schießstatt im Wörth. Ausschnitt aus dem Vogelschauplan des Matthäus Merian aus dem Jahr 1649. Stadtmuseum Linz, Inv. Nr. 2051.

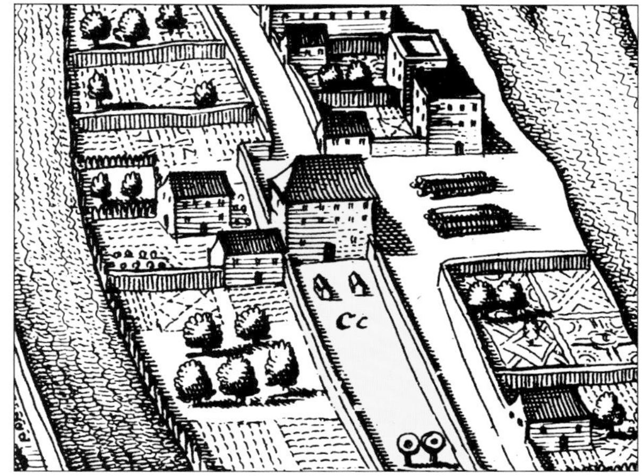

Vom Verlust der südostseitigen Stadtmauer und des Zwingers an die Jesuiten wird noch zu reden sein. Auch im Norden wurde der neue Stadtpfarrhof auf den Zwinger gebaut. Wir sehen darin ein deutliches Zeichen dafür, daß es die Bürger im 17. Jahrhundert aufgegeben haben, sich allein für die Verteidigung der Stadt und auch für andere Sicherheitsvorkehrungen verantwortlich zu fühlen.

Das Budget und die Steuern

Nicht ihrer politischen Stärke wie 1545, sondern ihrer wirtschaftlichen Schwäche verdankten es die Städte, daß sie nach einem Entscheid des Landesfürsten von 1632 und dann wieder 1653 nur mehr ein Sechstel zu den Steuern des Landes beitragen mußten. Dennoch wiesen sie darauf hin, daß ihnen nach der Anzahl der Feuerstätten (= Häuser) nur der 17. Teil auferlegt werden dürfte. Damit hatten sie, wie wir anläßlich der bayerischen Besatzung gesehen haben, gar nicht so unrecht.

Dazu ist zu bemerken, daß die sogenannten landesfürstlichen Städte tatsächlich die Konkurrenz der Marktsiedlungen am Lande stark zu spüren begannen. Schon im 16. Jahrhundert hatten die Bürger darauf hingewiesen, daß in ihren Mauern nur halb so viele Häuser stünden wie in den kleinen Städten und Märkten, die den Grundherren direkt unterstellt gewesen sind. Außerdem gab es noch so etwas wie „Religionsneid", denn in den grundherrschaftlichen Siedlungen konnte sich der Protestantismus länger halten als in den unter landesfürstlicher Aufsicht stehenden Städten. Daß dies besonders auf Schwanenstadt zutraf, das erst 1627 auf Bitten Graf Herberstorffs zur Stadt erhoben worden war, verwundert aber sehr. Außer Grieskirchen, das den Polheimern gehörte und 1613 zur Stadt aufstieg, wurden noch sechs Dörfer zu Märkten erhoben, und außerdem gab es noch etliche Siedlungen, in denen gehandelt wurde wie in Märkten (etwa Micheldorf, Marchtrenk, Vorchdorf, Hörsching, Pasching, Oftering, Aistersheim).

Darüber hinaus hatten die Städte – zumindest auf dem Papier – über 210.000 Gulden Schulden bei den Ständen, die ihnen nachgelassen wurden, darunter 48.000 Gulden der Stadt Linz allein. Doch war dies keine allzugroße Geste, denn diese rechneten nun ihrerseits vor, daß darin 24.600 Gulden Strafe enthalten waren, die nie ausjudiziert worden ist. Dazu über 41.000 Gulden, die die Stadt Enns bei der Landschaft aufgenommen hat. Ferner wurde der zu gebende Nachlaß für die Abbrändler nicht eingerechnet, der sich auf 21.500 Gulden belief. Nicht gesprochen wurde in der obigen Rechnung auch von den insgesamt 228.978 Gulden Gegenforderungen, die die Städte für die Proviant- und Quartierskosten für die durchziehenden Soldaten an die Stände gerichtet haben.

Man sieht also, daß auch unbestechliche Rechnungen durchaus vom Blickwinkel des Betrachters abhängen können. Tatsächlich haben die Städte in den nächsten Jahren (bis 1632) nur die Hälfte an Rüstgeld und Steuern zahlen müssen. Dennoch gerieten sie sich bei der Neubemessung der Quoten für die einzelnen Städte gegenseitig in die Haare, weil sie auch untereinander nicht bereit waren, die genaue Anzahl der besteuerbaren Häuser anzugeben. Sie führten noch immer die Zahlen des 16. Jahrhunderts ins Treffen: Steyr 820 (davon 215 Bauerngüter), Linz 269 (31), Wels 554 (130), Enns 282 (63), Freistadt 363 (125), Gmunden 211 und Vöcklabruck 110 Feuerstätten. Entsprechend unverändert war die Quote: 28 % Steyr, 18 % Linz und Wels, 10 % Enns und Freistadt, 7 % Gmunden und 5 % Vöcklabruck. Diese richtete sich ebenfalls nicht nach der Anzahl der Feuerstätten, denn sonst hätte etwa Steyr um 223 und Wels um 402 Gulden pro Jahr mehr zahlen müssen und Linz um 1307 Gulden weniger. Das war aber ohnedies längst nicht mehr realistisch, weil die einzelnen Städte unter den Verwüstungen des Bauernkrieges und der Emigration der Protestanten verschieden stark zu leiden hatten. So ist z. B. jüngst nachgewiesen worden, daß ungefähr die Hälfte jener Auswanderer, die sich im Zuge der Gegenreformation in Regensburg niedergelassen haben, Linzer gewesen sind. Aber auch hier gilt es zu differenzieren: Nicht wenige von ihnen waren gar keinem „bürgerlichen" Beruf nachgegangen. Es handelte sich bei ihnen zum Teil um Advokaten und Angestellte der Stände. Dazu kommt noch, daß die Emigranten der zweiten großen Auswanderungswelle (nach 1624) im Durchschnitt bereits um die 50 Jahre alt waren. Das mag zwar bedeuten, daß sie zu den wirtschaftlich Potenteren zählten, aber die Zukunft sollte doch den Jüngeren gehören.

Die Städte insgesamt fanden in den landesfürstlichen Kommissaren, die zur Behebung des Steuerstreits immer wieder eingesetzt wurden, zwar entschiedene Fürsprecher, daß sie letzten Endes aber kaum reüssieren konnten, lag an ihrer Uneinigkeit. Bereits Ende der dreißiger Jahre zahlten sie wieder den fünften Teil bei einem Zwölftel an Häusern, wenn es nach den Angaben der Stände ging, und einem Sechzehntel bei heutiger Nachprüfung.

Wie schon einmal ging es um die Wahl der beiden Verordneten, die in das ständische Kollegium zu entsenden waren. Linz wollte immer zumindest einen Kandidaten stellen, wogegen sich die anderen Städte wehrten. Allein darum ging es nur vordergründig. Schwerer wogen die Zerwürfnisse wegen der Steuern, und der Verdacht, daß es sich die Linzer mit den Adeligen richten würden, die ja meist in ihrer Stadt residierten, bestand vielleicht nicht ganz zu Unrecht. Bemerkenswert ist eine Aussage des Freistädter Ratsmitgliedes Jakob Albrecht, der 1649, also unmittelbar nach Abschluß des Westfälischen Friedens, meinte, daß die Stadt an der Donau als einzige Oberösterreichs nicht nur unversehrt dastehe, *sondern bey disen kriegsjahren woll zuegenomben und sich erweitert* habe. Das war angesichts der bereits geschilderten Bautätigkeit ja wohl auch nicht zu bestreiten, obwohl natürlich dazu gesagt werden muß, daß es sich bei den neuen Häusern ganz selten um bürgerliche handelte. Jedenfalls zeigten sich die Linzer gegenüber der total verschuldeten Stadt Enns unnachgiebig und hart. Sie wollten keinen Schuldennachlaß gewähren.

Dabei mag vielleicht auch mitgespielt haben, daß Linz in den Jahren 1644–1646 von den Verhandlungen und Tagungen der landsfürstlichen Städte ausgeschlossen worden war, wobei besonders Steyr, Enns und Wels eine geschlossene Front gegen die Landeshauptstadt gebildet haben. Freistadt verhielt sich neutral.

Die Haltung der Gegner wird vielleicht verständlich, wenn man einer Aufzeichnung aus dem Jahre 1663 glauben darf: Damals standen in Steyr noch immer 288 von 605 Häusern leer, also fast die Hälfte, in Wels 240 von 424, in Enns 132 von 219. In Freistadt waren 200 von 238 Wohnstätten entweder beschädigt oder öde und in Gmunden 114 von 211. Im Grunde würde das bedeuten, daß beinahe die halbe Bausubstanz in den Städten vom Verfall bedroht war, wobei freilich nicht übersehen werden darf, daß die schlechten Häuser zuallererst verlassen wurden.

Linz fehlt in dieser Aufstellung, was uns nicht wundern sollte, wenn wir an die Bauentwicklung denken, von der schon gesprochen wurde. Der Aufstieg der Stadt spiegelt sich trotz aller Klagen über die vielen Freihäuser, von denen keine Einnahmen zu erwarten waren, im steigenden Steueraufkommen wider, das von 8833 Gulden im Jahr 1660 auf 18.104 anno 1720 anwuchs. Die Steuereinnahmen schwankten stark, etwa von 36.936 Gulden (1650) auf 7003 Gulden 1710. Doch hingen diese stark variierenden Steuerertragsanteile immer wieder von Sonderbesteuerungen ab, so daß kein einheitliches Bild gewonnen werden kann. Zwischen 1000 und 2800 Gulden divergierten z. B. allein die Einnahmen aus dem Bruckgeld. Sehr positiv entwickelte sich das Bräuamt, über das noch zu reden sein wird. Es brachte im Jahre 1710 bereits über 6000 Gulden gegenüber 500 im Jahre 1640. Der bis dahin relativ große Umsatz bei der Verwaltung des Ungeldes (1640: 13.930 Gulden) sackte auf 538 Gulden im Jahre 1660 ab, ohne daß wir vorderhand noch Gründe dafür angeben könnten.

Die Ausgaben insgesamt entwickelten sich von 35.319 im Jahre 1660 auf 120.756 Gulden 60 Jahre später. Doch sagt der Umsatz wenig aus, denn auch die Einnahmen beliefen sich 1710 bereits auf annähernd 100.000 Gulden. Genauere Aussagen zur Wirtschaft der Stadt bieten die Angaben über den Zinsendienst, der für aufgenommene Gelder zu leisten war. Auch dabei ist natürlich zu berücksichtigen, daß eine gewisse Schuldenhöhe gesamtwirtschaftlich gesehen unter Umständen mehr brachte als ein Überschuß in der Kasse. Prozentuell stieg der Gesamtbudgetrahmen sogar stärker an als der Zinsendienst.

Beinahe unverändert niedrig waren die Gehaltskosten für die städtischen Beamten. Dabei muß noch einmal darauf hingewiesen werden, daß die außerhalb der Kanzleien anfallenden Arbeiten bei jenem Amt verrechnet wurden, in dessen Kompetenz sie fielen, sodaß sie in der Gesamtabrechnung fehlen. Ein Beispiel dafür bietet die Bauamtsrechnung von 1643, aus der hervorgeht, daß oft bis zu sechs Tagwerker gleichzeitig beschäftigt wurden. Ihre Hauptaufgaben waren Straßenreinigung, Arrest säubern, Brunnen und Wasserleitungen instand setzen, den Stadtzwinger entrümpeln usw. Nach dem Ostermarkt wurden nicht weniger als 37 alte Frauen zusammengetrommelt, die die Stadt „auskehren" mußten. Jede erhielt dafür drei Kreuzer.

Die hier gebotenen Zahlen beleuchten nur einige Aspekte, genauere Forschungen stehen noch aus. Eine allgemeingültige Aussage kann deshalb nicht getroffen werden. Doch können wir – wenn auch mit aller Vorsicht – davon sprechen, daß Linz im Gegensatz zu den anderen Städten des Landes trotz Dreißigjährigem

Krieg und trotz der Tatsache, daß die Stadt immer weniger Bürger und dafür mehr Adelige und Geistliche beherbergte, einen stetigen Aufstieg zu verzeichnen hatte. Dies läßt sich auch aus der Zahl der Zuwanderungen erkennen.

Die Neubürger

Im Zusammenhang mit den Beichtzetteln ist schon von dem Problem die Rede gewesen, den Bevölkerungszuwachs quellenmäßig in den Griff zu bekommen. Dabei mußte eingestanden werden, daß dies im Falle von Linz kaum möglich ist, zumal sich der Anteil der Adeligen nicht fassen läßt. Die Schar der einquartierten Soldaten wird ebenso eine unbekannte Größe bleiben wie die Bewohner der Klöster, die ja nicht nur aus Mönchen und Nonnen bestanden, sondern auch aus deren Angestellten und Dienern. Ebenso steht es mit den vielen Einwohnern, die in den Freihäusern Brot, Arbeit und Unterkunft fanden. Die Zahl der landesfürstlichen und landständischen Beamten ist gleichfalls nicht einzuschätzen. Gar nicht zu reden von den Tagwerkern, den Bettlern und den Lehrlingen und Gesellen. Von den Schülern des Jesuitengymnasiums wissen wir wenigstens, daß es um 1700 über 600 gewesen sind. Wer aber konnte die Weber und Spinner zählen, die sich nach der Gründung der Wollzeugfabrik rund um Linz angesiedelt haben?

All diese Bevölkerungsgruppen dürfen wir nicht vergessen, wenn wir im folgenden einige Zahlen über Bürgeraufnahmen bringen, denn sie sind darin nicht berücksichtigt.

291 Zu den ältesten erhaltenen Zunfttruhen gehört jene der Binder aus dem Jahr 1609. In diesen Truhen wurden sowohl alle Schriftstücke aufbewahrt, die das Handwerk betrafen, als auch die Zunftkasse.
Stadtmuseum Linz. Foto: Michalek

Bereits für den vorigen Zeitabschnitt wurde die Aussage gemacht, daß sich die städtische Bevölkerung nicht in ausreichendem Maße selbst reproduziert hat. D. h., daß ohne Zuwanderer die Stadt früher oder später zum Aussterben verurteilt gewesen wäre. Sie war aber allezeit ein verheißungsvoller Arbeitsmarkt und zog die Menschen wie ein Magnet an, auch wenn sie wußten, daß es ihnen hier möglicherweise schlechter gehen würde als auf dem Land. Wir können jedoch nur jene erfassen, die um das Bürger- oder Mitbürgerrecht angesucht haben. Für unsere Epoche haben wir in zwei Schnitten die Epochen von 1658 bis 1688 und 1710 bis 1740 untersucht, also jeweils einen Zeitraum von 30 Jahren. Dabei ergab sich für die erste Periode ein Zuwachs von 533 und für die zweite einer von 427 Personen. Das waren nicht viele, doch muß man dabei berücksichtigen, daß es zur Erwerbung des Bürgerrechtes seit dem Mittelalter unerläßlich war, entweder verheiratet zu sein oder sich zumindest ehebaldigst zu vermählen. Das heißt, daß die Zahlen mit dem Durchschnittswert 5 zu multiplizieren sind. Im 17. und 18. Jahrhundert achtete der Stadtrat noch sehr darauf, daß für den Neuaufgenommenen eine sichere Gewähr gegeben war, daß er beruflich sein Auskommen haben würde, bei den Bürgern ebenso wie bei den Mitbürgern (= Handwerkern). Letztere verfügten durch ihre Zünfte über zusätzliche Druckmittel, die Zahl der Berufskollegen in der Stadt niedrig zu halten.

Rund ein Fünftel der Zuwanderer sind in beiden Zeitabschnitten den Vollbürgern (= Kaufleuten) zuzurechnen. Dabei stellten die Gastwirte mit 56 (47) den höchsten Anteil (ca. 10 % aller Zuwanderer). Das Ansteigen der Handelsleute von 24 auf 32 erklärt sich daraus, daß im ersten Zeitabschnitt einige von ihnen (9) noch einfach als Bürger bezeichnet wurden, was im 18. Jahrhundert nicht mehr der Fall gewesen ist. Wir finden in der ersten Periode ferner Berufe vertreten, die es zwar später auch noch gab, deren Angehörige aber nicht mehr als Bürger aufgenommen wurden, etwa Advokaten, Bruckstеher, Heubinder, Hochzeitsansager (insgesamt fünf!), Leinwandhändler, Landkutscher und Weineinschlagmacher.

Nicht zuletzt deshalb geht auch die Differenzierung der Berufsnamen von 109 auf 83 zurück. Das muß aber nicht bedeuten, daß die fortschreitende Spezialisierung eingeschränkt worden wäre, und die Tatsache, daß man 1710–1740 einige Berufe (etwa Beutler, Biskottenbäcker, Branntweinbrenner, Büchsenschifter, Fragner, Glockengießer, Klampferer, Perlhefter, Pflasterer nicht mehr findet, heißt nicht unbedingt, daß es sie nicht mehr gegeben hätte. Einige von ihnen waren so spezialisiert, daß sie nur mit einem einzigen Ausübenden vertreten waren, wie etwa ein Filigranarbeiter.

Eindeutig zu den neuen Berufen zählen die Kaffeesieder, die Zirkelschmiede und – was doch ein wenig überrascht – die Weber (von einem auf 17 angestiegen). Immerhin bestand in Linz ja die Hauptlade der Leinweber.

In direktem Zusammenhang mit den Geschäftseinbußen auf den Linzer Jahrmärkten scheint der um die Hälfte verringerte Zugang von Faßziehern zu stehen (von 22 auf 13). Sie waren für das Be- und Entladen der Schiffe zuständig. Relativ konstant blieb die Zahl der Zuwanderer bei Bäckern (von 9 auf 8), Bindern (jeweils 7), Fleischhackern (von 7 auf 6), Köchen (7), Kupferschmieden (7), Sattlern (von 6 auf 5), Taschnern und Wagnern.

292 Ein barock gekleidetes Paar. Als Vorlagen zu den von Clara Hahmann geschaffenen Kostümen dienten zeitgenössische Porträts des Kaufleuteehepaares Zeller von Johann Georg Morzer (um 1730). Stadtmuseum Linz, Fig. 58, 59. Foto: Michalek

Waren es bei den Bürgern die Wirte, die zahlenmäßig eindeutig dominierten, dann bei den Handwerkern die Schneider. Die Neuzugänge sanken zwar von 42 auf 40 herab, das bedeutete aber angesichts des allgemeinen Zuwanderungsrückganges keine Einbuße. Einige von ihnen konnten sogar zu Reichtum gelangen, wie uns das Beispiel des aus der Züricher Gegend stammenden Meisters Heinrich Keller noch zeigen wird. Neben dem seit dem Mittelalter unverändert anhaltenden oder vielleicht sogar noch ansteigenden Kleiderluxus waren es vor allem die Soldatenuniformen, die ihnen Arbeit brachten.

Folgerichtig machten die Schuster die zweitgrößte Zahl der Zuwanderer aus. Sie fielen allerdings von 26 auf 19 zurück. In die gleiche Sparte sind noch die Riemer und Sattler einzureihen (8 bzw. 6) und in bezug auf die Kleidung die Beutler, Gürtler, Frauenhaubenmacher, Handschuhmacher, Huter, Kammmacher, Knopferzeuger, Perückenmacher, Kürschner, Nadler, Schnurmacher und Sokkenstricker.

Zu den aufblühenden Gewerben dieser Epoche sind auch die Tischler zu zählen. Erstmals wurden nämlich die Wohn- und Aufenthaltsräume aufwendiger ausgestattet. Nicht weniger als 17 Meister sind in dieser Periode zugewandert, später waren es nur mehr acht. Dafür stiegen die Zugänge bei den Drechslern von vier auf neun.

Trotz der überaus regen Bautätigkeit blieb überraschenderweise der Zugang an den Maurern bescheiden (drei bzw. vier). Umso klarer scheint die Situation bei den Malern: Neun Meister sind von 1658–1688 nach Linz gezogen, in der zweiten Periode waren es nur mehr drei. Drei Bildhauer, bzw. ein (zwei) Steinmetze geben Hinweise auf die wachsende Baufreudigkeit.

Bei den Lebensmittelgewerben fehlen vom ersten Zeitabschnitt die Lebzelter völlig, obwohl wir mit Matthias Panlechner bereits eine starke Persönlichkeit dieses Berufszweiges kennengelernt haben. Nach wie vor signifikant ist, daß es in Linz keine Müller gab. Die einzige Ausnahme blieb der Betreiber der Schiffmühle, die seit 1583 an der Donaubrücke befestigt war und anfänglich nur das Mehl für das Bürgerspital mahlen sollte. Daß es dabei nicht bleiben würde, war klar, und die Proteste der Müller an der Traun scheinen nicht ganz unberechtigt gewesen zu sein. Die Schiffmühle bestand bis zum Jahre 1826. Nicht selten mußte sie aus Niederösterreich zurückgeholt werden, wenn sie bei Hochwasser mit Teilen der Brücke davonschwamm.

Eher zu den Ausnahmen zählten je ein Zukkerbäcker, Biskottenbäcker und Schokolademacher. Nur ein Käsestecher kam in den untersuchten 60 Jahren nach Linz, aber sieben bzw. sechs Köche.

In das Bild der Zeit paßt gut die Zuwanderung von zehn bzw. acht Goldschmieden oder

293 Die am Donauufer vertäute Linzer Schiffmühle im Jahre 1815. Zeichnung von Johann Adam Klein im Germanischen Nationalmuseum Nürnberg, Inv.St.Nbg. 114, K. 624.
Aus: Ernst Neweklowsky, Die Linzer Schiffmühlen. In: JbL 1955.

Goldarbeitern. Bemerkenswert sind ein Orgelbauer, zwei Geigenhersteller und ein Zirkelschmied. Bislang in Linz unbekannt, aber doch sehr naheliegend war der Beruf des Roßverleihers. Nicht weniger als sieben Neuzugänge hatte diese Sparte aufzuweisen.

Alle übrigen Berufe, wie Bader und Barbiere, Messerschmiede, Hufschmiede, Kupferschmiede, Binder, Schlosser, Schleifer, Seifensieder usw. hatten nur wenige Zugänge zu verzeichnen, was uns darauf schließen läßt, daß sie kaum über den regionalen Bedarf hinaus gearbeitet haben. Dies trifft auch auf die Buchdrukker und Buchbinder zu. Insgesamt scheint es also mit den wenigen Ausnahmen, die hervorgestrichen worden sind, noch immer keine auffällige Konzentrierung bestimmter Handwerker in Linz gegeben zu haben.

Dennoch schritt die Zentralisierung der jeweiligen Zünfte auf eine Hauptlade in Linz voran. Um die Mitte des 17. Jahrhunderts waren die Weber, Hafner, Schnurmacher, Maurer, Steinmetze, Sattler, Seifensieder, Bader, Huter, Lebzelter, Glaser und Färber jeweils durch eine landesweite Handwerksordnung vereinigt. Für viele ihrer Mitglieder war es beschwerlich, zur Hauptversammlung nach Linz zu reisen.

Dazu gab es nach wie vor einen Kompetenzwirrwarr: Die einen hatten keine Handwerksordnung, die anderen eine kaiserliche, die dritten eine städtische und wieder andere eine solche vom Grundherrn (allerdings nicht in Linz). Es fehlte auch nicht an Versuchen, eine Vereinheitlichung des Zustandes herbeizuführen. So ließen die Stände 1636 von ihrem Syndikus eine „Generalordnung“ entwerfen, die aber ebensowenig in Kraft trat wie eine zweite aus dem Jahre 1655, die die Städte im Auftrag des Landeshauptmannes erstellt hatten.

Trotz aller Versuche der Obrigkeit, durch zentrale Ordnungen die einzelnen Berufe einer überprüfbaren Regelung zu unterziehen, haben sich diese immer wieder diesem äußeren Zwang zu entziehen gewußt. Vor allem die Gesellen lebten nach ungeschriebenen Gesetzen, die nur ihnen bekannt waren. Sie führten zum Beispiel bei der Aufnahme eines fremden Berufsgenossen genau festgelegte Rituale und Wechselreden ein, die einem Außenstehenden unverständlich und kindisch vorkommen mußten.

Dem äußeren Zwang setzten sie damit einen internen entgegen, der früher oder später zur Verknöcherung und Erstarrung des Handwerks führen mußte. Galten die Gesellen schon im Mittelalter als unruhiges Element, so führte zu Beginn des 18. Jahrhunderts der Konjunkturabschwung in manchen Berufen zu regelrechten Gesellenaufständen, die stets gut organisiert waren, weil man sich über ein eigenes Kommunikationsnetz zu verständigen wußte.

Daran änderte auch ein unter Kaiser Karl VI. 1731 erlassenes Reichsgesetz wenig, das ein Jahr später als allgemeine Handwerksordnung für die Erzherzogtümer ob und unter der Enns im Druck publiziert wurde. Sie beinhaltete unter anderem das Verbot von Aufstehen, Auftreiben und Austreten (= Aufstand und Streik), die Abschaffung der blauen Montage, das Verbot des Degentragens für Gesellen usw.

Längst gab es zu dieser Zeit schon Stimmen, die generell die Aufhebung der Zünfte forderten. Mit der Errichtung der Wollzeugfabrik wurde diese Forderung zumindest im Bereich der Tucherzeugung de facto erfüllt. Eine Besserung für die Betroffenen (Spinner, Weber) ist dadurch kaum erreicht worden.

Dem Bevölkerungswachstum auf der einen Seite stand auf der anderen der rapide Verfall der berühmten Linzer Messen gegenüber.

Die Jahrmärkte

Die Quellenlage zur Geschichte der beiden großen Linzer Messen ist für die hier zu behandelnde Epoche eher noch schlechter als für das 16. Jahrhundert. Zwar spricht vieles dafür, daß in der ersten Hälfte des 17. Jahrhunderts die Märkte noch florierten, weil sie in einem kriegsfreien Gebiet stattfinden konnten, aber dem stand doch die immer restriktivierte Mautpolitik des Landesfürsten gegenüber, die sich auf Dauer negativ auswirken sollte. Wenn wir einer Zeitzeugin Glauben schenken wollen, dann war z. B. der Ostermarkt 1645 nur mehr ein Schatten gegenüber den vergangenen. Darüber berichtete die bei Hofe anwesende Elisabeth Myslik von Chudeniče ihrer Mutter in Böhmen, einer Gräfin Černin. Dennoch waren, als sie nach damaligem Brauch mit *allen Frauenzimmern* den Markt aufsuchte, noch immer *Tausende Leute* anwesend. Und dies, obwohl der „Vergnügungspark" seit zwei Jahren geschlossen war: Seiltänzer, Possenreißer, Glücksspieler und Bärenführer durften nicht mehr auftreten.

Betrachten wir aber einige Zahlen zum Eisenhandel, die vielleicht mehr aussagen als der Brief eines jungen adeligen Fräuleins: 1629 verkaufte die Innerberger Hauptgewerkschaft auf den Linzer Märkten Stahl und Eisen im Wert von 23.670 Gulden (= fl). Davon wurden 9334 fl in bar eingenommen und dazu noch

294 Der sogenannte „Markthüttenplan" aus dem Jahr 1770. Er zeigt uns, wie dicht noch zu dieser Zeit die einzelnen Verkaufsstände auf dem Hauptplatz angeordnet gewesen sind. Im Bild auch zu sehen das auf einer Stange befestigte Marktfreiungszeichen.
Originalzeichnung im Archiv der Stadt Linz, Altakten, Sch. 95. *Foto: Litzlbauer*

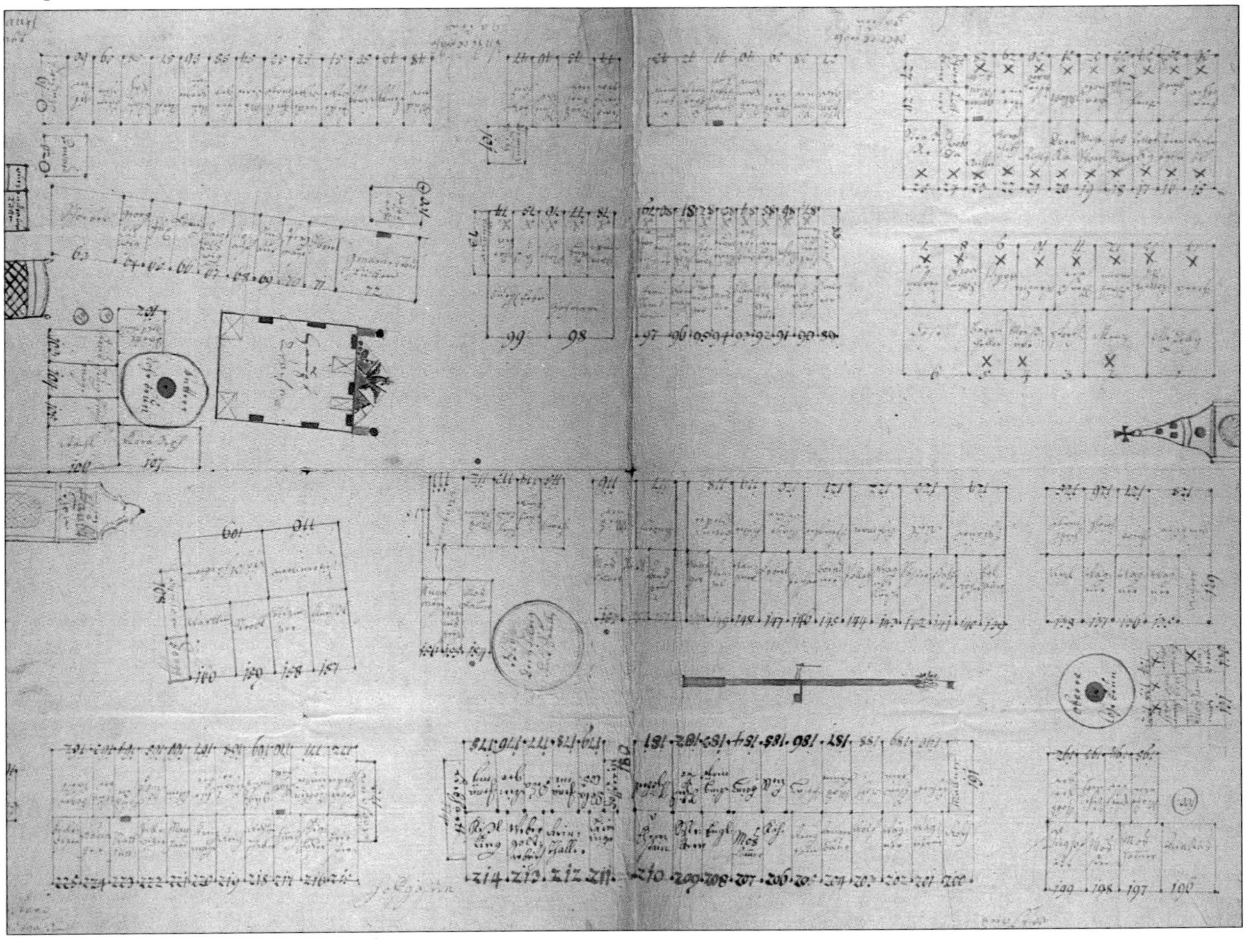

22.965 fl an Stahl und Eisenschulden aus alten Geschäften. Am Ostermarkt des folgenden Jahres betrug der Neuumsatz 41.971 fl und die Einnahmen aus Altschulden 38.694 fl. Gleichzeitig bezahlte der Kassier Andre Stauder zusammen 14.306 fl für Zinsen an Geldgeber und Gewinnanteile der Einleger. Außerdem kaufte er zur Versorgung der Arbeiter Getreide um 8941 fl. Am Bartholomäimarkt machten die Summen 46.171 bzw. 44.580 fl aus.

Bei einem Preis von acht Gulden pro Zentner (damals 50 kg) wurden also ungefähr 5550 Tonnen Eisen und Stahl allein von der Innerberger Hauptgewerkschaft umgesetzt. Dabei waren ihre leitenden Angestellten mit den Zwischenhändlern gar nicht zufrieden, denn sie hatten eruieren lassen, daß wesentlich mehr Gewinn zu erzielen wäre, wenn sie ihre Ware z. B. direkt in Hamburg absetzen könnten, wo für den Zentner 13,5 Gulden zu erzielen wären. Abzüglich der Transportkosten waren dies um zwei Schilling pro Zentner mehr, als in Linz zu erzielen waren.

Letztlich blieb dies ein frommer Wunsch, denn noch immer hatten oberdeutsche, besonders Nürnberger Kaufleute den Eisenhandel fest im Griff. Hanns Eiser, Hanns Cainrath, die Gebrüder Probst, Heiss, Pucz und Leprun und Bartholomäus Küsster waren die Hauptabnehmer. Dazu kamen noch Christoph Lang und Hanns Ulrich Adam aus Ulm, Hanns Fuchs aus Passau und Lorenz Wilhelm aus Wien. Die Eisenniederlage in Linz, bei der man auch während des Jahres kaufen konnte, betrieb damals der Linzer Bürger Johann Wiemer. Sie setzte aber kaum mehr als 1000 bis 2000 Zentner pro Jahr um.

Betrachtet man die weitere Entwicklung der Umsätze auf den Linzer Märkten, dann folgt einem Hoch von 112.705 fl im Jahr 1631 ein rapider Abfall auf 43.072 fl 1633 und 7515 fl zwei Jahre später. Zwar stieg das Geschäftsvolumen bis 1637 wieder auf 23.488 fl an, aber 1647 war dann mit 3995 fl ein absolutes Minus erreicht. Diese Zahlen beziehen sich auf das direkte Geschäft während der Marktzeit und zeigen doch einen unvorstellbaren Rückgang des Messeumsatzes. Soweit decken sich die Beobachtungen des Fräulein Elisabeth von Chudeniče mit den Zahlen der Innerberger Gewerkschaft.

Dem steht aber ein Privileg Kaiser Ferdinands II. für die Nürnberger Kaufleute gegenüber, die sich 1635 den ausdrücklichen kaiserlichen Schutz zum Besuch der Jahrmärkte in Frankfurt, Nürnberg, Leipzig, Linz und Krems erbeten haben. Dies würde bedeuten, daß Linz noch immer im Reigen der großen Messestädte mithalten konnte. Das wird durch eine zweite Zahlenreihe auch bestätigt, jener der am Linzermarkt kassierten Eisen- und Stahlschulden. Sie fallen nur 1636 unter 40.000 Gulden ab, um dann 1646 wieder fast 100.000 fl, und 1649 sogar 155.424 Gulden zu erreichen. Das heißt – ohne tiefgreifende Analyse –, daß nicht mehr die Geschäfte, sondern nur mehr die Zahlungsmodalitäten auf den Linzer Märkten abgehandelt wurden. Das konnte aber auf Dauer nur gut gehen, wenn sich in Linz ein entsprechender Kapitalmarkt mit finanzkräftigen Geldanlegern herausgebildet hätte, was aber nicht der Fall war. Vielmehr hatte der Adel die Stadt „okkupiert", der zwar durchaus gegen zusätzliche Einkünfte nichts einzuwenden hatte, aber kaum bereit war, aktiv in den Kapitalmarkt einzusteigen. Das hätte dem Selbstbewußtsein der oberösterreichischen Adeligen widersprochen.

Die Bürger aber waren dazu kaum in der Lage, wenngleich einige wenige von ihnen durchaus zu beträchtlichem Reichtum gelangten, wie etwa der um 1650 aus Brixen zugewanderte Johann Peisser, der sein Vermögen durch den Handel mit Südfrüchten und Spezereiwaren verdiente. Er war der erste Linzer Bürgermeister, der nicht nur einen Wappenbrief erwarb, sondern auch mit dem Prädikat „von Wertenau" geadelt wurde. Weil er und seine Frau Eva Maria eine Art Familienchronik führten, sind wir über ihr Leben besser informiert als über das anderer Bürger und Bürgermeister. Peisser, und nach seinem Tod (1684) seine Gattin, verschenkten Unsummen an fromme Stiftungen. Sie finanzierten den Neubau des Kapuzinerklosters, wo sie im Ordenshabit auch begraben wurden; sie stifteten den Schutzengelaltar im Alten Dom und trugen wesentlich zum Bau der Wallfahrtskirche Maria Scharten bei. Das Kapuzinerkloster in Urfahr verdankt seine Entstehung unter anderem dem Geld der Familie Peisser. Der einzige überlebende Sohn fühlte sich längst nicht mehr als Bürger, sondern zählte sich dem Beamtenadel zu.

Leonhard Hollner (von Friedenszweig), Bürgermeister von 1692–1710, stammte aus Aschach an der Steyr, wurde in Linz reich und von Kaiser Joseph I. im Jahre 1708 geadelt.

Auch der (1668) aus Landshut in Bayern eingewanderte Bäckermeisterssohn Johann Pruner brachte es in Linz zu Ansehen und Reichtum, der von seinen Söhnen Johann Adam und Michael noch ausgebaut wurde.

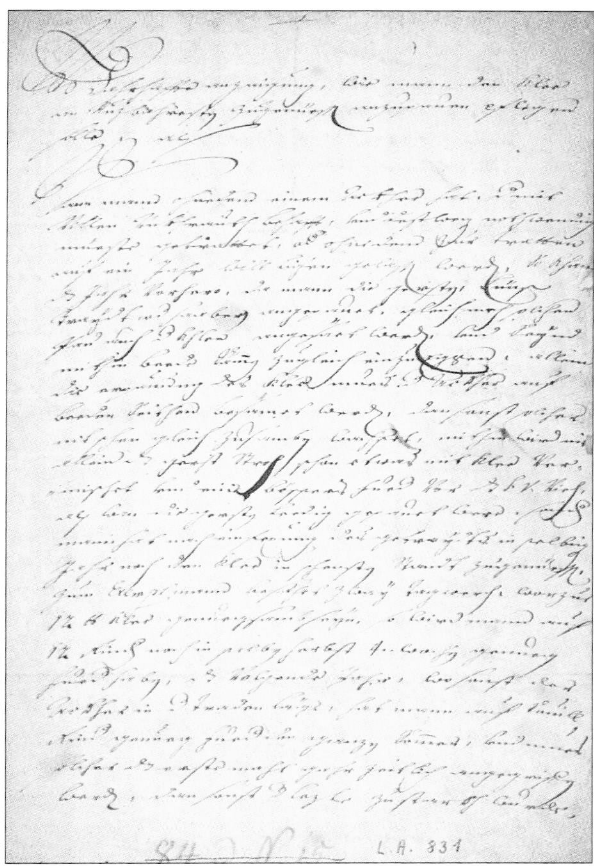

295 Expertise des Georg Gotthard Payrhueber über seine Versuche, im Rahmen der Dreifelderwirtschaft die Brache durch den Anbau von Futterklee zu nützen und dadurch den Boden wieder mit den benötigten Nährstoffen anzureichern. Der Vorteil dieser grundlegenden Erkenntnis für die Landwirtschaft wurde erst ein Menschenalter später erkannt.
OÖ. Landesarchiv, Landschaftsakten, Sch. 831 G X Nr. 1. Foto: Litzlbauer

Mehrfacher Hausbesitzer war auch Georg Gotthard Payrhueber, der vom Mayrgut bei Meggenhofen stammte. Er verdiente sein Geld als Wechsler, darf also als früher Linzer Bankier angesehen werden. Bekannt wurde Payrhueber (Bürgermeister 1733–1741) durch seine sehr frühen Versuche im Anbau von Rotklee, die er im Jahre 1717 den Ständen darlegte. Er hatte dazu das Gut *im Ordach* gekauft, das heute unter dem Begriff „Posthof" bekannt ist. 70 Jahre später (!) erhielt z. B. Johann Christian Schubart für einen ganzen analogen Bericht den Reichsadelsstand mit dem Prädikat „von Kleefeld". Payrhueber war seiner Zeit einfach zu weit voraus.

Ähnlich reich wurde der aus einer Schiffmeisterfamilie stammende Johann Michael Scheibenpogen. Schon sein Vater hatte immerhin 65.000 Gulden zu vererben. Er war der vorletzte gewählte Bürgermeister (1765–1778). Mit Ausnahme der beiden Pruner-Söhne sind im Gegensatz zum 16. Jahrhundert die Kinder der Bürger nicht mehr in ihrem Stand geblieben, wenn es der Vater zu Reichtum und Adel gebracht hatte.

Natürlich wurden nicht alle vermögenden Linzer Bürgermeister und nicht alle haben so große Summen für wohltätige oder fromme Stiftungen gespendet wie die Peisser, Pruner, Krauss, Zampanelli, Danmiller oder etwa der Schneidermeister Heinrich Keller, aber ein kontinuierlicher, über mehrere Generationen verfolgbarer Vermögensaufbau ist nicht mehr erfolgt. Ob es Zusammenhänge mit dem wirtschaftlichen Abstieg der Linzer Märkte gibt, konnte noch nicht eruiert werden.

Aus der Bestätigung des Repressalienrechtes im Jahre 1650 ersehen wir, wie heftig gerade dieser Grundpfeiler der Linzer Handelsfreiheit

296 Von Kaiser Ferdinand III. wurden im Jahre 1650 die Marktfreiheiten neuerlich bestätigt. Die Linzer ließen davon bei Ulrich Kürner einen Druck herstellen, um ihn an die auswärtigen Kaufleute vertreiben zu können.
Archiv der Stadt Linz, Altakten, Sch. 95. Foto: Litzlbauer

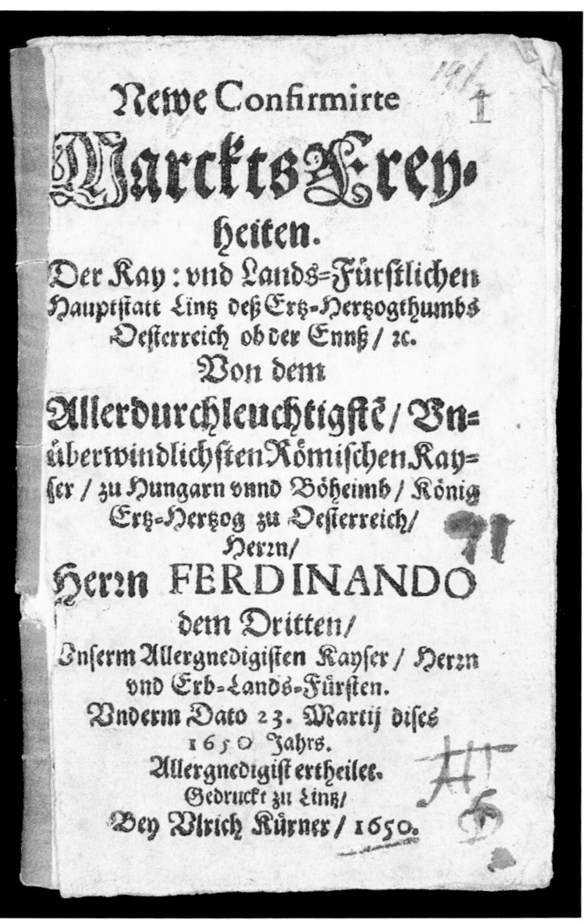

Newe Confirmirte
Marckts-Frey-
heiten.
Der Kay: vnd Lands-Fürstlichen
Hauptstatt Linz deß Ertz-Hertzogthumbs
Oesterreich ob der Ennß / ꝛc.
Von dem
Allerdurchleuchtigsten / Vn-
überwindlichsten Römischen Kay-
ser / zu Hungarn vnnd Böheimb / König
Ertz-Hertzog zu Oesterreich /
Herrn /
Herrn FERDINANDO
dem Dritten /
Vnserm Allergnedigisten Kayser / Herrn
vnd Erb-Lands-Fürsten.
Vnderm Dato 23. Martij diseß
1650 Jahrs.
Allergnedigist ertheilet.
Gedruckt zu Linz /
Bey Vlrich Kürner / 1650.

von allen Seiten angefochten war. Bereits fünf Jahre vorher hatte Kaiser Ferdinand III. die Juden von diesem Recht befreit, das ja im Grunde auf sie gar nicht anwendbar war. Sie konnten sich aber nicht lange darüber freuen, dann kehrte der schon geschilderte Zustand wieder ein.

Die Einstellung der Kampfhandlungen des Dreißigjährigen Krieges und der Übergang zu einem geregelten Zivilleben machte zwar die Straßen wieder sicherer, aber das hatte nicht unbedingt positive Folgen für Linz. Neue Handelsrouten bildeten sich heraus und alte Saumwege wurden wiederbelebt. So nahmen die oberdeutschen Kaufleute gerne den Weg über Hafnerzell nach Böhmen, statt über Linz und Freistadt. Im gesamteuropäischen Handel ersetzte der Seeweg mehr und mehr den Gütertransport auf der Straße, z. B. von Venedig nach Danzig, der vorher zu einem nicht geringen Teil über den Pyhrn und Linz abgeführt worden ist. Hatten die Wiener Kaufleute ihren Bedarf an Venediger Waren im 16. Jahrhundert noch am Linzer Markt gedeckt, so führten sie diese gefragten Konsumgüter nun über den Semmering ein. Was zunächst blieb, ist der Handel mit Seiden und Seidenwaren, die über Oberitalien und Tirol auf Inn und Donau nach Linz gebracht wurden. Allerdings haben sich diese kostbaren Stoffe durch den 1604 erlassenen Mauttarif, und neuerlich 1672 empfindlich verteuert.

297 Im „Lexicon Aller Handlungen und Gewerbe“ nimmt die Stadt Linz mit den früher berühmten Messen nur mehr einen bescheidenen Platz ein, wie aus der sehr kurzen (und fehlerhaften) Eintragung zu sehen ist. Archiv der Stadt Linz, Bibliothek. Foto: Litzlbauer

Allgemeine
Schatz-Kammer
Der
Kauffmannschafft
Oder
Vollständiges
LEXICON
Aller
Handlungen und Gewerbe
So wohl in
Deutschland als auswärtigen Königreichen und Ländern,

Linz, Lateinisch *Lincium*, eine grosse und wohlgebaute Haupt-Stadt in Ober-Oesterreich an der Donau, allwo eine Brücke hinüber gehet. Es ist daselbst ein schönes und grosses Schloß, darauf ein Hauptmann residiret, eine Universität, und hat grosse Vorstädte, auch jährlich zwey berühmte Märckte, 8. Tage nach Ostern, und 8. Tage nach Bartholomäi, und treibt starcken Handel. Die daselbst florirenden Negotianten, siehe in dem Anhange der jetzt florirenden Kauffmannschafft.

Assecurantzen, oder Versicherungs-Kammern rc.
Ingleichen
...ine nöthige Nachricht von den berühmtesten Handels-Plätzen und See-Häfen, von Wech...l-Sachen, Buchhalten, Müntze, Maasse, Gewichte, Meilen und Stunden, wie auch alle bey der Kauffmannschafft vorkommende Kunst-Wörter und Redens-Arten, enthalten.
Nebst einem
Anhange
...erer jetzt florirenden Kauff- und Handels-Leute Namen, Contoirs, Fabriquen, ...andlungs-Compagnien, Waaren-Lager und Haupt-Waaren, die ein jeder selbst fabriciren lässet, oder bey ihm aus der ersten und andern Hand zu haben sind.
Mit Hoher Potentaten allergnädigsten Privilegiis.
Zweyter Theil D - L.
Leipzig, verlegts Johann Samuel Heinsius, 1741.
Buchhändler in der Grimmischen Strasse.

Von den Rückgängen bei der Leinwandproduktion wurde schon gesprochen. In diesem Bereich wirkte sich das starke Konkurrenzverhältnis zu Bayern negativ aus, das bereits 1614 ein Ausfuhrverbot für Haar und Garn erlassen hatte, welches 1667 erneuert wurde. Im spanischen Erbfolgekrieg verbot der bayerische Landesfürst überhaupt jeglichen Handel mit österreichischen Ländern (1704).

Die Förderung der bayerischen Märkte in Ried, Schärding und Passau richtete sich direkt gegen den Handel auf den Linzer Messen. Die Gründung der Wollzeugfabrik brachte nicht etwa eine Belebung des freien Handels, sondern das Gegenteil. Der auf Gewinn arbeitende Fernhändler galt als direkter Gegner der Merkantilisten, die die Einfuhr ausländischer Ware unterbinden wollten. Linz mußte als Standort der aufblühenden Wollzeugfabrik den Kaufleuten bald als Symbol für die Eindämmung des Freihandels erscheinen. Es kann kein Zweifel darüber bestehen, daß gerade die wirtschaftliche Innovation der Gründung einer Manufaktur mitgeholfen hat, einem anderen ökonomisch überaus bedeutenden Faktor der Stadt das Grab zu schaufeln.

Als 1705 das jahrhundertelang gehütete Privileg des Gewandschnittes fiel, war die Bedeutung der Linzer Märkte schon sehr stark gefallen. Im *Lexicon aller Handlungen und Gewerbe* . . . (2. Teil, Leipzig 1741) sind die Linzer Messen zwar noch erwähnt, aber allein die Kürze des Artikels sagt genug über ihren geringen Stellenwert gegenüber anderen Messestädten wie etwa Frankfurt oder Leipzig aus.

Wirtschaftliche Stagnation und der Verlust internationaler Reputation hatten natürlich negative Rückwirkungen auf das Image der Linzer Kaufleute. Im späten 17. und 18. Jahrhundert wurde keiner von ihnen mehr so bekannt wie etwa Peter Hofmanndl oder Wolfgang Schickh im 16. Jahrhundert. Damit sank auch die internationale Reputanz der Stadt selbst, die immer mehr in den absolutistischen Staat integriert wurde und ihre Selbständigkeit verlor. Früher oder später mußten sich auch die Landeshauptstädte an der Reichshauptstadt Wien messen und konnten dabei nur verlieren. Sie sackten zu Provinzstädten herab, die stets nur Drittklassiges zu bieten hatten, ob in Wirtschaft oder Kultur. Den Weg dahin ebneten zentralistische Verordnungen aus Wien, die meist für die gesamten Erbländer galten und nur geringfügig den lokalen Verhältnissen angepaßt werden konnten.

Die Hochzeits- und andere Ordnungen

Im Stiftsarchiv St. Florian liegt eine Linzer Handschrift aus dem Jahre 1645 auf, in der mehrere *Stattordnungen* überliefert sind, darunter je eine Fleisch-, Fisch-, Bäckerei-, Feuer-, Infektions-, Bettler- und eine Hochzeitsordnung. Dazu ein Wein- und ein Holzsatz, die ebenso wie die anderen Lebensmittelordnungen eine Preisregelung darstellten. Die meisten von ihnen nahmen vom Wiener Hof ihren Ausgang und wurden – soweit es ging – auf die örtlichen Gegebenheiten abgestimmt. So interessant sie im einzelnen auch sind, würde es doch zu weit führen, sie hier inhaltlich zu analysieren. Sie alle dienten vornehmlich dazu, entweder Mißstände abzustellen oder dem Geist der Gegenreformation zum Durchbruch zu verhelfen. Dazu zählt vor allem ein kaiserliches Mandat über die Gotteslästerung und andere Laster, das bereits im Jahre 1633 erlassen worden war.

Zu den eindeutig überzogenen Punkten dieser Ordnung zählen die rigorosen Strafen für das gewöhnliche Fluchen, das mit acht Tagen Arrest bei Wasser und Brot geahndet werden sollte, beim zweiten Mal mit dem Halseisen und beim dritten Mal mit der Ausweisung aus der Stadt.

Den Zauberern, Wahrsagern und Ansprechern drohte die Tortur nach der Carolinischen Halsgerichtsordnung. Das Saufen und die Völlerei wurden ebenso dem Interdikt unterworfen wie Wucher und Betrügerei. Zu den wesentlichen Problemen der Zeit wurden jedoch, wenn man die Ausführlichkeit des Verbotes als Gradmesser verwendet, der Ehebruch und vorehelicher Beischlaf, wobei der Ehebruch verheirateter Personen im Wiederholungsfalle sogar mit dem Enthaupten bedroht war. Beim ersten Mal sollte noch das Auspeit-

298 Sammelhandschrift mit verschiedenen Stadtordnungen aus der Zeit um 1644/45.
Stiftsarchiv St. Florian, Hs 62. Foto: Litzlbauer

schen moralische Besserung herbeiführen. Wir haben schon gesehen, daß bei allen sogenannten „Sexualdelikten“ die Frauen als die eigentlichen Urheber angesehen wurden. Demgemäß drohten ihnen auch die strengeren Strafen. Blutschande, Vergewaltigung und Entführung wurden nicht so streng geahndet.

Waren es auf der einen Seite Ehebruch und außereheliche Beziehungen, die aufgrund der neuen Moralvorstellungen unterbunden werden sollten, so bereiteten auf der anderen Seite die aufwendigen Feiern bei Hochzeiten den Verantwortlichen einiges Kopfzerbrechen, denn angesichts der Wichtigkeit, die einer Heiratsverbindung zukam, scheuten die Betroffenen keine Mühen und Ausgaben, wobei sie sich schon am Beginn ihrer gemeinsamen Zukunft hoffnungslos verschuldeten.

Um nun diesem Übel abzuhelfen, wurden nicht nur Erlässe herausgegeben, die den Aufwand je nach sozialer Stellung sehr genau regelten, sondern es wurde auch mit den Hochzeitsansagern oder Hochzeitsprokuratoren ein Berufsstand geschaffen, der die Festlichkeiten kontrollieren sollte. Vordergründig jedoch übernahmen sie gegen ein festgelegtes Entgelt die gesamte Organisation einer Hochzeit, angefangen von der Werbung, über die *Heirats-*

abred (= Mitgiftverhandlungen) bis zu den Absprachen mit dem Pfarrer, den Musikanten und dem Wirt, in dessen Haus getafelt wurde. Erste Ansätze zu einer genauen Regelung gab es bereits unter den Protestanten, die unter dem Statthalter Herberstorff noch spezifiziert und ausgebaut wurde, wobei das allgemeine Verhalten und der Ablauf des Festes im Mittelpunkt standen. Die ergänzende Ordnung von 1644 ging nun konkret auf die Limitierung der Ausgaben ein und ermöglicht uns dadurch einen Einblick über die damalige Auffassung von der gesellschaftlichen Hierarchie. Sie unterscheidet Adelige und Ratsbürger, Beamte der Stände – etwa Ärzte *(= einer gemeinen Condition)* und Bürger sowie Handwerksleute *(= unter der geringeren Gemein).* Eheverbindungen unter noch tiefer gestellten Personen waren ohnedies nicht gern gesehen.

Nur der ersten Gruppe war es erlaubt, die Musik mit Posaunisten und vermutlich auch Trompetern zu verstärken, wogegen den übrigen nur drei Geiger aufspielen durften.

Genau geregelt war, was auf die Hochzeitstafel kommen durfte. Für die Adeligen und Ratsbürger waren 24 Speisen zugelassen, nämlich: Rindfleisch, zwei Hühner in Reis, Waldgrundl, Indian, Geselchtes, Wildpastete, Mandelkrapfen, *Hirschen Gestiembel,* zwei Kapaune, Äschen, eine Pastete aus jungen Hühnern, Vögel oder Junggeflügel nach Saison, *Arbeß* (= Erbsenart), Forellen, Wildhasen, Schnecken, Kalbfleisch, Mandeltorte, Krebse, Artischokken, Hohlhippen, *Gersten* und Schneebälle. Als Trunk wurde *viertiger,* also alter Wein zugelassen, darunter vermutlich die beliebten, schweren südländischen Rotweine. Meist wurden alle Speisen, die hier aufgezählt sind, auch auf den Tisch gebracht.

Der zweiten Gruppe wurden 18 Speisen zugestanden, wobei die verschiedenen Fleischsorten genauer definiert wurden, darunter Lungen- und Nierenbraten sowie ein Schweinsbratl. Gestrichen waren die Wildpastete, Mandelkrapfen und Mandeltorte (= wahrscheinlich bereits die später so bekannte „Linzer Torte") und der Hinweis auf den *viertigen* Wein.

Den Handwerkern wurden im Höchstfall nur mehr zwölf Speisen erlaubt, wobei graduelle Unterschiede bei der Qualität der gebotenen Speisen gemacht wurden. Z. B. wurden die Fische auf Karpfen und Barben beschränkt. Dazu wurde die Anzahl der zu ladenden Hochzeitsgäste genau begrenzt. Die Kosten des Essens sollten bei der vornehmsten Gruppe für den einzelnen zwei Gulden nicht übersteigen. Doch war der Unterschied nicht allzugroß, denn auch die Handwerker durften noch einen Gulden und 30 Kreuzer pro Mann und Nase ausgeben.

Als der schon mehrmals erwähnte Johann Peisser im Jahre 1653 seine Hochzeitskosten abrechnete, kam er auf eine Summe von 707 Gulden, die etwa dem Gegenwert eines neuen Vorstadthauses oder von 70 Kühen entsprach. Es ist auch gar nicht so wichtig, ob die Ordnung in allen Einzelheiten auch wirklich befolgt wurde, wichtig war allein der Geist, aus dem heraus sie verfaßt wurde.

Zuletzt sei noch einer wirtschaftlichen Aktivität gedacht, die die Bürger von sich aus in die Wege leiteten und die sich überaus positiv entwickelte.

Bier statt Wein
Die Geburtsstunde der Linzer Brauerei

Im Gegensatz zu den vielen Rückschlägen, die die Bürger zu Beginn der Gegenreformation hinnehmen mußten, gestaltete sich ihr Bemühen um die Errichtung eines städtischen Brauhauses sehr erfolgreich. Das soll aber nicht

299 Das im Jahre 1637 begründete Linzer Brauhaus mit seiner hohen Toreinfahrt auf einer Abbildung aus der Mitte des 19. Jahrhunderts. Im Hintergrund das Gebäude der Wollzeugfabrik. Aquarell (Ausschnitt) von Joseph Eberl.
Stadtmuseum Nordico, Inv. Nr. 2929. Foto: Michalek

heißen, daß das Unternehmen glatt und reibungslos über die Bühne gegangen sei. Vielmehr wird im Einspruch der Stände die gesamte Problematik der wirtschaftlichen Rivalität zwischen Stadt und Ständen einmal mehr deutlich: Mitte der dreißiger Jahre des 17. Jahrhunderts wurden allenthalben Klagen über große Preissteigerungen beim Wein deutlich. Das war weniger auf Ernteausfälle zurückzuführen, denn die Witterung war – gemessen an den guten Getreideerträgnissen – gut. Allerdings wissen wir, daß die während der gesamten Neuzeit zu beobachtende allgemeine Klimaverschlechterung besonders den Weinreben stark zugesetzt hat, sodaß mit starken Ertragsrückgängen in dieser Zeit gerechnet werden muß. Dazu kommt, daß eine Änderung in den Trinkgewohnheiten der Linzer eingetreten zu sein scheint. Das Bier eroberte sich größere Marktanteile. Ob das auch mit der fast zehnjährigen Anwesenheit bayerischer Soldaten und Beamter in Zusammenhang zu bringen ist, mag dahingestellt bleiben.

Als die Linzer im Frühsommer 1637 mit dem Bau und der Einrichtung eines Bräuhauses (mit vier Braupfannen) begannen, erhoben die drei oberen Stände dagegen Beschwerde und versuchten über ein Jahr lang, den Bau einstellen zu lassen. Sie begründeten dies mit jenen kaiserlichen Erlässen, die ursprünglich gegen sie selbst und ihre Brauhäuser und Tavernen im Bannmeilenbezirk gerichtet gewesen sind. Die Bürger antworteten mit allem Recht, daß das Bierbrauen schon immer zu den Privilegien der Städter gehört hätte. Deshalb bedürften sie keiner gesonderten kaiserlichen Erlaubnis, auch wenn Enns und Freistadt eine solche vorweisen könnten. Ihre Argumentation wurde vom Landeshauptmann unterstützt, sodaß sie im Jänner 1638 tatsächlich mit dem *Biersieden* beginnen konnten. Im Laufe der Jahrzehnte entwickelte sich das Bräuhaus zu einem ausgesprochenen Aktivposten im Budget der Stadt.

Weniger glücklich war die Stadt bei der Verteidigung ihres Weinniederlagsrechtes, von dem schon berichtet worden ist. Allein an den relativ geringen Einnahmen von nur einigen hundert Gulden pro Jahr ist zu erkennen, wie unergiebig das so zäh verteidigte Recht im Laufe der Zeit wurde. Deutliche Zeichen für den Erfolg der Salzburger wurden der Verkauf des Petershofs im Jahr 1652 und des Domkapitelhofes, an dessen Stelle die Jesuitenkirche errichtet wurde. Der Erzbischof und das Kloster St. Peter brauchten ihre Häuser in Linz nicht mehr.

Die bekannteste wirtschaftliche Großtat dieser Epoche initiierte zwar ein Linzer Bürger, aber nicht in Übereinstimmung mit, sondern gegen den Willen der städtischen Regierung!

Die Gründung der Wollzeugfabrik

Mit der im Jahre 1672 erfolgten Gründung der Wollzeugfabrik tritt die Stadt Linz in eine neue Phase der Geschichte ein, die in Teilbereichen der ökonomischen und gesellschaftlichen Entwicklung in einem ungebrochenen Entwicklungsstrang bis in die Gegenwart hereinreicht. Damals begann mit der Errichtung von Manufakturen europaweit ein fortschreitender Prozeß der Industrialisierung, in dem wir uns heute noch befinden und der tiefreichende Folgen für alle Lebensbereiche der gesamten Bevölkerung gezeitigt hat. Die Frühzeit dieser Entwicklung wird mit dem Begriff Protoindustrialisierung bezeichnet. Die zeitgenössischen Quellen verwenden die Worte „Fabrik" oder „Manufaktur" synonym, und meinen damit eine neue, außerhalb der Zunftschranken stehende Möglichkeit einer arbeitsteiligen Produktion von Massengütern. Im Bereich des Textilgewerbes wurde die Arbeit zwischen Fabrik und Umland aufgeteilt, wobei das Spinnen, Spulen und Weben zum Großteil außer Haus erfolgte. Man bediente sich dabei durchaus älterer Strukturen, denn das „Verlegen" der Spinner und Weber mit Wolle und Garn war bereits im 15. Jahrhundert üblich und wurde auch in anderen Branchen, etwa in der Messerherstellung, ausgeübt. Durch die Belieferung mit den Rohprodukten sanken die verlegten Webereien von freien Betrieben zu Stätten der Lohnarbeit herab. Dennoch behielten die zünftischen Verhaltensregeln der Weber ihre Gültigkeit.

In der Fabrik selbst arbeiteten für heutige Begriffe wenige Leute, und auch diese waren selten fix angestellt. Die jeweilige Konjunkturlage bestimmte darüber, ob sich die Spinner und Weber ihr tägliches Brot verdienen konnten oder nicht. Entlohnt wurden sie nach fertiggestellten Stückzahlen.

Wir haben mit einer ganzen Reihe von Faktoren zu rechnen, die zur Gründung einer „Fabrik" führten. Sie haben zum Teil einander wechselseitig bedingt, sind aber auch – und das sollte nicht übersehen werden – aus dem Prozeß einander widersprechender sozialer und wirtschaftlicher Tendenzen erflossen.

Wir werden zwischen dem allgemeinen Trend der Wirtschaftsentwicklung in Europa und in den österreichischen Ländern sowie den spezifischen Linzer Verhältnissen unterscheiden müssen, ohne aber die beiden Aspekte allzu schematisch trennen zu wollen.

Die Gründung der Wollzeugfabrik in Linz ist einerseits auf die konsequente praktische Anwendung neuer Wirtschaftstheorien zurückzuführen, andererseits auf die Erfüllung mehrerer Anforderungen an einem bestimmten Standort. Darüber hinaus spielte der Zufall eine nicht zu unterschätzende Rolle.

Um die Geschichte des ersten vorindustriellen Unternehmens der gesamten Monarchie entsprechend würdigen zu können, wird es zuerst notwendig sein, das zeitgenössische theoretische Konzept, das Manufakturgründungen zugrunde lag, stark abstrahiert wenigstens mit einigen Sätzen zu umreißen.

In der Einleitung zu diesem Kapitel wurde dargestellt, wie der Landesfürst versuchte, die einzelnen Herzogtümer, Grafschaften und Königreiche zu einem Staatsganzen zusammenzuschweißen. Dabei sollten nicht nur die divergierenden Interessen auch benachbarter Länder, wie etwa Ober- und Niederösterreich, weitgehend zurückgestellt, sondern auch das ständisch bedingte Eigenleben der einzelnen sozialen Gruppen dem Trachten nach dem Gemeinwohl aller von den Habsburgern regierten Gebiete weichen. Diese Vorstellung war trotz der intensiven Unterstützung durch die Kirche nur in einem langwierigen Prozeß zu erreichen. Symbolischer Ausdruck für den gelungenen Abschluß dieser Entwicklung war unter anderem die stehende Devise „Für Gott, Kaiser und Vaterland", unter der im 19. Jahrhundert die Soldaten der österreich-ungarischen Monarchie ihr Leben hinzugeben hatten. Im 17. Jahrhundert wurden dafür die Weichen gestellt.

Auf ökonomischem Gebiet entsprach diesem Programm die wirtschaftliche Autarkie des Staates, wobei durchaus noch immer innerstaatliche Grenzen ein gemeinsames Vorgehen erschwerten. Für das Land ob der Enns galt dabei Böhmen soviel als Ausland wie etwa das Erzbistum Salzburg oder Bayern. Obwohl in der Wiener Burg der römisch-deutsche Kaiser residierte, das theroretische Oberhaupt des Reiches, galten doch die auf den Linzer Märkten verkehrenden Nürnberger, Regensburger etc. Händler als Ausländer, obwohl sie Bürger von Reichsstädten und somit dem Kaiser direkt unterstellt waren. Es wurde schon erwähnt, daß das ohnedies bereits stark gelockerte Band der Reichszugehörigkeit nach dem Westfälischen Frieden noch mehr gedehnt worden ist. Nicht mehr das alte Zusammengehörigkeitsgefühl, sondern besondere politische Konstellationen schufen z. B. die Basis für ein gemeinsames Vorgehen gegen die Türken.

Die Wirtschaftstheorie des Merkantilismus förderte die Separatismusbestrebungen dieser Länder, auch wenn sie theoretisch einem gemeinsamen Staatenbund angehörten. Als oberstes Ziel galt die Unabhängigkeit von Importen aller Art, um alle Ressourcen im Land zu behalten. Als reich wurde jenes Land angesehen, das in der Lage war, eine möglichst große Menge von Edelmetall im Lande zu behalten oder ins Land zu bringen. Voraussetzung dafür war wieder eine positive Handelsbilanz. Diese war vor allem dann zu erreichen, wenn die gesamte Wertschöpfung im Inland erfolgte, also sowohl die Roh- als auch die Finalproduktion. Der Produktionsüberschuß sollte durch den Export das nötige Kapital ins Land bringen, um damit die Wirtschaft erneut zu stärken.

Solange dieser wirtschaftliche Idealzustand nicht erreicht war, war es nötig, den Absatz der heimischen Produktion durch hohe Eingangszölle auf ausländische Waren zu schützen. Im Landesinneren sollte die gesamte Wirtschaft durch den Abbau der Binnenzölle und die Verbesserung und den Ausbau der Transportwege gefördert werden, um damit eine Preissenkung für den Konsumenten zu erreichen. Als heftigste Gegner dieses Konzeptes erschienen den Theoretikern die inländischen Handelsleute, die nicht bereit waren, diesem gemeinsamen Wohl zu dienen, und die unter Umgehung der Importschranken nur für den eigenen Vorteil arbeiteten. Die ausländischen Produkte waren nach wie vor begehrt. Zudem ließen sich viele Waren im Inland eben nicht erzeugen, wie etwa südländische Früchte oder süßer Wein und die so sehr begehrten Gewürze. Ähnlich gelagert war die Situation im Textilbereich.

Seit dem Mittelalter spielte die Kleidung eine ganz entscheidende Rolle im täglichen Leben. Sie war Kennzeichen des jeweiligen Standes und damit äußerlich erkennbares und zur Schau getragenes Signet der sozialen Hierarchie. Der Versuch, einerseits die nächsthöhere gesellschaftliche Schicht nachzuahmen und sich andererseits von den unteren Schichten deutlich abzugrenzen, brachte es mit sich, daß die Oberschichten zu immer besserer Qualität, zu immer ausgesuchteren Stoffen greifen mußten. Dazu kam noch das Diktat der Mode, die im 16. Jahrhundert noch stark von Spanien beeinflußt war, im 17. Jahrhundert sich aber am französischen Hof orientierte. Dabei ist es selbstverständlich, daß die Konkurrenz auch innerhalb der gleichen ständischen Schicht zu einer Steigerung des Bedarfes an Luxuskleidern geführt hat. Beide Komponenten führten dazu, daß dem Tuchimport eine überproportionale Bedeutung zukam. Somit war zu erwarten, daß die besonders den Wiener Hof versorgenden Kaufleute gegen die Massenproduktion im eigenen Land Vorbehalte anmelden würden.

Zweiter augenscheinlicher Gegner der neuen Wirtschaftstheorie mußte von seinem Selbstverständnis her das Handwerk sein, das mit seinem Beharren auf einer genau reglementierten Zahl von Meistern und Werkstätten jeden Fortschritt zu hemmen schien. Wie der eingeschränkte Kreis der Meister war auch die Zahl der Beschäftigten pro Betrieb mit drei Personen (Meister, Geselle, Lehrling) limitiert und damit wohl auch die Kapazität auf Dauer festgeschrieben. Wir werden noch sehen, daß aus diesen beiden Gruppen der heftigste Widerstand gegen die Wollzeugfabrik ausging. Interessanterweise war die Landwirtschaft aus den Überlegungen der Merkantilisten weitgehend ausgeklammert. Sie wurde nach wie vor von den Landständen, dem Adel dominiert, und es scheint so, daß die frühen Merkantilisten gar keine Möglichkeit sahen, staatlicherseits in dieses jahrhundertealte Gefüge einzugreifen. Wohl aber erkannten sie, daß die nach dem Dreißigjährigen Krieg wieder stark anwachsende Landbevölkerung das eigentliche Arbeitskräftereservoir darstellte, aus dem die künftige Wirtschaft schöpfen konnte.

Vordergründig glaubte man auch, durch die Errichtung von Manufakturen ein weiteres brennendes Probem in den Begriff zu bekommen, nämlich die wachsende Pauperisierung (= Verarmung) weiter Bevölkerungskreise. Durch Spinnarbeiten sollte das stark in Vermehrung begriffene Heer der Bettler einer sinnvollen Beschäftigung zugeführt werden, die sie wieder zu wertvollen Mitgliedern der Gesellschaft erziehen sollte. War die Entlohnung auch noch so gering, würden sie bei einer Beschäftigung durch die Fabrik doch als Almosenempfänger ausscheiden. Diese theoretische Annahme erwies sich später als wenig stichhältig. Vor allem war wegen des äußerst geringen Verdienstes der Anreiz zur Arbeit viel zu schwach. Die Sicherheit eines geregelten Einkommens konnte nicht gegeben werden, weil Konjunkturschwankungen, Absatzkrisen, Kriege und Mißernten immer voll auf die nur angelernten Arbeitskräfte durchschlugen, sodaß sie als erste wieder „freigesetzt“ wurden, wie es im heutigen Jargon beschönigend heißt. Sie waren dann so frei, ihr Bettlerdasein wiederaufnehmen zu dürfen, was ihnen bei guter Konjunktur übrigens verboten war.

Damit sind wir wieder beim Kernpunkt der damaligen wirtschaftlichen Alternativmodelle angelangt, der Gründung von Manufakturen oder Fabriken: Durch die Aufteilung des Produktionsprozesses in mehrere Arbeitsschritte sollte eine Rationalisierung und damit auch eine Verbilligung der Waren erreicht werden. Wie man sich das vorstellte, soll am Beispiel der Wollzeugfabrik im Textilbereich gezeigt werden.

Die neuere Forschung ist dazu übergegangen, die oben zusammengefaßten Beweggründe vor dem Hintergrund der späteren Entwicklung auf tiefere Zusammenhänge zu hinterfragen, und gelangte dabei zu dem Ergebnis, daß die damals so stark geförderte Unterordnung unter ein gemeinsames Ziel eine Entwicklung eingeleitet hat, mit deren Folgen wir auch heute noch viel zu unbewußt umgehen: Die Erziehung der Menschen zu absolut gehorsamen und treuen Untertanen des theoretischen Gebildes „Staat“. Diese unter dem Schlagwort „Disziplinierung“ subsumierte gesellschaftliche Veränderung, die sich in allen staatlichen Systemen bis heute fortentwickelt hat, wurde zum Teil in den Armeen der absolutistischen Staaten begründet und auf den zivilen Sektor über die Manufakturen und die späteren Fabriken transformiert, bis sie so verinnerlicht wurde, daß sich nunmehr die Menschen selbst disziplinieren und den Anforderungen und psychosozialen Einschränkungen der (kapitalistischen) Gesellschaft freiwillig unterwerfen. Wir hätten nach dieser Ansicht mit der Linzer Wollzeugfabrik ein frühes Schlüsselbeispiel für die damals einsetzende Entwicklung der modernen, sozialdisziplinierten Industriegesellschaft vor uns.

Doch bevor wir in allzu abstrakten Überlegungen steckenbleiben, sollten wir doch wieder in die Niederungen der konkreten historischen Abläufe zurückkehren, die auch für sich selbst schon theoriebehaftet genug waren.

300 Kaiser Leopolds I. Privileg für die Linzer Wollzeugfabrik. Österreichisches Staatsarchiv, Hofkammerarchiv, Urkundenreihe M 1189.

Das kaiserliche Privileg vom 11. März 1672

Unter diesem Datum stellte Kaiser Leopold I. dem Linzer Handelsmann und Inneren Ratsbürger Christian Sindt das Privileg aus, in der Vorstadt eine *Zeug- oder Catis-Fabricam,* dazu eine *daugliche Werck – unnd Färbstat sambt nothwendiger Preß und allen andern erfordernden Zuegehörungen* zu errichten. Die benötigte Schafwolle sollte in den Ländern ob und unter der Enns erhandelt werden. Dem Tuchimport der Kaufleute sowie der Arbeit der Leinen- und *Mäßelan*webern und -färbern sollte dadurch kein Eintrag geschehen. Weil Sindt der *erste Urhöber dises hiesigen Landen noch nie gewesten nutzbaren Wercks* war, und weil die Aufrichtung der Fabrik große Kosten erfordern würde, wurde ihm garantiert, daß in den nächsten 30 Jahren kein gleichartiges Unternehmen gegründet werden dürfe. Die das Ansuchen Sindts begleitende Argumentation *aus gehorsambster devotion und tragender treu euferigster annaigung zu dem Vatterland* weist die oben angedeutete Intention sehr klar aus. Ebenso deutlich wurde in der Urkunde ausgesagt, daß es sich bei dieser Fabrik um ein in Österreich völlig neuartiges Unternehmen handelt, das mit dem 1666 von Johann Joachim Becher in Wien errichteten Werkhaus nicht zu vergleichen war.

Die Einleitung des kaiserlichen Privilegs schildert in knappen Worten die Entstehungsgeschichte des Werkes. Wir erfahren daraus, daß zu einem nicht geringen Teil auch der Zufall die Hand im Spiel hatte, was die pionierhafte Leistung des Linzer Bürgers Sindt keineswegs schmälert:

Am Beginn steht nämlich ein großer Unbekannter, der irgendwann vor 1672 in Linz aufgetaucht ist – vielleicht auf einem der Jahrmärkte – und der *nicht allein allerhand wullene Gezeugwerk verförttigen, sondern auch dieselbe auf hol- und engelländische Manier färben und pressen könnte.*"

Christian Sindts Verdienst war es, sich des Mannes anzunehmen. Nachdem er sich aufgrund mehrerer Arbeitsproben überzeugt hatte, daß der Fremde nicht zur großen Schar der Scharlatane gehörte, die von Stadt zu Stadt und von Fürstenhof zu Fürstenhof tingelten, um durch irgendwelche Tricks schnelles Geld zu machen, trug er seine Pläne bezeichnenderweise nicht dem Stadtrat, sondern den Ständen vor, die im Februar desselben Jahres ihre Unterstützung zusagten. Cadis wurde damals bereits in Frankreich und in Calw im Schwarzwald erzeugt und es darf vermutet werden, daß unser Unbekannter von dort stammte. Es ist nur zu verständlich, daß sein Name in der Urkunde nicht genannt wird, hatte er doch Produktionsgeheimnisse verraten und wäre bei einem zu großen Bekanntheitsgrad unter Umständen in Linz seines Lebens nicht sicher gewesen, denn Gegner waren genug vorhanden.

Es kann kein Zweifel darüber bestehen, daß die Linzer Bürger in Sindts Vorgehen einen schweren Verstoß gegen die bürgerlichen Freiheiten und die bürgerliche Arbeitsweise sahen. Er wurde umgehend aus dem städtischen Rat entfernt, und nur das kaiserliche Privileg dürfte ihn vor weiteren Maßnahmen geschützt haben. Die Vermutung, daß von Anfang an ausländisches Kapital im Unternehmen steckte, hat viel für sich, denn die Linzer Kaufleute haben ihm sicher keines vorgestreckt.

Jene großen Unkosten, von denen das Privileg spricht, sind weniger durch den Bau der Fabriksgebäude als durch den Ankauf der Wolle, der Entlohnung der Arbeiter und durch den Vertrieb der Fertigprodukte verursacht worden. Von Anfang an war es Sindt erlaubt, in Linz seine Ware „stückweise" zu verkaufen, d. h. in ganzen Ballen, nicht ellenweise. Das heißt aber auch, daß die Linzer Kaufleute daran nichts verdienen konnten.

An der Donau, gegenüber der späteren Soldateninsel, wurden die ersten Bauten aufgeführt, die meist noch aus Holz bestanden: Ein zwei Stockwerke hohes Hauptgebäude von zehn Metern Länge, ein eingeschossiges Manufakturhaus, daneben das Färberhaus und ein Trockenboden. An der Traun wurde eine Walk-, Säge- und Mahlmühle gepachtet, denn nach wie vor war es nicht möglich, Mühlen an der Donau zu errichten.

Das arbeitsteilige Verfahren erforderte Spitzenleistungen der Logistik, denn nur wenige Arbeitsgänge wurden in der Fabrik selbst vorgenommen. Dazu zählte das Wollklauben, bei dem die angelieferte Wolle nach verschiedenen Qualitätsstufen sortiert wurde. Anschließend wurde sie gewaschen, getrocknet und „gekämmt". Die nunmehr gereinigte Wolle wurde durch Spinnfaktoren zu den Inwohnern und Kleinhäuslern in der Umgebung der Stadt gebracht, wo sie in Heimarbeit gesponnen wurde. Wieder zurückgelangt wurde das Gespunst abermals gereinigt, gefärbt und getrocknet, bevor mehrere Fäden zusammen gezwirnt wurden. Dann wurden die gezwirnten Fäden abermals, diesmal zum Spulen ausgegeben. Nach diesem Arbeitsgang wartete das nunmehr halbfertige Produkt auf die Verteilung an Weber, die nach Stücklohn arbeiteten. Alle Arbeitsgänge waren von Kontrollmaßnahmen begleitet.

Wir müssen also voraussetzen, daß die Infrastruktur der näheren Umgebung so geschaffen war, daß all diese Arbeiten auch wirklich erledigt werden konnten. Für die ersten Jahrzehnte des Betriebes verfügen wir über keinerlei Zahlen, weder über die Anzahl der insgesamt eingesetzten Arbeitskräfte, noch über den Produktionsausstoß der Manufaktur.

Wir wissen aber, daß die vormals blühende Leinwandproduktion in den fünfziger Jahren des 17. Jahrhunderts einen starken Rückgang zu verzeichnen hatte. Auf den Bozner Märkten, dem Hauptumschlagplatz für das gesamte alpenländische Leinen nach Italien, war eine starke Preisreduktion eingetreten, das Angebot überstieg die Nachfrage bei weitem. Das oberösterreichische Leinen kam nicht mehr wie früher auf die großen Linzer Märkte, sondern wurde schon vorher bei den Webern selbst oder bei den Herrschaftszentren und Pfarrhöfen aufgekauft. Die „ausländischen" Kaufleute

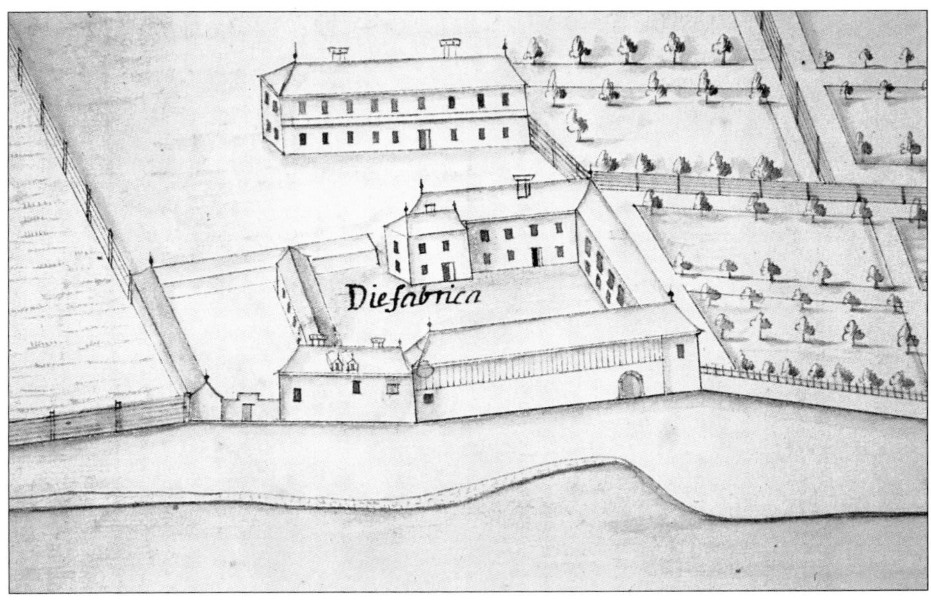

301 Eine bislang noch wenig bekannte Ansicht der Sindtschen Fabriksanlage vor dem Umbau durch Johann Michael Pruner um 1720. OÖ. Landesarchiv, Plansammlung VI/1. Foto: Litzlbauer

aus Bayern und Salzburg bedienten sich dabei der heimischen Bürger, die um eine Provision von 2–3 Prozent genau jenen Fürkauf betrieben, den sie auf den Landtagen offiziell bekämpften. Die Wiener Kaufleute blieben aus, weil sie aus der neu aufkommenden Produktion in Mähren mehr Gewinn erzielen konnten als aus dem in Linz gekauften Leinen.

Einen besonderen Aufschwung nahm die Leinenweberei im Hausruck, wo die Meister von Bayern aus mit fertigem Garn verlegt wurden. Ein ausführliches Gutachten des Merkantilisten Philipp Wilhelm von Hörnigk aus dem Jahre 1677 bestätigt den Eindruck vom Niedergang der oberösterreichischen Leinwandproduktion. Dies bedeutete aber für die Wollzeugfabrik, daß genügend Kapazität an Arbeitskraft für die Spinn- und Webarbeiten zum Zeitpunkt der Gründung vorhanden war. Damit war eine der wichtigsten Voraussetzungen für die Gründung der Fabrik gegeben.

Im Privileg von 1672 ist davon die Rede, daß durch die Erzeugung von Cadis in Linz die Handelsrechte der Bürger nicht beeinträchtigt werden sollen und daß sie den Stoff weiterhin im gewünschten Umfang importieren könnten. Das war kaum im Sinne der neuen Richtlinien und es erhebt sich die Frage, wie es unter diesen Prämissen Sindt hätte schaffen sollen, gegen den Widerstand der Kaufleute eine völlig neue Produktion auf die Beine zu stellen und auch noch in den Handel zu bringen.

Nach dem Frieden von Passarowitz, in den auch Handelsverträge mit den Türken eingebunden waren, wurde 1667 in Wien die Erste Orientalische Handelskompagnie gegründet, die beabsichtigte, Eisenwaren und Tuche nach Osten zu exportieren und dafür Lebendvieh und Häute einzuführen. Nachdem der Kompagnie auch sämtliche Donauzölle übertragen worden waren, schritt sie 1672, im Jahr der Gründung der Wollzeugfabrik, zur Einführung neuer Mautsätze, die die Gebühren für englisches Tuch um 30 Prozent und für holländisches um 20 Prozent anhoben! Die Einnahmen aus der Linzer Maut sollten insgesamt von 26.000 auf 46.000 Gulden gesteigert werden. Bereits 1652 waren an den Grenzen neue Filialmauten eingerichtet worden, die nunmehr bedeutend vermehrt wurden, um das Einschwärzen ausländischer Ware zu unterbinden. Wie schon 1604 waren die Folgen für die Linzer Märkte verheerend. Am Ostermarkt blieben 96 Gewölbe und 58 Markthütten leer. Eine von über 1000 ausländischen Kaufleuten unterfertigte Beschwerde brachte wie damals eine teilweise Rücknahme der neuen, denn sie hatten durchblicken lassen, daß der Kurfürst von Bayern schon einige Plätze angeboten hätte, wo in Hinkunft die Linzer Märkte abgehalten werden könnten, darunter Passau, Ried im Innkreis und Salzburg. Die Maßnahmen gingen auf Balthasar (?) Triangl zurück, der als oberster Mauteinnehmer und Direktor der Orientalischen Kompagnie auf die ausländische Konkurrenz ohnedies gern verzichtet hätte. Er hatte bereits angeordnet, alle Gewölbe, die in Linz von den auswärtigen Kaufleuten gekündigt worden sind, in Pacht zu nehmen, und behauptete auch zu wissen, wie die kaiserlichen Länder ausreichend mit Gütern versorgt werden könnten. Seine Gegner aber forderten ihn auf, zuerst die von ihm gepriesenen Manufakturen einzurichten und ihren großen Nutzen zu beweisen. Erst dann könnten die Mautsätze gesteigert und die ausländischen Waren abgeschafft werden! Angesichts der oben erwähnten Steigerung für holländische und englische Tuche sei jetzt (1672!) die beste Gelegenheit dazu.

Noch ist es nicht gelungen, quellenmäßig eine Beziehung zwischen Sindt und der Orientalischen Kompagnie festzustellen, aber die Indizien, daß hier ein größerer Zusammenhang besteht, sind gravierend. Cadis, das ursprünglich in der Wollzeugfabrik hergestellt worden ist, ist zwar französischen Ursprungs, aber der angeworbene Fachmann versprach, auf holländische und englische Manier zu färben, und sprach damit genau jene Produkte an, deren Einfuhr 1672 erschwert wurde.

Zwar steht in dem erwähnten Privileg, daß Sindt die benötigte Wolle in Ober- und Niederösterreich einzukaufen gedenke, aber es heißt ausdrücklich, daß dies nur *sein underthenigste(s) Erbieten* ist. D. h. daß weder er noch die Wollproduzenten an einen bestimmten Vertrag gebunden waren. Wir dürfen annehmen, daß von Anfang an auch türkische Wolle in Linz verarbeitet worden ist, die von der Orientalischen Kompagnie bezogen wurde.

Die Anfänge dieser Handelsgesellschaft sind wieder im Zusammenhang mit den ersten Nationalökonomen, die jemals am Wiener Hof Einfluß hatten, zu sehen: Johann Joachim Becher und sein Schwager Philipp Wilhelm von Hörnigk, die um 1666 nach Wien gekommen sind. Bechers Hauptwerk, *Politischer Diskours* . . . erschien in erster Auflage . . . Hörnigks Buch *Österreich über alles, wenn es nur will* wurde zwar erst 1684 gedruckt, also zwölf Jahre nach der Gründung der Linzer Wollzeugfabrik, aber die merkantilistischen Grundideen hatte er schon vorher von Becher übernommen. Er empfiehlt in seinem Buch mehrere Standorte für die Gründung von Manufakturen, darunter drei in Wien, in Mähren und Krain. Warnend meint er aber auch, daß sich so ausgeprägte Residenzstädte wie Prag aufgrund der sehr diffizilen Rechtslage weniger gut eignen würden. Die besten Voraussetzungen sieht er in Provinzstädten, wo allfällige Widerstände schneller überwunden werden könnten. Als unverzichtbare Voraussetzung erachtete er die Lage an einem schiffbaren Fluß, um die Erzeugnisse rasch und billig wegtransportieren zu können. Hörnigk erwähnt in diesem Zusammenhang die Stadt Linz nicht, aber es kann kein Zweifel darüber bestehen, daß er um die hiesige Fabrik bereits wußte. Mit gutem Grund dürfen wir auch annehmen, daß sie ihm bei der Charakterisierung möglichst günstiger Standorte vor Augen gestanden hat.

Die privatwirtschaftliche Ära

Christian Sindt führte seine Fabrik nur sechs Jahre und übergab sie dann interessanterweise nicht einem seiner Söhne, Georg Christoph oder Leopold, sondern dem Schwiegersohn Matthias Kolb. Ersterer wurde Bürger im damals noch in Bayern liegenden Braunau und als solcher wurde er wegen der Verdienste seines Vaters geadelt, was dieser selbst abgelehnt hatte. Der zweite Sohn, Leopold, trat in die Dienste des Magistrats, wo er das Amt eines Registrators bekleidete und damit beruflicher Ahnherr der beiden Autoren dieses Buches war. Ihm haben wir ein ausführliches, vierbändiges Archivrepertorium zu verdanken, das in ganz kurzen Auszügen und Andeutungen den ehemals reichen Bestand des Stadtarchivs verzeichnet, der in den zwanziger Jahren des 19. Jahrhunderts in der Papiermühle zu Steg vernichtet worden ist.

Leopold hätte übrigens den Betrieb gar nicht übernehmen können, zählte er doch zur Zeit der Fabriksübergabe als Kind aus Sindts zweiter Ehe mit Susanna Seltenreich aus Eferding erst vier, beim Tod des Vaters zwölf Jahre. Warum aber der Betrieb nicht an Georg Christoph überging, bleibt vorerst unklar, es sei denn, daß es sich beim Schwiegersohn Matthias Kolb um jenen großen Unbekannten handelte, der als wirklicher Sachverständiger die Fabrik leiten konnte. Kolb hatte 1674 Georg Christophs Schwester Euphorsina geheiratet und ist

Preiß-Courrant.
Von der Kaiserl. Königl. Wollenzeug-Fabrik in Linz.
Wien den ersten Julii 1773.

Wiener Ellen	fl.	kr.
Sattins breite.		
- - - Gemeine Farben.		28.
- - - Sächsgrün und Blau.		51.
- - - Ponceau & Cremoisi.	1.	
- - - Figurirte.		36.
Detto - - schmale.		
- - - Gemeine Farben.		42.
- - - Sächsgrün und Blau.		45.
- - - Ponceau & Cremoisi.		54.
Taboretas geblumte.		39.
Ettamins No. 2. schwarz.		48.
— 3. Detto.		54.
— 4. Detto.	1.	
— 5. Detto.	1.	18.
— 6. Detto.	1.	24.
— 7. Detto.	1.	30.
Serges de Nimes, breite schwarze.	1.	12.
Detto detto - - schmale detto.	1.	3.
Serges de Rome. schwarz.	1.	
Karole in Numern breite.		
- - - Gemeine Farben.	1.	
- - - Sächsgrün und Blau.	1.	3.
- - - Ponceau & Cremoisi.	1.	15.
Detto - - detto schmale.		
- - - Gemeine Farben.		54.
- - - Sächsgrün und Blau.		57.
- - - Ponceau & Cremoisi.	1.	9.
Detto Geblumte breite.		
- - - Gemeine Farben.	1.	12.
- - - Sächsgrün und Blau.	1.	15.
- - - Ponceau & Cremoisi.	1.	27.
Detto - - detto schmale.		
- - - Gemeine Farben.	1.	
- - - Sächsgrün und Blau.	1.	3.
- - - Ponceau & Cremoisi.	1.	15.
Detto Figurirte v. Filo d' Angora.		
- - - Schwarz.	1.	36.
Damast Halbseidene.		
- - - Gemeinfärbig und weiß Geblumte.	1.	18.
- - - Sächsgrün Blau und weißgeblumte.	1.	21.
- - - Ponceau & Cremoisi. weißgeblumte.	1.	24.
Batavie halbseidene geblumte.		36.
Detto - - mit wollen Blumen.		33.
Detto - - glatt gestreifte.		24.
Wollene Plüsche.		
- - - Gemeine Farben.		51.
- - - Sächsgrün und Blau.		54.
- - - Ponceau & Cremoisi.	1.	10.
- - - Figurirte und gestamte.		57.
Felpe feine v. Filo d' Angora.		
- - - Gemeine Farben.	1.	18.
- - - Figurirte.	1.	21.
- - - Sächsgrün und Blau einfärbige.	1.	21.
- - - Ponceau & Cremoisi. einfärbige.	1.	36.
- - - Figurirte.	1.	36.
Wollene Felpe.		
- - - Gemeine Farben gedupfte.		45.
- - - Sächsgrün und Blau.		48.
- - - Ponceau & Cremoisi.	1.	
- - - Figurirte.		48.
Kassa.		
- - - Gemeine Farben.		45.
- - - Sächsgrün und Blau.		48.
- - - Ponceau & Cremoisi.	1.	

Für die gewässerten Waaren wird auf die Elle 3. Kr. über den angesetzten Preiß bezahlt.

Auf obige Preiße wird 4. per Cento Sconto oder Rabbat gegen baare Bezahlung gegeben.

Wiener Ellen	fl.	kr.
Kronräsche Feine.		
- - - Gemeine Farben		54.
- - - Sächsgrün und Blau.		57.
- - - Ponceau & Cremoisi.	1.	24.
Detto ordinari.		
- - - Gemeine Farben.		45.
- - - Sächsgrün und Blau.		48.
- - - Ponceau & Cremoisi.	1.	18.
Detto schmale Hungarische		
- - - Gemeine Farben.		42.
- - - Sächsgrün und Blau.		45.
- - - Ponceau & Cremoisi.	1.	9.
Detto Halbe		
- - - Gemeine Farben.		30.
- - - Sächsgrün und Blau.		33.
- - - Ponceau & Cremoisi.		54.
Serges No. 13.		
- - - Fein Scharlach.	1.	
Breite Serges imperiales.		
Mit Bram, Schwarz in roth gedruckt.		48.
- - - dreyfärbige detto.		48.
- - - Sächsgrün und Blau.		51.
Schmale Serges Imperiales.		
Ohne Bram, schwarz in roth gedruckt.		42.
- - - Sächsgrün und Blau detto		45.
Jesuiten Zeuge, Schwarz.		48.
Crepon No. 32.		
- - - Gemeine Farben		42.
- - - Sächsgrün und Blau.		46.
- - - Ponceau & Cremoisi.		67.
Scotti No. 18.		
- - - Gemeine Farben.		48.
Detto 20. & 21. detto detto.		57.
Detto 24. - - - detto.	1.	3.
Köpperte Flanel No. 16.		
- - - Gemeine Farben.		42.
- - - Sächsgrün und Blau.		45.
- - - Ponceau.	1.	6.
Detto detto No. 20. & 21.		
- - - Gemeine Farben.		51.
- - - Sächsgrün und Blau.		54.
- - - Ponceau	1.	18.
Detto detto No. 24.		
- - - Gemeine Farben.		57.
- - - Sächsgrün und Blau.	1.	
- - - Ponceau.	1.	21.
Breite ordinari Flanel.		
- - - Schwarz auf roth gedruckt.		28.
- - - Sächsgrün und Blau detto.		31.
Schmale detto detto.		
- - - Schwarz auf roth gedruckt.		24.
- - - Sächsgrün und Blau detto.		27.
Challon breite		
- - - Gemeine Farben.		40.
- - - Sächsgrün und Blau.		42.
- - - Ponceau & Cremoisi.		56.
Detto schmale.		
- - - Gemeine Farben.		36.
- - - Sächsgrün und Blau.		38.
- - - Ponceau & Cremoisi.		51.
12er Räsche, gemeine Farben. das Stuck.	14	30.
- - - Sächsgrün und Blau.	15	30.

315

Nö Kommerz rote N: 213

302 *Eine genaue Liste mit allen Warengattungen, die in der Wollzeugfabrik erzeugt wurden, stammt erst aus dem Jahr 1773 (hier nur ein Auszug). Sie sollte den ewigen Klagen, daß die Produkte der Linzer Manufaktur zu teuer sind, den Boden entziehen.*
Österreichisches Staatsarchiv, Hofkammerarchiv, Kommerz, rote Nr. 213, f. 315.

später aufgrund dieser Ehe als Bürger in Linz aufgenommen worden. Doch sind diese Annahmen spekulativer Natur und vorerst durch schriftliche Belege nicht abgesichert.

Wir wissen auch nicht, warum Christian Sindt die Manufaktur bereits sechs Jahre nach der Gründung übergeben hat. Er lebte dann noch acht Jahre.

Die Linzer Fabrik scheint in der ersten Zeit ihres Bestehens gut angelaufen zu sein. Bald wurde die Erzeugung von Kronrasch (= leichter, gerankter Stoff für Handwerkerschürzen und Bauernkleider), Scoti (= Qualität wie Kronrasch, aber glatt) und Sarschet (= weniger feiner, mehrfärbig bedruckter Stoff für derbe Frauenröcke und Decken) aufgenommen.

Nach dem frühen Tod des Matthias Kolb übernahm sein Bruder Dominik die Leitung der Fabrik. Ihm wurde wie zehn Jahre vorher Matthias das Privileg vom Wiener Hof bestätigt. Nach einer eingehenden Überprüfung der Ware durch Sachverständige der Niederösterreichischen Regierung, der Hofkammer und der Wiener Handelsleute durfte 1694 in Wien ein Warenlager und eine Verschleißstelle eingerichtet werden. Waren und Handelsbriefe durften mit dem Kaiseradler und der Umschrift „Kayserl. Fabrica und Manufacturs-Handlung" versehen werden. Die Unterstützung von seiten des Hofes schien eine vollkommene zu sein. Ein Vertrag zwischen der Niederösterreichischen Regierung und der Fabrik sicherte zudem die Übernahme von Kämm- und Spinnarbeiten im eben im Entstehen begriffenen großen Wiener Armenhaus vor dem Schottentor zu. Damit wird einmal mehr der Zusammenhang zwischen Manufakturarbeit und „Sozialfürsorge" nach dem Verständnis um 1700 deutlich. Die Armen sollten von der Straße geholt und einer „nützlichen" Beschäftigung zugeführt werden. Daß dies kaum auf freiwilliger Basis erfolgen konnte, liegt auf der Hand. Das Armenhaus erhielt sogar das Vorkaufsrecht bei einer Veräußerung der Fabrik zugestanden.

Dennoch scheint das Unternehmen in Absatzschwierigkeiten geraten zu sein, denn Anfang 1697 wurden die Wiener Handelsleute vom Hof gedrängt, Linzer Waren abzunehmen. Ein Test hatte gezeigt, daß sie die in- und ausländischen Zeuge besonders bei Kronrasch nicht unterscheiden konnten. Als nur wenige darauf reagierten, wurden sie im Herbst desselben Jahres zur Abnahme gezwungen. Die Wiener mußten sich verpflichten, pro Jahr 2000 und die Obderennser, allen voran vermutlich die Linzer, 400 Stück zu übernehmen, und zwar 200 Stück pro Monat. Sie bekamen darüber von der Fabrik eine Bestätigung ausgestellt. Erst wenn sie diese vorweisen konnten, durften sie auch ausländische Ware einführen.

Für den Fall, daß sie sich *allein ex odio et passione gegen dieser unser Land-Fabric* weigern würden, drohte ihnen Kaiser Leopold I. eine Einfuhrsperre an, solange die Fabrik Waren liefern konnte. Dazu wurden 1697 vorübergehend noch einmal die Zollsätze erhöht. Das neugeschaffene Kommerzkollegium unterstützte das Linzer Unternehmen nach Kräften und im Jahre 1700 wurden die Privilegien der Linzer Fabrik neuerlich publiziert.

Bei dieser einseitigen Bevorzugung der Wollzeugfabrik konnte es nur mehr eine Frage der Zeit sein, bis sich massiver Widerstand bemerkbar machen würde. Er kam aber nicht aus Wien, sondern aus London: Königin Anna hatte 1703 den Gesandten George Stepney nach Wien geschickt, um gegen die Einfuhrbeschränkung englischer Tuche und das *beschwerliche Monopolium* der Linzer Fabrik zu protestieren. Die Situation war äußerst schwierig, denn England war zu dieser Zeit im bereits zwei Jahre tobenden Spanischen Erbfolgekrieg Verbündeter Österreichs und das Zusammenwirken Prinz Eugens und des Herzogs von Marlborough auf den Schlachtfeldern Europas zeitigte ungeheure Erfolge gegen die Franzosen und Bayern.

Stepney meinte, daß die Fabrik ja ohnedies nur einen geringen Gewinn abwerfe. Dominik Kolb, der vermutlich nicht ganz zu Unrecht die Wiener Handelsleute als Drahtzieher der Gesandtschaft verdächtigte, meinte darauf, daß dann ja wohl auch der Schaden für England nicht groß sein könne. Den Klagen englischer Fabrikanten aus der Grafschaft Devonshire stellte er die Seufzer der kaiserlichen Untertanen im Land gegenüber, wenn sie arbeitslos würden.

Kolb erhielt Unterstützung durch die Niederösterreichische Regierung und eine eigens in dieser Frage eingesetzte Kommission. Die Sache verlief nach zwei Jahren im Sande, der Gesandte erhielt keine definitive Antwort. Es ist unerheblich, ob der britische Protest von Wien aus lanciert wurde oder nicht. Jedenfalls zeigt er auf, daß die Linzer Manufaktur bereits in den ersten Jahrzehnten ihres Bestehens das Gefüge des europäischen Handels empfindlich zu stören vermochte.

Von Kaiser Joseph I. wurden 1707 die Privilegien bestätigt und das Monopol um weitere 30 Jahre verlängert. Dominik Kolb wurde wegen seiner Verdienste in den Adelsstand erhoben.

Er durfte nun in allen Städten Nieder- und Oberösterreichs Verkaufsläden einrichten und erhielt Kontrollrechte über die im Land erzeugten Wollwaren, denn es hatte sich gezeigt, daß das Produktionsgeheimnis keines mehr war und daß die in der Fabrik erzeugten Wollzeuge von den Webern und Färbern auf dem Land mit Erfolg imitiert wurden. Dagegen wurden nun hohe Strafen angedroht und mit Hilfe der Landeshauptmannschaft wohl auch exekutiert. Sie ließ sich auf keine Prozesse ein, sondern ging *via summaria* vor.

Um die Nachahmung der Fabriksprodukte a priori zu verhindern, wurde Kolb ermächtigt, die gesamte Wolle oder auch das Garn im Lande aufzukaufen. Das mußte zwangsläufig den Widerstand der Herrschaftsinhaber hervorrufen, die ja auch im eigenen Interesse ihre Untertanen zu schützen hatten. Nun waren es nicht mehr nur die Wiener Handelsleute, sondern auch die Stände des Landes, die im Verein mit einer zweiten Gesandtschaft aus England das neue Privilegium zu Fall bringen wollten.

Sie brachten nach zähen und vergeblichen Verhandlungen mit Kolb zu Ende des Jahres 1708 eine Bittschrift beim Kaiser ein, in der sie sich bitter darüber beschwerten, daß sie gleichsam *zu Untertanen Kolbs und seiner Kreditoren* würden, wenn das Privileg aufrecht bliebe. Es wäre ihnen und ihren Untertanen immer unbenommen gewesen, ihre eigene und auch zugekaufte Wolle zu verarbeiten.

Als auf die Eingabe keine Reaktion erfolgte, beschwerten sie sich in einem neuerlichen Schreiben sehr über die Schlange, die sie an ihrer Brust genährt hatten, denn schließlich waren sie es ja, die die Gründung der Fabrik befürwortet haben. Am besten wäre es ihrer Meinung nach gewesen, das Unternehmen zu schließen.

Nach langwierigen Erhebungen, in deren Verlauf Dominik Kolb mehrmals in Wien aussagen mußte, wurden 1715 die Beschwerden der Stände im wahrsten Sinne des Wortes abgeschmettert und das Privileg von 1707 neuerlich bekräftigt. Doch es waren nicht nur englische Gesandte, Wiener Kaufleute und oberösterreichische Adelige, mit denen Kolb zu kämpfen hatte, sondern auch eine schleichende Verschuldung des Unternehmens. Schon in ihrer ersten Eingabe hatten sich die Stände auch darüber mokiert, daß in dem Unternehmen bereits so viel ausländisches Kapital investiert sei. Tatsächlich setzten spätestens seit 1715 Verkaufsverhandlungen mit dem Wiener Armenhaus ein, nachdem die Stadt Wien kein Interesse an der Erwerbung gezeigt hatte. Kolb konnte aber längst nicht mehr allein entscheiden, denn er hatte mit dem jüdischen Geldverleiher Abraham Spitz bereits einen stillen Teilhaber bekommen, der nach und nach 100.000 Gulden in das Werk investiert hatte.

Kolb bot also die Fabrik samt Privilegium, aber ohne Vorräte und Waren um 300.000 Gulden dem Armenhaus an und wollte sich die Leitung des Unternehmens für die nächsten 25 Jahre sichern. Abraham Spitz war bereit, seinen Teil innerhalb von 20 Jahren abgelten zu lassen, wenn dafür er, seine zwei Söhne und der Schwiegersohn Marx Schlesinger die nächsten 25 Jahre in Wien toleriert würden. Das war für ihn deswegen wichtig, weil im Jahre 1671 wieder einmal alle Juden aus Wien ausgewiesen worden waren und für längere Aufenthalte eine Sondergenehmigung erwirken mußten.

Die Hofkanzlei stimmte dem Vertrag aus mehreren Gründen zunächst nicht zu: Erstens schien ihr der Wert der Fabrik zu hoch bemessen, zweitens der vorgesehene Vertrag für Kolb zu lang und drittens stemmte sich die Wiener Bürgerschaft gegen die Tolerierung der vier jüdischen Familien. Nach Abstrichen bei allen Forderungen und nachdem man sich über begleitende Kontrollmaßnahmen des Wiener Armenhauses geeignet hatte, gelangte der Vertrag im Jahre 1717 zur Ratifizierung.

Der Beginn der öffentlichen Verwaltung

Die Wollzeugfabrik gehörte nun zumindest de jure dem Wiener Armenhaus. De facto führte Dominikus Kolb gegen eine Pachtsumme von jährlich 15.333 Gulden die Fabrik weiter. Allerdings wurde ein wesentlicher Teil der Produktion ab diesem Zeitpunkt im Armenhaus erledigt, dessen Leitung vermehrt Bettler und Arbeitslose in Wien und Umgebung aufgriff, um sie zur Arbeit anzuhalten. Wer nicht gehorchen wollte, kam in das ebenfalls schon bestehende Zucht- und Arbeitshaus, wo er umsonst arbeiten mußte. Über 1000 Menschen sollen damals im Armenhaus beschäftigt gewesen sein. Am Standort Linz dürfte die Zahl der Beschäftigten in der Fabrik wesentlich geringer gewesen sein. Wie wir in Zusammenhang mit der versuchten Ansiedlung eines Franziskanerklosters gesehen haben, waren in den Gebäuden selbst lediglich 15 Leute untergebracht. Noch 1750 gab es nur wenige Häuser in unmittelbarer Nähe des Werkes, in denen *Fabrikler* wohnten. Die übrigen etwa 150 bis maximal 300 Beschäftigten wohnten in den Vororten außerhalb des Burgfrieds.

Dominikus Kolb dürfte allerdings noch wesentlich höher verschuldet gewesen sein, als er durch den Verkauf jemals hätte hereinbringen können, denn Abraham Spitz übernahm nach und nach die Gläubigerforderungen. Wollte er nicht sein eigenes Geld verlieren, war er dazu auch gezwungen. Kolb, dem seine Gläubiger mehr und mehr entglitten, bot die Fabrik nunmehr den Ständen gegen die Übernahme der Schulden um nur 60.000 Gulden zum Kauf an und rechnete ihnen bei einer Vollauslastung eine Rendite von 25 Prozent vor. Abraham Spitz und das Armenhaus wurden dabei nicht erwähnt. Das Angebot mußte allein deswegen verlockend erscheinen, weil der Löwenanteil der Arbeit ja von den Untertanen der Adeligen auf dem Land geleistet wurde. Sie hätten es nun in der Hand gehabt, ihren Klagen aus den Jahren 1708–1715 selbst abzuhelfen.

Als Dominikus Kolb im Jahre 1721 starb, setzte seine Witwe die Verhandlungen fort und versuchte die Stände davon zu überzeugen, daß Spitz ihren Mann hintergangen habe, sodaß er vom Verkauf der Fabrik keinen Kreuzer erhalten habe. Auch die Beschäftigten der Fabrik reichten eine Schrift ein, aus der hervorgeht, daß unter der Direktion Spitz ihre Lage trostlos geworden sei. Viele von ihnen seien entlassen worden und die übrigen hätten nur eine *schlechte Arbeit* und deswegen eine äußerst geringe Entlohnung. Dazu käme noch, daß sämtliche Kaufleute die Privilegien der Fabrik hintergehen, sodaß der Bestand der Fabrik äußerst gefährdet sei. Sie baten die Stände um Unterstützung und *Erlösung aus der jüdischen Sklaverei.* Auch die Witwe Kolbs hatte sich darüber beschwert, daß Spitz nur sehr geringwertige, verfaulte Wolle importierte und deswegen eine *pestilenzische Seuche* eingeschleppt werden könne.

Offensichtlich war die Leitung der Fabrik tatsächlich in die Hände des Abraham Spitz übergegangen und es mag durchaus sein, daß seine Direktion keine glückliche war. Das läßt sich daraus erklären, daß er von der Produktion wenig verstand, andererseits dürfen wir nicht übersehen, daß er die Wiener Kaufleute zu direkten Gegnern hatte, die ja schon den Kaufvertrag aus offenkundig wirtschaftlich begründetem Antisemitismus verhindern wollten. Mit der Fabrik standen sie zudem ohnedies auf Kriegsfuß. Daß in diesem Zusammenhang der Absatz stagnieren würde, war eigentlich zu erwarten.

Zu der von außen hereingetragenen Ablehnung kam noch eine lokale, religiös begründete, denn wir dürfen nicht übersehen, daß bei der starken Konzentration der vielen Klöster in der Stadt die Frage des rechten Glaubens ein ganz entscheidender Faktor war. Wir werden dies nicht nur am Beispiel eines Juden, sondern auch an einem eines „Nichtkatholiken" gleich sehen.

Doch spielten all diese Überlegungen bei der Ablehnung des Kaufangebotes durch die Stände eher eine untergeordnete Rolle. Sie sahen zwar auch die Chance, die vielen abgedankten Soldaten und die Bettler von der Straße wegzubringen, aber noch waren sie aus Gründen standesmäßiger Überlegungen – aus heutiger Sicht könnte man auch sagen: Dünkel – noch nicht soweit, offen als Unternehmer aufzutreten. Sie lehnten den Kauf ab, weil es *den drei oberen Ständen nicht reputirlich, noch mit Rücksicht auf die Gefahr eintretender Verluste ratsam, sich um ein so weit aussehendes importantes negotium anzunehmen.* Das sei eher Sache der bürgerlichen Kommunitäten und der Handelsleute. Außerdem gehöre dazu eine besondere Wissenschaft und Praxis.

Die erkennbar schlechte Wirtschaftslage hat nicht nur auf die Beschäftigten Auswirkungen gehabt, sondern auch auf das Vermögen des Abraham Spitz voll durchgeschlagen, sodaß er nun seinerseits in großen Schulden steckte und bereit war zu verkaufen. Gesucht wurde ein christlicher Unternehmer, der genügend Kapital aufbringen konnte. Es meldete sich mit Johann Heinrich von Palm auch ein potenter Käufer, der aber als Ausländer und Nichtkatholik abgewiesen wurde. Daraus wird aber-

303 Die Wollzeugfabrik nach ihrem vollständigen Ausbau. Als einziges Gebäude steht heute noch das Zwirnerstöckl in der Mitte des Bildes. Rechts im Hintergrund das Arbeitshaus. Original von Franz Joseph Preisch aus dem Jahr 1795 im OÖ. Landesmuseum Inv. OA Linz III 31/1 (dzt. verschollen).

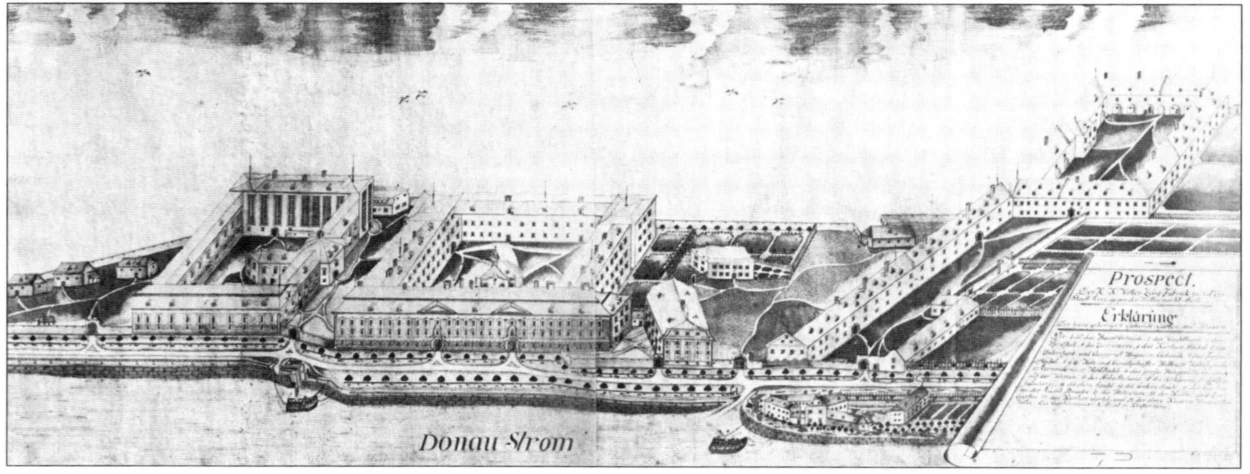

mals deutlich, daß die Gründe für die Ablehnung des Abraham Spitz nicht nur in einem latenten Antisemitismus zu suchen sind, sondern darüber hinaus in einer generellen Aversion gegen alle Andersgläubigen.

Als zweiter Interessent meldete sich die zwischenzeitlich (1719) gegründete Zweite Orientalische Handelskompagnie – nicht ganz freiwillig, wie sich später herausstellte. Der Kaufpreis betrug nur mehr 240.000 Gulden, ein Umstand, der auf große zwischenzeitlich erfolgte wirtschaftliche Einbußen schließen läßt.

Um der Fabrik wieder aufzuhelfen, wurde eine Reihe neuer Maßnahmen getroffen: So durften deren Beschäftigte nur dann anderswo zur Arbeit angenommen werden, wenn sie ein Entlassungszeugnis vorweisen konnten. Jenen, die bei der Fabrik angelernte Arbeiter aufhetzten oder zum Austritt bewogen, wurden strenge Strafen angedroht. Fremdarbeiter jeder beliebigen Nation durften in Dienst gestellt werden, wenn sie nur katholisch waren. Zur Überprüfung der Wareneinfuhr durfte die Fabrik eigene Inspektoren und Beschauer in die Mautämter abordnen. Ihnen war auch die Überprüfung sämtlicher Boten, Kraxenträger, Landkutscher und Schiffleute gestattet. Die früheren Privilegien wurden bestätigt und um jene des Wiener Armenhauses vermehrt, sodaß auch in Linz „die sich so sehr vermehrenden Bettel-Leute, Müßiggeher, feiernde und das Almosen suchende Personen" zur Arbeit in und für die Fabrik angehalten werden konnten. Der Beschäftigtenstand stieg inklusive Spinner und Weber auf dem Land auf über 4400 Mitarbeiter.

Die Handelsleute reagierten sehr rasch auf die verstärkte Bevorzugung der Fabrik und begannen vor allem halbwollene Zeuge einzuführen, auf deren Erzeugung die Fabrik kein Monopol hatte. Sie mußte die neuen Stoffe (Soye, Chalons, Halbrasch und Kuttenstoffe für die Mönchshabite) selbst erzeugen, um konkurrenzfähig zu bleiben. Die Handelskompagnie wollte sogar durchsetzen, daß alle Dienstboten der Monarchie zum Tragen wollener Kleider behördlich verpflichtet werden. Aber die Kommerzhofkommission war aus dem einfachen Grund dagegen, weil auch alle anderen Kleiderordnungen bis dahin wirkungslos geblieben waren.

Von den Kaufleuten wurden immer wieder die hohen Preise für die Linzer Fabrikserzeugnisse aufs Korn genommen. Im wiedergewonnenen Ungarn hoffte die Handelskompagnie auf einen besonders aufnahmefähigen Markt, sah sich darin aber getäuscht, denn Adel und Bürgerschaft bevorzugten sächsische, die Bauern türkische Stoffe.

Trotz der angeordneten Zwangsmaßnahmen konnte die Fabrik das Bettlerproblem nicht lösen. Von den 18.000, die im Jahre 1730 im Land ob der Enns von Almosen lebten, arbeiteten nur 1500 für die Wollzeugfabrik. Das lag nicht zuletzt an einer mangelnden Kooperationsbereitschaft bei den Herrschaftspflegern auf dem Land und den Herrschaftsinhabern selbst.

Aber auch die Stadt Linz arbeitete gegen eine Ausweitung der Fabrik. Den Arbeitern war das Wohnen in der Stadt verboten und der Stadtpfarrer weigerte sich, die Fabriksarbeiter(innen) zu trauen, die obendrein natürlich nicht alle katholisch waren.

Sogar die Landeshauptmannschaft begann Kritik an der Fabrik zu üben, als die Errichtung eines Zuchthauses gefordert wurde, um genügend Arbeitskräfte zum Spinnen zu haben. Ferner sollten nach den Intentionen der Fabriksleitung die Kinder ab dem sechsten Lebensjahr an öffentlichen Schulen und zu Hause zum Spinnen angehalten werden. Der Landeshauptmann meinte in einem Bericht an den Kaiser, daß es im Land genügend Leute gäbe, die Arbeit suchen, wenn nur halbwegs ausreichende Löhne bezahlt würden.

Die Stände stießen ins gleiche Horn und machten die Fabrik für vielerlei Mißstände verantwortlich, unter anderem für den Niedergang des Handelsstandes und sogar für die weitere Vermehrung der Bettler. Im Jahre 1722 war mit dem Bau eines neuen einstöckigen Fabriksgebäudes begonnen worden, dessen Front am Fabriksarm sich über eine Länge von 110 Metern erstreckte. Durch die Nebengebäude wurde ein rechteckiger Hof umschlossen, sodaß die gesamte Anlage wie ein überdimensionales Freihaus wirkte. Die gesamte Anlage, besonders aber die imposante Hauptfassade war dem Stil der Zeit verpflichtet und wirkte wie eine barocke Schloßanlage. Als Architekt und Baumeister war Johann Michael Pruner gewonnen worden.

Im neuen Gebäude wurden mehrere Werkstätten, die Presse und Mange, Trockenböden und das Warenmagazin untergebracht. In einem der Seitenflügel befand sich die Färberei. Die Vorbereitung der Wolle erfolgte in einem angemieteten Gebäude. Mit dem Ausbau der Fabriksanlagen ging eine Vermehrung der Beschäftigten Hand in Hand.

Trotz dieser augenscheinlichen Erfolge hatte die Handelskompagnie wie alle ihre Vorgänger mit erheblichen finanziellen Schwierigkeiten zu kämpfen. 1726 hatte sie zur Linzer Niederlassung die Schwechater Baumwollmanufaktur dazuerworben. Als Finanzierungsquelle wurde bereits 1721 eine Lotterie ins Auge gefaßt, eine Idee, von der man auch dann nicht abging, als sie sich als Mißerfolg herausstellte. Eine zweite und dritte Losausgabe (1729 und 1734), die die in ein finanzielles Fiasko schlitternde Kompagnie retten sollte, entpuppte sich als weiterer Fehlschlag, der bereits an die wirtschaftliche Substanz des Betriebes ging. Die Schulden wurden nur noch größer, sodaß 1734 aller Besitz den Gläubigern der Lotterie überschrieben werden mußte. Die Konkursmasse wurde geteilt und die Linzer Fabrik von den übrigen Unternehmungen getrennt. Sie wurde nun zwei Jahrzehnte lang von einem Gläubigerkonsortium verwaltet, das die durch die Lotterie Geschädigten vertrat.

An der Situation des Unternehmens änderte sich dadurch kaum etwas. Nach wie vor hagelte es von allen Seiten Angriffe gegen das Monopol zur Erzeugung von Schafwollstoffen. Die geschwächte Position der Monarchie im österreichischen Erbfolgekrieg verleitete den englischen Hof, wieder einmal einen diplomatischen Vorstoß zu unternehmen. Hartnäckiger noch war die böhmische Hofkanzlei.

Ihrer eigentlichen Aufgabe entsprechend, den Handel zu fördern, hatte sich die Orientalische Kompagnie 1722 verpflichtet, jährlich 3000 Stück Cadis aus der Manufaktur zu Eger in den Handel zu bringen. Das richtete sich naturgemäß gegen die Absatzinteressen der Linzer Fabrik. Erstmals mußte diese einen Rückschlag hinnehmen. Die erwähnte Hofkanzlei setzte 1748 sogar die freie Einfuhr verschiedener Wollstoffe (Cadis, Rasch, Flanell) nach Österreich durch.

Pfründner, Waisen und Bettler

Die Stadtgeschichtsforscher sind heute nicht mehr überzeugt davon, daß man die Struktur der städtischen Sozialfürsorge auch nur annähernd vollständig erfassen kann, wenn sich die Untersuchung ausschließlich auf die Institutionen, nämlich die Versorgungshäuser, konzentriert und deren Insassen nicht berücksichtigt. Würde man zwischen der Gesamtbevölkerung und der Anzahl der Pfründner in diesen Häusern eine Relation herstellen, dann entstünde ein verzerrtes Bild, das den tatsächlichen Proportionen nicht gerecht werden kann. Das Schicksal aller Angehörigen der sozialen Unterschichten wird angesichts der äußerst dürftigen Quellenlage für Linz aber wohl kaum jemals erfaßt werden können. Darum werden wir trotz aller Mängel mit der Geschichte von Bürgerspital, Siechenhäusern etc. vorliebnehmen müssen.

Wenn überhaupt, dann ist es nur Mitgliedern der älteren Generation möglich, sich von der Not und dem Elend breiter Bevölkerungsschichten eine Vorstellung zu machen, die nicht auf die Segnungen eines Wohlfahrtsstaates hoffen konnten. Eine landesweite oder gar staatliche Sozialfürsorge gab es nicht. Die sozial schwächsten Gruppen waren Wirtschaftskrisen, klimatisch bedingten Mißernten und den Folgen der unzähligen Kriege dieser Epoche völlig hilflos ausgesetzt.

Im Mittelalter hatten die Ärmsten der Armen als himmlische Fürsprecher für die Reichen wenigstens einen durch Almosen abgesicherten, fest verankerten Status in der Gesellschaft, der in der Reformationszeit ins Wanken geriet, als man nur mehr den absolut Arbeitsunfähigen Hilfe zukommen lassen wollte. Für deren Unterhalt hatte aber weniger der einzelne als die Gemeinde zu sorgen, was bei der Gründung des Bruderhauses und des Lazaretts bereits angesprochen worden ist.

Die Rückkehr zum Katholizismus brachte zunächst auch eine Restauration des alten Fürsorgedenkens, das erst mit den Ideen des Merkantilismus wieder eine Änderung erfuhr. Aber nur auf den ersten Blick lief dies auf eine Wiederherstellung alter Strukturen hinaus, denn durch die vielen Bettelorden ist den Armen im 17. Jahrhundert in der Stadt selbst eine spürbare Konkurrenz erwachsen. Die Patres und Laienbrüder übernahmen nunmehr ihre Rolle als Fürsprecher vor Gott. Als fromme Menschen schienen sie der religiös geprägten Gesamtauffassung jener Zeit zufolge dazu viel geeigneter als die Randgruppen der Gesellschaft. Zu dieser geistlichen Konkurrenz kamen noch die unzähligen kriegsuntauglichen Soldaten, die bettelnd im Lande umherzogen und sich nicht mehr in die Gesellschaft einfügen konnten. Sie wuchsen besonders nach dem

Dreißigjährigen Krieg zu einem kaum bewältigbaren sozialen Problem heran.

Die Linzer Sozialgeschichte ist noch kaum erforscht und es wird noch vieler Anstrengungen bedürfen, bis über die Lebensbedingungen der wirtschaftlich benachteiligten Bevölkerungsgruppen halbwegs gesicherte Aussagen gemacht werden können. Bis dahin wird man mit der Geschichte der institutionalisierten städtischen Fürsorgeeinrichtungen vorliebnehmen müssen.

Es entspricht dem Gedanken von der Restauration alter bürgerlicher, vom Geist der Religiosität geprägter Vorstellungen von Sozialfürsorge, daß in der Barockzeit eine Anzahl neuer Institutionen geschaffen und die alten in beinahe ungebrochener Tradition fortgeführt worden sind.

Das Bürgerspital

Allen voran ist das Bürgerspital zu nennen, das wie erwähnt während des Bauernkrieges zur Gänze ausgebrannt ist. Der Schaden belief sich auf annähernd 6000 Gulden. 1628 wurde mit dem Wiederaufbau begonnen, wobei das Langhaus der Kirche um 90 Grad gedreht und nunmehr parallel zur Landstraße errichtet wurde. Im Zusammenhang mit der Finanzierung des Baues erfährt man auch, daß die Vertreibung der Protestanten während der Gegenreformation nicht so rigoros durchgedrückt worden ist, wie dies die Verordnungen und Patente vermuten lassen würden. Es war nämlich einigen Bürgern möglich, gegen die Entrichtung einer ungenannten Summe bis ans Lebensende beim evangelischen Glauben zu verbleiben. Dieses Geld wurde zum Teil für den Wiederaufbau verwendet. Im Jahre 1630 dürfte das Bürgerspital in altem Glanz wiedererstanden sein.

Es bleibt in diesem Zusammenhang relativ unklar, wieso 1636 mit dem Ausverkauf der Bürgerspitalsgründe begonnen wurde. Mit dem Verkauf eines breiten Grundstreifens westlich der Landstraße wurde begonnen. Der Käufer, die Landstände, errichteten darauf eine Reitschule, die zehn Jahre später auf jenen Platz verlegt wurde, auf dem später noch das neue Ballhaus (heute Theatercasino) entstand. Bald darauf wurde der Meierhof aufgelöst und insgesamt 54 Tagwerk Äcker verkauft. Diese lagen beiderseits der Landstraße und im Osten des Bürgerspitals. Der Name des Straßenzuges Spittelwiese erinnert uns heute noch daran.

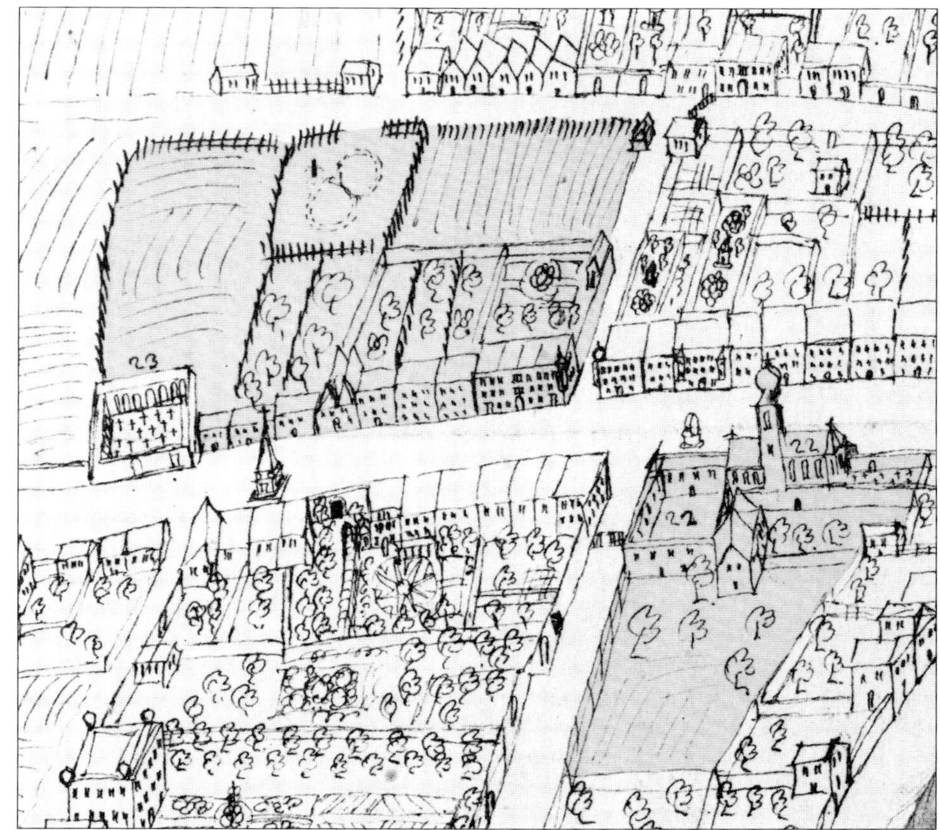

304 Das nach dem Brand im Bauernkrieg wiedererrichtete Bürgerspital an der Landstraße und die 1636 verkaufte Spittelwiese auf einer Abbildung von 1649 (Ausschnitt). Stadtmuseum Linz, Inv. Nr. 14.031.

Als Interessenten traten vier Ratsbürger auf, darunter der Spitalmeister selbst, dem die Wirtschaftsführung unterstand. Zwar ist bekannt, daß der letzte Spittelbauer stark verschuldet gewesen ist, aber das wäre an sich kein zwingender Grund zur Auflösung der hauseigenen Landwirtschaft gewesen.

Deshalb liegt der Verdacht nahe, daß es sich bei diesem Verkauf um eine Grundstücksspekulation größeren Ausmaßes gehandelt haben muß. Die darin verstrickten Bürger Johann Wimmer, Anton Eckhardt, Thomas Wäppelshamer und Hans Schreckhinger wurden im Vertrag verpflichtet, auf den erkauften Gründen Bürgerhäuser zu errichten. Legt man diesen Passus positiv aus, dann könnte man darin den Versuch sehen, einen weiteren Ausverkauf städtischer Grundstücke an Klöster und Adelige zu unterbinden. Denn wie wir bereits gesehen haben, wuchsen im 17. Jahrhundert an der Landstraße und der Herrenstraße die Freihäuser wie Pilze aus dem Boden. Negativ betrachtet hat es sich, wie schon angedeutet, um eine ganz gewöhnliche Grundstücksspekulation gehandelt, denn die wirtschaftliche Situation des Bürgerspitales war abgesichert: Einnahmen flossen aus den Zinsen für entliehenes Kapital, aus den Mieten verpachteter Häuser und Räume. Beim Bürgerspital selbst und an der Schiffsanlegestelle bei der Donau standen Sammelbüchsen, die vom Spitalmeister regelmäßig entleert wurden. In der Spitalskirche wurde bei den Messen gesammelt und in der Stadt ebenfalls, vornehmlich während der zwei Jahrmärkte. Geld und Naturaleinnahmen in nicht zu unterschätzendem Ausmaß brachte überdies eine kleine Grundherrschaft mit zehn Untertanen in Berg bei Leonding (5), Hörsching (2), Haag, Oberweideham bei St. Florian und dem Räppelhof in der Vorstadt. Die Weingärten in Nußdorf bei Wien ergaben regelmäßig eine Ernte von ca. 100 Eimer Wein (ca. 5600 Liter). Da sie aber während der Türkenbelagerung arg verwüstet worden waren und ihre Kultur auch große Kosten verursachte, wurden sie 1685 verkauft. Nicht verkauft wurden die Gebäude des Meierhofes selbst und auch vier Kühe blieben im Stall, hatte doch das Spital noch immer größere Wiesenflächen an der Donau in der sogenannten Spittelau. Dazu kam noch eine Schweinemast mit ca. 30 Ferkeln.

Im Haus lebten und arbeiteten ein Meier und seine Frau, eine Köchin, eine Viehmagd und der Schweinehirt. Daraus wird ersichtlich, daß für die persönliche Pflege der Bürgerspitalsinsassen eigentlich niemand vorgesehen war. Die Kosten für die Versorgung eines einzelnen Pfründners kamen dennoch auf 70–80 Gulden pro Jahr zu stehen. Wie eine Aufzeichnung aus der Mitte des 17. Jahrhunderts zeigt, dürften sie dabei nicht schlecht gelebt haben. Mit Ausnahme der Festtage standen jeden Tag drei Stück Fleisch auf dem Tisch, ansonsten Fisch. An den mindestens 50 Feiertagen pro Jahr (nicht eingerechnet die Sonntage!) freuten sich die Spitalpfleglinge über eine Sonderration Wein oder Bier. Rindfleisch, Salz und Brot mußte zugekauft werden, aber Gemüse, Kraut und Rüben wurde in Eigenregie gezogen. An hohen Festtagen wurde Kalbfleisch und Weißbrot gereicht.

Freilich darf man angesichts dieses relativen Wohllebens nicht vergessen, daß das Bürgerspital ausschließlich dem Bürgerstand vorbehalten war und daß sich jeder Pfründner, wenn er keinen besonders gestifteten Platz ergattern konnte, in die Stiftung einkaufen mußte. Das Haus war weder ein Hospital noch ein Pflegeheim. Obwohl vornehmlich betagte Bürger aufgenommen wurden, finden sich im Bürgerspital auch geistig Verwirrte und Waisenkinder, die von ihrem Gerhaben (=Vormund) dort untergebracht wurden.

Im letzten Viertel des 16. Jahrhunderts hatten die Stadtväter die Benefiziatenstelle bei der Bürgerspitalskirche mit lutherischen Predigern besetzt. Als ihnen dies während der ersten Gegenreformation verboten wurde, kümmerten sie sich überhaupt nicht mehr um diese Kaplanstelle, denn ab 1609/10 konnten sie ja die Dienste der Prädikanten im Landhaus in Anspruch nehmen. Das Benefizium (die Einnahmen) fiel dem Stadtpfarrer zu, der durch einen seiner Kapläne die Kirche mitbetrauen ließ.

Seit 1641 wirkten die Kapuziner als Sonntagsprediger im Bürgerspital und betrachteten sich wohl mit Recht als die eigentlichen Vorstadtseelsorger. Verständlicherweise gab es darüber immer wieder kleinere Querelen mit dem Stadtpfarrer. Deshalb entschied sich Dechant Heinrich Schrader 1665 dazu, an der Bürgerspitalskirche doch wieder einen eigenen Seelsorger einzusetzen. Dabei war er auf die Zustimmung des Stadtrates angewiesen, der nicht nur das Patronatsrecht beanspruchte, sondern auch die Meinung vertrat, daß das Bürgerspital Zentrum einer eigenen Pfarre sei. Schließlich gab es im Archiv Unterlagen, in denen von einem *Pfärrlein* in der Vorstadt zu lesen war. Nach längeren Verhandlungen kam eine Übereinkunft zustande, die beiden Parteien abwechselnd das Vorschlagsrecht für die

Besetzung der Benefiziatenstelle zugestand. Der Tod des Dechanten im selben Jahr verzögerte die Durchführung des Vertrages, aber ab 1670 wurde wieder ein eigener Spitalskaplan angestellt. Es war dies, wie an anderer Stelle schon vermerkt, Wolfgang Italus, der später Pfarrer in Eferding wurde.

Im Jahr 1656 begann für den Spitalmeister ein jährlicher Ärger mit dem einquartierten Militär. Die Soldaten schlugen ihr Lager meist auf den spitalseigenen Wiesen im Wörth auf und richteten dabei große Flurschäden an. Seit 1703 kampierten sie in der sogenannten Spittelau. 1715 schloß die Stadt einen Vertrag mit den Ständen, denen ja die Verpflegung und Unterbringung auferlegt war. Es wurden nun regelmäßgig Entschädigungen bezahlt. Auf dem später Strasserinsel genannten Eiland, das Ende des 16. Jahrhunderts während eines Hochwassers vom Festland abgetrennt worden war, ließ der Magistrat Baracken für 10 Kompanien (=1300 Mann) errichten. Als *Campanenemt* bezeichnet war dies die erste Kaserne von Linz. Seit Beginn des 18. Jahrhunderts mußten die jährlichen Abrechnungen über die Wirtschaftsführung des Bürgerspitals sowie der übrigen Versorgungshäuser in der Kanzlei des Landeshauptmannes zur Überpfrüfung abgeliefert werden. Es waren dies erste Ansätze zu einem staatlichen Eingriff in die Wirtschaftsführung der Versorgungshäuser, die sich vorderhand noch auf die Kontrolle beschränkten, später aber zur Aufhebung der Anstalt führen sollte.

Die Siechenhäuser

Die älteste Fürsorgeeinrichtung war nicht das Bürgerspital, sondern das Siechenhaus, über dessen Ursprung schon berichtet worden ist. Im 17. Jahrhundert unterschied es sich strukturell kaum noch vom Bürgerspital, lediglich die Dotierung war wesentlich geringer. Für akute Seuchenzeiten war ja inzwischen das Lazarett eingerichtet worden. Aus den wenigen erhaltenen Quellen ist zu erschließen, daß hier in erster Linie Angehörige aus Handwerkerkreisen aufgenommen wurden. Wie sich aus späteren Akten ablesen läßt, waren die Pfründner dieses Hauses wirtschaftlich am schlechtesten gestellt.

Es gab zu dieser Zeit übrigens bereits zwei Siechenhäuser. Das eine, aus dem 13. Jahrhundert stammend, befand sich in der Nähe des Kapuzinerklosters und hieß das *obere, in der Sandgstetten* oder *im Weingarten*. Das andere

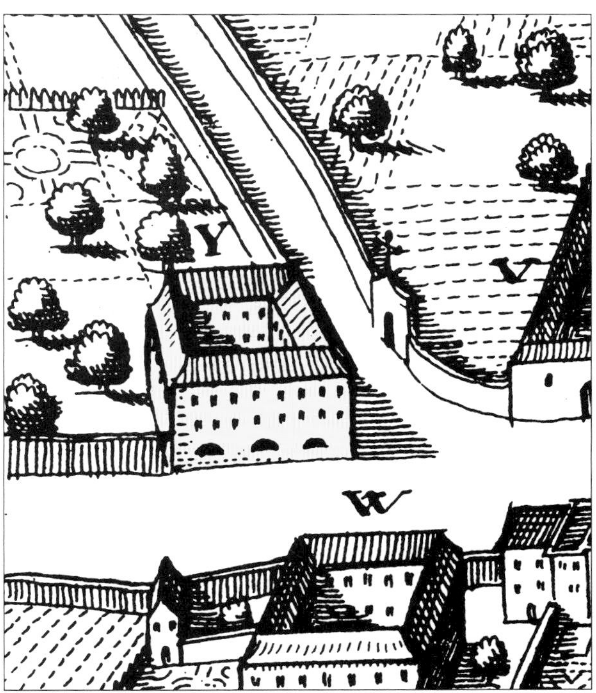

305 Das im Jahre 1602 begründete zweite Siechenhaus an der Landstraße gegenüber dem Herrenhaus zu Straßfelden (Ausschnitt). Vogelschauplan des Matthäus Merian aus dem Jahr 1649. Stadtmuseum Linz, Inv. Nr. 2051.

war das *untere, äußere,* oder das *Siechenhaus Straßfelden,* weil es dem Freisitz Straßfelden (heute Vereinshaus) an der Landstraße gegenüber lag. Ursprünglich als Pestlazarett eingerichtet, wurde es 1602 von einer Anna Pühlerin zum Kettenhof und Indersee, also einer Adeligen, völlig neu aufgebaut und auch mit einer entsprechenden Stiftung versehen. Im Haus war Platz für 20 Personen. Anläßlich des Neubaues war vorgesehen, die Pfründner des *oberen* Siechenhauses in das *untere* zu verlegen und jenes als Lazarett zu verwenden. Dazu ist es aber wahrscheinlich nicht gekommen, denn wir wissen ja, daß es am Ludlarm bereits seit dem 16. Jahrhundert ein Lazarett gegeben hat, um das es gegen Ende des Säkulums wieder sehr ruhig geworden ist. Erst um die Mitte des 17. Jahrhunderts taucht es in der historischen Überlieferung wieder auf.

Möglicherweise wurden nur die Naturaleinnahmen von einem Haus zum anderen transferiert, denn zum Siechenhaus Straßfelden gehörten in Hinkunft die gestifteten Liegenschaften, wogegen 1679 die 30 Insassen des oberen Siechenhauses nur *Tach und Fach* hatten, also nur freie Unterkunft genossen.

Die beiden Siechenhäuser wurden so wie das Bürgerspital von einem Ratsbürger verwaltet, wobei das Amt des Spitalmeisters ein höheres Prestige brachte als jenes des Siechenmeisters, der im Unterschied zu jenem auch aus dem Äußeren Rat genommen werden konnte. Stiftungen haben das Los dieser Pfründner verbessert, aber insgesamt keine zufriedenstellende Versorgung herbeiführen können. Die Siechenhäuser waren die ersten Einrichtungen, die im 18. Jahrundert dem staatlichen Eingriff zum „Opfer" fielen, gemeinsam mit dem Danmillerhaus, über das wir leider auch nur spärliche Informationen haben.

Das Danmillerhaus

In den Jahren nach dem Bauernkrieg (ein genaues Datum läßt sich nicht eruieren) hat der Ratsbürger Pankraz Danmiller ein Holzhäuschen im Wert von lediglich 40 Gulden gestiftet, in dem vier bis fünf alte Frauen eine Gratisunterkunft finden sollten. Es handelte sich dabei um das sogenannte *Heubinderhäusl*, das Kaiser Friedrich III. für den Gärtner der Schloßanlagen hatte aufrichten lassen. Die Witwe Danmillers errichtete in den vierziger Jahren um 660 Gulden ein neues Haus und schuf damit eine Unterkunft für zwölf Frauen. Es ist dies das erste Linzer Versorgungshaus, das ausschließlich dem weiblichen Geschlecht vorbehalten war. Erst nach und nach wuchsen kleinere Summen zu, die für die Beheizung der Räume bestimmt waren und eine bescheidene Naturalverpflegung ermöglichten.

Das Präsentationsrecht stand dem Bürgermeister zu. Wir wissen aber nicht, welche Kriterien eine Aufnahmewerberin zu erfüllen hatte. Es ist auffällig, daß die größeren Stiftungen für dieses Haus beinahe ausschließlich von Frauen geleistet wurden, wobei Susanna Grundemann von Falkenberg, Maria Johanna von Khautten, Eva Schorer und Magdalena Meidl hervorragen, also bürgerliche und adelige Damen.

Würde man den sozialen Status der Pfründnerinnen an der Höhe ihrer jährlichen Einkünfte aus den Spenden bestimmen wollen, dann rangierten sie noch vor den Insassen des oberen Siechenhauses.

Das Bruderhaus

Im letzten Kapitel wurde dargelegt, daß der Gründung des Bruderhauses das neue Bewußtsein zugrunde lag, daß die gesamte Bürgergemeinde zur Sozialfürsorge verpflichtet ist. Demzufolge hatte sie für jene Bediensteten zu sorgen, die nach einem arbeitsreichen Leben ihren Lebensunterhalt nicht mehr selbst bestreiten konnten. Nicht ein einzelner, sondern die gesamte Kommune sollte für die Erhaltung des Hauses aufkommen. Daraus ist abzulesen, daß nicht religiöse Motive, sondern ethischmoralische und wirtschaftlich begründete Aspekte bei der Einrichtung der Stiftung im Vordergrund standen.

Wir wissen nicht, ob in der Zeit der Gegenreformation ein Bruch dieser Haltung eingetreten ist und können z. B. auch nicht sagen, ob im 17. Jahrhundert ein anderer Personenkreis als vorher Aufnahme fand. Das Haus selbst wurde wie das Bürgerspital während des Bauernkrieges ein Raub der Flammen. Der Wiederaufbau erfolgte erst nach der Fertigstellung des Bürgerspitals. Bis 1674 fanden 13 Personen Unterkunft, später 20. Naturalverpflegung gab es nur in ganz bescheidenem Ausmaß. Die Dotierung war gering, eine eigene Landwirtschaft gab es nicht. Verwaltungsmäßig wurde das Haus vom Spitalmeister mitbetreut, während ein Hausmeisterehepaar – der Bruderwirt mit seiner Frau – die disziplinäre Aufsicht führte.

306 Original der Krauss-Stiftungsurkunde (Ausschnitt) aus dem Jahr 1735.
Archiv der Stadt Linz, Urkundenreihe. Foto: Litzlbauer

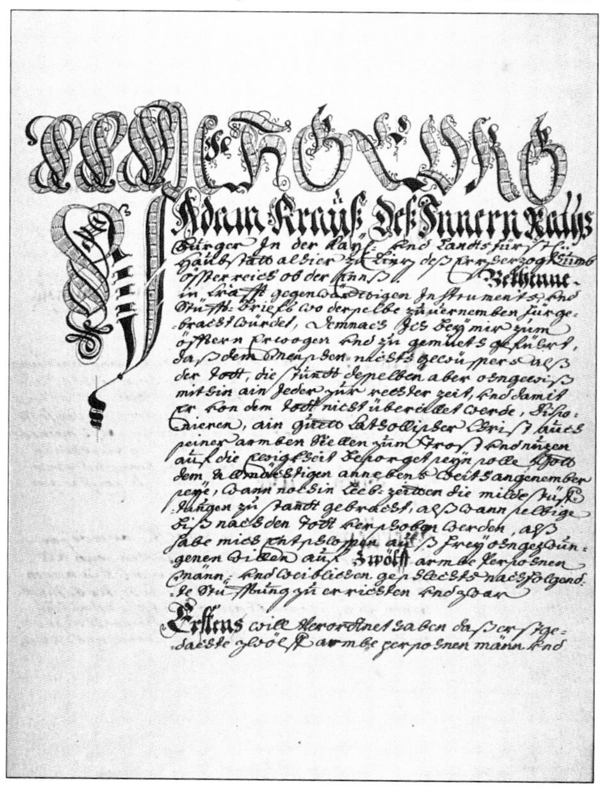

Ende des 17. Jahrhunderts wurde ein Neubau errichtet, der den Magistrat auf 5000 Gulden zu stehen kam. Wir können aus dieser Summe schließen, daß es sich um ein stattliches Haus gehandelt haben muß.

1735 richtete der reich gewordene Riemer Georg Adam Krauss (ein Handwerker!) 12 neue Stiftplätze ein. Die Pfründner wurden in sechs Zweibettzimmern untergebracht, damit sie sich im Notfall gegenseitig beistehen konnten. Ein Gemeinschaftszimmer für das Gebet und eine Gemeinschaftsküche ergänzten die Einrichtung. Frauen und Männer wurden separiert. Die Pfründner mußten sich mit einer Summe von 76 Gulden einkaufen, was hieß, daß ganz Mittellose wohl nicht aufgenommen wurden. Neben der Unterkunft erhielt jede(r) Insasse(in) 3 Kreuzer täglich, mit denen ein bescheidenes Leben möglich war.

Als Gegenleistung hatten sie täglich einen Rosenkranz, die Lauretanische Litanei und je drei Vaterunser und Ave Maria für eine glückliche Sterbestunde des Stifters zu beten, denn die Gründung erfolgte noch zu seinen Lebzeiten. Krauss begründete dies damit, daß es *Gott weith angenember seye, wann noch in Leebzeitten die milde Stüftungen zustandt gebracht* würden. Der Hinweis könnte auf die unvermeidlichen Streitereien mit den Erben abzielen, die vielfach solche Stiftungen nicht anerkennen wollten. Nach seinem Tod mußten die Pfründner natürlich für sein Seelenheil beten.

Ganz allgemein ist in diesem Zusammenhang noch darauf hinzuweisen, daß zu dieser Zeit der Genuß aller ähnlichen Stiftungen generell mit der Verpflichtung zu Gebeten oder Messebesuchen verbunden war. Ja, man konnte gegen ein kleines Entgelt auch sogenannte Betschwestern engagieren, die es übernahmen, eine gewisse Anzahl Rosenkränze oder Litaneien herunterzuleiern oder an gestifteten Messen teilzunehmen. Bei der großen Anzahl von Geistlichen in den verschiedenen Klöstern und Kirchen mußten in der relativ kleinen Stadt ja täglich an die 100 Messen gelesen werden und an Feiertagen noch wesentlich mehr.

Signifikant für diese Zeit ist, daß die 12 Krauss-Pfründner gleich eingekleidet wurden, um sie schon von außen als solche zu kennzeichnen, wenn sie für ihren Stifter zur Kirche gingen. Die Uniform wurde solange von einem Stiftling auf den anderen übergeben, bis sie nicht mehr tragbar war. Der nächste mußte sich ein gleiches Kleidungsstück anfertigen lassen. Die gesamte Hinterlassenschaft eines Pfründners fiel der Stiftung zu, die aus einem ursprünglichen Kapital von ca. 8000 Gulden bestand.

Die Beweggründe, die Krauss zu seiner sozialen Tat veranlaßten, stehen ganz in der mittelalterlichen Tradition, eine genaue Reglementierung der Pfründnerpflichten und die Anordnung zur Uniformierung entsprachen aber dem Geist des Absolutismus.

Eine völlig andere Sozialeinrichtung lernen wir mit der Stiftung des Schneidermeisters Heinrich Keller kennen.

Das Kellerische Waisenhaus

Der Fundator stammte aus der Gegend von Zürich, war ursprünglich calvinisch und soll in Rom im Hofstaat der Königin Christine von Schweden gestanden sein. Er folgte ihrem Beispiel und trat zum Katholizismus über. Welche Lebensumstände ihn letztlich nach Linz verschlagen haben, wissen wir nicht.

Keller erwarb seinen Reichtum im Dienst der Stände vor allem durch das Nähen von Regimentsmonturen, wobei die Herstellung einer Uniform (samt Stoff) damals auf die nicht unbeträchtliche Summe von 20 Gulden zu stehen kam. Wie hoch diese Summe war, wird aus dem Vergleich mit dem Realeinkommen des Bruderwirtes deutlich, der 6 Gulden pro Jahr verdiente. Mit dem Magistrat hatte der Schweizer Schneider wenig zu schaffen, sein Kontakt hatte sich auf die Aufnahme als Mitbürger beschränkt. Die letzten Lebensjahre nach der Errichtung des Testamentes (1713) verbrachte er, bereits gelähmt, bei den Minoriten. Er hat ihnen für seine Pflege eine relativ hohe Summe vermacht (3000 Gulden). Die Jesuiten erhielten einen gleich hohen Betrag und auch alle übrigen Versorgungshäuser sowie fast alle Stadtklöster wurden mit kleineren Stiftungen bedacht.

Die Erbschaft an Verwandte wollte er von deren Übertritt zum Katholizismus abhängig machen. Darauf gingen sie nicht ein, sodaß die Testamentexekutoren, der Gastwirt Wilhelm Lindtner und der Schlosser Peter Egg, ein Jahr nach seinem 1716 erfolgten Hinscheiden an die Verwirklichung seines letzten Willens schreiten konnten: der Errichtung des ersten Waisenhauses in Linz. Als sich aber die gemeinsam mit den Stadtvätern ventilierten Pläne, die Kinder im Bruderhaus oder im Bürgerspital unterzubringen, nicht verwirklichen ließen, war der Einfluß des Magistrates für immer ausgeschaltet.

Egg und Lindtner kauften das Haus der Maria Theresia, Reichsgräfin von Fürstenberg, die nach 1701 an der Landstraße eine Kapelle mit einer Benefiziatenstelle errichten hatte lassen. Die Kapelle kam nunmehr zwischen Waisenhaus und Bruderhaus zu liegen.

Im Jahre 1717 wurden die ersten Waisenkinder, die aus dem Bürger- oder Handwerkerstand stammen sollten, aufgenommen. Die beiden Testamentsexekutoren, die sich auch um die Verwaltung des Hauses angenommen haben, hatten zunächst bei keiner Stelle um Genehmigung angesucht. Erst fünf Jahre später erwirkten sie einen Stiftsbrief, der die Patronanz über Haus und Stiftung dem Kaiser übertrug. Die der Ausfertigung vorangegangenen Rückfragen beim Landeshauptmann und der Stadt Linz weisen auf ein schweres Zerwürfnis zwischen Egg und Lindtner einerseits und dem Magistrat andererseits hin. Nur mehr mit Mühe gelang es den Stadtvätern, ein eingeschränktes Kontrollrecht über das Waisenhaus zu erlangen, das zudem der Oberkontrolle der landesfürstlichen Kanzlei unterstellt war.

Später stellte sich heraus, daß die beiden Verwalter nicht nur im Waisenhaus schlecht gewirtschaftet haben, sondern auch in ihren Berufen gescheitert waren. Peter Egg mußte sich außerdem die Veruntreuung von Waisengeldern nachsagen lassen und wurde abgelöst. Erst daraufhin konnte der Magistrat im Einvernehmen mit dem Landeshauptmann Einfluß auf die Besetzung des Waisenhausverwalters nehmen.

Die Intentionen des Stifters, der selbst unverheiratet und natürlich kinderlos war, liefen darauf hinaus, daß die Kinder neben dem Schulunterricht ein Handwerk erlernen sollten. Das Aufnahmealter wurde auf 6–10 Jahre beschränkt, entlassen wurden die Kinder mit 16. Der Begriff „Waise" umfaßte auch Halbwaisen und Kinder von Zustiftern, auf die das Wort in seiner eigentlichen Bedeutung nicht mehr angewendet werden konnte.

Neben einer ausreichenden Verpflegung erhielten sie Unterricht in Deutsch, Latein, Rechnen und Musik, die Mädchen zusätzlich in Handarbeit, vor allem in den hauswirtschaftlichen Tätigkeiten Kochen, Nähen, Stricken und Spinnen. Der Tagesablauf war genau geregelt, die Freizeit äußerst knapp bemessen. Breiten Raum nahm im täglichen Leben das Gebet für den Stifter ein. Wie später die Krauss-Pfründner trugen die Waisen eine eigene blaue Uniform. Mädchen und Knaben nahmen nur am Kirchgang und an Prozessionen gemeinsam teil, sonst waren sie immer getrennt.

Neben dem Waisenvater und dessen Frau, der Waisenmutter, waren eine Köchin und ein Hauslehrer angestellt. Religionsunterricht erteilte der Benefiziat der benachbarten Fürstenbergischen Dreifaltigkeitskapelle, der auch im Haus wohnte.

Trotz der Vorkommnisse unter Lindtner und Egg genoß das Haus einen ausgezeichneten Ruf, der sich vor allem in der Zustiftung immer neuer Waisenplätze dokumentierte. Waren es anfänglich nur zehn Zöglinge, so erhöhte sich ihre Zahl bis 1776 auf 31 und 1786, knapp vor der Aufhebung des Waisenhauses, auf 36. Bei der Erziehung hatte sich der Lehrer von *allen Rigor in Straffen, sonderheitlich von Stoßen, Kopfschlagen, bei den Haaren ziehen und Schopfbeuteln gänzlich zu enthalten.* Er sollte nur mit geringen *Poenitenzen, als Bodenknien, Abstinenz in Speisen* vorgehen und Rutenstreiche nur im äußeren Fall und da *ad Posteriora* anwenden. Beim Austritt aus dem Waisenhaus hatten die Zöglinge entweder ein Handwerk erlernt oder waren zu tauglichen Schreibern erzogen worden, denen eine Karriere als Beamte offenstand. Die Mädchen waren für den gehobenen Dienst an Herrenhäusern ausgebildet worden oder gaben gute Hausfrauen ab. Zwei Jahre nach ihrem Ausscheiden wurden ihnen 80 Gulden als Zugabe für eine Aussteuer ausgehändigt. Den talentierten Knaben stand sogar der Weg zu einem Universitätsstudium offen, wenn sie einen Freiplatz ergattern konnten.

Es ist dies deswegen besonders erwähnenswert, weil sich dadurch das Kellerische Waisenhaus gravierend vom später eingerichteten sogenannten Theresianischen unterschied, auf das wir im nächsten Kapitel eingehen werden.

Das Prunerstift

Die größte Privatstiftung in der gesamten Geschichte der Stadt vollzog der langjährige Bürgermeister und Handelsmann Johann Adam Pruner mit seinem Testament vom Jahre 1730. Es war auch die letzte Einrichtung eines nur auf die Versorgung ausgerichteten Hauses. Das Vermögen Pruners belief sich damals auf annähernd 250.000 Gulden. Zweifellos eine ungeheure Summe. Pruner, dessen Bruder, der Barockarchitekt Johann Michael, schon gestorben war, hatte keine leiblichen Nachkommen. Als einzige Verwandte lebte noch eine Schwester Maria, die mit dem begüterten Postmeister Joseph Gross von Ehrenstein verheiratet war.

Die Stiftung sah die Unterbringung von 27 Waisenknaben, 27 armen ledigen Männern und 27 armen ledigen Frauen in einem neu zu errichtenden Haus vor. Dazu sollte eine Kirche erbaut und ein Priester angestellt werden. Für alles zusammen waren 181.000 Gulden vorgesehen. Der Bau des Hauses war auf 36.000 und der Bau der Kirche auf 20.000 Gulden veranschlagt. Von den Erwachsenen sollte jeder Pfründner ein eigenes Zimmer bewohnen, das etwas größer als die Zelle eines Kapuziners geplant war. Immer zwei und zwei Kammern waren durch einen gemeinsamen Ofen zu beheizen. Die Waisenkinder wurden in einem Schlafsaal untergebracht. Für die Lehrer waren zwei Kammern und eine Küche vorgesehen und für den Benefiziaten ebenfalls. Als Gemeinschaftsräume fungierten für die Waisen ein Studierzimmer und für die alten Leute ein Gebetsraum. Jeder Pfründner erhielt pro Jahr 40 Gulden ausbezahlt. Als Gegenleistung hatten sie täglich in der Stadtpfarrkirche die Messe zu besuchen. An hohen Festtagen sowie dem Geburts- und Sterbetag des Stifters mußten sie beichten und zur Kommunion gehen. Genau vorgeschriebene Gebete waren am Nachmittag zu verrichten. Dem Verwalter war unbedingter Gehorsam zu leisten. Aufnahme sollten arme Leute finden, die sich durch ein *friedsames Gemüt und tugendsamen Lebenswandel* am meisten empfahlen. Das Präsentationsrecht stand alternierend der Stadt Linz und der Familie des Postmeisters zu. Selbstverständlich trugen alle Insassen eine Uniform, die braun war mit blauen Aufschlägen. Die Waisenkinder erhielten eine ähnliche Ausbildung wie die Kinder im Kellerischen Waisenhaus.

307 Porträt des Linzer Bürgermeisters Johann Adam Pruner.
Stadtmuseum Linz, Inv. Nr. 76. Foto: Michalek

Als Standort für die neue Einrichtung war der Platz des Freihauses Egereck vorgesehen, eine Gegend, die zu den wenig bevorzugten Bauplätzen in Linz zählte. Das Grundstück erstreckte sich von der Lederergasse bis zum Ludlarm. Gebaut wurde fünf Jahre (1734–1739). Der Freisitz Egereck gehörte damals übrigens Pruners Schwager Gross von Ehrenstein. Zu Beginn des Jahres 1740 konnten die ersten Pfründner einziehen. Die erwachsenen Hausinsassen mußten selbst für ihre Verpflegung sorgen, für die Kinder wurde gekocht. Das für sie gestiftete Kapital war ja auch doppelt so hoch wie für jene.

Da das Prunerstift als einziges von allen städtischen Versorgungshäusern in seinem ursprünglichen Zustand noch erhalten ist und heute als öffentliche Musikschule der Stadt Linz, und die Kirche den Altkatholiken als Gotteshaus dient, erübrigt sich eine nähere Beschreibung. Über die Auflösung der Anstalt wollen wir später berichten.

Die ominöse Zahl 27 hat die Legendenbildung beflügelt. Der Vollständigkeit halber sei also auch darauf eingegangen: Pruner unterhielt weitverzweigte Handelsverbindungen und dürfte zu jenen wenigen Linzer Handelsleuten gehört haben, die bereit waren, größere Kapitalmengen in risikoreiche Geschäfte zu investieren. Unter anderem scheint er im Gewürzhandel mit Indien größere Gewinne gemacht zu haben. Eine Schiffsladung mit diesem teuren Produkt schien bereits verloren und aufgegeben, als am 27. eines Monats die nicht mehr erhoffte Rettung der Ladung gemeldet wurde. Das hätte ihn veranlaßt usw. Wir wollen nicht entscheiden, ob an dieser Geschichte etwas Wahres ist. (27 ist jedenfalls ein Vielfaches von 3). Pfründner aus drei verschiedenen Gruppen wurden aufgenommen (Frauen, Männer, Knaben). Die Zahl potenziert ergibt 9, ein Dreifaches 27. Und die Drei ist eine heilige Zahl.

Bleibt noch, die drei zuletzt genannten Stiftungen und die Beweggründe der einzelnen Fundatoren nach Gemeinsamkeiten zu untersuchen. Georg Adam Krauss und Heinrich Keller waren Handwerker, die durch Militäraufträge reich geworden sind. Der Riemenmeister stieg allmählich zum Handelsherrn auf, nachdem er besonders für die Kavallerie gearbeitet hatte. Johann Adam Pruner stammte bereits aus einer gutbürgerlichen Familie und machte sicher im Handel einen guten Teil seines Gewinnes. Aber auch er profitierte vom Handel mit kompletten Monturen.

Keller war als Konvertit gewiß tiefgläubig und besonders bestrebt, seinen Glaubenswechsel auch nach außen hin zu dokumentieren. Krauss wieder zeigte durch seine Einheirat in die Familie Posch, aus der in zwei Generationen nicht weniger als fünf Priester hervorgingen, daß er ebenfalls tief religiös veranlagt gewesen sein muß. Der fromme Geist, der im Elternhaus Pruners vorherrschte, wird vielleicht aus der Spruchtafel deutlich, die an der Toreinfahrt angebracht ist und die Jahreszahl 1681 aufweist (Bild). Es ist vielleicht auch noch bemerkenswert, daß Johann Pruners Mutter eine Enkelin des Pankraz Danmiller war.

Zur Zeit des Barock hat es in der Stadt viele Möglichkeiten gegeben, sich durch eine Stiftung ewigen Nachruhm zu sichern. Die meisten Bürger konnten sich nicht für eine bestimmte Anstalt oder ein bestimmtes Kloster entscheiden, sodaß in den Testamenten meist alle oder fast alle Einrichtungen bedacht wurden. Dies führte zu einer Zersplitterung der milden Gaben, die wenig Effizienz zeitigte. Vielleicht gab es auch eine unausgesprochene moralische Verpflichtung, möglichst alle zu beteilen. Die Konkurrenz der einzelnen Versorgungsanstalten untereinander war jedenfalls groß, wenn auch nicht ganz so groß wie mit den Bettelorden. Neben den Stiftungen auf Versorgungshäuser und Klöster wurde in den Testamenten fast immer eine Summe ausgeworfen, die am Tag des Begräbnisses an die Stadtarmen verteilt werden sollte. Da die Insassen der Versorgungshäuser jeweils extra bedacht wurden, konnte es sich bei diesen Almosenempfängern nur um die Bettler handeln, über deren Schicksal uns die Quellen nichts erzählen. Lediglich Bettlerordnungen, die Anleitungen geben, wie mit ihnen zu verfahren ist, sind uns überliefert.

308 Das Prunerstift unmittelbar nach seiner Errichtung auf dem schon mehrfach angesprochenen Ölgemälde von 1741/42 im Festsaal des Alten Rathauses. Foto: Schepe

Die Bettler

Wer in den Stiftungshäusern nicht unterkommen konnte, war auf den Straßenbettel angewiesen. Daran sollte sich während der gesamten Barockzeit nichts ändern. Die heute als völlig untaugliches Mittel anzusehenden Versuche, das Betteln durch Verbote einzuschränken, gingen an den wahren Ursachen der Not vorbei. Gerade im Dreißigjährigen Krieg wurden so viele Menschen entwurzelt, daß an eine erfolgreiche Bekämpfung des Elends nach damaligen Vorstellungen gar nicht zu denken war. Neben den heimischen Arbeitslosen waren es auch die vielen Fremden, die auf dem Weg in ihre Heimat versorgt werden mußten. Bei den vazierenden Priestern war es Aufgabe des Dechants, sich davon zu überzeugen, daß er tatsächlich einen Berufskollegen vor sich hat, und bei den Weltlichen war es Sache des Stadtrichters oder Bürgermeisters, zu entscheiden, ob eine Bedürftigkeit vorliegt oder nicht.

Sowohl die Stadt als auch die Stände hatten eine eigene Kasse für die sogenannten „Hausarmen". Wir haben darunter jene Ärmsten und Armen zu verstehen, die irgendwo in einer Kammer bettlägerig waren und keinerlei Verwandte mehr hatten, die sich um sie kümmern konnten. Dabei waren weniger jene ein Problem, die in der Stadt und der Vorstadt untergebracht waren, als die, die man bei Nacht und Nebel auf Tragbahren oder in Schubkarren aus der Umgebung heranbrachte und vor den Stadttoren einfach ablud.

Relativ großes Verständnis brachte man noch den Personen entgegen, die im Dienst der Bürger alt geworden waren oder sich etwa bei einem Arbeitsunfall so verletzt hatten, daß sie keiner Beschäftigung mehr nachgehen konnten. Sie bekamen immerhin bestimmte Plätze zugewiesen, auf denen ihnen das Betteln erlaubt wurde. Als Legitimation diente ihnen ein Abzeichen, das von der Stadt ausgegeben wurde. Ihre Gegenverpflichtung bestand lediglich darin, für die Almosengeber zu beten. Allerdings wurde sehr genau kontrolliert, ob sie alle Sonn- und Feiertage zur Messe und viermal pro Jahr zur Beichte gingen.

Rigoros aber gedachte man immer wieder gegen jene vorzugehen, die – obwohl arbeitsfähig – keiner Beschäftigung nachgehen wollten, wobei man sich um die Beweggründe der einzelnen nicht kümmerte. Im Jahre 1638 war dem Magistrat vom Wiener Hof über den Landeshauptmann befohlen worden, eine Bettlerordnung auszuarbeiten, die als *verneuerte,* also in überarbeiteter Fassung erst sechs Jahre später publiziert wurde. Als wichtigste Neuerung wurde die vierteljährliche Visitation aller Bettler durch einen Arzt, einen Bader und die zuständigen Stadträte eingeführt. Wer dabei als arbeitsfähig befunden wurde, verlor seinen Stammplatz und wurde aus der Stadt verjagt. Meist kamen die Vertriebenen nicht weit, sondern suchten in den Vororten, im Weingarten, der Sandgstätten und in Urfahr Unterschlupf. Die zuständigen Grundherrschaften kümmerten sich darum wenig, denn schon am nächsten Tag zog die Stadt die hungrigen Menschen wieder an.

Der enge Konnex zwischen Armut und Kriminalität war den Verantwortlichen durchaus bewußt. Die Bettlerordnung kennt die Steigerung vom Bettler zum *Gaßen- und Straßentrether* über den *Spüller* (= Spieler) zum Dieb und Räuber sehr wohl, stellt dem aber nur eine moralische Forderung gegenüber, nicht eine Abhilfe der Armut. Die Stände sahen vor allem in der Abschaffung der ausländischen Bettler eine Möglichkeit, das Problem in den Griff zu bekommen. Ganz abschaffen wollte man dagegen die heimischen durchaus nicht. Ein Umdenken setzte beim Adel langsam erst ein, als 1693 den Grundherrschaften die Armenfürsorge generell übertragen wurde, doch dauerte es noch lange, bis 1727 eine Kommission wenigstens erheben ließ, wie viele Unterstützungsbedürftige es im Lande überhaupt gibt. Die unglaubliche Zahl von 25.896 (5742 Männer, 11.117 Frauen, 7247 Kinder und 1238 abgedankte Soldaten) dürfte die unbedingt notwendigen Aktivitäten eher gelähmt als gefördert haben. Sicher hat die zu dieser Zeit verstärkt einsetzende Förderung der Manufakturen viele von ihnen von der Straße geholt, aber es scheint sehr zweifelhaft, daß sie dort bei dem überaus kargen Lohn glücklicher wurden als vorher.

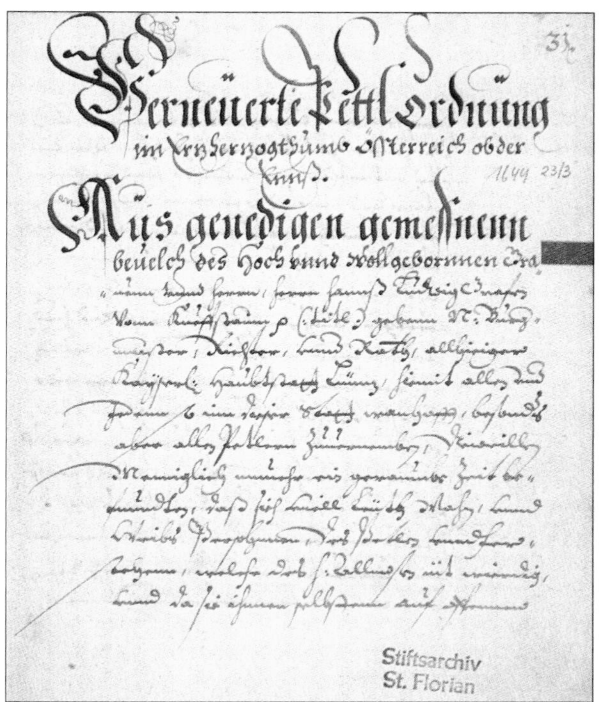
Verneuerte Bettl Ordnung
im Erzherzogthumb Össterreich obder Ennß.
Aus genedigen gemessnem
beuelch des Hoch vnnd Wollgebornnen

309 Die „verneuerte" Bettlerordnung aus dem Jahr 1645.
Stiftsarchiv St. Florian, Hs 62. *Foto: Litzlbauer*

Bildung und Kultur

Obwohl in unserer Epoche den beiden Begriffen eine sehr ungleichwertige Bedeutung zukommt, seien sie für das 17. und 18. Jahrhundert doch unter einem Kapitel zusammengefaßt. Die Dynamik im Streben nach Bildung, die das 16. Jahrhundert ausgezeichnet hatte, mündete in der folgenden Epoche in einem gleichförmigen Erziehungsmuster, das in erster Linie von religiösen Inhalten bestimmt war und von Institutionen der Kirche geleitet wurde.

Das Jesuitengymnasium

Die Geschichte des Elementarschulwesens hat sich in der hier zu behandelnden Epoche nur sehr wenig von der vorhergehenden unterschieden, lediglich die Konfessionen haben gewechselt und die Schulmeister glitten wieder mehr unter die Fittiche des Stadtpfarrers, was sie besonders in der ersten Hälfte des 17. Jahrhunderts zu spüren bekamen, als sie mehrmals selbst in den Schulkarzer gesteckt wurden. Über den Mädchenunterricht ist im Zusammenhang mit dem Ursulinenkloster bereits gesprochen worden. Die große Zeit der Schulreform wird erst unter Maria Theresia anbrechen, sodaß die Grundschulen hier ohne große Verständnisverluste ausgeklammert bleiben können.

Das Fortleben der ehemaligen Landschaftsschule aber verdient aufgrund der gravierenden Veränderungen doch beachtet zu werden. Wir hielten zuletzt bei der definitiven Aufhebung der evangelischen Schule. Der schwerste Anschlag auf diese Institution aber war die Beschlagnahme der Schulkasse und die wohl kaum gerechtfertigte Vergabe der Herrschaft Ottensheim an die Jesuiten. Ohne Geld war auch damals eine Schule natürlich nicht zu betreiben. Als sich die Wogen nach der Niederschlagung des Bauernaufstandes wieder geglättet hatten, setzten deshalb die Stände alles daran, ihre einst so berühmte Ausbildungsstätte wieder ins Leben zu rufen. Daß es nun eine katholische Schule werden mußte, daran konnte kein Zweifel bestehen. Als Sonderbotschafter in allen ständischen Angelegenheiten fungierte Abt Georg Grill II. von Wilhering in Wien, und er betrieb die Rückerstattung der Gelder, die in Form von Stiftungen angelegt waren. Mit Ausnahme der Herrschaft Ottensheim, das bei weitem die größten Einkünfte brachte, erhielten sie die Schulkasse zurück. Das war aber für die Aufrechterhaltung des Unterrichts zuwenig.

Auf der anderen Seite bestand ja längst ein zweites Gymnasium, das der Jesuiten. Sie konnten in Ruhe abwarten, bis ihnen die Früchte der ständischen Bemühungen in die Hände fallen würden. Denn wo hätten die Adeligen überhaupt katholische Professoren suchen können, wenn nicht bei ihnen! So kam es denn seit 1627 zu Verhandlungen, die 1629 damit endeten, daß der Gesellschaft Jesu der mittlere Stock im ehemaligen Schultrakt für den Unterricht mit der Klausel überlassen wurde, daß dadurch nur ein Mietverhältnis eingegangen wird. Der Rektor Pater Thomas Thomä hatte nicht nur den gesamten Schulstock gefordert, sondern auch den Landhaussaal zum Proben der Theaterstücke, was die Stände natürlich als ungeheure Zumutung empfanden und ablehnten.

Indes steckte dahinter natürlich ein ausgreifenderer Plan. Die Patres beabsichtigten, die Nachbarhäuser der Minoritenkirche zu erwerben, um dort ihr längst geplantes Kolleg zu errichten. Ob sie ihre Augen auch auf das Landhaus selbst geworfen haben, läßt sich nicht mehr sagen. Es sollte aber anders kommen.

Für die Unterbringung der Schüler war das Losensteiner Haus (Hofgasse Nr. 9) vorgesehen, das damals bereits den Jesuiten gehörte. Die Schulökonomie (= das Konvikt) wurde genau nach dem alten Muster eingerichtet. Die Adeligen betrachteten sich – in Verkennung der Tatsachen – noch immer als die eigentlichen Herren des Gymnasiums und stellten deshalb 1631 auch das Anomäische Haus (Domgasse Nr. 12) um nur 1000 Gulden für den Schulbetrieb zur Verfügung, sodaß die Studenten dorthin übersiedeln konnten. Den Kaufbetrag spendete der Propst von St. Florian. Spätestens damals verschmolzen Landschaftsschule und Jesuitengymnasium zu einer Unterrichtsanstalt.

Was die Adeligen für ihre Söhne, machten die Jesuiten für ihren Priesternachwuchs: Sie gründeten bereits 1628 ein Seminar, in das Knaben finanzschwächerer Eltern Aufnahme finden konnten, wenn sie sich für den Priesterberuf entschieden. Dieses sehr streng gehaltene Internat wurde zunächst neben der Dreifaltigkeitskapelle in der Altstadt eingerichtet. 1632 kamen auch diese Zöglinge in das Anomäische Haus, das seit einem Umbau und einer Erweiterung in der zweiten Hälfte des 17. Jahrhunderts „Seminarium Sancti Ignatii" hieß. Die weniger bemittelten Studenten mußten sich ihren Unterhalt als Knabenchor bei den vielen Messen verdienen. Bald aber wurden gegen Entgelt auch reiche Studenten in das Seminar aufgenommen. Die Patres selbst bewohnten seit 1623 das Schwesternhaus, das neben dem alten Pfarrhof lag und damit zur Keimzelle des Kollegiums wurde. 1636 wurde dieses als einziges Stadtkloster durch ein Privileg Kaiser Ferdinands II. landständisch. Dies bedeutete natürlich auch, daß das Haus und seine Bewohner von der Steuer befreit waren. Die Jesuiten kauften in der Südostecke noch zwei Häuser auf und tauschten ein weiteres mit jenem in der Hofgasse, sodaß sie nach der Erwerbung des alten Dechanthofes (1652) die gesamte Südostecke der Stadt in Besitz hatten. Es fehlte lediglich noch das Haus des Salzburger Domkapitels, auf dessen Grund später die Ignatiuskirche errichtet wurde. Zur Erhaltung der klösterlichen Ruhe mußte die Schießstatt am Graben verlegt werden, und der Zwinger ging in den Besitz des Kollegiums über, ebenso wie das Eckrondell der Befestigung. Es ist kaum vorstellbar, daß die Stadtväter dem allen ganz freiwillig zugestimmt haben, denn dadurch wurde eine Verteidigung dieser Ecke unmöglich gemacht. Nach fünf Jahren Bauzeit war übrigens das neue Kolleg mit der Franz-Xaver-Kapelle fertiggestellt, der Schultrakt erst 1669.

In eben diesem Jahr wurden die Stände wieder aktiv und forderten nach dem Beispiel der Kärntner und Krainer Stände (Klagenfurt und Agram) die Einführung des philosophischen Studiums, um damit der Schule den Standard einer Universität oder zumindest einer Akademie zu verschaffen. In einem dreijährigen Kurs sollten Logik, Metaphysik und Physik sowie Ethik, Moral und das kanonische Recht gelehrt werden. Die Adeligen hofften, dadurch Kosten bei der Ausbildung der Kinder einsparen zu können, weil sie dann nicht mehr nach Wien, Graz oder Salzburg zu gehen brauchten. Der Rektor hat diesem Ansinnen zwar nachgegeben und die Studienrichtung eingeführt, damit aber sicher keine Freude gehabt, denn die Universitäten von Wien und Graz waren ohnedies in den Händen der Jesuiten, sodaß vorauszusehen war, daß sich eine weitere Studienanstalt nur zu einer Konkurrenz auswachsen würde. Noch dazu war die Studienrichtung nicht eindeutig auf Theologie ausgerichtet, sodaß aus der Sicht des Ordens für das Kolleg wenig Nutzen zu erwarten war. Bereits nach ein paar Jahren stellte sich heraus, daß die Naturwissenschaften (Mathematik, Physik) sträflich vernachlässigt wurden, und fünf Jahre später sollten die Stände dann jäh aus ihren Träumen von einer Hochschule des Landes gerissen werden: Sie hatten nämlich, vermutlich ohne die Jesuiten zu informieren, durch ein Privileg Kaiser Leopolds I. (1674) das Graduierungsrecht für die Akademischen Grade eines Baccalaureus und Magisters erreicht. Vermutlich wußten sie schon damals, daß die Patres kaum zustimmen würden, und wollten sie vor vollendete Tatsachen stellen. Diese aber weigerten sich, dieses Recht in Anspruch zu nehmen und führten neben den oben bereits genannten Gründen formalrechtliche Aspekte für ihre Ablehnung ins Treffen, denn die Formulierung der Urkunde

310 Das Ignatiusseminar in der Domgasse, heute ein Bankinstitut. Foto: Litzlbauer

war – nicht ohne Zutun der Stände – beinahe stümperhaft zu nennen.

Ob deswegen die Vornahme von Graduierungen tatsächlich nicht anerkannt worden wäre, wie die Jesuiten behaupteten, mag dahingestellt sein. Jedenfalls gab der Adel des Landes klein bei. Das sicher sehr teure Privileg wanderte in die Archivtruhe, ohne jemals in Wirkung zu treten.

Das Philosophiestudium aber blieb weiterhin möglich, und vor allem die Vorlesungen aus dem Kirchenrecht wurden von zahlreichen Hörern frequentiert.

Die Stände aber rührten sich erst 20 Jahre später wieder mit neuen Vorschlägen, um die Erhebung zur Akademie doch noch zu erreichen: 1691 forderten sie Vorlesungen über das *Jus Civile* (= Zivilrecht) und konnten dies auch durchsetzen. Im Gegenzug dazu wurde später auch das Theologiestudium ausgebaut. Die Zahl der Gymnasiasten und Studenten nahm im 17. Jahrhundert ständig zu, wobei viele von ihnen aus den österreichischen Nachbarländern, ja sogar aus Bayern, Lothringen und Italien stammten. Mit Stolz wird in den „litterae annuae" nunmehr auf die große Zahl der studierenden Adeligen, und da wieder auf jene aus bekannten Familien verwiesen. Das Hauptkontingent aber stellten die Bürgerssöhne, die auch eher wie jene den Priesterberuf wählten. Um die Jahrhundertwende (1700) betreuten die Jesuiten über 600 Schüler. Eine besondere Gruppe unter ihnen wurden die Zöglinge des Nordischen Stiftes.

Das Nordico

„Diese Anstalt", schreibt der Aufklärer Friedrich Nicolai um 1780 nach seinem Linz-Besuch, „hat vielleicht Wirkungen gehabt, die man derselben nicht zuschreibt." Er meinte damit den Versuch, über eine Ausbildungsstätte im Katholischen Habsburgerreich den Protestantismus der nordischen Länder auf friedlichem Wege zu unterminieren, um damit die Rückkehr der Länder zum Katholizismus vorzubereiten. Die Anfänge der „Wühlarbeit" reichen bis 1577 zurück und sind Papst Gregor XIII. zuzuschreiben. Damals wurden in Braunsberg (zwischen Danzig und Königsberg) und Olmütz Seminarien gegründet, in denen dänische, schwedische und norwegische Knaben unterrichtet und zu Priestern ausgebildet wurden, die dann in ihre Heimatländer zurückkehren und für die Gegenreformation arbeiten sollten. Die betroffenen Länder untersagten bei Verlust aller Rechte ihren Untertanen den Besuch dieser Anstalten. Dennoch blieben die Seminare und vor allem die alten Pläne aufrecht.

Im Jahre 1690 begleitete der aus Niederösterreich stammende Jesuitenpater Martin Gottseer den Gesandten Franz Ottokar von Starhemberg nach Stockholm, wo er die Überlegung, ein nordisches Kolleg zu gründen, aufgriff. Unterstützt von Starhemberg gelang es ihm, in Rom der an sich alten Idee zum Durchbruch zu verhelfen. Innozenz XII. stellte eine römische Stiftung für Pilger aus Schweden zur Verfügung, die ja damals funktionslos war, und bestimmte als Standort für das künftige Seminar ein katholisches Land im deutschsprachigen Gebiet. Pater Gottseer begleitete um 1698 sechs ausgewählte Jünglinge von Stockholm nach Süden und ließ sie im Seminar zu Linz ausbilden, wo er selbst in den nächsten Jahren als Professor wirkte. Adelige des Landes und Kaiser Joseph I. besserten die Stiftung auf.

1708 konnte Gottseer das Freihaus der Grafen Cavriani in der damaligen *Schliechtlgasse,*

311 Ein kaiserliches Privileg, das nie in Kraft trat: das Graduierungsrecht für das Linzer Gymnasium. OÖ. Landesarchiv, Ständische Urkundennummer 234. Foto: Litzlbauer

der heutigen Bethlehemstraße, erwerben. Das Kolleg sollte nach den drei heiligen nordischen Königen Erich von Schweden, Knut von Dänemark und Olaf von Norwegen *Seminarium S. S. Trium Regum* genannt werden. In einem besonderen Privileg behielt sich der Kaiser das Recht der Aufsicht vor. Neue Stiftungen in nicht unbeträchtlicher Höhe flossen nun zu. Das Präsentationsrecht für drei Zöglinge, das sich Joseph I. reserviert hatte, wurde von Kaiser Karl VI. 1712 durch die Überweisung von 20.000 Gulden auch finanziell abgesichert. Daraufhin, und vor allem aufgefordert durch Papst Clemens XI., stellten sich die Erzbischöfe von Mainz, Köln, Prag und Salzburg, die Bischöfe von Eichstätt, Würzburg, Paderborn und Münster mit bedeutenden Spenden ein. Die päpstliche Bestätigung und ein Schutzbrief des Apostolischen Stuhles bilden den Abschluß der Gründungsgeschichte.

Es war nun Geld genug beisammen, so daß in den Jahren 1709–1712 auch eine Kirche errichtet werden konnte, die jener über dem Geburtsort Christi in Bethlehem nachgebildet worden ist.

Als P. Martin Gottseer 1721 als Regens des Seminars abgelöst wurde, folgte ihm mit Johann von Galdenblad ein Mann, der von Anfang an das Gedeihen der Anstalt verfolgt hatte und sogar als Mitbegründer angesehen wird. Er war im Gefolge der Königin Christine von Schweden, die sich übrigens in Innsbruck taufen ließ, nach Rom gekommen, trat in den Jesuiten-Orden ein und ließ auch seine beiden Brüder nachkommen, von denen der eine, Lars, in venezianischen Kriegsdiensten ein Vermögen erwarb, das Johann erbte, was später wieder dem Nordico zugute kommen sollte.

Das Seminar kannte also keine Geldsorgen. Schwierig aber war es, Zöglinge zu finden, die der Intention der Stiftung entsprachen, denn von selbst kamen keine Dänen, Schweden und Norweger. Anfangs reisten alle drei Jahre Vertreter des heimischen Adels nach Norden, um geeignete Jünglinge nach Linz zu lotsen. Es war dies aufgrund der strengen Gesetzeslage in diesen Ländern ein gefährliches Unterfangen. Später unterzogen sich Mitglieder der Gesellschaft Jesu dieser Aufgabe, was die Brisanz des Unternehmens noch steigerte, denn diese durften offiziell gar nicht einreisen. Einer von ihnen, Johannes Ring, wurde bei seinen Werbemaßnahmen ertappt, eingesperrt und dann des Landes verwiesen.

Die Methoden der Schülerrekrutierung waren denn auch zweifelhaft. So wird glaubwürdig berichtet, daß Rings Vorgänger Mützen einem abgedankten schwedischen Offizier seinen Sohn um 300 Reichstaler abgekauft hat. Es dürfte dies kein Einzelfall gewesen sein.

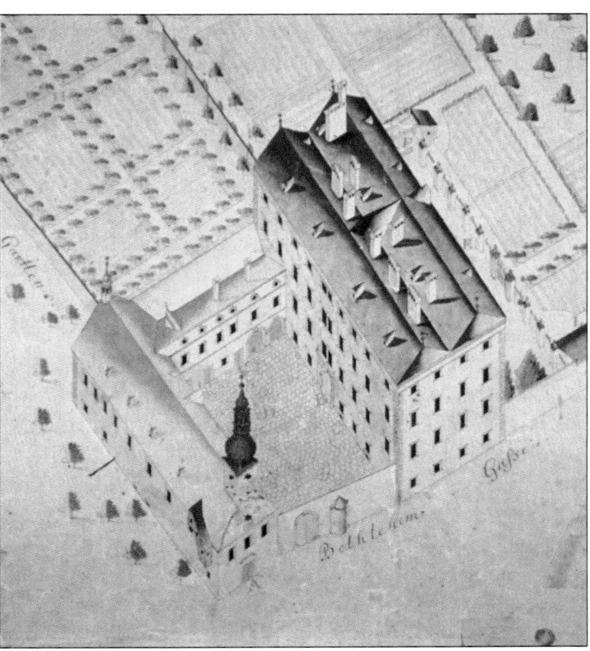

312 Das nordische Kolleg mit der Bethlehemkirche auf einem Aquarell von Joseph Zuber aus dem Jahr 1755. OÖ. Landesarchiv, Plansammlung. Foto: Litzlbauer

Pater Galdenblad versuchte, solchen „Machinationen" einen Riegel vorzuschieben und ließ in Schwerin eine Art „Vorschule" für Linz einrichten, in die neue Zöglinge ohne größere Schwierigkeiten aufgenommen werden konnten. War in Linz ein Platz frei, dann wurde der nächste Jüngling auf die Reise geschickt. Diese Zwischenstation bewährte sich bis zur Aufhebung des Jesuitenordens (1773) sehr gut.

Obwohl bei der Gründung daran gedacht war, Schüler aus beinahe allen Schichten der Bevölkerung aufzunehmen, damit diese dann zu Hause auch in beinahe allen sozialen Gruppen hätten wirken können, so wurde doch sehr bald der Wunsch deutlich, in erster Linie Kinder von Adeligen aufzunehmen. Es hatte sich aber gezeigt, daß dies nicht im gewünschten Maße erreichbar war. Nachwuchssorgen führten dazu, daß auch heimische Zöglinge aufgenommen werden mußten. Sie alle besuchten das Jesuitengymnasium bzw. die Akademie (Lyzeum).

Innerhalb des Seminars hatten sich im Laufe der Jahrzehnte je nach finanzieller Absicherung der Stiftsplätze zwei Gruppen herauskristallisiert, wobei die adeligen Zöglinge von den übrigen geschieden wurden. Sie aßen an einem eigenen Tisch und trugen die schöneren Uniformen. Außerdem erhielten sie Unterricht im Reiten und Fechten sowie in Musik und im Tanzen.

Unter dem Regens Pater Siegmund Anton Graf von Hohenwart, der später zum Erzieher des künftigen Kaisers Franz II. ernannt wurde und in der kirchlichen Hierarchie bis zum Kardinal aufstieg, wurde 1777 das Bergschlößchen angekauft, in dem die Schüler die Sommerferien verbringen durften.

Das Seminar, das ja immer in enger Verbindung zum Kolleg der Jesuiten gestanden war, hat die Aufhebung des Ordens (1773) überlebt und bis 1787 bestanden. Damals wurden die einzelnen Stiftungen zu „Handstipendien" umgewandelt. Der letzte Regens, Pater Ignaz Schiffermiller, wurde 1789 Pfarrer und Dechant in Waizenkirchen.

Adelige Exerzitien

Am Jesuitengymnasium fehlte jedoch die Ausbildung zum vollendeten Kavalier, wie er uns in den Romanfiguren dieser Epoche entgegentritt: Ein Weltmann, der sich in allen gesellschaftlichen Belangen sattelfest zeigt. Dazu gehörte die perfekte Kunst des Reitens, der elegante Schritt beim Tanz, die Konversation vor allem in Französisch und Italienisch und die Verteidigung der edelmännischen Ehre mit

313 In den Jahren 1695/97 wurde neben der Reitschule ein neues Ballhaus errichtet.
Ausschnitt aus dem Ölbild „Belagerung von Linz 1742".
Foto: Schepe

dem Degen. Dazu beherrschte ein Mann von Adel noch das Spiel mit Ball und Schläger (eine Vorform des heutigen Tennis) und später noch jenes am grünen Tisch – Billard. Wir haben ja schon gesehen, daß sich der in England aufgewachsene Prinz Ruprecht von der Pfalz im Linzer Ballhaus sehr gut zurechtfand.

Auf diese Erziehung wollten die Eltern der adeligen Jesuitenschüler nicht verzichten und sie stellten nach und nach die entsprechenden Lehrer auf eigene Kosten wieder an, um damit an eine Einrichtung anzuknüpfen, wie sie ja nach der Wiedererrichtung der Landschaftsschule (1608) in einigen Ansätzen schon bestanden hat.

Den Anfang machten sie mit dem Wiederaufbau des Ballhauses (1629/31). Diese erste „Sporthalle" der Stadt bestand aus einem langgestreckten Saal, dessen gute Belichtung über eine durchgehende Fensterreihe in der Höhe des ersten Stockwerkes gewährleistet wurde. Im Parterre befand sich an einer Längsseite des Spielfeldes eine Zuschauertribüne. Wie aus älteren Abbildungen zu ersehen ist, wurde das 1695/97 neu errichtete Ballhaus an der Promenade nach den gleichen Prinzipien gestaltet.

Paradoxerweise ging das Interesse am „Tennis" einige Jahre nach der Errichtung der neuen Halle zurück, sodaß das Ballhaus immer mehr für Theater- und Opernaufführungen genützt wurde. 1751 wollte es der Architekt Matthias Krinner zu einem Schauspielhaus umbauen. Dieser Plan wurde zunächst nicht realisiert, wohl aber zwei Jahrzehnte später die Aufstokkung um den Redoutensaal (1772/1773), der für die Abhaltung von Bällen und anderen Festveranstaltungen genützt wurde. Zehn Jahre darauf wurde ein Traiteur angestellt und eine Gastwirtschaft angegliedert, der Vorläufer des heute noch bestehenden Theatercasinos. Der immer wieder (auch 1774) geäußerte Vorschlag eines Vollausbaues zu einer ständig bespielten Bühne kam erst nach dem großen Stadtbrand von 1800 zur Ausführung.

Die Aufnahme eines Sprachmeisters erfolgte 1633. Claudius Jeangente unterrichtete im Landhaus und war mehr oder weniger auf den freiwilligen Besuch seiner Stunden angewiesen. Er bekam seine Besoldung von den einzelnen Schülern. 1636 wurde ihm auch die alte ständische Bibliothek anvertraut, die er durch moderne Lehrbücher aufstockte. Die Sprachschule bestand wie die anderen Einrichtungen bis 1750.

Ein Jahr nach dem Sprachlehrer wurde ein Bereiter angestellt, der ständig mehrere Pferde für den Reitunterricht halten mußte und – so scheint es zumindest – auch die Pferde einiger Adeliger zureiten mußte. Damals begannen auch die Verhandlungen mit der Stadt um ein Grundstück für einen Reitplatz an der Spittelwiese, die erst 1638 ihren Abschluß fanden.

Schon sechs Jahre später schenkte jedoch Kaiser Ferdinand III. den Ständen den sogenannten Mautgarten, den wir schon unter vielfacher Verwendung kennengelernt haben. Sie errichteten dort einen neuen Reitplatz mit Pferdestallungen, der 1696/97, gleichzeitig mit dem neuen Ballhaus ausgebaut wurde, sodaß im Westen des Landhauses eine Art Sportzentrum des Adels entstand, mit Stallungen, der Wohnung des Reitlehrers und offensichtlich auch einer Reithalle. Das Gebäude wurde 1909 abgebrochen und an seiner Stelle die Landwirtschaftskammer errichtet (Promenade Nr. 37).

Erst 1652 wurde wieder ein Fecht- und Tanzmeister angestellt, dessen Funktionen 1686 getrennt wurden. Damit war das Angebot den damals anderwärts üblichen Ritterakademien ebenbürtig.

In diese Richtung gehend dürfen wir die Anstrengungen der Stände verstehen, mit denen sie um 1695 auch die Jesuitenschule auf den Rang einer Universität heben wollten. Die Besoldung der Lehrer wurde allgemein angehoben und jeder von ihnen erhielt eine genaue Instruktion für sein Verhalten im Unterricht.

Ein zweiter Innovationsschub erfolgte in den Jahren 1707/08, als sich der Reitlehrer bereit erklärte, seine Schüler jene Reitkunststücke zu lehren, die man bei den Turnieren brauchte, und auch das erst in jüngster Zeit wieder übliche Voltigieren. Der Fechtmeister baute sein Lehrprogramm mit der Kunst des Fahnenschwingens aus und außerdem sollten die Schüler in der Handhabung von Pike und Muskete ausgebildet werden, also Übungen, die man am Schlachtfeld in die Praxis umsetzen konnte. Dazu paßt sehr gut, daß 1708 eine Ingenieurschule angegliedert wurde, an der Franz Knittel Mathematik, Geometrie, Architektur und vor allem das Fortifikationswesen lehrte. Es sieht ganz so aus, als wenn sich die Stände damals wieder mehr ihrer Aufgabe als Landesverteidiger bewußt geworden wären. Man befand sich ja auch mitten im Spanischen Erbfolgekrieg.

Wir werden anschließend gleich sehen, daß sie dieses Programm im Österreichischen Erbfolgekrieg nicht in die Tat umsetzten und sich dadurch den Zorn der Landesfürstin zuzogen. Von daher gesehen wundert es nicht, daß Maria Theresia im Jahre 1750 die sogenannten „adeligen Exerzitien“ gegen den Protest der Stände aufhob. Freilich war dies nur ein Punkt im großen Programm, das zur weitgehenden Entmachtung des Adels führen sollte.

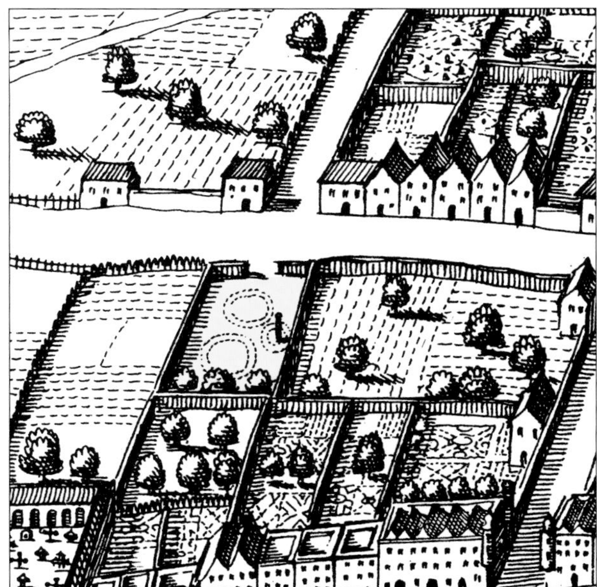

314 Die erste Reitschule entstand auf der Spittelwiese (Herrenstraße) 1636/38. Ausschnitt aus dem Vogelschauplan von Matthäus Merian von 1649. Stadtmuseum Linz, Inv. Nr. 2051.

Als Gegenmaßnahme wurde 1751 eine Akademie im Stift Kremsmünster eingerichtet, die aber kein vollwertiger Ersatz werden konnte, sodaß nach und nach, still, heimlich und leise die einzelnen Sparten in Linz wieder eingerichtet wurden: 1754 die Tanzschule, 1760 die Ingenieurschule, 1772 die Sprachschule und ab 1783 wurde wieder ein Bereiter angestellt. 1803 kam eine Zeichenschule dazu, aber der Fechtunterricht wurde nicht mehr aufgenommen. 1863 schließlich ist das Jahr, in dem der Reit- und Sprachunterricht endgültig aufgehoben wurde.

Architekten, Bildhauer und Maler

Wir haben bereits gesehen, daß um die Mitte des 17. Jahrhunderts immer mehr Maler und Bildhauer das Bürgerrecht in Linz annahmen, wobei unter dem Begriff des Bildhauers oft auch die Steinmetze subsumiert wurden. Zu diesen bürgerlichen Kunstschaffenden kamen dann noch solche, die in den Freihäusern der Klöster als Hausmeister fungierten und sich als solche gar nicht um ein bürgerliches Gewerbe bemühten. Die Architekten, oft einfach als

Maurer oder Baumeister bezeichnet, wurden wegen ihres Einsatzes bei Befestigungsbauten manchmal auch Ingenieure genannt.

Als Künstler im heutigen Sprachgebrauch sind sie damals allesamt nicht angesehen worden, auch wenn es einige von ihnen zu Ansehen und bescheidenem Reichtum gebracht haben. Beinahe alles, was auf uns gekommen ist, Bauten, Plastiken oder Bilder, waren Auftragswerke, die im Stil der Zeit, aber nach einem sehr genau vorgegebenen Programm der Werkbesteller geschaffen worden sind. Es ist hier nicht der Ort, über die Vorzüge oder Schattenseiten der Kunst des Barocks zu handeln. Die persönlichen Vorlieben der Kunstbetrachter sind zu verschieden, um ein (end)gültiges Urteil abzugeben. Sicher scheint lediglich, daß keine andere Epoche der Kunst so sehr zur Festigung der gesellschaftlichen Verhältnisse beigetragen hat wie diese. Zudem hat sie alle Kreise der Bevölkerung angesprochen, auch wenn viele die mythologischen, biblischen und kirchenhistorischen Programme der Gemälde und Fresken gar nicht verstanden haben. Schließlich nahm auch die Volkskunst barocke Motive auf und tradierte sie wesentlich länger als die beruflich Kunstschaffenden. Ein einprägsames Beispiel dafür ist der sogenannte Florianer Bauernbarock, der vor allem in der Erzeugung und kunstvollen Bemalung von Bauernmöbeln Großartiges hervorbrachte.

Ein Eigenleben der einzelnen künstlerischen Sparten gab es kaum. Alles wurde zum Gesamtkunstwerk, und jeder Mitarbeiter am Bau einer Kirche, eines Palais, hat sich dem Gesamtprogramm angepaßt und nicht etwa versucht, sich dort nur selbst zu verwirklichen. Ähnliches gilt ja auch von den höfischen Festen, bei denen Musik, Kulissen, Theaterszenen und Speisefolgen aufeinander abgestimmt gewesen sind. Die Fürsten liebten es, selbst eine aktive Rolle im Gesamttheater zu spielen. Die Hauptarbeit und die Kreativität der Schöpfungen lagen aber doch bei den Künstlern.

Davon hat Linz eine ganze Reihe bodenständiger Persönlichkeiten aufzuweisen. Doch war die Stadt im weiteren Sinne auch für auswärtige „Größen“ interessant, wenngleich nicht übersehen werden darf, daß sie oft nur im Auftrag baufreudiger Landäbte hierher kamen, die sich ihre Stadthäuser errichten ließen.

Das trifft zum Beispiel auf Jakob Prandtauer zu, der für Kremsmünster ein Palais geplant hatte, oder Lucas von Hildebrandt, der dem Grafen Harrach seine Deutschordenskommende mitsamt der Kirche entwarf.

Nicht unbedingt bodenständig war auch die Familie Carlone, vertreten durch Pietro Francesco und seine Söhne Giambattista, Carlantonio und Bartolomeo. Ein weiterer Sproß, nämlich Martino, hat schon 1623 unter Max Martin Spaz in Linz gearbeitet. Pietro Francesco könnte mit der Jesuitenkirche (Alter Dom) in Zusammenhang stehen. Ähnlichkeiten der Fassade mit der Kirche am Hof in Wien, die er entworfen hat, lassen Carlantonio für die Karmelitenkirche als Planer wahrscheinlich werden. Auch der Turm der Pfarrkirche wird ihm und seinem Bruder Giambattista zugeschrieben, ebenso das gegenüberliegende Freihaus des Klosters Garsten. Die neue Reitschule (begonnen 1695) soll ihre Handschrift getragen haben und das nicht mehr bestehende Freihaus des Klosters Schlierbach in der Herrenstraße.

Den Übergang von der Renaissance zum Barock hat die Familie Canevale begleitet. Allerdings hat die in Linz bekannte dritte Generation ihr Arbeitsgebiet nach Wien verlegt. Damit sind auch schon die wichtigsten Architekten genannt.

Ihnen stehen die bodenständigen Baumeister gegenüber, die von den *welschen* Maurern sehr bald und sehr ausgiebig gelernt haben, war ihnen doch oft die Ausführung der von den berühmten Meistern entworfenen Bauten anvertraut.

So war Georg Pruckmayr seit spätestens 1670 in Linz tätig. Er baute am Turm der Pfarrkirche mit, an der Reitschule und am renovierungsbedürftigen Landhaus. Er errichtete das Starhembergische Freihaus in der Altstadt Nr. 17. Sein Sohn Franz Michael stand in den Diensten der Ursulinen, der Klöster Garsten und Schlierbach.

Später wurden die Baumeister Johann Haslinger – er heiratete die Witwe des Franz Michael Pruckmayr – und Johann Matthias Krinner zu lokalen Größen der Baukunst. Haslinger arbeitete bei den Ursulinen, im Stift Wilhering und gilt als Architekt des Prunerstiftes. Er lieferte Pläne für die Kirche am Pöstlingberg und den Stockhof, der von den Ständen 1731 angekauft wurde, um darin ein Strafhaus einzurichten.

In Linz geboren wurde auch Johann Matthias Krinner (um 1700). Er war nicht nur Baumeister, sondern auch Maler und Bildhauer. Sein Entwurf für den Bau des Elisabethinenklosters samt Kirche (1745) wurde nicht ausgeführt, aber der Glasschrein des hl. Deodatus erinnert noch an sein Wirken. Er soll an der Barockisierung der Minoritenkirche beteiligt ge-

315 Glasschrein des hl. Deodatus in der Kirche der Elisabethinen nach einem Entwurf von Johann Matthias Krinner (1755). Foto: Litzlbauer

wesen sein. Sicher stammte das städtische Theater an der Donaulände von ihm (1752). Ein Jahr zuvor hatte er Pläne für den Umbau des Ballhauses in ein ständisches Schauspielhaus vorgelegt, die nicht zur Verwirklichung kamen.

Es gäbe noch einige tüchtige heimische Architekten zu nennen, die zumindest eine Erwähnung verdienten, doch würde uns eine Aufzählung ins Uferlose führen.

Darum sei nur noch an Johann Michael Pruner erinnert, den Bruder des bekannten Bürgermeisters (vgl. S. 364). Er hat an Fleiß und Bekanntheit alle Linzer Berufskollegen übertroffen, mit Hildebrandt zusammengearbeitet und nicht nur in Linz, sondern im ganzen Land gebaut. Am bekanntesten sind wohl die Stiftskirche in Spital am Pyhrn (begonnen 1714) und das barocke Kleinod der Kuppelkirche in Stadl-Paura (1714–1724). In Linz werden ihm die Kirche der Barmherzigen Brüder, die Dreifaltigkeitskapelle an der Landstraße, die Freihäuser Zeppenfeldt, Mannstorf, Weissenwolff, Hohenegg (Hofgasse Nr. 20) und andere zugeschrieben. Sicher nahm die Wollzeugfabrik auf seinem Reißbrett Gestalt an. Schwer enttäuscht war er, als er bei der Errichtung der Dreifaltigkeitssäule nicht zum Zuge kam.

Am Ende seines Lebens hatte er mit seiner Kunst die an sich große Summe von 25.000 Gulden erwirtschaftet, sein Bruder als Handelsmann aber ziemlich genau den zehnfachen Betrag. Dies macht vielleicht deutlich, welcher Wert seinem unvergänglichen Schaffen damals zugemessen wurde.

Ohne die Arbeit von Bildhauern und Stukkatoren sind Barockbauten nicht denkbar; allein ihre Werke sind noch schwerer zuzuordnen als die Schöpfungen der Architekten. Die Namen sind uns aber bekannt. Z. B. die der Brüder Leopold und Franz Georg Högenwald (ab 1630), von deren Nachkommen der Maler Wolfgang Michael und der Bildhauer Joseph Michael in der Fachwelt internationale Anerkennung genießen. Vom ersteren stammt z. B. das Altarbild der hl. Rosalia im Alten Dom, vom letzteren die Einrichtung der Sakristei im Stift Melk.

Johann Peter Spaz (gest. 1695) arbeitete an den Stiftsportalen von Kremsmünster und Seitenstetten mit und schuf Stuckdecken für das Stift St. Peter in Salzburg. Der Hochaltar der Karmelitenkirche in Regensburg stammt ebenso von ihm wie Seitenaltäre in Klosterneuburg und ein Waschbecken aus Marmor in Maria Taferl. Damit ist bereits dargelegt – ohne daß wir alle seine Werke aufzählen könnten –, daß er ein sehr gesuchter Künstler war.

Darin standen ihm die Brüder Franz Joseph und Johann Michael nicht nach, die sich 1682

316 Das Werk Johann Michael Pruners wurde kürzlich (1989) durch eine Sonderpostmarke gewürdigt, auf der sein schönstes Werk, die Kirche in Stadl-Paura, wiedergegeben ist. Die vom Familiennamen seines Bruders Johann Adam abweichende Schreibung (Prunner) ist lediglich eine gelehrte Spitzfindigkeit.

in Linz niedergelassen haben. Johann Michael schnitzte große Bilderrahmen für Kremsmünster und Statuen für den Kreuzaltar in Seitenstetten. Die steinernen Zwerge von Kremsmünster stammen auch von ihm.

Zu erwähnen sind auch Johann Christoph Jobst und dessen Sohn Ferdinand Melchior, von dem die geschnitzte Pieta am Hochaltar der Wallfahrtskirche auf dem Pöstlingberg stammt.

Johann Joseph Wanscher galt als Zwergenvater im Lande. Die meisten Sandsteinfiguren in den Parkanlagen von Schlössern und Klöstern sind in seiner Werkstatt entstanden. Sie feiern als Gartenzwerge aus Plastik heute fröhliche Urständ.

Als einer der bedeutendsten Stukkatore des österreichischen Barocks überhaupt gilt Franz Joseph Ignaz Haslinger, der sich um 1720 in Linz angesiedelt hat. Hier war er beim Bau der Deutschordenskirche tätig. Später jedoch wurde er ganz von St. Florian in Beschlag genommen, wo er als Glanzstück den Stuck im Marmorsaal schuf. Es war sein Meisterwerk und verantwortlich dafür, daß er in der Folge in ganz Süddeutschland gefragt war.

317 Hochaltarblatt (Maria Immakulata) in der Karmelitinnenkirche (= Barmherzige Brüder) von Johann Martin Schmidt (= Kremser Schmidt, 1733). Foto: Maier

Beachtung verdienen auch Leopold Mähl und sein Sohn Franz. Von Leopold hat sich u. a. die Figurengruppe der Dreifaltigkeit am Linzer Wahrzeichen erhalten. Von Franz stammen alle Holzschnitzwerke in der Ursulinenkirche, ob Altareinfassungen oder Plastiken.

Vater und Sohn Friedrich und Johann Michael Herstorfer arbeiteten in St. Florian und Linz, an der Pöstlingberg- und Elisabethinenkirche, am Redoutensaal und nahmen die erste Restaurierung der Dreifaltigkeitssäule vor.

Als letzter – auf viele (etwa Leonhard Sattler) kann nicht näher eingegangen werden – sei Kaspar Modler genannt, der aus Obernberg am Inn stammte. Er war ein gesuchter Stukkator des Rokoko und arbeitete in der Minoritenkirche, in Spital am Pyhrn, am Pöstlingberg und im Tafelzimmer des Stiftes Wilhering. Die beiden wilden Männer, die an der Fassade des Hauses Hauptplatz Nr. 21 den Elefanten halten (vgl. Abb. 101), werden ihm ebenfalls zugeschrieben.

Nicht vergessen werden soll die Johann-Nepomuk-Statue des Raphael Donner an der Außenwand der Stadtpfarrkirche. Sie gilt als die bedeutendste Barockplastik in Linz. Ursprünglich stand sie in einer Nische bei der Deutschordenskirche (1727). Der Künstler hat aber nie in Linz gearbeitet.

Was von Bildhauern und Stukkatoren schon gesagt wurde, trifft uneingeschränkt auch auf die Maler zu. Auch ihre Arbeit war Beiwerk der Architektur, ob es sich um Fresken, Altarbilder oder sonstige Werke handelte. Größe, Farbe und Bildinhalte der Gemälde wurden meist auf die Räume abgestimmt, die sie aufnehmen sollten.

In diesem Genre gibt es eine Unzahl von Meistern, die in Linz oder für die Bewohner von Linz gearbeitet haben: von Hanns und Leonhard de Reiter (um 1660), Johannes Dietterlin und Heinrich von Verle (um 1650), Adrian Volchart von Lier (um 1679) und Tobias Pock aus Konstanz (1655) hat sich in Linz nichts erhalten, obwohl sie nachweislich hier ihre Werkstätten hatten. Wohl aber von Joachim Sandrart: Die „Kreuzigung“ im Kloster der

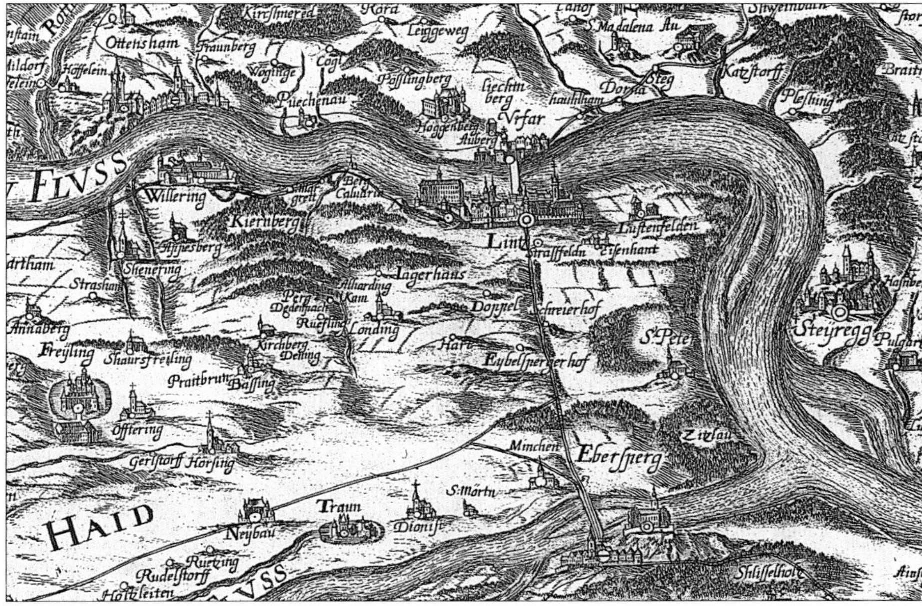

318 Ausschnitt von Linz und Umgebung aus der Karte Oberösterreichs von Georg Matthäus Vischer. Archiv der Stadt Linz, Bibliothek.

Kapuziner und das „Letzte Abendmahl“ in der Stadtpfarrkirche aus der Zeit um 1650.

Überaus fleißig war Clemens Beuttler, der sich in Ebelsberg niedergelassen hatte. Seine Kupferstiche des prächtigen Barockschlosses Windhag sind ebenso berühmt wie die überaus wertvolle Darstellung der Bauernhöfe um Asten im Urbar der bischöflichen passauischen Herrschaft Ebelsberg. Er zeichnete auch Landkarten und malte Altarbilder für die Kirchen der Umgebung, wobei er von seiner Schwester unterstützt wurde.

Als ähnlich tüchtig erwies sich der Tiroler Geistliche Georg Matthäus Vischer, der für seine Topographie von Oberösterreich 222 Schlösser, Klöster und Städte zeichnete (1674). Sie sind überaus wertvolle historische Dokumente. Später folgten noch Topographien von Niederösterreich (504 Ansichten) und Steiermark. Auch eine Landkarte von Oberösterreich ließ er in Kupfer stechen und drucken (1669).

Schon damals großes Ansehen genoß die Malerfamilie Dallinger, die sich nach Wien und Prag verzweigte und bis in das 19. Jahrhundert fortbestand. Nach Linz kam sie 1670. Ein später Sproß, Johann Georg Dallinger, schuf 1772 die Wandmalereien im Redoutensaal.

Über halb Europa sind die Bilder der Familie Purgau verbreitet, besonders die Ölminiaturen von Kleintieren (Insekten) und Blumen des Franz Michael (geb. 1677).

Viele von den erwähnten Malern waren, bevor sie sich in der Stadt niederließen, auf Wanderschaft, meist in Oberitalien, um sich dort entsprechend zu schulen. So z. B. Michael Halbax (1661–1711), der so wie andere bei Carl Loth in Venedig studierte.

Einer der beliebtesten und ein sehr vielbeschäftigter Maler stammte selbst aus Italien (Neapel): Martin Altomonte. Als er nach einer langen Lebensreise über Warschau und Wien 1720 nach Linz kam, brachte er mit Bartolomeo bereits einen erwachsenen Sohn mit, der wohl das reichhaltigste Œuvre im Land hinterlassen hat. Zwar nicht ganz so begabt wie sein Vater, schuf er Altarbilder und Fresken in Wien (St. Stephan, Minoritenkirche), Spital am Pyhrn, St. Florian, Wilhering, Seitenstetten, Herzogenburg, Engelszell, St. Pölten und in vielen kleineren Orten. In Linz arbeitete er für die Minoriten (Hochaltarbild), Ursulinen (Altarbilder) und Jesuiten (Fresken in der Bibliothek des Kollegs).

319 Selbstbildnis Bartolomeo Altomontes im Deckenfresko des Bildersaales von St. Florian. Foto: Maier

Sein Vater malte die Hochaltarbilder für die Karmeliten (Hl. Familie), die Deutschordenskirche (Kreuzigung), die Karmelitinnen (hl. Theresa, verschollen) und Ursulinen; ferner die Fresken in der Kirche des Prunerstifts. Dazu kamen natürlich noch Aufträge von den Landesklöstern.

Viele Altarbilder stammen auch von Carl von Reslfeld, der hauptsächlich für das Kloster Garsten arbeitete. Erwähnt sei hier besonders das Hochaltarbild in der Stadtpfarrkirche, eine Himmelfahrt Mariens aus der Zeit um 1695 und das Altarblatt der Stadtpfarrkirche Urfahr.

Bloß namentlich angeführt seien: die Familie Moll (Miniaturmaler), Johann Georg Topke, die Danzwohls, Matthias Dollicher, Martin

320 Hochaltarbild der Stadtpfarrkirche Urfahr mit einer Darstellung des hl. Joseph von Carl von Reslfeld (1702). Foto: Maier

321 Entwurf für einen Altar (Minoritenkirche?) von Kaspar Modler. OÖ. Landesarchiv, Plansammlung. Foto: Litzlbauer

Keller und bedeutender als die eben genannten, Wolfgang Andreas Heindl.

Von Carlo Carlone, der in Wien mit Lukas von Hildebrandt zusammengearbeitet hat, hat sich in Linz seine früheste Arbeit in Österreich erhalten: Die hl. Anna in der Karmelitenkirche (Altarbild 1712).

Der Kremser-Schmidt ist mit vier Altargemälden in der Minoritenkirche vertreten (1768/69) und dem Hochaltar in der Kirche der Barmherzigen Brüder (1787).

Damit schließen wir den kunsthistorischen Rundgang, ohne auch nur annähernd den Reichtum der Linzer Kunstschätze ausgeschöpft zu haben. Dem Barockfreund werden Johann Nepomuk della Croce fehlen (gest. 1819 in Linz), Vater und Sohn Prechler, Bernhard Friedrich Werner, Johann Georg Dorfler, Georg Adam Beyer und andere. Er wird sich an die Spezialliteratur halten, die ausreichend vorhanden ist.

Wissenschaft und Dichtung

Denkt man an die Leistungen eines Johannes Kepler, der seines Glaubens wegen aus Linz vertrieben wurde, dann ist es natürlich schwer, überhaupt jemanden zu nennen, der ihm im Bereich der Naturwissenschaften hätte nachfolgen können. Die Ansprüche müssen zurückgeschraubt und auf das Niveau einer Provinzstadt herabgedrückt werden, zumal da die alles beherrschende Gesellschaft Jesu an diesem Zweig der Wissenschaft wenig Interesse zeigte.

Erst in der Zeit der Aufklärung konnte der Regens des Nordico, Ignaz Schiffermüller, im Garten des Bergschlößchens seine botanischen Studien betreiben. Er pflanzte eine Allee nach dem linneischen System.

Erwähnenswert ist auch noch die spektakuläre Aktion des (Ex)jesuiten Franz Xaver Racher, der ein Jahr nach dem ersten Versuch des Montgolfiére (1784) ein Modell dieses Ballons, untermalt von musikalischen Darbietungen und begleitet vom Krachen der Böllerschüsse, in den Himmel (1500 Fuß) steigen ließ. Er hatte für den Schulbetrieb auch ein physikalisches Kabinett eingerichtet, dessen Apparate und Geräte aber bald in einem Gewölbe des Rathauses vor sich hinrosteten.

Die im Bereich der Medizin veröffentlichten Schriften sind durchaus im Aberglauben der Zeit verhaftet und wissenschaftlich von geringem Wert. So z. B. das Werk *Von der Natur und Eigenschaft der Pestilenz* (1639) von Dr. Andreas Spenholz, der sich als Pestarzt in Amberg hervorgetan hatte, bevor er nach Linz kam. Er zeigte sich überzeugt, daß die Seuchen durch bösen Zauber verursacht würden. Sein Kollege Petrus a Magir, der seit 1628 in Linz ordinierte, griff ein Buch Ludwig Keplers (Sohn des Johannes Kepler) heftig an, weil der es gewagt hatte, die Autorität eines Galenus und Avicenna anzuzweifeln (1636).

Auch zu ihrer Zeit berühmt wurden die beiden Linzer Chinamissionare Johannes Gruber und Ehrenbert Fridelli. Gruber war 1656 von Rom aus nach Peking aufgebrochen. Den Rückweg trat er zu Fuß durch die Mongolei und Tibet an, um einen Landweg nach China zu finden. Seine Reiseberichte und Skizzen verwertete Athanasius Kircher in seinem Werk *China illustrata* (Amsterdam 1667). Gruber zeichnete u. a. den Potala-Palast in Lhasa, von dem erst zweieinhalb Jahrhunderte später (1901) die erste Fotografie bekannt wurde.

Grubers Leistung wurde noch von Xaver Ehrenbert Fridelli übertroffen, der in den Jahren 1709–1718 zum Teil mit Kollegen, zum Teil auch allein neun der 18 Provinzen des chinesischen Kaiserreiches vermessen und karthographiert hat, darunter die flächenmäßig größten. Die Jesuiten stellten ihre Kenntnisse dem chinesischen Kaiser zur Verfügung, um auf diesem Umweg die Missionierung des Riesenreiches vorantreiben zu können. Die Mitarbeiter an diesem Kartenwerk durften nicht mehr nach Hause zurückkehren, denn sie galten als Geheimnisträger. So starb denn Fridelli (chinesischer Name: Fei Yin) 1743 im Alter von 70 Jahren in Bei-jing (=Peking).

Ehemalige Linzer Professoren am Jesuitengymnasium findet man als Missionare auch in Südamerika, Mexiko und Kanada. Als Martin Dobrezhofer aus Freiberg in Böhmen nach Paraguay ging, war allerdings das „Heilige Experiment" schon vorbei (1749).

Bedeutend, wenn auch nicht überragend und schon gar nicht fortschrittlich waren die Leistungen in der Theologie. Von Thomas Dueller, dem Prediger am Hof Kaiser Ferdinands III., war schon die Rede. In der gleichen Funktion machte sich auch Philibert Baccabella, den wir bereits als Architekten der Kalvarienbergkirche kennengelernt haben, einen Namen. Als überaus tüchtiger und gewandter Prediger galt auch Franz Stettelin, der Vikar in Steyregg gewesen ist.

Graf Johann Eberhard Neithart hätte vermutlich ein Richelieu Spaniens werden können, wenn ihn Don Juan d'Austria nicht vom Hof vertrieben hätte. Als Beichtvater Maria Annas, der Gattin König Philipps IV. von Spanien, ging er nach Madrid und wurde dort Mitglied des Regentschaftsrates und vor allem auch Großinquisitor. Später wurde er an die Kurie gerufen und trug seit 1672 den Kardinalspurpur. Seine Bücher vermachte er dem Jesuitenkollegium, von wo sie dann in die Studienbibliothek gelangten.

Besser noch waren die Leistungen auf dem Gebiet der Geschichte, die ja damals weniger als ein notwendiges Übel im akademischen Leben als eine Art Staatsbürgerkunde betrachtet worden ist. Dies freilich nur für die Welt des Adels und der Kirche.

Allen voran ist hier Johann Georg Adam von Hoheneck zu nennen, der die Geschichte des oberösterreichischen Adels in drei Bänden herausgegeben hat. Für Linz bedeutend wurde Leopold Sindt, der jüngste Sohn des Wollzeugfabrikgründers. Als Registrator verfaßte er nicht nur eine kurze Chronik der Stadt, sondern verzeichnete auch die Bestände des Archivs in vier umfangreichen Foliobänden. Durch diese Arbeit sind uns über die Geschichte von Linz Nachrichten erhalten, die nach der weitgehenden Vernichtung des Stadtarchivs (um 1826) unweigerlich verloren gewesen wären.

Ähnlich fleißig sammelte der Advokat Johann Carl Seyringer historische Nachrichten und nahm städtische Archivbestände mit nach Hause. Als er 1729 starb, gingen diese mitsamt seiner juridischen Bibliothek als Legat nach St. Florian, wo sie sich zum Schmerz der Linzer Archivare heute noch befinden.

Joseph Benedikt Heyrenbach, ein gebürtiger Bayer aus Ettal, war nach der Aufhebung des Jesuitenordens Professor für Geschichte an der Universität Wien. Er brachte, was für die damalige Zeit als ungewöhnlich erscheinen mag, eine Geschichte der Kunigunde, Tochter Kaiser Friedrichs III., heraus, die ja für längere Zeit auch in Linz weilte. Sicher würde es der eine oder andere Wissenschafter noch verdienen, hier genannt zu werden, doch haben sie alle keine überragende Bedeutung erlangt, ebensowenig wie die Dichter und Schriftsteller, von denen wir nur einen nennen wollen: den Kapuzinerpater Prokopius von Templin (bei Potsdam).

Berühmt wurde er durch seine über 500 Lieder, meist der heiligen Maria gewidmet. 33 Predigtbände vervollständigen sein Werk. Goethe lobte seine „anmutige Art, christliche Mysterien ans menschliche, besonders deutsche Gefühl herüberzuführen", und Clemens Brentano nahm zwölf seiner Lieder in *Des Knaben Wunderhorn* auf. Nach einem erfüllten Leben, das ihn nach Böhmen, Passau, Znaim, Rom, Wien und Salzburg geführt hatte, verbrachte er seine letzten Lebensjahre im Linzer Kapuzinerkloster (gest. 1680).

Hofoper, Jesuitendrama und fahrende Komödianten

Von den englischen Wanderbühnen, die in Linz aufgetreten sind, haben wir schon gehört. Anläßlich des Generallandtages 1614 hatte Kaiser Matthias die italienische Commedia-dell'arte-Truppe des Pier Maria Cecchini nach Linz kommen lassen, den er ein Jahr vorher sogar in den Adelsstand erhoben hatte. Schon 1568 hatte übrigens Kaiser Maximilian II. das Ensemble des Giovanni Tabarino nach Linz gerufen. Doch waren die italienischen Komödianten auf den Hof fixiert und unterschieden sich doch von den übrigen fahrenden Schauspielern, die unter großen Entbehrungen von Stadt zu Stadt zogen, um ihre Kunst an das Publikum zu bringen.

Zu ihnen zählten die *Innsbruckerischen Hof-Comoedianten*, die dort ursprünglich eine gesicherte Existenz hatten, bis sie Erzherzog Sigismund Franz aus Einsparungsgründen entließ. 1633 kamen sie nach Linz und boten den Ständen eine Sondervorstellung an, nicht ohne auf ihre bittere Not hinzuweisen. So wie man am Wiener Hof stets ein offenes Ohr für die Schauspielkunst hatte, erfreuten sich auch die Adeligen des Landes an den Darbietungen der Schauspieler. Sie hatten ja auch keine Verantwortung dafür zu tragen, was sich rund um die Auftritte dieser Truppen abspielte, deren Mitglieder sich auch auf alle möglichen Trickkünste verstanden, aufs Seiltanzen und auf possenhafte Akrobatik. Die Bürger hatten es auszubaden, wenn sie nebenher auch im „Kunsthandel" tätig wurden und frühe Pornographie verkauften. Die Quellen nennen das *leichtfertige Bilder.*

Am Ostermarkt 1670 hat der Magistrat den Auftritt der Komödianten verboten, sehr zum Unwillen der Stände übrigens, die der Truppe nun die Reitschule als Spielort zur Verfügung stellten. Die Gründe der Ablehnung lagen in der zu befürchtenden *Verderbnis der Jugend* und in der Feuersgefahr, denn alle Beleuchtungseffekte auf der Bühne waren nur mit offenem Licht zu erzielen.

Auf den heftigen Protest der Stände hin wies der Magistrat den Komödianten für die Zukunft einen Platz vor dem Wassertor an der Donau zu, ganz in der Nähe des Schlachthauses. Dort konnten sie auf eigene Kosten eine Bühne errichten, die nach dem Markt wieder abgetragen werden konnte.

Den Betrieb dürfen wir uns nicht viel anders vorstellen, als ihn heute die Alternativgruppen bei den großen Festivals als Straßentheater bieten. Dabei war ganz im Gegensatz zu den Jesuitendramen weniger wichtig, was gespielt wurde. Das Publikum verlangte den Possentreiber auf der Bühne, wie er im Pickl-Häring oder im Harlekino vorgezeichnet war, der ganz ungeschminkt seine derben Späße treiben mußte. Darin hat sich seit dem Ende des 17. Jahrhunderts der Schauspieler Johann Petzold hervorgetan, der als „Kilian Brustfleck" bereits in der bäuerlichen Salzburger Tracht auftrat und damit den späteren „Hans-Wurst" eines Gottfried Prehauser und Stranitzky vorweggenommen hat. Er gehörte zur Truppe der böhmischeggenbergerischen Komödianten, die nur im Sommer von Stadt zu Stadt zogen und im Winter am Hof ihres Brotgebers, des Fürsten von Eggenberg, in Krumau die Schloßbühne bespielten.

1695 tauchte dann erstmals eine *banda kayserlich privilegierter hochteutscher comoedianten* auf, die die erste bekannte öffentliche Opernaufführung in Linz brachten: *Des großen Alexanders liebbs sieg* mit Musik von Arrigoni.

Die Mitglieder solcher Wandertruppen mußten universell einsetzbar sein: als Sänger, Tänzer, manchmal als Kulissenmaler, Kostümschneider, Bühnentechniker, Übersetzer, Texter und Regisseure. Daneben mußten sie natürlich Sinn fürs Geschäft und eine gute Nase für den Geschmack des jeweiligen Publikums haben.

Ab 1721 war der schon erwähnte Gottfried Prehauser mehrmals in Linz, der später (1725) von Stranitzky nach Wien gerufen wurde. Neben den vielen namenlosen Prinzipalen, die mit ihrem Ensemble in Linz aufgetreten sind, verdienen noch Johann Heinrich Brunius (1718, 1727) und Johann Schulz Erwähnung, weniger aber die Stücke, die sie spielten, etwa *Neu aufgerichtete(s) Parlament der bösen und versoffenen Weiber, bey ihrem verfochtenen Haußund Hosenrecht* oder *Lustige Operetta Bourlescha: Hanswursts Lehr-, Prob- und Gedult-Schule bey einem bösen Weibe.* Tatsächlich glitten die Stücke immer mehr ins Seichte ab, aber es mag dahingestellt sein, wem die Schuld daran zuzuschreiben ist: den Theatergruppen, dem Publikum oder ganz allgemein den gesellschaftlichen Verhältnissen dieser Zeit. Aus dem Spielplatz an der Donau wurde ab 1748 nach und nach ein festes Schauspielhaus. Damals erhielt eine Truppe die Erlaubnis, den Salzstadel zu benützen. Baumeister Matthias Krinner bot 1751 sogar an, das wenig benützte ständische Ballhaus auf eigene Kosten in ein Theater umzubauen. Das lehnten die Stände zwar ab, betrauten ihn aber mit der *Herrichtung des bey der Donau gelegenen ... ersten Stadls zu einem Comedie Hauß,* dem ersten selbständigen Theaterbau in Linz, der in der Folge als Stadttheater oder Wassertheater bezeichnet wurde. Die Eröffnung fand 1752 statt. Eine feste Bühne bedeutete allerdings noch kein ständiges Ensemble, weshalb das Theater auch weiterhin von Wanderbühnen genutzt worden ist.

1766 nahmen sich der Landesanwalt Achaz von Stiebar und Franz Xaver Pocksteiner des Theaters an und versuchten, es in Eigenregie zu

322 Das erste selbständige Theatergebäude in Linz an der Donaulände (zweite Hälfte 18. Jh.) (=Wassertheater). Archiv der Stadt Linz, Altakten, Sch. 227.
Foto: Litzlbauer

führen. Zwei Jahre später wurde die ständische „Theatersozietät" gegründet. Damit haben die Adeligen in bescheidenem Rahmen erreicht, was ihnen nach dem Vorbild des Wiener Hofes schon jahrzehntelang vorgeschwebt haben wird. Einem Vergleich konnten die Linzer Verhältnisse allerdings nicht standhalten.

So wie im 16. Jahrhundert haben auch zur Zeit der Gegenreformation sehr oft die Mitglieder der Hofkapelle den Kaiser auf seinen Reisen begleitet und dabei in Linz Station gemacht. Das war an sich nicht neu. Unbekannt aber war das Engagement, das Leopold I. mit seinen Künstlern verband. Er wollte auch in der Zeit der ärgsten Bedrängnis nicht auf sie verzichten, sodaß sie zu mehreren Einsätzen in Linz kamen. Den Anfang machte der Hofkapellmeister anläßlich der Begrüßung des Kaisers nach seiner Vermählung mit Eleonore von der Pfalz im Jahre 1677: Er spielte seine Oper *Hercole acquistator dell'immortalia* mit eingestreuter Ballettmusik von Heinrich Schmelzer. Der Text, der in Linz bei Caspar Freyschmidt gedruckt wurde, stammte wie bei den meisten Stücken dieser Zeit von Nicolo Minato. Ob dies wirklich die erste Oper war, die in Linz aufgeführt wurde, kann nicht mit Bestimmtheit gesagt werden. Die Bühneneinrichtung mit einem großen technischen Aufwand von Flugmaschinen und anderen Apparaten war von Wien herangebracht worden.

1680 und im Februar 1681 fanden weitere Opernaufführungen statt, zu denen der musikbegeisterte Kaiser selbst die Kompositionen einiger Arien beisteuerte. Ähnlich auch in den Jahren 1683 und 1684.

323 Maskenaufzug der Bediensteten des Kaspar von Starhemberg am Faschingsdienstag 1636 in Linz. Aquarell von Jonas Arnold. *Foto: Litzlbauer*

Weniger groß war der Aufwand für Ballettaufführungen, von denen es jeden Monat mindestens eine Neueinstudierung gab. Sie dienten dem Zeitvertreib der Höflinge, die selbst als Tänzer auftraten. Ballett war also nicht zum Anschauen, sondern zum Mitmachen da.

Nach Leopold I. hören wir lange nichts mehr von höfischen Festen in Linz. Erst anläßlich der Erbhuldigung für Kaiser Karl VI. wurde das Linzer Schloß wieder zum Schauplatz einer grandiosen Freilichtinszenierung, die ausschließlich von den Kräften des Wiener Hoftheaters bestritten wurde. Die hohen Gäste waren dabei nicht nur Zuschauer oder etwa Staffage, sondern Mitakteure. Das von Antonio Caldara komponierte Stück *Serenada l'Asylo d'amore* war von Pietro Metastasio getextet worden. Die Bühneneinrichtungen schuf der kaiserliche Ingenieur Giuseppe Galli-Bibiena. Aus Wien reiste das 86 Mann starke Theaterorchester an. 50 Jahre später besaß das Linzer Orchester nur 15 Mitglieder. Die Aufführung vom 28. August 1732 kostete 22.000 Gulden, eine Summe, um die man damals ein stattliches Barockpalais erstehen konnte.

Zu dieser Zeit kamen wiederholt *wellische Komödianten* nach Linz, die fast durchwegs Opern zur Aufführung brachten, die nördlich

der Alpen nicht jene Volkstümlichkeit erreichten wie in Italien. Sie wurden im neuen ständischen Ballhaus gespielt und waren beinahe ausschließlich für die Augen und Ohren der Adeligen reserviert.

Wohl aus ihrem schlechten Gewissen heraus haben die Stände für die Erbhuldigung Maria Theresias 1743 die berühmte Operntruppe des Pietro Mingotti engagiert, die ebenfalls im Ballhaus spielte.

Doch wird zu Unrecht zwischen einem vornehmlich höfischen auf der einen und bürgerlichen Geschmack auf der anderen Seite unterschieden, denn die vorhin erwähnten Ballette waren sehr wohl auf das Volkstümliche abgestimmt. Die Adeligen liebten es, in das Kleid der Bauern zu schlüpfen, um darin wenigstens für Stunden der strengen höfischen Etikette zu entfliehen. Mit dem Kleid konnte man auch die Sitten der Bauern annehmen, die in den Augen des Adels derb und täppisch waren und auch gern zu Handgreiflichkeiten neigten. Von zwei Faschingsballetten aus den Jahren 1681 und 1684 sind uns die Titel *Khreitl-Weiber-Balletto* und *Rockenstuben und Mayrhoff* von Andreas Anton Schmelzer bekannt, die auf die Nachahmung ländlichen Treibens hinweisen.

324 Aufzug zu einem ritterlichen Fest (Roßballett) ungefähr aus der gleichen Zeit mit ähnlich gekleideten Rittern und Indianern. Beide Aufzüge im OÖ. Landesmuseum, Bibliothek, Sammelband III, 510. Foto: Litzlbauer

325 Von den Ständen 1732 in Auftrag gegebene Huldigungsmedaille auf Kaiser Karl VI. OÖ. Landesmuseum, Münz- und Medaillensammlung. Foto: Litzlbauer

Dieser seltsamen Ansicht vom bäuerlichen Alltag frönte auch der heimische Adel, der vor allem im Fasching gerne in die Tracht der Bauern schlüpfte, um darin bei Faschingsumzügen ohne Verlust des Ansehens derbe Späße treiben zu können. Besonders in der ersten Hälfte des 17. Jahrhunderts gehörten die Fastnachtstage zu den großen gesellschaftlichen Ereignissen in der Stadt, die aber von den Adeligen gestaltet wurden. Berühmt sind die großangelegten Aufzüge des Kaspar von Starhemberg gewesen, der nicht nur seine eigenen Jäger in ihrem täglichen Kostüm als Narren auftreten ließ, sondern auch Indianer, Neger und vor allem Türken. Die Aufzüge aus den Jahren 1633–1636 hat sein Hofmaler Hans Arnold zeichnerisch festgehalten.

In diesen Bereich gehören auch die „Wirtschaften" oder „Bauernhochzeiten", die die Mitglieder des Hochadels in ihren Freihäusern aufführten, und aus denen sich die bei den Linzern im 19. Jahrhundert so beliebten Hausbälle entwickelten. Nach wie vor wurden auch Ritterspiele aufgeführt und das Schützenwesen der Bürger erlebte in der zweiten Hälfte des 17. Jahrhunderts eine neue Blüte. Darüber hinaus ist von bürgerlicher Freizeitgestaltung wenig nur überliefert. Sicher zählte das Kartenspiel zu den beliebtesten Beschäftigungen. Keine Frage, daß auch sie sich von den Bauern unterscheiden wollten, besonders aber die Handwerker. So führten z. B. die Tischler anläßlich der Erbhuldigung für König Ferdinand IV. (1653) das Taufen und Hobeln eines einfältigen Bauern vor. Vieles aber wurde abgestellt, etwa das Sternsingen der Bäckergesellen oder das Schifferstechen auf der Donau, das uns für 1685 noch überliefert ist, ebenso der Reiftanz der Bindergesellen.

Neben den Wanderbühnen und dem Jesuitentheater, über das gleich zu reden sein wird, konnte das Laienschauspiel, wie es in den mittelalterlichen Passionsspielen gepflegt wurde, nicht mehr aufkommen. Ein letzter Versuch war wohl das 1666 von den Schiffleuten aufgeführte *Waynacht Spill oder Komödien von der Geburth Xti* (= Christi).

Religiöse Themen waren für die Laien tabu. Unter Maria Theresia wurde das Verbot verschiedener Volksbelustigungen noch verstärkt und Kaiser Joseph II. konnte dem Freizeitvergnügen schließlich gar nichts mehr abgewinnen, diente es doch weder dem Staat noch der Wirtschaft.

Ganz andere Zwecke hatten die Theateraufführungen im Jesuitengymnasium zu erfüllen, die uns seit dem ersten Jahr seiner Begründung (1608) überliefert sind: Von den Schülern wurden Dramen, Szenen, Gedichte und Deklamationen einstudiert und inszeniert. Sie unterschieden sich darin kaum von der evangelischen Landschaftsschule. Bereits in der *Ratio studiorum* (= Studienordnung) aus dem Jahre 1599, die für die Schulen aller Provinzen Gültigkeit erlangte, war die Schulkomödie fest verankert. Eine Anleitung, wie und was gespielt werden sollte, war seit 1594 in den *Institutiones Poeticae* festgelegt.

Hatte man sich ursprünglich von humanistischen Gedanken leiten lassen und antike Komödien und Tragödien auf die Bühne gebracht, so wich die relativ wertfreie Verehrung der Schönheit des klassischen Latein einem streng auf den Inhalt der Stücke achtenden Purismus. Der Gegenstand der Aufführung konnte nur ein heiliger, ein frommer sein. Darin lag letztendlich auch der Sinn der ganzen Übung: Das Theaterspiel war anfänglich ein Werkzeug zur Bekehrung der Protestanten, später ein Mittel zur Festigung des Glaubens. Es war Predigt, Glaubensbekenntnis und Zeitvertreib in einem. Sicher liegen einige Wurzeln des Jesuitendramas auch in den mittelalterlichen Spielen des Kirchenjahres. Schließlich wurden auch die Messen mit Musik und szenischen Darstellungen aufgelockert und bei Prozessionen haben die Schüler an den einzelnen Stationen Gedichte und Lehrsprüche aufgesagt.

Viele Aufführungen wurden von Musik begleitet, der Auftritt von Chören gehörte unbedingt zum Ambiente und einmal ist sogar eine Opernaufführung verbürgt. Besonders bei den häufigen Aufenthalten Kaiser Leopolds I. durfte die Musik nicht fehlen. Zwei Stücke wurden vom Hoforganisten Ferdinand Tobias Richter in Ton gesetzt, eines von Andreas Rocher. In der einschlägigen Literatur wird gerne darauf hingewiesen, daß sich die Darbietungen des Linzer Jesuitendramas mit den Aufführungen in Wien, Prag, Innsbruck, Graz oder München nicht messen konnten. Dieses Urteil geht eigentlich an den Zielen, die das Jesuitendrama verfolgte, vorbei. Es war den Patres nicht in erster Linie um Kunst oder besonders reife schauspielerische Leistung zu tun, sondern um den Effekt, den die Inszenierung bei den Zuschauern bewirkte; und der hing – wie heute nicht anders – ganz wesentlich von den eingesetzten Mitteln ab.

Die in der Regel jährlich nur einmal aufgeführten Feststücke wurden anläßlich der Prämiierung der besten Schüler gegeben. Sie wurden entweder vom Landeshauptmann oder einem Prälaten der Landesklöster gesponsert. Nach der Höhe der Unterstützung richtete sich der Aufwand. So überrascht es eben nicht, daß die Darbietungen anläßlich der Kaiserbesuche die besten Kritiken erhielten.

Als Darsteller waren zu den Festdarbietungen nur die Schüler der beiden oberen von den sechs Klassen zugelassen (*Poesis* und *Rhetorica*). Sie spielten stets vor geladenen Gästen, meist den Eltern der Schüler oder anderen hohen Mitgliedern der Gesellschaft. Für das sogenannte „gewöhnliche" Volk waren die Stücke nicht gedacht, denn die verwendete Sprache war fast ausschließlich Latein. Der pädagogische Zweck war ja unter anderem, sich in diesem Idiom fließend unterhalten zu können.

Es wurden aber nicht nur die Festaufführungen gepflegt, sondern während des Jahres wurde auch in den einzelnen Klassen gespielt, und das oft mehrmals. Allein für Linz sind von 1608 bis 1764 435 Aufführungen belegt. Wir müssen aber mindestens die doppelte bis dreifache Zahl in Rechnung stellen, sodaß pro Jahr durchschnittlich 10–15 Neuinszenierungen angenommen werden müssen. Daß die vielen Proben den Unterrichtsalltag stark beeinträchtigt haben, kann man sich leicht vorstellen. Die Klassenaufführungen waren im 17. Jahrhundert noch geschlossene Veranstaltungen, die erst um die Jahrhundertwende den Eltern zugänglich gemacht wurden. Vorher dürfte dies räumlich kaum möglich gewesen sein. Die Großen traten in der Aula des Kollegs oder im Speisesaal auf. Erst 1711 wurde ein eigenes *theatrum* eingerichtet und eine feste Bühne entstand im Jahr 1732.

Die Zuschauer sind nicht etwa auf Stühlen gesessen, sondern haben sich während der Darbietungen im Raum frei bewegt und sicher den „small talk" gepflegt. So hat z. B. im Jahre 1743 Maria Theresia, als ihr zu Ehren das Stück *Deborah victrix* aufgeführt wurde, dem neben ihr stehenden Rektor mehrmals ihren Beifall ausgedrückt.

Die Laienschauspieler hatten wahrhaft herkulische Leistungen zu vollbringen, denn so manches Stück dauerte bis zu sechs Stunden. Einmal mußte eines sogar auf zwei Tage aufgeteilt werden. Drei Stunden aber waren die Norm.

Festaufführung und Prämienverteilung wären zu Schulende (zu St. Michaeli – 29. September) am besten angesiedelt gewesen und wurden zu diesem Zeitpunkt in manchen Jahren auch gebracht. Ein anderer möglicher Termin war der Schulbeginn (nach Allerseelen – 3. November), aber nach und nach bürgerten sich die Wochen der beiden Messen als Spieltermin ein. Offenbar wollte man damit den fahrenden Komödianten und ihren derben Stücken begegnen, die den Moralvorstellungen der Jesuiten sehr stark zuwiderliefen.

Die Kultur wird heute vielfach aus dem Alltag herausgehoben und gilt allgemein als etwas Schönes. Konträr dazu steht der Krieg, dem wir keinerlei Ästhetik mehr beimessen, weshalb der Übergang zum nächsten Kapitel etwas abrupt zu sein scheint. Aber gerade in der Barockzeit entwickelte sich wie nie zuvor eine „Kriegskunst". Anlässe dafür gab es immer wieder. Und wenn nicht, dann wurden sie eben gesucht.

Die kurze Rückkehr zu Bayern

Als in der Nacht vom 19. auf den 20. Oktober 1740 Kaiser Karl VI. in Wien starb, war der Augenblick gekommen, auf den alle Gegner des Hauses Habsburg seit Jahren geduldig gewartet hatten. Es schien undenkbar, daß sich die noch sehr junge Maria Theresia dem Ansturm all jener Länder und Fürstentümer gewachsen zeigen könnte, die ihre begehrliche Hand nach den österreichischen Ländern ausstreckten. Böhmen, Oberösterreich, Tirol und die Vorlande sollten an Bayern fallen, Mähren und Teile Schlesiens an Sachsen, die italienischen Gebiete (die Herzogtümer Mailand und Parma sowie das Großherzogtum Toskana) an Spanien und Frankreich dachte sich mit den Niederlanden zu bereichern. Preußen wiederum beanspruchte Schlesien. In Österreich, Böhmen und Ungarn war die Vorstellung, daß nunmehr eine Frau die Regierung übernehmen sollte, zumindest ungewöhnlich und für so manchen *adeligen Hagestolz* schwer vorstellbar. Doch war ein weibliches Regiment in Europa durchaus nicht neu. England war ein halbes Jahrhundert (1553–1558: Maria d. Katholische, 1558–1603: Elisabeth I.) von Frauen regiert worden, Schweden zumindest zwanzig Jahre (Christine 1632–1654) und in Rußland starb Zarin Anna Iwanowa (1730–1740) in eben dem Jahr, in dem Maria Theresia ihr zweifellos schweres Amt antrat. Sie verlor mit der Zarin auch eine wertvolle Verbündete.

In Bayern hatte Kurfürst Karl Albrecht schon seit 1732 in den Archiven nachforschen lassen, um eine aktenmäßig abgesicherte Begründung für seine Erbansprüche geltend machen zu können. Er fand sie im Testament Kaiser Ferdinands I., mit dessen Tochter Anna sein Urahn Herzog Albrecht V. vermählt gewesen war. Anna ist, wie wir uns erinnern, in Linz geboren worden.

Die Präliminarien

Frankreich verhielt sich noch abwartend, sicherte aber Bayern Hilfstruppen für die Besetzung Böhmens zu. Der eben an die Regierung gelangte König Friedrich II. von Preußen, der Sohn des „Soldatenkönigs", marschierte noch im Dezember 1740 in Schlesien ein, eroberte Glogau und schlug im April des folgenden Jahres die österreichischen Truppen bei Mollwitz. Der Weg nach Wien war damit offen. Ein Monat zuvor hatte Maria Theresia nach drei Töchtern den ersten Sohn geboren, den späteren Kaiser Joseph II. Angesichts dieser Tatsache war es für Karl Albrecht höchste Zeit zu handeln, denn schließlich schwebte ihm als Fernziel auch noch die Erwerbung der Kaiserkrone vor. Aber ohne französische Verstärkung konnte er keinen Angriff wagen. Denn obwohl er von der Rechtmäßigkeit seiner Erbansprüche überzeugt war und im Lande ob der Enns keinen erheblichen Widerstand erwartete, konnte er doch nicht damit rechnen, daß die Stände so schnell die Flinte ins Korn werfen und zu den Bayern überlaufen würden. In den strategischen Vorbesprechungen rechnete man mit einer zwar kurzen, aber doch einige Tage dauernden Belagerung von Linz. Entsprechende Pläne wurden ausgearbeitet.

Als „indolent" (= interesselos, nachlässig) bezeichnen die Geschichtsbücher die Haltung der Adeligen, eine wahrhaft vornehme Umschreibung, wenn man damit das Beharren auf egoistischen Standesinteressen bis hin zum Verrat an Fürst und Untertanen meint. Als 1741 der Hofkriegsrat 3000 Warasdiner Grenzer nach Oberösterreich entsenden wollte, um einem bayerischen Angriff vorzubeugen, lehnten dies die Stände entrüstet ab, weil *dermalen gottlob hierzulandt* keine Kriegsgefahr bestünde. Die Soldaten sollten jenseits der Leitha aufgestellt werden. Aber die vorbeugenden Klagen erübrigten sich von selbst, denn die Warasdiner wurden auf den schlesischen Kriegsschauplatz beordert. Die von der Wiener Regierung geforderte Einberufung des Landesaufgebotes ignorierten die heimischen Adeligen bis zum Juli. Als aus Bayern zum Teil beunruhigende Nachrichten über Truppenbewegungen einliefen, fanden am 7. und 12. Juli auf der Linzer Burg Verhandlungen mit Kriegskommissär Graf Franz Ludwig von Salburg statt, der abermals die Aufstellung des Landesaufgebotes und die Befestigung der Grenzen forderte. Die Stände lehnten beinahe alle Anforderungen ab, nur die Jäger und Schützen wollten sie aufbieten und im übrigen behaupteten sie, keinerlei finanziellen Beitrag leisten zu können. Die Regierung sollte reguläre Truppen, vor allem Infanterie an den Grenzen bereit halten, aber ja nicht ins Land bringen. Das Landesaufgebot sei ungeübt und die furchtsamen Bauern würden bei der kleinsten Gefahr davonlaufen. Seit spätestens 1626 wußten sie allerdings genau, daß dies ein ungerechtfertigter Vorwand war. Noch immer waren sie der Meinung, daß eine *Invasionsgefahr nach allen sicheren Nachrichten – gottlob – so nahe nicht* sei.

Am 31. Juli besetzten bayerische Truppen unter Feldzeugmeister Minuzzi die Stadt Passau, sodaß nunmehr kein Zweifel über die Aggressionsabsichten der Nachbarn mehr herrschen konnte. Von Wien aus wurden 300 noch leidlich kriegstüchtige Invaliden ins Salzkammergut entsandt, um das Landvolk im Umgang mit Gewehren zu unterrichten und Fürst Chri-

326 Am 10. September 1741 übergab ein bayerischer Trompeter ein Handschreiben des Kurfürsten Karl Albrecht und vielleicht auch schon diese gedruckte Dokumentation der bayerischen Erbansprüche.
Archiv der Stadt Linz, Bibliothek. Foto: Litzlbauer

Gründliche Ausführung

Und

Klarer Beweiß

Derer dem

Durchlauchtigsten

Chur-Hauße Bayern

Zustehenden

Erbfolgs-

Und sonstigen

Rechts-Ansprüchen

Auf die von Weiland Käyser Ferdinanden dem Ersten besessene/
Durch den d. 20. Octob. 1740. erfolgten unverhofften Todsfall

Sr. Käyserl. Majestät Carl des Sechsten Höchst-seel. Angedenckens erledigte Königreiche

Ungarn und Böheim,

Wie ingleichem

Auf das Ertz-Herzogthum Oesterreich und allerseitig angehörige Fürstenthümer und Lande/

Welche

Aus denen älteren wahrhafften Geschichten und ächten Urkunden getreulich hergeleitet,

Sonderheitlich aber

Aus Käyser Ferdinandens des Ersten letzten Willens-Verordnungen

Und denen

Bey Gelegenheit der zwischen Herzog Albrechten dem Fünfften aus Bayern/ und ermelten Käysers ältisten Ertz-Herzogl. Tochter Königin Anna verabredet- und vollzogenen Heyrath, errichteten und einstimmig verfasten Verzicht-Brieffen

Statthafft und ohnumstößlich bewähret/

Und

Zusambt denen daraus sich ergebenden Wahrheits-mässigen Folgerungen:

Daß weder die so benambste Pragmatische Sanction, noch die von der Durchlauchtigsten Groß-Herzogin von Toscana eigenmächtig vorgenommene Besitz-Ergreiffung erwehnter Königreichen und Landen zu Rechten bestehen könne, in überzeugend- und natürlicher Schluß-Ordnung ohnabneinlich zu Tage gelegt werden

Mit Beylagen von Lit. A. bis T. inclusivè.

Gedruckt zu München 1741,

stian von Lobkowitz – seine Mutter hatte die Grundsteinlegung bei den Ursulinen vorgenommen – sollte die nötigen Abwehrmaßnahmen zur Verteidigung des Landes treffen. Eine Sperre der Donau bei Engelhartszell scheiterte, da die Stände diesmal keine Kette aufzutreiben wußten. Eine zweite Sperre bei Mauthausen – Spielberg – Enns mußte von den Niederösterreichern errichtet werden, weil sie ja ihnen und nicht den Oberösterreichern zugute kommen würde.

Anfang August wurde endlich das Landesaufgebot einberufen, von jedem 40. Haus ein Bewaffneter. Doch war ein persönliches Einrücken nicht notwendig, wenn man andere dafür fand. Das entsprechende ständische Patent empfahl denn auch *Gässelgeher, Rauffer, Spihler, Vollsauffer und Fornicanten* (= junge Leute mit liederlichem Lebenswandel) einzuziehen, gleich ob *freiwillig* oder *wider ihren Willen.* Die Obrigkeiten sollten derlei Personen in den abgelegenen Wirtshäusern zusammensammeln. Doch hatte es keine Eile, denn als am 11. September der bayerische Kurfürst die Grenze überschritt, war das „Heer" erst auf 253 „Freiwillige" angewachsen. Von den *adelich Patrioten,* die ebenfalls freiwillig die Führung des Landesaufgebotes übernehmen sollten, hatten sich *aus Mangel eigener Kriegserfahrenheit* fast keine gemeldet, angeblich weil sie fürchteten, vom *ohne dem von Natur forchtsamen Pauernvolkh* im Stich gelassen zu werden.

Die zweite bayerische Besatzung

Mitte August überschritten die französischen Truppen auf ihrem Vormarsch den Rhein. Nunmehr begannen die Stände plötzlich um jene Hilfstruppen zu bitten, deren Einmarsch sie einige Monate vorher noch vehement abgelehnt hatten. Aber auch das dürften sie schon im Bewußtsein getan haben, daß es ohnedies für jede Hilfe zu spät war. Am 10. September traf in Linz ein einzelner bayerischer Trompeter mit einem Handschreiben Karl Albrechts ein, in dem er die Versorgung seiner Truppen während des Durchmarsches im Land ob der Enns forderte, denn er war auf Veranlassung Friedrichs von Preußen gewillt, zunächst nach Wien vorzudringen, bevor er sich nach Böhmen zu wenden gedachte. Ferner verlangte er vorbeugend die Entwaffnung der Landeseinwohner. Auch von der Huldigung der Stände und der Eidesleistung der Beamten war in dem Schreiben die Rede. Es war ausgesprochen freundlich abgefaßt und beruhigte die Stände. Schon tagelang waren nämlich auf den Schlössern und in den Klöstern Kisten gepackt worden, um die kostbarsten Gegenstände außer Landes zu bringen.

Der Landeshauptmann Graf Ferdinand Bonaventura von Weissenwolf hatte alles, was tragbar war, aus dem Linzer Schloß entfernen und donauabwärts transportieren lassen. Auch er selbst machte das nun folgende unwürdige Schauspiel seiner Standesgenossen nicht mit und begab sich außer Landes.

In ihrem Antwortschreiben titulierten die Verordneten der Stände Karl Albrecht bereits als ihren *gnädigsten Kurfürsten und Herrn,* schickten ihm als Abgesandten Josef Wiellinger von Au bis Peuerbach entgegen, der treulich dafür sorgte, daß die Truppen auf ihrem Weg nach Linz gut versorgt wurden.

Eine Laune der Geschichte wollte es, daß das Schicksal an genau jenem Tag, als sich Karl Albrecht am Ziel seiner Wünsche wähnte, weitab vom augenblicklichen Geschehen die Zerstörung seines Traumes einleitete. Als er am 11. September bei St. Willibald die Grenzen des Landes ob der Enns überschritt, gewann die schwarz gekleidete Maria Theresia, den kleinen Joseph als künftigen König am Schoß, in Preßburg die ungarischen Magnaten, die sich bis dahin abwartend verhalten hatten. Sie waren bereit, für ihre Königin durchs Feuer zu gehen.

Am 14. September trafen zwei Bataillone des bayerischen Leibregiments und zwei Kompagnien Grenadiere auf der Donau in Linz ein und besetzten ohne jeden Widerstand die Stadt. Am Tag darauf eilte Graf Thürheim dem Kurfürsten bis Magarethen entgegen, um ihn zu begrüßen. Der neue Landesherr zog in Begleitung französischer, preußischer und sächsischer Gesandter unter dem Jubel der Bevölkerung in Linz ein. So berichten zumindest französische Quellen. Ein einheimischer Adeliger, Freiherr von Hoheneck, schilderte als Augenzeuge die Szene einige Jahre später ganz anders: Als die bayerischen Soldaten die Menge der Schaulustigen aufforderten, *Es lebe der Kurfürst, unser allergnädigster Landesfürst* zu rufen, habe *alles Maus still geschwiegen und niemand kein Maul aufgetan.* Zwei Tage später erkundigten sich die Welser Bürger in Steyr, was diese nun tun wollten, denn die Linzer hätten dem Kurfürsten enthusiastisch gehuldigt. Man sieht also, daß auch die Aussagen von Zeitzeugen sehr stark voneinander abweichen können und keineswegs immer verläßlich sind.

Da der Landeshauptmann geflohen war, wurde Graf Johann August Fortunat Spindler, der Vicedomus, mit der Führung der Amtsgeschäfte betraut. Karl Albrecht wollte an die bayerische Verwaltung des Landes von 1620–1628 anknüpfen und ließ deswegen in der geheimen Kanzleiregistratur in München nachsuchen, ob noch Unterlagen darüber vorhanden wären. Weil die Recherchen erfolglos geblieben waren, erhielt er den Funktionstitel „Vizestatthalter". Für später war die Einsetzung eines Landeshauptmannes geplant.

Bereits am Tag nach der Ankunft des Kurfürsten begannen die Verhandlungen über die Erbhuldigung, die Maria Theresia ausdrücklich verboten hatte. All das schöne Geld, das den österreichischen Truppen verweigert worden war, mußte nun für die bayerischen und französischen aufgewendet werden. Dazu kamen an Naturalien noch Fleisch, Hafer, Heu und Stroh. Bis Ende September lagerten zwischen Linz und Enns an die 50.000 Menschen und 20.000 Pferde, die versorgt werden mußten, denn nach und nach trafen auf dem Wasser- und Landweg immer neue Truppen ein.

Die Erbhuldigung erfolgte am 2. Oktober unter eher geringer Beteiligung des Adels (bayerische Quellen behaupten das Gegenteil), aber auch ohne die vielen Forderungen an den Landesfürsten, die man früher vorzubringen pflegte. Die Ansprache hielt niemand vom angestammten Adel, sondern Baron Clemens Anton von Weichs, der erst zehn Jahre vorher nach dem Kauf der Herrschaft Tillysburg in den obderennsischen Herrenstand aufgenommen worden war. Als kurbayerischer Kämmerer und Geheimer Rat hatte er ebenso lange Zeit gehabt, im Sinne Bayerns auf die Ständegenossen einzuwirken.

Als in Linz die Erbhuldigung vorgenommen wurde, waren die Soldaten bereits Richtung Wien unterwegs. Zwei Ursachen bewegten sie an der Traisen zur Umkehr: Ein nicht erwarteter Widerstand österreichischer Kontingente und vor allem die Nachricht über einen Geheimvertrag zwischen Österreich und Preußen.

Von Krems aus bewegte sich ein Teil des Heeres nach Böhmen, während eine andere Einheit nach Enns zurückkehrte, um bei Mauthausen die Donau zu übersetzen und über Budweis Richtung Prag zu marschieren, das Ende November eingenommen wurde. Karl Albrecht ließ sich nun als König von den böhmischen Ständen huldigen und kehrte nach Bayern zurück, um seine Kaiserkrönung vorzubereiten.

Über die in Oberösterreich verbleibenden Einheiten hatte der französische General Segur den Befehl übernommen, weil er sich beim Vormarsch in Ybbs einen Arm gebrochen hatte. Er ließ die Linie zwischen Enns und Ternberg bei Steyr befestigen, um einem Angriff aus Osten vorzubeugen.

Die Einschließung

Auf österreichischer Seite hatte Feldmarschall Graf Ludwig Andreas Khevenhüller eine neue Armee aufstellen können, darunter viele ungarische und italienische Einheiten. Am 31. Dezember hat er die Ennslinie durchbrochen: Segur mußte sich nach Linz zurückziehen, Minuzzi hatte mit seinen Soldaten Steyr geräumt und war ebenfalls auf Linz zurückgegangen. Trotz eisiger Temperaturen – der Winter 1741/42 war einer der kältesten in der Linzer Geschichte – wurde innerhalb von nur vier Tagen Oberösterreich zurückgewonnen. Nur Linz war noch vom Gegner besetzt. Am Dreikönigstag wurde Gallneukirchen eingenommen, um den bayerischen Truppen den Fluchtweg nach Böhmen abzuschneiden. Von Tag zu Tag zog der österreichische Feldherr den Belagerungsring um Linz enger, wo 12.000 fremde Soldaten eingeschlossen waren.

Von Anfang an hatte die Bevölkerung den französischen Besatzern weniger Sympathie entgegengebracht als den Bayern. Als zu aller Unbill der Besatzung noch die Lebensmittel knapp zu werden drohten, stieg der Unmut zusehends. Selbstverständlich war die Bürgerschaft entwaffnet worden, aber auch das tägliche Ausrufen der Nachtwächter wurde verboten, weil man befürchtete, daß sich die Bevölkerung in einer verklausulierten Geheimsprache verständigen und einen Aufstand vorbereiten könnte. Die in größerer Zahl ebenfalls anwesenden Adeligen fürchtete offenbar niemand.

Die Chroniken der Vorstadtklöster berichten entrüstet über brutale Einquartierungsmaßnahmen. So mußten die Karmeliten trotz eisiger Kälte sogar einmal die Nacht in ihrer Kirchengruft verbringen. Doch dürfen wir ohne weiteres annehmen, daß es nicht nur der Geistlichkeit unter der bayerisch-französischen Besatzung schlecht ging. Die Linzer waren zwar durchaus an eine große Zahl von Gästen

327 Das große Bild der Belagerung von Linz 1742 im Festsaal des Alten Rathauses (2,8×4,7 Meter). Foto: Schepe

gewöhnt. Kaufleute, Marktfahrer, Spielleute etc. wurden während der Jahrmärkte beherbergt und verköstigt. Auch auf die Schar kaiserlicher Hofbedienter wußte man sich einzustellen. Soldaten hingegen, vor allem feindliche, zählten nicht zu den bevorzugten Fremden. Ihre Ansprüche waren rigoroser und für hiesige Vorstellungen manchmal ungewöhnlich: Die Franzosen etwa beanspruchten gar Betten, ein unerhörtes Ansinnen, da man doch gewohnt war, daß gemeine Soldaten auf Stroh schliefen. Die Verordneten empfahlen, dann eben die Dienstboten auf Stroh zu betten, damit außer den Liegestätten nicht auch noch anderes kostbares Mobiliar davongetragen werde.

Die Stadt wurde in Verteidigungszustand versetzt, weil die Eingeschlossenen auf einen Entsatz aus Böhmen oder Bayern hofften. Aber dort hatten die Österreicher bereits Schärding besetzt und am 17. Jänner wurde eine bayerische Armee unter Feldmarschall Törring geschlagen.

Einen Tag vorher hatten die Belagerten an drei Stellen gleichzeitig einen Ausfallversuch unternommen. 2000 Mann trachteten, den Einschließungsring bei Kleinmünchen zu durchbrechen, einige hundert versuchten gegen Margarethen und Wilhering vorzudringen, wo Khevenhüller sein Hauptquartier aufgeschlagen hatte, und 3000 übersetzten die Donau und wandten sich gegen Freistadt, wurden aber in Gallneukirchen zurückgeschlagen. Es war ein mutiger, aber auch verlustreicher Versuch.

Der Sturm auf die Stadt

Am 21. Jänner traf Franz von Lothringen, der Gatte Maria Theresias, vor Linz ein und brachte den Befehl des Hofkriegsrates mit, die Stadt zu stürmen. Schon am Vortag war aus Wien zu diesem Zweck schwere, weitreichende Artillerie angekommen, die nun im Süden der Stadt in Stellung gebracht wurde. Die Landstraße und alle anderen Zufahrtswege zur Stadt hatten die Franzosen durch vierfach hintereinander gestaffelte Palisadenreihen geschützt. Alle leeren Fässer der Stadt wurden mit Erde und Abfall gefüllt, um mit ihnen in den Straßen und am Donauufer ein Bollwerk zu errichten. Am Hauptplatz war ein Galgen aufgestellt, um im Schnellverfahren Deserteure oder renitente Bürger hängen zu können. Die Stimmung in der Stadt muß bereits aufs äußerste gespannt gewesen sein, als am 23. Jänner 1742 die Beschießung der Stadt durch die eigenen Truppen einsetzte. Den ganzen Tag über dauerte das schwere Artilleriefeuer, ohne in der Stadt selbst wirklichen Schaden anzurichten. In der Vorstadt hatte die Besatzung die Mauern der Häuser durchbrechen und die Zäune zwischen den Grundstücken niederreißen lassen, um gedeckte Laufwege zu erhalten. Das Artilleriefeuer wurde besonders von den im Karmelitinnenkloster postierten Verteidigern erwidert, weshalb es auch die meisten Treffer abbekam.

Am Abend, nachdem 600 Schuß abgefeuert und 100 Bomben geworfen waren, wurde deutlich, daß der Erfolg zu wünschen übrig ließ. Ein Versuch des Obersten Trenck, mit seinen Panduren von den Kapuzinern vom Weingarten aus in die Vorstädte einzudringen, schlug fehl. Dennoch begannen sich die Bewohner der Vorstädte abzusetzen. Franz von Lothringen gab Anordnung, sie laufen zu lassen, aber auf Personen, die auf Wägen kommen oder von *Condition* wären, unbarmherzig zu schießen, denn die Linzer seien *erzbayrisch* und franzosenfreundlich. Es kann kein Zweifel darüber bestehen, daß er damit die in der Vorstadt ansässigen Freihausbesitzer, d. h. die Adeligen meinte, kaum aber die Handwerker und Taglöhner.

Da sowohl die Kanonade als auch der Sturmversuch keinen Erfolg brachten, versprach Franz Stefan von Lothringen den Panduren und Kroaten 200 Dukaten, wenn es ihnen gelänge, die Vorstadt in Brand zu stecken. Viele meldeten sich freiwillig und bald loderten in der Vorstadt die Flammen auf, Haus um Haus wurde angezündet und die Verteidiger mußten sich innerhalb der Stadtmauern zurückziehen. Ein Nachrücken der Geschütze hätte ein infernalisches Ende für Soldaten, Bürger und Stadt bedeutet.

Das seltsame Spiel des Krieges, bei dem bedenkenlos Menschenleben, Städte und Länder eingesetzt und auch geopfert wurden, entbehrte hier auch nicht einer manieristischen Courtoisie: General Segur schickte Unterhändler und war bereit zu kapitulieren, wenn seinen Truppen ein ehrenvoller Abzug gewährt würde. Franz Stephan von Lothringen und Graf Khevenhüller gingen darauf ein, und am 24. Jänner begann der freie Abzug der Besatzungstruppen. Mehr als 10.000 geschlagene Soldaten verließen Linz. Am selben Tag, dem Tag, der seine endgültige Niederlage einleiten sollte, wurde Karl Albrecht von Bayern nach 300 Jahren habsburgischer Herrschaft in Frankfurt zum römisch-deutschen Kaiser gekrönt.